T0355850

MAGO

La vida y la época
de Nikola Tesla

MARC J. SEIFER

MAGO

La vida y la época
de Nikola Tesla

Biografía de un genio

EDICIONES OBELISCO

Si este libro le ha interesado y desea que le mantengamos informado
de nuestras publicaciones, escríbanos indicándonos qué temas son de su interés
(Astrología, Autoayuda, Psicología, Artes Marciales, Naturismo,
Espiritualidad, Tradición…) y gustosamente le complaceremos.

Puede consultar nuestro catálogo en www.edicionesobelisco.com

Colección Estudios y documentos
MAGO. LA VIDA Y LA ÉPOCA DE NIKOLA TESLA
Marc J. Seifer

Título original: *Wizard: The Life and Times of Nikola Tesla*

1.ª edición: septiembre de 2024

Traducción: *Jordi Font*
Maquetación: *Juan Bejarano*
Corrección: *M.ª Jesús Rodríguez*
Diseño de cubierta: *Enrique Iborra*

© 1998, 1996, Marc J. Seifer
Publicado en inglés por Kensington Publishing Corp.
Derechos de traducción gestionados por Sandra Bruna Agencia Literaria S.L.
(Reservados todos los derechos)
© 2024, Ediciones Obelisco, S. L.
(Reservados los derechos para la presente edición)

Edita: Ediciones Obelisco, S. L.
Collita, 23-25. Pol. Ind. Molí de la Bastida
08191 Rubí - Barcelona - España
Tel. 93 309 85 25
E-mail: info@edicionesobelisco.com

ISBN: 978-84-1172-172-1
DL B 7745-2024

Printed in India

A la memoria de mi padre, Stanley Seifer

Prólogo

Nikola Tesla era el tío de mi padre, y como tal, nuestra familia lo trataba como cualquier tío que viviera a una distancia considerable y tuviera una edad avanzada. Pero había lazos más fuertes entre mi padre y Tesla de lo que se podría esperar. Provenían de entornos sociales idénticos, eran hijos de sacerdotes ortodoxos serbios, habían nacido y se habían educado a pocos kilómetros de distancia en el distrito fronterizo militar austrohúngaro del condado de Lika en la provincia de Croacia (mi abuela era Angelina, la hermana de Tesla), fueron los únicos miembros de una familia extendida relativamente limitada que emigraron a Estados Unidos y también los únicos que se dedicaron a la ciencia y la tecnología como el trabajo de su vida.

Mi padre, Nicholas J. (John) Terbo (Nikola Jovo Trbojevich), era treinta años más joven que su tío, llegó a Estados Unidos treinta años después que él y murió treinta años después que Tesla. Tesla ya era famoso cuando mi padre era un niño y se convirtió en un modelo para la carrera técnica de mi padre. Mi padre tenía unas 175 patentes estadounidenses y extranjeras, la más importante de las cuales era su patente básica de 1923 sobre el engranaje hipoide, utilizado en la inmensa mayoría de los automóviles del mundo desde 1930. El engranaje hipoide introdujo matemáticas avanzadas en el arte de diseño de engranajes, al igual que el trabajo de Tesla unió la teoría y la ingeniería eléctricas. A partir de entonces, Tesla se refirió orgullosamente a mi padre como «mi sobrino, el matemático». (El hecho de que estas patentes trajeran un considerable reconocimiento financiero y profesional a mi padre tampoco pasó desapercibido para Tesla, quien a menudo gozaba de poca liquidez).

Dado que las similitudes étnicas y profesionales entre Nikola Tesla y mi padre eran tan sorprendentes, siento que esta comparación me ha otorgado un privilegio especial para comprender la personalidad privada de Tesla, incluido su sentido del humor bien desarrollado y su indiferencia a menudo despreocupada por el dinero. En una ocasión, cuando nos visitó a principios de la década de 1930, mi padre lo llevó a almorzar al Book Cadillac Hotel, entonces el más elegante de Detroit. Llegaron tarde, sólo unos minutos antes de que terminara un precio del cubierto de dos o tres dólares. (Esto equivaldría a unos veinte o treinta dólares al cambio actual). Mi padre sugirió esperar, pero Tesla no quiso oír nada de eso. Se sentaron en medio de un ajetreo de camareros y Tesla pidió un escalfador, pan y leche, y procedió a preparar su propio almuerzo según sus propias especificaciones (para diversión de mi padre y malestar del maître).

Cuando Tesla murió en enero de 1943, yo aún no había cumplido los trece años y no tenía la sensación de que terminaría una época marcada por su fallecimiento, tanto para nuestra familia como para una era de individualismo en el descubrimiento científico.

Es posible que haya reflexionado con cierta inquietud que tuve la oportunidad de conocer a Tesla unos tres o cuatro años antes y que nunca más volvería a encontrarme con él. Me viene a la memoria mi reticencia a acompañar a mi madre a su suite del Hotel New Yorker cuando ambos estábamos pasando unos días en Nueva York antes de regresar a Detroit después de nuestras vacaciones de verano en la costa de Jersey. (Hubiera preferido pasar más tiempo en el Radio City Music Hall o en los muelles, viendo los transatlánticos).

Yo era tímido (más bien estaba agobiado) y apenas le dirigí una palabra a ese anciano muy alto y demacrado. Me habría repelido —como le hubiera pasado a cualquier joven «niño típico estadounidense»— ser abrazado y besado por ese extraño si mi padre no hubiera hecho lo mismo a menudo. (Ésta es la forma en que las amigas de mi madre solían actuar, pero el hermano estadounidense de mi madre sólo me habría dado un firme apretón de manos). Poco después me di cuenta de que las palmaditas en la cabeza, los abrazos y los besos de Tesla contradecían su famosa idiosincrasia de una fobia primordial a los gérmenes ¡Es muy probable que un niño pequeño estuviera lleno de «gérmenes»! Por lo tanto, se podría especular que esta «idiosincrasia» posiblemente fuera una afectación diseñada para preservar su «espacio».

Mientras Tesla vivió, perduró un grado considerable de su fama, en gran medida debido a su capacidad para estimular a los medios de comunicación. Sin embargo, después de su muerte, la nación y el mundo se ocuparon de otros asuntos más apremiantes (la guerra y la reconstrucción, los realineamientos políticos internacionales, una explosión sin igual de nuevas tecnologías, una nueva sociedad de consumo) y la fama y el reconocimiento de Tesla casi se evaporaron por completo. Sólo unos pocos en las comunidades científicas estadounidenses e internacionales y el respeto y la admiración permanentes de los serbios y de todos los yugoslavos mantuvieron vivo su nombre.

Mi conciencia de un resurgimiento del interés por la vida y la obra de Nikola Tesla comenzó a principios de la década de 1970, cuando me mudé de Los Ángeles (donde parecía que nadie había oído hablar nunca de él) a Washington D.C., donde al menos su nombre era conocido. En febrero de 1975, mi madre me llamó para decirme que había leído en *Los Angeles Times* que el tío Nikola iba a ser incluido en el Salón de la Fama de los Inventores Nacionales y que debería investigarlo. Por casualidad, esa misma noche vi en un programa de noticias de la televisión local un reportaje muy corto sobre el Salón de la Fama y una entrevista a una niña de diez o doce años que había inventado un nuevo abrelatas o algo así. Desestimé el Salón como una promoción comercial y pasé a otras cosas.

Sólo más tarde leí un informe periodístico sobre la inducción de Tesla (junto con Orville y Wilbur Wright, Samuel F. B. Morse y el enemigo de Tesla, Guglielmo Marconi) y citando el patrocinio del Salón por parte de la Oficina de Patentes y Marcas Registradas del Departamento de Comercio de Estados Unidos. El pariente vivo más cercano de cada homenajeado iba a recibir el diploma de inducción en una elaborada ceremonia. Al carecer de un «Tesla» (o incluso de un «Trbojevich») para representar a la familia, un funcionario del Instituto de Ingenieros Eléctricos y Electrónicos aceptó el diploma de Tesla. (Dicho instituto considera a Tesla uno de los doce «apóstoles» de la ciencia eléctrica y continúa ofreciendo en su nombre un premio anual en el campo de la ingeniería eléctrica). Cuando me presenté en la Oficina de Patentes unas semanas más tarde, estaban encantados y lo arreglaron para hacer una segunda presentación en la ceremonia de entrega de premios de 1976 celebrada ese año en el Salón de Congresos de Filadelfia como parte de la celebración del Año del Bicentenario de Estados Unidos.

Desde entonces, ha habido un sincero resurgimiento del interés por los logros tecnológicos de Nikola Tesla y también por su personalidad, filosofía y cultura. Parte del drama de su vida es que fue un hombre que no sólo revolucionó la generación y la distribución de energía eléctrica e hizo contribuciones básicas a muchas otras facetas de la tecnología moderna, sino que lo hizo sin el objetivo específico de amasar una gran fortuna. Este altruismo, que a menudo se critica como «mal sentido comercial», impuso una limitación monetaria a la experimentación futura para probar sus nuevas innovaciones. Quién sabe qué avances podrían haber sido posibles si hubiera podido validarlos mediante una experimentación rigurosa. La nueva ciencia es un empeño costoso y encontrar apoyo financiero resulta una tarea frustrante incluso para aquellos tan enfocados como Tesla.

Entre las asociaciones que han apoyado el renacimiento de Tesla se encuentran la Sociedad Memorial Tesla, que ayudé a fundar en 1979, y de la cual tengo el placer de ser su presidente honorario y presidente de su junta ejecutiva, y la Sociedad Internacional Tesla, fundada en 1983, y de la cual soy miembro vitalicio. Fue precisamente mientras hablaba en el primer simposio bianual de la Sociedad Internacional Tesla en 1984 que conocí a un colega conferenciante, el Dr. Marc J. Seifer, en persona. Su artículo «The Lost Wizard» («El mago perdido») fue la semilla de la que ha brotado su nueva biografía de Tesla. Me impresionó la dedicación y la erudición del Dr. Seifer al desarrollar sus primeras teorías en un análisis completo del misterio del gran genio de Tesla.

Una de las cosas que más me ha intrigado de un nuevo trabajo sobre este tema es la cantidad de información que sigue apareciendo. El Dr. Seifer ha investigado personajes menores en la vida de Tesla, así como muchos de los más importantes. Esto le ha dado una visión adicional de la vida de Tesla y ha permitido el desarrollo de interpretaciones nuevas y diferentes de muchos acontecimientos importantes, como el fracaso del proyecto de la torre Wardenclyffe.

El Dr. Seifer ofrece una nueva revisión a los años universitarios de Tesla, el momento en que se estaban formando muchas de sus ideas transcendentales. Ha descubierto nueva información sobre la relación de Tesla con varias personas clave, como su editor (Thomas Commerford Martin) y los patrocinadores financieros John Jacob Astor y John Hays Hammond. Una gran fortaleza de *Mago* es su fidelidad, capítulo por capítulo, a una cronología bastante estricta, lo que facilita seguir de manera ordenada la amplitud y el alcance de la vida y los logros de Tesla.

Felicito al Dr. Seifer por el viaje de una década con Nikola Tesla y me complace presentarte este libro.

WILLIAM H. TERBO
Presidente honorario
Sociedad Memorial Tesla

Prefacio

En 1976, mientras estaba investigando en la Biblioteca Pública de Nueva York, me topé con un extraño texto titulado *Return of the Dove* que afirmaba que había un hombre no nacido en este planeta que aterrizó siendo un bebé en las montañas de Croacia en 1856. Criado por «padres terrestres», había llegado un avatar con el único propósito de inaugurar la Nueva Era. Proporcionando a los humanos una verdadera cornucopia de inventos, había creado, en esencia, la columna vertebral tecnológica de la era moderna.[1]

Su nombre era Nikola Tesla, y entre sus inventos se incluían el motor de inducción, el sistema de distribución de energía eléctrica, las luces fluorescentes y de neón, la comunicación sin hilos, el control remoto y la robótica.

«Tesla… ¿Quién es Tesla?», me dije a mi mismo. Como mi padre había sido técnico de televisores durante varios años a principios de la década de 1950 y yo había pasado parte de mi infancia acompañándolo en las visitas a domicilio, ayudando a instalar antenas, probando y comprando tubos de radio, jugando con osciloscopios y viéndolo construir televisores, me sorprendió que nunca hubiera oído hablar de ese hombre.

Recuerdo claramente un hecho de mis años de escuela de primaria en Long Island que me preparó para mi interés actual. Era un sábado, hacia 1959, y estaba trabajando en una tarea de *boy scout* cuando encontré un diseño para un aparato de radio de galena. Mi padre y yo reunimos un frasco de vidrio y unos auriculares, un detector de galena para cambiar las ondas de radio de corriente alterna ambientales en pulsos de corriente continua de audio, un cable de cobre delgado para envolverlo alrededor del frasco, un interruptor de metal que raspó a través de esta bobina para el «dial», una pequeña plancha para mantener unido el artilugio y treinta metros de cable normal recubierto de goma para la antena, que colgamos de una ventana del segundo piso. No había enchufe; toda la energía provenía de las señales de transmisión de las estaciones de radio

---

1. Storm, M.: *Return of the Dove*. M. Storm Productions, Baltimore, 1956.

cercanas. Sin embargo, después de conectarlo todo, la recepción era débil; me desanimé.

Mi padre paseaba por la habitación, considerando el problema y murmurando: «Algo falla». Tras unos instantes de profunda reflexión, hizo un movimiento que significaba «¡Lo tengo!». Se acercó a nuestro radiador arrastrando otro cable, que había conectado a la jarra, y empalmó una conexión a tierra. De repente, todas las estaciones comenzaron a llegar alto y claro, y marqué cada una de ellas en el frasco a lo largo de la bobina. Entonces me pareció evidente que la energía eléctrica se transmitía desde estas estaciones por medios inalámbricos y que, de alguna manera, la tierra estaba intrínsecamente conectada a este sistema.

Y ahora, aquí estaba yo, casi veinte años después, dos años después de graduarme de la escuela superior con un título de máster, bien leído y algo informado sobre electrónica, pero nunca había oído hablar del inventor principal del mismo dispositivo con el que había pasado interminables horas cuando era niño. Esto me asombró de una manera difícil de describir. Además, cuando le pregunté a mi padre sobre Tesla, apenas sabía nada de él.

Como creo en la búsqueda de fuentes originales, comencé a investigar la vida de Tesla, empezando con las dos biografías existentes, el clásico *Prodigal Genius: The Life of Nikola Tesla*, de John J. O'Neill, y *Lightning in His Hand*, de Inez Hunt y Wanetta Draper. Poco después, rastreé numerosas referencias de principios del siglo xx y también el denso *Nikola Tesla: Lectures, Patents, Articles*, publicado por el Museo Tesla en Belgrado (Yugoslavia). Por lo tanto, siguiendo sus patentes reales, pude comprobar que, en efecto, Tesla existió y que su trabajo fue fundamental para todas estas creaciones.

Que el nombre de Tesla fuera tan poco conocido me desconcertó, así que, en 1980, tres años después de escribir mi primer artículo sobre él, comencé una tesis doctoral sobre su vida. Mi objetivo principal era abordar la cuestión de la oscuridad del nombre.

Durante la redacción de mi tesis, se compilaron varios trabajos notables sobre Tesla. Entre éstos, se incluyeron la completa y enciclopédica *Dr. Nikola Tesla Bibliography, 1884-1978*, de John T. Ratzlaff y Leland I. Anderson; la autobiografía de Tesla de 1919, publicada de nuevo por Hart Brothers; la biografía de Margaret Cheney *Tesla: Man Out of Time*; dos compendios de los escritos de Tesla por John T. Ratzlaff; *Colorado Springs Notes*, producido por el Museo Tesla, y, más recientemente, la edición de Leland I. Anderson de la declaración privada de Tesla a sus abogados sobre la historia de la comunicación sin hilos.

Sin embargo, incluso con todo este material nuevo, no se había redactado un tratado completo y exhaustivo. De hecho, después de estudiar todos estos textos, quedaron una serie de contradicciones y misterios evidentes, no sólo relacionados con los oscuros primeros años de Tesla, su ocupación en la universidad y su relación con diversas personas clave como Thomas Alva Edison, Guglielmo Marconi, George Westinghouse y J. P. Morgan, sino también con el valor de los logros de Tesla y su lugar preciso en el desarrollo de estos inventos.

Este libro intenta resolver los misterios. Dado que ha habido agujeros significativos en el registro, se presenta una cronología clara de su vida. También se abordan cuestiones tales como por qué su nombre cayó en el olvido después de aparecer en primera página en periódicos de todo el mundo a principios del siglo pasado, por qué nunca recibió el Premio Nobel a pesar de que fue nominado para uno, qué hizo Tesla durante las guerras mundiales y si su plan para transmitir energía eléctrica de forma inalámbrica era factible.

Recurriendo a una perspectiva psicohistórica, el texto analiza no sólo los factores que guiaron el genio de Tesla, sino también las excentricidades que lo llevaron a la ruina. En este sentido, describe la relación de Tesla con muchos de sus conocidos asociados, como John Jacob Astor, T. C. Martin, J. P. Morgan Sr. y Jr., John Hays Hammond Sr. y Jr., Michael Pupin, Stanford White, Mark Twain, Rudyard Kipling, Franklin Delano Roosevelt, George Sylvester Viereck, Titus deBobula y J. Edgar Hoover. Muchas de estas personas apenas aparecen o ni tan siquiera se mencionan en otros tratados.

Como la vida de Tesla es tan controvertida y compleja, también examino preguntas tales como si Tesla recibió impulsos del espacio exterior, por qué finalmente fracasó en su asociación con J. P. Morgan en la construcción de un sistema inalámbrico global multifuncional para distribuir energía e información, cuál fue la relación precisa con Robert y Katharine Johnson, y qué pasó exactamente con su sistema de armamento de haces de partículas y sus documentos secretos. Dado que he basado el texto en gran medida en documentos de primera mano en lugar de en las biografías existentes, este libro ofrece una visión esencialmente nueva de la vida de Tesla. La biografía más reciente, *Tesla*, de Tad Wise, una versión reconocidamente ficticia de la vida del inventor, no aparece mencionada, ya que el objetivo del contenido es filtrar el mito y descubrir quién era realmente Tesla. De todos modos, una de las historias más destacadas de Wise –que Tesla fue responsable de la peculiar explosión que devastó Tunguska (en Siberia, en junio de 1908) se aborda en un nuevo apéndice de esta segunda edición.

He visitado todos los principales centros documentales de Tesla, como el Instituto Smithsoniano (Washington D.C.), la Universidad de Columbia (Nueva York) y el Museo Tesla de Belgrado (Yugoslavia). Y como también he recurrido a la Ley por la Libertad de Información y he accedido a la red arcana de investigadores de Tesla, *he podido compilar centenares de documentos que hasta ahora nunca habían sido comentados en ninguna biografía de Tesla*. Además, puesto que soy analista de caligrafía, también he utilizado esta habilidad para analizar varias de las personalidades clave involucradas. Gracias a este medio, y como total sorpresa, también he podido descubrir un colapso emocional no documentado hasta la fecha que sufrió el inventor en 1906, en el momento de la quiebra de su gran empresa inalámbrica.

Dado que Tesla vivió hasta los 86 años, la historia abarca casi un siglo. Reverenciado como un semidiós por algunos en la comunidad de la Nueva Era, al mismo tiempo Tesla ha sido relegado a un estatus virtual de no persona por segmentos influyentes de las comunidades corporativas y académicas. A menudo promocionado como un mago de otro mundo que atraía rayos de los cielos, el propio Tesla contribuyó a difundir su personalidad sobrenatural comparándose con el Todopoderoso y acaparando a menudo titulares con su discurso sensacionalista sobre la comunicación interplanetaria. Dado que sus logros son prodigiosos, fundamentales y documentados, la eliminación de su nombre de muchos libros de historia no es perdonable. Sólo comprendiendo por qué ha pasado esto, podemos, como personas modernas, esperar rectificar el registro histórico para las generaciones futuras.

Curiosamente, cuanto más nos hemos alejado de la muerte de Tesla, más material sobre su vida ha salido a la luz. En concreto, debemos dar las gracias a John J. O'Neill, a la Sociedad Memorial Tesla, al Museo Tesla en Belgrado y a la Sociedad Internacional Tesla por este hecho, así como a sus numerosos investigadores que han escrito últimamente mucho sobre él y han participado en las diferentes conferencias de la Sociedad Internacional Tesla celebradas cada dos años, desde 1984, en el lugar donde llevó a cabo algunos de sus experimentos más espectaculares, en Colorado Springs.

Dado que la visión de Tesla siempre estuvo puesta en el futuro, parece apropiado concluir esta introducción con las primeras líneas de su autobiografía. Son tan ciertas hoy como lo fueron hace más de un siglo, cuando se publicaron en 1919:

El desarrollo progresivo del hombre depende vitalmente de la invención. Es el producto más importante de su cerebro creativo. Su finalidad última es el dominio completo de la mente sobre el mundo material, el aprovechamiento de las fuerzas de la naturaleza para las necesidades humanas. Ésta es la difícil tarea del inventor, que a menudo es incomprendido y no recompensado. Pero encuentra una amplia compensación en el agradable ejercicio de sus poderes y en el conocimiento de pertenecer a esa clase excepcionalmente privilegiada sin la cual la raza habría perecido hace mucho tiempo en la amarga lucha contra los elementos despiadados. Hablando por mí, ya he tenido de este exquisito disfrute más de lo que podía soportar, tanto que durante muchos años mi vida fue poco menos que un éxtasis continuo.[2]

---

2. Tesla, N.: *My Inventions: The Autobiography of Nikola Tesla*. Hart Brothers, Williston, Vermont, 1982. (Trad. cast.: *Mis inventos*. Ediciones Obelisco, Barcelona, 2022). Publicado originalmente en *Electrical Experimenter*, en seis fascículos mensuales, febrero-julio de 1919.

1

Ascendencia

Difícilmente hay una nación que se haya encontrado con un desti-
no más triste que los serbios. Desde el apogeo de su esplendor,
cuando el imperio abarcaba casi toda la parte septentrional de la
península balcánica y gran parte de lo que hoy es Austria, la na-
ción serbia se sumió en la abyecta esclavitud, tras la fatídica bata-
lla de 1389 en Kosovo Polje contra las incontenibles hordas asiáti-
cas. Europa nunca podrá pagar la gran deuda que tiene con los
serbios por detener, con el sacrificio de su propia libertad, esa in-
vasión bárbara.

NIKOLA TESLA[1]

Nikola Tesla nació durante una intensa tormenta de verano en Smiljan,
una pequeña aldea en el borde de una meseta en lo alto de las montañas.
La familia serbia residía en la provincia de Lika, una meseta y un apacible
valle fluvial en Croacia donde todavía viven jabalíes y ciervos, y donde
los granjeros aún viajan en carretas tiradas por bueyes. A sólo un paseo
en carreta del Adriático, el territorio está bien protegido de la invasión
por mar por la cordillera de Velebit al oeste, que recorre toda la provincia
y se eleva sobre la costa como un abrupto acantilado, y por los Alpes
Dináricos al este, una cadena de montañas que emerge de Austria, atraviesa la península balcánica y culmina en el sur como la isla de Creta.

Aunque oculta, la aldea de Smiljan estaba ubicada en el centro, unos
veinticinco kilómetros al este del pequeño puerto marítimo de Karlobag,
unos diez kilómetros al oeste de la bulliciosa ciudad de Gospić y setenta
kilómetros al sudoeste de los lagos de Plitvice, un cañón de impresionan-

---

1. Tesla, N.: «Zmai Ivan Ivanovich, the Chief Servian Poet of Today», en Johnson, R. U.
   (ed.): *Songs of Liberty and Other Poems.* Century Company, Nueva York, 1897.

tes cascadas, cuevas y arroyos conectados entre sí y que se encuentran en la base de la cadena Dinárica.[2]

A principios del siglo XIX, después de haber formado parte brevemente de las provincias Ilirias de Napoleón, Croacia pasó a formar parte del dominio del Imperio austrohúngaro. Con sus países eslavos vecinos de Bosnia, Herzegovina, Montenegro, Serbia y Eslovenia, Croacia se encontraba situada entre la dinastía gobernante de los Habsburgo al norte y el Imperio otomano al sur.

En la antigüedad, y durante muchos siglos, gran parte de la costa del Adriático estuvo gobernada por los ilirios, una tribu pirata que se creía que descendía de regiones próximas a Austria. Protegiendo con éxito sus fronteras de gobernantes como Alejandro Magno, muchos ilirios alcanzaron prominencia social; algunos llegaron a ser emperadores en la época de Cristo.

Los eslavos, que se desplazaban en clanes muy unidos conocidos como *zadrugas*, fueron reconocidos por primera vez por los bizantinos en el siglo II d. C. en las áreas alrededor de lo que ahora es Belgrado. El aspecto físico de Tesla recordaba los rasgos característicos de los ghegs (una tribu descrita como alta y de nariz convexa y cráneo aplanado). Al igual que los otros eslavos, originalmente eran paganos y adoraban a los espíritus de la naturaleza y al dios del trueno y el relámpago. Es probable que los primeros antepasados de Tesla nacieran en Ucrania. Tal vez, viajaron a través de Rumania hasta Serbia y se establecieron cerca de Belgrado, a lo largo del Danubio. Después de la batalla de Kosovo a finales del siglo XIV, cruzaron las llanuras de Kosovo hacia Montenegro y continuaron su migración hacia el norte (Croacia) a finales del siglo XVIII.[3]

Todos los eslavos hablan el mismo idioma. La principal distinción entre croatas y serbios surge de las diferencias en las historias de sus respectivos países. Los croatas adoptaron al papa como su líder espiritual y siguieron la forma romana de catolicismo; los serbios, por su parte, adoptaron un patriarca bizantino y el punto de vista ortodoxo griego. Mientras que los sacerdotes romanos permanecen célibes, los ortodoxos griegos pueden casarse.

---

2. Viaje personal a Yugoslavia, 1986.

3. Wolff, R. L.: *The Balkans in Our Time*. Harvard University Press, Cambridge, Massachusetts, 1956.

En las regiones del este y del centro, los eslavos tuvieron más éxito en mantener su propio control sobre lo que vino a llamarse el Reino de Serbia; en cambio, en el oeste, en Croacia, gobernantes extranjeros, como Carlomagno en el año 800 d. C., ocuparon la región. Mientras que Croacia mantuvo las políticas de cristianización de los francos, los serbios y los búlgaros expulsaron al papado y revivieron su propia fe pagana, que incluía el sacrificio de animales y el panteísmo. Muchos de los antiguos dioses paganos fueron santificados y festejados en mayor estima que Jesús. El santo patrón de Tesla (Nicolás) era un dios del siglo IV que protegía a los marineros.[4]

Para distanciar aún más a los dos grupos, aunque hablaban el mismo idioma verbal, los croatas adoptaron el alfabeto latino, mientras que los serbios y los búlgaros adoptaron el alfabeto cirílico utilizado por la iglesia ortodoxa griega.[5]

Antes del dominio turco, desde el siglo IX hasta el siglo XIII, Serbia había mantenido la autonomía. Para Serbia, este período fue su Edad de Oro, ya que los bizantinos aceptaron su estatus autónomo. Debido al carácter filantrópico de sus reyes, floreció un dinámico arte medieval y se erigieron grandes monasterios.[6]

Croacia, por su parte, vivió muchísima más agitación. Influenciada por Europa occidental, la clase dominante intentó infructuosamente instaurar un sistema feudal de señores y siervos. Esta política chocó de frente con la estructura inherente de las *zadrugas* democráticas, por lo que Croacia nunca pudo establecer una identidad unificada. Sin embargo, una rama independiente de Croacia, Ragusa (Dubrovnik), que se había establecido como puerto comercial y rival de Venecia como principal potencia marítima, se convirtió en un crisol de la cultura eslava del sur y en un símbolo del ideal ilirio de una Yugoslavia unificada.

Sin embargo, la identidad de Serbia como nación cambió para siempre el 15 de junio de 1389, el día en que 30 000 turcos destruyeron la nación serbia en la batalla de Kosovo. Crueles conquistadores, los turcos destruyeron iglesias serbias o las convirtieron en mezquitas. Reclutan-

4. Entrevista personal a Michael Markovitch (1988).

5. Adamic, L.: *My Native Land*. Harper & Brothers, Nueva York, 1943.

6. Petrović, M. B.: *A History of Modern Serbia: 1804-1918*, 2 vols. Harcourt Brace Jovanović, Nueva York, 1976. p. 5.

do a los niños varones más sanos para sus ejércitos, ensartaron y torturaron a los hombres y obligaron a las mujeres a convertirse y casarse con turcos. Muchos serbios huyeron y se instalaron en las montañas escarpadas de Montenegro o en los valles ocultos de Croacia. Algunos de los que se quedaron se enriquecieron como vasallos turcos; otros, en su mayoría mestizos, se convirtieron en parias.

La batalla de Kosovo es tan importante para los serbios como el éxodo para los judíos o la crucifixión para los cristianos. Se conmemora cada año en el aniversario de la tragedia como Vidovdan, el día «cuando veremos». Como le dijo un serbio al autor, «siempre nos sigue».[7] La masacre y la subsiguiente profanación del reino se convirtieron en el motivo dominante de los grandes poemas épicos que sirvieron para unificar la identidad del pueblo serbio a través de sus siglos de penurias.

A diferencia de los croatas, que no tenían este tipo de exigencia, los serbios tenían Kosovo. Combinado con su fidelidad a la religión ortodoxa griega de una manera doble, los serbios, independientemente de dónde vivieran, se sentían unidos.

El siglo del nacimiento de Tesla estuvo marcado por el ascenso de Napoleón. En 1809, el emperador arrebató a Croacia del dominio austrohúngaro y estableció la ocupación francesa. Al extender su dominio por la costa del Adriático, Napoleón reunió las provincias de Iliria e introdujo los ideales libertarios franceses. Esta filosofía ayudó a desmantelar el obsoleto sistema feudal de señores y siervos, y reavivó la idea de una nación balcánica unificada. Al mismo tiempo, la ocupación creó una identidad con la cultura francesa. El abuelo paterno y el bisabuelo materno de Tesla sirvieron bajo el emperador francés.[8]

Con el apoyo de los rusos, las bandas serbias se unieron en 1804 bajo el liderazgo del extravagante criador de cerdos George Petrović, conocido como Kara-George (George el negro en turco), un hombre de origen montenegrino entrenado en el ejército austríaco. Sin embargo, cuando Napoleón invadió Rusia en 1811, el apoyo a Serbia se evaporó.

Cuarenta mil turcos marcharon contra los serbios, arrasando ciudades y asesinando a sus ciudadanos. Los serbios a menudo eran ejecutados por empalamiento y dejaban sus cuerpos retorciéndose alineados a lo

---

7. Entrevista personal a Michael Markovitch (1988).
8. Ibíd.

largo de los caminos a la ciudad. Todos los hombres capturados mayores de quince años fueron ejecutados y las mujeres y los niños vendidos como esclavos. Kara-George huyó del país.

Miloš Obrenović (el nuevo líder serbio) era un personaje astuto y desleal, capaz de caminar por una delgada línea entre los serbios y el sultán. En 1817, cuando Kara-George regresó, fue decapitado y Miloš envió su cabeza a Estambul. Un tirano tan terrible como cualquier pachá turco, Miloš se convirtió en el jefe oficial de Serbia en 1830.

Una de las figuras más sabias de la época fue el erudito y serbio Vuk Karadžić (1787-1864). Educado en Viena y San Petersburgo, Vuk creía que «todos los yugoslavos eran uno».[9]

Suplicando a Miloš que construyera escuelas y formara una constitución, Vuk creó, con la colaboración de un estudiante, un diccionario serbocroata que combinaba los dos idiomas escritos. Publicó baladas populares épicas que llamaron la atención de Goethe y por este medio se tradujeron y difundieron al mundo occidental la difícil situación serbia y su literatura única.[10]

En Croacia, la tierra de nacimiento de Tesla, el emperador Fernando de Austria emitió en 1843 una proclama que prohibía cualquier debate sobre el ilirianismo, ayudando así a mantener a serbios y croatas como un pueblo separado. En 1867 se creó la monarquía dual austrohúngara y Croacia se convirtió en una provincia semiautónoma del nuevo imperio. Simultáneamente, en Serbia, Miguel III Obrenović finalmente pudo «asegurar la salida [...] de las guarniciones turcas de Belgrado» y convertir el estado en una monarquía constitucional.

La herencia de Tesla era, por lo tanto, una mezcla de influencias cruzadas, un ambiente monástico, un legado bizantino de la que antaño fue una gran cultura y batallas incesantes contra invasores bárbaros. Como serbio que creció en Croacia, Tesla heredó una rica mezcla de rituales tribales, normas igualitarias, una forma modificada del catolicismo ortodoxo griego, creencias panteístas y una miríada de supersticiones. Las mujeres cubrían sus cuerpos con ropajes negros y los hombres llevaban una cruz en un bolsillo y un arma en otro. Viviendo en las fronteras de

---

9. Adamic, L.: *My Native Land*. Harper & Brothers, Nueva York, 1943. p. 270.

10. Petrović, M. B.: *A History of Modern Serbia: 1804-1918*, 2 vols. Harcourt Brace Jovanović, Nueva York, 1976. pp. 142-143, 350-351.

la civilización, los serbios se veían a sí mismos como protectores de Europa de las hordas asiáticas. Llevaron esta responsabilidad en su sangre durante muchos siglos.

2
Infancia (1856-1874)

Ahora debo contaros una extraña experiencia que dio sus frutos en mi vida posterior. Hacía un frío [chasquido] muy seco que nunca habíamos visto. La gente que caminaba por la nieve dejaba un rastro luminoso. [Cuando acaricié] la espalda de Ma Mačak [se convirtió en] una lámina de luz y mi mano produjo una lluvia de chispas. Mi padre comentó que esto no era más que electricidad, lo mismo que vemos en los árboles durante una tormenta. Mi madre parecía alarmada. «Deja de jugar con el gato –dijo–, podría provocar un incendio». Yo pensaba de manera abstracta. ¿Es naturaleza un gato? Si es así, ¿quién le acaricia la espalda? Sólo puede ser Dios, concluí.

No puedo exagerar el efecto de esta maravillosa visión en mi imaginación infantil. Día tras día me preguntaba qué era la electricidad y no encontraba respuesta. Han pasado ochenta años desde entonces y sigo haciéndome la misma pregunta, incapaz de responderla.

NIKOLA TESLA[1]

Nikola Tesla descendía de una *zadruga* fronteriza bien establecida cuyo apellido original era Draganić.[2] A mediados del siglo XVIII, el clan había emigrado a Croacia y allí surgió el apellido Tesla. Era «un apellido de un oficio como Smith o Carpenter»,[3] que describía un hacha para trabajar la madera que tenía una «hoja cortante ancha en ángulo recto respecto al

1. Tesla, N.: «A Story of Youth» (1939), en Ratzlaff, J. T. (ed.): *Tesla Said*. Tesla Book Co., Milbrae, California, 1984. pp. 283-284.

2. O'Neill, J. J.: *Prodigal Genius: The Life of Nikola Tesla*. Ives Washburn, Nueva York, 1944. p. 12.

3. Ambos apellidos se traducirían como Herrero y Carpintero, respectivamente. *(N. del T.)*

mango».[4] Supuestamente, este apellido se debe a que sus dientes se parecían a este instrumento.

El abuelo del inventor, también llamado Nikola Tesla, nació hacia 1789 y se convirtió en sargento del ejército ilirio de Napoleón durante el período 1809-1813. Al igual que otros serbios que vivían en Croacia, Nikola Tesla (el mayor de los hermanos) fue honrado luchando por un emperador que pretendía unificar los estados balcánicos y derrocar el régimen opresivo de los austrohúngaros. «Procedía de una región conocida como la frontera militar que se extendía desde el mar Adriático hasta las llanuras del Danubio, incluyendo […] la provincia de Lika [donde nació el inventor]. Este llamado *corpus separatum* de la monarquía de los Habsburgo tenía su propia administración militar diferente del resto del país, y por lo tanto no eran súbditos de los señores feudales».[5] En su mayoría serbios, eran guerreros cuya responsabilidad era proteger el territorio de los turcos. Y a cambio, a diferencia de los croatas, los serbios pudieron poseer su propia tierra.

Poco después de la derrota de Napoleón en Waterloo en 1815, Nikola Tesla se casó con Ana Kalinić, la hija de un destacado oficial. Después del colapso de Iliria, el abuelo se mudó a Gospić, donde él y su esposa pudieron criar una familia en un ambiente civilizado.[6]

El 3 de febrero de 1819 nació Milutin Tesla, el padre del inventor. Uno de cinco hijos, Milutin fue educado en una escuela primaria alemana, la única disponible en Gospić. Al igual que su hermano Josip, Milutin trató de seguir los pasos de su padre. Al final de su adolescencia se inscribió en una academia militar austrohúngara, pero se rebeló contra las trivialidades de la vida reglamentada. Era hipersensible y abandonó la academia después de que un oficial lo criticara por no tener los botones de latón pulidos.[7]

Mientras que Josip se convirtió en oficial y luego en profesor de matemáticas, primero en Gospić y más adelante en una academia militar en

---

4. O'Neill, J. J.: *Prodigal Genius: The Life of Nikola Tesla.* Ives Washburn, Nueva York, 1944. p. 13.

5. Correspondencia personal con Nikola Pribić (19 de abril de 1988).

6. Popović, V.: *Nikola Tesla.* Tecnicka Knjiga, Belgrado, 1951.

7. O'Neill, J. J.: *Prodigal Genius: The Life of Nikola Tesla.* Ives Washburn, Nueva York, 1944. p. 11.

Austria,[8] Milutin fue políticamente activo, escribió poesía e ingresó al sacerdocio. Influenciado por el filósofo Vuk Karadžić, Milutin promulgó la «idea yugoslava» en editoriales publicados en los periódicos locales bajo el seudónimo de Srbin Pravicić, «Hombre de Justicia». Tesla escribió que «su estilo de escritura era muy admirado. Con frases breves y concisas, estaba lleno de ingenio y sátira». Hizo un llamamiento a la igualdad social entre los pueblos, la necesidad de la educación obligatoria para los niños y la creación de escuelas serbias en Croacia.[9]

A través de estos artículos, Milutin atrajo la atención de la élite intelectual. En 1847 se casó con Djouka Mandić, una hija de una de las familias serbias más prominentes.[10]

El abuelo materno de Djouka era Toma Budisavljević (1777-1840), un ceremonioso sacerdote de barba blanca que fue condecorado con la Medalla de Honor francesa por el propio Napoleón en 1811 por su liderazgo durante la ocupación francesa de Croacia. Soka Budisavljević, uno de los siete hijos de Toma, siguió la tradición familiar y se casó con un ministro serbio, Nikola Mandić, descendiente de una distinguida familia de militares y eclesiásticos. Su hija Djouka, que nació en 1821, era la madre de Tesla.[11]

Hermana mayor de ocho hermanos, las obligaciones de Djouka aumentaron rápidamente, ya que su madre sufrió problemas de visión y al final se quedó ciega.

«Mi madre […] era verdaderamente una gran mujer, de una rara habilidad, coraje y fortaleza»,[12] escribió Tesla. Probablemente debido a la magnitud de sus responsabilidades, que incluían, a los dieciséis años, preparar para el sepelio los cuerpos de toda una familia afectada por el cólera, Djouka nunca aprendió a leer. En cambio, memorizó los grandes poemas épicos serbios y también largos pasajes de la Biblia.

8. Tesla, N.: «Scientists Honor Nikola Tesla». Artículo de periódico no identificado (1894), encontrado en los Archivos Edison, Menlo Park, Nueva Jersey.

9. Tesla, N.: *My Inventions: The Autobiography of Nikola Tesla*. Hart Brothers, Williston, Vermont, 1982. p. 29. (Trad. cast.: *Mis inventos*. Ediciones Obelisco, Barcelona, 2022. p. 11).

10. Entrevista a William H. Terbo (1988).

11. Partidas de nacimiento de los archivos de Michael Markovitch.

12. Tesla, N.: *My Inventions: The Autobiography of Nikola Tesla*. Hart Brothers, Williston, Vermont, 1982. p. 30. (Trad. cast.: *Mis inventos*. Ediciones Obelisco, Barcelona, 2022. p. 12).

Tesla podría reseguir su linaje hasta un segmento de la «aristocracia educada» de la comunidad serbia. En ambas ramas de la familia y durante generaciones se podían encontrar líderes eclesiásticos y militares, muchos de los cuales lograron múltiples doctorados. Uno de los hermanos de Djouka, Pajo Mandić, era mariscal de campo del ejército imperial austrohúngaro. Otro Mandić dirigía una academia militar austríaca.[13]

Petar Mandić, un tercer hermano y más adelante el tío favorito de Nikola, se enfrentó de joven a una tragedia cuando su esposa falleció. En 1850, Petar ingresó en el monasterio de Gomirje, donde ascendió en la jerarquía clerical para convertirse en obispo regional de Bosnia.[14]

En 1848, gracias a la ayuda del apellido Mandić, Milutin Tesla obtuvo una parroquia en Senj,[15] una fortaleza costera del norte ubicada a tan sólo 120 kilómetros del puerto italiano de Trieste. Desde la iglesia de piedra, situada en lo alto de austeros acantilados, Milutin y su nueva novia podían contemplar el mar Adriático azul verdoso y las islas montañosas de Krk, Cres y Rab.

Durante ocho años, los Tesla vivieron en Senj, donde tuvieron a sus tres primeros hijos: Dane (nacido en 1849), el primer varón, y dos hijas, Angelina, nacida al año siguiente, que más tarde se convertiría en la abuela del actual presidente de honor de la Tesla Memorial Society (William Terbo), y Milka, que nació dos años después. Al igual que sus otras dos hermanas y su madre, Milka acabaría casándose con un sacerdote ortodoxo serbio.

Djouka estaba orgullosa de su hijo Dane, quien solía sentarse con los pescadores en la orilla para evocar historias de grandes aventuras. Al igual que su hermano menor, que aún no había nacido, Dane estaba dotado de extraordinarios poderes de imaginería eidética.[16]

---

13. Entrevista a William H. Terbo (1988).

14. Martin, T. C.: «Nikola Tesla», *Century*, pp. 582-585 (febrero de 1894); Tesla, 22 de abril de 1893. Valić, B. (ed.): *My Inventions: The Autobiography of Nikola Tesla*. Školska Knjiga, Zagreb, 1977.

15. O'Neill, J. J.: *Prodigal Genius: The Life of Nikola Tesla*. Ives Washburn, Nueva York, 1944. p. 10.

16. Tesla, N.: *My Inventions: The Autobiography of Nikola Tesla*. Hart Brothers, Williston, Vermont, 1982. p. 31. (Trad. cast.: *Mis inventos*. Ediciones Obelisco, Barcelona, 2022. p. 13).

Gracias a un profundo sermón sobre el tema del «trabajo», tras el cual el arzobispo le otorgó a Milutin una faja roja especial, el ministro fue ascendido a una congregación de cuarenta hogares en el pueblo pastoral de Smiljan,[17] situado a sólo diez kilómetros de Gospić. Milutin regresaba a casa, donde aún vivía su padre. En 1855, el joven pastor, su esposa embarazada y sus tres hijos cargaron su carreta de bueyes e hicieron el viaje de ochenta kilómetros por la cordillera de Velebit a través del valle de Lika hasta su nuevo hogar.

En 1856 nació Nikola Tesla. Le siguió, tres años más tarde, Marica, futura madre de Sava Kasonović, el primer embajador yugoslavo en Estados Unidos y principal responsable de la creación del Museo Tesla en Belgrado.

Smiljan era un entorno ideal para que crecieran los niños pequeños. Nikola, criado en gran medida por sus dos hermanas mayores, parece que tuvo una infancia arcádica, persiguiendo a los sirvientes, jugando en la granja con las aves y los animales locales y aprendiendo inventos de su hermano mayor y su madre.

En primavera y verano, los muchachos bajaban al arroyo local para nadar o atrapar ranas, y en otoño y principios de invierno, para construir represas en un vano intento de evitar las inundaciones estacionales de la tierra.[18] Una de sus recreaciones favoritas era una delicada rueda hidráulica, un artefacto que contenía conceptos inherentes que más adelante constituirían la base de las innovadoras turbinas de vapor sin álabes de Tesla.

Otros inventos fueron un rifle de caña de maíz, que incluía principios que Tesla adaptó más tarde cuando diseñó armas de haces de partículas, un anzuelo de pesca especial para atrapar ranas, trampas para capturar pájaros y una sombrilla utilizada en un intento fallido de dejarse caer planeando desde el techo del granero. El joven Niko debió dar un gran salto, porque su caída lo dejó postrado seis semanas.[19]

17. Ibíd.
18. Tesla, N.: «A Story of Youth» (1939), en Ratzlaff, J. T. (ed.): *Tesla Said*. Tesla Book Co., Milbrae, California, 1984. p. 284.
19. Martin, T. C.: «Nikola Tesla», *Electrical World*, vol. 15, n.º 7, p. 106 (1890).

Quizás la creación más ingeniosa del niño fue una hélice impulsada por dieciséis escarabajos de mayo pegados o cosidos de cuatro en cuatro en las aspas de madera.

Estas criaturas eran notablemente eficientes, ya que una vez que se ponían en marcha, no tenían sentido para detenerse y continuaban girando durante horas y horas [...] Todo iba bien hasta que un extraño muchacho llegó al lugar. Era el hijo de un oficial retirado del Ejército austríaco. Ese mocoso se comía las chinches de mayo vivas y las disfrutaba como si como si fueran las mejores ostras de Arcachon. Ese repugnante espectáculo puso fin a mis esfuerzos en este prometedor campo y desde entonces no he sido capaz de tocar a ningún otro insecto.[20]

Algunos de los primeros recuerdos del inventor, de cuando tenía tres años, los rememoró cuando era octogenario. Muchos años antes que sobre las palomas, Tesla derramó su afecto sobre el gato de la familia, Mačak, «la fuente de mi disfrute [...] Desearía poder darte una idea adecuada de la profundidad del afecto que había entre él y yo».

Después de cenar, Niko y su gato salían corriendo de la casa y jugueteaban en la iglesia. Mačak «me agarraba por los pantalones. Intentaba hacerme creer que me mordía, pero en el instante en que sus incisivos afilados como agujas atravesaban la ropa, la presión cesaba y su contacto con mi piel era tan suave y dulce como el de una mariposa posándose en un pétalo».

A Tesla le gustaba más revolcarse en la hierba con Mačak. «Simplemente rodábamos... y rodábamos... en un delirio de placer».

En este entorno pacífico, el joven Niko descubrió los animales de granja. «Yo... cogía uno u otro debajo de mi brazo y lo abrazaba y lo acariciaba, [especialmente] el gran gallo resplandeciente que tanto me gustaba», escribió.[21] Fue también en este momento que el niño comenzó a estudiar el vuelo, un tema de interés que lo llevó más adelante a inventar un abanico de novedosas máquinas voladoras. Su relación con las aves, sin embargo, estuvo llena de contradicciones.

20. Tesla, N.: *My Inventions: The Autobiography of Nikola Tesla*. Hart Brothers, Williston, Vermont, 1982. p. 45. (Trad. cast.: *Mis inventos*. Ediciones Obelisco, Barcelona, 2022. p. 32).

21. Tesla, N.: «A Story of Youth» (1939), en Ratzlaff, J. T. (ed.): *Tesla Said*. Tesla Book Co., Milbrae, California, 1984. p. 285.

Mi infancia [...] hubiera sido dichosa si no hubiera tenido un enemigo poderoso, [...] nuestro ganso, un bruto feo y monstruoso, con cuello de avestruz, boca de cocodrilo y un par de ojos astutos que irradiaban inteligencia y comprensión como un humano [...]

Un día de verano mi madre me había dado un baño y me había sacado a tomar un sol que calentaba con el ropaje de Adán. Cuando ella entró en casa, el ganso me vio y atacó. El bruto sabía dónde me dolería más y me agarró por la nuca casi arrancándome los restos del cordón umbilical. Mi madre, que llegó a tiempo para evitar más heridas, me dijo: «Debes saber que no puedes hacer las paces con un ganso o un gallo del que te has burlado. Se enfrentarán a ti mientras vivan.[22]

Tesla también tuvo encontronazos con otros animales, como un lobo local, que afortunadamente se dio la vuelta y huyó de él; la vaca de la familia, en la que Tesla montó y de la que una vez se cayó, y los cuervos gigantes, a los que afirmó haber atrapado con sus propias manos escondiéndose debajo de los arbustos y saltando sobre ellos, como lo haría un gato.

A Tesla también le gustaba contar la historia de sus dos tías hogareñas, que a menudo visitaban su casa. Una, la tía Veva, «tenía dos dientes que sobresalían como los colmillos de un elefante. Me quería con pasión y los clavaba profundamente en mi mejilla cada vez que me besaba. Gritaba de dolor, pero ella pensaba que era de placer y los clavaba aún más profundo. De todos modos, la prefería a la otra... [ya que] ella solía pegar sus labios a los míos y besar y besar hasta que con frenéticos esfuerzos lograba liberarme para respirar».

Un día, cuando llegaron y Tesla aún era lo suficientemente pequeño como para que su madre lo sostuviera en brazos, «me preguntaron cuál era la más guapa de las dos. Después de examinar sus rostros atentamente, respondí pensativo, señalando a una de ellas: "Ésta de aquí no es tan fea como la otra"».[23] Tesla heredó el sentido del humor de su padre,

---

22. Ibíd. pp. 284-285 (resumido).

23. Tesla, N.: *My Inventions: The Autobiography of Nikola Tesla*. Hart Brothers, Williston, Vermont, 1982. p. 29. (Trad. cast.: *Mis inventos*. Ediciones Obelisco, Barcelona, 2022. p. 10).

quien, por ejemplo, advirtió una vez a un empleado bizco que estaba cortando leña cerca del pastor y su hijo: «Por el amor de Dios, Mane, no le des a lo que miras, sino a lo que intentas dar».

Era bien sabido que el padre Tesla hablaba solo e incluso mantenía conversaciones con diferentes tonos de voz, un rasgo que también se observó en el inventor, especialmente en sus últimos años.[24] Milutin también entrenaba a sus hijos con ejercicios para desarrollar la memoria y sus facultades intuitivas. Capaz de recitar con pelos y señales obras en varios idiomas, a menudo comentaba en broma que, si se perdían algunos de los clásicos, podría recuperarlos. «Mi padre [...] hablaba con fluidez muchos idiomas y también tenía un elevado nivel como matemático. Era un lector omnívoro y tenía una gran biblioteca de la que tuve el privilegio de recopilar una gran cantidad de información durante los años que pasé en casa».[25]

Los textos de esta biblioteca incluían obras en alemán de Goethe y Schiller, obras enciclopédicas en francés de D'Alembert y otros clásicos, probablemente en inglés, de los siglos XVIII y XIX.[26]

La original autobiografía del inventor sigue siendo la principal fuente de información sobre su infancia. Mientras que Dane y sus padres aparecen de forma destacada en la obra, las hermanas de Tesla apenas se mencionan. Ciertamente, amaba a las chicas e intercambió cartas con ellas con regularidad a lo largo de su vida, pero no parece que hubieran influido en su educación. Fue su madre, con sus incansables hábitos de trabajo y propensión a la invención, quien más influyó en el futuro inventor.

Mientras Milutin se encargaba de la parroquia y publicaba sus artículos, Djouka dirigía a los sirvientes y se ocupaba de la granja. Tenía la responsabilidad de sembrar los cultivos, coser toda la ropa y diseñar la labor, práctica que la hizo famosa en la región. Tesla también atribuye su propensión a la invención a su madre; concibió muchos electrodomésticos, incluidos batidores, telares y «todo tipo de herramientas [de cocina].

24. Ibíd. p. 30. (Trad. cast.: p. 11.)

25. Tesla, N.: «Nikola Tesla and His Wonderful Discoveries», *New York Herald*, p. 31 (23 de abril de 1893).

26. Budisavljevic, D.: «A Relative of Tesla's Comments on the Tesla Library», en Kasanovich, N. (ed.): *Tesla Memorial Society Newsletter*, p. 3 (primavera de 1989).

[Mi madre] descendía de un largo linaje de inventores». Desde antes del amanecer, no dejaba de trabajar hasta las once de la noche.[27]

En 1863, la tragedia golpeó a la familia Tesla.[28] Dane, que tenía «un talento extraordinario», estaba montando un caballo de la familia, que era «de raza árabe y poseía [sic] una inteligencia casi humana». Es probable que el caballo fuera del tipo de los que se asustan fácilmente. El invierno anterior había tirado a Milutin en medio del bosque tras un encuentro con lobos y huyó al galope a casa, dejándolo inconsciente. El caballo, sin embargo, fue lo suficientemente inteligente como para llevar al grupo de búsqueda de regreso a la escena del accidente, y así el padre se salvó. Este animal, que «era cuidado y acariciado por toda la familia», también tiró al hermano, pero Dane murió a consecuencia de las heridas. La familia nunca se recuperó realmente. «La muerte prematura [de Dane] dejó a mis padres desconsolados [...] El recuerdo de sus logros hace que todos mis esfuerzos resulten aburridos. Todo lo que hice que fuera meritorio simplemente hacía que mis padres sintieran su pérdida más agudamente. Así que crecí con poca confianza en mí mismo».[29]

Alterado por la muerte de su hermano y el rechazo de sus padres, en particular de su madre, el niño de siete años se escapó de casa y se escon-

---

27. Tesla, N.: *My Inventions: The Autobiography of Nikola Tesla*. Hart Brothers, Williston, Vermont, 1982. p. 30 (Trad. cast.: *Mis inventos*. Ediciones Obelisco, Barcelona, 2022. p. 12); Tesla, N.: «A Story of Youth» (1939), en Ratzlaff, J. T. (ed.): *Tesla Said*. Tesla Book Co., Milbrae, California, 1984.

28. La fecha podría haber sido 1861.

29. Tesla, N.: *My Inventions: The Autobiography of Nikola Tesla*. Hart Brothers, Williston, Vermont, 1982. p. 28. (Trad. cast.: *Mis inventos*. Ediciones Obelisco, Barcelona, 2022. p. 10). Los rumores que sugieren que Niko empujó a su hermano por un tramo de escaleras provienen de A. Beckhard, *Electrical Genius, Nikola Tesla* (Julian Messner, Nueva York, 1959). El libro de Beckhard, claramente escrito para adolescentes, utilizó sólo una fuente referenciada, el trabajo de O'Neill. Escritor imaginativo, Beckhard también inventó los nombres de la gente del pueblo de la infancia de Tesla. En *Tesla: Man Out of Time* (Prentice-Hall, Englewood Cliffs, Nueva Jersey, 1981), Margaret Cheney repite el rumor sin mencionarlo. Leland I. Anderson, quien ayudó en la investigación, afirmó que Cheney oyó la historia en el Museo Tesla. La fuente original probablemente seguía siendo Beckhard, ya que V. Popović, profesor de la Universidad de Belgrado y vicepresidente (en 1976) de la Sociedad Nikola Tesla en Belgrado, se refiere al libro de manera destacada en su artículo «Nikola Tesla: True Founder of Radio Communications», en *Tesla: Life and Work of a Genius* (Sociedad Nikola Tesla, Belgrado, 1976).

dió «en una vieja capilla en una montaña inaccesible que sólo se visitaba una vez al año». Cuando llegó al lugar, ya era de noche. Poco podía hacer el muchacho salvo entrar a la fuerza y pasar la noche «sepultado [...] Fue una experiencia horrible».[30]

Poco después de esta tragedia, Milutin fue promovido y se le otorgó la parroquia en la ornamentada «iglesia del bulbo de cebolla» en la ciudad de Gospić.[31] La familia se mudó unos pocos kilómetros a Gospić, donde el padre Tesla también consiguió una plaza para enseñar religión en el gimnasio local (escuela secundaria).[32] Niko estaba en edad escolar, por lo que comenzó su educación formal en este momento. Sin embargo, tuvo muchas dificultades para adaptarse a la vida de la ciudad, ya que echaba de menos la granja y la existencia idílica que antaño había disfrutado. «Este cambio de residencia fue para mí una calamidad. Casi me rompió el corazón tener que separarme de nuestras palomas, gallinas y ovejas, y de nuestra magnífica bandada de gansos que solían subir a las nubes por la mañana y volver de los comederos al atardecer en formación de batalla, tan perfecta que habría impresionado a un escuadrón de los mejores aviadores de la actualidad».[33]

El niño se despertaba en medio de la noche con pesadillas sobre la muerte de Dane, que afirmaba haber presenciado, y sobre el funeral, que probablemente implicaba un ataúd abierto. «Una vívida imagen de la escena se presentaría ante mis ojos a pesar de todos mis esfuerzos por desterrarla [...] Para liberarme de estas apariciones atormentadoras, trataba de concentrar mi mente en otra cosa [...], pero para conseguirlo tenía que conjurar nuevas imágenes continuamente [...] Me sentía oprimido por pensamientos de dolor en la vida y la muerte y el miedo religioso. Estaba influenciado por creencias supersticiosas y vivía en cons-

30. Tesla, N.: *My Inventions: The Autobiography of Nikola Tesla*. Hart Brothers, Williston, Vermont, 1982. p. 47. (Trad. cast.: *Mis inventos*. Ediciones Obelisco, Barcelona, 2022. p. 33).

31. Callahan, P.: «Tesla the Naturalist», en Elswick, S. R. (ed.): *Proceedings of the 1986 International Tesla Symposium*. Sociedad Internacional Tesla, Colorado Springs, 1986. pp. 1-27.

32. Archivos personales de Michael Markovitch en la ciudad de Nueva York.

33. Tesla, N.: *My Inventions: The Autobiography of Nikola Tesla*. Hart Brothers, Williston, Vermont, 1982. p. 46. (Trad. cast.: *Mis inventos*. Ediciones Obelisco, Barcelona, 2022. p. 33).

tante temor al espíritu del mal, de fantasmas y ogros y otros monstruos impíos de la oscuridad».[34]

Fue en ese momento cuando Tesla comenzó a tener lo que hoy se conoce como experiencias extracorpóreas, aunque nunca les atribuyó nada místico o paranormal. «Al principio eran muy borrosas [...] cuando estaba solo, comenzaban mis viajes —ver nuevos lugares, ciudades y países, vivir allí, conocer gente y hacer amistades y conocidos— y, por increíble que parezca, es un hecho que estas personas me resultaban tan queridas como los seres de la vida real y no un poco menos intensos en sus manifestaciones».[35]

Tesla decía que tenía poderes tan grandes de imágenes eidéticas que a veces necesitaba que una de sus hermanas lo ayudara a decir qué era una alucinación y qué no. Al igual que Dane, sus pensamientos a menudo se veían interrumpidos por molestos destellos de luz. Estos trastornos psiconeurológicos continuaron durante toda su vida. En el lado positivo, el problema también se atribuyó a su inclinación inventiva. Podía utilizar sus poderes de visualización para moldear sus diversas creaciones, e incluso ejecutarlas y modificarlas en su mente, antes de plasmarlas en el papel y en el mundo material.

Cuando aún estaba en la escuela de primaria, Niko había conseguido una plaza en la biblioteca local en Gospić clasificando los libros. Pero tenía prohibido leer por la noche por temor a que sus ojos se fatigaran en la penumbra y Milutin «montaba en cólera» para evitarlo.[36] Sin inmutarse, Niko robaba algunas velas de casa, sellaba las grietas de su habitación y continuaba leyendo durante la noche. El libro que Tesla afirmó que cambió su vida fue *Abafi*, una historia, traducida al serbio, sobre el hijo de Aba, del autor húngaro Josika. «Hasta los ocho años, mi carácter era débil y vacilante [...] Esta obra despertó de algún modo mi adormecida fuerza de voluntad y comencé a practicar el autocontrol. Al principio mis propósitos se desvanecieron como la nieve en abril, pero en poco tiempo superé mi debilidad y sentí un placer que nunca había conocido: el de hacer lo que quería».[37]

---

34. Ibíd. pp. 32, 36. (Trad. cast.: p. 13, 20).

35. Ibíd. pp. 32-33. (Trad. cast.: pp. 14-15).

36. Ibíd. p. 36 (Trad. cast.: p. 20).

37. Ibíd. pp. 36-37. (Trad. cast.: pp. 20-21).

Así, a los doce años estaba experimentando con éxito con actos de abnegación y autodominio, un patrón paradójico que se repitió reiteradamente a lo largo de su vida. Al mismo tiempo, Tesla comenzó a desarrollar peculiaridades, probablemente derivadas del estrés asociado con la muerte de su hermano, la tensa relación con sus padres y la negación de sus deseos sexuales.[38] En aquella época enfermó y afirmó que una fuerte dosis de los escritos de Mark Twain cambió su espíritu y lo curó.

Veinticinco años después, cuando conocí al señor Clemens y entablamos una amistad, le conté la experiencia y me sorprendió ver que aquel gran humorista se puso a llorar.[39] En aquella época contraje muchos gustos, aversiones y hábitos extraños […] Tenía una violenta aversión contra los pendientes de las mujeres, pero otros adornos, como brazaletes, me gustaban […] La visión de una perla casi me daba un ataque, pero me fascinaba el brillo de los cristales y los objetos con bordes afilados y superficies planas. No tocaba el pelo de otras personas, excepto, tal vez, a punta de revólver. Me daba fiebre la simple visión de un melocotón […] Incluso ahora [a los 61 años] no soy insensible a algunos de estos impulsos perturbadores.[40]

De todos modos, el joven también emprendió las aventuras normales de la niñez, incluidas algunas experiencias cercanas a la muerte: en una ocasión «cayó de cabeza en una enorme olla de leche hirviendo, recién extraída de los rebaños paternos»,[41] en otra ocasión casi se ahoga después de bucear debajo de una balsa y en una tercera casi es arrastrado por un salto de agua en una de las presas cercanas. Éstas fueron experiencias bastante desagradables, pero no tan malas, según el inventor, como la siguiente: «Había una señora rica en la ciudad, una mujer buena pero pomposa, que solía venir a la iglesia magníficamente pintada y ataviada con una enorme cola y muchos asistentes. Un domingo acababa de sonar la campana en el campanario y me apresuré a bajar cuando esta gran dama estaba barriendo y salté sobre su cola [y] se desprendió. Mi padre estaba

38. Seifer, M. J.: *Nikola Tesla: Psychohistory of a Forgotten Inventor*. Saybrook Institute, San Francisco, 1986. [Tesis doctoral]

39. Tesla, N.: *My Inventions: The Autobiography of Nikola Tesla*. Hart Brothers, Williston, Vermont, 1982. p. 53. (Trad. cast.: *Mis inventos*. Ediciones Obelisco, Barcelona, 2022. p. 42).

40. Ibíd. pp. 35-36. (Trad. cast.: p. 19).

41. Martin, T. C.: «Nikola Tesla», *Electrical World*, vol. 15, n.º 7, p. 106 (1890).

lívido de rabia. Me dio una suave bofetada en la mejilla, el único castigo corporal que me administró en toda mi vida, pero casi lo siento ahora».[42]

Niko quedó condenado al ostracismo y evitaba la interacción social. Afortunadamente, pudo redimirse gracias a su mente inventiva. Un día, los bomberos locales sacaron su nuevo camión y encendieron un fuego para mostrarlo. Para vergüenza de los oficiales, la manguera, que extraía agua del río local, no funcionaba. Intuitivamente, Tesla se dio cuenta de que había una torcedura. Se quitó su mejor vestido de domingo, se zambulló en el agua, deslió la manguera y se convirtió en el héroe del día. Ese acontecimiento se convirtió en un fuerte incentivo para que el niño continuara con su interés por la invención. Simultáneamente, este acto simbolizó una nueva forma de conseguir el amor y la admiración no sólo de sus padres, sino también de la sociedad.

Entre los diez y los catorce años, Niko asistió al Real Gymnasium, equivalente a la escuela secundaria. (Parece que tanto su padre como su tío enseñaron allí). Era una institución bastante nueva, con un departamento de física bien equipado. «Estaba interesado en la electricidad casi desde el comienzo de mi carrera educativa. Leía todo lo que podía encontrar sobre el tema […], experimentaba con baterías y bobinas de inducción».[43]

Tesla también comenzó a experimentar con turbinas de agua y motores que utilizaban energía derivada de diferencias en la presión del aire. Su objetivo, aunque inalcanzable debido a un error en su lógica, era una máquina de movimiento perpetuo que funcionaría manteniendo un vacío constante y aprovechando, como un molino de viento, la corriente de aire entrante. Pensaba que este movimiento haría girar constantemente un generador.

Después de ver un dibujo o una fotografía de las Cataratas del Niágara, Tesla le anunció a su tío Josip que un día colocaría una rueda gigante debajo de las cataratas y así las aprovecharía. Lo más probable es que también hubiera visitado la magnífica red de cascadas de los lagos de Plitvice en busca de más inspiración, ya que se encontraban a sólo un día de viaje.

---

42. Tesla, N.: *My Inventions: The Autobiography of Nikola Tesla*. Hart Brothers, Williston, Vermont, 1982. p. 47. (Trad. cast.: *Mis inventos*. Ediciones Obelisco, Barcelona, 2022. pp. 33-34).

43. Tesla, N.: «Nikola Tesla and His Wonderful Discoveries», *New York Herald*, p. 31 (23 de abril de 1893).

En 1870, a los catorce años, Niko se mudó de Gospić a Karlovac, donde vio por primera vez una locomotora, para asistir al Gymnasium Karlovac, ubicado junto a un pantano en un afluente del río Sava cerca de Zagreb. El joven vivía con su tía Stanka, la hermana de su padre, y su esposo, el coronel Branković, «un viejo jinete de guerra».[44]

Durante su estancia «en Karlovac, visitaba con frecuencia a su prima, Milica Zorić, en la finca familiar en Tomingaj. [Niko], quien a menudo iba allí de vacaciones, encontró que era una especie de santuario».[45]

En Karlovac se formó en idiomas y matemáticas. Su profesor más influyente fue Martin Sekulić, un profesor de física, que «demostraba los principios por medio de aparatos de su propia invención. Entre ellos recuerdo un dispositivo en forma de bombilla que giraba libremente, con revestimiento de papel de aluminio, que se hacía girar rápidamente cuando se conectaba a una máquina estática. Me resulta imposible transmitir una idea adecuada de la intensidad del sentimiento que experimenté al presenciar sus exhibiciones de estos misteriosos fenómenos. Cada impresión produjo mil ecos en mi mente».[46]

Durante su último año en Karlovac, después de un día de exploración por un pantano cercano, contrajo una fiebre que dijo que era malaria. La gravedad de su estado pudo haberse visto exacerbada por una dieta inadecuada. «Me alimentaban como a un pájaro canario […] Cuando el coronel me ponía algo sustancioso en el plato, ella me lo arrebataba y le decía emocionada: «Ten cuidado, Niko es muy delicado». Yo tenía un apetito voraz y sufría como Tántalo. Pero vivía en un ambiente de refinamiento y gusto artístico bastante inusual para aquellos tiempos y condiciones».[47]

---

44. Tesla, N.: *My Inventions: The Autobiography of Nikola Tesla*. Hart Brothers, Williston, Vermont, 1982. p. 53. (Trad. cast.: *Mis inventos*. Ediciones Obelisco, Barcelona, 2022. p. 42.)

45. Pribić, N.: «Nikola Tesla: A Yugoslav Perspective», *Tesla Journal*, n.º 6-7, pp. 59-61 (1989–1990) (resumido).

46. Tesla, N.: *My Inventions: The Autobiography of Nikola Tesla*. Hart Brothers, Williston, Vermont, 1982. p. 54 (Trad. cast.: *Mis inventos*. Ediciones Obelisco, Barcelona, 2022. pp. 43-44); Valić, B. (ed.): *My Inventions: The Autobiography of Nikola Tesla*. Školska Knjiga, Zagreb, 1977. p. 101.

47. Tesla, N.: *My Inventions: The Autobiography of Nikola Tesla*. Hart Brothers, Williston, Vermont, 1982. p. 53. (Trad. cast.: *Mis inventos*. Ediciones Obelisco, Barcelona, 2022. p. 43.)

Después de su graduación, Tesla recibió la noticia de que su padre deseaba que fuera a una cacería, ya que había una epidemia en la ciudad. Sin embargo, el joven volvió a Gospić. Las calles estaban llenas de cadáveres y la atmósfera llena de humo, porque la gente pensaba erróneamente que el cólera se transmitía por el aire y no por el agua para beber. En parte debido a su estado debilitado por la enfermedad anterior, Tesla enfermó casi de inmediato. Postrado en cama durante nueve meses, estuvo a punto de morir. «En uno de los momentos de hundimiento, que se pensó que era el último, mi padre entró corriendo en la habitación. Todavía veo su rostro pálido mientras intentaba animarme con un tono que contradecía su seguridad. "Tal vez", le dije, "pueda mejorar si me dejas estudiar ingeniería". "Irás a la mejor institución técnica del mundo", respondió solemnemente, y supe que lo decía en serio».[48]

Los Tesla se instalaron en la Escuela Politécnica de Graz (Austria), ubicada a unos 280 kilómetros al norte. Antes, sin embargo, el chico tuvo que servir tres años en el ejército. Con el estallido de una gran guerra contra los turcos, Milutin ordenó a su hijo que cogiera lo necesario y se fuera a las colinas para evitar el reclutamiento. Allí el joven pudo mantener una actitud discreta y al mismo tiempo recuperar su salud. «Durante la mayor parte de este período, vagabundeé por las montañas, cargado con un equipo de cazador y un montón de libros, y ese contacto con la naturaleza me hizo más fuerte tanto en el cuerpo como en la mente [...] pero [mi] conocimiento de los principios era muy limitado».[49]

Los inventos equivocados de este período incluyeron un «un tubo submarino [capaz de] transportar cartas y paquetes a través de los mares [...] [y] un anillo alrededor del ecuador»[50] para transportar a personas de un extremo al otro del mundo. Sin embargo, un día, mientras jugaba con bolas de nieve en la ladera de una montaña, Tesla descubrió el concepto de mecanismos desencadenantes ocultos capaces de liberar grandes reservas de energía: «Una [...] encontró las condiciones adecuadas; rodó hasta convertirse en una bola grande y luego se despatarró rodando la nieve a los lados como si fuera una alfombra gigante, y entonces de repente se convirtió en una avalancha [...] desnudando la ladera de la

48. Ibíd. p. 54. (Trad. cast.: p. 44).
49. Ibíd. p. 55. (Trad. cast.: p. 45).
50. Ibíd.

montaña de nieve, árboles, tierra y cualquier otra cosa que pudiera arras-
trar con ella».[51]

Pero el contacto con la guerra era inevitable y, de vez en cuando, el
joven se topaba con sus estragos. Veinticinco años más tarde, recordaría:
«He visto hombres ahorcados, golpeados hasta la muerte, disparados,
descuartizados, clavados en un palo puntiagudo, decapitados y niños en
una bayoneta como codornices "en brochetas" en el Delmonico's[52]».[53]
Afortunadamente, Tesla evitó ser capturado y en 1875 regresó a Gospić.
Con una nueva beca de la Autoridad Fronteriza Militar, comenzó la universidad en Austria el siguiente semestre.

51. O'Neill, J. J.: *Prodigal Genius: The Life of Nikola Tesla.* Ives Washburn, Nueva York,
    1944. p. 29.

52. Inaugurado en 1827 por los hermanos de origen suizo John y Peter Delmonico, y
    considerado de lujo por su elaborada carta, el Delmonico's fue uno de los primeros
    restaurantes de Estados Unidos en permanecer continuamente abierto. *(N. del T.)*

53. Nikola Tesla a Robert Underwood Johnson (5 de abril de 1900) [BBUC].

3
Años de universidad (1875-1882)

Me ha costado años de reflexión llegar a ciertos resultados, que muchos creían inalcanzables, por los que ahora hay numerosos reclamantes, y su número está aumentando rápidamente, como el de los coroneles en el Sur después de la guerra.

NIKOLA TESLA[1]

Unos ciento treinta kilómetros al sur de Viena, en la capital de la provincia de Estiria, se encontraba la Escuela Politécnica de Graz. Milutin había elegido esa escuela porque era una de las más avanzadas de la región. El físico y filósofo Ernst Mach había enseñado allí unos años antes, al igual que el psicofisiólogo Gustav Theodor Fechner. Pensando en convertirse en profesor, Tesla estudió asignaturas de aritmética y geometría del profesor Rogner, un profesor conocido por su histrionismo; física teórica y experimental con el puntilloso profesor alemán Poeschl, y cálculo integral con el profesor Alle. Este último «era el conferenciante más brillante al que nunca he escuchado. Se interesaba especialmente por mis progresos y a menudo se quedaba una o dos horas en la sala de conferencias, dándome problemas para que los resolviera, en los que me deleitaba».[2] Otras asignaturas que estudió fueron química analítica, mineralogía, construcción de maquinaria, botánica, teoría de ondas, óptica, francés e inglés.[3] Para ahorrar dinero, se alojó

---

1. Tesla, N.: «Tesla's New Alternating Motors», *Electrical Engineer*, pp. 344-346 (24 de septiembre de 1890).

2. Tesla, N.: *My Inventions: The Autobiography of Nikola Tesla*. Hart Brothers, Williston, Vermont, 1982. pp. 56-57. (Trad. cast.: *Mis inventos*. Ediciones Obelisco, Barcelona, 2022. p. 48).

3. Pichler, F.: «Tesla's Studies in College». Conferencia en la Sociedad Internacional Tesla, Colorado Springs, 1994.

con Kosta Kulishich, a quien había conocido en la Sociedad de Estudiantes de Serbia. Posteriormente, Kulishich se convirtió en profesor de filosofía en Belgrado.[4]

Tesla se sumergió en su trabajo muy intensamente. Estudiando más de veinte horas al día, cambió su especialización a ingeniería y amplió su currículum para estudiar otros idiomas (era capaz de hablar hasta nueve idiomas) y las obras de escritores como Descartes, Goethe, Spencer y Shakespeare, muchas de los cuales se sabía enteramente de memoria. «Tenía una verdadera manía de terminar todo lo que empezaba», recordó, reflexionando sobre sus tareas autodesignadas. Las obras completas de Voltaire comprendían «cerca de cien grandes volúmenes en letra pequeña que ese monstruo había escrito mientras bebía setenta y dos tazas de café negro al día».[5] Esta tarea lo curó de la compulsión, pero no sirvió para sofocar el patrón de implacable abnegación y autodeterminación. Como sus profesores lo elogiaban, los otros estudiantes se pusieron celosos, pero al principio Tesla permaneció imperturbable.

Al regresar a casa el verano siguiente, después de haber aprobado su primer año con A+[6], el joven estudiante pensaba que sus padres lo felicitarían. Pero, por el contrario, su padre trató de convencerlo de que se quedara en Gospić. Sin que Tesla lo supiera, sus maestros habían escrito a Milutin advirtiendo que el chico corría el peligro de dañar su salud por las obsesivamente largas e intensas horas de estudio. Apareció una brecha entre padre e hijo, quizás en parte porque la Autoridad Fronteriza Militar había sido abolida y ya no disponía de la beca.

Como reacción al menosprecio de los otros estudiantes, que se sentían resentidos con Tesla por sus hábitos de estudio monástico y su estrecha relación con la facultad, Tesla comenzó a apostar. «Empezó a quedarse hasta tarde en el Jardín Botánico, la cafetería favorita de los estudiantes, jugando a las cartas, al billar y al ajedrez, atrayendo a una gran multitud

4. Kulishich, K.: «Tesla Nearly Missed His Career as Inventor: College Roommate Tells», *Newark News* (27 de agosto de 1931).

5. Tesla, N.: *My Inventions: The Autobiography of Nikola Tesla*. Hart Brothers, Williston, Vermont, 1982. p. 56. (Trad. cast.: *Mis inventos*. Ediciones Obelisco, Barcelona, 2022. p. 47).

6. Pichler, F.: «Tesla's Studies in College». Conferencia en la Sociedad Internacional Tesla, Colorado Springs, 1994.

que observaban sus hábiles actuaciones».[7] El padre de Tesla «llevaba una vida ejemplar y no podía excusar el despilfarro de tiempo y de dinero […] Le decía: "Puedo dejarlo cuando quiera, pero ¿merece la pena renunciar a lo que compraría con las alegrías del Paraíso?"».[8]

Durante su segundo curso, llegó a la clase de física del profesor Poeschl una dinamo Gramme de corriente continua procedente de París. Estaba equipada con el conmutador habitual, un dispositivo que transfería la corriente del generador al motor. *La electricidad en su estado natural es alterna.* Esto significa que su sentido de flujo cambia rápidamente. *Una situación análoga sería un río que fluye aguas abajo, luego aguas arriba, luego aguas abajo, y así sucesivamente muchas veces por segundo.*[9] Se puede comprender la dificultad de aprovechar un río así con, por ejemplo, una rueda hidráulica, porque la rueda también cambiaría constantemente su sentido de giro. El conmutador está compuesto por una serie de cepillos de alambre que sirven para transferir la electricidad en un único sentido de flujo, es decir, una corriente continua. Es un dispositivo incómodo y chispea considerablemente.

Cuando el profesor Poeschl mostró este equipo actualizado, Tesla dedujo intuitivamente que el conmutador era innecesario y que podía aprovecharse la corriente alterna sin trabas. Expresó esta opinión, que en ese momento parecía completamente fantasiosa. Poeschl dedicó el resto de la clase a una explicación detallada de cómo este objetivo era imposible. Para subrayar el argumento, Poeschl avergonzó a su alumno desconectando el conmutador «superfluo» y haciendo ver con sorpresa fingida que el generador ya no funcionaba.[10] «El Sr. Tesla puede lograr grandes cosas, pero ciertamente nunca hará esto. Eso equivaldría a convertir una fuerza de atracción constante, como la de la gravedad, en una fuerza ro-

7. Kulishich, K.: «Tesla Nearly Missed His Career as Inventor: College Roommate Tells», *Newark News* (27 de agosto de 1931).

8. Tesla, N.: *My Inventions: The Autobiography of Nikola Tesla*. Hart Brothers, Williston, Vermont, 1982. p. 37. (Trad. cast.: *Mis inventos*. Ediciones Obelisco, Barcelona, 2022. p. 21).

9. Edison, T. A.: «A Long Chat With the Most Interesting Man in the World», *Morning Journal* (26 de julio de 1891), p. 17 [TAE].

10. Martin, T. C. (ed.): *The Inventions, Researches, and Writings of Nikola Tesla*. The Electrical Engineer, Nueva York, 1894. p. 3. [Republicado por Health Research, Mokelumne Hill, California 1970]

tatoria. Sería un esquema de movimiento perpetuo, una idea imposible».[11] Tesla pasaría los siguientes cuatro años obsesionado con demostrar que el profesor estaba equivocado.

Otro invento en el que Tesla trabajó al mismo tiempo, pero bajo la tutela del profesor Alle, fue el de una máquina voladora mecánica. Cuando era niño, Tesla había escuchado historias de su abuelo sobre el empleo de globos aerostáticos por parte de Napoleón, que se utilizaban para observar los movimientos de las tropas enemigas y para lanzar bombas. Sin duda, él también había estudiado los principios involucrados en la escuela y muy posiblemente vio tales creaciones futuristas flotando en los cielos de Austria cuando se fue a la universidad.

Durante su tercer año, Tesla tuvo dificultades en la universidad. Como superaba a sus compañeros de clase en sus estudios, se empezó a aburrir y a frustrarse por su incapacidad para encontrar una solución a su problema de la corriente alterna. Comenzó a apostar más intensamente, a veces veinticuatro horas seguidas. Aunque Tesla tendía a devolver sus ganancias a los grandes perdedores, no se daba la reciprocidad y un semestre perdió toda su paga, incluido el dinero de la matrícula. Su padre estaba furioso, pero su madre se le acercó con «un rollo de billetes» y le dijo: «Ve y diviértete. Cuanto antes pierdas todo lo que poseemos, mejor será. Sé que lo superarás».[12]

El joven audaz recuperó sus pérdidas iniciales y devolvió el equilibrio a su familia. «Conquisté mi pasión en ese momento y sólo lamenté que no hubiera sido cien veces más fuerte. No sólo vencí, sino que la arranqué de mi corazón para no dejar ni un rastro de deseo. Desde entonces, me resulta tan indiferente cualquier forma de juego como hurgarme los dientes»,[13] escribió. Esta afirmación parece ser una exageración, ya que Tesla se la jugó bastante libremente con su futuro y era sabido que jugaba al billar cuando fue a Estados Unidos. Un empleado de Edison recor-

---

11. Nikola Tesla, reconstruido de «A New Alternating Current Motor», *The Electrician*, p. 173 (15 de junio de 1888); Tesla, N.: *My Inventions: The Autobiography of Nikola Tesla*. Hart Brothers, Williston, Vermont, 1982. p. 57. (Trad. cast.: *Mis inventos*. Ediciones Obelisco, Barcelona, 2022. p. 49).

12. Tesla, N.: *My Inventions: The Autobiography of Nikola Tesla*. Hart Brothers, Williston, Vermont, 1982. p. 37. (Trad. cast.: *Mis inventos*. Ediciones Obelisco, Barcelona, 2022. p. 21).

13. Ibíd.

dó: «Jugaba bastante bien. [Tesla] no era un gran anotador, pero sus carambolas mostraban una habilidad igual a la de un exponente profesional de este arte».[14] También se ha sugerido que años después, a principios de la década de 1890, Tesla estafó a algunas de las personas ricas de la alta sociedad de Nueva York fingiendo una habilidad mínima en el deporte.[15]

Llegó la hora del examen y Tesla no estaba preparado. Pidió una prórroga para estudiar, pero se la negaron. Nunca se graduó en la Escuela Politécnica de Austria y no recibió ninguna nota de su último semestre. Lo más probable es que lo expulsaran, en parte por apostar y, supuestamente, por «mujeriego».[16] Según su compañero de habitación, los «primos de Tesla, que le habían estado enviando dinero, dejaron de ayudarlo». Temiendo que sus padres se enteraran, Tesla desapareció sin decir nada. «Los amigos lo buscaron por todas partes y decidieron que se había ahogado en el río».

Tras hacer las maletas de manera clandestina, Tesla viajó hacia el sur, cruzando la frontera con Eslovenia, donde llegó a Maribor a finales de la primavera de 1878 para buscar trabajo. Jugaba a las cartas en las calles con los lugareños, como todavía es costumbre hoy en día, y pronto consiguió empleo con un ingeniero «que le pagaba 60 florines al mes»,[17] pero el trabajo duró poco. Tesla continuó viajando y atravesó Zagreb hasta llegar al pequeño pueblo costero de Min-Gag. No volvió a casa, porque no quería enfrentarse a sus padres. Al mismo tiempo, sin embargo, también continuó buscando una solución al problema de quitar el conmutador del generador de corriente continua.

Su primo, el Dr. Nikola Pribić, recordaba una historia que oyó cuando era niño y vivía en Yugoslavia en la década de 1920: «Mi madre nos dijo que siempre le gustaba estar solo [cuando Tesla nos visitaba]. Por la mañana se iba al bosque a meditar, medía de un árbol a otro tomando notas, experimentando [tirando un cable del uno a otro y transmitiendo corriente]. Los campesinos que pasaban se asombraban de una persona

14. Tate, A. O.: *Edison's Open Door*. Dutton, Nueva York, 1938. p. 149.

15. Timothy Eaton al autor, mencionando a William H. Terbo (1988).

16. Terbo, W. H.: «Remarks at Washington, D.C., premiere of The Secret Life of Nikola Tesla», Zagreb Films, Zagreb, 1983.

17. Kulishich, K.: «Tesla Nearly Missed His Career as Inventor: College Roommate Tells», *Newark News* (27 de agosto de 1931).

tan errática… Se nos acercaban y nos decían: "Lo siento, [tu primo] parece estar loco"».[18]

Cuando finalmente localizó a su hijo, gracias a Kulishich, quien había visto a Tesla en Maribor, Milutin viajó al norte para hablar sobre sus problemas académicos. Tesla se negó a regresar a Graz, por lo que Milutin le ofreció una solución: su hijo comenzaría de nuevo en otra universidad. Regresaron a Gospić.

Reaceptado en la familia, Tesla volvió a asistir a la iglesia para oír los sermones de su padre. Allí conoció a Anna. Era «alta y hermosa [con] ojos extraordinariamente entendibles». Por primera y única vez en su vida, Tesla diría: «Me enamoré». Disfrutando de su compañía, Nikola llevaba a Anna a pasear por el río o de regreso a Smiljan, donde hablaban sobre el futuro. Él quería convertirse en ingeniero eléctrico; ella quería formar una familia.[19]

Al año siguiente, Milutin falleció, y unos meses después, en 1880, Tesla partió hacia Bohemia (ahora en la República Checa) para «llevar a cabo […] el deseo de mi padre y continuar con mi educación». Prometió escribirle a Anna, pero su romance estaba condenado al fracaso y ella se casaría poco después.

Tesla se inscribió en la rama Charles-Ferdinand de la Universidad de Praga, una de las instituciones más importantes de Europa, para el período de verano.

Según Ernst Mach, quien una década antes se había trasladado desde Graz para ser nombrado *rector magnificus*, Praga era una ciudad «rica en gente talentosa», con placas de calles que a menudo aparecían en media docena de idiomas. Aunque la ciudad estaba llena de majestuosos edificios, las condiciones sanitarias eran muy deficientes. Para evitar la fiebre tifoidea había que hervir el agua o conseguir agua mineral de los manantiales del norte.[20]

Sólo dos años después de la estancia de Tesla, el psicólogo de Harvard William James iría allí de visita para reunirse con Mach y el archirrival de Mach, Carl Stumpf, «profesor ordinario de filosofía». Stumpf fue alumno

---

18. Comentario personal de Nikola Pribić al autor (Zagreb, 1986).

19. Petković, D.: «A Visit to Nikola Tesla», *Politika*, vol. XXV, n.º 6824, p. 4 (27 de abril de 1927) [LA].

20. Blackmore, J. T.: *Ernst Mach: His Life and Work*. University of California Press, Berkeley, California, 1972. pp. 38-39.

del controvertido exsacerdote Franz Brentano (quien también influyó sobre otro alumno, Sigmund Freud) y también fue profesor de filosofía de Tesla. Entre otras asignaturas, Tesla estudió geometría analítica con Heinreich Durege, física experimental con Karel Domalip, ambos «profesores ordinarios», y matemáticas superiores con Anton Puchta, quien fue un «profesor extraordinario» de la Universidad Técnica Alemana, también ubicada en Praga.[21]

Con Stumpf, Tesla estudió al filósofo escocés David Hume. Criado como un niño prodigio de la música, el mordaz y «de nariz afilada» Stumpf[22] se opuso a varios psicofísicos clave, incluidos el famoso Wilhelm Wundt y Mach, pero al mismo tiempo también ayudó a dar forma al pensamiento de varios estudiantes clave, como el fenomenólogo Edmund Husserl y el psicólogo de la Gestalt Wolfgang Kohler.[23]

Persuasivo defensor del «escepticismo radical» de Hume, Stumpf defendió el concepto de «tabula rasa». Basándose en Aristóteles y John Locke, quienes repudiaron el concepto de ideas innatas, Stumpf afirmaba que la mente humana nació como una pizarra en blanco, una «tabula rasa»; impactando en ella, después del nacimiento, estaban todas las «cualidades primarias de las cosas», es decir, el conocimiento verdadero del mundo. Tesla aprendió que, gracias a los órganos de los sentidos, el cerebro registraba mecánicamente los datos entrantes. La mente, según Hume, no era más que una simple recopilación de sensaciones de causa y efecto. Lo que llamamos ideas eran impresiones secundarias derivadas de estas sensaciones primarias. La voluntad e «incluso el alma [fueron] reducidas por Hume a impresiones y asociaciones de impresiones».[24] En ese momento, Tesla también estudió las teorías de Descartes, quien imaginó a los animales, incluido el hombre, como simples «autómatas incapaces de llevar a cabo acciones aparte de las características de una máquina».[25]

21. Karel Litsch, director del Archiv Univerzity Karlovy (Praga, República Checa), al autor (28 de septiembre de 1989).

22. William James, mencionado en Blackmore, J. T.: *Ernst Mach: His Life and Work*. University of California Press, Berkeley, California, 1972. p. 76.

23. Ibíd.

24. Watson, R.: *The Great Psychologists: Aristotle to Freud*. Lippincott, Nueva York, 1963. pp. 198-200.

25. Tesla, N.: «How Cosmic Forces Shape Our Destiny», *New York American* (27 de febrero de 1925), en Popović, V. *et al.* (ed.): *Nikola Tesla: Lectures, Patents, Articles*. Museo Nikola Tesla, Belgrado, 1956. p. A-173.

Esta línea de pensamiento dominaría la cosmovisión de Tesla e irónicamente serviría como modelo para un paradigma mecanicista que llevaría al inventor a descubrir sus creaciones más originales, aunque toda la idea del descubrimiento original parece ser la antítesis de esta premisa aristotélica motivada extrínsecamente. De acuerdo con Tesla y con este punto de vista, todos sus descubrimientos se derivaron del mundo exterior.

Aunque Tesla no se refiere abiertamente al adversario percibido de Stumpf, en retrospectiva, parece obvio que la oposición de Stumpf no impidió que Tesla estudiara los experimentos de Mach sobre mecánica ondulatoria. Nacido en Moravia (ahora República Checa) en 1838, Mach se graduó en la Universidad de Viena en 1860. En 1864 era profesor titular en Graz y en 1867 era jefe del Departamento de Física Experimental en Praga, con cuatro libros y 62 artículos publicados. Influenciado por la investigación en psicofísica de Fechner en Graz y de Ludwig von Helmholtz en Berlín, Mach estudió el funcionamiento del ojo humano junto con su colega de Praga, el «famoso fisiólogo y filósofo» Jan Purkyne. Tanto el ojo como el oído captan información del mundo exterior, la analizan y la transfieren, a través de impulsos eléctricos en los nervios, hasta los respectivos centros de procesamiento en el cerebro. Esta línea tradicional de investigación había sido adoptada por muchos otros científicos conocidos, incluidos Isaac Newton, Johann von Goethe y Herbert Spencer, todos ellos favoritos de Tesla.

En su laboratorio, Mach había construido un «instrumento famoso conocido como máquina de ondas. Este aparato podía producir ondas transversales [y] longitudinales progresivas [y estacionarias]...». Mach podía mostrar una serie de efectos mecánicos con estas ondas acústicas y «demostrar la analogía entre los eventos acústicos y electromagnéticos». De esta manera, también podría demostrar la «teoría mecánica del éter».[26]

Al estudiar el movimiento de ondas acústicas en asociación con fenómenos mecánicos, eléctricos y ópticos, Mach descubrió que cuando se alcanzaba la velocidad del sonido, la naturaleza del flujo de aire sobre un objeto cambiaba drásticamente. Este valor umbral se conoció como Mach 1.

---

26. Blackmore, J. T.: *Ernst Mach: His Life and Work*. University of California Press, Berkeley, California, 1972. pp. 38-39.

Mach también escribió sobre la estructura del éter y planteó la hipótesis de que estaba inherentemente vinculada a una atracción gravitatoria entre todas las masas del universo. Influenciado abiertamente por los escritos budistas, que sin duda se filtraron hasta los debates esotéricos de los estudiantes universitarios, Mach pudo formular la hipótesis de que ningún evento en el universo estaba separado de otro. «La inercia de un sistema se reduce a una relación funcional entre el sistema y el resto del universo».[27] Este punto de vista se extendió a la relación de los eventos mentales con las influencias exteriores. Al igual que Stumpf, estaba de acuerdo en que cada evento mental debía tener una acción física correspondiente.[28]

Dado que los escritos de Mach son tan paralelos a la investigación posterior y la perspectiva filosófica de Tesla, Mach parece una curiosa omisión de los escritos publicados de Tesla.

Cuando éste dejó la universidad al final del semestre, había logrado grandes avances, tanto teóricos como prácticos, para resolver el dilema de la corriente alterna. Y así lo escribió: «Fue en esa ciudad donde realicé un decidido avance que consistía en separar el conmutador de la máquina y estudiar los fenómenos desde este nuevo aspecto».[29]

Con la muerte de su padre, necesitaba ganarse la vida. Comenzó un aprendizaje en la enseñanza, pero no le gustaba. El tío Pajo le sugirió que se mudara a Hungría, donde podría conseguir trabajo gracias a un amigo militar, Ferenc Puskás, quien dirigía la nueva central telefónica «estadounidense» con su hermano Tivadar. En enero de 1881, Tesla se mudó a Budapest, pero descubrió para su consternación que el negocio aún no estaba en marcha.

Los hermanos Puskás eran hombres muy ocupados, pues dirigían negocios en San Petersburgo y supervisaban, en París, la exhibición de bombillas incandescentes de Thomas Edison en la Exposición de París y arreglaban el sistema de iluminación del Teatro de la Ópera parisino.[30]

27. Gillispie, C. C. (ed.).: «Ernst Mach», en *Dictionary of Scientific Biography*, Charles Scribner's Sons, Nueva York, 1977.

28. Ibíd.

29. Tesla, N.: *My Inventions: The Autobiography of Nikola Tesla*. Hart Brothers, Williston, Vermont, 1982. p. 59. (Trad. cast.: *Mis inventos*. Ediciones Obelisco, Barcelona, 2022. p. 49).

30. Charles W. Batchelor a Thomas Alva Edison (24 de octubre de 1881); Charles W. Batchelor a Mr. Bailey (11 de abril de 1882) [TAE].

Sin fondos y sin trabajo, Tesla se acercó al Departamento de Ingeniería de la Oficina Central de Telégrafos del gobierno húngaro para intentar conseguir un puesto como dibujante y diseñador. Trabajando por un salario de subsistencia, utilizó lo poco que conseguía ahorrar para comprar material para continuar con sus experimentos.

Anthony Szigeti, excompañero de clase e ingeniero de Hungría, «con el cuerpo de Apolo [y] una cabeza grande con un bulto en el costado [que] le daba una apariencia sorprendente»,[31] se convirtió en amigo y confidente de Tesla. Muchas noches, cuando el inventor en ciernes no estaba inmerso en sus investigaciones, los dos compañeros se reunían en los cafés locales, donde comentaban los acontecimientos del día o competían en juegos amistosos como determinar quién era capaz de beber más leche. En una de esas ocasiones, Tesla afirmó que fue derrotado después de la trigésima octava botella.[32]

Debido a sus escasos fondos y su incapacidad general para saberse administrar, Tesla sólo tenía un traje, que se había desgastado por el uso. Se acercaba un festival religioso y Szigeti le preguntó qué llevaría puesto. Sin saber qué decir, el joven inventor tuvo la ingeniosa idea de dar la vuelta a su traje, planeando así aparecer con un conjunto de ropa aparentemente nuevo. Pasó toda la noche cosiendo y planchando. Pero cuando se comienza con una premisa equivocada, no hay suficientes parches para corregir el problema. El traje se veía ridículo y Tesla decidió quedarse en casa.[33]

En pocos meses, la centralita telefónica estadounidense abrió en Budapest y Tesla y Szigeti consiguieron un empleo de inmediato. Finalmente, la nueva empresa permitió a los jóvenes ingenieros aprender de primera mano cómo funcionaban los inventos más modernos de la época. También fue la primera vez que Tesla conoció el trabajo de Thomas Edison, el «Napoleón de la invención», cuyas mejoras en el teléfono de Bell ayudaron a revolucionar el campo de las comunicaciones. Tesla se subía a los postes para revisar las líneas y reparar el material. En tierra trabajaba como mecánico y matemático. Allí estudió el principio de in-

31. Hunt, I. *et al.*: *Lightning in His Hands: The Life Story of Nikola Tesla*. Omni Publications, Hawthorne, California, 1977. p. 33. [Publicado originalmente en 1964]

32. Petković, D.: «A Visit to Nikola Tesla», *Politika*, vol. XXV, n.º 6824, p. 4 (27 de abril de 1927) [LA].

33. Martin, T. C.: «Nikola Tesla», *Century*, p. 583 (febrero de 1894).

ducción, según el cual una masa con carga eléctrica o electromagnética puede proporcionar una carga, una fuerza o magnetismo a una segunda masa sin contacto. También estudió una serie de inventos de Edison, como su telégrafo multiplex, que permitía enviar cuatro mensajes en código morse en dos direcciones simultáneamente, y su nuevo altavoz de disco de carbón activado por inducción, el dispositivo plano, circular y fácilmente extraíble que hoy en día aún se encuentra en el auricular de muchos teléfonos. Como era su naturaleza, Tesla desarmó los diferentes instrumentos y pensó en maneras de mejorarlos. Al darle al disco de carbono una forma cónica, diseñó un amplificador que repetía y aumentaba las señales de transmisión. Tesla había inventado un precursor del bafle. Nunca se molestó en conseguir una patente.

A excepción de las diversiones con su amigo Szigeti, Tesla dedicaba cada momento libre a revisar el problema de eliminar el conmutador en las máquinas de corriente continua y aprovechar la corriente alterna sin intermediarios incómodos. Aunque parecía inminente hallar la solución, la respuesta no se le revelaba. Pasó cientos de horas construyendo y reconstruyendo equipos, y discutiendo sus ideas con su amigo.[34]

Tesla estudió minuciosamente sus cálculos y revisó el trabajo de otros. Más tarde escribió: «Para mí era un voto sagrado, una cuestión de vida y muerte. Sabía que perecería si fallaba».[35] Monomaníaco en pos de su objetivo, renunció al sueño, o al descanso de cualquier tipo, tensando cada fibra para demostrar de una vez por todas que él tenía razón y el profesor Poeschl y el resto del mundo estaban equivocados. Su cuerpo y su cerebro finalmente cedieron y sufrió un grave colapso nervioso, experimentando una enfermedad que «supera toda creencia». Afirmando que su pulso se aceleró a 260 latidos por minuto y su cuerpo se estremecía y se sacudía incesantemente.[36] «Podía oír el tic-tac de un reloj con tres ha-

34. Declaración de Anthony Szigeti al Estado de Nueva York (febrero de 1889), en Popović, V. *et al.*: *Tribute to Nikola Tesla: Letters, Articles, Documents*. Museo Nikola Tesla, Belgrado, 1961. p. A-398.

35. Tesla, N.: *My Inventions: The Autobiography of Nikola Tesla*. Hart Brothers, Williston, Vermont, 1982. pp. 60-61. (Trad. cast.: *Mis inventos*. Ediciones Obelisco, Barcelona, 2022. p. 52).

36. Para una discusión completa de este acontecimiento desde un punto de vista tanto neurológico como metafísico, véase el capítulo 52 («Creativity, Originality and Genius») de la tesis doctoral del autor.

bitaciones entre mí y el reloj. Una mosca que se posaba en una mesa de la habitación provocaba un ruido sordo en mi oído. El paso de un carruaje a pocos kilómetros de distancia me hacía temblar el cuerpo entero […] Tenía que apoyar mi cama en cojines de goma para poder descansar. Los rayos del sol, al ser interceptados periódicamente, causaban golpes de tal fuerza en mi cerebro que me aturdían. En la oscuridad tenía el sentido de un murciélago y podía detectar la presencia de un objeto a una distancia de tres metros por una peculiar sensación espeluznante en la frente». Un respetado médico «declaró que mi enfermedad era única e incurable».[37] Aferrándose desesperadamente a la vida, no se esperaba que Tesla se recuperara.

Tesla atribuyó su renacimiento a «un poderoso deseo de vivir y continuar el trabajo» y a la ayuda del atlético Szigeti, quien lo obligaba a salir al aire libre y a hacer ejercicios saludables. Los místicos atribuían el hecho a la activación de su glándula pineal y el correspondiente acceso a estados místicos superiores de conciencia.[38] Durante un paseo por el parque con Szigeti al atardecer, repentinamente, se hizo manifiesta la solución al problema mientras recitaba un «pasaje glorioso» del *Fausto* de Goethe:

¡Mira cómo bajos los ardientes rayos del sol crepuscular
centellean las chozas de verde rodeadas!
Retrocede el astro y se retira, ha fenecido el día,
Pero corre hacia otros lugares, a fomentar nueva vida.
¡Ay, que no me levanten del suelo unas alas
para lanzarme hacia él y siempre hacia él![39]

Tesla lo explicó así: «Al pronunciar estas inspiradoras palabras, la idea surgió como un relámpago y en un instante se reveló la verdad. Dibujé con un palo en la arena los diagramas que mostraría seis años más tarde

37. Tesla, N.: *My Inventions: The Autobiography of Nikola Tesla*. Hart Brothers, Williston, Vermont, 1982. pp. 59-60. (Trad. cast.: *Mis inventos*. Ediciones Obelisco, Barcelona, 2022. pp. 50-51) (Resumido).

38. Lansky, P.: «Neurochemistry and the Awakening of Kundalini», en White, J. (ed.): *Kundalini, Evolution and Enlightenment*. Doubleday, Garden City, Nueva York, 1979. pp. 295-297.

39. Goethe, J. W. von: *Fausto*. Penguin Random House Grupo Editorial, Barcelona, 2016. p. 83.

en mi discurso ante el Instituto Americano de Ingenieros y mi compañero los entendió perfectamente [...] Pigmalión viendo a su estatua cobrar vida no podría haber estado más profundamente conmovido. Habría dado mil secretos de la naturaleza con los que podría haber tropezado accidentalmente por aquel que le había arrancado contra todo pronóstico y con peligro de mi existencia»[40].

Tesla enfatizó que su conceptualización involucraba nuevos principios en lugar de refinamientos de trabajos preexistentes.

La creación de la corriente alterna llegó a conocerse como el campo magnético giratorio. En pocas palabras, utilizó dos circuitos en lugar del circuito único habitual para transmitir energía eléctrica y, por lo tanto, generó corrientes duales desfasadas noventa grados entre sí. El efecto neto era que un imán receptor (o armadura de motor), mediante inducción, rotaría en el espacio y, por lo tanto, atraería continuamente un flujo constante de electrones, independientemente de que la carga fuera positiva o negativa. También resolvió el mecanismo para explicar el efecto.[41]

Esquemas del motor que muestran la rotación del campo magnético.

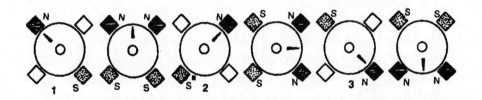

Sigue la letra N en cada una de las etapas.

40. Tesla, N.: *My Inventions: The Autobiography of Nikola Tesla*. Hart Brothers, Williston, Vermont, 1982. p. 61. (Trad. cast.: *Mis inventos*. Ediciones Obelisco, Barcelona, 2022. p. 53).

41. Tesla, N.: «A New System of Alternate Current Motors and Transformers» (1888), en Martin, T. C. (ed.): *The Inventions, Researches, and Writings of Nikola Tesla*. The Electrical Engineer, Nueva York, 1894. pp. 11-16. [Republicado por Health Research, Mokelumne Hill, California 1970]

Tesla se refirió a este diagrama (o a uno bastante similar) en su conferencia ante la Sociedad Americana de Ingenieros Eléctricos por primera vez en 1888. Cada cuadrado representa la misma armadura en diferentes puntos de su rotación. Hay dos circuitos o corrientes independientes montados en diagonal el uno frente al otro que están desfasados 90 grados entre sí tanto en posición como en tiempo. Así pues, por ejemplo, en la primera posición, la armadura apunta al polo norte (del circuito norte/sur, que va de abajo a la derecha a arriba a la izquierda). El otro circuito (que va de abajo a la izquierda a arriba a la derecha) está en posición de cambio, de modo que ninguno de los polos tiene carga. Si observamos el siguiente cuadrado a la derecha (que ocurre una fracción de segundo más tarde ya que las corrientes continúan alternando), observamos que la carga comienza a entrar en el segundo circuito (es decir, va de abajo a la izquierda a arriba a la derecha). En este momento, en el otro circuito, la carga también comienza a invertirse, pero aún tiene la misma polaridad. Como hay dos polos norte establecidos en esta fracción de segundo, la armadura gira para ir entre los dos. En el tercer cuadrado, ahora el circuito que va de abajo a la derecha a arriba a la izquierda está neutralizado en su camino hacia invertir su polaridad, mientras que el circuito que va de abajo a la izquierda a arriba a la derecha mantiene la polaridad en la que acaba de entrar. Por lo tanto, la armadura continúa su movimiento hacia la posición más al norte, y así sucesivamente.

«Era un estado mental de felicidad tan completo como no he conocido otro en mi vida. Las ideas llegaban en un flujo ininterrumpido y la única dificultad que tenía era pillarlas rápido [...] En menos de dos meses, hice evolucionar prácticamente todos los tipos de motores y modificaciones del sistema que ahora se identifican con mi nombre».[42] Tesla inventó en esa época no sólo los motores monofásicos en los que los dos circuitos estaban desfasados 90 grados entre sí, sino también los motores polifásicos que utilizaban tres o más circuitos de la misma frecuencia en varios otros grados desfasados entre sí. Los motores funcionaban completamente en su mente; concebía mejoras y adiciones al diseño; final-

42. Tesla, N.: *My Inventions: The Autobiography of Nikola Tesla.* Hart Brothers, Williston, Vermont, 1982. p. 65. (Trad. cast.: *Mis inventos.* Ediciones Obelisco, Barcelona, 2022. pp. 55-56).

mente, transfería a un cuaderno los planos y los cálculos matemáticos. Este procedimiento paso a paso se volvería habitual.

Ferenc Puskás, que inicialmente había contratado a Tesla, le preguntó si quería ayudar a su hermano Tivadar a dirigir la nueva empresa de iluminación Edison en París. «Acepté con gusto»,[43] dijo Tesla. También le ofreció un puesto a Szigeti, por lo que Tesla tuvo la suerte de tener un buen amigo con quien compartir la nueva aventura.

¿Fue Tesla el primero en concebir un campo magnético giratorio? La respuesta es no. Ya en 1824, un astrónomo francés llamado François Aragó experimentó hacer girar el brazo de un imán utilizando un disco de cobre.

El primer campo magnético giratorio funcional similar a la revelación de Tesla de 1882 fue concebido tres años antes que él por Walter Baily, quien demostró el principio ante la Sociedad Física de Londres el 28 de junio de 1879, en un artículo titulado «A Mode of Producing Aragó's Rotations»[44] («Un sistema para producir rotaciones de Aragó»). El invento constaba de dos baterías conectadas a dos pares de electroimanes atornillados en diagonal entre sí en un patrón en X, con un conmutador utilizado como dispositivo de conmutación. Inició el campo magnético giratorio y mantuvo girando manualmente el conmutador. En esta ocasión, Baily afirmó que «se puede hacer que el disco gire mediante la rotación intermitente del campo por medio de electroimanes».[45]

Dos años después, en la Exposición de París de 1881, apareció el trabajo de Marcel Deprez, quien calculó «que se podía producir un campo magnético giratorio sin la ayuda de un conmutador energizando electroimanes con dos corrientes alternas desfasadas».[46] Sin embargo, el invento de Deprez, que ganó un premio en la feria de electricidad, tenía un importante problema: una de las corrientes era «proporcionada por la propia máquina». Además, el invento nunca se llevó a la práctica.[47]

43. Ibíd. p. 66. (Trad. cast.: p. 56).

44. Baily, W.: «A Mode of Producing Arago's Rotation», *Philosophical Magazine*, pp. 286-290 (1879).

45. Thompson, S. R.: *Polyphase Electrical Currents*. American Technical Book Co., Nueva York, 1897. p. 86.

46. Kline, R.: «Science and Engineering Theory in the Invention and Development of the Induction Motor», *Technology and Culture*, pp. 283-313 (abril de 1987).

47. «Marcel Deprez Gets Publicity for Efficient Power Transmission», *The New York Times* (2 de noviembre de 1881).

Otros investigadores que concibieron un campo magnético giratorio análogo al de Tesla, pero después de su revelación (a principios de 1882), fueron el profesor Galileo Ferraris de Turín (1885-1888), y el ingeniero estadounidense Charles Bradley (1887). Ferraris se vio influido por el trabajo de Lucien Gaulard y George Gibbs, quienes diseñaron transformadores de corriente alterna a mediados de la década de 1880. En 1883 presentaron su sistema de corriente alterna en el Royal Aquarium de Londres[48] y en 1885 instalaron un sistema de corriente alterna de distribución de energía en Italia, donde conocieron a Ferraris.[49] Comprado por George Westinghouse por 50 000 dólares, el sistema fue instalado en Great Barrington (Massachusetts) al año siguiente por William Stanley, ingeniero jefe de Westinghouse. Sin embargo, la invención de Gaulard-Gibbs no eliminó el conmutador, que era el propósito expreso del diseño de Tesla.

En el tratado publicado de Ferraris sobre su descubrimiento independiente de un campo magnético giratorio, escribió: «Este principio no puede tener ninguna importancia comercial como motor». Después de enterarse del trabajo de Tesla, Ferraris declaró: «Tesla lo ha desarrollado mucho más de lo que yo lo he hecho».[50]

El 8 de mayo de 1887 Bradley solicitó una patente para un dispositivo polifásico de corriente alterna (n.º 390 439) después de que se concedieran nueve patentes de corriente alterna a Tesla. Ese mismo año, Haselwander utilizó anillos colectores en lugar de conmutadores en equipos Thomson-Houston de corriente continua y también diseñó bobinas de dos y tres fases en armaduras de corriente continua.[51]

48. Prout, H.: *George Westinghouse: An Intimate Portrait*. Wiley, Nueva York, 1939. p. 102.

49. Ibíd. p. 100.

50. Galileo, F.: «Electromagnetic Rotations With an Alternating Current», *Electrician*, vol. 36, pp. 360-375 (1895); Brown, C. E. L.: «A Personal Conversation With G. Ferraris», *Electrical World* (6 de febrero de 1892); O'Neill, J. J.: *Prodigal Genius: The Life of Nikola Tesla*. Ives Washburn, Nueva York, 1944. p. 115; Thompson, S. R.: *Polyphase Electrical Currents*. American Technical Book Co., Nueva York, 1897. p. 88.

51. Hughes, T.: *Networks of Power: Electrification in Western Society, 1880-1930*. Johns Hopkins University Press, Baltimore, 1983. p. 118.

Silvanus P. Thompson, un profesor de física en Londres, discutió la cuestión de la prioridad con respecto a la invención de Tesla en su texto completo de 1897 sobre motores de corriente alterna. Thompson (sin ninguna relación con Elihu Thomson), considerado en ese momento como «quizás el escritor más conocido sobre temas eléctricos de la actualidad», dijo que el trabajo de Tesla se diferenciaba claramente de sus predecesores y contemporáneos por su «descubrimiento de un nuevo método de transmisión eléctrica de *energía* [énfasis añadido]».[52]

Una pregunta que permanece sin respuesta es si Tesla conocía o no el trabajo de Baily. Es muy posible que hubiera leído el artículo de Baily, aunque nadie en ese momento, incluido Baily, comprendió la importancia de la investigación ni entendió cómo convertirla en una invención práctica.[53] A principios de la década de 1890, Tesla dijo: «Soy consciente de que no es nuevo producir las rotaciones de un motor cambiando intermitentemente los polos de uno de sus elementos [...] En tales casos, sin embargo, yo implico verdaderas corrientes alternas; y mi invento consiste en el descubrimiento del modo o del método de utilizar tales corrientes».[54]

Unos años más tarde, en un caso muy publicitado relacionado con las prioridades de patentes de lo que se llegó a conocer como el «sistema polifásico de corriente alterna de Tesla», el juez Townsend del Tribunal de Circuito señaló que antes de la invención de Tesla y la conferencia ante el Instituto Americano de Ingenieros Eléctricos (AIEE, por sus siglas en inglés) en 1888 no había motores de corriente alterna; además, ninguno de los asistentes a la conferencia reconoció prioridad alguna. Mientras que Baily se había ocupado de «abstracciones poco prácticas, Tesla había creado un producto funcional que inició una revolución en el arte».[55] Las patentes de Tesla también se sustentaron en casos indivi-

---

52. Thompson, S. R.: *Polyphase Electrical Currents*. American Technical Book Co., Nueva York, 1897. pp. 93-96.

53. Tesla afirmó que el invento comenzó a tomar forma mientras asistía a la Universidad de Praga. Una revisión de los fondos de la Universidad por parte del director de archivos, K. Litsch, revela que en ese momento no había ninguna suscripción a *Philosophical Magazine*.

54. Thompson, S. R.: *Polyphase Electrical Currents*. American Technical Book Co., Nueva York, 1897. pp. 96-97.

55. «Sweeping Decision of the Tesla Patents», *Electrical Review*, pp. 288-291 (19 de septiembre de 1900).

duales que involucraban a Charles Bradley, Mons. Cabanellas y Dumesnil, William Stanley y Elihu Thomson.[56]

Citando un caso anterior sobre un tema similar, el juez Townsend respondió a lo que hoy se conoce como la «doctrina de la obviedad»:

> La aparente simplicidad de un nuevo dispositivo a menudo lleva a una persona inexperta a pensar que se le habría ocurrido a cualquier persona familiarizada con el tema, pero la respuesta decisiva es que con docenas y tal vez centenares de otros trabajando en el mismo campo, nunca se le había ocurrido a nadie antes [*Potta* v. *Creager*, 155 U.S. 597] [...] Baily y los demás [por ejemplo, Bradley, Ferraris, Stanley] no descubrieron la invención de Tesla; discutían sobre máquinas de luz eléctrica con conmutadores [...] Eminentes electricistas se unieron en la opinión de que, debido a las inversiones de sentido y la rapidez de alternancias, era impracticable un motor de corriente alterna y el futuro pertenecía a la corriente continua conmutada [...]
>
> Le quedaba al genio de Tesla [...] transformar el juguete de Aragó en un motor de energía.[57]

En realidad, el descubrimiento de cómo aprovechar de manera efectiva el campo magnético giratorio fue sólo una pequeña parte de la creación de Tesla. Antes de su invención, la electricidad podía bombearse hasta aproximadamente un kilómetro y medio, y sólo para iluminar viviendas. Después de Tesla, la energía eléctrica podía transmitirse a centenares de kilómetros, y no sólo para la iluminación, sino también para hacer funcionar los electrodomésticos y las máquinas industriales en las fábricas. La creación de Tesla fue un paso adelante en una revolución tecnológica que avanza rápidamente.

---

56. «Westinghouse Sues General Electric on the Tesla Patents», *Electrical Review*, p. 183 (22 de marzo de 1899); «Sweeping Decision of the Tesla Patents», *Electrical Review*, pp. 288-291 (19 de septiembre de 1900); «Tesla Split-Phase Patents», *Electrical World*, p. 734 (26 de abril 1902); «Tesla Patent Decision», *Electrical World*, p. 871 (17 de mayo de 1902); «Tesla Patent Decision», *Electrical World*, p. 470 (30 de septiembre de 1903).

57. «Tesla Split-Phase Patents», *Electrical Review*, p. 291 (26 de abril de 1902).

4
Tesla conoce al Mago de Menlo Park
(1882-1885)

Oh, es un gran conversador y, digámoslo, también es un gran co-
mensal. Recuerdo la primera vez que lo vi. Estábamos haciendo
algunos experimentos en un pequeño lugar en las afueras de Pa-
rís, y un día un muchacho alto y desgarbado entró y dijo que que-
ría un trabajo. Lo pusimos a trabajar pensando que pronto se
cansaría de su nueva ocupación porque trabajábamos de 20 a 24
horas al día, pero se mantuvo firme y después de que la cosa aflo-
jara, uno de mis hombres le dijo: «Bueno, Tesla, has trabajado muy
duro, ahora te llevaré a París y te daré una cena espléndida». Así
que lo llevó al café más caro de París, un lugar donde preparan un
bistec extra grueso entre dos bistecs delgados. Tesla se zampó sin
ningún problema uno de éstos y mi hombre le dijo: «¿Algo más,
muchacho? Yo pago». «Bueno, si no le importa, señor, probaré otro
bistec», dijo mi aprendiz. Cuando me dejó, se dedicó a otros temas
y ha conseguido bastantes cosas.

THOMAS ALVA EDISON[1]

Siguiendo el consejo de Ferenc Puskás, Tesla partió de Budapest hacia
París en abril de 1882 encantado con la oportunidad de conocer a la
gente americana de Edison y preparado para construir su motor y encontrar inversores. Paralelamente, le pagaban por la experiencia. En la
década de 1880, París era un centro de la moda moderna: hombres con

---

1. Thomas Alva Edison, citado en «Wizard Edison Here. "Sage of Orange" Tells About
   Tesla's Enormous Appetite as a Youth», *The Buffalo News* (30 de agosto de 1896)
   [TAE].

chaqué y sombreros de copa de seda, mujeres con el cabello trenzado, vestidos largos con volantes y polisones, y turistas adinerados dispuestos a llevarse lo último en ropas elegantes a sus respectivos países. Tesla fue recibido por el hermano de Ferenc, Tivadar Puskás, un conductor rígido, pero también un hombre conocido por «no tener los pies en el suelo».[2] Tesla, cuya cabeza también podía elevarse hacia las nubes, había encontrado un poderoso aliado. Conscientes de la necesidad de mantener el secreto, discutieron estrategias para acercarse a Charles W. Batchelor, gerente de la recién formada Compagnie Continental Edison, con el nuevo motor de Tesla cuando el joven inventor fue introducido en las operaciones.

Antaño residente en Manchester, Batchelor, un «maestro mecánico», había sido enviado a Estados Unidos una década antes para presentar una innovadora maquinaria para fabricar hilo que acababa de ser creada por sus empleadores (Coates Thread Company).[3] Allí conoció a Edison y pronto se convirtió en su socio de mayor confianza. Batchelor trabajaba con los primeros fonógrafos y en el perfeccionamiento del filamento de la bombilla. También dirigía operaciones en Nueva Jersey y luego en Europa, poseyendo una participación del 10 % de las muchas empresas mundiales de Edison.[4] Persona de mente abierta, Batchelor era accesible, aunque también estaba bastante ocupado.

Anthony Szigeti probablemente emigró de Budapest en el mismo momento que Tesla, ya que ambos fueron contratados por Puskás y «estuvieron juntos casi constantemente en París». Szigeti escribió: «Tesla [estaba muy] muy entusiasmado con las ideas que entonces tenía de hacer funcionar motores. Habló conmigo muchas veces sobre ello y me contó su plan [de] construir y hacer funcionar motores [y] prescindir del conmutador».[5]

Habiendo comprado recientemente una gran fábrica en Ivry-sur-Seine para la construcción de generadores y la fabricación de bombillas,

2. Charles W. Batchelor a Thomas Alva Edison (21 de noviembre de 1881) [TAE].

3. Tate A. O.: *Edison's Open Door*. Dutton, Nueva York, 1938. p. 148; *New York Evening Sun* (22 de diciembre de 1884).

4. Documentos de Charles W. Batchelor, Archivos Edison; *New York Evening Sun* (22 de diciembre de 1884).

5. Anthony Szigeti, en Popović, V. *et al.*: *Tribute to Nikola Tesla: Letters, Articles, Documents*. Museo Nikola Tesla, Belgrado, 1961.

Batchelor, como socio más próximo de Edison, planeaba construir centrales eléctricas en toda Europa. También tenía planes en Inglaterra, donde en la Exposición del Palacio de Cristal se estaba exhibiendo la nueva bombilla incandescente de Edison.[6] Batchelor necesitaría buenos hombres para manejar los problemas y escribía a menudo a Edison con respecto a la experiencia de los diferentes trabajadores. Estaba particularmente impresionado con Puskás, quien había dirigido con éxito la exhibición de iluminación de Edison en la Exposición de París de 1881. «Puskás [es el único trabajador] que tiene alguna idea de "esfuerzo", y creo que debería insistir en él [para que participe como socio]»,[7] escribió.

En seis meses, la Edison Continental estaría produciendo más bombillas que en América:[8] la empresa construiría centrales eléctricas en la mayoría de las principales ciudades de Europa para la iluminación interior y también administraría las grandes lámparas de arco al aire libre que se utilizaban para iluminar las zonas urbanas. Tesla, que estaba trabajando en Ivry-sur-Seine, sería formado junto con los demás trabajadores para viajar y ayudar a hacer funcionar estas instalaciones. Lo describió claramente: «Nunca podré olvidar la profunda impresión que esa mágica ciudad produjo en mi mente. Durante varios días después de mi llegada deambulé por las calles desconcertado por el nuevo espectáculo. Las atracciones eran muchas e irresistibles, pero, por desgracia, los ingresos se gastaban tan pronto como se recibían. Cuando el Sr. Puskas me preguntó cómo me iba, describí la situación con precisión al afirmar que "los últimos veintinueve días del mes son los más duros"».[9]

Por las mañanas, antes de ir al trabajo, Tesla se levantaba a las cinco para nadar veintisiete largos en uno baños públicos en el Sena y por las noches jugaba al billar con los trabajadores y debatía sobre su nuevo invento de corriente alterna. «Uno de ellos, el Sr. D. Cunningham, capataz del Departamento de Mecánica, me ofreció formar una sociedad anónima. La propuesta me pareció extremadamente cómica. No tenía ni la

6. Charles W. Batchelor a Thomas Alva Edison (2 de enero de 1881) [TAE].

7. Charles W. Batchelor a Thomas Alva Edison (26 de noviembre de 1881) [TAE].

8. Charles W. Batchelor a Thomas Alva Edison (22 de octubre de 1883) [TAE].

9. Tesla, N.: *My Inventions: The Autobiography of Nikola Tesla*. Hart Brothers, Williston, Vermont, 1982. p. 66. (Trad. cast.: *Mis inventos*. Ediciones Obelisco, Barcelona, 2022. p. 56).

más remota idea de lo que eso significaba, salvo que era una forma americana de hacer las cosas».[10]

T. C. Martin escribió: «De hecho, si no hubiera sido por las peticiones de algunos amigos en los círculos comerciales que lo instaron a formar una compañía para explotar el invento, el Sr. Tesla, entonces un joven de poca experiencia del mundo, habría buscado una oportunidad inmediata para publicar sus ideas, creyendo que son [un] avance radical en la teoría eléctrica y que están destinadas a tener una profunda influencia sobre cualquier maquinaria eléctrica de dínamo».[11]

En su tiempo libre, y como venía siendo su costumbre, Tesla escribía las especificaciones y las matemáticas de su invento sobre electricidad alterna en un cuaderno.[12] Es probable que buscara patrocinadores financieros, ya que recibió una invitación para participar en una expedición de caza de un «prominente fabricante francés».[13] Quizás el inventor no se había recuperado del todo de la extraña enfermedad por la que casi sucumbió en Budapest, ya que después de esta salida sufrió la «sensación de que mi cerebro se había incendiado. Vi una luz como si un pequeño sol se hubiera instalado en él y pasé toda la noche aplicando compresas frías a mi torturada cabeza». Al escribir este pasaje casi cuarenta años después, afirmó que «estos fenómenos luminosos siguen manifestándose de vez en cuando, como cuando me asalta una nueva idea que abre posibilidades».[14]

En verano estuvo trabajando en la iluminación del Teatro de la Ópera de París o se fue a Baviera para ayudar en el cableado de un teatro, y en otoño pudo haber ayudado en el tendido de cables subterráneos para la nueva central que se estaba construyendo en París o haber viajado a Berlín para instalar iluminación incandescente en los cafés.[15]

---

10. Ibíd. (Trad. cast.: p. 57).

11. Martin, T. C.: «Nikola Tesla», *Century* (febrero de 1894).

12. Entrevista a Branimir Jovanović en Belgrado (1986).

13. Tesla, N.: *My Inventions: The Autobiography of Nikola Tesla*. Hart Brothers, Williston, Vermont, 1982. p. 34. (Trad. cast.: *Mis inventos*. Ediciones Obelisco, Barcelona, 2022. p. 17).

14. Ibíd. pp. 34-35. (Trad. cast.: pp. 17-18).

15. El *timing* está extraído del libro de N. Tesla *My Inventions: The Autobiography of Nikola Tesla* (Trad. cast.: *Mis inventos*) y de la correspondencia de Charles W. Batchelor a Thomas Alva Edison (24 de septiembre de 1882 y 22 de noviembre de 1882) [TAE].

A finales de año, Tesla presentó «a uno de los administradores de la Compañía, el Sr. Rau, un plan para mejorar sus dínamos y se [le] dio una oportunidad». Louis Rau, que era director de la Compagnie Continental Edison en la calle Montchanien y tenía «su hermosa casa iluminada con el sistema Edison»,[16] permitió a Tesla implementar su plan de modernización. Poco tiempo después, el joven inventor terminó los reguladores automáticos y fueron aceptados con gratitud.[17] Es probable que Tesla esperara ser compensado por sus nuevas contribuciones, pero lo enviaron a trabajar a Estrasburgo antes de que se le otorgara una compensación económica.

En enero de 1883, Batchelor envió 1200 bombillas a la planta de Estrasburgo, ubicada en la estación de ferrocarril.[18] Y a los tres meses llegó Tesla para supervisar las operaciones. Allí permaneció los siguientes doce meses.

Batchelor había instado a Edison a probar los generadores provenientes de Estados Unidos durante al menos «dos o tres días con una carga [completa]», ya que los incendios por armaduras defectuosas y aislamiento deficiente estaban empezando a ser demasiado frecuentes. La central eléctrica de Estrasburgo, en particular, había sufrido este tipo de problemas.[19] Dado que «todas nuestras plantas han sido construidas de manera diferente».[20] se necesitarían ingenieros creativos y bien capacitados para hacer funcionar las cosas sin problemas. Batchelor demostró confianza en las habilidades de Tesla al enviarlo a Estrasburgo; sin embargo, parece que no lo mencionó en su correspondencia con Edison. En cualquier caso, el relato de Tesla sobre la situación en Estrasburgo corrobora el de Batchelor: «El cableado era defectuoso y, con motivo de las ceremonias de inauguración, una gran parte de una pared se derrumbó a causa de un cortocircuito en presencia del viejo emperador Guillermo I. El gobierno alemán se negó a aceptar la planta y la empresa francesa se

---

16. Papeles de Charles W. Batchelor (1883) [TAE].

17. Tesla, N.: *My Inventions: The Autobiography of Nikola Tesla.* Hart Brothers, Williston, Vermont, 1982. p. 67. (Trad. cast.: *Mis inventos.* Ediciones Obelisco, Barcelona, 2022. p. 57).

18. Charles W. Batchelor a Thomas Alva Edison (23 de enero de 1883) [TAE].

19. Charles W. Batchelor a Thomas Alva Edison (9 de enero de 1882) [TAE].

20. Charles W. Batchelor a Thomas Alva Edison (28 de octubre de 1883) [TAE].

enfrentó a una grave pérdida. Gracias a mis conocimientos del idioma alemán y a mi experiencia anterior, se me confió la difícil tarea de enderezar los asuntos».[21]

Habiendo anticipado una larga estancia en la región, Tesla había traído de París materiales para su primer motor de corriente alterna. Tan pronto como pudo, construyó el motor en secreto en un armario «en un taller mecánico frente a la estación del ferrocarril».[22] Sin embargo, el verano llegó antes de que esta primera máquina estuviera en funcionamiento. Anthony Szigeti, su asistente, forjó un disco de hierro, que Tesla «montó en una aguja», habiéndolo rodeado, en parte, con una bobina.[23] Tesla escribió: «Finalmente tuve la satisfacción de ver la rotación efectuada por corrientes alternas de fase diferente, y sin contactos deslizantes ni conmutadores, como había concebido un año antes. Fue un placer exquisito, pero no se puede comparar con el delirio de alegría que siguió a la primera revelación».[24]

Tesla presentó su nueva creación a su amigo, el Sr. Bauzin (el alcalde de la ciudad), quien hizo todo lo posible para interesar a los inversores adinerados, «pero, para mi mortificación, no obtuvo respuesta». A su regreso a París, buscó la compensación prometida por lograr un difícil éxito en Estrasburgo. Acercándose a sus empleadores, «después de varias vueltas de este círculo vicioso, me di cuenta de que mi recompensa era un castillo en España […] Cuando el Sr. Batchelor me presionó para que fuera a América con vistas a rediseñar las máquinas de Edison, decidí probar suerte en el país de la promesa dorada».[25]

John J. O'Neill, el primer biógrafo importante de Tesla, sugiere que Batchelor escribió una nota de presentación a Edison que decía: «Conoz-

21. Tesla, N.: *My Inventions: The Autobiography of Nikola Tesla*. Hart Brothers, Williston, Vermont, 1982. p. 67. (Trad. cast.: *Mis inventos*. Ediciones Obelisco, Barcelona, 2022. pp. 57-58).

22. Ibíd. (Trad. cast.: p. 58).

23. Anthony Szigeti, en Popović, V. *et al.*: *Tribute to Nikola Tesla: Letters, Articles, Documents*. Museo Nikola Tesla, Belgrado, 1961. pp. A399-400.

24. Tesla, N.: *My Inventions: The Autobiography of Nikola Tesla*. Hart Brothers, Williston, Vermont, 1982. p. 67. (Trad. cast.: *Mis inventos*. Ediciones Obelisco, Barcelona, 2022. p. 58).

25. Ibíd. p. 70. (Trad. cast.: pp. 60-61).

co a dos grandes hombres y tú eres uno de ellos; el otro es este joven».[26] Sin embargo, no hay pruebas de la veracidad de esta historia tantas veces repetida. Batchelor, por ejemplo, había regresado a Estados Unidos al menos tres meses antes de la llegada de Tesla;[27] por lo tanto, no habría tenido que escribir una carta. Además, hay evidencias de que Edison ya se había reunido con Tesla en París durante una estancia poco conocida que hizo para revisar sus operaciones europeas en aquella época.[28] O'Neill también se refiere incorrectamente a Batchelor como el «antiguo asistente»[29] de Edison, cuando Batchelor fue probablemente el colega más cercano de toda la vida de Edison. Sin embargo, Edison corrobora que «Tesla trabajó para mí en Nueva York. Batchelor, mi asistente, lo trajo de París»,[30] pero no hay ninguna referencia a «la apreciación de Batchelor por el genio de Tesla». El 28 de octubre de 1883, un año *después* de que Tesla comenzara a trabajar para Edison Continental, cuando estaba establecido en Estrasburgo, Batchelor destacó «los nombres de [...] dos [o tres] que puedo mencionar como capaces en la medida en que muestra su trabajo: Stoutan, el inspector; el Sr. Vissiere, mi asistente, y el Sr. Geoffrey, de cuyas plantas siempre se habla bien [...] Hay otros capaces, pero creo que éstos son los mejores».[31] Ciertamente, si Tesla hubiera impresionado a Batchelor como sostiene O'Neill, debería haberlo mencionado en esta carta o en muchas otras cartas a Edison que he revisado.

Antes de que Tesla se marchara a Estados Unidos, pasó un tiempo con un científico que estudiaba organismos microscópicos presentes en el agua potable. Combinado con el susto que tuvo con su ataque de có-

---

26. O'Neill, J. J.: *Prodigal Genius: The Life of Nikola Tesla*. Ives Washburn, Nueva York, 1944. p. 60.

27. Charles W. Batchelor a Thomas Alva Edison (marzo de 1884) [TAE]. Es posible que Batchelor regresara a París antes de la llegada de Tesla entre marzo y finales de la primavera de 1884.

28. Thomas Alva Edison, citado en «Wizard Edison Here. "Sage of Orange" Tells About Tesla's Enormous Appetite as a Youth», *The Buffalo News* (30 de agosto de 1896) [TAE].

29. O'Neill, J. J.: *Prodigal Genius: The Life of Nikola Tesla*. Ives Washburn, Nueva York, 1944. p. 58.

30. Thomas Alva Edison, citado en «An Interview with the Most Interesting Man in the World», *New York Journal* (26 de julio de 1891).

31. Charles W. Batchelor a Thomas Alva Edison (23 de octubre de 1883) [TAE].

lera unos años antes, Tesla adquirió una fobia que lo llevó a evitar el agua no purificada, fregar sus platos y utensilios antes de comer, y abstenerse de frecuentar restaurantes desagradables. Más tarde escribiría: «Si observaras sólo durante unos minutos las horribles criaturas, peludas y más feas de lo que puedas concebir, destrozándose las unas a las otras con los jugos que esparcen por el agua, nunca volverías a beber una gota de agua sin hervir o esterilizar».[32]

En la primavera de 1884, con los fondos para el viaje provistos por los tíos Petar y Pajo,[33] Tesla hizo las maletas y se embarcó en el siguiente barco hacia América. Aunque le robaron el billete, el dinero y parte de su equipaje, el joven no se desalentó. «La determinación, ayudada por la destreza, se impuso en el momento justo y al pasar por las experiencias habituales, tan triviales como desagradables, logré embarcar hacia Nueva York con los restos de mis pertenencias, algunos poemas y artículos que había escrito, y un paquete de cálculos relativos a las soluciones de una integral irresoluble y a mi máquina voladora».[34] Parece que el viaje no fue agradable, ya que se produjo una especie de «motín» a bordo y Tesla casi fue arrojado por la borda.[35]

En 1808, sir Humphry Davy creó la iluminación artificial haciendo pasar una corriente eléctrica a través de un pequeño espacio entre dos varillas de carbono. Este sencillo instrumento evolucionó hasta convertirse en la lámpara de arco, utilizada en los faros ingleses en la década de 1860 y exhibida en la Exposición de Filadelfia de 1876 por Moses Farmer. En 1877, numerosos investigadores estaban explorando la posibilidad de colocar el efecto incandescente dentro de un vidrio porque sería mucho más segura su comercialización para los hogares y se produjo una carrera entre inventores como Charles Brush, Thomas Edison, Moses Farmer, St. George Lane-Fox, Hiram Maxim, William Sawyer y Joseph Swan.

---

32. Nikola Tesla a Robert Underwood Johnson (5 de abril de 1900) [BBUC].

33. Kosanović, N. (ed. y trad.): *Nikola Tesla: Correspondence with Relatives*. Sociedad Memorial Tesla y Museo Nikola Tesla, Lackawanna, Nueva York, 1995. p. iv.

34. Tesla, N.: *My Inventions: The Autobiography of Nikola Tesla*. Hart Brothers, Williston, Vermont, 1982. p. 70. (Trad. cast.: *Mis inventos*. Ediciones Obelisco, Barcelona, 2022. p. 61).

35. Tesla, N.: «Letter to the National Institute of Immigrant Welfare» (11 de mayo de 1938), en Ratzlaff, J. T. (ed.): *Tesla Said*. Tesla Book Co., Milbrae, California, 1984. p. 280.

«Vi que la cosa no había ido tan lejos pero que yo tenía una oportunidad»,[36] dijo Edison. Y entonces desafió a William Wallace (socio de Farmer) a una carrera para ver quién sería el primer hombre en crear una bombilla eléctrica eficiente. Alardeando de que pronto iluminaría la ciudad de Nueva York con 500 000 bombillas incandescentes, Edison y su gerente comercial (Grosvenor Lowery) pudieron obtener grandes cantidades de capital de inversores como Henry Villard, propietario del primer ferrocarril transamericano y, del financiero J. Pierpont Morgan.

En noviembre de 1878, después de tres años de investigación, un telegrafista bebedor llamado William Sawyer y su socio-abogado Albion Man, solicitaron una patente para una bombilla incandescente con varillas (filamentos) de carbono y llenas de nitrógeno. Proclamaron que habían vencido a Edison. Joseph Swan, otro competidor, eliminó el nitrógeno y mantuvo el filamento de carbono, pero creó una bombilla de poca resistencia. Al darse cuenta de que la cantidad de energía requerida para enviar electricidad a unas pocas decenas de metros era prodigiosa utilizando el diseño de baja resistencia, Edison creó en septiembre de 1878 una lámpara de vacío de alta resistencia que utilizaba considerablemente menos energía. Junto con un cableado revolucionario llamado línea alimentadora,[37] su éxito se incrementó aún más con una nueva bomba de Sprengel, que William Crookes había estado recomendando para la creación de vacío en tubos cerrados de vidrio. Pasarían otros seis meses –hasta el 22 de abril de 1879– antes de que solicitara una patente, pero su nuevo diseño reduciría los requisitos de energía y, por lo tanto, reduciría cien veces los costes del cobre.[38]

La competencia era feroz y los patrocinadores financieros de Edison estaban asustados. Le sugirieron a Edison que comprarían las patentes de Sawyer y juntarían las dos empresas. Edison aún no se había decidido por el carbono como filamento y estaba agotando su capital de trabajo en experimentos con boro, iridio, magnesio, platino, silicio y zirconio.

36. Josephson, M.: *Edison: A Biography*. McGraw-Hill, Nueva York, 1959. p. 178. (Trad. cast.: *Edison*. Plaza y Janés, Buenos Aires, 1962).

37. Ibíd. p. 184; Passer, H.: *The Electrical Manufacturers: 1875-1900*. Harvard University Press, Cambridge, Massachusetts, 1953. pp. 144-145, 178-179.

38. Josephson, M.: *Edison: A Biography*. McGraw-Hill, Nueva York, 1959. pp. 194-199. Josephson, M.: *Edison: A Biography*. McGraw-Hill, Nueva York, 1959. p. 178. (Trad. cast.: *Edison*. Plaza y Janés, Buenos Aires, 1962).

Al mismo tiempo, también había enviado exploradores al Amazonas, Bolivia, Japón y Sumatra en busca de raras formas de bambú, que también estaba considerando. No sería hasta 1881 cuando finalmente se decidió por una forma de papel carbonizado.

Durante este tiempo, sin embargo, y sin el conocimiento de Edison, Sawyer y Man se aproximaron a Lowery. Su bombilla era superior a la de Edison; la patentaron y funcionaba. Lowery trató de invitar a Edison a un debate a cuatro bandas; sin embargo, éste envió un emisario que «no se atrevió a transmitirle a Edison todo lo que Lowery había dicho. Pero Edison oyó lo suficiente como para abandonar su indecisión [...] Maldiciendo y expulsando saliva oscura por el tabaco, exclamó que era la vieja historia: ¡falta de confianza!».[39]

Edison se mantuvo firme en no unirse a Sawyer, a Swan ni a cualquier otra persona. Continuó precipitadas campañas publicitarias que anunciaban «una verdadera lámpara de Aladino... [Es] la bombilla de Edison, el triunfo del gran inventor».[40]

Con el respaldo de los magnates de Wall Street, Edison comenzó a iluminar Menlo Park y las casas privadas de los ricos en la ciudad de Nueva York. La primera fue la de J. Pierpont Morgan, en la calle 36 con Madison Avenue. Corría el año 1881.

Para hacer funcionar el generador, Edison diseñó una máquina de vapor y una caldera, y dispuso la central eléctrica debajo del establo en un sótano recién excavado en la parte trasera de la propiedad. Los cables se conectaron a las nuevas bombillas incandescentes colocadas en los aparatos de gas de la casa a través de un túnel revestido de ladrillos que corría a lo largo del patio justo debajo de la superficie. «Por supuesto, se producían cortocircuitos frecuentes y había muchas averías en la planta generadora. Incluso en el mejor de los casos, era una fuente de muchos problemas para la familia y los vecinos, quienes se quejaban del ruido de la dinamo. La Sra. James M. Brown, de al lado, afirmó que las vibraciones hacían temblar su casa». Morgan tuvo que apilar sacos de arena alrededor del interior del sótano y colocar la maquinaria sobre pesadas almo-

---

39. Conot, R.: *A Streak of Luck: The Life and Legend of Thomas Alva Edison*. Bantam Books, Nueva York, 1980. pp. 151-152.

40. Silverberg, R.: *Light for the World*. Van Nostrand, Princeton, Nueva Jersey, 1967. pp. 134-135.

hadillas de goma «para amortiguar el ruido y las vibraciones. Este experimento final restableció el silencio y trajo paz al vecindario hasta el invierno, cuando todos los gatos callejeros del vecindario se reunían en grandes números en esta cálida franja y sus maullidos daban motivo [a los vecinos] para más quejas».[41]

Al año siguiente, concretamente el 4 de septiembre de 1882, se inauguró la nueva estación central en Pearl Street. Proporcionaba iluminación eléctrica a muchos edificios de Wall Street, incluida la oficina de Morgan.

El barco de Tesla echó anclas en Nueva York a finales de la primavera de 1884, justo cuando se completaba el monumental proyecto que duró una década del Puente de Brooklyn y se levantaban los últimos componentes de la Estatua de la Libertad. Veintiocho años, «alto y delgado [con] rostro delgado y refinado»[42] y luciendo bigote, Tesla seguía teniendo el aspecto de un adolescente.

Su primera impresión del Nuevo Mundo fue que estaba incivilizado, cien años por detrás del estilo de vida de las grandes ciudades europeas. Tras aplazar su reunión prevista con Edison un día para buscar a un viejo amigo, tuvo la suerte de pasar por «un pequeño taller mecánico en el que el capataz estaba tratando de reparar una máquina eléctrica [...] Acababa de dejar la tarea como inútil».[43] En una versión de la historia, Tesla acepta arreglar la máquina «sin pensar en una compensación económica».[44] En otra ocasión, Tesla reveló que «era una máquina que yo había ayudado a diseñar, pero no les dije eso. Les pregunté [...] "¿qué me daríais si la arreglo?". "Veinte dólares", fue la respuesta. Me quité el abrigo y me puse a trabajar, [y] la tenía funcionando perfectamente en una hora».[45] La historia es importante porque, dependiendo de la interpretación, surgen dos Teslas diferentes, uno motivado por el dinero y otro no.

---

41. Satterlee, H. L.: *J. Pierpont Morgan: An Intimate Portrait*. Macmillan, Nueva York, 1939. p. 207.

42. Martin, T. C.: «Nikola Tesla», *Electrical World*, p. 106 (1890).

43. Tesla, N.: «Letter to the National Institute of Immigrant Welfare» (11 de mayo de 1938), en Ratzlaff, J. T. (ed.): *Tesla Said*. Tesla Book Co., Milbrae, California, 1984. p. 280.

44. Ibíd.

45. Nikola Tesla citado en «Tesla Has Plan to Signal Mars», *The New York Sun* (12 de julio de 1937).

En cualquier caso, Tesla se sorprendió por el carácter rudo del Nuevo Mundo.[46] Se dirigió con cautela al nuevo laboratorio de Edison, una antigua siderurgia en Goerck Street, situada a sólo unas pocas manzanas de la estación de iluminación central que Edison estaba construyendo en Pearl Street.[47] Es probable que Batchelor conociera a Tesla y le presentara al inventor. «Estaba emocionado hasta la médula al conocer a Edison»,[48] dijo Tesla.

Posiblemente consciente de la proximidad de Transilvania al lugar de nacimiento de Tesla y del resurgimiento del interés por las historias de Vlad Drácula, el presunto vampiro del siglo XV que vivió en la región, Edison preguntó si el «neófito [...] alguna vez había probado carne humana».[49]

Horrorizado por la pregunta y el «total desprecio de las reglas más elementales de higiene» por parte de Edison,[50] Tesla respondió negativamente y preguntó en qué consistía la dieta de Edison.

—¿Quiere saber qué me hace terriblemente inteligente?

Tesla asintió.

—Vaya, sigo un régimen diario de *welsh rabbit*[51] –respondió Edison–. «Es el único desayuno garantizado para renovar las facultades mentales después de largas vigilias de trabajo.

Queriendo emular al gran mago, el neófito siguió la peculiar dieta, «aceptando como verdadera, a pesar de las protestas del estómago, la jocosa sugerencia».[52]

---

46. Tesla, N.: «Some Personal Recollections», *Scientific American*, pp. 537, 576-577 (5 de junio de 1915).

47. Dickson W. L. *et al.*: *The Life and Inventions of Thomas Alva Edison*. Thomas Crowell, Nueva York, 1892. p. 236.

48. Tesla, N.: «Letter to the National Institute of Immigrant Welfare» (11 de mayo de 1938), en Ratzlaff, J. T. (ed.): *Tesla Said*. Tesla Book Co., Milbrae, California, 1984. p. 280.

49. Martin, T. C.: «Nikola Tesla», *Century*, pp. 582-585 (febrero de 1894).

50. Nikola Tesla, citado en «Tesla Says Edison Was an Empiricist», *The New York Times*, p. 25 (19 de octubre de 1931).

51. El *welsh rabbit* («conejo galés» en inglés) es una salsa salada elaborada con una mezcla de queso y otros ingredientes que se sirve caliente sobre una tostada. El nombre fue acuñado en el siglo XVIII como un insulto hacia los galeses, que, como eran muy pobres en aquella época, no podían permitirse ni siquiera la carne de conejo, la más barata, y tenían que conformarse con el queso. *(N. del T.)*

52. Martin, T. C.: «Nikola Tesla», *Century*, p. 583 (febrero de 1894).

Los diversos relatos de Tesla sobre esta reunión difieren notablemente, según su estado de ánimo en el momento de la narración y su conocimiento del tamaño y el espíritu de la audiencia. Porque en su autobiografía, publicada en seis entregas de la revista futurista *Electrical Experimenter* de Hugo Gernsback, Tesla escribió que «el encuentro con Edison fue un acontecimiento memorable en mi vida. Quedé asombrado por ese maravilloso hombre que, sin ventajas tempranas ni formación científica, había logrado tanto. Yo había estudiado una docena de idiomas, profundizado en la literatura y el arte, y había pasado mis mejores años en las bibliotecas [...] y sentía que la mayor parte de mi vida había sido desperdiciada».[53]

No pasó mucho tiempo antes de que Tesla se diera cuenta de que su formación académica y sus habilidades matemáticas le habían dado una gran ventaja de ingeniería sobre la laboriosa estrategia de prueba y error de Edison. En un amargo momento de recuerdo, cuando murió Edison en 1931, Tesla dijo: «Si tuviera que encontrar una aguja en un pajar, no se detendría a razonar dónde es más probable que esté, sino que procedería inmediatamente, con la diligencia febril de una abeja, a examinar paja tras paja hasta encontrar el objeto de su búsqueda [...] Fui casi un penoso testigo de sus acciones, sabiendo que sólo un poco de teoría y cálculo le habrían ahorrado el 90 % del trabajo [...] Confiando completamente en su instinto de inventor y sentido práctico americano [...], la cantidad verdaderamente prodigiosa de sus logros reales es poco menos que un milagro».[54]

No era de extrañar que Tesla no tuviera éxito en describir su nuevo invento de corriente alterna a Edison y debiera conformarse con la sugerencia de Batchelor de que en su lugar rediseñara la maquinaria de corriente continua predominante. Según Tesla, «el director me había prometido 50 000 dólares por la realización de esa tarea»,[55] y entonces Tesla

53. Tesla, N.: *My Inventions: The Autobiography of Nikola Tesla*. Hart Brothers, Williston, Vermont, 1982. p. 71. (Trad. cast.: *Mis inventos*. Ediciones Obelisco, Barcelona, 2022. p. 62).

54. Nikola Tesla, citado en «Tesla Says Edison Was an Empiricist», *The New York Times*, p. 25 (19 de octubre de 1931).

55. Tesla, N.: *My Inventions: The Autobiography of Nikola Tesla*. Hart Brothers, Williston, Vermont, 1982. p. 72. (Trad. cast.: *Mis inventos*. Ediciones Obelisco, Barcelona, 2022. p. 63).

se puso a trabajar, «experimentando día y noche, sin excepción», como era la costumbre de la fábrica.[56]

Thomas Alva Edison era un tipo extremadamente complejo. Malhumorado, ingenioso, decidido e inflexible, era un feroz competidor y la fuerza inventiva más importante del planeta. Su abuelo paterno (John Edison) era un tory que había sido juzgado por traición durante la Revolución Americana y desterrado a Canadá. De joven, cuando aún era conocido como Al, su padre (Samuel Edison) lo ató a un poste y lo azotó públicamente porque había provocado un incendio en un granero que amenazaba el resto de los edificios de la comunidad.[57] Se había peleado y burlado de otros en su progreso hacia Wall Street y se había distanciado de los inventores de la competencia en numerosas ocasiones. Entre las pequeñas mejoras de Edison de aparatos ya existentes se incluían el transmisor telefónico (micrófono), un bolígrafo eléctrico, un teléfono musical y el dúplex, un ingenioso dispositivo que permitía que un telégrafo enviara cuatro mensajes en dos direcciones simultáneamente.

Edison era conocido por decir palabrotas e intercambiar bromas con sus trabajadores en su centro de investigación y desarrollo, la primera fábrica de inventos del mundo. Mantenía su negocio libre de cucarachas con una rejilla eléctrica protectora que recubría los bordes del suelo y «electrocutaba las alimañas más grandes» con su «paralizador de ratas»; de vez en cuando, incluso ponía cables en el lavabo para mantener a sus hombres alerta. Edison era un embaucador, un cuentista y un estafador. El uso para el consumidor y el coste de producción o «la prueba de mercado [era] la única prueba de logro [...] Todo lo que hacía era dirigido por [ese] entendimiento».[58]

En un ámbito de la invención completamente diferente, además de ser mejor técnico que nadie, Edison fue un creador; su obra más original fue una máquina que hablaba: el fonógrafo. Con este dispositivo, había entrado en el reino de lo inmortal; él era el «Mago de Menlo Park».

---

56. Nikola Tesla, citado en «Tesla Says Edison Was an Empiricist», *The New York Times*, p. 25 (19 de octubre de 1931).

57. Josephson, M.: *Edison: A Biography*. McGraw-Hill, Nueva York, 1959. p. 178. Josephson, M.: *Edison: A Biography*. McGraw-Hill, Nueva York, 1959. p. 178. (Trad. cast.: *Edison*. Plaza y Janés, Buenos Aires, 1962).

58. Passer, H.: *The Electrical Manufacturers: 1875-1900*. Harvard University Press, Cambridge, Massachusetts, 1953. p. 180.

Invitando a público a su laboratorio en numerosas ocasiones, Edison asombró a personas de todos los niveles de la sociedad con máquinas que cantaban y reproducían el sonido de los pájaros, lámparas artificiales que cambiaban la oscuridad a un rojo cereza claro y varios otros artilugios mecánicos que hacían la carga de trabajo más llevadera.

La invención de la luz eléctrica fue para Edison no sólo una tecnología nueva e ingeniosa, también contenía las semillas de una nueva industria. Su mera presencia en el campo llevó a la tumba las acciones de las empresas que quemaban gas. Sin embargo, Edison planeaba utilizar sus tuberías canalizando cable de cobre a través de ellas en lugar de gas peligroso y reemplazar las llamas por electricidad. Trasladó el centro de su negocio de Nueva Jersey a la ciudad de Nueva York. Allí, Edison alquiló una casa para su esposa y su familia en el célebre Gramercy Park, la residencia de luminarias como los autores Mark Twain y Stephen Crane, el escultor Augustus Saint-Gaudens, el arquitecto Stanford White, el editor de *Century* Richard Watson Gilder y el editor James Harper.[59] Edison describió más adelante sus planes para orquestar una revolución en la iluminación del hogar: «Todo el tiempo tenía en mente la estación central [...] Conseguí un mapa de seguros de la ciudad de Nueva York, tracé un distrito [limitado por] Wall Street, Canal, Broadway [y] East River [y compré] dos edificios viejos y destartalados en Pearl Street. Nos cobraron 75 000 dólares por cada uno de ellos. Le digo que se me pusieron los pelos de punta».[60]

Los problemas financieros de Edison fueron numerosos. No sólo hubo costes iniciales elevados, sino que también problemas con la ineficiencia extrema del sistema de corriente continua y batallas judiciales sobre prioridades de invención y batallas de marketing contra competidores como Brush Electric, Consolidated Electric, Sawyer-Man, Swan Incandescent, Thomson-Houston, United States Electric y Westinghouse Corporation.

«Dígale a Westinghouse que se ciña a los frenos de aire comprimido. Él sabe todo acerca de ellos», se quejó Edison,[61] pero Westinghouse no lo quiso escuchar.

59. Klein, C.: *Gramercy Park: An American Bloomsbury*. Houghton Mifflin, Boston, 1987.

60. Edison, T. A.: «Pearl Street», *Electrical Review*, pp. 60-62 (12 de enero de 1901) [resumido].

61. Conot, R.: *A Streak of Luck: The Life and Legend of Thomas Alva Edison*. Bantam Books, Nueva York, 1980. pp. 151-152.

El otro gran competidor de Edison fue Elihu Thomson. Con Edison envuelto en una disputa legal con Sawyer, Thomson utilizó la ambigüedad del momento para apropiarse de la bombilla incandescente que Edison le había dado y convertirla en la plantilla para las producidas y vendidas por Thomson-Houston Electric Company. El 8 de octubre de 1883, la oficina de patentes dictaminó que William Sawyer tenía prioridad sobre Edison «para una bombilla incandescente con quemador de carbono».[62] Esta decisión, aunque más tarde anulada a favor de Edison, permitió a Thomson continuar con su piratería. Debido a la prioridad de Sawyer, Thomson se veía a sí mismo como «éticamente libre de sospecha»,[63] ya que supuestamente no se había establecido ningún inventor claro.

Así, Edison se disgustó mucho con Thomson, un hombre que había traicionado su confianza, y Westinghouse, que ahora estaba del lado de Sawyer. Por razones de seguridad, estéticas y prácticas, Edison era un defensor de los cables subterráneos y la corriente continua. «Nadie ha hecho pasar tuberías de agua y de gas por el aire apoyadas sobre soportes»,[64] dijo. Hizo público el hecho de que fallecían electricistas en los peligrosos cables aéreos de sus competidores, pero esta batalla acabó transformándose en una disputa entre las corrientes continua y alterna; Edison se quedó con la continua, mientras que Thomson y Westinghouse comenzaron a experimentar con la alterna. Como la corriente alterna utilizaba voltajes mucho más altos, Edison alertó al público en contra. Siguió una larga batalla legal contra Westinghouse que costó millones de dólares. Una vez más, Thomson logró evitar tranquilamente los tribunales mientras expandía su negocio.

Francis Upton, matemático de Edison, graduado en el laboratorio de Helmholtz y contemporáneo de Tesla en términos de educación europea, había calculado en 1879 que, para encender 8640 bombillas para sólo nueve manzanas de la ciudad, el coste sería de 200 812 dólares por los 364 350 kilogramos de cobre requeridos. Gracias a un cableado inteligente, mejoras en el diseño de las bombillas y «un corolario de la invención de

62. Ibíd. p. 259.

63. Woodbury, D.: *Beloved Scientist: Elihu Thomson*. McGraw-Hill, New York, 1944. pp. 155-157.

64. Dyer, F. *et al.*: *Edison: His Life and Inventions*. Harper Bros., Nueva York, 1910. p. 391.

los circuitos en paralelo», Edison había reducido los costes de cobre en casi un 90%, pero independientemente de lo que hiciera, una planta generadora nunca podría llegar más allá de un radio de dos o tres kilómetros.[65]

Upton, a quien Edison se refería cariñosamente como «Cultura», sugirió que investigaran los nuevos avances en corriente alterna, por lo que en 1884 lo enviaron a Europa para negociar con Karl Zipernowski, Otto Blathy y Max Deri, tres húngaros que habían mejorado mucho el transformador Gaulard-Gibbs de corriente alterna. Edison incluso pagó 5000 dólares por una opción en este sistema «ZBD», pero fue principalmente para aplacar a Cultura. El mago no confiaba en la corriente alterna, y si sus «malditos competidores locos» estaban en ello, ciertamente no quería forman parte de ello. Veinte años de experiencia, ingenio y hacer lo imposible con la corriente continua tenían que valer para algo. Los «errores» podrían solucionarse.

Sin embargo, mientras Edison construía suficientes generadores de corriente continua para hacer temblar la Tierra[66] y los competidores robaban sus ideas o creaban otros aparatos primitivos de iluminación eléctrica, en medio de ellos un genio serbio había diseñado un sistema que convertía en *obsoleta* esta tecnología dominante.

Según W. L. Dickson, uno de los primeros biógrafos de Edison y empleado durante mucho tiempo en Menlo Park y Goerck Street, «incluso entonces Nikola Tesla, esa estrella resplandeciente de los cielos científicos, dio muestras del genio que lo ha convertido en una de las autoridades estándar de hoy en día». El «brillante intelecto» de Tesla había mantenido a Dickson y a los otros trabajadores «hechizados» mientras «alternativamente nos despedía con los bocetos rápidos de sus numerosos proyectos o nos derretíamos en la más viva simpatía con las fotografías de su casa Herzegovina [...] Pero como la mayoría de los poseedores de los dones intrínsecos de Dios, era extremadamente discreto y estaba preparado para ayudar con consejos o echando una mano a cualquier miembro perplejo del oficio».[67]

65. Josephson, M.: *Edison: A Biography.* McGraw-Hill, Nueva York, 1959. pp. 230-232. Josephson, M.: *Edison: A Biography.* McGraw-Hill, Nueva York, 1959. p. 178. (Trad. cast.: *Edison.* Plaza y Janés, Buenos Aires, 1962).

66. Edison, T. A.: «Pearl Street», *Electrical Review*, pp. 60-62 (12 de enero de 1901).

67. Dickson W. L. *et al.*: *The Life and Inventions of Thomas Alva Edison.* Thomas Crowell, Nueva York, 1892. p. 236.

Aunque no pudo interesar a Edison en su motor de corriente alterna, Tesla sí se pudo ganar «en unas pocas semanas [...] su confianza». El mayor éxito de Tesla se produjo cuando arregló un juego de dinamos muy dañado en el transatlántico de Henry Villard, el *Oregon*, el primer barco en tener iluminación eléctrica. Así lo recordaba Tesla: «A las cinco de la mañana, cuando pasaba por la Quinta Avenida de camino a la oficina, me encontré con Edison, con Batchelor y algunos otros que regresaban a casa para retirarse. "Aquí está nuestro parisino corriendo por la noche", me dijo. Cuando le dije que venía del *Oregon* y que había reparado ambas máquinas, me miró en silencio y se alejó sin decir nada más. Pero, cuando se había alejado un poco, le oí comentar "Batchellor, éste es un hombre muy valioso", y a partir de ese momento tuve libertad para dirigir el trabajo».[68]

Pasando el tiempo alternando entre la estación de Pearl Street y en la siderurgia de Goerck, Tesla instaló y arregló lámparas incandescentes para interiores y lámparas de arco para exteriores, volvió a ensamblar muchos de los generadores de corriente continua de Edison y diseñó veinticuatro tipos diferentes máquinas que se convirtieron en estándares que sustituyeron a las que estaba utilizando Edison.[69] Al mismo tiempo, trabajó en patentes de lámparas de arco, reguladores, dinamos y conmutadores para aparatos de corriente continua, tratando de concebir una forma de acercarse a su jefe con su nuevo invento, conseguir un aumento y una compensación por la suma global que supuestamente le habían prometido.

El ambiente era informal y Tesla ocasionalmente cenaba con Edison, Batchelor y otros altos mandos, como Edward Johnson, presidente de Edison Illuminating Company, o Harry Livor, otro ingeniero y pequeño empresario en la fabricación de maquinaria. Su lugar favorito era un pequeño restaurante frente a la sala de exhibición de Edison en el 65 de

---

68. Tesla, N.: *My Inventions: The Autobiography of Nikola Tesla*. Hart Brothers, Williston, Vermont, 1982. p. 72. (Trad. cast.: *Mis inventos*. Ediciones Obelisco, Barcelona, 2022. p. 63).

69. Swezey, K.: «Nikola Tesla», *Science*, pp. 1147-1158 (16 de mayo de 1958); Tesla, N.: *My Inventions: The Autobiography of Nikola Tesla*. Hart Brothers, Williston, Vermont, 1982. p. 72. (Trad. cast.: *Mis inventos*. Ediciones Obelisco, Barcelona, 2022. p. 63).

la Quinta Avenida. Allí intercambiaban historias y contaban chistes.[70] Después, algunos se retiraban a una casa de billares donde Tesla impresionaba a los muchachos con sus carambolas y su visión del futuro.[71]

Livor se jactó de un acuerdo con Edison y Batchelor que dio lugar a una empresa capitalizada en 10 000 dólares destinada a la fabricación de ejes. Edison y Batchelor aportaron la maquinaria y el dinero, y Livor, las herramientas y los servicios.[72] Impresionado, Tesla pidió consejo, en particular sobre cómo conseguir un aumento de su modesto salario de 18 dólares por semana a 25 dólares más lucrativos. «Livor asumió con gusto este servicio […] para interceder ante Batchelor […] pero, para su gran sorpresa, se encontró con una brusca negativa».

«No, los bosques están llenos de hombres como Tesla. Puedo conseguir tantos como quiera por 18 dólares a la semana», respondió Batchelor. Tate, quien comenzó a trabajar como secretario de Edison poco después de este episodio que Livor le contó, señaló que Batchelor «debe haberse referido al bosque que no pude encontrar en las cercanías de Harlem».[73] La versión de Tesla de la historia es algo diferente: «Durante nueve meses mi horario [en Edison Machine Works] era desde las diez y media de la mañana hasta las cinco de la madrugada del día siguiente. Todo ese tiempo me iba poniendo cada vez más ansioso por la invención [el motor de inducción de corriente alterna] y estaba decidido a mostrárselo a Edison. Todavía recuerdo un extraño incidente a este respecto. Un día, a finales de 1884, el Sr. Batchelor, el gerente, me llevó a Coney Island, donde nos encontramos con Edison en compañía de su anterior esposa. El momento que estaba esperando era propicio y estaba a punto de hablar cuando un vagabundo de aspecto horrible agarró a Edison y se lo llevó, impidiendo que pudiera llevar a cabo mis intenciones».[74]

Al analizar esta historia, se puede descubrir una discrepancia en las fechas, ya que la esposa de Edison contrajo la fiebre tifoidea en julio

70. Tesla, N.: *My Inventions: The Autobiography of Nikola Tesla*. Hart Brothers, Williston, Vermont, 1982. p. 41. (Trad. cast.: *Mis inventos*. Ediciones Obelisco, Barcelona, 2022. p. 26).

71. Tate A. O.: *Edison's Open Door*. Dutton, Nueva York, 1938. p. 147.

72. Correspondencia de Charles W. Batchelor (14 de julio de 1884) [TAE].

73. Tate A. O.: *Edison's Open Door*. Dutton, Nueva York, 1938. pp. 146-147.

74. Tesla, N.: «Some Personal Recollections», *Scientific American*, pp. 537, 576-577 (5 de junio de 1915).

de 1884 y murió el 9 de agosto. Dado que Tesla había llegado en mayo o junio, y si la esposa de Edison estaba presente, entonces el hecho tuvo lugar a finales de junio o a principios de julio, sólo unas pocas semanas después de que comenzara a trabajar. En un entorno de trabajo cerrado, con horarios como se han descrito, incluso unas pocas semanas pueden parecer mucho tiempo. De una forma u otra, con la muerte de la esposa de Edison y la extrema aversión de Edison por los hombres de la corriente alterna como Elihu Thomson y George Westinghouse, ningún momento podría haber sido «propicio» para debatir sobre una invención de corriente alterna. El «vagabundo de aspecto horrible» que se llevó a Edison probablemente fuera el mismo Edison, quien era conocido por vestirse como un «holgazán de Bowery»;[75] Tesla empleó un eufemismo para suavizar la historia. «El gerente me había prometido 50 000 dólares [para rediseñar el equipo], pero cuando exigí el pago, simplemente se puso a reír. "Todavía eres parisino. Cuando te conviertas en un americano de pleno derecho, apreciarás una broma americana", comentó Edison».[76]

Si realmente se hubiera hecho un «acuerdo de ejecución»[77] con Edison, Tesla debería haberlo puesto por escrito. Parece poco probable que se ofreciera esa cantidad de dinero por un trato un tanto ambiguo, pero entraba dentro de la naturaleza de Edison hacer «promesas de recompensas caras, aunque indefinidas como una forma de hacer que los hombres trabajaran por sueldos bajos». Es sabido que Edison, que a veces podía parecer más sordo de lo que realmente era, trataba de engañar a sus expertos universitarios, como cuando convenció al químico Martin Rosanoff de que su primer filamento de bombilla estaba hecho de queso de Limburgo. Profundamente dolido, Tesla dejó la empresa y se estableció por su cuenta.[78]

---

75. Barrio del bajo Manhattan, centro de la prostitución y de los bares homosexuales de Nueva York en la década de 1880, que vio nacer las primeras pandillas callejeras del país. (*N. del T.*)

76. Tesla, N.: «Letter to the National Institute of Immigrant Welfare» (11 de mayo de 1938).

77. Kenneth Swezey, material de archivo en el Instituto Smithsoniano (Washington D.C.).

78. Conot, R.: *A Streak of Luck: The Life and Legend of Thomas Alva Edison*. Bantam Books, Nueva York, 1980. pp. 272-273.

5

Liberty Street (1886-1888)

Hubo muchos días en los que no sabía de dónde vendría mi próxima comida. Pero nunca tuve miedo de trabajar, me acerqué a donde unos hombres estaban cavando una zanja [y] les dije que quería trabajar. El jefe miró mi buena ropa y mis manos blancas y se puso a reír, pero me dijo: «Está bien. Escupe en tus manos. Métete en la zanja». Y trabajé más duro que nadie. Al final del día tenía dos dólares.

NIKOLA TESLA[1]

Aunque Tesla se sintió engañado cuando se marchó de Edison Machine Works en los primeros meses de 1885, el tiempo que pasó allí le permitió estudiar al maestro en el trabajo. Simultáneamente, le permitió comenzar a organizar su propia empresa y escribir en un cuaderno los primeros borradores sobre los avances en el diseño de iluminación de arco y en la construcción de conmutadores de corriente continua. También le permitió ver que Edison era mortal y falible, y que él, Tesla, tenía un esquema considerablemente más avanzado. Comenzó a aflorar una nueva confianza.

En marzo de 1885, Tesla se reunió con el reconocido abogado de patentes Lemuel Serrell, exagente de Edison, y el diseñador de patentes

---

1. Nikola Tesla citado en «Tesla Has Plan to Signal Mars», *The New York Sun* (12 de julio de 1937).

de Serrell, Raphael Netter.[2] Serrell le enseñó a Tesla cómo descomponer invenciones complejas en mejoras individualizadas, y el día 30 del mes solicitaron la primera patente de Tesla (n.º 335 786), un diseño mejorado de la lámpara de arco que creaba una luz uniforme y evitaba el parpadeo. En mayo y junio solicitaron otras patentes sobre mejoras en el conmutador para la prevención de chispas y la regulación de corriente mediante un novedoso circuito independiente acoplado a escobillas auxiliares. En julio presentaron otra patente de iluminación de arco que permitía que las lámparas agotadas se separaran automáticamente del circuito hasta que se reemplazaran los filamentos de carbono. Por desgracia, el diseño había sido anticipado por Elihu Thomson. Aunque «avergonzado» por no haber estado al tanto del estado del diseño en Estados Unidos en ese momento, Tesla pudo crear mejoras novedosas y eran patentables.[3]

Durante sus viajes a la oficina de Serrell, el inventor se reunió con B. A. Vail y Robert Lane, dos hombres de negocios de Nueva Jersey. Con garantías ambiguas de que también estaban interesados en el motor de corriente alterna, Tesla acordó constituir con ellos una empresa de iluminación y fabricación a nombre de Tesla en la ciudad de Vail: Rahway, Nueva Jersey. Allí, después de casi un año de arduo trabajo con Paul Noyes, de Gordon Press Works, terminó la instalación; éste, su primer y único sistema municipal de iluminación de arco, se utilizó para iluminar las calles de un pueblo y algunas fábricas.[4] La eficiencia y el enfoque original del sistema atrajeron la atención de George Worthington, editor de *Electrical Review*, quien «se complació» en presentar a la compañía en la portada de la edición del 14 de septiembre de 1886.[5]

2. Anderson, L. I. (ed.): *Nikola Tesla: On His Work with Alternating Currents and Their Application to Wireless Telegraphy, Telephony and Transmission of Power.* Sun Publishing, Denver, Colorado, 1992. Esta obra incluye la declaración original de Tesla ante sus abogados de patentes sobre los orígenes de la invención de la tecnología son hilos en 1916.

3. Conot, R.: *A Streak of Luck: The Life and Legend of Thomas Alva Edison.* Bantam Books, Nueva York, 1980. p. 597.

4. Tesla, N.: *My Inventions: The Autobiography of Nikola Tesla.* Hart Brothers, Williston, Vermont, 1982. p. 72 (Trad. cast.: *Mis inventos.* Ediciones Obelisco, Barcelona, 2022. p. 63; Anderson, L. I. (ed.): *Nikola Tesla: On His Work with Alternating Currents and Their Application to Wireless Telegraphy, Telephony and Transmission of Power.* Sun Publishing, Denver, Colorado, 1992. p. 12.

5. «Tesla Electric Co» (anuncio), *Electrical Review*, p. 14 (14 de septiembre de 1886).

Durante los meses siguientes, Tesla Electric Light & Manufacturing Company correspondió con publicidad en la revista. Vail contrató al diseñador mecánico Sr. Wright de Nueva York para dibujar la lámpara y la dinamo, y, al mismo tiempo, con la ayuda de Tesla, creó una copia atrevida que decía: «el sistema [de iluminación de arco] más perfecto… y completamente nuevo de… autorregulación automática». En un anuncio desplegable cuatro veces el tamaño de la mayoría de las otras empresas eléctricas, el sistema Tesla garantizaba «seguridad absoluta y un gran ahorro de energía… sin parpadeos ni silbidos».[6]

Tras obtener acciones de la empresa y con un poco de dinero en el bolsillo, Tesla se mudó a un apartamento con jardín en Manhattan. Decorando los terrenos «al estilo continental con bolas de vidrio de colores en palos», el deleite del cosmopolita duró poco. «Los niños entraron y robaron las bolas, por lo que Tesla las reemplazó por unas de metal. Sin embargo, el robo continuaba, por lo que Tesla ordenó a su jardinero que las entrara en casa todas las noches».[7]

Lamentablemente, ni Vail, que era el presidente de la empresa, ni Lane, que era el vicepresidente y el tesorero, se preocuparon por la otra creación de Tesla. Para ellos, un motor de corriente alterna era un invento aparentemente inútil. El susceptible inventor se enfureció, porque había pospuesto la explotación del sistema de corriente alterna hasta que se terminara el proyecto de Rahway bajo el supuesto de que sus patrocinadores también apoyarían esa investigación. Para su sorpresa, Tesla se vio obligado a abandonar su propia compañía y le supuso «el golpe más duro que jamás haya recibido».[8] «Sin otra posesión que un certificado de acciones bellamente grabado de valor hipotético»,[9] el inventor estaba en bancarrota. Traicionado por hombres en los que confiaba, llegó a considerar el invierno de 1886-1887 como una época de «terribles dolo-

6. Ibíd.

7. Kulishich, K.: «Tesla Nearly Missed His Career as Inventor: College Roommate Tells», *Newark News* (27 de agosto de 1931).

8. Tesla, N.: «Letter to the National Institute of Immigrant Immigrant Welfare» (11 de mayo de 1938), en Ratzlaff, J. T. (ed.): *Tesla Said*. Tesla Book Co., Milbrae, California, 1984. p. 280.

9. Tesla, N.: *My Inventions: The Autobiography of Nikola Tesla*. Hart Brothers, Williston, Vermont, 1982. p. 72. (Trad. cast.: *Mis inventos*. Ediciones Obelisco, Barcelona, 2022. p. 64).

res de cabeza y amargas lágrimas, con el sufrimiento intensificado por mi necesidad material».[10] Se vio obligado a trabajar cavando de zanjas. La ocupación fue particularmente degradante para el autopercibido aristócrata. «Mi alta educación en diversas ramas de la ciencia, la mecánica y la literatura me parecían una burla».[11]

La crisis de Tesla disminuyó en la primavera. Tras haber interesado al capataz en su destreza en ingeniería, le presentaron a Alfred S. Brown, un destacado ingeniero que trabajaba para la Western Union Telegraph Company. Es probable que Brown, que poseía varias patentes sobre lámparas de arco,[12] hubiera visto el artículo y los anuncios sobre Tesla en *Electrical Review*. Muy consciente de las limitaciones de los aparatos de corriente continua predominantes, quedó inmediatamente impresionado con los «méritos» de las invenciones de corriente alterna de Tesla y se puso en contacto con Charles F. Peck, «un distinguido abogado» de Englewood (Nueva Jersey). Peck «sabía de las fallas en la explotación industrial de las corrientes alternas y estaba claramente predispuesto hasta el punto de no preocuparse siquiera de presenciar algunas pruebas».

Estaba desanimado hasta que tuve una inspiración.

—¿Recuerda el huevo de Colón? –pregunté–. Dice el dicho que en cierta cena el gran explorador pidió a algunos que se mofaban de su proyecto que dejaran un huevo en equilibrio sobre su punta. Lo intentaron en vano. Entonces él lo cogió y, rompiendo ligeramente la cáscara con un golpe muy suave, lo dejó de pie. Puede ser una leyenda, pero el hecho es que Isabel, la reina de España, le concedió una audiencia y se ganó su apoyo.

—¿Y piensa dejar un huevo en equilibrio sobre su punta? –preguntó Beck.

—Sí, pero sin romper la cáscara. Si hiciera esto, ¿admitiría usted que he ido más allá que Colón?

—Desde luego –respondió.

Habiéndose ganado finalmente la atención del abogado, Tesla fue al grano.

---

10. Tesla, N.: «Letter to the National Institute of Immigrant Immigrant Welfare» (11 de mayo de 1938), en Ratzlaff, J. T. (ed.): *Tesla Said*. Tesla Book Co., Milbrae, California, 1984. p. 280.

11. Ibíd.

12. Brown, A. S.: «Arc Lamp Patents», *Electrician and Electrical Engineer* (1886).

—¿Y estaría dispuesto a arriesgar tanto como Isabel?

—No tengo joyas de la corona para empeñar –replicó Peck–, pero hay algunos ducados en mis pieles de ante y podría ayudarlo hasta cierto punto.[13]

Después de la reunión, Tesla se fue corriendo al herrero local con un huevo duro y le pidió que hiciera un molde en hierro y latón. Cuando regresó al laboratorio, construyó una estructura circular con circuitos polifásicos a lo largo del perímetro, y cuando colocó el huevo en el centro y encendió la corriente, el huevo comenzó a girar. Cuando incrementó la velocidad de rotación del huevo, cesó su tambaleo y se quedó quieto sobre su punta. Tesla no sólo fue capaz de «ir más allá que Colón», sino que también pudo demostrar fácilmente los principios que afianzaban la idea de su campo magnético giratorio. Peck se quedó convencido, y juntos los tres hombres crearon una nueva compañía eléctrica a nombre de Tesla.

Peck, que tenía conexiones con John C. Moore, un banquero relacionado con J. P. Morgan, aportó la mayor parte del capital, y Brown puso la experiencia técnica y ubicó el laboratorio en el 89 de Liberty Street, junto a lo que hoy es el World Trade Center. A cambio, Tesla accedió a dividir sus patentes al 50 %. En realidad, los tres compartieron por igual una patente de una dinamo de corriente alterna, Peck y Tesla dividieron cinco patentes más sobre conmutadores, motores y transmisión de energía, y el resto de las invenciones concebidas durante este período se publicaron a nombre de Tesla Electric Company. Su primera patente se presentó el 30 de abril de 1887.[14] Finalmente, Tesla había llegado. Comenzaría así un viaje sin precedentes en el campo de la invención, un flujo de intensa actividad que continuaría sin cesar durante quince años.

Impulsado por su deseo de mantener la prioridad en un abanico de áreas y al darse cuenta de que las nuevas tecnologías podrían influir sobre el curso de la historia, Tesla comenzó un vigoroso calendario que asustaba a quienes lo rodeaban. En muchas ocasiones, lo guiaba él mismo hasta colapsar, trabajando día y noche, con pocos descansos. «Tesla produjo tan rápido como se pudieron construir las máquinas, tres sistemas

---

13. Gernsback, H.: «Tesla's Egg of Columbus», *Electrical Experimenter*, p. 775 (19 de marzo de 1919) [parafraseado].

14. Popović, V. *et al.* (ed.): *Nikola Tesla: Lectures, Patents, Articles.* Museo Nikola Tesla, Belgrado, 1956.

completos de maquinaria de corriente alterna para corrientes monofási-
cas, bifásicas y trifásicas, e hizo experimentos con corrientes de cuatro y
seis fases. En cada uno de los tres sistemas principales produjo las dinamos para generar las corrientes, los motores para producir energía a partir de ellos y los transformadores para aumentar y reducir los voltajes, así
como una variedad de dispositivos para controlar automáticamente la
maquinaria. No sólo produjo los tres sistemas, sino que proporcionó
métodos mediante los cuales podrían interconectarse y modificaciones
que proporcionarían una variedad de medios de utilizar cada uno de los
sistemas».[15]También calculó, de manera fundamental, las matemáticas
que había detrás de estos inventos.

El 10 de mayo, Anthony Szigeti aterrizó en Nueva York y al final de la
semana ya estaba trabajando en Liberty Street. Con Tesla como diseñador,
Brown como experto técnico y Szigeti como asistente, comenzaron a fabricar sus primeros motores de inducción de corriente alterna. Peck,
quien junto con Brown siguió asociado con Tesla durante la siguiente
década como patrocinador silencioso, ayudó a implementar las solicitudes
de patentes visitando inversores en California, Pensilvania y Nueva York.

A las pocas semanas, el editor de *Electrical World* (T. C. Martin) pasó
por el taller y persuadió a Tesla para que escribiera su primer artículo
sobre el invento. Inmediatamente cautivado por él, Martin describió al
electricista de largas piernas como alguien que tiene «ojos que recuerdan
todas las historias que uno ha leído sobre entusiasmo de visión y una
habilidad fenomenal para ver a través de las cosas. Es un lector omnívoro, que nunca olvida, y posee la peculiar facilidad por los idiomas que
permite al nativo educado de Europa del Este hablar y escribir en al
menos media docena de idiomas. No se puede desear un compañero más
agradable […] la conversación, que trata al principio de cosas cercanas y
próximas […] se extiende y se eleva a las cuestiones más importantes de
la vida, el deber y el destino».[16]

T. C. Martin, con gran énfasis en su firma en la C, era una persona
compleja que llegaría a desempeñar un importante papel en la vida de
Tesla. En 1893 editó la compilación más importante de sus escritos reu-

15. O'Neill, J. J.: *Prodigal Genius: The Life of Nikola Tesla*. Ives Washburn, Nueva York,
1944. p. 67.

16. Martin, T. C.: «Nikola Tesla», *Electrical World*, vol. 15, n.º 7, p. 106 (1890).

nidos durante su vida. Con un bigote extravagante, ojos grandes, redondos y enternecedores, y la cabeza rapada, Martin, ahora casado, había sido un antiguo estudiante de seminario que había emigrado de Inglaterra cuando sólo tenía veintiún años. Nacido el mismo año que Tesla, Martin había trabajado para el Mago de Menlo Park a finales de la década de 1870 antes de mudarse a la isla de Jamaica. Al regresar a Nueva York en 1883, rápidamente se convirtió en editor de *Operator and Electrical World*. Iniciada en 1874 por el bien cuidado W. J. Johnston a partir de una «pequeña hoja de telégrafo de cuatro páginas preparada y publicada por operadores de la Western Union en la ciudad de Nueva York, para su circulación entre sus colegas»,[17] *Operator and Electrical World* empezó a adquirir relevancia después de que Thomas Edison comenzara a aportar artículos significativos. Tan pronto como Martin fue contratado, el nombre de la publicación se acortó a *Electrical World*.

Al año siguiente, en 1884, T. C. Martin se convirtió en vicepresidente del recién formado Instituto Estadounidense de Ingenieros Eléctricos (AIEE), y en 1886 apareció su primer libro, The *Electrical Motor and Its Applications*. Unos meses más tarde, fue elegido presidente del AIEE.[18]

Con su relevancia recién descubierta y su actitud muy británica, el sentido de autoestima de T. C. Martin estuvo a la altura de las circunstancias. De manera muy deliberada, organizó una rebelión en *Electrical World*, con su coeditor Joseph Wetzler y algunos otros trabajadores, contra el propietario, el formal, pedante y autoritario W. J. Johnston.[19] Editor competente por derecho propio, Johnston se vio obligado a despedir a sus editores y hacer él mismo la revista, «como si Martin nunca hubiera existido».

Junto con Wetzler, Martin consiguió un puesto de trabajo en *Electrical Engineer,* una empresa competidora que adquirió gran relevancia cuando ambos empezaron a trabajar en ella. Como amigo de Edison, y con su nueva base de operaciones, Martin estaba preparado para aprove-

17. «Thomas Commerford Martin Dies», *Electrical World*, vol. 83, n.º 21, p. 1100 (24 de mayo de 1924).

18. Ibíd.; «Who's Who», *Journal of the American Institute of Electrical Engineers* (1924).

19. Johnston, W. J.: «Mr. Martin's Lawsuit: Why and How It Failed», *Electrical World*, parte I, pp. 253-254 (30 de septiembre de 1893); parte VII, pp. 382-387 (11 de noviembre de 1893).

char el momento. «Un escritor diligente con un estilo elegante»,[20] T. C. Martin tenía la capacidad de penetrar en los círculos sociales más altos. Era un líder, un oportunista, egoísta y encantador. También fue una de las personalidades más influyentes en el glamoroso campo futurista de la ingeniería eléctrica. Habiendo descubierto este nuevo volcán de visión en Nikola Tesla, Martin se aproximó a él con la idea de ayudar a coreografiar la entrada de Tesla en la comunidad de la ingeniería eléctrica.

El serbio era misterioso. Podía desairar a los mortales menores y disfrutaba de los hábitos de un recluso. Pero Thomas Commerford Martin tenía tacto y era tenaz en el cumplimiento de sus propósitos. Ayudó a organizar que el estimado profesor de ingeniería William Anthony, de la Universidad de Cornell, se desplazara hasta Liberty Street y probara la eficiencia de los nuevos motores de corriente alterna. Y Tesla correspondió viajando a Cornell para mostrar sus motores a Anthony y a otros tres profesores (R. H. Thurston, Edward Nicholas y William Ryan). Anthony, veinte años mayor que ellos y graduado de las universidades de Brown y Yale, acababa de marchar de Cornell tras quince años para ocupar un puesto de diseño de instrumentos de medición eléctrica para la Mather Electrical Company en Manchester (Connecticut). Pronto para ser presidente del AIEE, Anthony estaba satisfecho con sus pruebas. Junto con Martin, ayudó a persuadir a Tesla para que presentara su motor ante la sociedad eléctrica recién creada.

Martin tuvo grandes dificultades para persuadir a Tesla de «darle algún papel». Martin dijo que «Tesla se encontraba muy solo, [ya que] la mayoría [de los especialistas en electricidad] no estaban familiarizados con el valor [del motor]». A toda prisa, Tesla escribió a lápiz su conferencia la noche anterior. No había sido fácil para él construir una máquina eficiente, pero finalmente lo logró y pasó todas las estrictas pruebas de eficiencia del profesor Anthony, «nada se interpuso en el camino de su desarrollo comercial [...] excepto que tenían que construirse con miras a operar sobre los circuitos entonces existentes que en este país eran todos de alta frecuencia».[21]

El 15 de mayo de 1888, Tesla compareció ante el AIEE para leer su artículo histórico «A New Alternating Current Motor» («Un nuevo motor de corriente alterna»). Ya había solicitado catorce de las cuarenta pa-

---

20. «Thomas Commerford Martin Dies», *Electrical World*, vol. 83, n.º 21, p. 1100 (24 de mayo de 1924).

21. Ibíd.

tentes fundamentales del sistema de corriente alterna, pero aún se mostraba reacio a presentar por completo su trabajo. Al darse cuenta de que el invento valía como mínimo cientos de miles de dólares, Tesla y la compañía buscaron inversores a través del asesoramiento de sus nuevos abogados de patentes, Parker W. Page, Leonard E. Curtis y el general Samuel Duncan, este último líder de la agencia y miembro respetado de la Asociación de Abogados de Nueva York.[22] En el momento de la conferencia, Tesla, Peck y Brown ya habían estado negociando con posibles compradores, como Butterworth, un fabricante de gas de San Francisco, y, a través del general Duncan, George Westinghouse de Pittsburgh,[23] pero aún no se resolvió nada.

Westinghouse ya estaba utilizando un sistema de corriente alterna desarrollado por el «errático» inventor francés Lucien Gaulard y el «moderno» empresario John Dixon Gibbs de Inglaterra.[24] En 1885, su gerente de la división eléctrica, Guido Pantaleoni, había regresado a Turín para asistir al funeral de su padre. Por casualidad, a través de su profesor de ingeniería Galileo Ferraris, a quien el propio Westinghouse había conocido durante su visita a Italia en 1882, Pantaleoni conoció a Lucian Gaulard, quien había instalado su aparato de corriente alterna entre Tívoli y Roma. Gaulard y Gibbs ya habían aparecido en los titulares dos años antes cuando mostraron su invento por primera vez en el Royal Aquarium de Londres, pero en Turín el sistema ganó una medalla de oro y un premio de 400 libras esterlinas otorgado por el gobierno italiano. Westinghouse compró los derechos de patente estadounidense a finales de noviembre después de recibir una petición por cable de Pantaleoni.

Aunque mejorado gracias al sistema húngaro ZBD, el sistema Gaulard-Gibbs seguía teniendo graves problemas. Para Westinghouse, esto se complicó aún más por el hecho de que Edison poseía la opción sobre el ZBD, y probablemente fue para bloquear a los competidores que Edison compró el sistema.[25]

---

22. Josephson, M.: *Edison: A Biography*. p. 356. Josephson, M.: *Edison: A Biography*. McGraw-Hill, Nueva York, 1959. p. 178. (Trad. cast.: *Edison*. Plaza y Janés, Buenos Aires, 1962).

23. Henry Byllesby a George Westinghouse (21 de mayo de 1888) [AWC].

24. Prout, H.: *George Westinghouse: An Intimate Portrait*. Macmillan, Nueva York, 1939. p. 101.

25. Ibíd. pp. 101-104.

Ese mismo año, en Estados Unidos, después de crear la Westinghouse Electric Company, Westinghouse puso a William Stanley a cargo de las modificaciones de Gaulard-Gibbs. Al mismo tiempo, llevó a Estados Unidos a Reginald Belfield, el ingeniero que había ayudado a instalar el sistema Gaulard-Gibbs en la Exposición Internacional de Inventos en Londres dos años antes. Stanley, un «hombrecillo»[26] frágil y temperamental, de rostro delgado, ojos penetrantes, nariz aguileña, bigote ralo y corte de pelo peculiar, era originario de Brooklyn y había trabajado para Hiram Maxim (inventor de la ametralladora). Aunque fue idea de Westinghouse colocar a Stanley a cargo del aparato de Gaulard-Gibbs, más adelante Stanley afirmó que Westinghouse nunca entendió completamente el sistema hasta que lo puso en condiciones operativas.[27] Esto parece poco probable, ya que era un chismorreo entre el escalafón superior de la Westinghouse Company que Stanley tenía cierta inclinación por reclamar nuevos descubrimientos cuando veía la posibilidad. En cualquier caso, Westinghouse cubrió sus apuestas al establecer numerosas estaciones centrales de corriente continua mientras la investigación sobre corriente alterna seguía en marcha.[28]

«Nervioso y ágil»,[29] Stanley era un individuo hipersensible que nunca se llevó bien con Westinghouse. Debido a sus problemas de salud y siguiendo el consejo del gerente general, el coronel Henry Byllesby, quien propuso que el éxito podría ser más inminente si Stanley se separaba de las presiones de la empresa, el inventor regresó a su retiro de verano de la infancia en los Berkshires en Great Barrington (Massachusetts) para trabajar en privado en el sistema Gaulard-Gibbs, y se llevó consigo a Reginald Belfield. Stanley convirtió la disposición de Gaulard-Gibbs en circuitos paralelos y control independiente de dispositivos separados, y al mismo tiempo creó un transformador que aumentaba la corriente alterna de 500 voltios a 3000 cuando se distribuía a lo largo de una línea de

26. Scott, C. F.: «Early Days in the Westinghouse Shop», *Electrical World*, p. 586 (20 de septiembre de 1924).

27. Hughes, T.: *Networks of Power: Electrification in Western Society, 1880-1930*. Johns Hopkins University Press, Baltimore, 1983. pp. 101-103.

28. Prout, H.: *George Westinghouse: An Intimate Portrait*. Macmillan, Nueva York, 1939. p. 95.

29. Scott, C. F.: «Early Days in the Westinghouse Shop», *Electrical World*, p. 586 (20 de septiembre de 1924).

transmisión y los bajaba a los niveles originales al entrar en los hogares. Si bien este invento era muy similar a la configuración ZBD, se podía patentar. Permitía enviar corriente alterna a 1200 metros de distancia, aproximadamente 400 metros más lejos que los voltajes más bajos de los sistemas de corriente continua predominantes.[30]

El 6 de abril de 1886, George Westinghouse y el coronel Henry Byllesby viajaron a Nuevo Hampshire para ser testigos por sí mismos del histórico aparato. Antes de llegar a Westinghouse, Byllesby había trabajado en Edison Machine Works como ingeniero mecánico y fue uno de los diseñadores de la estación de Pearl Street.[31] «A partir de ese momento, progresamos a una velocidad asombrosa»,[32] afirmó Byllesby. En el momento de la conferencia de Tesla, Westinghouse señaló que su compañía había «vendido más estaciones centrales [...] con el sistema de corriente alterna que todas las demás compañías eléctricas del país juntas con el sistema de corriente continua»,[33] pero pocos ingenieros entendían los principios involucrados.

En una feroz competencia con Westinghouse y un tercer jugador (Elihu Thomson de Thomson-Houston Electric Company), Thomas Edison había recibido un informe sobre su propio sistema ZBD de corriente alterna. Sus ingenieros en Berlín indicaban que el empleo de voltajes tan elevados era extremadamente peligroso.[34] Thomson, quien había dado una conferencia en el AIEE un año antes sobre la corriente alterna, apoyaba la afirmación de Edison de que ésta era demasiado peligrosa.[35] Por lo tanto, en el momento en el que Tesla dio su conferencia, la batalla de las corrientes ya había comenzado, pero la conformación de

30. Silverberg, R.: *Light for the World*. Van Nostrand, Princeton, Nueva Jersey, 1967. p. 233.

31. Tate A. O.: *Edison's Open Door*. Dutton, Nueva York, 1938. p. 148.

32. Hawkins, L.: *William Stanley: His Life and Times*. Newcomen Society, Nueva York, 1939.

33. Westinghouse, G.: «No Special Danger», *The New York Times*, p. 5 (13 de diciembre de 1888).

34. Josephson, M.: *Edison: A Biography*. McGraw-Hill, Nueva York, 1959. p. 346. Josephson, M.: *Edison: A Biography*. McGraw-Hill, Nueva York, 1959. p. 178. (Trad. cast.: *Edison*. Plaza y Janés, Buenos Aires, 1962).

35. Woodbury, D.: *Beloved Scientist: Elihu Thomson*. McGraw-Hill, Nueva York, 1944. pp. 169, 179.

los contendientes era compleja. En 1886, dos años antes de que se hiciera manifiesto el sistema de corriente alterna de alto voltaje de Tesla, Edison le escribió a su gerente: «Tan seguro como la muerte, Westinghouse matará a un cliente dentro de los seis meses posteriores a la instalación de un sistema de cualquier tamaño. Tiene una cosa nueva y requerirá muchísima experimentación para que funcione en la práctica. Nunca estará libre de peligro».[36]

La conferencia de Tesla comenzó con una breve descripción de la «diversidad de opinión existente con respecto a los méritos relativos de los sistemas de corriente alterna y continua. Se otorga gran importancia a la cuestión de si las corrientes alternas se pueden utilizar de manera exitosa en el funcionamiento de motores». Siguió este preámbulo con una lúcida descripción de los problemas de la tecnología predominante y su elegante solución, explicada en palabras, diagramas y cálculos matemáticos simples. La conferencia fue tan completa que muchos ingenieros, después de estudiar el trabajo, sintieron que lo habían sabido todo el tiempo:

> Tengo el placer de presentarles un novedoso sistema de distribución eléctrica y transmisión de energía por medio de corrientes alternas que estoy seguro de que establecerá de inmediato la adaptabilidad superior y demostrará que muchos resultados hasta ahora inalcanzables se pueden alcanzar con su uso.
>
> En nuestras dinamos, es bien sabido, generamos corrientes alternas que dirigimos por medio de un conmutador, un dispositivo complicado, y la fuente de la mayoría de los problemas experimentados. Ahora bien, las corrientes así dirigidas no se pueden utilizar en el motor, sino que deben ser reconvertidas a su estado original. En realidad, por lo tanto, todas las máquinas son de corriente alterna, apareciendo la corriente continua sólo en el circuito externo durante su tránsito desde el generador hasta el motor.[37]

36. Josephson, M.: *Edison: A Biography*. McGraw-Hill, Nueva York, 1959. p. 346. Josephson, M.: *Edison: A Biography*. McGraw-Hill, Nueva York, 1959. p. 178. (Trad. cast.: *Edison*. Plaza y Janés, Buenos Aires, 1962).

37. Tesla, N.: «A New Alternating Current Motor», *Electrician*, p. 173 (15 de junio de 1888).

Dado que la conferencia de Tesla trataba sobre los fundamentos, se entendió fácilmente, a pesar de que su invento era muy revolucionario.

Mediante una demostración en el laboratorio de Tesla después de la conferencia, el inventor mostró que sus motores síncronos podían invertirse casi instantáneamente. También describió, con cálculos matemáticos precisos, cómo determinar el número de polos y la velocidad de cada motor, cómo construir motores monofásicos, bifásicos y trifásicos, y cómo podría interconectarse su sistema con aparatos de corriente continua. La conferencia hizo uso de principios completamente nuevos.[38]

Ahora la electricidad podría transportarse centenares de kilómetros desde un único punto de distribución, y no sólo para iluminar calles o viviendas, sino también para hacer funcionar electrodomésticos en los hogares y maquinaria industrial en las fábricas.

Al final de la charla, T. C. Martin invitó al profesor William Anthony a presentar sus pruebas independientes de los motores Tesla. Él mismo había diseñado dinamos, que había exhibido una década antes en la Exposición de Filadelfia de 1876. Tirando nerviosamente de su barba desaliñada, Anthony confirmó que los motores Tesla que había llevado a Cornell tenían una eficiencia comparable a la de los mejores aparatos de corriente continua. «Un poco más del 60 %», dijo, para los modelos más grandes. Además, la inversión de sentido que podían lograr las máquinas se producía «tan rápidamente que era casi imposible decir cuándo se ha producido el cambio».[39]

Hirviendo por dentro por haber sido adelantado por un recién llegado, el quisquilloso profesor Elihu Thomson dio un paso al frente. Queriendo restablecer que su trabajo sobre la corriente alterna era anterior al de Tesla, señaló cómo diferían sus inventos: «Me ha interesado mucho la descripción dada por el Sr. Tesla de su nuevo y admirable motorcito», logró decir con una sonrisa atrevida. «Como probablemente sabrá, he trabajado en direcciones algo similares y hacia el logro de fines similares. Las pruebas que he llevado a cabo han sido mediante el uso de un circuito de corriente alterna simple —no un circuito de corriente alterna do-

38. Presentación a cargo de Leland I. Anderson durante el simposio de la Sociedad Internacional Tesla celebrado en Colorado Springs en agosto de 1988.

39. William Anthony, citado en Tesla, N.: «A New System of Alternate Current Motors and Transformers» (16 de mayo de 1888), en Popović, V. *et al.* (ed.): *Nikola Tesla: Lectures, Patents, Articles.* Museo Nikola Tesla, Belgrado, 1956. p. L-11.

ble–, un circuito único que alimenta a un motor construido para utilizar la alternancia y producir rotación».[40]

Sin que Thomson fuera consciente de ello, esas palabras en ese momento volverían a atormentarlo, porque había identificado con precisión la diferencia entre las dos creaciones. Mientras que el circuito sencillo de corriente alterna de Thomson tenía que hacer uso de un conmutador y, por lo tanto, era muy ineficiente, el sistema de Tesla utilizaba dos o más circuitos desfasados entre sí y construidos de tal manera que el conmutador quedaba obsoleto. Tesla, por supuesto, reconoció la importancia de las palabras de Thomson y reiteró el punto para establecer claramente que su invención, recién presentada, no era análoga al trabajo anterior de Thomson:

«Caballeros –comenzó Tesla–, deseo decir que el testimonio de un hombre como el profesor Thomson me halaga mucho». Tras hacer una pausa con una sonrisa y una reverencia de reconocimiento, calibró su golpe de gracia con discreta delicadeza. «Tenía un motor idéntico al del profesor Thomson, pero él se me adelantó. Aunque creo que esa peculiar forma de motor presenta la desventaja de que se deben emplear un par de escobillas [es decir, un conmutador]».[41]

Con esta breve respuesta, Tesla reclamó una posición aventajada y se creó un enemigo que lucharía contra él en éste y en otros temas prioritarios (por ejemplo, la bobina de Tesla) por el resto de sus vidas.

Ahora Westinghouse se tenía que mover rápido. Se dio cuenta del valor de las solicitudes de patente de Tesla, habiendo tenido casi un mes para revisarlas, junto con el informe del profesor Anthony.[42] Una semana después de la conferencia, el 21 de mayo, envió al coronel Henry Byllesby al laboratorio de Tesla. Byllesby se reunió con su colega ingeniero Alfred Brown en Cortland Street, donde le presentaron a Charles Peck (abogado y principal patrocinador financiero de Tesla Electric Company). Junto con un cuarto hombre, Humbard, fueron a Liberty Street para reunirse con el inventor y ver las máquinas en funcionamiento.

Así explicó el encuentro Byllesby a Westinghouse: «El Sr. Tesla me pareció una persona directa y entusiasta, pero su descripción no era de

---

40. Elihu Thomson, citado en Ibíd. p. L-12.

41. Ibíd.

42. Henry Byllesby a George Westinghouse (21 de mayo de 1888) [AWC].

una naturaleza que yo pudiera comprender por completo. Sin embargo, vi varios puntos que creo que son de interés. En primer lugar, hasta donde puedo llegar, el principio subyacente de este motor es el principio en el que el Sr. Shallenberger está trabajando en este preciso momento. Los motores, por lo que pude juzgar [...] son un éxito. Parten del reposo, y la inversión del sentido de giro tiene lugar de repente sin ningún cortocircuito [...] Para no dar la impresión de que se trataba de un asunto que despertaba mi curiosidad, hice corta mi visita».[43]

De vuelta en Cortland Street, Brown y Peck le comunicaron a Byllesby que tenía que tomar una decisión «antes de las diez en punto del viernes de esa semana», ya que la empresa también estaba negociando con Butterworth de San Francisco. Afirmaron que el profesor Anthony se había unido a este sindicato de California y respaldaba la oferta de Butterworth de 250 000 dólares en pagarés a corto plazo y unos royalties de dos dólares y medio por vatio de potencia. «Les dije que los términos eran monstruosos, pero respondieron que no podían aplazar el asunto más allá de la fecha mencionada. Añadí que creía que no había posibilidad de que consideráramos el asunto seriamente, pero que les avisaría antes del viernes», dijo Byllesby.

Byllesby sugirió que Westinghouse fuera en persona a Nueva York o que enviara a Shallenberger y otro representante, pero Westinghouse, que estaba familiarizado con el sindicato de San Francisco, le dijo a Byllesby que los demorara y tratara de conseguir condiciones más favorables.[44]

Durante el ínterin de seis semanas, Westinghouse consultó con sus especialistas, Oliver B. Shallenberger y William Stanley, y con su abogado E. M. Kerr. Sólo tres semanas antes de la conferencia de Tesla, Shallenberger había descubierto «por casualidad» que un resorte suelto giraba en «un campo magnético cambiante. Directamente le dijo a su asistente Stillwell quien también estaba presente [...] "Hay un medidor y tal vez un motor". En dos semanas, diseñó y construyó un medidor de corriente alterna de tipo inducción de gran éxito», que se convirtió en estándar; y, como la creación de Tesla, su aparato utilizaba un campo

---

43. Ibíd.

44. Ibíd.; Passer, H.: *The Electrical Manufacturers: 1875-1900*. Harvard University Press, Cambridge, Massachusetts, 1953. p. 175.

magnético giratorio.[45] Sin embargo, Shallenberger aún no comprendía realmente los principios involucrados, ni había tenido tiempo de solicitar una patente.

Stanley, por otro lado, afirmó que no había nada nuevo en la creación de Tesla. Señaló que en septiembre de 1883 había anotado en un cuaderno la idea de que se podía excitar una bobina de inducción con corriente alterna. «He construido un sistema de corriente alterna básicamente con el mismo principio que permite que la fuerza electromotriz se transmita desde las centrales eléctricas hasta los hogares con el propósito de iluminarlos», le dijo a Westinghouse.[46] Pero el hecho era que el sistema de Stanley todavía utilizaba un conmutador. Su ego se había interpuesto en el camino de su capacidad para razonar objetivamente que su esquema no era análogo al de Tesla.

Kerr le recordó a Westinghouse que, a menos que tuviera una patente competidora de fuerza suficiente, sería inútil. Westinghouse sabía que el profesor Ferraris de Turín había publicado un artículo sobre el campo magnético giratorio uno o dos meses antes de la conferencia de Tesla. Ya en 1885, Ferraris también había construido discos que giraban en campos de corriente alterna en presentaciones universitarias. Tesla admitió voluntariamente que «el profesor Ferrari no sólo llegó de forma independiente a los mismos resultados teóricos, sino de manera idéntica casi hasta el más mínimo detalle»,[47] pero Ferraris concluyó erróneamente que «un aparato basado en este principio no puede tener ninguna importancia comercial como motor».[48] Sin embargo, Kerr se dio cuenta de la importancia legal del trabajo de Ferraris. Le sugirió a Westinghouse que compraran las opciones de patente en Estados Unidos, por lo que enviaron a Pantaleoni a Italia. Pagó cinco mil francos (unos mil dólares) por

---

45. Henry Byllesby a George Westinghouse (13 de diciembre de 1888) [AWC].

46. Chesney C. C. *et al.*: «Early History of the AC System in America», *Electrical Engineering*, pp. 228-235 (marzo de 1936).

47. Tesla, N.: «Mr. Tesla on Alternating Current Motors», *Electrical World*, pp. 297-298 (25 de mayo de 1888) [carta al editor]; Ratzlaff, J. T. (ed.): Tesla Book Co., Milbrae, California, 1984. p. 4.

48. Carhart, H.: «Professor Galileo Ferraris», *Electrical World*, p. 284 (febrero de 1887); «como yo lo entiendo, hay un paso gigantesco entre la piscina de remolinos de Ferrari y el campo magnético de Tesla», Michael Pupin a Nikola Tesla (19 de diciembre de 1891) [MNT].

los derechos.[49] Pero el tiempo se agotaba; la gente de Tesla no esperaría para siempre. Westinghouse escribió a Kerr:

He estado pensando mucho sobre esta cuestión del motor, y soy de la opinión de que si Tesla tiene una serie de solicitudes pendientes en la Oficina de Patentes, podrá cubrir ampliamente el aparato con el que Shallenberger estaba experimentando, y que Stanley pensaba que él había inventado. Es más que probable que pueda retrasar la fecha de su invención el tiempo suficiente como para interferir seriamente con el de Ferraris, y que nuestra inversión acabe resultando ser mala.

Si las patentes de Tesla son lo suficientemente amplias como para controlar el negocio de los motores alternos, entonces la Westinghouse Electric Company no puede permitirse que otros sean propietarios de las patentes.[50]

Con respecto al punto complicado de los royalties, que el sindicato de Tesla colocó en la atrevida cifra de dos dólares y medio por vatio, Westinghouse escribió: «El precio parece bastante alto, pero si es el único método para hacer funcionar un motor con corriente alterna, y si es aplicable al funcionamiento de los tranvías, sin duda, fácilmente podemos obtener de los usuarios del aparato cualquier impuesto que los inventores impongan sobre él».[51]

49. Passer, H.: *The Electrical Manufacturers: 1875-1900*. Harvard University Press, Cambridge, Massachusetts, 1953. p. 177.

50. Memorándum interno de George Westinghouse (5 de julio de 1888) [AWC].

51. Ibíd.; Passer, H.: *The Electrical Manufacturers: 1875-1900*. Harvard University Press, Cambridge, Massachusetts, 1953. pp. 277-278.

6
Inducción en Pittsburgh (1889)

[Mi] primera impresión [fue la de un hombre con] tremenda ener-
gía potencial [de la cual] sólo una parte había tomado forma ciné-
tica. Pero incluso para un observador superficial, la fuerza latente
era manifiesta. Un cuerpo poderoso, bien proporcionado, con to-
das las articulaciones en buen estado, unos ojos tan claros como el
cristal, un paso rápido y elástico… representaba un raro ejemplo
de salud y fuerza. Como un león en un bosque, respiraba hondo y
con placer el aire cargado de humo de sus fábricas.

NIKOLA TESLA sobre George Westinghouse[1]

Aunque George Westinghouse había hecho su fortuna con la invención
de los frenos de aire para los trenes, no era sólo un ferroviario. Era descendiente de la aristocrática familia rusa von Wistinghousen; su padre
también fue inventor, con seis patentes fundamentales de maquinaria
agrícola. Con su hermano Henry (que más adelante se convirtió en su
socio), George pronto entró en contacto con dispositivos como la batería
y la chispeante botella de Leyden (un frasco de vidrio forrado con papel
de aluminio y que se utiliza para almacenar una carga eléctrica). Después de haber sido infante de caballería y, posteriormente, ingeniero naval durante la Guerra de Secesión, George Westinghouse tenía experiencia y visión; sabía que el futuro estaba en la electricidad.

A finales de julio de 1888, Tesla tomó un tren a Pittsburgh para reunirse con George Westinghouse y finalizar la venta de sus patentes. Era
pleno verano, pero extrañamente el inventor agradeció el intenso calor.
Esperaba con ansias la reunión.

---

1. Tesla, N.: «Death of Westinghouse», *Electrical World*, p. 637 (21 de marzo de 1914).

De una estatura considerable, con un bigote del tamaño del de una morsa, patillas tipo Chester A. Arthur[2] y una notable esposa de iguales proporciones que vestía un polisón que sobresalía un metro por detrás, Westinghouse saludó al larguirucho inventor. Hombre locuaz, George Westinghouse encandilaba a los que lo rodeaban con su genialidad y confianza ilimitadas. Llevó a Tesla a su casa y luego le hizo un recorrido por la planta. Con casi cuatrocientos empleados, la compañía eléctrica de Westinghouse producía principalmente «alternadores, transformadores y accesorios para equipar estaciones centrales para el suministro de iluminación incandescente».[3] Con el pecho en forma de tonel y físicamente expansivo, Westinghouse contrarrestaba en aspecto al extranjero de piernas afiladas, que caminaba tan «erguido como una flecha, [con su] cabeza erguida [...] pero con un aire preocupado, como si nuevas combinaciones estuvieran cristalizando en su cerebro».[4]

Tesla dijo:

> Aunque entonces tenía más de cuarenta, [Westinghouse] todavía tenía el entusiasmo de la juventud. Siempre sonriente, afable y educado, contrastaba marcadamente con los hombres toscos y avispados que conocí. Ni una sola palabra que hubiera sido objetable, ni un gesto que pudiera haber ofendido; uno podría imaginárselo moviéndose en la atmósfera de una corte, tan perfecto era su comportamiento en modales y habla. Y, sin embargo, no se podría haber encontrado un adversario más feroz que Westinghouse cuando estaba excitado. Atleta en la vida ordinaria, se transformó en un gigante cuando se enfrentó a dificultades que parecían insuperables. Disfrutó de la lucha y nunca perdió la confianza. Cuando otros se rendían desesperados, él triunfaba.[5]

Conocido por su visión y su coraje, Westinghouse ya había *cuadruplicado* las ventas de su compañía eléctrica, de 800 000 dólares en 1887 a más

---

2. Chester Alan Arthur (1829-1886) fue el vigésimo primer presidente de Estados Unidos, cargo que ocupó entre 1881 y 1885. *(N. del T.)*

3. Scott, C. F.: «Early Days in the Westinghouse Shop», *Electrical World*, p. 586 (20 de septiembre de 1924).

4. Ibíd., p. 586.

5. Tesla, N.: «Tribute to George Westinghouse», *Electrical World and Engineer*, p. 637 (21 de marzo de 1914).

de tres millones en 1888, aunque estaba en medio de costosas batallas legales y propagandísticas con Edison.[6] Extraordinario en su capacidad de generar entusiasmo entre sus trabajadores y hombre de acción resolutivo, inmediatamente se ganó el respeto de todos los que lo conocían, en particular de Nikola Tesla.

Westinghouse ofreció a Tesla 5000 dólares en efectivo por una opción de sesenta días, 10 000 dólares al final de la opción si decidían comprar las patentes, tres pagarés de 20 000 dólares a intervalos de seis meses, dos dólares y medio por vatio en royalties y doscientas acciones de la Westinghouse Company. El pago mínimo de los royalties se estimó en «5000 dólares el primer año, 10 000 el segundo año y 15 000 cada año subsiguiente durante la vigencia de las patentes».[7] Westinghouse también acordó pagar cualquier gasto legal en litigios sobre cuestiones prioritarias, pero añadió una cláusula para reducir los pagos en caso de que se perdiera cualquier demanda. Calculada, por quince años, esta cifra, menos las acciones, llegaba a 75 000 dólares en desembolsos iniciales y 180 000 en pagos de royalties, unos 255 000 dólares aproximadamente.[8]

Tesla poseía cuatro novenas partes de su empresa y el resto se lo repartían Peck y Brown, presumiblemente tres novenas partes para el exsocio y dos novenas partes para el segundo.[9] En cuanto a los montos totales pagados por Westinghouse, Tesla también se refirió a las patentes europeas, especialmente en Inglaterra y Alemania.[10] Por lo tanto, es difícil determinar exactamente cuánto recibió Tesla por sus cuarenta patentes. Westinghouse no sólo conseguía un motor de inducción simple, sino también una variedad de motores síncronos y dependientes de carga, así como armaduras, turbinas, reguladores y dinamos. Es posible que Tesla hubiera vendido inventos adicionales con posterioridad en acuerdos separados; el valor de su tenencia de acciones tampoco está claro.

6. Passer, H.: *The Electrical Manufacturers: 1875-1900*. Harvard University Press, Cambridge, Massachusetts, 1953. p. 279.

7. Memorándum de George Westinghouse (11 de julio de 1888) [AWC].

8. Memorándum sin fechar [AWC]; H. Passer, en *The Electrical Manufacturers: 1875-1900*. Harvard University Press, Cambridge, Massachusetts, 1953, afirma que es de Henry Byllesby, con fecha de 7 de julio de 1888.

9. Nikola Tesla a George Westinghouse (2 de enero de 1900) [BC].

10. Nikola Tesla a George Westinghouse (12 de septiembre de 1892; 29 de noviembre de 1898) [BC].

Una década después, Tesla escribió a otro financiero, John Jacob Astor, que «el Sr. Westinghouse accedió a pagar por mis patentes de campo giratorio alrededor de 500 000 dólares y, a pesar de [...] los tiempos difíciles, ha estado a la altura de cada centavo de su obligación».[11] Dado que Tesla estaba intentando recaudar dinero de Astor, es posible que hubiera exagerado la cantidad. Dos años antes, *Electrical Review* señaló que el informe anual de Westinghouse registraba la compra de las patentes en 216 000,11 dólares,[12] una cifra que coincide bastante con el memorando anterior supuestamente atribuido a Byllesby, menos el valor de los pagos de royalties de algunos años. Si fuera el caso, entonces es probable que Tesla recibiera aproximadamente la mitad de esa cifra, unos 100 000 dólares, la cantidad total pagada a plazos durante los años 1888-1897.[13]

Durante las negociaciones, Tesla acordó mudarse a Pittsburgh para ayudar a desarrollar su motor. Es muy posible que no recibiera ningún salario por su estancia allí, ya que tenía un «principio peculiar, desde que me dediqué a la investigación científica de laboratorio, de no aceptar nunca honorarios o compensaciones por servicios profesionales».[14] A Tesla se le había pagado por sus patentes y estaba recibiendo royalties (o pagos por royalties), por lo que había un ingreso. Más evidencias de que no recibió ninguna compensación diaria o semanal adicional están im-

11. Nikola Tesla a John Jacob Astor (6 de enero de 1899) [MNT].

12. Informe anual de Westinghouse Co., *Electrical Review*, p. 313 (30 junio de 1897).

13. La cifra que se menciona con más frecuencia es de un millón de dólares y la fuente es John J. O'Neill. Esta misma cantidad fue mencionada por Robert Underwood Johnson en su capítulo sobre Tesla en su autobiografía (*Remembered Yesterdays*, Little Brown, Boston, 1923. p. 401): «¡Esto al hombre que había vendido los inventos utilizados en el Niagara a la Westinghouse Company por un millón de dólares y vivió para lamentar el trato!». Como Johnson era el confidente más cercano de Tesla, la cifra debe proceder originalmente de Tesla.

14. Carta a la Westinghouse Corporation (6 de febrero de 1898) [BC]; también es posible que Tesla se viera influenciado por el consenso sobre la noble profesión de científico. Por ejemplo, Louis Pasteur también se negó a buscar una compensación económica por sus descubrimientos. Al hacerlo, dijo Pasteur, un científico «se rebajaría [...] Un hombre de ciencia pura se complicaría la vida y correría el riesgo de paralizar sus facultades inventivas» (citado en Josephson, M.: *Edison: A Biography*. McGraw-Hill, Nueva York, 1959. p. 336; Josephson, M.: *Edison: A Biography*. McGraw-Hill, Nueva York, 1959. p. 178; trad. cast.: *Edison*. Plaza y Janés, Buenos Aires, 1962).

plícitas en un acuerdo firmado por George Westinghouse, fechado el 27 de julio de 1889, que prueba que Tesla trabajó en Pittsburgh durante un año y que durante ese tiempo se le pagó con «ciento cincuenta (150) acciones del capital accionario». A cambio, Tesla prometió ceder cualquier patente a Westinghouse Company que estuviera directamente relacionada con el desarrollo de sus patentes de motores de inducción. Sin embargo, recibió otras compensaciones de Westinghouse por otras contribuciones. Por ejemplo, cuando Tesla descubrió que el acero Bessemer[15] permitía construir un transformador muy superior a los fabricados con hierro dulce, Tesla recibió un pago de aproximadamente diez mil por la idea.[16]

Tesla renunció a su apartamento con jardín en Nueva York y se mudó a uno de los muchos hoteles de Pittsburgh, incluidos el Metropolitan, el Duquesne y el Anderson. La vida en un hotel se convertiría en un estilo de vida del que nunca más se separaría.

Su conferencia, de hacía apenas dos meses, ya lo había catapultado a la fama. «A mediados de agosto de 1888 en la sala de pruebas de Westinghouse en Pittsburgh», Charles Felton Scott, su futuro asistente, lo recordó: «Yo acababa de llegar con la compañía y era asistente de E. Spooner, quien dirigía la sala de pruebas de las dinamos por la noche. Me llamó y me dijo: "Ahí viene Tesla". Había oído hablar de Tesla [después de] leer el artículo [de Tesla] sobre el motor de inducción polifásico que mi antiguo profesor universitario había señalado como una solución completa del problema del motor. Y ahora iba a ver al propio Tesla».

Rubio, con gafas redondas y sin montura, Scott no se había enterado de «que existía la corriente alterna» hasta el verano anterior, en 1887. «Me había [...] graduado en la universidad dos años antes, y me preguntaba por qué no había oído hablar de tales cosas de mis profesores». Su única introducción fue un artículo en *Electrical World* de William Stanley, que era «una fascinante [...] clave para muchos

---

15. Sistema de fabricación en serie de acero de buena calidad a bajo coste. El método, químico, se basa en la retirada de impurezas del hierro mediante la oxidación gracias al aire insuflado. *(N. del T.)*

16. Anderson, L. I. (ed.): *Nikola Tesla: On His Work with Alternating Currents and Their Application to Wireless Telegraphy, Telephony and Transmission of Power.* Sun Publishing, Denver, Colorado, 1992. pp. 64-65.

misterios».[17] Ahora, un año después, iba a conocer a Nikola Tesla, el hombre que resolvía con tanta elegancia todos los rompecabezas propuestos por Stanley. «Allí llegó, marchando por el pasillo con la cabeza y los hombros erguidos y con un brillo en los ojos. Fue un gran momento para mí».[18]

Scott, quien más tarde se convirtió en profesor de ingeniería en la Universidad de Yale, fue «el técnico de Tesla [...] en la preparación y realización de pruebas. Era una espléndida oportunidad para un principiante, entrar en contacto con un hombre de tanta eminencia, rico en ideas y de disposición amable y amistosa. La fértil imaginación de Tesla a menudo construía castillos en el aire que parecían prodigiosos. Pero dudo que alguna vez sus extravagantes expectativas para el motor de juguete de aquellos días, a la altura de la realización real [...] del sistema polifásico que inauguró [...], superaran los sueños más salvajes de los primeros días».[19]

Scott no sólo fue el asistente de Tesla, sino que con el paso del tiempo y en contra de la opinión de muchos colegas, se convirtió en un campeón de la causa de Tesla, un portador de la verdad, es decir, que Tesla fue el inventor del motor de inducción. Otro partidario acérrimo fue el inmigrante suizo Albert Schmid, coautor de dos patentes de corriente alterna con Tesla. Aunque el propio Westinghouse también era un aliado, hubo un grupo de otros trabajadores que intentaron despojar seriamente a Tesla de la corona. Entre los principales adversarios del período inicial se incluyen Oliver B. Shallenberger (inventor del medidor de corriente alterna) y su ayudante Lewis B. Stillwell (inventor del elevador de voltaje Stillwell) que funcionaba de manera similar a la bobina de Tesla. En un período posterior, el principal antagonista fue Andrew W. Robertson (director ejecutivo de Westinghouse).

Otro oponente más fue William Stanley, el primer estadounidense en haber instaurado con éxito un sistema de corriente alterna en el país. Stanley se separó de la Westinghouse Corporation (hacia 1892-1893)

---

17. Scott, C. F.: «Early Days in the Westinghouse Shop», *Electrical World*, p. 586 (20 de septiembre de 1924).

18. Charles Felton Scott a Nikola Tesla (10 de julio de 1931) [BBUC].

19. Ibíd.

para vender sus propios motores polifásicos, lo que suponía una clara infracción de la patente del sistema Tesla. Esta posición fue sustentada por los tribunales unos años más tarde y Stanley se vio obligado a comprar los motores Tesla de Westinghouse.[20]

Para comprender la profundidad de la hostilidad que existía dentro del grupo de Westinghouse contra Tesla, sólo hay que leer el capítulo de Lewis B. Stillwell sobre la historia de la corriente alterna, escrito cuarenta años después del hecho en un texto titulado «George Westinghouse Commemoration» («En memoria de George Westinghouse»). Editado por Charles Felton Scott, el libro fue ampliamente distribuido por la corporación y reeditado en 1985. En la introducción al capítulo de Stillwell se relata

> cómo Westinghouse llevó el sistema Gaulard-Gibbs a Estados Unidos, cómo fue modificado y cómo Stanley hizo demostraciones prácticas [...] y qué ha pasado desde entonces.
>
> En 1888 llegó la brillante invención de Shallenberger del medidor de inducción. Ese mismo año, Nikola Tesla obtuvo sus patentes de Estados Unidos que cubren el motor y el sistema polifásicos. Westinghouse aseguró rápidamente los derechos estadounidenses. Tesla se desplazó a Pittsburgh para desarrollar su motor. Hizo vanos intentos de adaptarlo a los circuitos monofásicos de 133 ciclos existentes [...] Las *ventajas evidentes* [énfasis añadido] de la conexión directa de motores y generadores requerían una frecuencia más baja [...] Se seleccionaron dos como estándar, a saber, sesenta ciclos para uso general y treinta ciclos para conversión en corriente continua.[21]

Si se analiza la estructura de esta cita de Stillwell, se puede observar que, aunque la oración principal se refiere a Shallenberger, todo el párrafo se refiere a Tesla. ¡La palabra «brillante» se utiliza para describir un descu-

---

20. Hawkings, L.: *William Stanley: His Life and Times*. Newcomen Society, Nueva York, 1939. p. 32; «The S.K.C. Two Phase System», *Electrical Review*, p. vii (16 de enero de 1895) [anuncio de Stanley].

21. Scott, C. F.: *George Westinghouse Commemoration*. American Society of Mechanical Engineers, Nueva York, 1936. p. 21.

brimiento accidental de que un resorte reaccionó a corrientes alternas,[22] mientras que no se emplea ningún adjetivo para describir al inventor de todo un sistema eléctrico completo!

Tesla se refiere a la misma situación en su autobiografía: «Mi sistema se basaba en el uso de corrientes de baja frecuencia y los expertos de Westinghouse habían adoptado 133 ciclos con el fin de obtener ventajas en la transformación [porque su sistema Gaulard-Gibbs operaba a esa frecuencia] No querían apartarse de sus aparatos estándar y mis esfuerzos debían concentrarse en adaptar el motor a estas condiciones».[23]

Con 120 centrales eléctricas configuradas a 133 ciclos por segundo, se puede entender la situación en la que se encontraba Tesla. Dado que el medidor de Shallenberger era compatible con el circuito monofásico predominante de 133 ciclos, parecía lógico que el motor polifásico de Tesla también pudiera hacerse compatible.

En diciembre de 1888, la batalla de propaganda de Edison contra Westinghouse alcanzó su punto máximo cuando Edison comenzó a permitir que H. P. Brown (que no era un empleado de Edison) fuera a su laboratorio de Menlo Park para electrocutar a varios animales con corriente alterna. Unos meses antes, Brown había experimentado electrocutando animales en la Escuela de Minas, una división de la Universidad de Columbia (Nueva York). Brown, un ingeniero eléctrico que vivía en la calle 54, estaba molesto por las muchas muertes accidentales de sus colegas. Había recopilado una lista de más de ochenta bajas y, aunque muchos de los hombres habían muerto por culpa de la corriente continua, Brown decidió que la corriente alterna era el verdadero culpable. En dos años, Brown comenzó a fabricar sillas eléctricas para varias prisiones, que vendió por 1600 dólares. También planeó que le pagaran por ser el verdugo. Durante el verano de 1888, el *The New York Times* informó que «torturó y electrocutó a un perro [...] Primero probó corrientes continuas con una fuerza de 300 voltios [...] Cuando llegó la descarga, el perro aulló [...] A 700 voltios se rompió el bozal y casi logró escapar. Lo ataron de nuevo. A 1000 [voltios] su cuerpo se retorció de dolor [...]

22. Prout, H.: *George Westinghouse: An Intimate Portrait*. Wiley, Nueva York, 1939. p. 129.

23. Tesla, N.: *My Inventions: The Autobiography of Nikola Tesla*. Hart Brothers, Williston, Vermont, 1982. (Trad. cast.: *Mis inventos*. Ediciones Obelisco, Barcelona, 2022. p. 64.)

"Tendremos menos problemas cuando lo intentemos con la corriente alterna", dijo el Sr. Brown. Se le propuso terminar de una vez con el sufrimiento del perro. Lo hizo con una corriente alterna de 300 voltios, que mató a la bestia».[24]

Varias ciudades habían adoptado la electrocución para librar las calles de perros no deseados, pero el estado de Nueva York fue un paso más allá y estableció una comisión en 1886 «para informar [...] sobre el método más humano de la pena capital».[25] Bajo los auspicios de la Sociedad Medicolegal de Nueva York, Brown se presentó como portavoz principal.

William Kemmler, un vándalo que había matado a hachazos a su amante, se convirtió en el caso de prueba para el uso de la electricidad como medio de pena capital.

Dado que los motores Westinghouse podían producir aparentemente la frecuencia más letal, Brown compró de manera subrepticia algunos modelos funcionales para continuar con sus repugnantes experimentos. Por supuesto, Westinghouse estaba molesto por la devastadora publicidad. Él y Tesla se enfrentaron a la posibilidad de que el nuevo sistema polifásico de corriente alterna nunca tuviera éxito por la competencia de las tecnologías de corrientes alterna y continua existentes, ya que estos dos sistemas requerían voltajes mucho más bajos.

Mientras Brown se preparaba para experimentar con animales más grandes para asegurarle a la comisión que la electricidad podía matar a los criminales de una manera «humana», el juicio de Kemmler procedió a interrogar a varios expertos en electricidad sobre el uso de las corrientes de Westinghouse para la silla eléctrica.

Edison vio la controversia como una manera ingeniosa de capitalizar la campaña contra Westinghouse y la nueva tecnología de Tesla. «El esquema de Edison para la ejecución eléctrica de criminales es el mejor presentado hasta ahora. Propone esposar las muñecas, con conexiones en la cadena, colocar [...] las manos del culpable en una jarra de agua con potasa cáustica [hidróxido de potasio] diluida y conectada [...] a mil voltios de corriente alterna [...] Poner la capucha negra al condenado, y en el momento oportuno cerrar el circuito. La descarga pasa por

---

24. «Brown Executes Dogs», *The New York Times* (31 de julio de 1888).

25. «A Humane Method of Capital Punishment», *Electrical Review* (24 de diciembre de 1887); «One Dead Dog», *Electrical Review*, p. 2 (20 de julio de 1889).

ambos brazos, el corazón y la base del cerebro, y la muerte es instantánea e indolora».[26]

Capaz de alimentar su vendetta, Edison permitió el acceso a su famoso laboratorio para Brown a veinticuatro perros, que compró a los niños del barrio a veinticinco centavos cada uno. ¡Edison también tuvo dos terneros y un caballo![27]

Perturbado, George Westinghouse escribió una carta de apelación al *The New York Times* en la que afirmaba que la corriente alterna no era más peligrosa que la continua, ya que también había personas que habían resultado electrocutadas y heridas por la corriente continua.[28] Westinghouse aseguró al lector la seguridad de su sistema, por lo que Brown, también en el *The New York Times*, desafió a Westinghouse unos días después «a encontrarse conmigo en presencia de los expertos en electricidad competentes y hacer pasar por su cuerpo la corriente alterna mientras yo hago pasar por el mío una corriente continua. La alterna debe tener no menos de 300 alternancias por segundo».[29]

El 23 de julio de 1889, Edison fue interrogado bajo juramento por el abogado de Kemmler, W. Bourke Cockran, un inmigrante irlandés educado en Francia, en su segundo mandato en la Cámara de Representantes. Habiéndose ganado cierta reputación a nivel local por luchar contra el Tammany Hall,[30] Cockran también había logrado el reconocimiento nacional como el «niño orador» tras enfrentarse al oponente presidencial de William Jennings Bryan, William McKinley, en debates bien cubiertos.[31] Ahora fijó su mirada en enfrentarse al Mago de Menlo Park.

---

26. «Edison and Capital Punishment», *Electrical Review*, p. 1 (30 de junio de 1888); «Edison Says It Will Kill», *The New York Sun* (4 de julio de 1889).

27. «Electricity on Animals; They Make Less Objection to the Alternating Current», *The New York Times*, p. 2 (13 de diciembre de 1888).

28. Westinghouse, G.: «No Special Danger; Alternating Currents in Electric Light Wires», *The New York Times*, p. 5 (13 de diciembre de 1888).

29. Brown, H. P.: «Electric Currents», *The New York Times*, p. 5 (18 de diciembre de 1888).

30. Nombre con el que se conoce a la maquinaria política del Partido Demócrata de Estados Unidos que jugó un papel importante en el control de la política local de la ciudad de Nueva York y en la implicación política de los inmigrantes (en especial irlandeses) entre 1790 y 1960. *(N. del T.)*

31. «Cockran Debates McKinley at Madison Square Garden», *The New York Press*, pp. 1-2 (19 de agosto de 1896).

PREGUNTA: ¿Tiene Harold P. Brown alguna conexión con usted o con Edison Company?

EDISON: No que yo sepa...

PREGUNTA: ¿Qué sucedería en caso de que Kemmler permaneciera en la silla varios minutos con la corriente actuando sobre él? [...] ¿Quedará carbonizado?

EDISON: No. Quedaría momificado...

PREGUNTA: ¿Es su suposición, no su conocimiento?

EDISON: Mi suposición. Nunca he matado a nadie...

«Finalmente, el Sr. Cockran aludió a la rivalidad entre Edison y las compañías de Westinghouse, y le preguntó al Sr. Edison si quería al Sr. Westinghouse como a un hermano. Hubo más silencio del habitual, roto por la respuesta de Edison: "Creo que el Sr. Westinghouse es un hombre muy capaz" [...] El señor Cockran encendió la colilla de su cigarro Wizard[32] que había estado mascando y lo despidió».[33]

Pasaría otro año antes de que se llevara a cabo la ejecución real, pero la opinión pública siguió yendo contra la peligrosa corriente de Westinghouse. Aunque Edison no fue el autor de las ideas de la silla eléctrica, hizo todo lo que pudo para ayudar a la causa, proporcionando a su personal, en especial al ingenioso Arthur E. Kennelly, más tarde profesor en Harvard, todo lo necesario para ayudar a Brown; además, prestó su nombre.

Comenzaron a aparecer protestas en varios periódicos con respecto a los «verdugos eléctricos». Por ejemplo, se publicó el siguiente editorial en diversos periódicos y revistas: «Es difícil concebir un experimento más horrible que el que se hará con Kemmler [...] En un lugar secreto, se verá obligado a pasar por un proceso de tortura mental y moral, si no también corporal, y nadie puede decir cuánto durará».[34]

Este ominoso pasaje en realidad no fue lo suficientemente severo, ya que la ejecución de Kemmler se convirtió en una pesadilla. El trabajo se echó a perder por completo cuando, después de la electrocución, «para

---

32. La marca del cigarros Wizard era una clara alusión a cómo era conocido Edison: «the Wizard of Menlo Park» («el Mago de Menlo Park»). *(N. del T.)*

33. «Electricity as a Means of Execution», *Electrical Review* (3 de agosto de 1889); «Edison Says It Will Kill», *The New York Sun* (24 de julio de 1889).

34. «Electricity as a Means of Execution», *Electrical Review* (3 de agosto de 1889).

horror de todos los presentes, el pecho comenzó a agitarse, salió espuma de la boca y el hombre dio todas las señales de haber revivido».[35]

La ejecución se comparó con la obra de bárbaros y torturadores y con escenas «dignas de las cámaras más oscuras de la Inquisición del siglo XVI». Un testigo presencial que estaba absolutamente disgustado fue el Dr. Jenkins, quien le comentó al *The New York Times*: «Hubiera preferido ver diez ahorcamientos que una ejecución como ésta». También se entrevistó a los mejores electricistas.

«No me importa hablar de esto. Fue un acto brutal. Podrían haberlo hecho mejor con un hacha», dijo Westinghouse.

Incluso Edison se mostró afectado: «Simplemente he echado un vistazo a un relato de la muerte de Kemmler, y no es una lectura agradable [...] En mi opinión, un error fue dejarlo todo en manos de los médicos [...] En primer lugar, el cabello de la cabeza de Kemmler no era conductor. Así pues, la parte superior de la cabeza no creo que sea un buen lugar donde dar una descarga [...] La mejor forma es meter las manos en una jarra de agua [...] y dar la corriente allí [...] Creo que cuando se siente el próximo hombre en la silla para aplicarle la pena de muerte, esa muerte se logrará instantáneamente y sin las escenas que vividas hoy en Auburn».[36]

Aunque Westinghouse trató de distanciarse de estos hechos nefastos, su compañía aún sufrió un daño mayor que el de Edison desde el punto de vista publicitario porque se empleó corriente alterna para electrocutar a Kemmler. La histeria colectiva amenazó con ahogar el intento de instituir la nueva invención de corriente alterna de Tesla, y mucho menos el sistema de corriente alterna Gaulard-Gibbs predominante.

Tesla se dio cuenta de que finalmente la compañía tendría que cambiar a frecuencias más bajas si querían implementar su creación, pero para su sorpresa, «en 1890, se abandonó el trabajo del motor de inducción».[37]

Westinghouse le hizo saber que tenía las manos atadas y que sus patrocinadores no continuarían desperdiciando decenas de miles de dólares

---

35. «Electrical Execution a Failure», *Electrical Review*, pp. 1-2 (16 de agosto de 1890).
36. «Kemmler Dies in Electric Chair», *The New York Times*, p. 1 (6 de agosto de 1890).
37. Lamme, B. G.: *Benjamin Garver Lamme, Electrical Engineer: An Autobiography*. Putnam, Nueva York, 1926. p. 60.

en investigaciones inútiles. Le habían dado a Tesla una oportunidad de modificar su equipo para satisfacer las necesidades de la compañía. Parecía una locura destruir todo el equipo existente para satisfacer las necesidades no probadas de esta nueva tecnología. Además, estaban en contra de la idea de pagar royalties en caso de que el motor finalmente resultara rentable. ¡Se acabó la paciencia!

En una disyuntiva, Tesla negoció con Westinghouse una solución de compromiso. Abandonaría la cláusula de royalties del contrato si Westinghouse prometía comprometer a sus trabajadores una vez más con el invento.

Westinghouse estaba entre la espada y la pared. Sabía que en ese momento tenía que limitar todo el trabajo sobre el motor para satisfacer la ola de hostilidad que se levantaba contra Tesla. También se había dado cuenta de que el invento era demasiado importante y consideraba que finalmente se encontraría una solución. Nadie sabe con certeza qué sucedió exactamente, pero parece que Westinghouse se comprometió tácitamente con Tesla a que haría que la compañía reanudara el trabajo con el motor si Tesla eliminaba la cláusula de royalties de dos dólares y medio por vatio del contrato. Si finalmente el motor se comercializaba y se adoptaba el sistema polifásico, se respetarían las cifras anuales citadas anteriormente, como pagos por royalties (por un valor aproximado de 255 000 dólares).

Tesla era consciente de la importancia histórica de su invento. Se dio cuenta de que *cambiaría el mundo* de manera beneficiosa en formas medibles. Su motor, por ejemplo, proporcionaría un reemplazo económico para potencialmente centenares de miles de horas de trabajo manual. Al mismo tiempo, su creación forjaría su nombre profundamente en los libros de historia, junto con héroes como Arquímedes o Faraday. Además, sabía que su sistema era el más eficiente, que era fundamental y que, si se adoptaba, prevalecería. También tenía muchas ganas de retomar su camino preferido como inventor pionero.

Tesla no tenía en cuenta los gastos e ingresos en un balance; más bien, veía su asociación con Westinghouse de una manera más flexible. También estaba negociando de buena fe y asumió que, si aligeraba la carga financiera potencial, de alguna manera la compañía correspondería. Ofreciendo buena voluntad, esperaba cosechar lo que había sembrado. Hablando de Westinghouse muchos años después, Tesla dijo: «George Westinghouse era, en mi opinión, el único hombre en el mundo que podía tomar mi sistema de corriente alterna bajo las circunstancias existentes y ganar la batalla contra los prejuicios y el poder del dinero. Era un pionero de imponente estatura y uno de los nobles del mundo».[38]

Ésta, sin embargo, era una declaración pública; sus sentimientos privados eran más complejos. Al leer décadas de cartas a la corporación, queda claro que Tesla mantuvo una estrecha relación con Westinghouse. De todos modos, a menudo hubo un trasfondo de resentimiento debido sobre todo a la falta de reconocimiento por parte de Westinghouse del sacrificio de Tesla y su contribución continua a la empresa. Tesla también estaba molesto porque el alcance real de sus patentes se simplificó y surgieron insinuaciones que sugerían que simplemente inventó un motor de inducción y no un sistema de energía completo.

Finalmente, después de casi dos años de inactividad, la gente de Westinghouse reanudó sus esfuerzos para hacer practicable el motor Tesla. En 1891, Benjamin Lamme, un joven corpulento, despreocupado pero estudioso, comenzó a reexaminar las patentes de Tesla y los motores experimentales de Tesla y Scott. Después de conversar con Tesla en Nueva York y hablar sobre el asunto con Scott, Lamme se acercó a sus supervisores con un plan para reanudar el trabajo sobre el motor.

Lamme se dio cuenta de que Tesla había «agotado todas las posibilidades» de intentar adaptar su motor a las frecuencias más altas y que se vio obligado a «volver a [las] frecuencias bajas [...] insistiendo en la superioridad de su sistema polifásico».[39] Esta idea, como se ha indicado anteriormente, fue rechazada, muy probablemente por Shallenberger y Stillwell. Lamme, como ingeniero junior, tenía que proceder con cuidado. Con la ayuda de Scott, «finalmente obtuvo permiso» para emprender el trabajo por su cuenta, aunque no hay duda de que varios oficiales se opusieron a la idea. «En ese momento, el sistema de 60 ciclos estaba entrando bastante rápido», dijo Lamme, por lo que sugirió esta frecuencia al personal. Shallenberger «se puso furioso y me habló en un lenguaje claro». Sin duda dijo que no habría forma posible de utilizar las frecuencias más bajas. «Esto me pareció bastante grave, ya que, como simple

---

38. O'Neill, J. J.: *Prodigal Genius: The Life of Nikola Tesla.* Ives Washburn, Nueva York, 1944. p. 83.

39. Lamme, B. G.: *Benjamin Garver Lamme, Electrical Engineer: An Autobiography.* Putnam, Nueva York, 1926. p. 60.

muchacho en la sala de pruebas, me había metido en una disputa con una de las principales autoridades técnicas de la empresa. Le expliqué mi situación al Sr. Schmid, quien se limitó a reír […] Sin embargo, un tanto para mi sorpresa, a partir de entonces el Sr. Shallenberger siempre se puso de mi lado […] Esto, por supuesto, me dio una idea más amplia del hombre mismo, y siempre he mirado hacia atrás con el mayor placer a mi relación con tal hombre».

Muy probablemente, lo que pasó es que Schmid, junto con Scott, se retiraron a un lugar apartado y le explicaron a Shallemberger que ahí estaba su oportunidad de utilizar finalmente el motor sin darle más crédito a Tesla. Simplemente harían saber que un ingeniero nuevo y brillante que trabajaba en la empresa había «descubierto» la eficiencia de las frecuencias más bajas, por lo que el mérito sería de Lamme. No es de extrañar que Schmid se pusiera a reír. Con una escapatoria, Shallenberger dio marcha atrás y le dio unas palmaditas en la espalda a Lamme, y algo ingenuamente Lamme llegó a la conclusión de que él construyó «el primer motor de inducción […] que tiene un aspecto similar al tipo moderno… Yo [también] diseñé los grandes generadores para el Niágara que no tenían precedentes. Eran maravillas de los logros de la ingeniería».[40] Habiendo redescubierto lo que Tesla había estado sugiriendo todo el tiempo, Lamme a menudo hacía parecer que él era el creador de la idea.

Los lectores sin conocimientos, que se quedaron con materiales de fuentes incompletas, de los cuales hay muchos, se vieron obligados a concluir que cuando se trata del sistema polifásico de corriente alterna, fue «ese genio versátil de B. G. Lamme, el pilar de la empresa de Westinghouse»,[41] quien lo hizo posible. Pero las personas que leyeron detenidamente a Scott sabían la verdad: «Los arduos esfuerzos para adaptar el motor Tesla al circuito [predominante] fueron en vano. El pequeño motor insistía en tener lo que quería, y la montaña vino a Mahoma».[42]

---

40. Ibíd. p. v.

41. Jehl, F.: *Menlo Park Reminiscences*. Edison Institute, Dearborn, Michigan, 1939. p. 336.

42. Scott, C. F.: «Nikola Tesla's Achievements in the Electrical Art», *AIEE Transactions*, p. 3 (1943).

7

Falsos inventores (1889-1890)

Keely ha descubierto que todas las corrientes simpáticas, cerebelo-sas, gravitacionales, magnéticas y eléctricas se componen de flujos triples; este hecho gobierna todos los órdenes terrestres y celestes de radiación positiva y negativa [...] Ha descubierto que el rango de movimiento molecular en todas las masas inactivas es igual a un tercio de sus diámetros, y que todo el rango ampliado es indu-cido por la fuerza del sonido, fijada en acordes de los tercios que son antagónicos a los acordes combinados de la masa de los cen-tros neutros que representan.

«Who Is the Greatest Genius of Our Age?»
Review of Reviews, 1890[1]

Tesla dejó Pittsburgh el otoño de 1889 para volver a Nueva York y comenzar su segundo laboratorio, ahora en Grand Street. Allí comen-zaría a trabajar en aparatos de alta frecuencia, transmisión inalámbrica y teorías sobre la relación entre la radiación electromagnética y la luz. En particular, el inventor quería replicar los hallazgos del académico alemán Heinrich Hertz, alumno de Hermann Ludwig von Helmholtz, quien acababa de publicar sus experimentos históricos sobre la propa-gación de ondas. Tesla dijo que este trabajo «le causó una emoción como nunca había experimentado».[2] «No era libre en Pittsburgh —continuó. Era dependiente y no podía trabajar [...] Cuando [dejé]

---

1. «Who Is the Greatest Genius of Our Age?», *Review of Reviews*, p. 45 (julio de 1890).

2. Tesla, N.: «The True Wireless», *Electrical Experimenter*, p. 28 (mayo de 1919), en Ratzlaff, J. T. (ed.): *Reference Articles for Solutions to Tesla's Secrets*. Tesla Book Co., Milbrae, California, 1981. p. 62.

esa situación, las ideas y los inventos se precipitaron en mi cerebro como un Niágara».[3]

Antes de instalarse, el inventor viajó a París para asistir a la Exposición Universal y presenciar la inauguración de un colosal triunfo arquitectónico, la Torre Eiffel. Al regresar a una ciudad llena de buenos recuerdos, Tesla podía saludar a viejos amigos y contarles lo lejos que había llegado. Allí, el incipiente creador podía detenerse una vez más en el Louvre para contemplar las «maravillas» de Rafael, su homólogo autopercibido en las bellas artes.[4] Sin embargo, Tesla también tenía sentimientos encontrados, ya que viajaba a la sombra de su némesis, Thomas Edison, quien no sólo asistió a la feria, sino que también disponía de un espacio de unos 4000 metros cuadrados para exhibir sus diferentes inventos. En particular, el fonógrafo causó sensación y Edison fue recibido como un verdadero semidiós.

Mientras Edison, que estaba acompañado por su nueva esposa, Mina, de apenas veintidós años, comía con Alexandre Eiffel en su apartamento en lo alto de la torre, Tesla se reunía con el profesor Wilhelm Bjerknes en la feria «para presenciar las hermosas demostraciones [de sus] diafragmas vibrantes».[5] Físico noruego de la Universidad de Estocolmo, Bjerknes, junto con Jules-Henri Poincaré, no sólo habían replicado el trabajo de Heinrich Hertz sobre la propagación de ondas electromagnéticas a través del espacio, sino que también habían descubierto, según Hertz, la *resonancia múltiple* y habían resuelto las matemáticas de los fenómenos.[6] Tesla pudo estudiar el oscilador de Bjerknes, que producía una variedad de ondas electromagnéticas y constaba de un resonador para aumentarlas, y también debatió con él teóricas implicaciones relativas a las propiedades de las ondas electromagnéticas así producidas.

Y mientras el Mago de Menlo Park se reunía con Louis Pasteur en su laboratorio de París y recibía la Gran Cruz Francesa de la Legión de Ho-

3. O'Neill, J. J.: *Prodigal Genius: The Life of Nikola Tesla*. Ives Washburn, Nueva York, 1944. p. 77.

4. Nikola Tesla a John Pierpont Morgan (10 de diciembre de 1900) [BC].

5. Tesla, N.: «On the Dissipation of the Electrical Energy of the Hertz Resonator», *Electrical Engineer* (21 de diciembre de 1892), en Ratzlaff, J. T. (ed.): *Tesla Said*. Tesla Book Co., Milbrae, California, 1984. p. 22.

6. O'Hara, J. G. *et al.*: *Hertz and the Maxwellians*. Peter Peregrinus Ltd. en asociación con el Museo de Ciencias, Londres, 1987. p. 42.

nor por sus logros, Tesla desarrolló uno de sus descubrimientos más importantes, a saber, que las llamadas ondas hertzianas no sólo producían oscilaciones transversales, sugeridas por Bjerknes, sino también vibraciones longitudinales estructuradas de manera muy similar a las ondas sonoras, «es decir, ondas, propagadas por compresión y expansión alternas [...] del éter».[7] Esta conceptualización llegaría a jugar un papel fundamental en los transmisores sin hilos que Tesla construiría en la década siguiente.

Mientras hizo sus maletas para una breve visita a ver a su familia,[8] Edison continuó su gira. En Italia fue honrado por la reina Margarita de Venecia y el rey Humberto de Roma; en Berlín se reunió con Helmholtz en su laboratorio, y en Heidelberg, Edison mostró su fonógrafo ante una «reunión monstruosa» de 15 000 personas en la que la máquina «pronunció un discurso en un buen alemán».[9] Sin embargo, el momento favorito de Edison fue cuando asistió a una gran cena ofrecida por Buffalo Bill, quien estaba de gira por Europa con su «Wild West Show». Y cuando Tesla se fue a Nueva York, Edison continuó viaje hacia Londres, donde pudo visitar sus estaciones centrales pero también aprender de primera mano que el nuevo uso de la corriente alterna de Tesla llegó para quedarse.[10] En Deptford, por ejemplo, ese mismo año, un ingeniero de nombre Ferranti instaló la que probablemente fuera la primera estación generadora monofásica en funcionar; con un sistema Tesla, pudo transmitir 11 000 voltios a unos once kilómetros de distancia hasta Londres.[11] Aunque fue un logro verdaderamente histórico, por alguna razón desconocida, esta planta no recibió prácticamente publicidad.

7. Tesla, N.: «New Radio Theories», *New York Herald Tribune* (22 de septiembre de 1929), en Ratzlaff, J. T. (ed.): *Tesla Said*. Tesla Book Co., Milbrae, California, 1984. pp. 225-226.

8. Pribić, N.: «Nikola Tesla: The Human Side of a Scientist», *Tesla Journal*, n.º 2-3, p. 25 (1982-1983).

9. Recorte de periódico de 1889 (Archivos Edison, Menlo Park, Nueva Jersey).

10. Conot, R.: *A Streak of Luck: The Life and Legend of Thomas Alva Edison*. Bantam Books, Nueva York, 1980. pp. 344-346; Josephson, M.: *Edison: A Biography*. McGraw-Hill, Nueva York, 1959. pp. 335-337. Josephson, M.: *Edison: A Biography*. McGraw-Hill, Nueva York, 1959. p. 178. (Trad. cast.: *Edison*. Plaza y Janés, Buenos Aires, 1962).

11. Fleming, A.: «Nikola Tesla», en Popović, V. *et al.*: *Tribute to Nikola Tesla: Letters, Articles, Documents*. Museo Nikola Tesla, Belgrado, 1961. p. A-222.

Ése fue un momento complejo en la historia de la industria eléctrica; aquellos expertos en electricidad en Europa y América que se tomaron el tiempo para estudiar la creación de Tesla vieron de inmediato sus beneficios. En Suiza y Alemania, C. E. L. Brown y Michael von Dolivo-Dobrowolsky estaban construyendo motores de inducción polifásicos, y en Estados Unidos Elihu Thomson de Thomson-Houston y William Stanley hicieron lo mismo. Como en cualquier rama de la ciencia, era costumbre estudiar y replicar el trabajo de otros, pero en ingeniería eléctrica el éxito aseguraba no sólo un lugar en la historia, sino también un beneficio sustancial. Por lo tanto, habría muchos, como la mayoría de los mencionados anteriormente, que intentarían reclamar el sistema polifásico como propio.

Sin embargo, hubo otro invento relacionado con el motor, el llamado motor vacío hidroneumático de vibraciones, que estaba en un terreno mucho más seguro; nadie podía replicar las complejidades de su maquinaria, y nadie más que el inventor, John Ernst Worrell Keely, sabía cómo funcionaba. A Keely se le ocurrió la idea del motor después de leer el tratado «Harmonies of Tones and Colours, Developed by Evolution», de la sobrina de Charles Darwin, la Sra. F. J. Hughes, que discutía la estructura del éter y varias leyes armónicas teóricas del universo.[12] Aclamado como una máquina virtual de movimiento perpetuo, el motor Keely nunca dejó de intoxicar al público, porque Keely tenía la extraña habilidad de mantener vivo el secreto, pero logrando continuamente resultados abstrusos. «En opinión de Madame Blavatsky,[13] [Keely] ha descubierto el *vril*, la fuerza misteriosa del universo sobre la que lord Lytton llamó la atención en *La raza futura* [...], Keely lo llama atracción simpática negativa».[14]

Rivalizando con los vendedores de aceite de serpiente en la capacidad de «engañar» al público, Keely, un antiguo «artista de prestidigitación de circo», había creado una empresa en 1874, capitalizada con 100 000 dólares en acciones para vender su motor, y lo estuvo haciendo

12. Hamon, L.: *My Life with the Occult*. Doubleday, Garden City, Nueva York, 1933. p. 243.

13. Helena Blavatsky, más conocida como Madame Blavatsky (1831-1891) fue una escritora y ocultista rusa que contribuyó, a través de la Sociedad Teosófica, a la difusión de la teosofía, corriente filosófica que propone que todas las religiones surgieron a partir de una enseñanza o tronco común. *(N. del T.)*

14. «Who Is the Greatest Genius of Our Age?», *Review of Reviews*, p. 45 (julio de 1890).

con éxito durante casi quince años, hasta 1889, cuando su trabajo empezó a ser cuestionado.

Public Opinion escribió que «ingenieros, científicos y capitalistas hacían peregrinaciones frecuentes al laboratorio de Keely en Filadelfia para ver el "motor de Keely". A veces se movía y a veces no, pero Keely siempre tenía una gran historia que contar. Su principal logro era un empleo fácil de la jerga de términos científicos y no científicos. Hablaba de "corrientes triunas de flujo de fuerza polar", de la "acción refleja de la gravedad", de "acordes de masa", de "alcances simpáticos de distancia", de "ondas etéricas despolarizadas" y de muchas otras cosas que no significaban nada, pero [él] nunca decía por qué su motor se movía y [por qué él] nunca lo patentó» (aunque sí hizo redactar las patentes).[15]

Escribiendo en *Engineering Magazine*, T. Carpenter Smith describió el relato de un testigo presencial con el «inventor» en el trabajo: «El Sr. Keely procedió a producir la fuerza golpeando un gran diapasón con un arco de violín y luego tocando el generador con el tenedor. Después de dos o tres intentos, que dijo que fallaron porque no consiguió el "acorde de la masa", abrió una pequeña válvula en la parte superior del generador. Cuando se oyó un leve silbido, fuertes vítores dieron la bienvenida a su anuncio de que lo había "entendido" […] Se puede imaginar el estado de ánimo de la audiencia cuando el grito de un entusiasta "¡Keely, estás al lado de Dios Todopoderoso!" parecía sólo una expresión natural».[16]

Este inventor charlatán apareció en los titulares de los periódicos de Nueva York con sus creaciones más recientes y también con el grito de fraude que lo acompañaba. Algunas facciones del público exigían que fuera encarcelado y el tribunal le concedió sesenta días para «divulgar su secreto»,[17] pero él se mantuvo firme. Tras amenazar con dejar de trabajar en sus inventos a menos que el tribunal retirara la demanda,[18] fue declarado en desacato[19] al tribunal y en noviembre de 1888 fue encarcelado.[20]

---

15. «Was Keely a Charlatan?», *Public Opinion*, p. 684 (1 de diciembre de 1898).

16. Smith, T. C.: «Our View of the Keely Motor», *Engineering Magazine*, vol. 2, pp. 14-19 (1891-1892).

17. «Keely Not Yet in Jail», *The New York Times*, p. 1 (19 de septiembre de 1888).

18. «Keely's Latest Move», *The New York Times*, p. 5 (24 de agosto de 1888).

19. «Keely in Contempt», *The New York Times*, p. 6 (11 de noviembre de 1888).

20. «Inventor Keely in Jail», *The New York Times*, p. 3 (18 de noviembre de 1888).

Poco después, a través de su abogado, Keely reveló que el «eslabón perdido» era un «tubo de cobre en forma de aro», y fue puesto en libertad bajo fianza al cabo de unos días. Argumentó que, de hecho, había «obedecido todas las órdenes de la corte» al explicar su invento en detalle... ¡y la demanda en su contra fue anulada!

Al igual que Edison, quien prometió y le dio al mundo la «lámpara de Aladino», y Tesla, quien descubrió y aprovechó una supuesta máquina de movimiento perpetuo de corriente alterna, Keely calificó su propio invento como el «mayor descubrimiento científico del siglo».

Aparentemente justificado, Keely procedió con su engaño. En 1890, la celebridad mundial y quiromántico conde Louis Hamon, más conocido como Cheiro, visitó el laboratorio de Keely, y en 1895, John Jacob Astor se convirtió en inversor.

Desafortunadamente para Tesla, sin embargo, al igual que Keely, él también se estaba ganando la reputación de hacer afirmaciones extravagantes. Por ejemplo, Tesla dijo que su sistema podría «colocar cien mil caballos de potencia en un cable» y enviarlo a centenares de kilómetros casi sin pérdida de energía cuando la tecnología predominante sólo podía enviar unos pocos centenares de voltios por kilómetro, y además, cayendo la potencia marcadamente con la distancia.[21] No importa que este pronóstico se hiciera realidad sólo unos años más tarde; el estilo de Tesla era el de un visionario, y la afirmación parecía ridícula. Para los carentes de imaginación, los desinformados o las personas que sólo escuchaban a los contrarios, no era muy diferente de Keely, por lo que sufría la culpa por asociación.[22]

Ya en 1884, *Scientific American* había publicado una exposición sobre el motor Keely, especulando que su fuente de energía era una cámara secreta de aire comprimido. Esto se confirmó en 1898, después de la muerte de Keely, en una investigación de su laboratorio llevada a cabo por el hijo de la Sra. Bloomfield-Moore (Clarence). Moore esperó a que su madre, una ferviente admiradora de Keely, falleciera antes de destrozar el lugar y descubrir en el sótano un gran tanque y una serie de tube-

---

21. Francis Lynde Stetson, citado en DeLancey, R. (ed.): *Memorabilia of William Birch Rankine of Niagara Falls, New York*. Power City Press, Niagara Falls, Nueva York, 1926. p. 30.

22. «Science and Sensationalism», *Public Opinion*, pp. 684-685 (1 de diciembre de 1898).

rías que conducían al piso de arriba, donde se llevaban a cabo las demostraciones. La «"fuerza etérica" de Keely no era más que aire comprimido [liberado por] la presión de su pie cuando golpeaba una válvula de resorte oculta».[23]

Otros falsos inventores de la época fueron Gaston Bulmar, quien trató de vender píldoras especiales de General Electric que convertían el agua en «gasolina»; Walter Honenau, que obtenía *energía gratuita* de un «hidroatomizador» de H_2O, y «King Con», Victor «el conde» Lustig, que finalmente fue arrestado por diseñar y vender una máquina especial de dinero que sacaba nítidos billetes de veinte dólares a partir de papel blanco.[24]

En una era de nuevas maravillas que transformaban la sociedad casi a diario de manera irreversible, el público estaba «maduro para ser recogido»; los inversionistas ingenuos eran estafados a menudo con promesas de esquemas imposibles. Así, el inventor era percibido de maneras contradictorias, como verdugo o como portador de luz, como estafador o como mago.

Cuando Tesla regresó a Estados Unidos, no deseaba otra cosa que poner su invento de corriente alterna en manos de su nuevo propietario legítimo para poder continuar con otros intereses florecientes. Naturalmente, continuaría ayudando a Westinghouse en todo lo que pudiera, ofreciendo continuamente consejos a Scott, Schmid o Lamme, o desplazándose a Pittsburgh para ofrecer experiencia práctica. A lo largo de la década de 1890, cada vez que se presentaba la oportunidad, Tesla también presentaba a importantes clientes potenciales a la empresa Westinghouse. Como era su costumbre y su estilo, nunca consideró una comisión por este servicio, aunque sí obtuvo material vital para su laboratorio, que en un principio se le proporcionó sin coste alguno.

Y al igual que pasó con Keely, en ese momento la energía similar a la eléctrica de Bulwer-Lytton llamada *energía vril* también había enganchado a Tesla a través de una carta escrita por una dama en 1890, quien «soñó que si yo [Tesla] leía el *Coming Race*[25] de Bulwer, descubriría gran-

---

23. Barrett, W.: «John W. Keely», en Smithsonian Institution: *The Smithsonian Book of Invention*. Norton, Nueva York, 1978. pp. 120-121.

24. Ibíd.

25. Trad. cast.: *La raza venidera*. Ediciones Abraxas, Barcelona, 2000. *(N. del T.)*

des cosas que harían avanzar [mi trabajo considerablemente]». Pero Tesla estuvo una década sin proseguir con el tratado místico y, por lo tanto, parece que, aunque los inventos que aparecen en la historia tienen grandes similitudes con algunas de las creaciones posteriores de Tesla, el lector no puede deducir de ello que «las cosas hermosas que voy a inventar me las ha sugerido Bulwer».[26] De todos modos, los parecidos siguen allí, y uno se pregunta si Tesla realmente leyó o no el libro en ese momento o si conocía su contenido.

---

26. Nikola Tesla a Robert Underwood Johnson (12 de junio de 1900) [BBUC].

8
Quinta Avenida Sur (1890-1891)

De un salto [Tesla] se puso a la altura de hombres como Edison, Brush, Elihu Thomson y Alexander Graham Bell [...] Su desempeño rozaba lo maravilloso.

JOSEPH WETZLER en *Harper's Weekly* (11 de julio de 1891)[1]

Durante el verano de 1889, Tesla regresó de París a su nuevo laboratorio cerca de Bleecker Street. Situado al final de la calle de una de las salas de exhibición de Edison, el laboratorio ocupaba todo el cuarto piso de un edificio de seis pisos ubicado en el 33-35 de la Quinta Avenida Sur (que hoy se llama West Broadway). Al mismo tiempo, recorrió varios hoteles, instalándose en el Astor House, un elegante establecimiento de cinco pisos situado junto a una línea de tranvía en el corazón de la ciudad.

En verano falleció Anthony Szegeti, el «mejor amigo» de Tesla. Escribió a casa para avisar a su familia. «Me siento alienado, y es difícil [para mí adaptarme al estilo de vida estadounidense]»,[2] le dijo al tío Pajo.

Ahora parte de los nuevos ricos, y también la estrella de la familia, el inventor comenzó a enviar dinero a casa a su madre y a sus hermanas, y también a algunos de sus primos. Dirigiendo las cartas principalmente a los esposos de sus hermanas, todos ellos eran sacerdotes, Tesla le escribió al tío Pajo: «De alguna manera es difícil mantener correspondencia con las damas».[3] Aunque muy de vez en cuando escribía a sus hermanas, la mayoría de las veces sólo les enviaba cheques, y cada una de ellas respon-

1. Wetzler, J.: «Electric Lamps Fed from Space, and Flames That Do Not Consume», *Harper's Weekly*, p. 524 (11 de julio de 1891).
2. Nikola Tesla a Petar Mandić (18 de agosto de 1890), en Kosanović, N. (ed. y trad.): *Nikola Tesla: Correspondence with Relatives*. Sociedad Memorial Tesla y Museo Nikola Tesla, Lackawanna, Nueva York, 1995. p. 15.
3. Nikola Tesla a Petar Mandić (17 de mayo de 1894), en ibíd.

día reiteradamente para tratar de conseguir unas palabras más personales del «único hermano que tenemos».[4] A lo largo de la década de 1890, Tesla envió varios miles de forintos, a 150 forintos el clip, que era una cantidad equivalente a seis meses de alquiler en una casa acomodada o seis meses de salario de un trabajador serbio. Algunos de los fondos se entregaron como obsequios, otros para pagar a sus tíos por su ayuda para financiar su educación y su estancia en el Nuevo Mundo, y aun otros fondos, que se obtuvieron en parte a través de royalties europeas, se emplearon como inversiones.[5] Tesla reveló Al tío Petar —quien había avanzado para convertirse en metropolitano (cardenal) en Bosnia— que estaba recibiendo muchas cartas de dignatarios y también tanto respeto que le resultaba difícil describirlo.[6]

De vez en cuando, el tío Pajo enviaba botellas de vino europeas a su quisquilloso sobrino, descontento con la selección en Estados Unidos. Esperar con impaciencia estas botellas era como «esperar al mesías».[7]

A medida que su fama crecía y los informes de sus éxitos aparecían en los titulares de los periódicos locales, Tesla se fue convirtiendo en un semidiós virtual para el pueblo serbio y croata, y en un benefactor noble, aunque distante, de su familia. «Pensamos en ti incluso en [nuestros] sueños»,[8] escribió uno de sus cuñados.

Excepto cenas ocasionales con amigos como T. C. Martin o viajes necesarios a Pittsburgh, el inventor pasaba prácticamente toda su existencia despierta en el laboratorio. Su socio (Alfred S. Brown) le ayudaba cuando era necesario, pero la mayoría de las veces, Tesla trabajaba con uno o dos asistentes, o solo. Como era su costumbre, podía trabajar los siete días de la semana y las veinticuatro horas del día, deteniéndose sólo para refrescarse y lavarse en el hotel, o para una cita necesaria. Monástico por elección y obligado por un deseo que lo absorbía de ser una pieza clave en la floreciente nueva era, el mago prefería trabajar durante la noche, cuando se podían minimizar las distracciones y podía aumentar la concentración.

---

4. Angelina Trbojević a Nikola Tesla (2 de enero de 1897), en ibíd. p. 65.

5. Jovo Trbojević a Nikola Tesla (27 de febrero de 1890), en ibíd.; Milutin Tesla (un primo) a Nikola Kosanović (10 de noviembre de 1892), en Ibíd.

6. Nikola Tesla a Petar Mandić (8 de diciembre de 1893), en ibíd. p. 41.

7. Nikola Tesla a Pajo Mandić (23 de enero de 1894), en ibíd. p. 42.

8. Milkin Radivoj a Nikola Tesla (24 de septiembre de 1895), en ibíd. p. 51.

Ahora libre, comenzó sus investigaciones siguiendo una serie de líneas separadas pero interrelacionadas. Como físico experimental, empezó a estudiar la diferencia entre los fenómenos electromagnéticos y electrostáticos, y también la relación de la estructura del éter con la de la electricidad, la materia y la luz. Como inventor, diseñó equipos para generar frecuencias y voltajes altísimos, y para transformar corriente continua en alterna, o viceversa, así como para crear oscilaciones uniformes. Tesla también quería idear formas de fabricar luz y explorar el concepto de comunicación inalámbrica. Ya preocupado por la fragilidad de los recursos naturales de la Tierra, el suministro finito de madera y carbón, pasó interminables horas contemplando, revisando y replicando los hallazgos de otros, criticando o mejorando sus inventos, y diseñando creaciones completamente originales. Su objetivo estuvo influenciado por una perspectiva evolutiva y consideraciones pragmáticas: quería idear medios mecánicos para eliminar las tareas innecesarias del trabajo físico para que los humanos pudieran dedicar más tiempo a los esfuerzos creativos.

A diferencia de Karl Marx, que veía al trabajador convertirse en «un apéndice de la máquina»,[9] él se dio cuenta de que las máquinas podían liberar al trabajador.

El inventor, a ojos de Tesla, siempre había sido y siempre sería el dador de luz de la especie, guiando su futuro a través de tecnología avanzada. Las masas, a su vez, se beneficiarían porque las máquinas realizarían tareas serviles para que pudieran dedicarse a ocupaciones más intelectuales. Con el aumento de la tecnología, la evolución cultural procedería a un ritmo cada vez más rápido. «Por el contrario, todo lo que está en contra de las enseñanzas de la religión y la ley de higiene [...] tiende a disminuir [la energía humana]»,[10] advirtió Tesla. El agua potable impura, en particular, era uno de los mayores peligros.

En los siguientes dieciocho meses, Tesla inició la mayoría de los inventos que lo ocuparían durante el próximo medio siglo. Las últimas semanas de 1889, Martin se reunió con él en varias ocasiones para fina-

---

9. Marx, K.: «The Materialist Conception of History», en Gardiner, P. (ed.): *Theories of History*. The Free Press, Glencoe, Illinois, 1959. p. 134.

10. Tesla, N.: «Problem of Increasing Human Energy», *Century*, pp. 178-179 (junio de 1900).

lizar su artículo sobre la ascendencia serbia y los planes para el futuro. El inventor hablaba hasta altas horas de la noche de su juventud y de la incesante lucha de sus antepasados para combatir a los diabólicos turcos. Mientras Martin tomaba notas, Tesla describía algunos de sus inventos, particularmente su trabajo con altas frecuencias y sus originales teorías sobre la relación entre el electromagnetismo y la estructura de la luz. Martin trataba de convencer al inventor para que presentara sus ideas ante el AIEE, pero Tesla evadía una respuesta directa. «Supongamos que tuviera que conseguir para ti las conferencias de lord Kelvin. Sé que son un poco tediosas y que no tienen solución, pero creo que tú, como Sansón, puedes arrebatarle la miel de la boca a este león».[11]

«Quizás» fue la respuesta de Tesla.

El 21 de enero de 1890, el profesor Anthony asumió de Elihu Thomson (quien a su vez había sucedido a T. C. Martin) la presidencia del AIEE y abrió el año con su propia conferencia sobre nuevas teorías eléctricas.[12] Feliz de volver a ver al profesor, Tesla asistió al congreso y fue elegido vicepresidente. En el debate que siguió, se le unieron el matemático irlandés Arthur E. Kennelly, de Edison Company, y Michael Pupin, profesor de física y colega serbio. Pupin acababa de regresar del laboratorio de von Helmholtz, en Alemania, y no estaba al tanto del alcance de la animosidad que existía entre los seguidores de Edison y los de Westinghouse.

Pupin era originario de Idvor, una ciudad serbia situada al norte de Belgrado. Su padre había sido un *knez*, o líder de la aldea, muy parecido al padre de Tesla, pero a diferencia de Milutin Tesla, Pupin era un campesino analfabeto y no formaba parte de la aristocracia clerical. Muchos de sus parientes, como los de Tesla, eran héroes de guerra que habían luchado contra los turcos para proteger el imperio; y, como Tesla, había evitado el servicio militar.

Michael Pupin emigró a Estados Unidos en 1874. Después de trabajar en empleos puntuales, ingresó a la Universidad de Columbia en 1878. Graduado en 1884 con un gran interés en la teoría eléctrica y con

---

11. Thomas Commerford Martin a Nikola Tesla (5 de agosto de 1890) [MNT].

12. Anthony, W.: «A Review of Modern Electrical Theories», *AIEE Transactions*, pp. 33-42 (febrero de 1890). Véase también Ratzlaff, J. T. *et al.*: *Dr. Nikola Tesla Bibliography, 1884-1978*. Ragusen Press, Palo Alto, California, 1979. p. 6.

honores, consiguió una beca para estudiar en el extranjero. Quiso ir a Cambridge para aprender junto a James Clerk Maxwell, pero al llegar descubrió que éste había muerto hacía cuatro años.[13] Esta tendencia a pasar por alto lo obvio parece ser un tema recurrente en la vida de Pupin. Después de Cambridge, pasó a la Universidad de Berlín, donde se doctoró en física. En 1889 regresó a Nueva York para convertirse en profesor en la Universidad de Columbia.

En febrero de 1890, en *Electrical World* se publicó un artículo de Martin a página completa sobre Tesla, que iba acompañado de una fotografía muy destacada del ingeniero de aspecto juvenil. Para Tesla fue una excelente publicidad, el primer ensayo importante que apareció retratando al prometedor inventor.

Para el mes siguiente se programó una reunión del AIEE, dedicada íntegramente al nuevo sistema de corriente alterna de Tesla. En particular, la conferencia fue impulsada por una serie de acontecimientos importantes, en especial los planes provenientes de Suiza y Alemania para llevar a cabo un experimento de transmisión de energía de corriente alterna a larga distancia,[14] el éxito inminente de la Westinghouse Company al instaurar una planta hidroeléctrica que utilizaba el sistema de corriente alterna de Tesla en un campamento minero en Telluride (Colorado) y el anuncio de una Comisión Internacional del Niágara para buscar la mejor manera de aprovechar las Cataratas del Niágara.

En la reunión del AIEE de marzo, el profesor Louis Duncan fue el orador principal; su conferencia comenzó con una disección matemática del funcionamiento de «la novedosa y admirable maquinita inventada por el Sr. Tesla». Exoficial de la Academia Naval de Estados Unidos, Duncan se acababa de trasladar del Pacífico Sur a la Universidad Johns Hopkins, donde se quedó para enseñar. Aliado importante, le dio credibilidad académica a la invención de Tesla. «La gran ventaja del motor –dijo Duncan– yace en el hecho de que no tiene conmutador y permite el uso de voltajes muy altos. En el futuro, la energía se transmitirá eléctricamente a voltajes que harán que las máquinas con el conmutador al

---

13. Pupin, M.: *From Immigrant to Inventor*. Charles Scribner's Sons, Nueva York, 1923. p. 144.
14. May, O.: «The High-Pressure Transmission of Power Experiments at Oerlikon», *Electrical World*, p. 291 (18 de abril de 1891).

lado sean inútiles». Después de la conferencia, hubo un debate en el que participó Tesla.[15]

Pupin, quien habló ese verano en Boston y nuevamente en Nueva York al año siguiente sobre la «teoría de la corriente alterna», se estaba convirtiendo rápidamente en un admirador del trabajo de Tesla. Sin embargo, al mismo tiempo, también se vio envuelto en la controversia sobre quién era el verdadero inventor del sistema polifásico de corriente alterna y, desde el punto de vista de Tesla, cometió el «error de hacerse amigo de las personas equivocadas».

En la reunión de Boston, Pupin observó que «mi audiencia estaba dividida en dos grupos: uno era cordial y agradecido, mientras que el otro era tan frío como el hielo. El famoso ingeniero eléctrico e inventor Elihu Thomson formaba parte del grupo amistoso, y me buscó después del discurso y me felicitó cordialmente. Eso fue un gran estímulo y me sentí feliz». Sin embargo, otras personas prominentes intentaron que fuera «despedido del departamento de ingeniería eléctrica de Columbia a causa de su adhesión a la corriente alterna»,[16] pero Pupin hacía caso omiso de la controversia a la vez que incrementaba su amistad con Thomson.

Sin que Pupin lo supiera, el propio Thomson se encontraba en un dilema porque ahora reconocía la clara ventaja del sistema Tesla, pero no podía utilizarlo porque Westinghouse poseía las patentes.

Aunque Thomson-Houston Electric Company era extremadamente rentable, la empresa se enfrentaba a una ruina segura si no podía utilizar maquinaria eficiente de corriente alterna: como Elihu Thomson llevaba trabajando con corriente alterna más de una década, se sintió totalmente justificado para adaptar un sistema similar al de Tesla, especialmente porque había otros ingenieros que también reclamaban prioridades legítimas de aspectos del sistema, en particular Shallenberger y Ferraris. Además, el propio Thomson había estado a punto de concebir un plan viable similar. Thomson continuamente pasaba por alto que Tesla tenía patentes funda-

15. Duncan, L.: «Portrait», *Electrical World*, p. 236 (5 de abril de 1890); Duncan, L.: «Alternating Current Motors, Part 2», *Electrical World*, pp. 357-358 (16 de junio de 1891); Ratzlaff, J. T. *et al.*: *Dr. Nikola Tesla Bibliography, 1884-1978*. Ragusen Press, Palo Alto, California, 1979. p. 7.

16. Pupin, M.: *From Immigrant to Inventor*. Charles Scribner's Sons, Nueva York, 1923. pp. 283-284.

mentales sobre un invento completamente revolucionario a la vez que buscaba formas de racionalizar su posición mientras trabajaba en su empresa, presidía el AIEE y escribía en revistas eléctricas. Había eludido con éxito las patentes de las bombillas de Edison pagando a Sawyer por una licencia para producir la lámpara de tapón (una bombilla similar a la de Edison que utilizaba un tapón de goma para mantener el vacío) y, entonces, buscó una táctica similar con la corriente alterna.

Durante una acalorada serie de artículos en *Electrical World* entre Thomson y Tesla, parece que el primero admitió parte de su aversión por su rival cuando escribió: «Confieso que mi afirmación sobre el motivo de mis comentarios críticos puede haber estado fuera de lugar. Sin embargo, fueron suscitados por el hecho de que el Sr. Tesla malinterpretó en una ocasión anterior mis motivos».[17] Y así, los sentimientos de Pupin por su hermano serbio se veían socavados a medida que crecía su amistad con Thomson.

Tesla accedió a presentar su trabajo sobre fenómenos de alta frecuencia durante un simposio de tres días del AIEE, que se celebró en mayo de 1891, tres meses después de que publicara por primera vez su investigación sobre el tema.[18] Se reservó un salón en la Universidad de Columbia, que en ese momento estaba ubicado entre las avenidas Park y Madison, en las calles 49 y 50, y se invitó al público.

Resulta difícil calcular el enorme impacto que tuvo esta conferencia sobre los ingenieros de la época y el curso de la vida de Tesla, pues es evidente que después del evento, Tesla fue percibido de una manera extraordinaria. Joseph Wetzler, o Josh, como prefería que lo llamaran, cubrió la charla para *Electrical World*. Pero la conferencia de Tesla era demasiado importante para una única exposición en una revista de circulación limitada, y Wetzler también pudo vender el artículo como un espectacular relato a página completa para la prestigiosa *Harper's Weekly*.

---

17. Thomson, E.: «Phenomena of Alternating Currents of Very High Frequency», *Electrical World*, p. 254 (4 de abril de 1891). Para aspectos anteriores del debate, véase también Thomson, E.: «Notes on Alternating Currents of Very High Frequency», *Electrical World*, pp. 204-205 (14 de marzo 1891); Thomson, E.: «Phenomena of Alternating Currents of Very High Frequency», *Electrical World*, pp. 223-224 (11 de abril de 1891).

18. Tesla, N.: «High Frequency Experiments», *Electrical World*, pp. 128-130 (21 de febrero de 1891).

«[Con] explicaciones lúcidas en un inglés puro y nervioso –proclamó Wetzler–, este muchacho de la sombría tierra fronteriza de Austria-Hungría no sólo había ido mucho más allá que los dos distinguidos científicos europeos, el doctor Lodge y el profesor Hertz, en la comprensión de la teoría electromagnética de la luz, sino que [...] en realidad había fabricado un aparato mediante el cual las ondas electrostáticas o "impulsos" darían luz para los usos cotidianos ordinarios». Tesla no sólo había presentado una muestra notable de fantasmagoría eléctrica, sino que también había esbozado nuevos «principios fundamentales y de largo alcance».[19]

Wetzler señaló convincentemente que Tesla había ido mucho más allá que Heinrich Geissler y sir William Crookes en la producción de luz mediante la utilización de tubos de vacío, y también había «eclipsado» al Mago de Menlo Park con su perfeccionamiento de la bombilla incandescente. «Pero el Sr. Tesla no estaba satisfecho con estos resultados, por brillantes que fueran. Se había propuesto nada menos que la tarea de crear una bombilla que, sin ninguna conexión externa a los cables [...], brillara intensamente cuando se colocara en cualquier lugar de un apartamento».[20] Y si eso no fuera suficiente, para concluir, Tesla hizo pasar decenas de miles de voltios de corriente alterna a través de su cuerpo para encender bombillas y lanzar chispas por las yemas de sus dedos, y mostrarle al mundo que no es para nada una corriente asesina cuando se utiliza correctamente. «Tubos agotados [...] sostenidos en la mano del Sr. Tesla [...] parecían "una espada luminosa en la mano de un arcángel representando la justicia"», escribió un periodista.[21]

Con Gano Dunn,[22] su asistente, Tesla comenzó su charla algo nervioso, pero ganó impulso a medida que avanzaba: «De todas las formas de energía inconmensurable y omnipresente de la naturaleza, que siempre cambian y se mueven, como un alma que anima un universo innato, la electricidad y el magnetismo son quizás las más fascinantes [...] Sabemos

---

19. Wetzler, J.: «Electric Lamps Fed from Space», *Harper's Weekly*, p. 524 (11 de julio de 1891).

20. Ibíd.

21. Raverot, E.: «Tesla's Experiments in High Frequency», *Electrical World* (26 de marzo de 1892).

22. Gano Dunn a Nikola Tesla (junio de 1931), Popović, V. *et al.*: *Tribute to Nikola Tesla: Letters, Articles, Documents*. Museo Nikola Tesla, Belgrado, 1961. p. LS-54.

–continuó Tesla– que [la electricidad] actúa como un fluido incompresible, que debe haber una cantidad constante de ella en la naturaleza, que no puede ser producida o destruida [...] y que los fenómenos eléctricos y etéreos son idénticos». Habiendo establecido la premisa de que nuestro mundo está inmerso en un gran mar de electricidad, el mago procedió a asombrar a la audiencia con su miríada de experimentos. Y al final, igualó su apertura en expresión poética: «Estamos girando a través del espacio infinito, a una velocidad inconcebible –dijo–. «A nuestro alrededor todo gira, todo se mueve, en todas partes hay energía». Basándose en esta premisa, terminó con una suposición profética, que a menudo ha sido interpretada por algunos para sugerir que existe un punto cero, o estratos de energía libre. «Debe haber alguna forma de aprovechar esta energía directamente –dijo–. «Entonces, con la luz obtenida a través del medio, con el poder derivado de ella, con toda forma de energía obtenida sin esfuerzo, de depósitos por siempre inagotables, la humanidad avanzará a pasos de gigante. La mera contemplación de estas magníficas posibilidades expande nuestras mentes, fortalece nuestras esperanzas y llena nuestros corazones de gozo supremo».[23]

Quienes asistieron a la conferencia, incluidos el profesor Anthony, Alfred S. Brown, Elmer Sperry,[24] William Stanley, Elihu Thomson y Francis Upton, recordarían la histórica ocasión por el resto de sus vidas.[25] Robert A. Millikan, por ejemplo, quien más tarde ganó un Premio Nobel por su trabajo con los rayos cósmicos, en ese momento era un estudiante graduado en Columbia. Muchos años después, dijo: «He hecho una fracción no pequeña de mi trabajo de investigación con la ayuda de los principios que aprendí esa noche».[26]

---

23. Fue el término «sin esfuerzo» el que creo que se ha malinterpretado. Desde el punto de vista de Tesla, la energía no estaba realmente disponible sin esfuerzo. Se podrían construir máquinas en lugar de humanos que extrajeran esta «energía libre». La energía solar, la eólica y la hidráulica son formas de extraer «energía gratuita» sin el esfuerzo humano.

24. El giroscopio de Sperry, por supuesto, se basa en los principios inherentes al huevo giratorio de Tesla y, por lo tanto, debe considerarse a Tesla por delante de Sperry en esta invención.

25. *Electrical World*, p. 288 (20 de mayo de 1891).

26. Robert A. Millikan a Nikola Tesla (1931), en Popović, V. *et al.*: *Tribute to Nikola Tesla: Letters, Articles, Documents*. Museo Nikola Tesla, Belgrado, 1961. p. LS-30.

En cambio, parece que Michael Pupin, que también asistió, no estaba tan fascinado. «[Mientras] estaba dando la conferencia –explicó Tesla a un periodista serbio–, el Sr. Pupin con sus amigos [muy probablemente Elihu Thomson y Carl Hering] interrumpieron [...] silbando, y tuve dificultades para calmar a la audiencia confundida».[27] Pupin escribió a Tesla para suavizar las cosas y concertar una cita para ver el motor, ya que tenía programado dar una serie de conferencias sobre corrientes polifásicas, pero Tesla lo evitó.[28] En Europa comenzaron a circular rumores sobre el nuevo Svengali[29] eléctrico en América y casi de inmediato Tesla recibió una invitación para hablar ante las sociedades científicas europeas.

27. Petković, D.: «A Visit to Nikola Tesla», *Politika*, vol. XXV, n.º 6824, p. 4 (27 de abril de 1927) [LA].

28. Michael Pupin a Nikola Tesla (19 de diciembre de 1891), en Popović, V. *et al.*: *Tribute to Nikola Tesla: Letters, Articles, Documents*. Museo Nikola Tesla, Belgrado, 1961. p. LS-11.

29. Personaje de la novela *Trilby* de George du Maurier publicada en 1894. El protagonista es el arquetipo de personaje manipulador que puede hacer que la gente haga lo que él quiere. *(N. del T.)*

9
Revisando el pasado (1891)

Muchas de las investigaciones del libro se aplican a circuitos de sistemas polifásicos [con capítulos] sobre motores de inducción, generadores, motores síncronos, [etc.] Una parte de este libro es original, otras han sido publicadas antes por otros investigadores [...]. Sin embargo, he omitido por completo las referencias literarias, por la razón de que las incompletas serían peores, mientras que las completas implicarían un gasto de mucho más tiempo del que tengo a mi disposición [...]. Yo creo que el lector está más interesado en la información que en saber quién investigó primero el fenómeno.

CHARLES STEINMETZ[1]

Tres meses después de la conferencia de Tesla en la Universidad de Columbia, en agosto de 1891, dos ingenieros, Charles Eugene Lancelot Brown, de la firma suiza Maschinenfabrik Oerlikon, y Michael von Dolivo-Dobrowolsky, en representación de la firma alemana Allgemeine Elektrizitäts-Gesellschaft (AEG), galvanizaron a la comunidad de ingenieros cuando transmitieron con éxito 190 caballos de potencia desde una cascada en una fábrica de cemento en el río Neckar (Lauffen) hasta la Exposición Internacional de Electricidad, que se llevó a cabo en Frankfurt, a 180 kilómetros de distancia. Con el apoyo de tres gobiernos diferentes, las líneas pasaron por Wurtemberg, Baviera y Prusia antes de llegar a Frankfurt.[2]

1. Steinmetz, C. P.: *Alternating Current Phenomena*. McGraw-Hill, Nueva York, 1900. pp. i-ii [resumido].

2. May, O.: «The High-Pressure Transmission of Power Experiments at Oerlikon», *Electrical World*, p. 291 (18 de abril de 1891).

Utilizando aceite como aislante, como explicó Tesla en su conferencia en la Universidad de Columbia, Brown pudo generar hasta 40 000 voltios en su equipo, 25 000 de los cuales los transportó a lo largo de los cables, reduciéndolos a frecuencias utilizables cuando llegaban a la exposición. La eficiencia del 74,5 % asombró a sus colegas. Dobrowolsky, quien sugirió que la invención era su conceptualización, utilizó una corriente alterna trifásica con una frecuencia de trabajo de 40 ciclos por segundo (en lugar de la corriente monofásica, con una frecuencia de 133 ciclos por segundo, en la que insistía la gente de Westinghouse). La energía que llegaba a Frankfurt era tan grande que se encendió un gran cartel publicitario con mil lámparas incandescentes y se colocó una motobomba que alimentaba una cascada artificial.[3]

El 16 de diciembre, Michael Pupin ofreció una conferencia ante el AIEE sobre sistemas polifásicos. Tras haber impartido la misma conferencia una semana antes en la Sociedad Matemática de Nueva York, Pupin estaba orgulloso de presentar teorías abstractas sobre este nuevo campo de los sistemas polifásicos. Con el pelo peinado hacia atrás, gafas de montura metálica, un bigote cepillado en las puntas y un traje de catedrático de tres piezas, Pupin se estaba adaptando rápidamente a su regreso a Estados Unidos. Ahora estaba empezando a hacerse un nombre. Diligentemente, había escrito a Tesla antes de la conferencia para hablar sobre sus motores, pero el inventor lo había eludido.

En sus comentarios iniciales en el AIEE, ante la presencia de Arthur E. Kennelly, Elihu Thomson, Charles Bradley y Charles Proteus Steinmetz, Pupin se refirió a los «hermosos inventos de Nikola Tesla y todo el éxito que Dobrowolsky y Brown consiguieron mediante las aplicaciones prácticas de estos inventos», pero también describió la operación alemana de tal manera que implicaba que algunos de sus aspectos se habían concebido de forma independiente.

Parece ser que Tesla no asistió a la conferencia. En cambio, escribió a Pupin al día siguiente; pero no fue para felicitarlo o para invitarlo a reunirse. Tesla le sugirió que Pupin consiguiera las especificaciones originales de la patente: el diseño alemán era sencillamente una copia de su trabajo.

---

3. Hughes, T.: *Networks of Power: Electrification in Western Society, 1880-1930.* Johns Hopkins University Press, Baltimore, 1983. pp. 131-133.

Pero Pupin replicó: «No creo que deba criticarme por no haberle dado a sus inventos una exposición más completa [...]. En primer lugar, era demasiado pronto para discutir los detalles prácticos en un artículo que trata de los principios fundamentales más generales de los sistemas polifásicos. En segundo lugar, conozco sus motores sólo de oídas. No he tenido el placer de que nadie me mostrara uno [...]. Le he buscado dos veces en tu hotel y le he escrito una vez [...], pero todos mis esfuerzos han sido en vano».[4] Al final de la carta, Pupin intentó concertar una entrevista personal, pero Tesla no era una persona que pudiera perdonar fácilmente tal ingenuidad, especialmente de un serbio que hablaba la lengua nativa tan pobremente.[5] Para el hipersensible Tesla, Pupin era un hombre que difundía falsedades. Y su continua asociación con Thomson no ayudaba. Como Tesla estaba a punto de hacer un viaje a Europa, nunca se llevó a cabo una reunión para acercar posturas.

Con respecto a la disputa sobre de quién era realmente la invención, es importante darse cuenta de que la ofuscación de la verdad continúa hasta hoy en día.[6] El problema comenzó con el propio Michael von Dolivo-Dobrowolsky, quien se mostró reacio a admitir que cogió la idea de Tesla, y fue perpetuado por su amigo Carl Hering, quien escribió en los periódicos una prodigiosa cantidad de artículos sobre el episodio a medida que el evento se iba desarrollando a lo largo de 1891. Hering había sido profesor de ingeniería en la Universidad de Darmstadt (Alemania) a principios de la década de 1880. Su protegido Dobrowolsky, nativo de San Petersburgo e hijo de un noble ruso, sustituyó a Hering cuando se retiró de la Universidad a finales de 1883.

C. E. L. Brown, nacido en Suiza e hijo de un diseñador de máquinas de vapor, comenzó a transmitir con éxito energía eléctrica con dinamos de corriente eléctrica que había construido cuando trabajaba en Lucerna. Brown, que era un año menor que Dobrowolsky y siete años menor que Tesla, había recibido la mayor parte de su formación en Winterthur y Basilea, donde trabajaba para los talleres mecánicos de Burgin. En 1884

---

4. Ibíd.

5. Petković, D.: «A Visit to Nikola Tesla», *Politika*, vol. XXV, n.º 6824, p. 3 (27 de abril de 1927) [LA].

6. Hughes, T.: *Networks of Power: Electrification in Western Society, 1880-1930*. Johns Hopkins University Press, Baltimore, 1983.

comenzó a trabajar en Oerlikon y dos años después ya era director de operaciones.[7] El 9 de febrero de 1891, Brown pronunció un discurso en Frankfurt sobre el tema de la transmisión de energía eléctrica a larga distancia y allí conoció a Dobrowolsky. Se formó una sociedad entre Oerlikon y AEG, y en siete meses se logró el éxito entre Lauffen y Frankfurt.[8]

Ahora, con las afirmaciones de Dobrowolsky y los informes unilaterales de Hering en las revistas eléctricas,[9] las facciones de la comunidad de ingenieros estadounidenses que estaban excluidas de las patentes de Tesla podían ensalzar la aventura de Lauffen-Frankfurt y al mismo tiempo seguir dando a entender que el trabajo de Tesla no era intrínseco a su éxito. Irónicamente, la facción de Westinghouse también quería minimizar el evento, no sólo porque demostraba que Tesla tenía razón y ellos estaban equivocados, sino también porque empequeñecía su éxito en Telluride. Por lo tanto, cuando se examina la literatura de Westinghouse, es difícil encontrar alguna mención de Lauffen-Frankfurt.

En sus conferencias, Pupin no apoyaba el papel de Tesla, ni tampoco Kennelly, Thomson o Bradley. Charles Proteus Steinmetz, sin embargo, estaba en otra categoría. Al igual que Pupin, acababa de emigrar de Europa, y, también como él, tenía orientación académica, en ese momento sin ningún interés económico particular en la invención.

Steinmetz, que había huido de Alemania en 1889 para escapar del encarcelamiento por ser un socialista revolucionario, era un brillante estudiante de matemáticas de la Universidad de Breslavia. Enano y jorobado, con la cabeza hundida entre los hombros y una pierna más corta que la otra, Steinmetz tuvo que superar constantemente su extraño aspecto y su frágil disposición mostrando un intelecto avanzado. Con sólo veintiséis años y todavía tratando de dejarse bigote y barba, Steinmetz, que se había ganado cierta reputación por su trabajo sobre la ley de la histéresis (que implicaba una explicación matemática que describía el retraso de los efectos magnéticos cuando las fuerzas electromagnéticas cambian)

7. «C. E. L. Brown Portrait», *Electrical World*, p. 284 (12 de octubre de 1891).

8. Dobrowolsky, M.: «Electrical Transmission of Power by Alternating Currents», *Electrical World*, p. 268 (14 de septiembre de 1891).

9. Hering, C.: «Comments on Mr. Brown's Letter», *Electrical World*, p. 346 (7 de noviembre de 1891).

reconoció algunos errores en la conferencia de Pupin. Como éste sería uno de sus primeros intentos de expresarse ante sus compañeros en el difícil idioma inglés,[10] reforzó cuidadosamente el apéndice llevando consigo cálculos y dibujos. Mientras trabajaba en Yonkers, un año antes, en verano de 1890, había desarrollado un motor conmutador monofásico.[11]

Con el pelo descaradamente largo hasta los hombros, el gnomo vestía un traje de tres piezas ligeramente arrugado adornado con una opulenta cadena de reloj y unos quevedos que colgaban característicamente de una cadena atada a su collar derecho. De pie con sus escasos 120 cm de altura y recurriendo a las gafas para poder leer sus cálculos, Steinmetz señaló con su acento alemán que «Ferraris construyó sólo un juguetito». También corrigió la insinuación de Pupin de que la creación de Dobrowolsky fue la primera en utilizar un sistema trifásico: «No puedo estar de acuerdo con eso en lo más mínimo, porque [eso] ya [existe] en el viejo motor de Tesla». Resumiendo, Steinmetz concluyó: «Realmente no puedo ver nada nuevo […] en el nuevo […] sistema Dobrowolsky».[12]

Steinmetz tardaría unos meses en darse cuenta de por qué sus colegas levantaron las cejas cuando destruyó todas las esperanzas de las reivindicaciones de Dobrowolsky. De todos modos, quedaron impresionados con su análisis y su experiencia matemática. Elihu Thomson regresó a su empresa de Thomson-Houston en Lynn (Massachusetts) con el conocimiento de que había llegado de Europa un nuevo genio matemático, y poco después Thomson-Houston le ofreció a Steinmetz un trabajo en Lynn.

Mientras tanto, en Pittsburgh, sin que Edison lo supiera, Westinghouse llevaba dos años reuniéndose de manera subrepticia con Henry Villard, el patrocinador financiero de Edison, para discutir una posible fusión. Villard, que recientemente había fusionado varias empresas más pequeñas con Edison Electric para crear Edison General Electric, sabía muy bien que Edison no se llevaba bien con Westinghouse. Villard era un inmigrante de Alemania, hijo de un juez bávaro. Después de haber

---

10. Leonard, J.: *The Life of Charles Proteus Steinmetz*. Doubleday, Doran & Co., Garden City, Nueva York, 1932. p. 109.

11. Hammond, J. W.: *Charles Proteus Steinmetz*. Century Co., Nueva York, 1924.

12. «Charles Steinmetz», en Pupin, M.: «Pupin on Polyphase Generators», *AIEE Transactions*, pp. 591-592 (16 de diciembre de 1891).

intentado en sus primeros días establecer un asentamiento alemán de «tierra libre» en Kansas, Villard fue el individuo que impulsó el Golden Spike[13] en el Northern Pacific Railroad para unir la costa oeste con la costa este. Consultó con J. Pierpont Morgan, el poder real detrás de la operación, y consiguió que Morgan enviara a Edward Dean Adams, un antiguo socio bancario, a Menlo Park para intentar que Edison se alineara con Westinghouse. Pensando en «ganar al otro tipo», Edison hizo caso omiso. «Westinghouse se ha vuelto loco por un repentino ataque de riqueza o por algo desconocido para mí, y está haciendo volar una cometa que tarde o temprano caerá».[14]

Los honorarios legales por tratar de proteger las patentes de las bombillas de Edison ya le habían costado dos millones de dólares y a Westinghouse lo mismo. El bando de Edison había decidido demandar a Westinghouse en lugar de a Thomson-Houston porque la compañía de Pittsburgh había comprado la United States Electric, la empresa que poseía las patentes competidoras de Sawyer-Man y Hiram Maxim, mientras que Thomson-Houston sólo tenía un contrato de arrendamiento. Así, mientras dos gigantes luchaban entre sí en lo que Edison llamó «un suicidio del tiempo», Thomson-Houston se enriquecía.

El 14 de julio de 1891, después de muchos años de batallas y apelaciones sobre la prioridad de la invención de la bombilla, el juez Bradley falló a favor de Edison. Aunque Westinghouse tenía las patentes de bombillas equivocadas, su sistema de energía de corriente alterna de Tesla era un activo que valía la pena conseguir, si bien estaba resultando muy difícil negociar con Westinghouse. Por lo tanto, Villard comenzó a hacer propuestas directamente a Tesla, aunque el inventor tuvo que ceder a las decisiones de Westinghouse.

«Estimado señor —escribió Tesla a Villard con su caligrafía más pulcra—, me he acercado al Sr. Westinghouse de varias maneras y me he esforzado por llegar a un acuerdo [pero] los resultados no han sido muy prometedores [...]. Dándome cuenta de esto, y considerando también cuidadosamente las posibilidades y las probabilidades de éxito, he llega-

13. Con la colocación el 10 de mayo de 1869 del Golden Spike (clavo de oro), se simbolizó la finalización del ferrocarril transcontinental. El clavo se encuentra actualmente en el Centro de Artes Cantor en la Universidad de Stanford. *(N. del T.)*

14. Passer, H.: *The Electrical Manufacturers: 1875-1900*. Harvard University Press, Cambridge, Massachusetts, 1953.

do a la conclusión de que no puedo asociarme con el proyecto que contempla». Tesla concluyó la carta a regañadientes deseándole al financiero «el mejor de los éxitos en [su] iniciativa pionera».[15]

Villard cambió de táctica y se acercó a Thomson-Houston con la idea de comprarlos. Había viajado a Lynn (Massachusetts) en febrero y había continuado las negociaciones secretas con Charles Coffin, director ejecutivo de Thomson-Houston, durante todo el verano. En diciembre tuvo lugar una reunión en el 23 de Wall Street, en la oficina de Morgan, para finalizar los planes de fusión. Después de que Morgan revisara los registros financieros de ambas compañías, se dio cuenta de que Edison Electric, que tenía una deuda de 3,5 millones de dólares, tenía menos ingresos que la más pequeña y solvente Thomson-Houston. Morgan dio marcha atrás y sugirió que Thomson-Houston comprara Edison Electric. Fuera como fuera, creó un monopolio. Simultáneamente, Morgan forzó la salida de Villard de la compañía (tenía que culpar a alguien por los problemas) y Charles Coffin tomó el control de la nueva consolidación. Llamaron a la empresa General Electric.

Debido a la enorme deuda de su empresa y la posibilidad de que estuviera trabajando con un equipo de corriente continua inferior, Edison había perdido su ventaja. La idea de trabajar con ese pirata de patentes de Elihu Thomson y la pérdida de protagonismo convirtieron al mago de la electricidad, por el momento, en un hombre derrotado. Aunque armó un buen jaleo antes de irse, Edison se dio cuenta de que había llegado una nueva era de la electricidad, una que no permitiría su enfoque de sentido común y de prueba y error. Más de un año antes de que se completara la fusión real, le escribió a Villard: «Está claro que mi utilidad ha desaparecido [...]. Viéndolo desde esta luz, verá cuán imposible es para mí estimular mi mente, bajo la sombra de posibles afiliaciones futuras [...]. Ahora le pido que no se oponga a mi retiro gradual del negocio de la iluminación, lo que me permitirá entrar en nuevos y agradables campos de trabajo».[16] Y así, Edison centró sus intereses en promover el trabajo de Edward Muybridge, un pionero de las películas. En 1888 y 1891

15. Nikola Tesla a Henry Villard (10 de octubre de 1892) [Biblioteca Houghton, Universidad de Harvard].

16. Josephson, M.: *Edison: A Biography.* McGraw-Hill, Nueva York, 1959. p. 361. Josephson, M.: *Edison: A Biography.* McGraw-Hill, Nueva York, 1959. p. 178. (Trad. cast.: *Edison.* Plaza y Janés, Buenos Aires, 1962).

obtuvo sus primeras patentes sobre un dispositivo al que llamó kinetó-grafo y unos años más tarde desarrolló una cámara de cine y un sistema de proyección totalmente funcionales. En 1893, Edison pudo escribirle al anciano Muybridge[17] que ahora tenía un dispositivo de *peep-show* por el que la gente pagaría cinco centavos.[18]

La «morganización» de General Electric creó un enemigo aún mayor para Westinghouse, pero también un problema crítico para General Electric. Mientras que a Westinghouse se le impidió usar una bombilla eficiente, a General Electric se le impidió generar corriente alterna. Como las patentes de Edison sólo eran válidas por otros dos años, Westinghouse ciertamente estaba en una mejor posición. Pero en 1891-1892 todavía era demasiado pronto para darse cuenta de esto. Desde el punto de vista de los tribunales, aún no se había decidido quién era realmente el autor del sistema polifásico de corriente alterna, a pesar de que Westinghouse tenía la baza de la patente de Ferraris para respaldar la de Tesla, y así, en los años siguientes, Westinghouse se vio obligado a de-mandar no sólo a varias subsidiarias de General Electric, sino también a algunas independientes, como William Stanley, que estaban producien-do sistemas polifásicos por su cuenta.

Desde el punto de vista de General Electric, había una gran cantidad de patentes de corriente alterna que poseía Thomson, pero sin duda cualquier otra que pudieran conseguir ayudaría en el ámbito legal. Por lo tanto, se acercaron a Charles Proteus Steinmetz con un plan para trabajar en mejoras en los diseños de corriente alterna de tal manera que taparan el papel de Tesla. Atraído por la intriga, Steinmetz aceptó el desafío.[19]

La disputa entre Westinghouse y General Electric dio un nuevo giro en la carrera por ganar la licitación para iluminar la próxima Feria Mun-dial de Chicago y aprovechar para ello las Cataratas del Niágara. En los tribunales, las demandas pasaron de las bombillas a la generación de energía, y en sus respectivas plantas la atención se centró en una forma de competir con el éxito logrado por Brown y Dobrowolsky.

---

17. Ibíd. p. 392.

18. Ibíd.

19. Leonard, J.: *The Life of Charles Proteus Steinmetz*. Doubleday, Doran & Co., Garden City, Nueva York, 1932. p. 202.

En el caso de Westinghouse Corporation, Schmid, Scott y Lamme podían consultar con Tesla, mientras Stillwell y Shallenberger rumiaban, y los hombres del dinero accedían a regañadientes a desmantelar la muy lucrativa pero anticuada maquinaria de Gaulard-Gibbs. En el caso de General Electric, la situación era más compleja. Tenían la esperanza de que alguien como Steinmetz o Thomson pudiera presentar un diseño competitivo, pero no se habían dado cuenta de que Tesla poseía todas las patentes fundamentales. Sencillamente, no había otro sistema. Tesla había entendido los fundamentos. Nadie podía proceder sin él.

Thomson y Steinmetz se vieron obligados a idear formas de eludir de alguna manera las patentes mediante el diseño de «corrientes teaser»[20] o de algún otro dispositivo cortina de humo para fingir que habían creado una invención separada. Aparentemente, en un caso de espionaje industrial, Thomson-Houston pagó a un conserje para que robara los planos de Tesla de la planta de Westinghouse.[21] Avergonzado por tener que explicar cómo terminaron los planos en Lynn, Thomson dijo que necesitaba estudiar los diseños de los motores de Tesla para asegurarse de que los suyos fueran diferentes.

La intriga tuvo que haber desencadenado una variedad de emociones en Steinmetz. Ya había vivido una vida clandestina en Alemania; cuando editaba un periódico socialista radical bajo seudónimo durante el llamado Reino del Terror, había aprendido a utilizar contraseñas secretas en las reuniones radicales y a escribir con tinta invisible, como cuando llevaba notas de amor entre su líder, el carismático revolucionario Heinrich Lux, que había sido encarcelado por sus actividades, y la novia de Lux. Aunque Steinmetz nunca renunció a su afiliación con el movimiento socialista, apoyó una estructura corporativa capitalista sin escrúpulos que estaba motivada no sólo por el afán de lucro, sino también por su capacidad de subvertir la ley para lograr sus fines. Esta nueva situación sólo sirvió para realzar su naturaleza contradictoria.

Su afiliación con las maquiavélicas políticas de General Electric indujo a Steinmetz a abandonar sus ideales. Su obra sobre corriente alterna,

---

20. Prout, H.: *George Westinghouse: Portrait*. Wiley, Nueva York, 1939. p. 125.
21. *Electrical World*, p. 208 (16 de septiembre de 1893), citado en Passer, H.: *The Electrical Manufacturers: 1875-1900*. Harvard University Press, Cambridge, Massachusetts, 1953. p. 292.

Theory and Calculations of Alternating Current Phenomena, de la cual era coautor Ernst Julius Berg, un colega educado en el Royal Polytechnikum de Estocolmo, y publicada por primera vez en 1897, sólo tres años después del propio compendio de Tesla, omitió cualquier referencia a Tesla. (Para el cambio de siglo, al igual que las notas de amor de Lux, desapareció el nombre de Berg en la portada).

En ese momento, el libro *The Inventions, Researches, and Writings of Nikola Tesla*, editado por T. C. Martin, era una verdadera biblia para todos los ingenieros en el campo. Incluía capítulos sobre motores de corriente alterna, el campo magnético giratorio, motores sincronizadores, transformadores de campo giratorio, sistemas polifásicos, motores monofásicos, etc. Que no aparezca en la bibliografía de la obra de Steinmetz resulta asombroso.

En el prólogo del segundo texto de Steinmetz, *Theoretical Elements of Electrical Engineering*, escrito en 1902, el autor trata de explicar por qué omitió la referencia al inventor del sistema polifásico de corriente alterna. Así escribió: «En años posteriores, la literatura eléctrica ha estado plagada de muchas teorías, por ejemplo, la del motor de inducción, que son incorrectas».[22] Ésta era una entrada natural que podría haber catapultado a Steinmetz a una discusión que dejara las cosas claras, pero en vez de ello eligió un camino pusilánime. Esta decisión no sólo ayudó a ofuscar la verdad sobre el origen de la invención, sino que también reforzó su propia imagen en la comunidad corporativa.

Como estos textos sobre corriente alterna servían como plantillas importantes para escritores posteriores, era bastante común en años posteriores que los ingenieros se sacaran títulos, estudiaran la corriente alterna e incluso escribieran libros de texto sobre el tema y nunca se encontraran con el nombre de Tesla.

Claramente, fue en beneficio de General Electric pretender que Tesla nunca existió, y fue en beneficio de Westinghouse pretender que la transmisión Lauffen-Frankfurt nunca había ocurrido. La siguiente generación de ingenieros, y los que la siguieron, nunca se dieron cuenta de que se había producido la manipulación; ésta es una de las principales razones por las que el nombre de Tesla prácticamente desapareció.

---

22. Steinmetz, C. P: *Theoretical Elements of Electrical Engineering*. McGraw-Hill, Nueva York, 1902. pp. iii-iv.

Quizás el caso más flagrante de tergiversación ocurrió una generación más tarde, cuando Michael Pupin publicó su autobiografía ganadora del premio Pulitzer *From Immigrant to Inventor*. Él pudo escribir largos pasajes sobre la historia de la corriente alterna e ignorar a Tesla casi por completo. El nombre de Tesla aparece sólo una vez, de pasada, en un libro de 396 páginas.[23]

En esta obra, Pupin describió «cuatro acontecimientos históricos, muy importantes en los anales de la ciencia eléctrica», es decir, la transmisión Lauffen-Frankfurt, el aprovechamiento de las Cataratas del Niágara, la creación de General Electric y la iluminación de la Feria Mundial de Chicago mediante corriente alterna. Mencionando la empresa de Westinghouse sólo una vez como una compañía interesada en la corriente alterna, Pupin concluyó: «Si Thomson-Houston Company no hubiera aportado nada más que Elihu Thomson a [General Electric], habría contribuido más que suficiente. [Así], la oposición sin sentido al sistema de corriente alterna [...] se desvaneció rápidamente».[24]

En el prefacio, Pupin tuvo la audacia de escribir que «el objeto principal de [mi] narración [es] describir el surgimiento del idealismo en la ciencia americana, y particularmente en las ciencias físicas y las industrias relacionadas. [Como] testigo de este desarrollo gradual, [este] testimonio tiene competencia y peso». Teniendo en cuenta que por lo general Pupin es recordado con cariño por el mundo de la ingeniería, es mi opinión que no estuvo a la altura de los estándares a los que aspiraba.

Estos intentos de alterar el pasado revolvieron el estómago de varios actores clave, sobre todo de C. E. L. Brown (de Oerlikon Works en Suiza) y de uno de sus principales ingenieros, B. A. Behrend. Hombre firme con una semblanza férrea y ojos de perro sabueso, Brown, quien, junto con Dobrowolsky, había sido el primer ingeniero en transmitir energía eléctrica a largas distancias con el invento de corriente alterna de Tesla, se había enterado del trabajo de Tesla gracias al ingeniero británico Gisbert Kapp, quien había publicado la conferencia de Tesla de 1888 en su revista *Industries*. Kapp, autor de uno de los libros de texto más «brillantes» sobre motores de inducción, escribió a Tesla el

23. Pupin, M.: *From Immigrant to Inventor*. Charles Scribner's Sons, Nueva York, 1925. pp. 285-286.
24. Ibíd. p. 289.

9 de junio de 1888 para pedirle permiso para utilizar su artículo para la revista.[25]

Basándose en el tratado de Tesla y los perfeccionamientos de Kapp, Brown pudo construir «[*antes que*] Westinghouse [...] probablemente [...] el primer motor exitoso [...] en 1890».[26] La sucinta respuesta de Brown, publicada de manera notoria en *Electrical World*, iba dirigida específicamente a Carl Hering, uno de los primeros escritores en insinuar que el invento era de Dobrowolsky. «La corriente trifásica aplicada en Frankfort se debe a los trabajos del Sr. Tesla, y se encontrará claramente especificada en sus patentes»,[27] escribió Brown.

La primera respuesta de Hering fue continuar con el artificio: «No creo [que] el Sr. Brown haga justicia al verdadero inventor de esta modificación del sistema Ferraris-Tesla, a saber, Dobrowolsky».[28] Pero Tesla exigió un comunicado más claro. Después de una discusión con W. J. Johnston, quien más tarde le permitiría a Hering hacerse cargo de la dirección editorial de *Electrical World*, Tesla pudo conseguir la siguiente respuesta: «Deseamos afirmar aquí que *Electrical World* ha dejado constancia una y otra vez que defiende la prioridad del Sr. Tesla»,[29] escribió Johnston. La revista también pudo extraer de Hering lo siguiente: «Dobrowolsky, aunque pudo haber sido un inventor independiente, admite que el trabajo de Tesla es anterior al suyo».[30]

Aunque Hering se resistía a admitir la prioridad de Tesla, al mismo tiempo señaló un punto importante: el propio Tesla no había demostrado físicamente que su sistema pudiera utilizarse para la transmisión a larga distancia. Ciertamente, Westinghouse en ese momento no estaba al tanto de los vastos beneficios del sistema. Si no hubiera sido por el éxito

---

25. Gisbert Kapp a Nikola Tesla, en Popović, V. *et al.*: *Tribute to Nikola Tesla: Letters, Articles, Documents*. Museo Nikola Tesla, Belgrado, 1961. p. LS-6.

26. Behrend, B. A.: *The Induction Motor and Other Alternating Current Motors*. McGraw-Hill, Nueva York, 1921. p. 1.

27. Brown, C. E. L.: «Reasons for the Use of the Three-Phase Current in the Lauffen-Frankfort Transmission», *Electrical World*, p. 346 (7 de noviembre de 1891).

28. Hering, C.: «Comments on Mr. Brown's Letter», en ibíd. p. 346.

29. Johnston, W. J.: «Mr. Tesla and the Drehstrom System», *Electrical World*, p. 83 (6 de febrero de 1892).

30. Hering, C.: «Mr. Tesla and the Drehstrom System», *Electrical World*, p. 84 (6 de febrero de 1892).

en Lauffen-Frankfurt, el aparato de Tesla podría haber evolucionado de manera diferente en Estados Unidos. Hering no tuvo acceso a varios detalles de los motores Westinghouse, y eso se debió a que el trabajo no era de dominio público. Se gastaron enormes cantidades de dinero para mantener el trabajo en privado. Si se hubiera producido una transmisión del tipo Lauffen-Frankfurt en Estados Unidos sin el permiso de Westinghouse, claramente habría sido un caso de piratería de patentes. Tesla emitió patentes en la mayoría de los países industrializados, y parece probable que Brown y Oerlikon licenciaron las patentes de Tesla y le pagaron por el privilegio de utilizarlas.

Casualmente, el tratado de Gisbert Kapp, que en un principio se publicó en dos entregas en diciembre de 1890 en el *Electrician* londinense, también parece haber sido utilizado ampliamente por Charles Proteus Steinmetz en 1891 y 1892, mientras construía motores de corriente alterna en un taller mecánico en Nueva York antes de ser contratado por Thomson, según afirma B. A. Behrend, autor de uno de los primeros trabajos definitivos sobre el motor de corriente alterna. Behrend, un emigrado de Suiza, comenzó a trabajar para la New England Granite Company, una división de General Electric, en 1896. Particularmente molesto por las tácticas de escritores como Steinmetz de utilizar el trabajo de otras personas y dejar sus nombres fuera de la bibliografía, Behrend acabó convirtiéndose más adelante en uno de los aliados más importantes de Tesla. En el prólogo de su libro, Behrend afirmó: «La tendencia a escribir libros sin referencias se debe en gran parte al deseo de evitar buscar los artículos de otros escritores. El lector no se beneficia con ese tratamiento, ya que con frecuencia prefiere el original al tratamiento del autor cuyo libro está leyendo. Además, el conocimiento de la literatura de nuestra profesión es esencial para la comprensión del arte y para una interpretación honesta del papel desempeñado por nuestros compañeros de trabajo».[31]

Al escribirle a Oliver Heaviside específicamente sobre autores como Steinmetz, Behrend citó a Huxley, «Magna est veritas et praevalebit!», traduciendo y modificando la cita de la siguiente manera: «La verdad es grandiosa, ciertamente, pero considerando su grandeza, es curioso cuán-

---

31. Behrend, B. A.: *The Induction Motor and Other Alternating Current Motors*. McGraw-Hill, Nueva York, 1921. pp. xiii-xiv.

to tiempo puede tardar en prevalecer». El cuerpo de su libro comenzaba con esta frase: «El motor de inducción, o motor de campo rotatorio, fue inventado por el Sr. Nikola Tesla en 1888». La imagen de Tesla también aparecía en el frontispicio.

A lo largo de su vida, Behrend trató de dejar las cosas claras sobre quién fue el verdadero autor del sistema polifásico de corriente alterna. Cuando Westinghouse demandó a la New England Granite por infracción de patentes, Behrend quedó en una posición «vergonzante y desagradable»; el alto mando, que procedía de Wall Street, quería que testificara contra Tesla.

El 3 de mayo de 1901, Behrend le escribió al abogado Arthur Stem: «Mi querido señor, verá que ahora, incluso más que antes, soy de la opinión de que no nos es posible presentar argumentos que podrían demostrar la invalidez de las patentes de Tesla en pleito [...]. No puedo asumir este deber».[32]

---

32. Ibíd. p. 261.

10
La Royal Society (1892)

*La conferencia dada por el Sr. Tesla [...] perdurará por mucho
tiempo en la imaginación de cada persona [...] que lo escuchó,
abriendo como lo hizo, para muchas de ellas, por primera vez,
posibilidades aparentemente ilimitadas en las aplicaciones y el
control de la electricidad. Pocas veces ha habido tal reunión de
todas las principales autoridades eléctricas del momento.*

Electrical Review[1]

El rápido progreso en el campo de la radiación electromagnética, abierto por los descubrimientos de sir William Crookes, sir Oliver Lodge y especialmente Heinrich Rudolf Hertz, indujo en Tesla una obsesión por completar tantas patentes como pudiera. Invocando sus prodigiosos poderes de sacrificio, privándose del sueño y ejerciendo todo el potencial de su voluntad, Tesla desarrolló sus creaciones tan rápido como pudo. Fue en este momento cuando surgió la gran visión de la transmisión sin hilos de la energía eléctrica, y él simplemente aborrecía la idea de que alguien más pudiera inventarla antes que él. Por lo tanto, comenzó a construir bobinas cada vez más poderosas mientras continuaba con sus numerosos experimentos en iluminación de alta intensidad, producción de ozono, conversión de corriente alterna a continua y comunicación sin hilos.

---

1. «Mr. Tesla Before the Royal Institution, London», *Electrical Review*, p. 57 (19 de marzo de 1892).

En febrero de 1891, Tesla solicitó la primera de tres portentosas patentes para la conversión y distribución de energía eléctrica.[2] Este invento, que terminó después de su regreso de Europa, fue el oscilador mecánico, un dispositivo multipropósito completamente único. A diferencia del espinterómetro de Hertz, que producía descargas lentas y rítmicas, el oscilador de Tesla suministraba una corriente suave y continua que no sólo podía generar cientos de miles, o incluso millones, de voltios, sino que también podía ajustarse a frecuencias específicas. A lo largo de su vida, Tesla dijo: «Desarrollé no menos de cincuenta tipos de estos transformadores […], cada uno de ellos completo hasta el más mínimo detalle».[3]

El dispositivo era, en esencia, un pequeño motor, casi sin partes móviles. El «pistón que realizaba el trabajo no estaba conectado con nada más, sino que estaba totalmente libre para vibrar a una velocidad enorme. En esta máquina –proclamó Tesla–, logré eliminar las válvulas y la lubricación [aunque la utilización de aceite era intrínseca a su diseño]. Al combinar este motor con una dinamo […], produje un generador altamente eficiente [que propagaba] una tasa de oscilación invariable».[4] Dado que la corriente era tan «absolutamente constante y uniforme, se podría mantener la hora del día con la máquina».[5] De hecho, el inventor también utilizó el oscilador como un reloj.

En junio de 1891, Tesla se encontró con un artículo del profesor J. J. Thomson. Este científico británico, cuyo trabajo lo llevaría a ganar el Premio Nobel como descubridor del electrón, estaba dirigiendo haces eléctricos desde tubos de rayos catódicos para estudiar la estructura de la energía electromagnética. Estas investigaciones provocaron un intenso

2. El oscilador de Tesla concebido en este momento se convirtió en la base de todos sus transmisores posteriores, como en Colorado Springs y también en Wardenclyffe (véanse especialmente las patentes n.º 462.418, de 13 de noviembre de 1891; n.º 514.168, de 6 de febrero de 1894, y n.º 568.178, de 22 de septiembre de 1896).

3. Tesla, N.: «Electric Oscillators», *Electrical Experimentation* (7 de julio de 1919), en Popović, V. *et al.*: *Nikola Tesla: Lectures, Patents, Articles*. Museo Nikola Tesla, Belgrado, 1956. p. A-78-93.

4. Tesla, N.: «The Problem of Increasing Human Energy», *Century*, p. 203 (junio de 1900).

5. Martin, T. C.: «Tesla's Oscillator and Other Inventions», *Century* (abril de 1895), en Popović, V. *et al.*: *Tribute to Nikola Tesla: Letters, Articles, Documents*. Museo Nikola Tesla, Belgrado, 1961. p. A-16.

diálogo en las revistas eléctricas entre estos dos hombres[6] e inspiraron a Tesla a «regresar con renovado entusiasmo a mis propios experimentos. Pronto mis esfuerzos se centraron en producir en un pequeño espacio la acción inductiva más intensa».[7] Tesla describiría estos emocionantes resultados a Thomson en persona, seis meses después, durante las conferencias que dio en Londres.

Ese mismo año, Tesla obtuvo dos patentes más sobre motores de corriente alterna que le debía a Westinghouse; también obtuvo una patente sobre un medidor eléctrico y un condensador, y dos sobre iluminación incandescente.

El 8 de enero de 1892, T. C. Martin, Josh Wetzler y George Sheep enviaron a Tesla una invitación «para cenar y pasar una noche [...] antes de su viaje a Europa».[8] El soplador de vidrio de Tesla, David Hiergesell, proporcionó todos los tubos necesarios para el viaje. Partió el día 16 y llegó a Londres el día 26. Sir William Preece le proporcionó un caballo y un carruaje y le invitó a quedarse en su casa.[9] El plan de Tesla era hablar ante la Institución de Ingenieros Eléctricos una semana más tarde «y partir inmediatamente hacia París» para dar una conferencia ante la Société Française des Electriciens.

Tuvo que haber sido gratificante que Preece se interesara, ya que formaba parte de la vieja guardia. Veintidós años mayor que Tesla y uno de los patriarcas de la comunidad científica británica, Preece era un caballero amable, de abundante barba, frente amplia, gafas con montura metálica y un aire de autoconfianza. Como jefe de la Oficina Postal de Telégrafos del Gobierno, Preece había trabajado con la telegrafía desde 1860 y había llevado el teléfono de Bell, junto con el propio Bell, a las islas británicas a mediados de la década de 1870. También había estado asociado con Edison desde 1877, habiendo acuñado el término «efecto Edison» después de visitar al mago en 1884 para estudiar su trabajo con lámparas de vacío y un peculiar «efecto» por el cual las partículas electrónicas fluían a través

---

6. «N. Tesla and J.J. Thomson» (1891), en Popović, V. *et al.*: *Nikola Tesla: Lectures, Patents, Articles*. Museo Nikola Tesla, Belgrado, 1956. pp. A-16-21.

7. Tesla, N.: «High Frequency Oscillators for Electro-Therapeutic and Other Purposes», *Electrical Engineer*, pp. 477-481 (17 de noviembre de 1898).

8. Thomas Commerford Martin, Josh Wetzler y George Sheep a Nikola Tesla (8 de enero de 1892) [MNT].

9. William Preece a Nikola Tesla (16 de enero de 1892) [MNT].

del espacio desde el polo negativo hacia el positivo. Empleando este dispositivo como regulador de voltaje, Preece regresó a Inglaterra para mostrárselo a sus colegas, especialmente a Ambrose Fleming.[10]

Después de unos días de agradable compañía y una gira por Londres, Tesla se relajó y el miércoles 3 de febrero presentó su ponencia titulada «Experiments With Alternate Currents of Very High Frequency and Their Application to Methods of Artificial Illumination».

«Durante dos horas, el Sr. Tesla mantuvo a su audiencia hechizada. Ante colegas como J. J. Thomson, Oliver Heaviside, Silvanus P. Thompson, Joseph Swan, sir John Ambrose Fleming, sir James Dewar, sir William Preece, sir Oliver Lodge, sir William Crookes y lord Kelvin, Tesla proclamó la fuerza impulsora de su motivación: "¿Hay, me pregunto, puede haber, un estudio más interesante que el de la corriente alterna?" [...] .Observamos cómo [esta] energía toma las muchas formas de calor, luz, energía mecánica e incluso afinidad química [...]. Todas estas observaciones nos fascinan [...]. Cada día acudimos a nuestro trabajo [...] con la esperanza de que alguien, sea quien sea, pueda encontrar una solución a uno de los problemas pendientes, y cada día siguiente volvemos a nuestra tarea con renovado ardor; y aunque no hayamos tenido éxito, nuestro trabajo no ha sido en vano, porque en estos esfuerzos hemos encontrado horas de placer indecible, y hemos dirigido nuestras energías en beneficio de la humanidad».[11]

«Cualquier característica de mérito que pueda contener este trabajo –declaró humildemente Tesla– se ha derivado del trabajo de varios científicos que están presentes hoy, no pocos que puedan presentar mejores afirmaciones que yo mismo». Mirando alrededor de la sala y, con un brillo en sus ojos, Tesla continuó:[12] «Uno por lo menos debo mencionar.

---

10. Josephson, M.: *Edison: A Biography.* McGraw-Hill, Nueva York, 1959. pp. 275-277 Josephson, M.: *Edison: A Biography.* McGraw-Hill, Nueva York, 1959. p. 178. (Trad. cast.: *Edison.* Plaza y Janés, Buenos Aires, 1962); Baker E. C.: *Sir William Preece: Victorial Engineer Extraordinary.* Hutchinson, Londres, 1976. pp. 185-186.

11. «Mr. Tesla Before the Royal Institution, London», *Electrical Review*, p. 57 (19 de marzo de 1892); Martin, T. C. (ed.): *The Inventions, Researches, and Writings of Nikola Tesla.* The Electrical Engineer, Nueva York, 1894. p. 200.

12. La mayoría de los títulos de estos distinguidos científicos los obtuvieron más adelante en su carrera; por ejemplo, Dewar fue nombrado caballero en 1904 y Fleming, en 1924. William Thomson se convirtió en barón o lord Kelvin unos meses después de la conferencia de Tesla.

Es un nombre asociado con el invento más hermoso jamás hecho: ¡es Crookes! […]. Creo que el origen [de mis avances] fue ese librito fascinante [sobre la energía radiante] que leí hace muchos años».[13]

Encendiendo su enorme bobina, en medio de rayos en erupción, Tesla habló como si fuera un hechicero; anunció que con su conocimiento tenía la capacidad de hacer animado lo que estaba inerte. «Con asombro y deleite [observamos] los efectos de fuerzas extrañas que ponemos en juego, que nos permiten transformar, transmitir y dirigir la energía a voluntad […]. Vemos la masa de "hierro y alambres comportarse como si [estuvieran] dotados de vida».[14]

De repente, las bombillas estallaron en un abanico de «magníficos colores de luz fosforescente». Tesla tocó un cable y salieron chispas de su extremo; creó láminas de luminiscencia, dirigió «corrientes eléctricas sobre pequeñas superficies», encendió tubos sin hilos simplemente levantándolos y los apagó «cogiendo un cable de una terminal distante» [es decir, conectando el efecto a tierra] o agarrando el tubo con ambas manos y, por lo tanto, «volviendo oscura» el área intermedia y separando las manos con un movimiento constante. Y con la misma facilidad, hizo girar el tubo en «el sentido del eje de la bobina» y volvió a encender el resplandor.[15]

Sus teorías sobre la relación de la longitud de onda con la estructura y la fabricación de la luz y sus alardes con los tubos fluorescentes sin hilos llevaron a un espectador a postular que el modo futuro de iluminar una vivienda podría ocurrir realmente «haciendo que toda la masa del aire en la habitación se vuelva suave y bellamente fosforescente».[16]

Tesla presentó el primer tubo de radio verdadero en este segundo mes de 1892, en presencia de todos los protagonistas clave en la invención de la tecnología sin hilos. Para obtener el vacío más perfecto posible, el erudito había extraído el aire de una bombilla que estaba metida dentro de otro tubo de vacío. Dentro de esta cámara interna, Tesla generó un haz de luz «desprovisto de cualquier inercia». ¡Generando frecuencias extremadamente altas, creó un «cepillo» eléctrico que era tan sensible que

---

13. Martin, T. C. (ed.): *The Inventions, Researches, and Writings of Nikola Tesla*. The Electrical Engineer, Nueva York, 1894. p. 198 [parafraseado].

14. Ibíd. p. 200.

15. Ibíd. p. 186.

16. Ibíd.

respondía incluso al «endurecimiento de los músculos del brazo de una persona»! Este cepillo tendía a «dar vueltas alejándose» de una persona que se acercaba, pero siempre en el sentido de las agujas del reloj. Al percibir que el rayo era extremadamente «susceptible a las influencias magnéticas», Tesla especuló que su sentido de rotación probablemente se viera afectado por el par geomagnético de la Tierra. Además, esperaba que este cepillo girara en sentido contrario a las agujas del reloj en el hemisferio sur. Sólo un imán podría conseguir que el chorro de luz invirtiera su sentido de giro. «Estoy firmemente convencido de que tal cepillo, cuando aprendamos a producirlo adecuadamente, puede ser el medio de transmitir inteligencia a una distancia sin hilos»,[17] afirmó Tesla.

«De todos estos fenómenos –comenzó Tesla, en la siguiente fase– , los más fascinantes para una audiencia son sin duda aquellos que se observan en un campo electrostático que actúa a través de una distancia considerable. Al construir adecuadamente una bobina, he descubierto que podía excitar los tubos de vacío sin importar en qué parte de la habitación se colocaran»,[18] continuó.

Refiriéndose al trabajo de J. J. Thomson y de J. A. Fleming sobre la creación de un hilo luminoso dentro de un tubo de vacío, pasó a discutir diferentes métodos para excitar los tubos de vacío alterando la longitud de onda o la del tubo.

Estableciendo un ventilador como análogo y discutiendo la investigación de Preece, Hertz y Lodge sobre la radiación de energía electromagnética en la Tierra y el espacio, Tesla luego mostró motores «sin hilos»: «No es necesario tener ni una sola conexión entre el motor y el generador –anunció–, excepto, quizás, a través del suelo o a través del aire enrarecido [...]. No hay duda de que con enormes potenciales las descargas luminosas pueden pasar a través de muchos kilómetros de aire enrarecido y que, al dirigir así la energía de muchos cientos de caballos de potencia, los motores o las lámparas podrían hacerse funcionar a distancias considerables de las fuentes estacionarias».[19]

Basándose en la investigación llevada a cabo el año anterior, que había sido impulsada por el trabajo de J. J. Thomson sobre la propagación

17. Ibíd. [parafraseado en parte].
18. Ibíd. pp. 287-288 [parafraseado].
19. Ibíd. p. 235.

de corrientes de energía eléctrica, Tesla amplió su bombilla de botón de alta intensidad, un dispositivo que podía desmaterializar o «vaporizar» la materia. Esta disposición, como veremos, es precisamente la configuración requerida para crear rayos láser. Lo más probable es que en ese momento Tesla mostrara rayos láser reales. Sin embargo, ni él ni los otros científicos presentes en ese momento reconocieron la importancia única del rayo dirigido, ya que era parte de una combinación de otros efectos de iluminación que resultaron de la desintegración del material que estaba siendo bombardeado.

Hay dos tipos de láseres estándar que corresponden al trabajo de Tesla: *1)* un láser de rubí, que refleja la energía de regreso a su fuente, que a su vez estimula más átomos para que emitan radiación especial, y *2)* un láser de gas, que consta de un tubo lleno de helio y neón. Se aplica alto voltaje a través de dos electrodos cerca de los extremos del tubo, lo que provoca una descarga. En ambos casos, los átomos excitados están contenidos en un alojamiento y luego se reflejan en un sentido específico. Se diferencian de las linternas ordinarias no sólo porque emiten una longitud de onda uniforme, sino también porque hay un estado de pausa (metaestable) antes de que la luz sea emitida.[20]

Tesla trabajaba con lámparas construidas exactamente de esta manera. A la primera la llamó lámpara de botón; a la segunda, tubo fosforescente. Su función principal era la de dispositivos de iluminación eficientes. Sus funciones secundarias eran como aparatos de laboratorio para una gran variedad de experimentos. En un tubo lleno de «gas enrarecido [...], una vez que se calienta la fibra de vidrio, la descarga se abre instantáneamente en toda su longitud».[21] Otra bombilla «estaba pintada por un lado con un polvo o una mezcla fosforescente y arrojaba una luz deslumbrante, mucho más que la producida por cualquier fosforescencia ordinaria».[22]

20. Kock, W.: *Engineering Applications of Lasers and Holography*. Plenum Press, Nueva York, 1975. pp. 28-35; Hunt, I. *et al.*: *Lightning in His Hands: The Life Story of Nikola Tesla*. Omni Publications, Hawthorne, California, 1964. En este segundo libro se sugiere por primera vez que Tesla inventó el láser.

21. Tesla, N.: «On Electrical Resonance», *Electrical Engineer*, pp. 603-605 (21 de junio de 1893).

22. Tesla, N.: «On Light and High Frequency Phenomena», *Electrical Engineer*, pp. 248-249 (8 de marzo de 1893).

«Un experimento común [mío] era hacer pasar energía a través de una bobina a una tasa de varios miles de caballos de fuerza, poner un trozo de papel de aluminio grueso en un palo y acercarlo a esa bobina. El papel de aluminio no sólo se derretía, sino que se evaporaba y todo el proceso se llevaba a cabo en un intervalo de tiempo tan pequeño que era como un disparo de cañón. Ése era un experimento sorprendente».[23]

Tesla también construyó un tipo de lámpara de botón que podía desintegrar cualquier material, incluyendo zirconio y diamantes, las sustancias más duras que existen. La lámpara era, en esencia, un globo revestido por dentro con un material reflectante (como la botella de Leyden) y un «botón» de cualquier sustancia, la mayoría de las veces de carbono, que estaba muy pulido y unido a una fuente de energía. Una vez electrificado, el botón irradiaba energía que rebotaba en el interior del globo y volvía sobre sí mismo, intensificando así un efecto de «bombardeo». De esta forma el botón quedaba «vaporizado».[24]

A continuación, Tesla describió con precisión la invención del láser de rubí, más de cinco décadas antes de su reaparición a mediados del siglo XX. La descripción es bastante explícita:

En una bombilla [...] podemos concentrar cualquier cantidad de energía en un botón diminuto [de] zirconio [que] brillaba con una luz muy intensa, y la corriente de partículas proyectadas era de un blanco vivo [...]. Se observaron magníficos efectos de luz, de los cuales sería difícil dar una idea adecuada [...]. Para ilustrar el efecto observado con una gota de rubí al principio se puede ver un estrecho embudo de luz blanca proyectado contra la parte superior del globo donde produce una mancha fosforescente de contorno irregular [...]. De esta manera, se produce una línea muy bien definida intensamente fosforescente [énfasis añadido] que corresponde al contorno de la gota [rubí fundido], que se extiende lentamente sobre el globo a medida que la gota se hace más grande. Un resultado más perfecto utilizado en algunas de estas bombillas [involucra] la

23. Anderson, L. I. (ed.): *Nikola Tesla: On His Work with Alternating Currents and Their Application to Wireless Telegraphy, Telephony and Transmission of Power.* Sun Publishing, Denver, Colorado, 1992. p. 62.

24. «Mr. Tesla Before the Royal Institution, London», *Electrical Review*, pp. 247-249 (19 de marzo de 1892).

construcción de una lámina de zinc, que realiza la doble función de intensificador y reflector.[25]

La conferencia del inventor terminó con la especulación de que, con mejoras en la construcción de cables de larga distancia, según sus sugerencias, pronto sería posible la telefonía a través del Atlántico. Es importante notar que en este momento aún no visualizaba la transmisión inalámbrica de voz, sino la transmisión inalámbrica de inteligencia (es decir, código morse), luz y potencia. Sin embargo, sus debates con Preece acerca de la existencia de corrientes terrestres comenzaban a afianzarse, y poco después Tesla empezó a conceptualizar la idea de transmitir voz e incluso imágenes a través de sistemas inalámbricos.

«Ha sido mi objetivo principal al presentar estos resultados señalar fenómenos o características novedosas y avanzar ideas que espero sirvan como puntos de partida de nuevas salidas. Ha sido mi principal deseo esta noche entretenerlos con algunos experimentos novedosos. Sus aplausos, tan frecuente y generosamente dispensados, me han dicho que lo he logrado»,[26] concluyó Tesla.

Al final de la conferencia, «el Sr. Tesla informó tentativamente a sus oyentes que les había mostrado sólo un tercio de lo que estaba preparado para hacer, y toda la audiencia permaneció en sus asientos, sin querer dispersarse, insistiendo en más, y el Sr. Tesla tuvo que dar una conferencia complementaria […]. Se puede afirmar, como mencionó el Sr. Tesla, pero que apenas parecía darse cuenta, que prácticamente la totalidad de los experimentos mostrados eran nuevos, y nunca antes se habían mostrado, y no eran meramente una repetición de los ofrecidos en América».[27]

Habiendo visto al inventor manejar voltajes tan enormes «tan despreocupadamente», muchos de los asistentes murmuraron sorpresa entre ellos y reunieron el coraje para preguntar cómo Tesla se atrevió a hacer pasar la corriente a través de su cuerpo».

«Ha sido el resultado de un largo debate en mi mente –respondió Tesla–, pero a través del cálculo y la razón, he llegado a la conclusión de

---

25. Ibíd., pp. 250-252.
26. Ibíd., p. 292.
27. Ibíd.

que tales corrientes no deberían ser peligrosas para la vida más de lo peligrosas que son las vibraciones de la luz [...]. Consideren un diafragma delgado en una tubería de agua con golpes de pistón de amplitud considerable..., el diafragma se romperá de inmediato», explicó el inventor por analogía. «Con golpes reducidos de la misma energía total, el diafragma será menos propenso a romperse, hasta que, con un impulso vibratorio de muchos miles por segundo, no fluya corriente real y el diafragma no corra peligro de romperse. Lo mismo ocurre con la corriente vibratoria». En otras palabras, Tesla había aumentado la frecuencia, o alteraciones por segundo, pero había reducido mucho la amplitud o potencia. Acto seguido, el mago encendió la bobina una vez más, enviando decenas de miles de voltios a través (o alrededor) de su cuerpo e iluminó dos tubos fluorescentes que sostenía espectacularmente en cada mano. «Como pueden ver, estoy muy vivo», añadió Tesla.

«Eso podemos verlo, pero ¿no siente dolor?», preguntó un asistente.

«Una chispa, por supuesto, pasa a través de mis manos y puede perforar la piel, y a veces recibo una quemadura ocasional, pero eso es todo; e incluso puedo evitarlo si sostengo un conductor del tamaño adecuado en mi mano que se apodere de la corriente».

«A pesar de sus razones, su especulación se parece a los sentimientos que debe tener un hombre antes de lanzarse desde el puente de Brooklyn», concluyó otro asistente con un movimiento de cabeza.[28]

Al escuchar la afirmación de Tesla de que sólo había mostrado una parte de lo que había preparado, el perspicaz profesor Dewar, inventor del vaso Dewar, o termo caliente o frío, tomó al inventor al pie de la letra y se dio cuenta de que había más información para contar. El mago sencillamente se había quedado sin tiempo. Como miembro de la junta de la Royal Institution, también con sede en Londres, Dewar sabía que había muchos dignatarios que se perderían el gran acontecimiento, especialmente lord Rayleigh, por lo que se impuso la tarea de persuadir a Tesla para que presentara un bis la noche siguiente.

Después de la charla, Dewar acompañó a Tesla en un recorrido por la Royal Institution, donde le mostró el trabajo de sus predecesores, especialmente el aparato de Michael Faraday.

---

28. Ibíd [parafraseado en parte].

—¿Por qué no se queda para una actuación más? –le preguntó Dewar.

—Debo ir a París –insistió Tesla.

Ante todo, mantenía en su mente su deseo de limitar el tiempo de sus visitas en cada parada para poder regresar a Estados Unidos lo más rápido posible.

—¿Cuán a menudo cree que tendrá la oportunidad de visitar los laboratorios de hombres como Crookes o Kelvin? –le preguntó Dewar con su acento escocés.

Al mismo tiempo, invitó a Tesla a visitar su propio laboratorio, donde estaba creando temperaturas extremadamente bajas que se aproximaban al cero absoluto y llevando a cabo estudios avanzados de los efectos electromagnéticos en entornos como el oxígeno líquido.[29]

—Ya ha vivido en París. ¡Ahora vea Londres!

«Aunque yo era un hombre de firme decisión, sucumbí fácilmente a los contundentes argumentos del gran escocés. Me empujó a una silla y me sirvió medio vaso de un maravilloso líquido marrón que brillaba con toda clase de colores iridiscentes y que sabía a néctar», admitió Tesla tiempo después.

—Ahora –declaró Dewar con un brillo en los ojos y una sonrisa que trajo una de reciprocidad en el rostro de su cautivo–, está sentado en la silla de Faraday y está disfrutando del whisky que él solía beber.

«En ambos aspectos fue una experiencia envidiable. La noche siguiente hice una demostración ante esa institución»,[30] recordó Tesla.

En la culminación de la conferencia, gran parte de la cual, una vez más, era material nuevo que no había presentado la noche anterior (pero sí integrado en el debate anterior), Tesla le mostró a lord Kelvin una de sus bobinas[31] y lord Rayleigh se dirigió al atril para la conclusión. «Lord Rayleigh, a quien siempre consideré como un hombre de ciencia ejem-

29. Asimov, I.: *Asimov's Biographical Encyclopedia of Science and Technology*. Doubleday, Garden City, Nueva York, 1964. p. 347. (Trad. cast.: *Enciclopedia biográfica de ciencia y tecnología*. Alianza Editorial, Madrid, 1987. pp. 598-599).

30. Tesla, N.: *My Inventions: The Autobiography of Nikola Tesla*. Hart Brothers, Williston, Vermont, 1982. p. 82. (Trad. cast.: *Mis inventos*. Ediciones Obelisco, Barcelona, 2022. pp. 70-71).

31. Presentación y conferencia a cargo de Leland I. Anderson durante el simposio de la Sociedad Internacional Tesla celebrado en Colorado Springs en agosto de 1988.

plar, dijo que poseía algún don particular de descubrimiento y que debía concentrarme en alguna gran idea»,[32] recordó Tesla.

Viniendo de este «hombre ideal de ciencia», que había elaborado ecuaciones matemáticas relativas a la longitud de onda de la luz y que también había calculado los pesos atómicos de muchos de los elementos, esta sugerencia le causó una gran impresión. Un nuevo sentido del destino daba vueltas alrededor de Tesla cuando comenzó a darse cuenta de que tendría que encontrar una manera de superar sus descubrimientos anteriores sobre corriente alterna.

Al día siguiente, Tesla recibió una invitación de John Ambrose Fleming para visitar su laboratorio en el University College el fin de semana. Fleming había conseguido establecer «descargas oscilatorias con una bobina de Spottiswoode como la principal y botellas de Leyden como la secundaria»[33] y quería mostrarle a Tesla sus resultados. Después de haber sido consultor de Edison en relación con la industria de la iluminación, Fleming trabajaría al cabo de cuatro años con Marconi en el desarrollo de la tecnología sin hilos y unos años después inventó el rectificador, un dispositivo para convertir las ondas electromagnéticas entrantes de corriente alterna en corriente continua al entrar en el aparato receptor.[34] Tras haber asistido a ambas conferencias, Fleming «felicitó sinceramente a Tesla por su gran éxito. Después de esto, nadie puede dudar de sus cualificaciones como mago de primer orden». El aristócrata inglés concluyó llamando a Tesla miembro de la nueva y ficticia «Orden de la Espada Flameante».

Tesla había despertado la imaginación de sus colegas británicos y rápidamente varios de ellos comenzaron a replicar su trabajo y a hacer sus propios avances. En el laboratorio de sir William Crookes, Tesla construyó una bobina como regalo y le enseñó a Crookes cómo construir bobi-

32. Tesla, N.: *My Inventions: The Autobiography of Nikola Tesla*. Hart Brothers, Williston, Vermont, 1982. p. 82. (Trad. cast.: *Mis inventos*. Ediciones Obelisco, Barcelona, 2022. p. 71).

33. John Ambrose Fleming a Nikola Tesla (5 de febrero de 1892), en Popović, V. *et al.*: *Tribute to Nikola Tesla: Letters, Articles, Documents*. Museo Nikola Tesla, Belgrado, 1961. p. LS-13.

34. Asimov, I.: *Asimov's Biographical Encyclopedia of Science and Technology*. Doubleday, Garden City, Nueva York, 1964. p. 364. (Trad. cast.: *Enciclopedia biográfica de ciencia y tecnología*. Alianza Editorial, Madrid, 1987. pp. 624-625).

nas de Tesla por su cuenta, pero éste se quejó: «La fosforescencia a través de mi cuerpo cuando sostengo un terminal es decididamente inferior a la que se obtiene con la pequeña [que me fabricó]».[35]

Como era su costumbre, Tesla trabajó incesantemente hasta que el ecléctico Crookes lo obligó a tomar un descanso, y por la noche, después de la cena, los dos científicos se sentaron y se pusieron a hablar. Los temas variaron desde discusiones sobre las ramificaciones de su propia investigación y el potencial futuro del campo hasta la religión, la patria de Tesla y la metafísica.

Retorciendo un alargado bigote encerado que se desplegaba como las plumas de la cola de un ave del paraíso, el barbudo mentor reveló que había experimentado con la comunicación sin hilos incluso antes de que Hertz comenzara sus investigaciones en 1889. Crookes comentó la posibilidad de que las ondas eléctricas pudieran penetrar objetos sólidos, como paredes, y argumentó en contra de la sugerencia de Kelvin de que la fuerza vital y la electricidad eran idénticas en algún nivel. «Sin embargo, la electricidad tiene una influencia importante sobre los fenómenos vitales, y es a su vez puesta en acción por el ser vivo, sea animal o vegetal». Aquí Crookes se refería a varias especies, como las anguilas eléctricas, las babosas de mar iridiscentes o las luciérnagas. Más conjeturas hicieron que ambos hombres acabaran debatiendo sobre la posibilidad de que la electricidad pudiera utilizarse para purificar el agua y tratar «las aguas residuales y los desechos industriales».

«Quizás se podrían generar frecuencias adecuadas para electrificar los jardines a fin de estimular el crecimiento y hacer que los cultivos no resulten tan atractivos para los insectos destructivos», sugirió Crookes.

Ampliando el trabajo de Rayleigh, Crookes discutió con Tesla la posibilidad de configurar millones de longitudes de onda separadas para garantizar el secreto en la comunicación entre dos operadores sin hilos. También revisaron el trabajo de Helmholtz sobre la estructura física del ojo, señalando que los receptores de la retina son «sensibles a un conjunto de longitudes de onda [es decir, luz visible] y silentes a otros». De la misma manera, también podría construirse un dispositivo receptor de

---

35. William Crookes a Nikola Tesla (5 de marzo de 1892), en Popović, V. *et al.*: *Tribute to Nikola Tesla: Letters, Articles, Documents*. Museo Nikola Tesla, Belgrado, 1961. p. LS-12.

señales electromagnéticas de manera que recibiera determinadas transmisiones y no otras.

«Otro punto al que debe apuntar el electricista práctico es el control del clima», dijo Crookes en respuesta a una de las especulaciones más intrépidas de Tesla. También discutieron objetivos como la eliminación de la niebla o la espantosa «llovizna perenne» que azotaba la isla y la creación de grandes cantidades de lluvia programadas para días específicos.[36]

Y si esto no fuera suficiente, Crookes también introdujo a Tesla en un intenso debate sobre sus experimentos de telepatía mental, espiritismo e incluso levitación humana. Como miembro de la Sociedad de Investigación Psíquica y más adelante presidente, Crookes se encontraba en buena compañía. Entre otros científicos que tomarían el timón de la sociedad psíquica, cabe destacar a Oliver Lodge, J. J. Thomson y lord Rayleigh.[37] Crookes presentó sin rodeos una plétora de pruebas convincentes, incluidos dibujos de receptores que coincidían con los creados por emisores, fotografías de sesiones de materializaciones ectoplasmáticas generada por la clarividente Florence Cook y relatos de testigos oculares de levitación por él mismo y su esposa.[38]

Esas declaraciones fueron suficientes para causar asombro a cualquiera, y sirvieron para sacudir la visión del mundo de Tesla. Como materialista acérrimo, hasta ese momento no creía en absoluto en ningún aspecto del campo de la investigación psíquica, incluidos los sucesos relativamente monótonos, como la transferencia del pensamiento. Pero con la documentación de Crookes y el apoyo de otros miembros de los expertos, especialmente de Lodge, y con Tesla ya extenuado por la tensión de su severo horario, la mente del serbio comenzó a dar vueltas. Se quedaba dormido en medio de las conversaciones y, en consecuencia, asustaba a su anfitrión. La realidad que había construido y el mundo de

---

36. Crookes, W.: «Some Possibilities of Electricity», *Fortnightly Review*, vol. 3, pp. 173-181 (febrero de 1892).

37. Crookes se convirtió en presidente de la Sociedad de Investigación Psíquica en 1896, Lodge en 1901 y Rayleigh en 1919. J. J. Thomson fue vicepresidente. Véase Koestler A.: *Roots of Coincidence*. Vintage, Nueva York, 1972. pp. 32-34.

38. Crookes, W.: «D. D. Home», *Quarterly Journal of Science* (enero de 1874) [condensado]. Véase también Ducasse, C. J. «The Philosophical Importance of Psychic Phenomena», en Ludwig, J. (ed.): *Philosophy and Parapsychology*. Prometheus Books. Búfalo, Nueva York, 1978. p. 138.

superstición que creía haber dejado atrás cuando emigró del Viejo Mundo pululaban por su cerebro como un enjambre de abejorros y destrozaban su visión del mundo.

La presión bajo la que se encontraba Tesla hizo que Crookes le ofreciera algunos consejos amistosos en una carta. «Espero que se pueda ir a las montañas de su tierra natal tan pronto como pueda. Está sufriendo por el exceso de trabajo, y si no se cuida, se derrumbará. No responda esta carta ni vea a nadie, tome el primer tren». Para terminar la carta con una nota de humor, Crookes añadió: «Estoy pensando en irme yo mismo, pero sólo estoy pensando en ir tan lejos como Hastings».[39] Tesla quería seguir su consejo, pero antes tenía que dirigirse a la sociedad de París.

Cruzó el Canal de la Mancha la segunda semana de febrero y reservó una habitación en el Hotel de la Paix. En su siguiente conferencia «antes de una conferencia conjunta de la Société de Physique y la Société International des Electriciens», que tuvo lugar el 19 de febrero,[40] el inventor buscó al conocido médico francés Dr. D'Arsenoval, pionero en el campo de la diatermia. Tesla dijo más tarde:

Cuando el Dr. D'Arsenoval dijo que había hecho el mismo descubrimiento [sobre los efectos físicos provocados por el envío de frecuencias extremadamente altas a través del cuerpo], se inició una acalorada controversia relativa a la prioridad. Los franceses, deseosos de honrar a su compatriota, lo hicieron miembro de la Academia, ignorando por completo mi publicación anterior. Resuelto a tomar medidas para reivindicar mi derecho, me reuní con el Dr. D'Arsenoval. Su encanto personal me desarmó por completo y abandoné mi intención, contento con aparecer en el documento. Muestra que mi divulgación es anterior a la suya y también que utilizó mi aparato en sus demostraciones. El juicio final queda para la posteridad.

Desde el principio, el crecimiento del nuevo arte [de la electroterapia] y la industria ha sido fenomenal. Algunos fabricantes produ-

39. William Crookes a Nikola Tesla (5 de marzo de 1892).

40. Tesla, N.: «Elliott Cresson Gold Medal Presentation», en Popović, V. *et al.*: *Tribute to Nikola Tesla: Letters, Articles, Documents*. Museo Nikola Tesla, Belgrado, 1961. p. D-4.

cen diariamente centenares de equipos. Hoy en día se utilizan muchos millones en todo el mundo. Las corrientes que proporcionan han demostrado ser un tónico ideal para el sistema nervioso humano. Promueven la acción del corazón y la digestión, inducen un sueño saludable, limpian la piel de exudaciones destructivas y curan los resfriados y la fiebre por el calor que crean. Vivifican partes del cuerpo atrofiadas o paralizadas, alivian todo tipo de sufrimiento y salvan anualmente miles de vidas. Los líderes en la profesión me han asegurado que he hecho más por la humanidad con este tratamiento médico que todos mis otros descubrimientos e invenciones.[41]

(Más recientemente, varios investigadores, particularmente el Dr. Robert O. Becker de la Universidad de Syracuse, han utilizado corrientes eléctricas para ayudar a sanar huesos que tienen dificultad para soldarse. Habiendo estudiado las capacidades de regeneración de reptiles como las salamandras a los que les amputó la cola, Becker descubrió que estos animales generan una frecuencia eléctrica particular que, de alguna manera, sirve como campo para promover el recrecimiento total del apéndice que falta. Becker explica que al «duplicar artificialmente [la señal], hemos podido producir una regeneración parcial de las extremidades en [mamíferos como] ratas con una técnica similar, y en este momento algunas aplicaciones clínicas están estudiándose en seres humanos»).[42]

La conferencia de París encendió «los periódicos franceses [con] brillantes experimentos de Tesla. Ningún hombre en nuestra era ha logrado una reputación científica universal de una única zancada como este talentoso joven ingeniero eléctrico», dijo *Electrical Review.*[43]

Tesla se reunió con varios dignatarios durante su estancia en París, incluidos el príncipe Alberto de Bélgica, quien estaba interesado en proporcionar a su país un medio más económico de distribución de energía eléctrica; monsieur Luka, de la Compañía Helios de Colonia, a quien Tesla vendió sus patentes de motores de corriente alterna para su uso en

41. Tesla, N.: «Mechanical Therapy» (sin fechar), Ratzlaff, J. T. (ed.): *Tesla Said.* Tesla Book Co., Milbrae, California, 1984. p. 286.

42. Becker, R. O.: «An Application of Direct Current Neural Systems to Psychic Phenomena», *Psychoenergetic Systems*, vol. 2, pp. 189-196 (1977).

43. «Tesla's Experiments», *Electrical Review*, p. 1 (9 de abril de 1892).

Alemania,[44] y Andre Blondel, un importante teórico en teorías avanzadas con corrientes alternas.

Cuarenta años después, Blondel recordaba «con inmenso interés y admiración» la conferencia de París y felicitó a Tesla por la elegante sencillez con la que avanzó sus conceptos sobre corriente alterna mucho más allá del trabajo de su colega francés Deprez y de su vecino italiano Ferraris.[45]

Poco después de la conferencia y en un estado de «olvido» asociado con «uno de mis peculiares episodios de sueño, que había sido causado por un prolongado esfuerzo del cerebro», Tesla recibió un despacho en el hotel informándole que su madre se estaba muriendo. «Recordé cómo hice el largo viaje a casa sin una hora de descanso».[46] Recibido en Gospić por sus tres hermanas, todas casadas con sacerdotes serbios, y por su tío Petar, el obispo regional, Tesla se encontraba en un estado espantoso. Al entrar al dormitorio, encontró a su madre agonizando.

Durante este tiempo, Tesla sufrió de una enfermedad peculiar similar a la amnesia, a causa de la cual afirmaba haber perdido todo recuerdo de su vida anterior. También dijo que recuperó lentamente esta información antes de su regreso a Estados Unidos. Un aspecto digno de mención de este episodio es que ocurrió durante un largo período de tiempo, comenzando a finales de 1891 y culminando con la muerte de su madre en abril de 1892. Tesla afirmaba que, aunque no podía recordar hechos históricos, no tenía problemas para pensar en los detalles de su investigación, incluidas «páginas de texto» de sus escritos y «complejas fórmulas matemáticas».[47] Simultáneamente, Tesla también experimentó un evento psíquico que «me impresionó momentáneamente como sobrenatural. Fue en el momento de la muerte de mi madre. Me había quedado del todo agotado por el dolor y la larga vigilancia, y una noche me llevaron a un edificio a unas dos manzanas de nuestra casa. Mientras yacía inde-

44. Nikola Tesla a George Westinghouse (12 de septiembre de 1892) [BC].

45. Tesla, N., en Popović, V. *et al.*: *Tribute to Nikola Tesla: Letters, Articles, Documents.* Museo Nikola Tesla, Belgrado, 1961. p. LS-69; véase también Behrend, B. A.: *The induction Motor and Other Alternating Current Motors, Their Theory and Principles of Design.* McGraw-Hill, Nueva York, 1921. pp. 6-7.

46. Tesla, N.: *My Inventions: The Autobiography of Nikola Tesla.* Hart Brothers, Williston, Vermont, 1982. pp. 94-95. (Trad. cast.: *Mis inventos.* Ediciones Obelisco, Barcelona, 2022. p. 85).

47. Ibíd. p. 95. (Trad. cast.: p. 86).

fenso allí, pensé que si mi madre moría mientras yo estaba lejos de su cama, seguramente me daría una señal».[48]

Habiendo sido influenciado por «mi amigo sir William Crookes, cuando se hablaba de espiritismo, y yo estaba bajo la influencia de estos pensamientos», Tesla yacía con expectativa. «Durante la noche, todas las fibras de mi cerebro se esforzaron en esperar, pero no ocurrió nada hasta la mañana temprano, cuando caí en un sueño, o quizás en un desmayo, y vi una nube que llevaba figuras angelicales de maravillosa belleza, una de las cuales me miraba de forma amorosa y gradualmente asumió los rasgos de mi madre. La aparición flotó lentamente por la habitación y se desvaneció, y me despertó un canto indescriptiblemente dulce de muchas voces. En ese instante me invadió una certeza, [y supe] que mi madre acababa de morir. Y era cierto».[49]

Sorprendido y tal vez incluso asustado por la visión clarividente, Tesla le escribió a Crookes para pedirle consejo. Durante meses, y tal vez incluso durante años después, el inventor «buscó la causa externa de esa extraña manifestación». Es significativo que Tesla asume a priori que la causa venía «de fuera» en oposición a «de dentro», es decir, del inconsciente. Aunque aceptaba el concepto de comunicación sin hilos, de ninguna manera era capaz de permitir la posibilidad de que el cerebro humano también pudiera actuar como un receptor de vibraciones mentales. La idea de la telepatía, o del espiritismo, para el caso, era una verdadera amenaza para el paradigma desde el que operaba, por lo que fabricó un mecanismo físico como causa de su experiencia noética. Así, Tesla escribió: «Para mi gran alivio, conseguí [resolver el enigma] después de muchos meses de esfuerzos infructuosos». Tesla atribuyó la visión de los ángeles levantándose al recuerdo de una pintura etérea sobre el mismo tema que había contemplado antes de la experiencia y el sonido de las voces de las serenatas lo vinculó con el coro de una iglesia cercana que estaba cantando para una misa de Pascua.[50] No se sabe si la madre de Tesla murió un domingo por la mañana, pero lo que es evidente es que este análisis alivió en gran medida la tensión bajo la que se encontraba Tesla, ya que se apoyaba, una vez más, en un punto de vista materialista.

---

48. Ibíd. p. 104. (Trad. cast.: p. 98).

49. Ibíd.

50. Ibíd. p. 104. (Trad. cast.: p. 99).

De todos modos, una pregunta que queda sin responder es si sus esfuerzos excesivos relacionados con el trabajo bastan para explicar la aparición de su amnesia. Un teórico especuló que los enormes voltajes que Tesla hacía pasar por su cuerpo pudieron haber contribuido al problema.[51] Desde un punto de vista psicoanalítico, se podría especular que Tesla estaba reprimiendo, es decir, olvidando inconsciente, pero deliberadamente, acontecimientos que no quería recordar. Los posibles recuerdos no deseados incluían cómo se sentía de niño después de la muerte de su glorificado hermano y la reciente eliminación de la cláusula de royalties con la Westinghouse Corporation.

Tras la muerte de su madre, se quedó en Gospić durante seis semanas para recuperarse. Por el lado positivo, esto permitió al hijo solitario reconfirmar los lazos afectivos con su familia; probablemente también le proporcionó las únicas vacaciones prolongadas que haría.

Viajó a Plaški para visitar a su hermana Marica, a Varaždin para ver a su tío Pajo y a Zagreb para dar una conferencia en la Universidad. Pasó una temporada en Budapest para consultar con Ganz & Company, ya que estaban en medio de la construcción de un alternador de mil caballos de potencia. También se reunió con una delegación de científicos serbios que lo acompañaron hasta Belgrado, donde se concertó una audiencia con el rey. El joven Alejandro I confirió a Tesla un título especial de Gran Oficial de la Orden de San Sava y la placa le fue enviada unos meses después de su regreso a Estados Unidos.[52] Tesla también visitó al gran poeta serbio Jovan Jovanović Zmaj[53] y asistió a una asamblea en la que fue homenajeado por el alcalde.

Zmaj leyó su poema, «Pozdrav Nikoli Tesli», ante un comité de bienvenida y a continuación Tesla subió al podio. «Hay algo en mí que quizás sólo sea ilusorio —comenzó Tesla—. Es como lo que a menudo les sucede a las personas jóvenes y entusiastas; pero si fuera lo suficientemente afortunado como para llevar a cabo al menos algunas de mis ideas, sería para el beneficio de toda la humanidad». Refiriéndose al poema de Zmaj,

51. William Broad al autor (1986).

52. «Honors to Nikola Tesla from King Alexander I», *Electrical Engineer*, p. 125 (1 de febrero de 1893).

53. Pribić, N.: «Nikola Tesla: The Human Side of a Scientist», *Tesla Journal*, n.º 2-3, p. 25 (1982-1983).

concluyó con un mensaje que tocaría profundamente los corazones de su pueblo: «Si estas esperanzas se hacen un día realidad, mi mayor alegría brotaría del hecho de que este trabajo sería el trabajo de un serbio».[54]

En su etapa de regreso, hizo un viaje especial a través de Prusia para ver en Berlín al eminente patriarca Hermann Ludwig von Helmholtz y a su alumno más famoso, Heinrich Hertz, en Bonn. Hertz, un hombre joven y barbudo de rasgos dulces, frente alta y rostro alargado, se había ganado la atención del mundo al llevar a cabo los primeros experimentos importantes con tecnología sin hilos, muchos de los cuales Tesla reprodujo o amplió.

En un intento por aclarar los hallazgos de James Clerk Maxwell sobre la naturaleza de los fenómenos electromagnéticos y su relación con la luz y la estructura del éter, Hertz construyó en 1886 «bobinas espirales planas de doble bobinado» que utilizó en experimentos de inducción en un intento de medir la propagación de las ondas electromagnéticas. Hertz, como Tesla poco después que él, mostró los efectos de la resonancia entre circuitos primarios y secundarios, y «estableció la existencia de ondas estacionarias con sus nodos y sus valles característicos en un cable largo y recto». También pudo medir la longitud de onda de las ondas en el cable.[55] Hertz, sin embargo, difería notablemente de Tesla en cuanto a su interpretación del significado de las ecuaciones de Maxwell y su subsiguiente conceptualización de la estructura del éter.

Derivando sus explicaciones más de la teoría que de la experimentación real, Hertz había creado una interpretación matemática elegante de las ecuaciones de Maxwell, pero a expensas de algunos aspectos de la teoría de Maxwell, muy especialmente el potencial vectorial (una cantidad que tiene magnitud y dirección) y el potencial escalar (una cantidad que tiene magnitud, pero no dirección, como un punto o un campo). Al replicar el trabajo de Hertz, Tesla postuló que estos componentes no deberían haber sido eliminados.[56] Lo que trató de decirle a Hertz, y lo

---

54. Fleming, A.: «Nikola Tesla», *Journal of Institution of Electrical Engineers*, vol. 91 (febrero de 1944), en Popović, V. *et al.*: *Tribute to Nikola Tesla: Letters, Articles, Documents*. Museo Nikola Tesla, Belgrado, 1961. p. A-215.

55. O'Hara, J. G. *et al.*: *Hertz and the Maxwellians*. Peter Peregrinus, Londres, 1987. p. 5.

56. La decisión de Hertz de eliminar los potenciales escalares también desconcertó a Oliver Heaviside, quien mantuvo correspondencia frecuente con el científico ale-

que escribió unos meses más tarde, fue que las ondas electromagnéticas podrían «llamarse más apropiadamente ondas sonoras eléctricas u ondas sonoras de aire electrificado».[57]

En 1929, Tesla dio su opinión a un entrevistador: «Cuando el Dr. Heinrich Hertz emprendió sus experimentos entre 1887 y 1889, su objetivo era demostrar una teoría que postulaba un medio que llenaba todo el espacio llamado éter, que carecía de estructura, era de una tenuidad inconcebible [...] y sin embargo poseído de [gran] rigidez. Obtuvo ciertos resultados y el mundo entero los aclamó como una verificación experimental de esa ansiada teoría, pero en realidad lo que observó tendía a probar sólo su falacia.

»Yo había sostenido muchos años antes que tal medio como se suponía no podía existir, y que más bien debemos aceptar la opinión de que todo el espacio está lleno de una sustancia gaseosa. Al repetir los experimentos de Hertz con aparatos muy mejorados y muy poderosos, me convencí de que lo que había observado no eran más que efectos de ondas longitudinales en un medio gaseoso, es decir, ondas propagadas alternando compresión y expansión [énfasis añadido]. Él había observado ondas en gran parte de la naturaleza de las ondas sonoras en el aire», no ondas electromagnéticas transversales, como generalmente se supone.[58]

Tesla trató de iniciar un diálogo al señalar que sus experimentos tendían a contradecir los pulidos resultados matemáticos que había logrado Hertz, pero éste lo reprendió. «Parecía tan decepcionado, que me arrepentí de mi viaje y me despedí de él con tristeza»,[59] recordó Tesla.

Tras haber replicado los experimentos de Hertz, Tesla intentó mostrarle al profesor alemán que su propio oscilador podía producir una

---

mán durante este mismo período. «Soy bastante de su opinión, que usted ha ido más lejos que Maxwell, pero creo que el potencial electrostático (escalar) y el potencial magnético (escalar) deberían mantenerse», escribió Heaviside en 1889. De todos modos, Heaviside, al igual que Hertz, estaba de acuerdo con la idea de prescindir de los potenciales vectoriales.

57. Tesla, N.: «On the Dissipation of the Electrical Energy of the Hertz Resonator», *Electrical Engineer*, p. 587-588 (21 de diciembre de 1892), en Ratzlaff, J. T. (ed.): *Tesla Said*. Tesla Book Co., Milbrae, California, 1984. pp. 22-23.

58. «Nikola Tesla tells of New Radio Theories», *New York Herald Tribune*, p. 29 (22 de septiembre de 1929), en Ratzlaff, J. T. (ed.): *Tesla Said*. Tesla Book Co., Milbrae, California, 1984. pp. 225-226.

59. Tesla, N.: «The True Wireless», *Electrical Experimenter*, p. 28 (mayo de 1919).

frecuencia mucho más eficiente para transmitir impulsos sin hilos. Tesla ya tenía el ojo puesto en la idea de transmitir energía a través del medio ambiente, pero el paradigma hertziano prácticamente rechazaba esta posibilidad. Pero los egos chocaban, ya que una cosmovisión amenazaba a la otra, y Hertz nunca se daría cuenta de que su dispositivo estaba obsoleto. Quizás esto supuso una ventaja para Hertz, ya que incluso hoy en día las frecuencias inalámbricas se conocen como ondas hertzianas, cuando, de hecho, son realmente de Tesla, ya que son producidas por osciladores de onda continua de alta frecuencia, no por el primitivo espinterómetro de Hertz.[60]

Durante el viaje de regreso a casa, Tesla caminó por la cubierta del barco y reflexionó sobre un incidente que le ocurrió durante una caminata que había hecho por las montañas. Después de haber sido testigo de una tormenta eléctrica que se aproximaba, notó que la lluvia se demoraba hasta que se percibió un relámpago. Esta «observación» confirmó las especulaciones de Tesla, con Martin y Crookes, de que el control del clima era posible porque, a ojos de Tesla, fue la producción de grandes cantidades de electricidad lo que provocó el aguacero.

Revelando una racha megalómana, Tesla recordó sus pensamientos ese día en los Alpes:

Aquí había una estupenda posibilidad de logro. Si pudiéramos producir efectos eléctricos de la calidad requerida, todo el planeta y las condiciones de existencia en él podrían transformarse. El sol eleva el agua de los océanos y los vientos la llevan a regiones distantes donde permanece en un estado de delicado equilibrio. Si estuviera en nues-

---

60. Tom Bearden, un investigador sobre la vida de Tesla, llegó a decir que la decisión de Hertz de eliminar las ondas escalares y los potenciales vectoriales de las ecuaciones de Maxwell provocó una falla en el siguiente desarrollo teórico llamado mecánica cuántica. Fue por esta razón, especula Bearden, que Einstein no pudo crear una teoría del campo unificado. Bearden sugiere recuperar estas componentes junto con otro aspecto abandonado llamado teoría de los cuaterniones. Sugiere además que al utilizar transmisores Tesla para producir ondas escalares convergentes potentemente bombeadas, se pueden crear remolinos y tornados, es decir, se puede curvar el espacio/tiempo local y se pueden transmitir grandes cantidades de energía de forma inalámbrica a largas distancias (Bearden, T.: «Scalar Waves and Tesla Technology», artículo presentado en el simposio de la Sociedad Internacional Tesla celebrado en Colorado Springs en agosto de 1988).

tro poder alterarlo cuándo y dónde se desee, esta poderosa corriente que sostiene la vida podría ser controlada a voluntad. Podríamos regar desiertos áridos, crear lagos y ríos y proporcionar fuerza motriz en cantidades ilimitadas. Ésta sería la forma más eficiente de aprovechar el sol para los usos del hombre. La consumación dependía de nuestra capacidad para desarrollar fuerzas eléctricas del orden de las de la naturaleza. Parecía una empresa inútil, pero me decidí a intentarlo e inmediatamente después de mi regreso a Estados Unidos, en el verano de 1892, se inició un trabajo que me resultó aún más atractivo, ya que era necesario un medio de la misma naturaleza para la transmisión de energía sin hilos.[61]

61. Tesla, N.: *My Inventions: The Autobiography of Nikola Tesla*. Hart Brothers, Williston, Vermont, 1982. p. 83 (Trad. cast.: *Mis inventos*. Ediciones Obelisco, Barcelona, 2022. pp. 71-72).

11
El padre del *wireless* (1893)

El día en que sepamos exactamente qué es la «electricidad», na-
rrará un evento probablemente más grande, más importante que
cualquier otro registrado en la historia de la raza humana. Llega-
rá el momento en que la comodidad, la existencia misma, tal vez,
del hombre dependerá de ese maravilloso agente.

NIKOLA TESLA[1]

Tesla desembarcó del *August Victoria* en la última semana de agosto de
1892.[2] Se afirma que el trauma asociado con la muerte de su madre
causó que una mata de cabello en su lóbulo temporal derecho se volviera
temporalmente blanca.[3] No se puede determinar si esto realmente ocurrió; de todos modos, lo que queda claro al estudiar fotografías tomadas
antes y después de la excursión es que se produjo una alteración cualita-
tiva en su aspecto, el aspecto virginal de la adolescencia suplantado por
el comportamiento arrogante de la virilidad.

Después de tres años en Astor House, Tesla se trasladó al Hotel Gerlach. Creado según el «plan europeo» por Charles A. Gerlach, su director, el Gerlach estaba equipado con «ascensores, luz eléctrica y suntuosos
comedores». El establecimiento estaba orientado a la familia y a prueba
de incendios.[4]

---

1. Nikola Tesla, en Martin, T. C. (ed.): *The Inventions, Researches, and Writings of Nikola Tesla*. The Electrical Engineer, Nueva York, 1894. p. 149.

2. Ratzlaff, J. T. *et al.*: *Dr. Nikola Tesla Bibliography, 1884-1978*. Ragusen Press, Palo
Alto, California, 1979. p. 21.

3. O'Neill, J. J.: *Prodigal Genius: The Life of Nikola Tesla*. Ives Washburn, Nueva York,
1944. p. 101.

4. King, M.: *King's Handbook of New York*. F. A. Ferris & Co., Nueva York, 1894. p.
230.

Ubicado en la calle 27, entre Broadway y la Sexta Avenida, el Gerlach estaba a pocas manzanas del nuevo y magnífico Madison Square Garden, una galería moderna con tiendas, teatros, restaurantes, una torre de treinta pisos y un coliseo con una capacidad de diecisiete mil asientos. El Garden, que todavía estaba en construcción, fue financiado por el banquero J. Pierpont Morgan, quien en ese momento también estaba financiando a Edison, y fue diseñado y administrado por Stanford White, el extravagante arquitecto de la prestigiosa firma de McKim, Mead & White, quien más adelante se convertiría en un importante socio de Tesla.

Después de deshacer sus maletas y el montón de misivas en el nuevo hotel, se dirigió a Quinta Avenida Sur a su laboratorio, del cual llevaba alejado mucho tiempo. Con largas zancadas, el inventor se abrió camino a través de «Washington Square, [hacia] el corazón de ese pintoresco barrio conocido como el barrio francés. [Las calles estaban] llenas de restaurantes baratos, tiendas de vinos y viviendas desgastadas por el clima», establecimientos que Tesla nunca frecuentaría por sí solo. Para su sorpresa, notó que los dueños de las tiendas lo saludaban con la mano y susurraban entre ellos; algunos incluso mostraban asombro. Tras haber sido elegido miembro de la Royal Society of Great Britain, se había convertido en una celebridad internacional y el vecindario había estado esperando su regreso. Se encontró con lo que un periodista describió como el «poco atractivo enorme edificio de ladrillos amarillentos de media docena de pisos»[5] que albergaba su laboratorio. Con impaciencia, Tesla se metió en el «interior oscuro» mientras subía las escaleras, de dos en dos. Atravesó los pisos inferiores grasientos y malolientes, que estaban dedicados a una fábrica de corte de tuberías, e incluso sonrió a los dueños del servicio de tintorería del tercer piso, y luego entró en su refugio aislado en el cuarto piso.

El inventor había traído varios libros que había comprado en el extranjero y los colocó en su biblioteca antes de pasar a la sala de máquinas, donde estuvo un rato quitando el polvo y las telarañas. La principal pre-

---

5. Stephenson, W.: «Nikola Tesla and the Electric Light of the Future», *Scientific American Supplement*, pp. 16408-16409 (30 de marzo 1895); Nikola Tesla a Simp. Majstorović (2 de enero de 1893), en Kosanović, N. (ed. y trad.): *Nikola Tesla: Correspondence with Relatives*. Sociedad Memorial Tesla y Museo Nikola Tesla, Lackawanna, Nueva York, 1995. p. 31.

ocupación de Tesla era explotar sus avances en iluminación fluorescente y transmisión sin hilos de energía. Durante las siguientes semanas contrató a varios trabajadores y una secretaria, y comenzó dictándole un artículo sobre los experimentos que había llevado a cabo con frecuencias hertzianas y su relación con el medio circundante.[6] Refinó sus osciladores y diseñó un experimento en el que uno de los terminales de un transmisor de tamaño considerable se conectaba a una de las tuberías principales de agua de la ciudad, y registró vibraciones eléctricas en diferentes lugares de la ciudad. «Al variar la frecuencia, pude observar la evidencia de los efectos de la resonancia a varias distancias [...]. Creo que, sin lugar a duda, es posible operar dispositivos eléctricos en una ciudad a través del suelo o del sistema de tuberías por resonancia de un oscilador eléctrico ubicado en un punto central»,[7] dijo. Utilizando tubos de vacío y otros circuitos afinados como detectores, Tesla comenzó a estudiar los principios de los armónicos y de las ondas estacionarias, observando que sus instrumentos respondían en determinados puntos a lo largo de las tuberías, pero no en otras posiciones.

También había correo para contestar y equipo para ordenar. En septiembre inició correspondencia con Fodor, un científico alemán que, con la ayuda de Tesla, tradujo sus discursos de fama mundial al alemán.[8] Poco después, Thomas Edison envió una fotografía con la inscripción «to Tesla from Edison» («para Tesla de Edison»).[9] Tesla también consultó con el profesor R. H. Thurston, un profesor de física de Cornell que tenía experiencia en termodinámica.[10]

6. Tesla, N.: «On the Dissipation of Electrical Energy of the Hertz Resolution» (21 de diciembre de 1892), en Ratzlaff, J. T. (ed.): *Tesla Said*. Tesla Book Co., Milbrae, California, 1984. pp. 22-23.

7. Martin, T. C. (ed.): *The Inventions, Researches, and Writings of Writings of Nikola Tesla*. The Electrical Engineer, Nueva York, 1894. p. 347.

8. Nikola Tesla a István Fodor (9 de septiembre de 1892; 27 de noviembre de 1892; 1 de enero de 1893; 19 de marzo de 1893) [BC].

9. Nikola Tesla a Petar Mandić (8 de diciembre de 1893), en Kosanović, N. (ed. y trad.): *Nikola Tesla: Correspondence with Relatives*. Sociedad Memorial Tesla y Museo Nikola Tesla, Lackawanna, Nueva York, 1995. p. 41.

10. Nikola Tesla a Robert Henry Thurston (4 de noviembre de 1892; 23 de enero de 1893; 21 de febrero de 1893; 23 de octubre de 1893) [DWB].

A finales de mes, George Westinghouse quedó con Albert Schmid para dar la bienvenida a casa al inventor y hablar sobre el destino del sistema de corriente alterna de Tesla.[11] En mayo de ese año, Westinghouse había ganado la licitación para suministrar energía para la próxima Exposición Colombina, que se iba a celebrar en Chicago, y, según los informes, había sufrido una pérdida de un millón de dólares para asegurarse el contrato. Pero incluso en esa coyuntura todavía no estaba convencido de que el sistema de Tesla resultara más útil que el aire comprimido y la energía hidráulica para las transmisiones de larga distancia.[12] Aunque Tesla sentía un gran respeto por los descendientes de los nobles rusos, todavía le resultaba difícil ocultar su insatisfacción. Schmid se sentía aliviado de que la carga de convencer a Westinghouse hubiera cambiado de dirección.

«Mi convicción, Sr. Westinghouse, es que un motor sin escobillas y conmutador es la única forma capaz de un éxito permanente. Considerar otros planes lo considero una mera pérdida de tiempo y dinero».[13]

Westinghouse pidió la ayuda de Tesla, sobre todo para apoyar a Schmid, Scott y Lamme, y Tesla estuvo de acuerdo.

Después de haberle asegurado una vez más que el sistema Tesla era todo lo que prometía ser y más, Westinghouse regresó a Pittsburgh con un nuevo propósito. «A principios de 1893, se construyeron muchos aparatos completamente nuevos y novedosos para nuestra exhibición en la Feria Mundial de Chicago»,[14] escribió Lamme. Durante ese frenético período de tiempo, Tesla se desplazaba diariamente a Pittsburgh para guiar a los trabajadores en la construcción de las grandes dinamos, o bien Lamme, Schmid o Scott se acercaban a Nueva York para pedir consejo. También ayudaban a Tesla a construir su propia exposición, que aparecería bajo el estandarte de Westinghouse. Scott se encargó de resucitar el ingenioso huevo giratorio de Tesla, un dispositivo que no sólo mostraba acertadamente los principios del campo magnético giratorio, sino que

11. Nikola Tesla a George Westinghouse (27 de septiembre de 1892) [BC].

12. Prout, H.: *George Westinghouse: An Intimate Portrait*. Wiley, Nueva York, 1939. p. 143.

13. Reconstruido de Nikola Tesla a George Westinghouse (12 de septiembre de 1892) [BC].

14. Lamme, B. G.: *Benjamin Garver Lamme, Electrical Engineer: An Autobiography*. Putnam, Nueva York, 1926. p. 66.

también rendía homenaje a Cristóbal Colón, el explorador cuyos logros se honraban en este 400 aniversario de su viaje transatlántico, y de ahí el título de la feria: Exposición Colombina. La inauguración de la feria estaba programada para mayo y esto les dio sólo unos meses para completar lo que fue realmente una tarea hercúlea.

Westinghouse podía haber ganado el derecho de iluminar la feria, pero Edison no le permitió una licencia para producir *su* bombilla. Afortunadamente para Westinghouse, tenía una patente viable sobre una «bombilla de tapón» de Sawyer-Man, que tenía una base de caucho donde se unía el filamento en lugar del diseño de Edison totalmente de vidrio al vacío. Aunque menos eficiente, la bombilla de Sawyer-Man funcionaba. A falta de menos de seis meses para el día de la inauguración, tuvo que producir 250 000 de estas bombillas de inferior calidad. Junto con los costes de las disputas legales, la compañía estaba involucrada en una empresa de gran riesgo. Sin embargo, el premio, si todo salía bien, sería el derecho a aprovechar las Cataratas del Niágara. Los ingresos potenciales de este contrato serían inmensos.

Tesla lo organizó todo para que Luka, de la Helios Company de Colonia, fuera a Pittsburgh para discutir el suministro de equipos de corriente alterna a la empresa alemana para su contrato en Alemania. «Lo han enviado aquí para recopilar información sobre ferrocarriles, vapor y otros motores. Creo que estarían preparados para hacer un pequeño pago en efectivo y pagar unos royalties moderados, y he hecho lo que he podido para facilitar el entendimiento»,[15] le dijo Tesla a Westinghouse. Tesla también había asegurado otras conexiones europeas, y pronto comenzaron a llegar los ingresos del extranjero.

Sin embargo, seguía habiendo mucha animosidad hacia Tesla por parte de algunos miembros de la organización Westinghouse, en parte porque a Tesla se le pagó muy generosamente por un invento que consideraban que también había sido concebido por Shallenberger y en parte porque no les gustaba el pretencioso extranjero. También hubo grandes costes financieros provocados por el desmantelamiento de los centenares de rentables centrales eléctricas de Gaulard-Gibbs que estaban repartidas por todo el país.

---

15. Nikola Tesla a George Westinghouse (12 de septiembre de 1892) [BC].

En noviembre de 1892, Grover Cleveland, exverdugo[16] y sheriff de Búfalo, que se presentaba con una candidatura que se oponía a los intereses de los trabajadores, fue reelegido presidente de Estados Unidos. La segunda investidura presidencial de Cleveland enardeció a muchos segmentos de la población y, sin duda, ayudó a desencadenar el pánico de 1893.

La desgracia comenzó en 1892 con el colapso financiero de cuatro importantes ferrocarriles. Entonces los bancos quebraron, y decenas de miles de personas quedaron desempleadas[17] y para la Westinghouse Company apenas comenzaba una década de incurrir en enormes deudas. Westinghouse se dio cuenta de que tenía que respaldar incondicionalmente a Tesla como el único inventor del sistema polifásico de corriente alterna. Si hubiera alguna ambigüedad en el asunto, los competidores podrían aprovechar la ventaja ocultando los orígenes de la invención y, por lo tanto, podrían producir tecnología de Tesla sin pagar royalties a Westinghouse.

El 16 de enero de 1893, Westinghouse publicó un anuncio promocionando el sistema multifásico o polifásico de Tesla que se distribuyó en las revistas eléctricas y entre los principales competidores. Habiendo «asegurado el derecho exclusivo de fabricar y vender aparatos cubiertos por las patentes [de Tesla]», la compañía Westinghouse prometió utilizar tales aparatos para aprovechar económicamente las muchas cascadas que estaban desperdiciando tanta energía.

Ahora que los problemas en Pittsburgh se aliviaron un poco, Tesla podría dedicar más tiempo a sus siguientes conferencias, que se iban a realizar en el Instituto Franklin de Filadelfia a finales de febrero y nuevamente, la semana siguiente, ya en marzo, en la reunión anual de la Asociación Nacional de la Luz Eléctrica en San Luis. Fue recibido en Filadelfia por el profesor Edwin Houston, antiguo socio del exalumno de Houston, Elihu Thomson.

Tesla comenzó su conferencia en Filadelfia con una exposición sobre el ojo humano, «la obra maestra de la naturaleza [...]. Es la gran puerta

---

16. Elegido sheriff del condado de Erie, Nueva York, en 1870, ejecutó personalmente al menos dos condenas a muerte en la horca, por lo que era conocido como el «verdugo de Búfalo» entre sus oponentes políticos. *(N. del T.)*

17. Smith, P.: *The Rise of Industrial America.* vol. 6. McGraw-Hill, Nueva York, 1984. pp. 486-488.

a través de la cual todo conocimiento entra en la mente [...]. Se dice a menudo que el alma misma se muestra en el ojo».[18]

El estudio del ojo sugería una serie de líneas de investigación diferentes y distintas. Por ejemplo, permitió a Tesla imaginar el precursor de la televisión, con sus numerosos píxeles transmutándose correspondientes a las células receptoras sensibles a la luz de la retina. En otro sentido, junto con instrumentos como microscopios y telescopios, el ojo también abrió nuevas visiones para la investigación científica. Aludiendo al concepto de pluralidad de mundos, Tesla afirmó: «Era un órgano de orden superior».[19]

«Es concebible que en algún otro mundo, en algunos otros seres, el ojo haya sido reemplazado por algún órgano diferente, igual o más perfecto, pero estos seres no pueden ser hombres».[20]

Al obtener información de todos los rincones del universo, al mismo tiempo, el ojo interactuaba con ese reino esquivo llamado mente. Además, este órgano también era un análogo perfecto de la visión aristotélica del mundo de Tesla, ya que tenía que ser activado desde una fuente externa para poder funcionar.[21]

Si volvemos a uno de los experimentos anteriores de Tesla con el «fenómeno del cepillo», es decir, la creación de un cepillo o corriente de luz generada dentro de una bombilla de vacío aislada que respondía a las reverberaciones electromagnéticas más débiles, vemos que para Tesla este precursor del tubo de radio en realidad se basaba en los principios inherentes a la construcción del ojo humano. Recordemos que el cepillo no sólo reaccionaba a las influencias magnéticas, sino también a la aproximación de una persona y al momento de la tierra, del mismo modo que el ojo reacciona también a impulsos débiles, cercanos o lejanos. Es «el único órgano capaz de verse afectado directamente por las vibraciones del éter».[22]

18. Tesla, N.: «On Light and Other High Frequency Phenomena» (febrero/marzo de 1893), en Martin, T. C. (ed.): *The Inventions, Researches, and Writings of Nikola Tesla*. The Electrical Engineer, Nueva York, 1894. pp. 294-295.

19. Ibíd.

20. Ibíd. p. 299.

21. Ibíd.

22. Coleman, J.: *Relativity for the Layman*. Mentor Books, Nueva York, 1958. p. 44.

El éter era una construcción teórica del siglo XIX de un medio omnipresente entre los planetas y las estrellas. En 1881, Michelson y Morley intentaron infructuosamente medir el éter en su famoso experimento con haces de luz y espejos. Las ramificaciones de sus hallazgos no se hicieron evidentes hasta después del cambio de siglo, una década después de la conferencia de Tesla, cuando Einstein utilizó el experimento de Michelson-Morley para sugerir que, por su naturaleza, «el éter no puede ser detectado»,[23] y, además, que era innecesario para explicar cómo podía viajar la luz a través del espacio.

El profesor de física Edwin Gora, del Providence College, entre cuyos mentores se encontraban Arnold Sommerfeld y Werner Heisenberg, afirmó que el éter no podía detectarse con técnicas del siglo XIX y que Einstein reemplazó el viejo éter con un nuevo constructo espacio-temporal no euclidiano. Este nuevo éter más abstracto tenía propiedades tan inusuales como permitir que el espacio se curvara alrededor de cuerpos gravitacionales.

Completamente en desacuerdo con Einstein, y sin abandonar nunca el concepto de lo omnipresente, Tesla afirmaba que el espacio no puede curvarse porque «algo no puede actuar sobre la nada». La luz, según Tesla, se curvaba alrededor de las estrellas y los planetas porque eran atraídos por un campo de fuerza.[24] Gora estaba de acuerdo en que los dos conceptos de espacio curvado y campo de fuerza pueden ser en realidad formas diferentes y viables de describir la misma cosa.

Volviendo a la conferencia de 1893, para Tesla la relación de los fenómenos eléctricos con la estructura del éter parecía ser una clave importante para comprender cómo se podía transmitir sin hilos de manera eficiente.

El problema de la transmisión de energía electromagnética a través del espacio se debatió en sus tres conferencias sobre fenómenos de alta frecuencia. Una cuestión que consideró era si el éter estaba inmóvil o en movimiento. Cuando se transmitían vibraciones a través de él, parecía actuar como un lago en calma, pero en otras ocasiones, actuaba como

23. Tesla, N.: «Radio Power Will Revolutionize the World», *Modern Mechanix and Invention*, pp. 40-42, 117-119 (1934).
24. Martin, T. C.: «The Tesla's Lecture in St. Louis», *Electrical Engineer*, pp. 248-249 (8 de marzo de 1893).

«un fluido para el movimiento de los cuerpos a través de él». Refiriéndose a las investigaciones de Kelvin, Tesla concluyó que el éter debía estar en movimiento. «Pero independientemente de esto, no hay nada que nos permita concluir con certeza que, si bien un fluido no es capaz de transmitir vibraciones transversales de unos pocos centenares o millares por segundo, tal vez no sea capaz de transmitir tales vibraciones cuando varían en centenares de billones por segundo».[25]

Tesla aseguró más tarde resultados espectaculares en la transmisión sin hilos nunca replicados por ningún otro investigador; afirmó que su sistema no estaba sujeto a las leyes del inverso del cuadrado, y parece que su éxito, si es que realmente supuso un éxito (!), se basó en la premisa de que por encima de determinadas frecuencias el éter revelaba características novedosas y hasta entonces desconocidas. Quizás estuvieran involucrados valores umbral.

Tesla continuó su debate sobre la estructura del éter y su relación con los fenómenos electromagnéticos haciendo dos observaciones: *1)* «que la energía [podría ser transmitida] por portadores independientes» y *2)* que las partículas atómicas y subatómicas giraban las unas alrededor de las otras como pequeños sistemas solares.[26] Estos dos conceptos, que estaban relacionados con el misterio de la estructura del éter, antecedieron en al menos una década a ideas similares propuestas por los físicos cuánticos Ernest Rutherford, Niels Bohr y Albert Einstein.

En el caso de Rutherford, a menudo se le atribuye el mérito de ser el primer físico que consideró que el átomo tenía una estructura similar a la de un sistema solar. Es evidente, sin embargo, que Rutherford se refi-

---

25. «Experiments With Alternate Currents of Very High Frequency and Their Application to Methods of Artificial Illumination» (conferencia pronunciada el 20 de mayo de 1891 ante el Instituto Americano de Ingenieros Eléctricos en el Columbia College), en Martin, T. C. (ed.): *The Inventions, Researches, and Writings of Nikola Tesla.* The Electrical Engineer, Nueva York, 1894. p. 148.

26. «Un mundo infinitesimal, con moléculas y sus átomos girando y moviéndose en órbitas, de la misma manera que los cuerpos celestes, portando consigo y probablemente girando con ellos éter, o, en otras palabras, cargando consigo cargas estáticas, parece, en mi opinión, la visión más probable, y que de manera plausible, explica la mayoría de los fenómenos observados. El giro de las moléculas y su éter establece las tensiones del éter o tensiones electrostáticas; la compensación de las tensiones del éter establece los movimientos del éter o las corrientes eléctricas, y los movimientos orbitales producen los efectos del magnetismo electrónico y permanente». Ibíd. p. 149.

rió a las conferencias de alta frecuencia de Tesla de 1895, cuando construyó equipos de corriente alterna de alta frecuencia para realizar experimentos sin hilos a gran distancia.[27]

Dibujo que representa a Nikola Tesla mostrando experimentos
sin hilos en la Feria Mundial de Chicago de 1893.

---

27. Dunlap, O. E.: *Radio's 100 Men of Science. Biographical Narratives of Pathfinders in Electronics and Television.* Harper and Bros., Nueva York, 1944. pp. 156-158.

Tesla afirmó que podía crear oscilaciones electromagnéticas que mostraban características de onda transversal y longitudinal. El primer caso (transversal) corresponde al concepto del éter como medio para propagar impulsos ondulatorios, mientras que el segundo (longitudinal) corresponde a lo que hoy se conoce como un cuanto de energía análogo a la forma en que las ondas sonoras viajan a través del aire. Tesla mantuvo, contra toda oposición, incluso hasta el día de hoy, que sus frecuencias electromagnéticas viajaban en impulsos longitudinales, parecidos a balas, y por lo tanto transportaban mucha más energía de la que puede atribuirse a las ondas transversales hertzianas. De hecho, como se ha comentado anteriormente, Hertz pretendía eliminar la idea de masa de las ecuaciones electromagnéticas de Maxwell.

La idea de Tesla sobre las ondas longitudinales en el éter parece ser un resultado directo de la investigación llevada a cabo por Ernst Mach, que en aquel momento todavía se encontraba en Praga. Las opiniones radicales de Mach sobre la relación entre la conciencia, el espacio y el tiempo y la naturaleza de la gravedad estaban empezando a alterar en gran medida el pensamiento de varios personajes clave. Su idea, que llegó a conocerse como «principio de Mach», planteaba la hipótesis de que todas las cosas del universo estaban interrelacionadas; así, por ejemplo, la masa de la Tierra, según esta teoría, dependía de una fuerza supergravitacional de todas las estrellas del universo. Nada estaba separado. Esta visión, que Mach se dio cuenta de que correspondía al pensamiento budista, era muy paralela a las opiniones adoptadas por Tesla. Aunque la siguiente cita fue escrita casi un cuarto de siglo después, su relación con la conferencia de Tesla de 1893 es clara: «No hay cosa dotada de vida –desde el hombre, que esclaviza los elementos, hasta la criatura más ágil– en todo este mundo que no influya a su vez. Siempre que la acción nace de la fuerza, aunque sea infinitesimal, el equilibrio cósmico se trastorna y se produce un movimiento universal».[28]

Tesla amplió esta idea y la interconectó entre los organismos vivos y la materia inerte. Todos son «susceptibles a estímulos del exterior. No hay brecha entre ellos, ni ruptura de continuidad, ni agente vital especial

---

28. Tesla, N.: «How Cosmic Forces Shape Our Destiny», *New York American* (27 de febrero de 1925), en Popović, V. *et al.* (ed.): *Nikola Tesla: Lectures, Patents, Articles.* Museo Nikola Tesla, Belgrado, 1956.

y distintivo. La misma ley gobierna toda la materia, todo el universo está vivo».[29] La fuente de poder que rige el universo es la que se encuentra dentro «del calor y la luz del sol. Dondequiera que estén, hay vida». Como estos procesos eran de naturaleza eléctrica, para Tesla el secreto de la electricidad contenía el secreto de la vida.

Al observar el mundo que lo rodeaba, se dio cuenta de que era un lugar finito y que los recursos naturales que proporcionaban a los seres humanos el combustible para producir electricidad acabarían agotándose. «¿Qué hará el hombre cuando desaparezcan los bosques, cuando se agoten los depósitos de carbón?», preguntó a su audiencia de Filadelfia. «Según nuestro conocimiento actual, sólo quedará una cosa: transmitir energía a grandes distancias. El hombre acudirá a las cascadas y a las mareas», especuló Tesla, porque éstas, a diferencia de las reservas de carbón y petróleo, son reabastecibles.[30]

Tras establecer la premisa de que sería posible obtener cantidades inagotables de energía con equipos construidos adecuadamente, es decir, «unir nuestros motores a las ruedas del universo», Tesla describió, por primera vez en la historia, su invención de la transmisión inalámbrica. Ocultando sus verdaderos objetivos tras un lenguaje más agradable, anunció: «Yo creo firmemente que es posible perturbar, por medio de poderosas máquinas, las condiciones electrostáticas de la Tierra y así transmitir señales inteligibles y tal vez energía». Teniendo en cuenta la velocidad de los impulsos eléctricos, con esta nueva tecnología, «todas las ideas de distancia deben desaparecer», ya que los humanos quedarán instantáneamente interconectados. «Primero debemos saber qué capacidad tiene la Tierra y qué carga contiene». Tesla también especuló que la Tierra era «probablemente un cuerpo cargado aislado en el espacio» y que, por lo tanto, tenía una «baja capacidad». Los estratos superiores, al igual que el vacío creado en sus tubos de Geissler,[31] serían probablemente un

---

29. Ibíd.

30. Tesla, N.: «On Light and Other High Frequency Phenomena» (febrero/marzo de 1893), en Martin, T. C. (ed.): *The Inventions, Researches, and Writings of Nikola Tesla*. The Electrical Engineer, Nueva York, 1894. p. 301.

31. Tubo de vidrio inventado por el físico alemán Heinrich Geissler (1814-1879). Emite luz de diferentes colores al producirse una descarga eléctrica en una atmósfera de gas en condiciones de baja presión. Es el antecesor de los tubos fluorescentes. *(N. del T.)*

medio excelente para transmitir impulsos.[32].Vemos aquí el precursor del descubrimiento de la ionosfera por parte de Heaviside y Kennelly. Tesla ya había metido grandes cantidades de energía eléctrica en la Tierra para intentar medir su período de frecuencia, pero aún tenía que llegar a una cifra que pareciera precisa. De todos modos, conocía el tamaño de la Tierra y la velocidad de la luz, por lo que ya en ese momento estaba formulando longitudes de onda óptimas para transmitir impulsos a través del planeta.

Durante su conferencia, Tesla demostró *fenómenos de impedancia* encendiendo y apagando una bombilla colocándola en diferentes posiciones a lo largo de una barra de metal electrificada. Basado hasta cierto grado en el trabajo de Hertz, este experimento demostró los conceptos de longitud de onda y ondas estacionarias. Construyó circuitos con dos o tres bombillas conectadas independientemente en fila y colocó barras metálicas en varios puntos a lo largo del camino, iluminando o apagando una u otra de estas bombillas impidiendo o no el flujo eléctrico. También mostró lámparas eléctricas iluminadas con un solo cable y, por lo tanto, pudo establecer que el propio cable podía ser reemplazado conectando la lámpara directamente a tierra, que también era un conductor, ya que no era necesario circuito de retorno (como se observa en las bombillas Edison). Como antes, Tesla también mostró lámparas iluminadas sin conexión alguna.

Con resonancia pura, sugirió Tesla, los cables se vuelven innecesarios, ya que los impulsos pueden «saltar» del dispositivo emisor al receptor. Naturalmente, los instrumentos receptores tendrían que sintonizarse a la frecuencia del transmisor. «Si alguna vez podemos determinar cuál es el período de la carga de la Tierra, cuando se es perturbada u oscila con respecto a un circuito conocido o un sistema con electrificación opuesta, descubriremos un hecho posiblemente de la mayor importancia para el bienestar de la raza humana».[33]

Tesla procedió a presentar un diagrama que mostraba cómo configurar las antenas, los receptores, el transmisor y la conexión a tierra. El hijo de uno de sus asistentes describió el aparato:

---

32. Ibíd. p. 347.

33. Ibíd.

En el grupo transmisor a un lado del escenario había un transformador de distribución lleno de aceite de tipo polo de alto voltaje de 5 kVA conectado a un banco de condensadores de botellas de Leyden, un espinterómetro, una bobina y un cable que llegaba hasta el techo. En el grupo receptor, situado al otro lado del escenario, había un cable idéntico colgando del techo, un banco de condensadores duplicado de botellas de Leyden y una bobina, pero en lugar del espinterómetro, había un tubo de Geissler que se iluminaba cuando se aplicaba voltaje. Cuando se cerró el interruptor, el transformador gruñó y gimió, las botellas de Leyden mostraron una corona que chisporroteaba alrededor de los bordes del papel de aluminio, el espinterómetro crepitó con una ruidosa descarga de chispas y un campo electromagnético invisible irradió energía al espacio desde el cable de la antena del transmisor [al cable de la antena del receptor].[34]

«Cuando se establezca la oscilación eléctrica, habrá un movimiento de electricidad de entrada y salida [del transmisor], y pasarán corrientes alternas a través de la Tierra. De esta manera, se verán perturbados dentro de un determinado radio los puntos vecinos de la superficie de la Tierra», explicó Tesla. Aunque su objetivo principal era *transmitir energía*, también señaló que «teóricamente [...] no requeriría una gran cantidad de energía para producir una perturbación perceptible a gran distancia, o incluso en toda la superficie del planeta».[35]

Un cuarto de siglo después, el inventor informa al lector que en aquel momento había tal oposición a su discusión sobre la telegrafía sin hilos que «sólo una pequeña parte de lo que había intentado decir quedó plasmado [en el discurso]. Este pequeño rescate del naufragio me ha valido el título de "padre de la tecnología sin hilos"».[36] Tesla declaró que fue Joseph Wetzler quien le dijo que en esta conferencia restara importancia

---

34. Broughton Jr., W.: «William Broughton Dedication Speech», Museo de Schenectady, Schenectady, Nueva York (6 de febrero de 1976) [Archivos de Nick Basura].

35. Nikola Tesla en Martin, T. C. (ed.): *The Inventions, Researches, and Writings of Nikola Tesla*. Electrical World Publishing, Nueva York, 1894. p. 348.

36. Tesla, N.: *My Inventions: The Autobiography of Nikola Tesla*. Hart Brothers, Williston, Vermont, 1982. (Trad. cast.: *Mis inventos*. Ediciones Obelisco, Barcelona, 2022).

a su trabajo con la tecnología sin hilos. Wetzler probablemente eliminó una serie de pasajes clave que, a largo plazo, podrían haber ayudado a Tesla a establecer más fácilmente sus prioridades en este campo. Sin embargo, el discurso completo de Filadelfia tiene cien páginas de composición y cubre también muchos otros temas. Lo que es importante tener en cuenta es que, por primera vez, un inventor notable anunció posibilidades atrevidas en el campo de las comunicaciones sin hilos; simultáneamente, explicó paso a paso todos los componentes principales que serían necesarios para el éxito.

La cuestión de quién inventó la radio es compleja, ya que no hubo un único desarrollador. Los experimentos inalámbricos se remontan a Joseph Henry, quien, en 1842, transmitió energía eléctrica a través de una habitación de diez metros de largo entre agujas magnetizadas y botellas de Leyden sensibles, y a Samuel Morse, quien envió mensajes en 1847 por medio de inducción a través de un canal de 24 metros de ancho mediante el uso de algo llamado «fuga de corriente».[37]

La primera persona en transmitir mensajes a largas distancias utilizando antenas (en forma de cometas) y una conexión terrestre fue Mahlon Loomis. Dentista y experimentador que también utilizó la electricidad para estimular el crecimiento de las plantas, no sólo recibió una patente sobre el dispositivo en 1872, sino que también presentó con éxito el «Proyecto de Ley Loomis de Telegrafía Aérea» ante el Congreso de Estados Unidos. Loomis tuvo tal impacto que se asignaron 50 000 dólares para ayudarle en su investigación.

En 1886, Loomis envió mensajes inalámbricos a veintidós kilómetros de distancia entre dos montañas en Virginia y unos años más tarde también envió mensajes entre dos barcos separados tres kilómetros en la Bahía de Chesapeake. No hay duda de que Tesla conocía a Loomis. Por un lado, su patente estaba registrada y Tesla siempre tuvo como práctica estudiar el trabajo de sus precursores. Además, cabe señalar que algunas de las palabras de las solicitudes de patente de Loomis y de los escritos publicados suenan inquietantemente similares a las palabras de algunos de los discursos de Tesla. Por ejemplo, Loomis analiza el paso de «vibraciones u ondas eléctricas alrededor del mundo» y los

---

37. Preece, W.: «On the Transmission of Electrical Signals Through Space», *Electrical Engineer*, p. 209 (30 de agosto de 1893).

principios de armónicos y resonancia, y también se refiere al aprovechamiento del «engranaje de la naturaleza», uno de los términos favoritos de Tesla.[38]

En 1875, Thomas Edison, mientras trabajaba con Charles W. Batchelor, notó un inusual efecto de chispas procedentes del núcleo de un electroimán que saltaban hacia cuerpos no cargados a varios metros de distancia. Al utilizar un electroscopio, fue *incapaz* de distinguir una carga.[39] En realidad, había creado una alta frecuencia que su equipo no podía detectar. «Al cargar una tubería de gas, Edison pudo conseguir chispas de los artefactos de su casa a varias manzanas de distancia [...] Edison pensaba que, dado que la energía puede tomar varias formas y era posible convertir la electricidad en magnetismo, éste podría transformarse en otra cosa».[40] Por lo tanto, Edison anunció a la comunidad científica que había descubierto una nueva «fuerza desconocida». Posiblemente, las ideas de Tesla de conectar un oscilador a la red de agua de una ciudad se hayan visto influenciadas por esta investigación.

A principios de la década de 1880, William Preece, ingeniero eléctrico del Servicio Postal británico, comenzó a dirigir experimentos de comunicación sin hilos mediante un aparato de inducción. Probablemente también fue el primer inventor en darse cuenta de que *la Tierra misma era un componente integral en la implementación exitosa de cualquier sistema sin hilos*. Después de aislar el papel de la Tierra como circuito primario o secundario, Preece utilizó receptores telefónicos como dispositivos de detección y concluyó que «en las líneas telegráficas en funcionamiento ordinarias la perturbación alcanzó una distancia de 900 metros, mientras que se detectaron efectos en líneas paralelas de un telégrafo a una distancia de ente 15 y 60 kilómetros en algunas secciones del país». El trabajo de Preece de detección de corrientes terrestres, que fue replicado

38. Dunlap, O. E.: *Radio's 100 Men of Science. Biographical Narratives of Pathfinders in Electronics and Television*. Harper and Bros., Nueva York, 1944. pp. 58-59; véase también Corum J.: «One Hundred Years of Resonator Development», conferencia en la Sociedad Internacional Tesla, Colorado Springs, 1992.

39. Josephson, M.: *Edison: A Biography*. McGraw-Hill, Nueva York, 1959. p. 128. Josephson, M.: *Edison: A Biography*. McGraw-Hill, Nueva York, 1959. p. 178. (Trad. cast.: *Edison*. Plaza y Janés, Buenos Aires, 1962).

40. Conot, R.: *A Streak of Luck: The Life and Legend of Thomas Alva Edison*. Bantam Books, Nueva York, 1980. p. 95.

por ingenieros de la Western Union en Estados Unidos, influyó significativamente en las teorías expuestas por Tesla.[41]

Preece había mostrado un interés de toda la vida en las comunicaciones sin hilos. Había visitado a Edison a mediados de la década de 1880, justo después de que Tesla emigrara a Estados Unidos, para presenciar de primera mano el último invento de Edison, al que llamó «telégrafo saltamontes», un dispositivo para enviar mensajes desde las estaciones de comunicación hasta los trenes en movimiento. Por medio de inducción o resonancia, una banda de metal unida a un auricular telefónico en un vagón de ferrocarril en movimiento enviaba o recibía mensajes desde una banda similar tendida paralela a la vía en la estación. Aunque la invención nunca evolucionó más allá de esta primitiva etapa inicial, la patente tendría más tarde un importante significado legal en las batallas por la prioridad sobre la invención de la tecnología sin hilos.

Así pues, Edison es claramente uno de los padres de la transmisión inalámbrica, al igual que Henry, Morse, Loomis y Preece. En cuanto a la historia de los tubos de radio, Edison también tuvo un invento importante, comentado anteriormente: una bombilla de doble filamento que mostraba un flujo de corriente entre ellos, a lo que Preece llamó «efecto Edison». J. J. Thomson lo utilizó para ayudarse en su descubrimiento del electrón y Tesla combinó la información de este dispositivo con el trabajo de Crookes sobre los efectos de la radiación dentro de tubos de vidrio al vacío para inventar su «fenómeno de cepillo», que fue el primer tubo de vacío creado explícitamente para la transmisión sin hilos de inteligencia.

Otros precursores de Tesla fueron Heinrich Hertz, Oliver Lodge y Édouard Branly. Profesor de física francés, Branly, quizás influido por el conocimiento del efecto Edison, observó que el espacio de los circuitos sintonizados de Hertz podía sustituirse por un tubo encerrado en vidrio que contenía partículas metálicas finamente esparcidas. Cuando la corriente pasaba a través del tubo mediante inducción inalámbrica, las partículas se alineaban a lo largo de la trayectoria del espacio y cerraban el circuito. Un ligero golpe en el tubo abría de nuevo el circuito hasta que se producía la transmisión. Lodge perfeccionó el descubri-

41. Preece, W.: «On the Transmission of Electrical Signals Through Space», *Electrical Engineer*, p. 209 (30 de agosto de 1893).

miento de Branly en 1890 sobre la cohesión de partículas y lo denominó «cohesor».[42]

Estos científicos no pensaban en la «telegrafía sin hilos» en el momento de su trabajo inicial. Eran exploradores en un nuevo campo de la inducción electromagnética, y no fue hasta 1894, según los propios cálculos de Lodge, que pensó en utilizar el equipo como medio para transmitir información.[43] Por otra parte, recordemos que Crookes, en 1892, en el mismo momento en que se reunía con Tesla en Inglaterra, señaló que había experimentado con la transmisión sin hilos del código morse de un extremo de una casa a otro aproximadamente en la misma época en la que Hertz y Lodge estaban experimentando a finales de la década de 1880, pero nunca publicó su trabajo ni impulsó la invención más allá de este experimento casual.

Tesla se dio cuenta, al igual que Hertz, de que las frecuencias hertzianas a través del espacio no eran conductoras para las comunicaciones a larga distancia, pero a diferencia de Hertz, Tesla buscó una forma de sortear este factor limitante. Por lo tanto, ideó no sólo los medios para asegurar transmisores más potentes, sino también «circuitos sintonizados concatenados», que eran, en esencia, tubos de radio sensibles para recibir información.[44] Durante esta conferencia en Filadelfia, Tesla también introdujo el concepto de utilizar tanto una conexión aérea y de tierra como un hilo único como retorno para el funcionamiento de «todo tipo de aparatos». Este sistema de transmisión inalámbrica se describió en detalle en artículos muy visibles que aparecieron en 1891, durante sus primeras demostraciones públicas de tubos de Geissler sin hilos en el Columbia College, en 1892 en Europa, y se delinearon explícitamente en 1893. Pasaría otro año entero antes de que un muchacho de secundaria llamado Guglielmo Marconi comenzara sus primeros retoques en el campo.

---

42. Slaby, A.: «The New Telegraphy. Recent experiments in telegraphy with sparks», *Century*, pp. 867-874 (abril de 1897).

43. Lodge, O.: *Talks About Wireless*. Cassell, Nueva York, 1925. p. 32.

44. Tesla, N.: «The True Wireless», *Electrical Experimenter*, pp. 28-30, 61-63, 87 (mayo de 1919), en Ratzlaff, J. T. (ed.): *Reference Articles for Solutions to Tesla's Secrets*. Tesla Book Co., Milbrae, California, 1981. pp. 62-68.

12
El mago de la electricidad (1893)

Era bien sabido que el Sr. Tesla, que goza de una gran reputa-
ción como técnico electricista, había estado experimentando con
una luz eléctrica prácticamente nueva, pero no se conocía fuera
de su laboratorio que había logrado resultados tan maravillosos
o que había estado tan cerca de revolucionar la teoría de la luz.
Otros exploradores eléctricos, especialmente el Dr. Hertz y el Dr.
Lodge, habían desarrollado la teoría de que los fenómenos de la
luz estaban relacionados con las vibraciones electromagnéticas
del éter o del aire, pero le correspondía a Tesla demostrar este
hecho y hacer que el conocimiento quede prácticamente a dispo-
sición de todos.

New York Recorder[1]

Tesla salió de Filadelfia en tren a finales de febrero para asistir a la convención de la Asociación Nacional de Luz Eléctrica en San Luis. Acompañado por T. C. Martin, que cubría ambas conferencias para *Electrical
Engineer,* discutieron la redacción de un libro de texto basado en los escritos recopilados del inventor. La primera mitad estaría dedicada a todo
el abanico de inventos asociados con el sistema polifásico de corriente
alterna, con capítulos sobre diseño de motores, circuitos monofásicos y
polifásicos, armaduras y transformadores, mientras que la segunda mitad
contendría los tres discursos de Tesla sobre fenómenos de alta frecuencia,
que había presentado en Nueva York, Londres y Filadelfia. Con una introducción escrita por Martin y algunos artículos diversos al final, el
tratado tendría casi quinientas páginas. Josh Wetzler sería el segundo
editor. La fecha de publicación se fijó para finales de año.

---

1. «New Electric Inventions», *New York Recorder* (15 de junio de 1891).

Martin había logrado un gran golpe, consolidando un acuerdo con el que mucha gente decía que era «el mejor experto vivo en electricidad».[2] *The Inventions, Researches, and Writings of Nikola Tesla* serían un texto histórico, que acabó convirtiéndose en una biblia virtual para los numerosos estudiosos de la electricidad que lo leyeron.

El 28 de febrero, Tesla llegó a San Luis invitado a hablar por James I. Ayer, director general de la Municipal Electric Light & Power Company local. La llegada del inventor generó gran entusiasmo. Su conferencia fue anunciada como una réplica de la conferencia de Londres. «Se vendieron en las calles más de cuatro mil ejemplares del periódico que incluía retrato biográfico [...] algo sin precedentes en la historia del periodismo eléctrico».[3] Una procesión de ochenta vagones de servicios eléctricos y carros medidores se desplazó por Main Street mientras miles de personas reclamaban conseguir entradas para presenciar la actuación.[4]

En la ceremonia inaugural, tanto Tesla como Ayer fueron admitidos en la asociación como miembros honorarios;[5] después, Ayer presentó a Tesla a uno de sus ingenieros, H. P. Broughton, un recién graduado por la Universidad de Cornell, asignado como asistente durante la convención.[6]

La sala asignada resultó ser demasiado pequeña, por lo que el evento se trasladó al Grand Music Entertainment Hall, un gran auditorio con capacidad para más de cuatro mil asientos. En las escaleras se vendían entradas por entre tres y cinco dólares. De todos modos, incluso ese teatro resultó ser inadecuado, ya que el edificio estaba «atestado hasta el punto de la asfixia».[7]

Ayer presentó al inventor a la audiencia «con una especie de reverencia como alguien que tiene un poder casi mágico sobre los vastos secretos

2. «Nikola Tesla and His Wonderful Discoveries», *Electrical World*, pp. 323-324 (29 de abril de 1893).

3. «Tesla and His Wonderful Discoveries», *New York Herald* (23 de abril de 1893); «Nikola Tesla and His Wonderful Discoveries», *Electrical World*, pp. 323-324 (29 de abril de 1893).

4. [DWB].

5. Martin, T. C.: «The Tesla's Lecture in St. Louis», *Electrical Engineer*, pp. 248-249 (8 de marzo de 1893).

6. [DWB].

7. Martin, T. C.: «The Tesla's Lecture in St. Louis», *Electrical Engineer*, pp. 248-249 (8 de marzo de 1893).

ocultos de la naturaleza» y obsequió a Tesla con «un magnífico escudo floral, forjado con claveles blancos y hermosas rosas rojas».

Al contemplar el mar de rostros, Tesla se dio cuenta de que sería prudente restringir su conferencia a los experimentos más «espectaculares». Con Broughton, mostró su invento de la transmisión de energía eléctrica sin hilos encendiendo tubos receptores sin hilos mediante un interruptor desde el lado opuesto de la sala.

«De todas las cosas maravillosas que observamos, me parece que un tubo de vacío excitado por un impulso eléctrico procedente de una fuente distante, que surge de la oscuridad e ilumina la habitación con su hermosa luz, es el fenómeno más hermoso que podemos apreciar ante nuestros ojos»,[8] dijo.

«A modo de diversión», Tesla creó láminas de electricidad entre dos placas de condensador. Iluminó bombillas con y sin filamentos, encendió globos fosforescentes que «arrojaban una luz deslumbrante mucho más allá de la producida por cualquier fosforescencia ordinaria» y creó efectos estroboscópicos mediante tubos giratorios que «parecían radios blancos de una rueda de brillantes rayos de luna».

Entonces Tesla se acercó a su bobina más poderosa.

Al ver al profesor George Forbes entre el público, el ingeniero de Glasgow que tanto había recomendado su sistema de corriente alterna a la Niagara Power Commission, el inventor se inclinó con respeto. Reconociendo su agradecimiento, Tesla predijo que dentro de poco, grandes olas de energía eléctrica basadas en este trabajo brotarían de la gran cascada.

Muestro los siguientes experimentos con cierta desgana; sin embargo, obligado a ello por el deseo de complacer a aquellos que habían mostrado tanto interés y formado una audiencia tan grande, veo que me quedan pocas opciones. Al cargar mi cuerpo con electricidad desde un aparato que he ideado, puedo hacer que la electricidad vibre a razón de un millón de veces por segundo. Entonces, las moléculas del aire se agitan violentamente, tan violentamente que se vuelven luminosas, y de la mano salen chorros de luz. De la misma manera, puedo sujetar con la mano una bombilla de vidrio llena de ciertas sustancias

---

8. Tesla, N.: «On Light and Other High Frequency Phenomena», *Electrical Engineer*, p. 627 (28 de junio de 1893).

y hacerlas brillar.[9] Tuve el placer de realizar estos experimentos en privado ante lord Rayleigh y siempre recordaré a este distinguido científico temblando de ansia y emoción al presenciarlos. El reconocimiento que he recibido de un científico tan distinguido me ha recompensado plenamente por los esfuerzos con los que he trabajado para lograr estos fines.[10]

Entonces Tesla se volvió hacia la bobina y anunció que, debido a los enormes potenciales que estaban a punto de generarse, había construido la máquina con un aislamiento de caucho duro, «ya que incluso la madera seca es demasiado pobre» como protección.[11]

Me acerco ahora al terminal libre con un objeto metálico en la mano, simplemente para evitar quemaduras. Las chispas cesan cuando el metal [...] toca el hilo. Mi brazo ahora está atravesado por una poderosa corriente eléctrica, que vibra aproximadamente un millón de veces por segundo. A mi alrededor se siente la fuerza electrostática y las moléculas de aire y las partículas de polvo que vuelan por ahí actúan y golpean violentamente mi cuerpo. Tan grande es esta agitación de las partículas, que cuando se apagan las luces se puede ver aparecer corrientes de luz débil en algunas partes de mi cuerpo. Cuando estalla una descarga así, produce una sensación como el pinchazo de una aguja. Si los potenciales fueran lo suficientemente altos y la frecuencia baja, la piel probablemente se rompería bajo la tremenda tensión y la sangre saldría con gran fuerza en forma de un fino rocío.[12]

Extendiendo sus dedos como un pavo real pavoneándose, el hechicero eléctrico emitió llamas de relámpagos como si fuera el mismo Thor. «Las descargas no ofrecen ningún inconveniente particular, excepto que

9. «Nikola Tesla and His Wonderful Discoveries», *Electrical World*, pp. 323-324 (29 de abril de 1893).

10. Ibíd.

11. Tesla, N.: «On Phenomena Produced by Electric Force», en Martin, T. C. (ed.): *The Inventions, Researches, and Writings of Nikola Tesla*. The Electrical Engineer, Nueva York, 1894. p. 318.

12. Ibíd. pp. 318-319.

en las puntas de los dedos se siente una sensación de ardor», aseguró a la audiencia.

Con su bobina aún cargada y con llamas saliendo de su cabeza, mostró una serie de otros efectos, incluido el funcionamiento de motores a través de energía que pasaba por su cuerpo y la iluminación de un abanico de tubos de colores que el inventor agitaba como si fueran espadas fosforescentes. Al final del espectáculo estiró una serie de largas cuerdas de algodón a lo largo del escenario que golpeó con un halo de color violeta que dejó un brillo deslumbrante a lo largo de su longitud, iluminando el escenario con una iridiscencia espeluznante. Gritos de «¡Bravo!» acompañaron los estruendosos aplausos mientras «el conferenciante se inclinaba una y otra vez» como respuesta.

Brillando por los efectos secundarios y todavía «emitiendo llamas etéreas y finos halos de luz fragmentada»[13] después de la conferencia, Tesla fue reclamado al vestíbulo para que pudiera ser recibido por muchos miembros del público lleno de admiración. «Tan grande era el deseo de ver al Sr. Tesla más de cerca [que] varios centenares de ciudadanos destacados aprovecharon la oportunidad y estrecharon la mano del Sr. Tesla de una manera muy vigorosa».[14]

A su regreso a Nueva York, Tesla completó sus requisitos de ciudadanía. Sus solicitudes de patente ya no se referirían a él como «un súbdito del emperador de Austria», sino más bien como «un ciudadano de Estados Unidos». Éste fue un momento de orgullo. Mantendría estos documentos guardados de forma segura en una caja fuerte de su habitación por el resto de su vida.

Ahora completamente «estadounidense», Tesla decidió de una vez por todas enfrentarse al poderoso ícono Thomas Edison. Al organizar uno de sus experimentos más provocativos, el advenedizo atacó frontalmente la bombilla de filamento de carbono de Edison. Tomando dos bombillas idénticas, una llena de aire y la otra que contenía vacío, y haciéndoles pasar «una corriente que vibra aproximadamente un millón de veces por segundo», Tesla demostró que la lámpara llena de aire ordina-

---

13. Martin, T. C.: «A New Edison on the Horizon», *Review of Reviews*, p. 355 (marzo de 1894).

14. Martin, T. C.: «The Tesla's Lecture in St. Louis», *Electrical Engineer*, pp. 248-249 (8 de marzo de 1893).

rio no brillaba, mientras que la que contenía el vacío brillaba intensamente. «Esto demostró la gran importancia del gas enrarecido en el calentamiento del conductor», y, además, la nueva luz era fría al tacto. Sin pudor, Tesla pudo concluir: «En la iluminación incandescente, un filamento de alta resistencia [invento de Edison] no constituye en absoluto el elemento verdaderamente esencial de iluminación».[15]

Tomando las mismas dos bombillas, Tesla redujo la frecuencia, la convirtió a corriente continua y demostró que el filamento de la bombilla ahora comenzaba a brillar, aunque no tan intensamente como la otra. Concluyó que, en el caso de la corriente continua, el filamento era el componente esencial, mientras que en el caso de la corriente alterna de alta frecuencia, la atmósfera que rodea el filamento (por lo tanto, el vacío) era primordial. Cuanto mayor sea la frecuencia, más eficiente será el iluminante. De hecho, señaló, si se abandonara por completo la corriente continua y se utilizaran frecuencias extremadamente altas, no habría necesidad de un filamento.

Edison se preocupó no sólo porque había enviado hombres a Oriente, América Central y el Amazonas para encontrar el filamento perfecto, sino también porque uno o dos de ellos murieron en la búsqueda.[16] Aquel serbio pedante no sólo decía que la corriente alterna era intrínseca al desarrollo de cualquier sistema de iluminación práctica, sino que también estaba proclamando que la obra más famosa de Edison acabaría siendo en vano.

En una cabaña junto a la fábrica de Edison de trituración de rocas en Ogden (Nueva Jersey), un periodista local preguntó al inventor sobre la «posibilidad de producir luz a partir de electricidad sin calor».[17] Edison murmuró que se había logrado esta hazaña, pero el periodista lo presionó.

—Me refiero específicamente a los descubrimientos llevados a cabo por Nikola Tesla.

---

15. Martin, T. C. (ed.): *The Inventions, Researches, and Writings of Nikola Tesla*. The Electrical Engineer, Nueva York, 1894. p. 349.

16. Josephson, M.: *Edison: A Biography*. McGraw-Hill, Nueva York, 1959. p. 235. Josephson, M.: *Edison: A Biography*. McGraw-Hill, Nueva York, 1959. p. 178. (Trad. cast.: *Edison*. Plaza y Janés, Buenos Aires, 1962).

17. «A Long Chat with the Most Interesting Man in the World», *Morning Journal* (26 de julio de 1891) [TAE].

Edison se levantó de su sillón, escupió el tabaco de masticar desde el porche y rugió:

—Es un problema rodeado de dificultades.

—¿Y qué pasa con Tesla?

—No ha hecho ningún descubrimiento nuevo –comenzó el mago jefe–, pero ha demostrado un ingenio considerable para aumentar las vibraciones. Obtiene sus resultados de la bobina de inducción y del tubo de Geissler.

—¿Cree que reemplazará su bombilla?

—Algún día se podrá obtener luz sin calor, pero no quiero profetizar que será una luz agradable. Su mayor problema es su calidad. Es un color espantoso, más parecido a la luz de las luciérnagas que a cualquier otra cosa.

Ciertamente, en este sentido Edison tenía toda la razón, ya que aún hoy en día la bombilla genera un brillo más agradable que los tubos fluorescentes. Sin embargo, como sabe cualquiera que haya cambiado una bombilla, el invento de Edison está diseñado para averiarse en unos pocos meses, mientras que las luces fluorescentes de Tesla pueden durar años, incluso décadas. Además, según el parecer de Tesla, la bombilla incandescente creaba una luz intensa y brillante procedente de una pequeña fuente central. El plan de Tesla era crear una luz agradable a partir de una superficie esférica muy grande.

Ahora, por primera vez, la prensa popular buscaba a Nikola Tesla. Citado por muchos entrevistadores como «modesto» y a veces discreto, Tesla inicialmente evitaba la publicidad. Pero sus sensacionales logros lo habían convertido en un héroe popular, y ahora correspondía a los periodistas descubrir por qué.

El *New York Herald* fue «el primer» periódico que sacó provecho de la estrella en alza. En un largo artículo ilustrado con un grabado extraído de una fotografía anticuada, el *New York Herald* describió el comportamiento del inventor y su ascendencia, y comentó todo el abanico de planes futuros que tenía.

«El señor Tesla es un trabajador tan duro que tiene poco tiempo para los placeres sociales, si es que tiene algún gusto en esa dirección. Es soltero, alto, de constitución muy enjuta, ojos oscuros y hundidos, cabello color negro azabache y una expresión que sugiere a la vez al pensador profundo. Aunque es educado e incluso amigable con los periodistas, no tiene ningún deseo de explotar su persona en la prensa».

Tesla describió a sus padres y su educación, su invención del campo magnético giratorio y también su nuevo sistema de iluminación, que prometió sería «una fuente de iluminación más práctica que la que tenemos actualmente». Comentó la posibilidad de enviar grandes cantidades de electricidad a través de cables desde las Cataratas del Niágara y también el concepto de transmisión sin hilos de inteligencia y energía a través de la tierra y el aire «a cualquier distancia».

«A partir de las pruebas experimentales actuales se puede concluir con toda seguridad que sin lugar a dudas tendrá éxito un intento de transmitir sin cable sonidos inteligibles a través de la Tierra desde aquí, por ejemplo, hasta el continente europeo [...]. Si se lograra un resultado así [...] que he abogado durante dos años [...] sería, por supuesto, de un valor incalculable para el mundo y avanzaría enormemente en el progreso de la raza humana».

El *New York Herald* terminó con una pregunta sobre cómo se sentía hacer pasar centenares de miles de voltios a través del cuerpo, a lo que Tesla respondió: «Si estás preparado [para la descarga], el efecto sobre los nervios no es tan grande. Al principio, sientes una quemadura, pero más allá de eso la sensación apenas se nota. He recibido corrientes de hasta 300 000 voltios, una cantidad que, si la recibiera de cualquier otra manera, me mataría instantáneamente».[18]

Aunque los viajes y las conferencias suponían paréntesis, Tesla aceptaba los compromisos para consolidar su lugar en la historia de la ciencia eléctrica. Para el conceptualista enclaustrado, naturalmente, los elogios y la interacción con sus colegas también eran alicientes. Sin embargo, fue sólo en este momento, cuando los periodistas y el público lo adoraban, que comenzó a darse cuenta, de manera consciente, de su deseo latente de reconocimiento. Cada hora, cada momento que no dedicaba a trabajar en inventos, era tiempo alejado de su propósito. Incluso los intervalos dedicados a comer y dormir retrasaban el progreso.

Aunque sus padres habían fallecido a edades relativamente tempranas, había otros parientes cuya esperanza de vida había superado las diez décadas. Quizás en parte como defensa, Tesla exclamaba que esperaba alcanzar el estatus de centenario. Había llegado a ver el cuerpo humano

---

18. «Nikola Tesla and His Wonderful Discoveries», *Electrical World*, pp. 323-324 (29 de abril de 1893), a partir del *New York Herald* (23 de abril de 1893).

en su esencia como una máquina, una que podía ser regulada eficientemente mediante la estricta aplicación de la fuerza de voluntad, y por eso Tesla ejerció su voluntad para reducir su sueño al mínimo y su alimentación a lo estrictamente necesario. Aunque medía más de 180 centímetros, mantuvo su peso en unas escasos e invariables 65 kilogramos.[19] La tensión comenzaba a hacer acto de presencia, pero el serbio estaba en una misión; su objetivo era nada menos que salvar a toda la humanidad mediante la aplicación de su fértil cerebro.

Tras haber transmitido energía sin hilos de un extremo de una habitación a otro, la siguiente tarea del inventor fue idear una forma de ampliar este principio para generar mayores cantidades de energía y crear canales separados que no interfirieran. Tesla comenzó a experimentar con osciladores cada vez más potentes, que no sólo emitirían corriente alterna de alta frecuencia, sino también otros capaces de generar pulsaciones físicas.

«El primer resultado gratificante se obtuvo en la primavera del año siguiente, cuando alcancé tensiones de alrededor de un millón de voltios con mi bobina cónica. No era mucho a la luz de los avances actuales, pero entonces se consideraba una hazaña»,[20] escribió Tesla un cuarto de siglo después.

Según los cálculos realizados por el profesor John Tyndall, la bombilla eléctrica de Edison tenía una eficiencia de aproximadamente el 5 %, lo que significa que el 95 % de la electricidad producida se destinaba a la producción de calor o simplemente se perdía en el transporte. La llama de gas, que seguía siendo con diferencia la forma más común de luminiscencia artificial, tenía una eficiencia de «menos del 1 %». Como Tesla le dijo a Martin, si «estuviéramos tratando con un gobierno corrupto, ese despilfarro tan miserable no sería tolerado». Este despilfarro «iba a la par de la destrucción desenfrenada de bosques enteros por unos cuantos trozos de madera».

Como escribió Martin, «la energía se desperdicia más o menos, del mismo modo que en julio la carga en el carro de un vendedor de hielo se

19. Tesla, N.: *My Inventions: The Autobiography of Nikola Tesla*. Hart Brothers, Williston, Vermont, 1982. p. 41 (Trad. cast.: *Mis inventos*. Ediciones Obelisco, Barcelona, 2022. p. 26).

20. Ibíd. p. 83 (Trad. cast.: p. 72).

deshace y se derrite [...] a lo largo de la calle». Mientras que «ejércitos de inventores se habían lanzado a las dificultades que implicaban estas pérdidas bárbaras que ocurrían en cada etapa», Tesla había diseñado una serie enteramente original de inventos que convertían la electricidad en acción rotatoria o prácticamente al revés, es decir, convertían la energía del vapor en acción rotatoria en energía eléctrica.[21]

En el primer ejemplo, Tesla construyó un oscilador de alta frecuencia que estaba sumergido en un contenedor de aceite. Modulando la frecuencia de una corriente alterna, hacía que el aceite fluyera a velocidades variables. Al igual que una rueda hidráulica que hace girar una turbina, este aceite hacía girar un aspa. Al aumentar la frecuencia, el flujo cambiaba y aumentaba la rotación de la turbina.

En el segundo ejemplo, es decir, en el caso del generador de vapor, Tesla combinó en un solo invento un motor y una dinamo, y creó un dispositivo que tenía hasta una cuadragésima parte del tamaño de construcciones tradicionales comparables. En la antigua máquina de vapor, la acción de avance y retroceso del pistón debía convertirse en un efecto giratorio mediante un cigüeñal y un volante. Este dispositivo, a su vez, estaba conectado a una turbina, que de ese modo producía electricidad. En el generador Tesla, un pistón impulsado por vapor unido a un condensador se movía hacia arriba y hacia abajo dentro de un campo magnético, cortando las líneas de fuerza y produciendo así una corriente. Este procedimiento reducía notablemente la pérdida involucrada en la conversión de la acción mecánica en energía eléctrica. No había volante ni cigüeñal. Martin escribió elocuentemente: «Nos damos cuenta inmediatamente de la ausencia de todos los dispositivos que gobiernan el motor ordinario. Son inexistentes. La cámara de vapor es la máquina, desnuda hasta la piel como un boxeador con cada gramo contando [...]. Despojado de este modo de peso superfluo e impulsado a alta presión, el motor debe tener una economía mucho más allá de lo común. Al carecer de fricción debido a la amortiguación automática de las piezas ligeras, también es prácticamente indestructible. Además, mientras que el pistón de vapor ordinario, «que pesaba quizás hasta 500 kilogramos», sólo podía cambiar su sentido, pongamos, diez veces por

---

21. Martin, T. C.: «Tesla's Oscillator and Other Inventions», *Century*, pp. 916-933 (abril de 1895).

segundo, el oscilador de Tesla podía oscilar a «cien golpes por segundo». Tesla esperaba no sólo reducir la complejidad de los equipos existentes, sino también crear una corriente que «mantuviera una vibración con una constancia perfecta». En verano consiguió patentes para ambos dispositivos.[22]

Con estos diferentes osciladores, Tesla podría proporcionar una gran cantidad de efectos. Eléctricamente, podría generar frecuencias precisas que podrían utilizarse para transmitir información o energía eléctrica. Cuando el oscilador pulsaba a la frecuencia de la luz, también podía manifestar luminiscencia. Y mecánicamente podría crear pulsaciones a través de barras o tuberías de metal y revisar frecuencias armónicas y ondas estacionarias. Estudiando fenómenos de impedancia, podía transmitir energía electromagnética a través de dicho conducto y hacer que una luz se iluminara en determinadas posiciones a lo largo de su longitud, pero no en otras, y si aumentaba las vibraciones y alcanzaba una frecuencia armónica, podía conseguir que la barra de hierro comenzara a vibrar con tal intensidad que se partiera en dos. Este efecto era equivalente al producido por los cuernos de Josué en Jericó o al peligro que podrían iniciar los soldados marchando al mismo paso a través de un puente colgante. Si su ritmo alcanzara la frecuencia de resonancia,[23] el puente podría balancearse violentamente y acabar colapsando. Por lo tanto, los soldados están entrenados para romper el paso cuando cruzan puentes para evitar este sorprendente tipo de catástrofe.

Exposición Mundial Colombina

La escena nocturna

Por inadecuadas que se hayan encontrado las palabras para transmitir una idea real de la belleza y grandeza del espectáculo que la Exposición ofrece durante el día, son infinitamente menos capaces de proporcionar la más mínima idea del deslumbrante espectáculo que recibe la vista del visitante por la noche.

---

22. Ibíd. Véase también Popović, V. *et al.*: *Nikola Tesla: Lectures, Patents, Articles.* Museo Nikola Tesla, Belgrado, 1956. pp. P-141-145, P-225-231.

23. Frecuencia característica de un cuerpo que hace que su oscilación sea máxima. *(N. del T.)*

Indescriptibles por el lenguaje son las fuentes eléctricas. Una de ellas, llamada «El Gran Géiser», se eleva a una altura de 45 metros, sobre una banda de «Pequeños Géiseres». [Al añadir luces de colores giratorias, los efectos creados] son tan desconcertantes que ningún ojo puede encontrar lo más hermoso, sus caprichos de movimiento son tan fascinantes que ningún corazón puede mantener su latido constante.

W. E. Cameron[24]

El 1 de mayo se inauguró la Feria Mundial de Chicago, o Exposición Colombina. Esta ocasión tan propicia llegó en un momento paradójico para el país, ya que por un lado éste había anunciado que era el nuevo líder en la creación y el despliegue de nueva tecnología, pero por otro lado se vio envuelto en el pánico de 1893. Simultáneamente, y de manera excepcional, el mundo en general estaba experimentando una paz universal.

La Exposición Colombina cubrió casi tres kilómetros cuadrados, tuvo 60 000 expositores y costó 25 millones de dólares. Con 28 millones de asistentes, la Feria de Chicago obtuvo una ganancia de 2,25 millones de dólares. Mientras que la Exposición de París de 1889 contaba con la estupenda Torre Eiffel de 300 metros de altura, la Feria de Chicago contaba con la noria. Ésta, que giraba sobre el eje de una sola pieza más grande jamás forjado, medía 80 metros de altura y tenía capacidad para más de 2000 personas.[25]

Todos los días, cientos de miles de visitantes de todos los rincones del mundo llegaban a la «Ciudad Blanca» de Chicago. El arquitecto jefe (Daniel Hudson Burnham), de Chicago, junto con los demás planificadores, basaron su diseño en una ciudad de vías fluviales, muy parecida a Venecia, con un «Tribunal de Honor» ubicado en el centro para albergar los

24. Tesla, N.: «On Phenomena Produced by Electrostatic Force» (febrero/marzo de 1893), en Martin, T. C. (ed.): *The Inventions, Researches, and Writings of Nikola Tesla*. The Electrical Engineer, Nueva York, 1894. pp. 319-321.

25. Cameron, W. E.: *The World's Fair: A Pictorial History of the Columbian Exposition*. Chicago Publication & Lithograph Co., Chicago, 1893. pp. 108, 669-670; Applebaum, S.: *The Chicago World's Fair of 1893: A Photographic Record*. Dover Publications, Nueva York, 1980. pp. 96-97, 106.

«palacios» principales. Con fachadas de madera hechas para parecerse al mármol, los edificios rivalizaban incluso con los grandes logros en piedra de los antiguos romanos y griegos. El Pabellón de Fabricantes y Artes Liberales, de más del doble de tamaño que los demás, era «con diferencia, el edificio más grande del mundo». Con casi unos 480 metros de largo y más de dos campos de fútbol de ancho, la estructura cubría unos 120 000 metros cuadrados y tenía una capacidad para 75 000 personas.

A orillas del lago Michigan, en el extremo más alejado sobre el Tribunal de Honor, con columnas extendidas como los brazos de un poderoso director de orquesta, se encontraba el magnífico Arco y Peristilo. Diseñada por el escultor principal August Saint-Gaudens, esta estatua correspondía a un general, como representación de Cristóbal Colón, entrando atronadoramente en la feria con su poderoso grupo de caballos. Debajo de esta cuadriga se encontraba la gran estatua dorada de la República, de veinte metros de altura, que se elevaba desde el canal principal como un gigante benévolo mientras bendecía no sólo el Pabellón de los Fabricantes, sino también los palacios de la agricultura (diseñados por Stanford White), la maquinaria, la administración y la electricidad.

Y ése era precisamente el Tribunal de Honor.

Corriendo perpendicular al «gran cuadrángulo» durante más de un kilómetro, había otro foso opulentamente bordeado que contenía la mayoría de los otros pabellones y exposiciones de gran escala descritos en un texto como «una confusión cacofónica de culturas avanzadas, paganos convertidos, lenguas peculiares e importaciones extrañas».[26] Con una flota de 50 góndolas impulsadas por motores eléctricos nuevos, los visitantes podían llegar a cualquier pabellón que quisieran.

El Pabellón de la Electricidad, decorado con una docena de elegantes minaretes, cuatro de los cuales se elevaban 50 metros por encima de la sala, tenía más de dos campos de fútbol de largo y casi la mitad de ancho. Con una superficie de 14 000 metros cuadrados, esta estructura «espaciosa y majestuosa era digna de ser la sede de la exposición más novedosa y brillante de la Exposición Colombina».

El exgobernador del estado de Illinois (William E. Cameron) describió el palacio como el hogar de los «logros mágicos del Sr. Edison y sus

---

26. Cameron, W. E.: *The World's Fair: A Pictorial History of the Columbian Exposition.* Chicago Publication & Lithograph Co., Chicago, 1893. pp. 641-685.

hermanos magos».[27] Contiene los nombres de los antepasados de la ciencia sobre una formidable estatua de Benjamin Franklin lanzando su cometa en el vestíbulo principal, el Pabellón de la Electricidad presentaba un fascinante popurrí de tecnologías avanzadas.

Entre los expositores destacaban las corporaciones monumentales, como Westinghouse y General Electric, de Estados Unidos, y la más modesta AEG, de Alemania. Mientras que AEG reprodujo algunos de los equipos de corriente alterna que Brown y Dobrowolsky utilizaron en su transmisión de 15 kilómetros de Lauffen a Frankfurt que hizo época, General Electric presentó su propio sistema de corriente alterna. Westinghouse, que había ganado la licitación para iluminar la feria con las únicas patentes auténticas, se encontraba en una situación extraña. Legalmente, debería haber podido impedir que los competidores publicitaran aparatos pirateados, pero pragmáticamente, considerando las limitaciones de tiempo y otros factores, tal acción táctica resultaba imposible. De hecho, en cierto modo, le debían gratitud a AEG por señalar el camino. Su proceder era dejar claro que sólo había un inventor. Y por eso erigieron un monumento de doce metros de altura en el pasillo central del Salón de la Electricidad que proclamaba la verdad al mundo. El testimonio decía en letras grandes y llamativas: «Westinghouse Electric & Manufacturing Co. Tesla Polyphase System». Y con este método, Westinghouse iluminaba toda la Exposición Universal desde un anexo del Pabellón de la Maquinaria. Después de haber fabricado un cuarto de millón de bombillas de tapón Sawyer-Mann para la ocasión, Westinghouse generaba tres veces más energía eléctrica de la que se utilizaba entonces en toda la ciudad de Chicago.[28]

Para no ser eclipsada, General Electric construyó una centelleante Torre de Luz de 25 metros de altura en el centro exacto del Pabellón de la Electricidad. Constaba de 18000 lámparas repartidas a lo largo de todo el pedestal, rematadas por una única y enorme bombilla Edison encendida en la cúspide.

Otras características dentro del Pabellón de la Electricidad incluían, en el segundo piso, aparatos eléctricos para curar todos los males, como cinturones cargados, cepillos eléctricos para el cabello y tonificantes cor-

---

27. Ibíd., p. 316.
28. Ibíd., p. 318.

porales, y en el piso principal, exposiciones de los inventores más destacados de la época. Elihu Thomson, por ejemplo, desplegó una bobina de alta frecuencia que provocaba chispas de 1,5 metros de largo; Alexander Graham Bell presentó un teléfono que podía transmitir voz mediante haces de luz, y Elisha Gray presentó su máquina de teleautografía, precursora de la máquina de fax actual. Por unos pocos centavos, podría reproducir electrónicamente a distancia la firma de una persona.

Tom Edison presentó su propia cornucopia de artilugios, incluido el telégrafo múltiplex, la fantástica máquina parlante conocida como fonógrafo y su kinetoscopio, que por primera vez en un foro público mostraba «los diversos movimientos lábiles» de un ser humano en movimiento.

La exposición de Tesla, que ocupaba parte del espacio de Westinghouse, presentaba varios de sus primeros dispositivos de corriente alterna, incluidos motores, armaduras y generadores, y reclamos fosforescentes de electricistas destacados, como Helmholtz, Faraday, Maxwell, Henry y Franklin, y de su poeta serbio favorito Jovan Jovanović Zmaj. Tesla también mostraba tubos de vacío iluminados mediante transmisión sin hilos, su huevo giratorio de Colón, láminas de luz crepitante creadas por descargas de alta frecuencia entre dos placas aisladas y otros letreros de neón que decían Westinghouse y Welcome Electricians. Estas dos últimas exposiciones producían «el efecto de la descarga de un rayo modificado [...] acompañada de un ruido ensordecedor similar. Ésta era probablemente una de las atracciones más novedosas que se podían ver en el edificio, ya que el ruido se podía oír en cualquier lugar dentro del Edificio de Electricidad y el destello del relámpago en miniatura era muy brillante y sorprendente».[29]

Tesla viajó a Chicago en agosto no sólo para visitar la feria y presentar una semana de demostraciones, sino también para asistir al Congreso Eléctrico Internacional que se celebró allí durante ese mes. «En el Pabellón de la Electricidad, el profesor Tesla anuncia que hará pasar una corriente de 100 000 voltios a través de su propio cuerpo sin dañar su vida, un experimento que parece tanto más maravilloso si recordamos el hecho de que las corrientes que se han utilizado para ejecutar a los asesinos

---

29. Barrett, J.: *Electricity at the Columbian Exposition.* Donnelley & Sons, Chicago, 1894. pp. 168-169; «Mr. Tesla's Personal Exhibit at the World's Fair», *Electrical Engineer*, pp. 466-468 (29 noviembre de 1893).

en [la prisión de] Sing Sing (Nueva York) nunca han sobrepasado los 2000 voltios. El señor Tesla también muestra una serie de otros experimentos interesantes, algunos de los cuales son tan maravillosos que casi se encuentran más allá de cualquier descripción».[30]

El 25 de agosto, Nikola Tesla habló ante «mil ingenieros eléctricos» en el Congreso Eléctrico Internacional en el Pabellón de la Agricultura. Asistió una «galaxia de notables», entre ellos Galileo Ferraris, sir William Preece, Silvanus Thompson, Elihu Thomson y el presidente honorario Hermann Ludwig von Helmholtz, a quien Tesla también acompañó en un recorrido por su exposición personal.

«La gente se agolpaba alrededor de las puertas y clamaba para poder entrar [...]. La gran mayoría de los que acudieron, lo hacían con la expectativa de ver cómo Tesla hacía pasar una corriente de 250 000 voltios a través de su cuerpo [...]. Se llegaron a ofrecer diez dólares por un único asiento, y se ofrecían en vano. Sólo eran admitidos los miembros del Congreso Eléctrico, con sus esposas, y ni siquiera ellos, a menos que llevaran credenciales». Antes de la conferencia, un periodista de Chicago preguntó a los profesores William Preece y Silvanus Thompson sobre el uso de los diferentes equipos repartidos por la sala, pero ellos «lo miraron asombrados y confesaron que no podían adivinarlo. [Se limitaron a] agrupar todo aquello bajo el término genérico de "animales de Tesla"».

«En ese momento, apareció Elisha Gray, de cabello blanco, compañando a un joven alto y delgado hacia la plataforma. El joven sonrió con placer, pero modestamente mantuvo la mirada en el suelo. Tenía hundidas las mejillas y los ojos negros chispeantes y animados. La aplicación intensa y continua de su trabajo ha minado su energía hasta el punto que sus amigos dicen que está casi al borde de la desintegración. Un señor que cenó con él hace una semana afirma que apenas podía hacerse oír al otro lado de la mesa, tan agotado estaba. Tiene el pelo negro brillante con raya en medio, bigote denso debajo de su nariz aguileña, pero que se desvanece hasta convertirse en una insinuación a ambos lados de la boca

30. Cameron, W. E.: *The World's Fair: A Pictorial History of the Columbian Exposition.* Chicago Publication & Lithograph Co., Chicago, 1893. p. 325; Davis, G. R.: *World's Columbian Exposition, 1893.* W. Houston & Co., Filadelfia, 1893. p. 127; Davis, G. R.: *Youth Companion World's Fair Number.* Perry Mason & Co., Boston, 1893. p. 19.

[…], las orejas son grandes y sobresalen de su cabeza. Llevaba un elegante traje de cuatro botones de color gris pardusco». Gray dijo ante un gran aplauso: «Les presento al mago de la física, Nikola Tesla».

«Acepto estos elogios con mucha desgana, porque no tengo derecho a interrumpir el discurso de nuestro presidente», comenzó Tesla con su característico humor. Con un aspecto algo parecido a un cadáver resucitado, habló para disipar los temores de todos aquellos preocupados por su frágil salud. «Varios científicos instaron [a un grupo de electricistas] a dar una conferencia. Muchos prometieron que vendrían, [pero] cuando examinaron el programa, yo era el único hombre sano que quedaba, y por eso he conseguido traer algunos de mis aparatos para hacerles un breve resumen de algunos de mis trabajos».[31]

Tesla procedió a mostrar sus nuevos generadores de vapor y sus osciladores mecánicos, algunos de los cuales eran tan compactos «que se podrían llevar fácilmente en la copa del sombrero». Le dijo a la audiencia que sus objetivos eran multifacéticos. Un dispositivo de este tipo podría utilizarse, entre otras cosas, para hacer funcionar motores con una sincronía perfecta o relojes eléctricos. También había producido un transmisor de radio de onda continua, aunque en ese momento nadie entendía todas las ramificaciones del equipo. De todos modos, cuando se alcanzaba la frecuencia de resonancia, las luces inalámbricas volvían a iluminarse y de esa forma se transmitía la inteligencia de forma inalámbrica.

Una de las demostraciones más inusuales de Tesla, que era similar a su huevo de Colón, era otro anillo que demostraba no sólo los principios del campo magnético generador, sino también su teoría del movimiento planetario.

En este experimento se solía emplear una bola de latón grande y varias pequeñas. Cuando el campo se energizaba, todas las bolas se ponían a girar; las grandes permanecían en el centro mientras las pequeñas giraban alrededor de él, como lunas alrededor de un planeta, alejándose gradualmente hasta llegar a la protección exterior y corriendo a lo largo de la misma.

31. «Electricians Listen in Wonder to the "Wizard of Physics"», *Chicago Tribune* (26 de agosto de 1893) (archivos de Edison).

Pero la demostración que más impresionó al público fue el funcionamiento simultáneo de numerosas bolas, discos giratorios y otros dispositivos colocados en todo tipo de posiciones y *a distancias considerables del campo giratorio*. Cuando las corrientes se conectaron y el conjunto se animó con movimiento, supuso un espectáculo inolvidable. El Sr. Tesla tenía muchas bombillas de vacío en las que había dispuestos pequeños discos de metal que pivotaban sobre joyas y éstas giraban en cualquier lugar de la sala cuando el anillo de hierro estaba energizado.[32]

Tesla regresó a Nueva York agotado pero emocionado.

32. Gernsback, H.: «Tesla's Egg of Columbus», *Electrical Experimenter*, p. 775 (19 de marzo de 1919).

13
Los Filipov (1894)

El Sr. Tesla ha sido considerado un visionario, engañado por el
destello de estrellas fugaces casuales; pero la creciente convicción
de sus colegas profesionales es que, al ver más lejos, vio el primero
las luces tenues que parpadeaban en nuevos continentes tangibles
de la ciencia. Las cualidades perceptivas e imaginativas de la men-
te no suelen estar equitativamente marcadas en el mismo genio.

T. C. MARTIN[1]

La fama había llegado, y a todos los niveles. En los círculos de ingeniería, Tesla era conocido como «uno de los descubridores más notables de la época»;[2] para las revistas, como (¡que Dios no lo quiera!) «el nuevo Edison»;[3] para los periódicos, como «nuestro principal electricista»;[4] para las masas, como un mago maravilloso de una tierra extraña, y para los financieros, como algo rentable.

Habiendo reconocido al virtuoso desde el principio, T. C. Martin, como trompetista principal, ahora estaba ayudando a coreografiar el salto de Tesla a la arena pública. Commerford, como lo conocían sus amigos, había generado una relación propicia con todos los interesados cuando se reunió con Robert Underwood Johnson, editor asociado del *Century*, para proponerle la redacción de un artículo sobre el próspero sabio electrónico.

---

1. Martin, T. C.: «Nikola Tesla», *Century*, pp. 582-585 (febrero de 1894).
2. «Electricians Listen in Wonder to the "Wizard of Physics"», *Chicago Tribune* (26 de agosto de 1893) (archivos de Edison).
3. Martin, T. C.: «A New on the Horizon», *Review of Reviews*, p. 355 (marzo de 1894).
4. Brisbane, A.: «Our Foremost Electrician, Nikola Tesla», *New York World* (22 de julio de 1894).

«Tome asiento», le ofreció Johnson mientras escaneaba las pilas de manuscritos esparcidos por el despacho para encontrar una silla que pudiera ser retirada fácilmente. Johnson, hermano de un congresista y poeta, había sido honrado en 1889 por la ciudad cuando fue elegido para contribuir con un soneto original para la inauguración del arco de Washington Square, que leyó ante el presidente Harrison y otros dignatarios. Este arco temporal diseñado por Standford White que conmemoraba los cien años de la toma de posesión de George Washington era anterior en unos años al arco permanente de mármol también diseñado por White. Johnson tenía conocimientos sobre inventores, ya que visitó el laboratorio de Edison a principios de la década de 1880 como periodista del *Scribner's Monthly Magazine*, el precursor del *Century*. Tesla, sin duda, ya había despertado su interés.

Impresionado por el elocuente retrato que Martin había pintado de Tesla, Johnson invitó a su colega a cenar. «¿Por qué no traer al mago? Quizás haya más de un artículo en perspectiva».

Hablando de tú a tú con personalidades como el candidato a la alcaldía Theodore Roosevelt y el escritor Mark Twain, dos visitantes frecuentes de su oficina de Union Square, Johnson y su exuberante esposa (Katharine) eran la esencia misma de la frase «corteses anfitriones». Durante sus cenas en su casa en el 327 de Lexington Avenue, un visitante podía cenar con cualquier número de celebridades, como el escultor August Saint-Gaudens, la actriz Eleonora Duse, el poeta y editor jefe del *Century*, Richard Watson Gilder, el naturalista John Muir, la activista por los derechos de la infancia Mary Mapes Dodge, el director de la Sinfónica de Boston, monsieur Gericke, el compositor y pianista Ignace Paderewski, el actor Joseph Jefferson o el extraordinario escritor Rudyard Kipling. Johnson acababa de regresar con su esposa de su segundo viaje a Europa, donde, por casualidad, se encontraron con Twain en Venecia. El mundo era un lugar acogedor y romántico para los Johnson, en parte porque lo encontraron así y en parte porque lo moldearon de esa manera.[5]

Martin llegó con un Tesla «pálido, demacrado y ojeroso» a casa de los Johnson en plena temporada navideña. Fueron recibidos por Katharine y Robert Johnson y sus dos hijos, Agnes, que tenía unos dieciséis años, y Owen, que era dos o tres años más pequeño.

---

5. Johnson, R. U.: *Remembered Yesterdays*. Little Brown, Boston, 1923.

La frágil condición del inventor, que un periodista describió como si hubiera «alcanzado los límites de la resistencia humana»,[6] cogió a los Johnson, especialmente a Katharine, por sorpresa. Ésta, una persona de conversación fácil, era una mujer sorprendente de ascendencia irlandesa, serena, con los hombros echados hacia atrás y la cabeza erguida. Aunque su cabello comenzaba a tornarse gris, todavía exudaba un aire de juventud. Eran sus ojos en particular lo que atraía a los visitantes. Ligeramente coquetos, mostraban un atrevido sentido del juego bajo una mirada melancólica.

Katharine, que desencadenó una constelación de emociones que iban desde el instinto maternal hasta la seducción, quedó cautivada, algunos dirían hipnotizada, por el superhombre serbio que había entrado en su mundo; y él se había enamorado de ella.

Tesla le habló de su gira europea, en particular de su encuentro con sir William Crookes, y los Johnson lo invitaron para Navidad.

—Está sobrecargado de trabajo, señor Tesla, y debería tomarse unas vacaciones. Quizás una buena comida navideña le ayude a pasar los primeros meses del nuevo año –le dijo Katharine.

—Recibo todo el alimento que necesito en mi laboratorio –replicó Tesla–. «Sé que estoy completamente agotado, pero no puedo dejar de trabajar. Estos experimentos míos son tan importantes, tan hermosos, tan fascinantes, que apenas puedo separarme de ellos para comer, y cuando lo intento para dormir, pienso en ellos constantemente. Espero continuar hasta colapsar por completo. Vamos, vayamos a por nuestro postre.

Llamó a un carruaje y en poco tiempo los Johnson fueron atraídos a la «guarida del mago».[7]

«Estén preparados para una o dos sorpresas», exclamó Tesla mientras, en palabras de un periodista que experimentó un episodio similar, «los condujo a una habitación de unos 2,5 metros cuadrados, iluminada en un lado por dos amplias ventanas, parcialmente cubiertas por pesadas cortinas negras. El laboratorio estaba literalmente lleno de curiosos aparatos mecánicos de todo tipo [...] Cables como serpientes corrían a lo largo de las paredes, el techo y el suelo. En el centro había [una dinamo eléctrica que se asentaba sobre] una mesa cubierta con gruesas tiras de

6. Stephenson, W. T.: «Electric Light of the Future», *Outlook*, pp. 348-356 (9 de marzo de 1895).

7. Ibíd. [La experiencia de este reportero fue adaptada a la reunión de los Johnson].

tela de lana negra. Dos grandes globos de color marrón, de 45 centímetros de diámetro, colgaban del techo gracias a unas cuerdas. Hechos de latón y recubiertos de cera, [estos globos] tenían el propósito de difundir el campo electrostático».

Tesla cerró las puertas y corrió las cortinas «hasta que cada grieta o cada hendidura para la entrada de luz quedó oculta y el laboratorio se bañó en una oscuridad absolutamente impenetrable. [Mientras] esperábamos los acontecimientos, comenzaron a brillar signos luminosos exquisitamente hermosos y dispositivos de origen místico. A veces parecían iridiscentes, toda la habitación se llenaba de vibraciones eléctricas, mientras los tubos y las bolas [que sosteníamos] se volvían luminosos. Lo que nos impresionó más, tal vez, fue el simple pero alegre hecho de que resultamos ilesos, mientras se producían bombardeos eléctricos por todas partes».[8]

Unos días después, en honor a la celebración de la Navidad serbia, el 6 de enero, Katharine le envió un ramo a Tesla.

«Tengo que dar las gracias a la señora Johnson por las magníficas flores», le escribió Tesla a Robert. «Nunca había recibido flores, y me han producido un "efecto curioso"».[9]

Tesla acudía a casa de los Johnson con cierta regularidad, para cenar o después de una noche por su cuenta para tomar una copa hasta tarde; y el inventor correspondía llevando a los Johnson a la ciudad. Asistieron a la gala de la Sinfónica del Nuevo Mundo de Dvořák.

«Al recibir su primera nota –escribió Tesla a Robert–, inmediatamente conseguí los mejores asientos que pude para el sábado. ¡Nada mejor que la fila 15! Lo siento mucho, tendremos que emplear telescopios. Pero creo que será mejor para la vívida imaginación de la Sra. Johnson. Cena en el Delmonico's».[10]

Intrigado por la fascinante ascendencia de Tesla, Robert se interesó por la poesía serbia, por lo que Tesla comenzó a traducirla para él. Consiguieron permiso de Jovanović Zmaj para incluir algunos de sus poemas en el *Century*, y también en un libro de Johnson titulado *Songs of Liberty*. Su favorita era sin duda la balada sobre un guerrero de una batalla montenegrina que tuvo lugar en 1874.

---

8. Ibíd.

9. Nikola Tesla a Robert Underwood Johnson (8 de enero de 1894) [BBUC].

10. Nikola Tesla a Robert Underwood Johnson (7 de diciembre de 1893) [BBUC].

LUKA FILIPOV

Un héroe más para ser parte
De la gloria de los serbios.
Laúd a laúd y corazón a corazón
Cuenta la historia familiar:
Que el musulmán se esconda por vergüenza,
Temblando como la caza del halcón,
Pensando en el nombre del halcón.
Luka Filipov

El verso continúa describiendo una feroz batalla, en la que Luka captura a un pachá y lo lleva ante el príncipe. Sin embargo, de camino, Luka resulta herido en una emboscada, por lo que sus soldados deciden tomar represalias matando al turco arrestado.

Habríamos disparado, pero la mano de Luka
Se levantó en señal de protesta,
Mientras la orden silenciosa de su pistola
No necesitaba traducción:
Porque el turco volvió sobre sus pasos,
Se arrodilló y lo cogió por la espalda
(Mientras un portador carga su mochila)
¡Luka Filipov!

Cómo lo vitoreamos al pasar
A través de la fila, balanceándose
Armas y pistolas –sangran rápidamente–
Serio –pero cantando fuerte…
[Pero] como llegaron a decir los correos
Que nuestros amigos habían ganado el día,
¿Quién debería levantarse y desmayarse?
¡Luka Filipov![11]

---

11. Tesla, N.: «Introductory Note on Zmaj», en Johnson, R. U. (ed.): *Songs of Liberty and Other Poems*. Century Company, Nueva York, 1897. pp. 43-47.

Se puede imaginar fácilmente los ojos de Robert y Katharine brillando cuando Tesla tradujo espontáneamente la oda de Zmaj en su sala de estar una noche especial y cómo Robert trabajó para perfeccionarla para su publicación. A partir de ese momento, el hermano Robert sería conocido como «Querido Luka» y a Katharine la llamarían «Señora Filipov».

Para Katharine, Tesla era más que un hombre; era un icono de importancia histórica, era un trofeo para exhibir ante sus amigas y, aún más, era un símbolo tangible de anhelos intangibles. En esencia, Katharine era una artista frustrada cuyos deseos siempre presentes la llevaban de momentos de exaltación al borde de la desesperación. Debió haber sido una persona difícil con quien vivir, pero al igual que Tesla, tenía la capacidad de encender ese reino que hace que la vida valga la pena. Egoísta, egocéntrica e histriónica en ocasiones, Katharine también tenía una vena dominante que no sólo atraía a la gente hacia ella, sino que la manipulaba según sus necesidades. Incluso el esquivo ermitaño se convirtió en una mosca en su red.

«Estimado Sr. Tesla –escribió en enero de 1894–, tenemos un hospital aquí desde el jueves. Robert y Agnes los impedidos. Robert está mejor pero no ha salido, y queremos que vengas esta noche y nos alegres [...] Como un gran favor, ven con nosotros inmediatamente».[12]

Esta llamada a su compañero auxiliar se convirtió en un tema recurrente que se repitió una y otra vez durante los siguientes años. Por ejemplo, en 1896 escribió: «Querido Sr. Tesla, espero verte mañana por la tarde»;[13] en 1897, «Ven pronto»[14], y en 1898: «¿Vendrás a verme mañana por la tarde y podrás tratar de llegar un poco antes? Tengo muchas ganas de verte y me decepcionaré mucho si no crees que mi petición es digna de tu consideración».[15]

Pero Katharine no estaba sola en su encaprichamiento; T. C. Martin lo había descubierto, pero Robert pronto se convertiría en el confidente más cercano de Tesla. Rápidamente se produjo una tríada de intimidad cuando el control de Commerford Martin sobre el inventor comenzó a aflojarse. Y por mucho que los Johnson llegaran a estimar a Tesla, él los

---

12. Katharine Johnson a Nikola Tesla (enero de 1894) [MNT].
13. Katharine Johnson a Nikola Tesla (3 de abril de 1896).
14. Katharine Johnson a Nikola Tesla (6 de diciembre de 1897).
15. Katharine Johnson a Nikola Tesla (6 de junio de 1898).

estimaba igual a ellos. Aquí había una familia cariñosa a la que el aislado podía unirse.

La salud de Tesla era un problema constante no sólo por sus propios intereses sino también por el bien de la especie. Martin, cuyo nuevo artículo en el *Century* sin duda serviría para avanzar tanto en su propia carrera como en la de Tesla, fue igualmente diligente y discutió la precariedad de la situación con Katharine.

«No creo que abandone su trabajo en una fecha tan temprana», escribió Martin. «Hablar de California con él de manera casual hizo que me diera cuenta de que él tenía un par de invitaciones para dar conferencias allí, así que no quiero forzarlo a que meta la cabeza en la boca del lobo. Creo que se cuidará más y es posible que nos hayas hecho un gran servicio a todos con tus oportunas palabras. De todos modos, a pesar de esto –siguió Martin–, «temo que continúe con la ilusión de que la mujer es genéricamente una Dalila que le cortaría el cabello. Si puedes conseguirlo, creo que sería un buen plan que el doctor lo controlara [...]. Mi prescripción es un sermón semanal de la Sra. de RUJ».[16] Este pasaje, escrito por un colega de Tesla, supone un peculiar punto de vista de uno de los misterios perdurables sobre Tesla, a saber, su supuesto celibato y sus misteriosas inclinaciones sexuales.

Casualmente, sólo quince días después, Heinrich Hertz murió. Sólo tenía treinta y seis años. Martin le escribió a Tesla: «Por el amor de Dios, que esto te sirva de advertencia. Toda Europa está de luto por una pérdida tan inoportuna».[17]

Pero Tesla no le haría caso, y su costumbre de llegar al límite sería un estilo de vida que continuaría durante muchos años. El futuro de la carrera y su papel en ella era claro para él; nada podría interponerse en su camino.

«Llegará el día en el que cuando cruces el océano en un barco de vapor podrás llevar a bordo un periódico con las noticias importantes del mundo, y que mediante un instrumento de bolsillo y un cable clavado a tierra podrás comunicarte desde cualquier distancia con amigos a través de un instrumento similarmente armonizado»,[18] le dijo Tesla a Kathari-

---

16. Thomas Commerford Martin a Katharine Johnson (8 de enero de1894) [BBUC].

17. Thomas Commerford Martin a Nikola Tesla (22 de enero de 1894) [MNT].

18. Johnson, R. U.: *Remembered Yesterdays*. Little Brown, Boston, 1923. p. 400.

ne. Su mirada y sus aparentes poderes de adivinación la dejaban sin aliento. Penetrar en su santuario interior sólo aumentaba su fascinación.

Al principio, los logros incomparables de Tesla, su explosión en el estrellato internacional y sus promesas para el futuro generaron un deseo expreso de todos de sacar provecho, de vender su multitudinario abanico de inventos para poder ascender juntos al siguiente peldaño social. Su objetivo era convertirse en millonarios. La «luz fría» de Tesla parecía ser el primer billete.

Como el erudito ensayo biográfico de Martin había recibido elogios incluso de los competidores, Johnson sugirió que planearan una segunda obra, una que presentara el laboratorio. Johnson invitaría a algunos de sus amigos más famosos y se tomarían fotografías. Sería una exclusiva, la primera con la nueva y revolucionaria luz fría. Johnson lo escribió así:

A menudo nos invitaba a presenciar sus experimentos, que incluían la producción de vibraciones eléctricas de una intensidad nunca alcanzada. Los destellos parecidos a relámpagos de una longitud de cinco metros eran algo cotidiano, y sus tubos de luz eléctrica se utilizaban para tomar fotografías de muchos de sus amigos como recuerdo de sus visitas. Fue la primera persona en utilizar luz fosforescente con finalidades fotográficas, no una pequeña invención en sí misma. Yo formaba parte de un grupo formado por Mark Twain, Joseph Jefferson, Marion Crawford y otros que tuvieron la experiencia única de ser fotografiados así.[19]

Naturalmente, las imágenes de Twain se convirtieron en la pieza central. S. L. Clemens, como firmaba sus cartas a Tesla, acudió al laboratorio el 4 de marzo de 1894 y nuevamente el 26 de abril.[20] Twain escribió para posponer un día la reunión inicial, y Tesla y Johnson intercambiaron notas al respecto. Curiosamente, el registro privado de Twain correspondiente a este período no hace referencia a la ocasión. En enero había cenado con Stanford White en su torre del Madison Square Garden y al

---

19. Ibíd.

20. Mark Twain a Nikola Tesla (4 de marzo de 1894); Robert Underwood Johnson a Nikola Tesla (5 de marzo de 1894); Nikola Tesla a Robert Underwood Johnson (26 de abril de 1894) [BBUC].

mes siguiente recibió un aviso de que cobraría 160 000 dólares en royalties por la máquina tipográfica Paige que había respaldado, pero eso fue todo lo que anotó, a pesar de que Twain conocía a Tesla desde el momento en que el inventor había hecho pública su creación del sistema polifásico de corriente alterna.[21] En noviembre de 1888, Twain había escrito: «Acabo de ver los dibujos y la descripción de una máquina eléctrica recientemente patentada por un tal Sr. Tesla y vendida a la Westinghouse Company que revolucionará todo el negocio eléctrico del mundo. Es la patente más valiosa desde el teléfono».[22]

Twain se había topado con Tesla en alguna ocasión, en el Players Club o en el Delmonico's, o en el estudio del artista Robert Reid. Una noche, en palabras de Twain, «el ilustre electricista mundial» se había unido a la fiesta de Reid. Se intercambiaron chistes e historias y se cantaron canciones, en particular «On the Road to Mandalay», de Kipling.[23] Tesla contó la historia de cómo los libros de Twain le salvaron la vida cuando era un niño de doce años enfermo de malaria, y esta historia sirvió para que Tesla se ganara el cariño de Twain hasta el punto de hacer que se le llenaran los ojos de lágrimas.[24]

Interesado en los inventos y su explotación, Twain le preguntó a Tesla en el laboratorio si estaría bien si pudiera vender máquinas de electroterapia de alta frecuencia a viudas ricas en Europa durante su próxima estancia; el inventor, naturalmente, estuvo de acuerdo. Tesla, a su vez, le mostró al gran escritor otra creación que, según él, ayudaría a estas viudas a digerir sus comidas.

Este artilugio, explicó, «consiste en una plataforma sostenida sobre cojines elásticos que se hacen oscilar mediante aire comprimido. Un día pisé la plataforma y las vibraciones transmitidas se transmitieron a mi cuerpo [...] Evidentemente, estas rápidas oscilaciones isócronas estimularon poderosamente los movimientos peristálticos que impulsan los alimentos a través del tubo digestivo».

---

21. Documentos de Mark Twain [BBUC].

22. Anderson, F. (ed.): *Mark Twain's Notebooks and Journals, vol. 3, 1883-1891*. University of California Press, Berkeley, California, 1979. p. 431.

23. Ibíd.

24. Tesla, N.: *My Inventions: The Autobiography of Nikola Tesla*. Hart Brothers, Williston, Vermont, 1982. p. 53 (Trad. cast.: *Mis inventos*. Ediciones Obelisco, Barcelona, 2022. p. 42).

«¿Quieres decir que hará que sea regular?», preguntó Twain.

«Exactamente, y sin el uso de elixires, remedios específicos ni aplicaciones internas de ningún tipo»., dijo Tesla.

Sin más preámbulos, Twain se subió mientras Tesla intentaba evitar que sus asistentes se rieran entre dientes. Como Twain se había mostrado tan entusiasmado, Tesla se olvidó de explicarle que la acción peristáltica se induce casi de inmediato.

«De repente, Twain sintió una necesidad indescriptible y apremiante que tenía que ser satisfecha de inmediato», dijo Tesla a los Johnson al día siguiente, entre lágrimas de regocijo, porque tuvo que saltar de la plataforma y encontrar rápidamente el camino hacia el baño.

«Creo que empezaré con las máquinas de electroterapia –dijo Twain a su regreso–. No quisiera que las viudas se recuperaran demasiado de repente».

Las fotografías de Twain y los demás se procesaron casi un año completo antes de que aparecieran impresas. Tesla estaba eufórico y le comentó a Johnson que la de Joseph Jefferson era «simplemente inmensa. Me refiero a la que lo muestra solo en la oscuridad. Creo que es una obra de arte».[25] Katharine sugirió que todos lo celebraran en el Delmonico's y que luego él se iría con ellos de vacaciones de verano a los Hamptons. «Me temo que, si me aparto muy a menudo de mis hábitos simples, acabaré pasándolo mal –respondió Tesla–. Sin embargo, al darse cuenta de que pronto se perdería «el placer de su compañía», aceptó de mala gana ir a cenar, pero no a las vacaciones, y por lo tanto se despidió: «Anticipando la alegría [de cenar con amigos] y la posterior tristeza, me comprometo, Atentamente, N. Tesla».[26]

En cuanto a las fotografías, que fueron las primeras tomadas con luces fosforescentes, Tesla, que tenía el ojo puesto en posibles inversores, se impacientó por la publicidad; pero Martin y Johnson estaban horrorizados.

«Creo que deberíamos hablar un poco sobre cómo informar a los periódicos de que el Sr. Tesla ha conseguido tomar fotografías mediante fosforescencia», advirtió Martin. «*Se filtrará* en una hora y luego alguien con la habitual arrogancia [lo pondrá] en los periódicos [Necesi-

25. Nikola Tesla a Robert Underwood Johnson (2 de mayo de 1894) [BBUC].
26. Nikola Tesla a Katharine Johnson (2 de mayo de 1894) [BBUC].

tamos] establecer nuestras prioridades. Creo que R. U. Johnson piensa lo mismo».[27]

Éste fue el comienzo de una serie de desacuerdos entre el inventor y su editor. *The Inventions, Researches, and Writings of Nikola Tesla* estaban en prensa, y Martin y Tesla estaban ganando dinero con la venta del libro; sin embargo, Tesla seguía queriendo regalar copias libremente. Envió el texto a cada uno de sus tíos y a sus tres hermanas en Bosnia/Croacia, y también envió por correo su artículo sobre Zmaj a su tío Pajo y a su hermana Marica.[28]

Martin tenía que andar con cuidado, porque, aunque no estaba contento con la despreocupación de Tesla por el aspecto financiero de la situación, tampoco quería en modo alguno alejarse de la fuente. Martin escribió: «Tu petición [de más copias gratuitas] es demasiado complicada. Me parece que los chicos de Pittsburgh, si te quieren, deberían estar dispuestos a gastarse un poco de dinero en el libro. Pero tú eres quien mejor puede juzgar las relaciones con ellos». Martin prometió enviar a Tesla una docena de copias a precios reducidos. «Quizás –preguntó Martin–, te gustaría hacernos una oferta por toda la edición», y se despidió de la siguiente manera: «Cuando me escribas, hazlo autografiado tan a menudo como puedas. La gente está empezando a agotar mis existencias».[29]

Desde el punto de vista de Tesla, era su libro y Martin se debería limitar a hacer lo que le pedía. Esto acabó convirtiéndose en un punto delicado, especialmente porque Martin llegó a prestarle dinero a Tesla basándose en las ganancias que le correspondían como editor y Tesla nunca se lo devolvió.[30] Martin lo pasó por alto, de momento.

Cuando llegaron las primeras fotografías, incluido el grabado discretamente estilizado de Tesla basado en su retrato más reciente, Martin pidió un anticipo. «Las guardaré o las pondré en una cámara de seguridad, si lo prefiere, hasta la hora de la publicación –prometió Martin–.

27. Thomas Commerford Martin a Nikola Tesla (17 de febrero de 1894) [MNT].

28. Pribić, N.: «Nikola Tesla: The Human Side of a Scientist», *Tesla Journal*, n.º 2-3, p. 25 (1982-1983).

29. Thomas Commerford Martin a Nikola Tesla (6 de febrero de 1894) [MNT].

30. Abrahams, H. J. *et al.* (eds.): *Selections from the Scientific Correspondence of Elihu Thomson*. Academic Press, Nueva York, 1971. p. 352.

Pero quiero tener una de las primeras como recuerdo histórico». Al mismo tiempo, Martin le explicó a Johnson que la Universidad de Nebraska había ofrecido a Tesla un doctorado honoris causa para celebrar su vigésimo quinto aniversario. «Le he instado a que acepte. Quiero que usted y la señora Johnson también ejerzan su influencia sobre él. Supongo que su hechizo es ahora muy potente para él, en la medida en que puede serlo el de cualquier mujer, al lado de sus hermanas».[31]

Es poco probable, sin embargo, que Tesla pensara mucho en conseguir un doctorado en la desconocida Universidad de Nebraska. Para una persona de su origen y educación, la oferta prácticamente no tenía sentido. Johnson pensaba que era más apropiado que una institución prestigiosa, como el Columbia College, le concediera tal honor. Tesla acababa de recibir la Medalla de Oro Elliott Cresson del Instituto Franklin por «su serio e infatigable trabajo como pionero en este campo, y por el gran valor para la ciencia de sus investigaciones».[32] De todos modos, esto no era lo mismo que un doctorado, por lo que Johnson le escribió a Hewey Fairfield Osborn, uno de los dignatarios de Columbia, instándolo a que le hicieran la oferta.

Johnson escribió:

> Sería particularmente apropiado que Columbia le otorgara un título, ya que su primera conferencia fue, si no me equivoco, pronunciada en el College, y, dado que la ciudad de Nueva York es el escenario de sus descubrimientos más importantes creo que realmente se puede afirmar que hay pocos hombres que ocupen esta posición única, tanto en la fase teórica como en la práctica del trabajo científico [...] En cuanto a su cultura general, puedo decir que él es ampliamente leído en la mejor literatura de Italia, Alemania y Francia, así como de gran parte de los países eslavos, por no hablar del griego y el latín. Le gusta especialmente la poesía y siempre cita a Leopardi [...] o a Goethe o a los húngaros o a los rusos. Conozco pocos hombres con tanta diversidad de cultura general o tanta precisión en sus conocimientos.

---

31. Thomas Commerford Martin a Robert Underwood Johnson (7 de febrero de 1894) [BBUC].

32. Tesla, N.: «Elliott Cresson Gold Medal Award», en Popović, V. *et al.: Tribute to Nikola Tesla: Letters, Articles, Documents*. Museo Nikola Tesla, Belgrado, 1961. p. D-5.

Johnson terminó la carta con una referencia a su carácter. Su personalidad, decía en el escrito, «es de distinguida dulzura, sinceridad, modestia, refinamiento, generosidad y fuerza».[33]

Como el profesor Osborn conocía bien a Tesla y había estado presente en la conferencia de Columbia, estuvo de acuerdo con Johnson y luego habló con Seth Low, el presidente de la universidad.

—Poulton me dice –dijo Osborn–, que Tesla recibió honores cuando estuvo en Inglaterra y Francia. Ciertamente no debemos permitir que ninguna otra universidad se nos adelante a la hora de honrar a un hombre que vive bajo nuestros propios ojos.

—¿No es un compatriota de Pupin? –preguntó Low.

—Sí, por supuesto. Fue a instancias del profesor Pupin y del profesor Crocker que Tesla habló aquí por primera vez.

—¿No se pelearon? preguntó el presidente con cautela.

—Me he enterado confidencialmente de que han surgido ligeras diferencias entre ellos, pero estoy seguro de que probablemente se solucionarán. En cualquier caso, parece haber pocas dudas de que Tesla es el electricista líder del país.[34]

A las pocas semanas, el inventor recibió un doctorado honoris causa por la Universidad de Columbia y poco después recibió un honor similar en la Universidad de Yale.

Tras haber recibido reconocimiento profesional entre sus pares, Tesla había llegado. publicaba artículos destacados en revistas prestigiosas y se codeaba con las figuras literarias y sociales más estimadas del momento.

---

33. Robert Underwood Johnson a Hewey Fairfield Osborn (7 de mayo de 1894) [BBUC].

34. Hewey Fairfield Osborn a Seth Low (30 de enero de 1894) [BBUC].

14
Niagara Power (1894)

*Un incidente puede ilustrar lo extraordinaria que era mi vida.
[Cuando era joven] estaba fascinado por una descripción de las
Cataratas del Niágara que había visto y me imaginaba una gran
rueda que corría junto a las cataratas. Le dije a mi tío que iría a
América y llevaría a cabo este plan. Treinta años más tarde, vi mis
ideas realizadas en el Niágara y me maravillé del insondable misterio de la mente.*

NIKOLA TESLA[1]

La conquista de Niágara no estaba asegurada en modo alguno. Dependía de factores muy específicos. El primer plan serio para aprovechar la
poderosa catarata, el plan Evershed, fue propuesto en 1886. Thomas
Evershed, un ingeniero civil que había trabajado en el canal Erie, había
concebido la idea de crear una compleja red de canales y túneles que
corrieran adyacentes a las cataratas, donde se colocarían doscientas ruedas hidráulicas y los molinos industriales que las acompañan. Probablemente estuvo reflexionando sobre el plan durante sesenta años, ya que
Evershed había trabajado como topógrafo en Niágara en su juventud,
allá por la década de 1840. Aunque la idea era atractiva, su implementación era costosa y peligrosa, ya que la mayor parte de los 14 kilómetros de excavación necesarios para los canales y los fosos de las ruedas
debían llevarse a cabo mediante voladuras de piedra; las estimaciones
ascendían a diez millones de dólares. Así pues, los funcionarios de la

---

1. Tesla, N.: *My Inventions: The Autobiography of Nikola Tesla.* Hart Brothers, Williston,
   Vermont, 1982. p. 48 (Trad. cast.: *Mis inventos.* Ediciones Obelisco, Barcelona,
   2022. p. 36).

Cataract Construction Company buscaron el consejo de destacados ingenieros e inventores.[2]

En 1889, Edison presentó un plan audaz que afirmaba que la corriente continua podría transmitirse a Búfalo, aproximadamente a 32 kilómetros de distancia. Dado que nunca se había conseguido transmitir cantidades apreciables de electricidad de corriente continua a una distancia superior a dos o tres kilómetros, esta sugerencia parecía muy optimista y la mayoría de los demás ingenieros, en particular Sprague y Kennelly, dos de los compañeros de trabajo de Edison, dudaban de ello. Westinghouse también dudaba de la viabilidad de transmitir energía eléctrica, y sugirió la implementación de un sofisticado sistema de cables y tubos de aire comprimido para transferir la energía hasta Búfalo.[3] Así, por estos motivos, los planes para aprovechar las cataratas se centraron en la mayoría de los casos en la construcción de un complejo industrial adyacente a las cataratas.

La transmisión de *energía* eléctrica a larga distancia iba sencillamente más allá de lo imaginable. Hay que recordar que lo que Edison generaba eran escasas cantidades de electricidad capaces de iluminar bombillas, y sólo cerca de la fuente de energía. Dado que su aparato de corriente continua todavía utilizaba un conmutador, era incapaz de transmitir cantidades apreciables de energía, aunque podía hacer funcionar algunos motores si se encontraban cerca del generador. Por eso la transmisión Lauffen-Frankfurt de 1891 fue tan sorprendente. Brown y Dobrowolsky no sólo habían superado, por un factor de aproximadamente cien, el récord de larga distancia de Edison, sino que también habían transmitido cantidades significativas de energía, un logro espectacular sin precedentes comparables.

Brown y Dobrowolsky habían tenido predecesores. Dos años antes, Sebastian Ziani de Ferranti, hijo de un músico italiano que vivía en Liverpool, había sido el primero en utilizar el aparato de Tesla en una planta de Depford. Ferranti, un brillante ingeniero con un talento que supuestamente rivalizaba con el de Edison, ya había realizado importantes

2. Adams, E. D.: *Niagara Power: 1886-1918.* Niagara Falls Power Co., Nueva York, 1927. pp. 148-149; Passer, H.: *The Electrical Manufacturers: 1875-1900.* Harvard University Press, Cambridge, Massachusetts, 1953. pp. 283-284.

3. Ibíd.

modificaciones en el aparato de corriente alterna Gaulard-Gibbs para Siemens Brothers y también para Ganz & Company en su sucursal de Londres. Su audaz idea fue crear una estación central a lo largo del Támesis para poder bombear electricidad a numerosas subestaciones alrededor de la ciudad.[4]

En 1889, Ferranti transmitió desde Depford una cantidad sin precedentes de 11 000 voltios a cuatro subestaciones situadas entre 10-11 kilómetros de distancia, donde se accionaban alternadores de 10 000 caballos de potencia.[5] Éste fue un logro magnífico, pero parece dudoso que mucha gente entendiera que se trataba del sistema de Tesla[6] o incluso que se hubiera logrado un verdadero éxito. De ninguna manera obtuvo la publicidad de la empresa Lauffen-Frankfurt, ni despertó la idea de difundir la energía de las Cataratas del Niágara más allá de sus alrededores.

Los logros iniciales de Westinghouse con la transmisión de energía eléctrica tampoco habían demostrado las capacidades del sistema de Tesla. En Telluride (Colorado) y junto a Stillwell, Shallenberger y Scott, había logrado transmitir 60 000 voltios de corriente alterna a una distancia de 6,5 kilómetros para hacer funcionar un motor Tesla de 100 caballos de potencia y había iluminado la Feria Mundial de Chicago de 1893. Ambos fueron grandes triunfos, pero ninguno demostró que la energía eléctrica pudiera transmitirse a largas distancias. En resumen, sin el éxito de Lauffen-Frankfurt, no habría habido pruebas de que la corriente alterna fuera capaz de atravesar los 32 kilómetros que separan Niágara de Búfalo, y mucho menos desde Niágara hasta la ciudad de Nueva York, que se encuentra a unos 500 kilómetros de distancia. Por eso los patrocinadores financieros del proyecto Niágara enviaron a Edward Dean Adams, presidente de la Cataract Construction Company, a Europa para reunirse con Brown y Dobrowolsky, y por eso Dobrowolsky insinuó que

4. Hughes, T.: *Networks of Power*. Johns Hopkins University Press, Baltimore, 1983. pp. 97-98, 238-239.

5. Fleming, A.: «Nikola Tesla», en Popović, V. *et al.*: *Tribute to Nikola Tesla: Letters, Articles, Documents*. Museo Nikola Tesla, Belgrado, 1961. p. A-222.

6. En *Networks of Power* (Johns Hopkins University Press, Baltimore, 1983), Hughes escribió: «Es difícil entender por qué él [Ferranti] y sus patrocinadores financieros dieron un salto tan grande más allá del estado de la tecnología existente en su proyecto de Depford». Hughes, reacio a darle crédito inequívoco a Tesla, no pudo establecer la conexión.

el invento era suyo. No había pruebas físicas de lo contrario, ya que claramente él y Brown habían sido los primeros y únicos ingenieros en llevar a cabo tal hazaña.

Adams, de la firma Winslow, Lanier & Company (Boston) era un hombre delgado y de aspecto amable, con ojos grandes y redondos, cabeza pequeña, rostro de adolescente y un gigantesco bigote en forma de manillar. Comenzó su relación con Charles Lanier, antiguo asociado de J. P. Morgan, en 1881. En su camino hasta convertirse en socio de pleno derecho, Adams fue incluido en la junta directiva de varios ferrocarriles importantes, incluido el Northern Pacific Railroad de Henry Villard y el New York, Ontario and Western Railroad, con líneas que partían de Búfalo hasta la ciudad de Nueva York.[7] También formó parte de la junta directiva de la Edison Electric Light Company, como su segundo mayor accionista.

En 1889, Adams, junto con Villard, que estaba intentando unir todas las principales compañías eléctricas en una gran corporación, intentó reducir la costosa disputa sobre patentes de bombillas entre Edison y Westinghouse haciendo que lo discutieran entre ellos, pero, por supuesto, Edison no quería formar parte de tal acuerdo.[8]

Como presidente de la Cataract Construction Company, Adams vendió sus acciones en la empresa Edison para poder ser imparcial en sus investigaciones, y en 1890 «estableció la Comisión Internacional del Niágara, con sede en Londres […] Su intención era consultar con destacados científicos e ingenieros europeos y examinar las técnicas más avanzadas de energía hidráulica [aire comprimido], una rama de la ingeniería en la que Suiza destacaba».[9]

En 1890, Adams viajó a Europa con el Dr. Coleman Sellers, otro ejecutivo de la Cataract Construction Company, donde se reunieron con ingenieros en Francia, Suiza e Inglaterra. En Londres visitaron a Ferranti en su central eléctrica de Depford; también se reunieron con el profesor Rowland, que había viajado desde la Universidad Johns Hopkins, y con

---

7. Satterlee, H. L.: *J. Pierpont Morgan: An Intimate Portrait*. Wiley, Nueva York, 1939. pp. 194, 221, 228, 269, 300, 307, 325.

8. Conot, R.: *A Streak of Luck: The Life and Legend of Thomas Alva Edison*. Bantam Books, Nueva York, 1980. p. 340.

9. Passer, H.: *The Electrical Manufacturers: 187-1900*. Harvard University Press, Cambridge, Massachusetts, 1953. p. 285.

Gisbert Kapp, editor de ingeniería eléctrica y autor del texto clásico *Electrical Transmission of Energy*. Rowland argumentó a favor de la corriente alterna y Kapp recomendó a C. E. L. Brown como el ingeniero más destacado para llevar a cabo el proyecto. Estaba establecido en la Maschinenfabrin Oerlikon Works en Suiza. Adams telegrafió a J. Pierpont Morgan, que se encontraba en París, para sugerirle que regresara a Suiza para reunirse con Brown. Morgan aceptó.[10]

Antes de salir de Inglaterra, Adams se reunió con sir William Thomson (lord Kelvin), a quien puso a cargo de la Comisión Internacional del Niágara, y se creó un concurso que otorgaba premios en efectivo por un total de 20 000 dólares a los mejores planes presentados para aprovechar las cataratas. L. B. Stillwell, que se encontraba en Londres con H. H. Byllesby, en la sucursal de Westinghouse, telegrafió a Pittsburgh para solicitar permiso para competir ofreciéndole a Adams un plan basado en el sistema de Tesla; pero Westinghouse rechazó la idea porque no quería regalar 100 000 dólares en consejos por una suma tan insignificante.

De las veinte propuestas presentadas, la mayoría se referían a equipos hidráulicos y de aire comprimido. «De los seis planes eléctricos, cuatro utilizaban corriente continua [uno] proponía [corriente alterna] monofásica, pero "los detalles no se describían con detalle". El plan restante, del profesor George Forbes, defendía la instalación polifásica».[11] Forbes, que era profesor de Glasgow y que más tarde fue contratado como ingeniero consultor de la Niagara Power Company, escribió a la comisión: «Será algo sorprendente para muchos, como confieso al principio, descubrir como resultado de un examen exhaustivo e imparcial del problema que la única solución práctica reside en la adopción de generadores y motores de corriente alterna [...] La única [forma viable] es el motor Tesla fabricado por la Westinghouse Electric Company y que yo mismo he sometido a varias pruebas en su fábrica de Pittsburgh».[12]

Aunque inicialmente fue rechazado por la comisión, el informe de Forbes llamó la atención de Adams. Sin embargo, éste fue a Suiza para

---

10. Adams, E. D.: *Niagara Power: 1886-1918*. Niagara Falls Power Co., Nueva York, 1927. pp. 173, 176, 185.

11. Scott, C. F.: «Nikola Tesla's Achievements in the Electrical Art», *AIEE Transactions* (1943) [archivos de la Westinghouse Corp.].

12. Ibíd.

reunirse con C. E. L. Brown, quien rechazó las ofertas para encabezar el proyecto Niágara.

El emisario de Morgan era Francis Lynde Stetson, un abogado que también formaba parte de la Cataract Construction Company. Lo enviaron a Suiza y Londres para revisar la tecnología predominante en su empresa, General Electric, pero empezaba a resultar evidente que todas las patentes principales eran propiedad de Westinghouse. En Tivoli, donde había cascadas de cien metros de altura, Ganz & Company (Budapest), otra empresa vinculada a Westinghouse, estaba construyendo una planta hidroeléctrica para transmitir electricidad a Roma, que se encontraba a casi treinta kilómetros de distancia, y en Portland (Oregón), en Willamette Falls, Westinghouse también transmitía miles de voltios de corriente alterna a distancias de veinte kilómetros. Aunque Kelvin se puso del lado de Edison al insistir en que la corriente continua era superior, Adams ahora sabía que Westinghouse tenía las mejores cartas.[13]

En Estados Unidos, sin embargo, y desde el punto de vista de General Electric, el resultado no era tan evidente. El Pánico de 1893 había pasado factura y Charles Coffin, director ejecutivo de General Electric, se vio obligado a despedir «sin piedad» a un gran número de sus trabajadores y recortar los salarios de muchos otros. No sólo había caído drásticamente la producción de equipos eléctricos, sino que las luchas internas entre los campos de Edison y Thomson habían alcanzado su punto máximo.[14] Aunque Thomson y Steinmetz se dieron cuenta de que la corriente alterna era muy superior a la corriente continua, no pudieron garantizarle a Coffin que podrían idear equipos mejores que los de Tesla. Desesperado por competir, parece que Thomson envió un memorando a E. G. Waters, director general de la planta de General Electric en Pittsburgh, con el fin de reclutar a un informante que trabajara para Westinghouse.[15]

Al darse cuenta de que faltaban planos, Westinghouse acusó a General Electric de espionaje industrial y se presentaron cargos contra la plan-

---

13. Ibíd., pp. 179-187.

14. Woodbury, D.: *Beloved Scientist: Elihu Thomson*. McGraw-Hill, New York, 1944. p. 214.

15. *Electrical World*, p. 603 (25 de mayo de 1895).

ta de Thomson en Lynn, donde un *sheriff*, actuando por orden judicial, encontró los documentos faltantes. Los funcionarios de General Electric afirmaron que su interés era ver si Westinghouse estaba pirateando sus bombillas protegidas, y el jurado se dividió seis a seis en la decisión. Westinghouse sospechaba que el culpable era un conserje, pero el hombre nunca fue procesado.[16]

Simultáneamente, Steinmetz y Thomson estaban presentando solicitudes de patente para un motor de corriente alterna que utilizaba una «corriente teaser» en lugar de una polifásica completa,[17] pero para la oficina de patentes era evidente que el aparato estaba basado en el sistema de Tesla, y su solicitud de patente fue denegada. Esto no impidió que Thomson insistiera en que él era el verdadero inventor del sistema de corriente alterna, y en 1894, con la gran experiencia de Thomson, ideó un motor de inducción que en algunos aspectos era mejor al producido por Westinghouse.[18] ¡Irónicamente, incluso hasta hoy en día, las biografías de Elihu Thomson a menudo acusan a Tesla de piratería en lugar de lo contrario![19] Aunque General Electric fue juzgada por robar planos, durante los siguientes años continuaron pagando descaradamente, a través de Waters, a espías para obtener información de la planta de Westinghouse.

Sin embargo, el éxito de Westinghouse en Telluride y en la Feria Mundial de Chicago eliminó cualquier duda restante sobre a quién se le adjudicaría el contrato de Niágara. En los primeros meses de 1893, Forbes, Rowland y Sellers visitaron Pittsburgh para probar sus equipos, y en mayo de ese año se firmó el acuerdo con Westinghouse.

16. Passer, H.: *The Electrical Manufacturers: 1875-1900*. Harvard University Press, Cambridge, Massachusetts, 1953. p. 292.

17. Prout, H.: *George Westinghouse: An Intimate Portrait*. Wiley, Nueva York, 1939. p. 144.

18. Passer, H.: *The Electrical Manufacturers: 1875-1900*. Harvard University Press, Cambridge, Massachusetts, 1953. p. 298.

19. Woodbury, D.: *Beloved Scientist: Elihu Thomson*. McGraw-Hill, New York, 1944; Abrahams, H. J. *et al.* (eds.): *Selections from the Scientific Correspondence of Elihu Thomson*. Academic Press, Nueva York, 1971. Curiosamente, Passer, cuyo trabajo es una fuente muy importante para este acontecimiento, malinterpretó por completo el papel central de Tesla en el proyecto Niágara, a pesar de que tenía acceso a los archivos de General Electric y de Westinghouse. Passer no podía entender por qué el contrato fue otorgado a Westinghouse en lugar de a General Electric.

Como J. Pierpont Morgan era la fuerza principal detrás de General Electric, es interesante especular sobre por qué permitió que Westinghouse ganara la oferta. Al principio, cuando se firmó el contrato propiamente dicho, debido a que la operación era tan enorme (y debido a los vínculos de Morgan con General Electric), una gran parte del trabajo también fue entregada a General Electric. Westinghouse construyó «los generadores, el aparellaje y los equipos auxiliares de la central eléctrica General Electric obtuvo contratos para los transformadores, la línea de transmisión a Búfalo y el equipo para la subestación de allí».[20] Así, aunque Westinghouse obtuvo el mayor porcentaje, General Electric no quedó de ningún modo excluida, y de hecho acabó con un acuerdo de licencia que le dio su primer punto de apoyo legal sobre las patentes fundamentales de la otra compañía.

Morgan tenía vínculos estrechos con August Belmont, uno de los patrocinadores financieros de Westinghouse, y es posible que esta relación tuviera algo que ver con el acuerdo. Accedió en parte por su respeto a la comisión que Adams había creado y también por el consejo que recibió de su abogado William B. Rankine, que vivía en Búfalo y que había dedicado su vida a la empresa, y de su estrecho colaborador, Francis Lynde Stetson, quien habló a Morgan de la «atrevida promesa de Tesla [ya en 1890] de colocar 100 000 caballos de potencia en un cable y enviarlo 720 kilómetros en una dirección a la ciudad de Nueva York, la metrópoli del este, y 800 kilómetros en el en otra dirección hacia Chicago, la metrópoli del oeste para servir al propósito de estas grandes comunidades urbanas».[21]

En 1894, Tesla cogió el ritmo. El artículo de Martin publicado en el *Century* abrió las compuertas y un ejército de periodistas de periódicos y revistas se abalanzó sobre él. Ese año se encontrarían artículos sobre Tesla en publicaciones periódicas tan prestigiosas como *New Science Review*, *Outlook* y *Cassier's Magazine*; *McClure's* y *Review of Reviews* anunciaron con atrevimiento que Tesla era el autor de los descubrimientos que se

20. Passer, H.: *The Electrical Manufacturers: 1875-1900*. Harvard University Press, Cambridge, Massachusetts, 1953. p. 292.

21. Francis Lynde Stetson, citado en DeLancey, R. (ed.): *Memorabilia of William Birch Rankine of Niagara Falls, New York*. Power City Press, Niagara Falls, Nueva York, 1926. p. 28.

encontraban detrás de «la empresa eléctrica más grande del mundo»[22] y el *The New York Times* lo presentó en un artículo de cuatro columnas con un gran retrato estilizado y un informe en profundidad de sus filosofías y creaciones más recientes.[23] Al año siguiente, el *The New York Times* escribió: «A Tesla corresponde el honor indiscutible de ser el hombre cuyo trabajo hizo posible esta empresa [...] No podría haber mejores evidencias de las cualidades prácticas de su genio inventivo».[24]

Desde que se firmaron los contratos con Westinghouse y General Electric, Adams ya no tuvo que fingir ser imparcial; ahora era libre de buscar empresas comerciales. Viajó a Nueva York para visitar a Tesla en su laboratorio, y allí Tesla le mostró los nuevos osciladores mecánicos y eléctricos del inventor y un nuevo y revolucionario sistema de iluminación de corriente alterna que era muy superior al existente. Adams ofreció a Tesla 100 000 dólares por una participación mayoritaria en «catorce patentes estadounidenses, muchas patentes extranjeras» y cualquier invención futura que Tesla pudiera concebir. El inventor aceptó la propuesta.[25] En febrero de 1895, se anunció formalmente la creación de la Nikola Tesla Company, cuyos directores eran Tesla, Alfred S. Brown de Nueva York, Charles Coaney de Nueva Jersey, William B. Rankine de Búfalo y Edward D. Adams y Ernest, su hijo, de Boston.[26]

Tesla había llegado al santuario interior del mundo empresarial. Ahora tenía en su junta directiva a dos de los miembros más importantes del proyecto Niágara, y contaba con al menos media docena de inventos completamente nuevos, cada uno de los cuales tenía el potencial de crear industrias completamente nuevas. Parecía que sus osciladores mecánicos iban a sustituir a la máquina de vapor; sus osciladores eléctricos eran intrínsecos a su sistema de iluminación fluorescente, control remoto y su ahora secreto trabajo en transmisión sin hilos, y también tenía otras ideas, como su trabajo en inteligencia artificial, producción de ozono, «refrigeración y fabricación baratas de aire líquido, fabricación de fertili-

22. «Nikola Tesla and His Works», *Review of Reviews*, p. 215 (8 de agosto de 1894).

23. «Nikola Tesla and His Works», *The New York Times*, p. 20:1-4 (30 de septiembre de 1894).

24. «Nikola Tesla and His Works», *The New York Times*, p. 10:5 (16 de julio de 1895).

25. Nikola Tesla a John Jacob Astor (6 de enero de 1899) [MNT].

26. «The Nikola Tesla Company», *Electrical Engineering*, p. 149 (13 de febrero de 1895).

zantes y ácido nítrico a partir del aire».[27] Sin embargo, en gran medida, todos estos inventos estaban todavía en sus etapas de desarrollo, y el punto fuerte de Tesla nunca estuvo en la fabricación. Aparentemente, consiguió patrocinadores gracias a su trayectoria en corriente alterna y a la promesa que encerraban su luz fría y varios osciladores. Pero su verdadero interés, su pasión, seguía siendo la transmisión sin hilos de energía, y la mayor parte de su tiempo lo dedicaba a ese proyecto.

27. Nikola Tesla a John Jacob Astor (6 de enero de 1899) [MNT].

15
Gloria resplandeciente (1894)

Querido Sr. Tesla:
    A principios de 1894, le dije a nuestro amigo común T. C. Martin, que su libro The Inventions, Researches, and Writings of Nikola Tesla *seguiría considerándose un clásico dentro de cien años. No he cambiado de opinión [...] Definitivamente, la aplicación de los principios allí enunciados por primera vez ha cambiado para mejor la vida de este planeta.*

D. McFarlan Moore[1]

En febrero de 1894, Tesla acudió junto con T. C. Martin al laboratorio de Bettini, un inventor que había avanzado el trabajo de Edison en la perfección del fonógrafo. «Quiere mostrarte su maravillosa colección de cilindros de canciones: Madam Melba, deReszke, Salvini y Bernhardt. Él también desea el honor de escuchar tu voz»,[2] escribió Martin.

Durante este tiempo, Martin continuó enviando reseñas de *Book News*, *Physics Review* y *London Electrician*. «Los elogios de sir Herbert [Spencer] suponen realmente un elogio. Gracias por continuar con la traducción al ruso; la edición alemana se vende como la nuestra»,[3] escribió el editor.

En el ámbito local, Tesla había formado una nueva empresa con dos de los coordinadores del proyecto Niágara y ahora centraba su atención en diseñar un sistema sin hilos que fuera capaz de transmitir luz, información y energía eléctrica. Por tanto, el inventor trabajó para perfeccio-

---

1. Daniel McFarlan Moore a Nikola Tesla (13 de junio de 1931), en Popović, V. *et al.*: *Tribute to Nikola Tesla: Letters, Articles, Documents*. Museo Nikola Tesla, Belgrado, 1961. p. LS-41.
2. Thomas Commerford Martin a Nikola Tesla (6 de febrero de 1894) [algunas paráfrasis para facilitar la lectura].
3. Thomas Commerford Martin a Nikola Tesla (7 de mayo de 1894).

nar sus osciladores mecánicos y eléctricos, así como sus lámparas de vacío. El oscilador mecánico podría convertir eficientemente vapor en energía eléctrica, el oscilador eléctrico podría producir las frecuencias necesarias para la transmisión de energía y las bombillas fluorescentes sin hilos podrían iluminarse al alcanzar las longitudes de onda correctas capaces de generar luz. Según la teoría de Tesla, si se pudiera hacer que el éter oscilara 500 billones de veces por segundo, se crearía luz pura. Por debajo de esa cifra se producía calor.[4]

T. C. Martin continuó desempeñando un papel parecido al de un gerente. En primavera organizó una sesión para el inventor ante el escultor Wolff y, para consternación de Tesla, también organizó una entrevista con S. S. McClure, el conocido editor de la revista. Tesla tenía demasiados eventos en su calendario, pero T. C. insistía.

«No puedo cancelar la entrevista con McClure después de vuestra cena, que simplemente hizo que estuviera más ansioso que nunca por el artículo», escribió Martin. Terminando la misiva con el habitual elogio, Martin escribió: «Ahora sabe personalmente lo que antes sabía sólo de oídas, es decir, que tú eres un gran hombre y una buena persona. Te perdono tu sonrojo».[5]

Al *Century* le llevó casi un año completar su propio artículo y organizar las fotografías de las personas célebres que acudieron al 33-35 de Quinta Avenida Sur, pero finalmente en abril de 1895 apareció el siguiente artículo de Martin. Incluso hoy en día, más de un siglo después, sigue siendo un testimonio espectacular del legendario laboratorio del mago, porque no sólo mostraba muchos inventos y predicciones fascinantes, sino que también presentaba deslumbrantes fotografías de exposición múltiple de estrellas de la época como el actor Joseph Jefferson, el poeta F. Marion Crawford y el mago Nikola Tesla. «El artículo de Martin debe leerse con mucha atención para ser apreciado»,[6] escribió Tesla a Johnson.

Con treinta y cinco hogares iluminados con gas y todos iluminados con electricidad, el mercado estaba preparado para contar con una fuen-

---

4. Martin, T. C.: «Tesla's Oscillator and Other Inventions», *Century* (abril de 1895), en Popović, V. *et al.*: *Tribute to Nikola Tesla: Letters, Articles, Documents*. Museo Nikola Tesla, Belgrado, 1961. pp. A-11-32.

5. Thomas Commerford Martin a Nikola Tesla (18 de julio de 1895).

6. Nikola Tesla a Robert Underwood Johnson (4 de diciembre de 1894) [BBUC].

te más eficiente. Sin embargo, las lámparas fluorescentes de Tesla todavía se encontraban en una etapa experimental, como lo demuestra el time-lapse de diez minutos de Mark Twain tomado para el artículo de Martin.[7] La historia de la dinamo de vapor de Tesla fue análoga. Según las cifras de Martin, nueve de cada diez dinamos del país eran impulsadas por vapor, mientras que las restantes obtenían su energía del aire comprimido, de ruedas hidráulicas o de gasolina. Dado que el oscilador de Tesla era cuarenta veces más eficiente que la dinamo de vapor predominante, parecía que la comercialización de este producto sería muy rentable. Pero, nuevamente, el dispositivo no estaba totalmente perfeccionado y, por lo tanto, aún no se podía comercializar. De todos modos, era revolucionario y Tesla se puso en contacto con Babcock & Wilcox para comenzar a fabricar prototipos.

En octubre de 1894, ante un gran número de médicos e ingenieros de la Asociación Americana de Electroterapia, Tesla utilizó el oscilador para generar electricidad para más de cincuenta lámparas incandescentes y tubos de vacío. Además, «se mostraron luces de arco en funcionamiento». Naturalmente, el oscilador también generó las frecuencias extremadamente altas necesarias para generar efectos electroterapéuticos beneficiosos.[8]

Al perfeccionar su teoría sobre la comunicación sin hilos, el inventor se dio cuenta de que la energía eléctrica podía transmitirse de dos maneras claramente diferentes, una como radiación a través del aire y la otra como conducción a través del suelo. Hoy esta diferencia corresponde a la radio FM y AM.[9] (Como experimento para demostrar que la FM viaja principalmente a través del aire y la AM principalmente a través o a lo largo del suelo, dirige tu automóvil a un paso subterráneo y enciende la radio. Si escuchas una emisora de AM, probablemente oigas interferencias, mientras que una emisora de FM suena alta y clara). En palabras de

---

7. Martin, T. C.: «Tesla's Oscillator and Other Inventions», en Popović, V. *et al.*: *Tribute to Nikola Tesla: Letters, Articles, Documents.* Museo Nikola Tesla, Belgrado, 1961. p. A-20.

8. «An Evening in Tesla's Laboratory», *Electrical Engineering*, pp. 278-279 (3 de octubre de 1894).

9. En la AM (amplitud modulada), el tamaño de las ondas es mayor, mientras que en la FM (frecuencia modulada) las ondas tienen un intervalo de tiempo más corto. Las ondas de radio transmitidas por AM son más grandes y tienen mayor alcance. *(N. del T.)*

Tesla, «Cuando mostraba mis experimentos a una audiencia, podía pasar que cuando quería operar circuitos individuales con algunos dispositivos, más de un circuito respondía, y la gente me llamaba la atención sobre esto [...]. Entonces tengo que decir que los circuitos no estaban sintonizados cuidadosamente».[10] Así, el inventor centró su atención en el problema de crear canales separados.

Tras estudiar las teorías de Herbert Spencer sobre las fuerzas resultantes y la conducción nerviosa,[11] Tesla comenzó a darse cuenta de que podía diseñar un tubo de vacío que respondería sólo cuando se activara una combinación precisa de dos o más circuitos. Una de las lámparas en poder de Twain se iluminaba de esta manera, su circuito dual activado por un circuito dual correspondiente creado por dos cables tendidos alrededor de la habitación. Al igual que la combinación de un bloqueo de seguridad, esta invención no sólo explica el mecanismo que hay detrás de la sintonización de diferentes estaciones de radio, sino también el principio que hay detrás de los codificadores de teléfono y televisión. De esta manera, Tesla alcanzó «la exclusividad y la no interferencia de los impulsos».[12]

Transmitir mensajes de un circuito exterior a un circuito interior a seis metros de distancia era una cosa; enviar información a largas distancias era un asunto completamente diferente. Hacía varios años que Tesla se había dado cuenta de que la Tierra tenía carga y, por lo tanto, decidió *utilizar el propio planeta* como portador de energía eléctrica. Si esto fuera así y se pudieran crear canales individualizados, las líneas de transmisión parecerían superfluas. Por lo tanto, comenzó a construir muchas bobinas de diferentes tamaños para conectarlas a tierra (generalmente a través del sistema de distribución de agua) para determinar el período de frecuencia terrestre.

Con un oscilador construido para este propósito, Martin escribió: «Si bien aún no ha determinado realmente la carga eléctrica [precisa] o "capacidad" de la Tierra, ha obtenido efectos sorprendentes que demuestran de manera concluyente que ha logrado perturbarla. [Cuando sus oscilaciones] están en armonía con las vibraciones individuales [de la Tierra],

10. «Nikola Tesla vs. Reginald A. Fessenden», *Interference*, vol. 21, n.º 701, p. 20 (16 de abril de 1902) [documentos de George Scherff, BBUC].

11. Spencer, H.: *The Principles of Biology*. Appleton, Nueva York, 1896.

12. «Nikola Tesla vs. Reginald A. Fessenden», p. 19; «The Transmission of Electrical Energy Without Wires As a Means for Furthering Peace», *Electrical World*, pp. 21-24 (enero de 1905).

se consigue una vibración intensa».[13] Martin finalizó el artículo sugiriendo que con este dispositivo no sólo se podría transmitir información y energía, sino que también se podría modificar el clima. «Quizás algún día "llamaremos" a Marte de esta manera, utilizando la carga eléctrica de ambos planetas como señales», concluyó Martin, citando el deseo de Tesla al final de la exposición.[14]

Clasificar a Tesla era cada vez más difícil. Martin lo retrató de diversas maneras: como un inventor práctico, como un mago y como un iconoclasta; los críticos lo retrataban como «un entusiasta visionario poco práctico».[15] «Sus inventos ya demuestran cuán brillantemente capaz es —informó un periódico—, pero sus «proposiciones parecen el sueño imperial de un loco».[16]

«Uno, naturalmente, se siente decepcionado porque hasta ahora no se ha conseguido nada práctico de las magníficas investigaciones experimentales con las que Tesla ha deslumbrado al mundo»,[17] escribió el teniente F. Jarvis Patten en *Electrical World*. Pero no podían ignorarse sus sólidos logros en las Cataratas del Niágara. El artículo concluía:

> Ante el público en general, se presenta como un inventor fenomenal del mundo oriental, del que se espera poco menos que llevara la lámpara de Aladino en la mano, lo que, por supuesto, es un error y una injusticia tanto para el público como para el Sr. Tesla [...]. Sin duda tiene mucha importancia reservada para nosotros, pero nunca debe perderse de vista la diferencia entre la búsqueda de las verdades de la naturaleza en el laboratorio del físico y la reducción de los resultados obtenidos, por muy prometedores que sean, a una forma adecuada para uso comercial [...] Si algunos de los sueños que Tesla y otros acarician hoy se hacen realidad algún día, la magnitud del

13. Martin, T. C.: «Tesla's Oscillator and Other Inventions», *Century* (abril de 1895), en Popović, V. *et al.*: *Tribute to Nikola Tesla: Letters, Articles, Documents*. Museo Nikola Tesla, Belgrado, 1961. pp. A-31-32.

14. Ibíd.

15. «Nikola Tesla and His Works», *Review of Reviews*, p. 215 (8 de agosto de 1894).

16. «Tesla and Edison», *Watertower Times* (24 de abril de 1895) [TAE].

17. Patten, F. J.: «Nikola Tesla and His Work», *Electrical World*, p. 489 (14 de abril de 1894).

cambio resultante en la vida material del mundo simplemente desafía la imaginación.[18]

En Manhattan, Tesla pronto llamó la atención de Joseph Pulitzer, el inmigrante húngaro-alemán y propietario del *New York World*. Pulitzer envió a su periodista más moderno (Arthur Brisbane) a la entrevista. Brisbane, que ya era uno de los columnistas más leídos del país, hacía poco que había abandonado el *The New York Sun* de Charles Dana, pero a los treinta años, pronto también dejaría a Pulitzer para convertirse en el reportero jefe del prometedor *New York Journal* de William Randolf Hearst.[19] Conoció a Tesla en julio de 1894.

Dado que cenaba todas las noches en el restaurante Delmonico's, Delmonico le presentó al periodista «un joven muy apuesto con una barba negra puntiaguda». Brisbane escribió que «el señor Delmonico baja la voz cuando habla del señor Tesla, como la solían bajar los taxistas de Boston al hablar de John L. Sullivan».[20]

«El señor Tesla puede hacer cualquier cosa –sostuvo Delmonico–. Conseguimos que una noche jugara al billar. Nunca había jugado, pero nos había estado observando un rato. Se indignó mucho cuando supo que queríamos darle quince puntos. Pero no importó mucho, porque nos ganó a todos y se quedó con todo el dinero». Delmonico señaló que sólo jugaban cuartos, pero «no era el dinero lo que nos importaba, sino la forma en que estudia el billar en su cabeza y luego nos gana, aunque nosotros llevásemos practicado durante años».[21] Teniendo en cuenta que Tesla era muy diestro en el deporte y había mantenido astutamente esa

---

18. Ibíd., pp. 496-499.

19. El término «prensa amarilla» fue acuñado por el *New York Press* en 1897 para referirse al trabajo de Pulitzer en el *New York World* y de Hearst en el *New York Journal*. Ambos periódicos fueron acusados por otras publicaciones más serias de exagerar determinadas noticias para aumentar las ventas y de pagar a los implicados para conseguir exclusivas. El nombre de «prensa amarilla» se debe a «The Yellow Kid», un personaje de una tira cómica que aparecía en ambos periódicos; *yellow* se puede traducir como «amarillo» o como «cobarde». *(N. del T.)*

20. John Lawrence Sullivan (1858-1918) fue un boxeador estadounidense, el último campeón en boxear con las manos desnudas y el primero con guantes. Fue el primer deportista del país en ganar más de un millón de dólares. *(N. del T.)*

21. Brisbane, A.: «Our Foremost Electrician», *New York World* (suplemento dominical del 22 de julio de 1894).

información como confidencial, la historia resulta aún más interesante. Tesla podría engañar, sobre todo en cuestiones pecuniarias.

Aunque el artículo parecía algo inconexo y redundante, describía acertadamente los hábitos y la apariencia de Tesla en ese momento. Tesla cenaba a menudo en el popular establecimiento, donde elegía siempre una mesa junto a la ventana y habitualmente leía un periódico. Brisbane describió los ojos de Tesla «situados muy atrás en su cabeza. Son más bien claros. Le pregunté cómo podía ser eso en un eslavo. Me dijo que sus ojos alguna vez fueron mucho más oscuros, pero que emplear mucho su mente había hecho que tuvieran tonos más claros». Esto confirmaba una teoría sobre el uso del cerebro y el color de ojos de la que Brisbane había oído hablar.

Brisbane continuó escribiendo que Tesla «se encorva; la mayoría de los hombres lo hacen cuando no tienen sangre de pavo real. Vive ensimismado». Y, sin embargo, el artículo estaba ilustrado con el más fantástico grabado de cuerpo entero de Tesla de pie, bastante erguido, orgulloso como un pavo real, iluminado como un árbol de Navidad virtual.

Este reportaje a toda página sigue siendo uno de los retratos más espectaculares del inventor jamás creado e hizo que numerosas personas le preguntaran a Tesla qué se sentía al hacer pasar cantidades tan enormes de electricidad por todo su cuerpo. «Admito que me alarmé un poco cuando comencé estos experimentos, pero después de comprender los principios, pude proceder sin alarmarme»,[22] confesó Tesla.

Presionado para que diera más detalles varios años más tarde en el Club Harvard, el inventor respondió:

Cuando el cuerpo de una persona es sometido a la presión rápidamente alternante de un oscilador eléctrico de dos millones y medio de voltios, presenta una visión maravillosa e inolvidable. Se ve al experimentador de pie sobre una gran lámina de llamas feroces y cegadoras, con todo el cuerpo envuelto en una masa de descargas fosforescentes, como los tentáculos de un pulpo. Haces de luz sobresalen de su columna. Cuando extiende los brazos, rugientes lenguas de fuego saltan de sus dedos mientras miríadas de diminutos proyectiles salen disparados de él a tales velocidades que atraviesan las pare-

22. «Tesla's Triumphs», *St. Louis Daily Globe Democrat*, p. 4 (2 de marzo de 1893).

des contiguas. A su vez, está siendo bombardeado violentamente por el aire y el polvo circundante.[23]

Tesla se movía por una línea difícil y revelaba naturalezas contradictorias: un *showman* solitario frente a un *showman* natural. El interés de la prensa dificultaba la protección frente a la piratería. Quería revelar, con fines públicos e históricos, su objetivo general, pero tenía que mantener confidenciales detalles vitales. Un periodista que había pasado un día con «este amable mago de Washington Square» reveló que Tesla «me confió que estaba involucrado en varios experimentos secretos muy prometedores, pero que no podía insinuar aquí su naturaleza. Sin embargo, tengo el permiso del Sr. Tesla para decir que algún día se propone transmitir vibraciones a través de la Tierra para que sea posible enviar un mensaje desde un barco de vapor a una ciudad, por muy distante que sea, sin el uso de ningún cable».[24] Incluso los trabajadores de su laboratorio estaban al margen de los detalles de sus experimentos secretos.[25]

Después de calcular el tamaño del planeta y la hipotética longitud de onda de los rayos solares, Tesla construyó un transmisor con varios circuitos capaces de generar su carga eléctrica en la Tierra. Un extremo del instrumento estaba conectado al suelo a través del radiador o de la tubería de agua, mientras que el otro lo estaba a un cable que Tesla llevó al techo del edificio como conexión aérea. Con Díaz Buitrago, su dibujante, a cargo del transmisor, el inventor llevaba sus instrumentos receptores a una distancia de hasta ocho kilómetros. Sus primeros experimentos se llevaron a cabo en la azotea del Hotel Gerlach, a unas treinta manzanas del laboratorio. Con globos llenos de aire caliente, helio o hidrógeno para mantener la terminal (antena) levantada muy por encima de los edificios y un cable conectado a la tubería principal de agua del hotel, Tesla instaló sus receptores y comprobó que, en efecto, se podía conseguir energía eléctrica desde su transmisor.[26]

23. Tesla, N.: «Tuned Lightning», *English Mechanic and World of Science*, pp. 107-108 (8 de marzo de 1907).

24. Stephenson, W. T.: «Electrical Light of the Future», *Outlook*, pp. 384-386 (9 de marzo de 1895).

25. «Nikola Tesla vs. Reginald A. Fessenden», p. 14.

26. «Nikola Tesla vs. Reginald A. Fessenden», p. 89.

Si Tesla hubiera llevado a un periodista con él a alguna de estas excursiones, es muy posible que la historia generalmente aceptada de la invención de la transmisión sin hilos hubiera sido completamente diferente, porque en todos los años de Tesla, nunca demostró ante un organismo de observación ningún efecto a larga distancia sin hilos.

Aún a tres años de expresar los detalles de su trabajo sin hilos en solicitudes de patentes, Tesla había ocultado algunos de sus planes en patentes ya aseguradas sobre sus osciladores mecánicos y eléctricos redactadas en 1891 y 1893.[27] Esto suponía un problema para Michael Pupin, quien también estaba experimentando con los efectos de resonancia y la transmisión de mensajes simultáneos. Sin embargo, el objetivo de Pupin consistía en mejorar las líneas telefónicas y telegráficas ya existentes; no intentaba enviar mensajes sin ellas.

Pupin se dio cuenta de que espaciando equitativamente las pulsaciones de corriente alterna, la velocidad y el número de transmisiones podían aumentar considerablemente. Por desgracia, su propuesta de patente de febrero de 1894 fue fácilmente cubierta por los inventos existentes de Tesla y sus conferencias de alta frecuencia.[28]

Tesla había anunciado en Londres, en febrero de 1892, que «si la longitud de onda de los impulsos es mucho menor que la longitud del hilo, entonces las ondas cortas correspondientes reducirían en gran medida la capacidad haciendo posible enviar por el hilo corrientes de alta frecuencia a distancias enormes. Además, el carácter de las vibraciones no se vería muy afectado». La creación de una «pantalla» para «cortar el hilo en secciones más pequeñas» permitiría transmitir numerosos mensajes telefónicos a través del cable transatlántico.[29]

Estas patentes y estos anuncios publicados no disuadieron a Pupin. Sentía que había descubierto algo y comenzó una larga campaña contra la Oficina de Patentes de Estados Unidos en un intento de abrirse cami-

---

27. Patentes n.º 454.622, de 23 de junio de 1891; n.º 462.418, de 3 de noviembre de 1891, y n.º 514.168, de 6 de febrero de 1894, en Popović, V. *et al.* (ed.): *Nikola Tesla: Lectures, Patents, Articles*. Museo Nikola Tesla, Belgrado, 1956. p. P-221-227.

28. Documentos de Michael Pupin [BBUC].

29. Tesla, N.: «High Frequency and High Potential Currents» (febrero de 1892), en Martin, T. C. (ed.): *The Inventions, Researches, and Writings of Nikola Tesla*. The Electrical Engineer, Nueva York, 1894. p. 292.

no hasta conseguir un punto de apoyo legal. El premio, si lo lograba, sería enorme, ya que tendría derechos exclusivos sobre una forma de transmitir con éxito al mismo tiempo un gran número de conversaciones telefónicas y telegráficas de larga distancia sin interferencias a través de los mismos cables. El enemigo de Pupin era John Seymour, comisionado de patentes.

La primera estrategia del profesor de la Universidad de Columbia fue redactar una solicitud de patente. La presentó el 10 de febrero de 1894, afirmando: «Ciertamente me considero el primero en hacer una aplicación práctica de este principio a la telegrafía múltiple».[30]

La respuesta de Seymour unos meses más tarde fue que las «afirmaciones de Pupin son rechazadas por la disposición de aparatos mostrada por las patentes de Thomson y Rice y por el artículo de Tesla "Experiments in Alternating Currents"». Seymour también citó la página exacta y el número de figura, concluyendo que Pupin simplemente «había multiplicado los circuitos de luz eléctrica del Sr. Tesla», lo que de ninguna manera era un invento nuevo.[31]

Pupin contrató a un abogado para que le ayudara a redactar una circular de aspecto legalista y argumentó que, en efecto, había sido el inventor de la «técnica de distribuir energía eléctrica mediante corrientes alternas». El escrito mecanografiado, que parecía un documento judicial oficial, decía en parte lo siguiente: «Tesla produjo efectos luminosos y no consideró la señal múltiples [...]. No revela varios circuitos excitadores que actúan sobre la línea principal, con medios para sintonizar cada circuito excitador independientemente [...]. El solicitante fue el primero en aplicar el principio en el que se basan las reclamaciones e hizo algo más que simplemente multiplicar el circuito eléctrico de Tesla».[32]

Seymour respondió: «Las reclamaciones 1, 2 y 3 son nuevamente rechazadas. Es bien sabido que se pueden imprimir simultáneamente varias periodicidades sobre la misma línea [...]. El examinador no puede ver en estas afirmaciones más que una multiplicación del circuito de Tesla de una manera bien entendida».[33]

---

30. Documentos de Michael Pupin (21 de diciembre de 1894) [BBUC].

31. Documentos de Michael Pupin (23 de agosto de 1895) [BBUC].

32. Documentos de Michael Pupin (21 de mayo de 1895) [BBUC].

33. Documentos de Michael Pupin (25 de julio de 1895) [BBUC].

Pupin se mostró inflexible. Estaba convencido de que había sido el primero en inventar lo obvio y, además, de que tenía todo el derecho a utilizar los osciladores de Testa, ya que estaba generalmente aceptado que eran generadores de frecuencia óptima para transmisiones eléctricas a larga distancia. Tras estudiar cada notificación de rechazo de la Oficina de Patentes de Estados Unidos, Pupin siguió perfeccionando el lenguaje de su patente para intentar encontrar una manera que le asegurara un punto de apoyo legal. Además, siguió convenciéndose a sí mismo de que, en efecto, este invento era suyo.

Alterando la historia en su mente y borrando a Tesla, Pupin continuó su batalla para asegurar esta patente altamente lucrativa sobre los medios para transmitir muchos mensajes simultáneos a largas distancias. Su batalla prosiguió durante otros seis años, hasta que John Seymour se jubiló.

El año 1894 fue excepcional. En julio apareció en el *New York World* el espectacular retrato de Tesla. Tuvo una importante cobertura en *Electrical World*, *The New York Times* y *Review of Reviews*, y su sistema polifásico de corriente alterna se iba a utilizar en las Cataratas del Niágara. Tesla se había asociado con financieros de Wall Street, había invitado a los gigantes históricos de su época a su lugar de trabajo y había realizado notables mejoras en los experimentos de comunicación sin hilos.

El año acabó con una invitación de Tesla a los Johnson para que fueran a su negocio. «Querido Luka: espero que no hayas olvidado la visita a mi laboratorio mañana. Dvořák estará allí, así como otras celebridades de la élite estadounidense»,[34] escribió el 21 de diciembre.

Anton Dvořák, quince años mayor que Tesla, había emigrado de su Checoslovaquia natal en 1892 para ser nombrado director del Conservatorio Nacional de Música. Eternamente nostálgico, Dvořák sólo permaneció en Estados Unidos tres años, pero durante ese tiempo compuso algunas de sus obras más famosas, en particular la *Sinfonía del Nuevo Mundo*. Después de la actuación, Dvořák visitó el laboratorio del mago. La Navidad y la Nochevieja con los Johnson completarían un año verdaderamente extraordinario.

---

34. Nikola Tesla a Robert Underwood Johnson (21 de diciembre de 1894) [BBUC].

16
Fuego en el laboratorio (1895)

La destrucción del taller de Nikola Tesla, con su maravilloso contenido, supone algo más que una calamidad personal. Es una desgracia para el mundo entero. No es en absoluto exagerado decir que los hombres que viven en esta época y que son más importantes para la raza humana que este joven caballero se pueden contar con los dedos de una mano; tal vez con el pulgar de una mano.

CHARLES DANA[1]

Era «una hermosa tarde de domingo de 1894», mientras Tesla paseaba por la Quinta Avenida con D. McFarlan Moore, de veinticinco años, un colega muy prometedor en el campo de la iluminación fluorescente, cuando el sabio serbio «se detuvo deliberadamente» y proclamó pensativamente: «Moore, después de haber enviado señales desde cualquier punto a cualquier punto de la Tierra, el siguiente paso será enviar señales a otros planetas».[2]

Antes de que el inventor pudiera emprender una tarea tan enorme, primero tenía que perfeccionar los efectos sin hilos a largas distancias en la Tierra. Uno de sus planes era enviar mensajes desde su laboratorio a un equipo receptor que iba a colocar en un barco de vapor en el río Hudson.[3] Por desgracia, el 13 de marzo de 1895, el laboratorio de Tesla se

---

1. Dana, C.: «The Destruction of Tesla's Workshop», *The New York Sun* (13 de marzo de 1895), en Popović, V. *et al.*: *Tribute to Nikola Tesla: Letters, Articles, Documents*. Museo Nikola Tesla, Belgrado, 1961. p. LS-18.

2. Daniel McFarlan Moore a Nikola Tesla (13 de junio de 1931), en Ibíd. p. LS-41.

3. O'Neill, J. J.: *Prodigal Genius: The Life of Nikola Tesla*. Ives Washburn, Nueva York, 1944.

incendió por completo. «Todo el piso se derrumbó y el equipo cayó al segundo piso».[4]

Durante un fugaz momento, el mundo civilizado quedó en shock, porque la destrucción del taller del maestro supuso una tragedia de proporciones incalculables. Afortunadamente, Tesla no resultó herido, ya que en ese momento estaba durmiendo en su hotel. «Dos paredes de ladrillo tambaleantes y las fauces abiertas de una sombría cavidad cubierta de aguas negras y petróleo era todo lo que se podía ver [esa fatídica mañana] de un laboratorio que para todos los que lo habían visitado era uno de los lugares más interesantes de la Tierra».[5]

Este «gran hombre venidero que vive su vida como en un sueño, olvidándose del lapso de tiempo y viviendo sólo para el futuro [estaba a punto de] revolucionar los costes y las economías del alumbrado eléctrico, y ponerlo al alcance de las personas más humildes y pobres [...]. Que todas sus innumerables maravillas sean arrasadas de un solo golpe es una calamidad para el mundo entero, así como para él»,[6] señaló *Current Literature*. Quizás en parte para ayudar a animar a Tesla y «en honor del pionero serbio-estadounidense de las comunicaciones eléctricas, la Unión Postal-Telegráfica de Serbia causó sensación al conectar por teléfono un concierto simultáneo en Belgrado y Nis para que ambas audiencias pudieran oírlo».[7]

«El laboratorio de Tesla era, en cierto sentido, un museo privado. El propietario guardaba en él muchos recuerdos de trabajos y experimentos pasados», escribió T. C. Martin. Después de describir en detalle su contenido, Martin concluyó: «Quizás la pérdida más dolorosa de todas sea la destrucción de las notas y los papeles de Tesla. Su memoria es muy buena e ilumina cualquier experimento del pasado con el poder revelador de una linterna, pero el tiempo que necesitará el inventor para recrear sus investigaciones en curso también les costará a otros experimentadores años de sudor y dolor [De todos modos,] mientras las cenizas de

4. Ratzlaff, J. T. *et al.*: *Dr. Nikola Tesla Bibliography, 1884-1978*. Ragusen Press, Palo Alto, California, 1979. p. 34.

5. Martin, T. C.: «The Burning of Tesla's Laboratory», *Engineering Magazine*, pp. 101-104 (abril de 1895).

6. «A Calamitous Fire», *Current Literature* (mayo de 1895) [TAE].

7. Petrović, M. B.: *A History of Modern Serbia: 1804–1918*, 2 vols. Harcourt Brace Jovanović, Nueva York, 1976. p. 523.

sus esperanzas permanezcan calientes, Tesla volverá a trabajar con firme determinación».[8]

El estrés era enorme y Tesla se armó de valor para luchar contra la depresión. Un periódico informó que sufrió un «colapso físico».[9]

Para ayudarlo a mantener alto el ánimo, Martin se reunió con el inventor en un café local para darle más copias gratuitas de su libro; es posible que también le diera dinero.[10] «Con la complacencia de Su Majestad –dijo el editor con una reverencia, tus experimentos se han repetido en Berlín bajo tu nombre con la ayuda del hermano del emperador, el príncipe Enrique. Si no recibieras un apoyo diario de mi parte, volverías a caer en el embotamiento, como pasa cuando te olvidas de tu dosis diaria de electricidad». La pareja se sentó a revisar el artículo de Martin sobre el incendio del laboratorio para poder hacer una descripción más precisa del contenido perdido.[11]

Westinghouse todavía se encontraba en medio de una batalla contra William Stanley, de William Stanley Company, y Elihu Thomson, de General Electric, por un litigio de patentes, ya que ambos continuaban produciendo ilegalmente motores de inducción de corriente alterna al tiempo que insinuaban que el invento era de su propio diseño. Juntas, ambas empresas vendieron 10 000 kilovatios más que Westinghouse en el período 1893-1897.[12] Según algunos expertos, sus motores y sus generadores eran más eficientes. Stanley, que continuó publicando descaradamente la venta de su sistema polifásico en anuncios en las revistas eléctricas, para entonces había ampliado su empresa de quince hombres a unos pocos centenares, mientras que General Electric tenía más del doble de trabajadores.

Envuelta en numerosas disputas sobre patentes, la Westinghouse Company decidió publicar un anuncio a página completa que proclama-

8. Martin, T. C.: «The Burning of Tesla's Laboratory», *Engineering Magazine*, pp. 101-104 (abril de 1895).

9. Ratzlaff, J. T. *et al.*: *Dr. Nikola Tesla Bibliography, 1884-1978*. Ragusen Press, Palo Alto, California, 1979. p. 34.

10. Abrahams, H. J. *et al.* (eds.): *Selections from the Scientific Correspondence of Elihu Thomson*. Academic Press, Nueva York, 1971. p. 352.

11. Thomas Commerford Martin a Nikola Tesla (20 de mayo de 1895; 21 de mayo de 1895; 28 de mayo de 1895) [MNT].

12. Passer, H.: *The Electrical Manufacturers: 1875-1900*. Harvard University Press, Cambridge, Massachusetts, 1953. p. 297.

ba «Westinghouse Electric & Manufacturing Company, únicos propietarios del sistema polifásico de Tesla».

El anuncio continuaba: «La novedad de los inventos del Sr. Tesla ha sido reconocida por el profesor Elihu Thomson, quien dijo al discutir los inventos de Tesla ante el Instituto Americano de Ingenieros Eléctricos en 1888: "Ciertamente he estado muy interesado en la descripción dada por el Sr. Tesla de su nuevo y admirable motor. Como probablemente sabrán, he trabajado en direcciones algo similares y hacia fines similares. Las pruebas que he llevado a cabo han sido mediante el uso de un circuito de corriente alterna único, no de un circuito alterno doble"».[13]

Aunque General Electric insinuó que el motor de Tesla era peligroso porque desprendía demasiadas chispas, no hay evidencias de que el incendio en el laboratorio de Tesla fuera causado por su equipo. Todo empezó en el piso de abajo, en una tintorería. Algunos investigadores insinuaron que un vigilante nocturno descuidado pudo haber sido el responsable, tal vez por fumar cerca de trapos aceitosos.[14]

Las estimaciones de las pérdidas no aseguradas alcanzaron el millón de dólares, pero el daño real probablemente se acercó más a los 250 000 dólares. O'Neill sugiere que Adams acudió al rescate adelantando 40 000 dólares a cambio de una parte de la empresa.[15] Sin embargo, Adams ya era socio, y, por lo tanto, tanto él como Tesla y los demás socios sufrieron pérdidas. Aun así, hay algunas pruebas de que Adams sí proporcionó más ayuda en ese momento.[16] Los royalties de Europa y los continuos y modestos pagos anuales de la Westinghouse Company ayudaron a compensar la desgracia, pero Tesla necesitaba recaudar ingresos adicionales para abrir un nuevo lugar.

---

13. Anuncio de la Westinghouse Electric & Manufacturing Company sobre el sistema polifásico de Tesla, publicado en *Review of Reviews*, p. viii (junio de 1895).

14. Ratzlaff, J. T. *et al.*: *Dr. Nikola Tesla Bibliography, 1884-1978*. Ragusen Press, Palo Alto, California, 1979. p. 34.

15. O'Neill, J. J.: *Prodigal Genius: The Life of Nikola Tesla*. Ives Washburn, Nueva York, 1944. p. 123. Con respecto a los gastos de Tesla, incluidas las pérdidas por el incendio y la construcción de otro laboratorio, Tesla escribió: «Antes de ver Colorado – creo que mi secretaria lo sabe– he gastado ciertamente no menos de 750.000 dólares» (Anderson, L. I. (ed.): *Nikola Tesla: On His Work With Alternating Currents and Their Application to Wireless Telegraphy, Telephony and Transmission of Power*. Sun Publishing, Denver, Colorado, 1992. p. 172).

16. Nikola Tesla a Robert Underwood Johnson (14 de febrero de 1895) [BBUC].

En particular, Tesla recibió varias cartas de miembros amigos de la Westinghouse Company. Earnest Heinreich, ingeniero y autor, escribió: «Me apresuro a expresarte mi más sincero pesar». Sin conocer la situación, continuó: «Confío en que estés bien asegurado y que muy pronto puedas encontrar otro lugar adecuado para continuar con tu trabajo».[17]

Tesla estaba inseguro, pero había generado demasiado impulso como para frenar su progreso. A los pocos días, estaba buscando nuevos sitios. Mientras tanto, se dirigió al único laboratorio donde sabía que tendría a mano equipo básico. Durante las siguientes semanas, Nikola Tesla se arremangó en el taller de Thomas Edison en Llewellyn Park (Nueva Jersey), un laboratorio que «no deja entrar a todo aquel que no tenga permiso del propio Sr. Edison o de uno de sus asistentes».[18] Al mismo tiempo se puso en contacto con Albert Schmid para pedirle más equipamiento, burlándose, como era su naturaleza, de cualquier gasto en el que pudiera incurrir. «En cuanto al precio, confiaré enteramente en la equidad de Westinghouse Co.», dijo Tesla, y concluyó: «Creo que hay caballeros en esa empresa que creen en un más allá».[19]

El vicepresidente y director general Samuel Bannister envió, como regalo, algunos de los primeros modelos de Tesla que se habían salvado de la Exposición Universal y escribió su pesar por «su desgracia [...]. Me alegra saber que se arremangó para trabajar para que todo vuelva a funcionar lo antes posible».[20] Sin embargo, esto era poco consuelo, ya que la Westinghouse Company comenzó a facturar a Tesla por el coste de la maquinaria perdida en el incendio que estaba en préstamo; también le cobraron por equipo nuevo.

En abril, en parte como respuesta al anuncio de Brisbane de que Tesla era «más grande incluso que Edison»,[21] se intensificó la rivalidad entre los dos hombres, al menos en la prensa. «¿Quién es el rey, Edison

---

17. Ernest Heinreich a Nikola Tesla (13 de febrero de 1895) [BC].

18. «Tesla in Jersey», *Rochester Express* (5 de abril de 1895) [TAE].

19. Nikola Tesla a Albert Schmid (dos cartas combinadas: 23 de marzo de 1895 y 3 de abril de 1895) [BC].

20. Samuel Bannister a Nikola Tesla (8 de abril de 1895) [BC].

21. Brisbane, A.: «Our Foremost Electrician, Nikola Tesla», *New York World* (22 de julio de 1894).

o Tesla?», se preguntaba el *Troy Press* de Nueva York.[22] Joseph Jefferson, hablando en Boston, no dejó dudas sobre su posición. «Edison ha sido depuesto y Tesla ha sido coronado [nuevo potentado]»,[23] proclamó el actor.

Los «magos gemelos de la electricidad» se reunieron en mayo en Filadelfia, junto con Alexander Graham Bell, en la Exposición Nacional de Electricidad. Por primera vez, la corriente alterna de Tesla se transmitió a la gran distancia de 800 kilómetros. Tesla estaba decepcionado de que no se transportara una cantidad apreciable de energía a través de las líneas telefónicas existentes por temor, por parte de las aseguradoras, de que se pudieran producir daños o provocar un incendio. Sin embargo, el experimento resultó un completo éxito y eclipsó los logros del antiguo récord de 160 kilómetros de Lauffen-Frankfurt.

«Lo más sorprendente de esta exposición es la demostración de la capacidad de entregar aquí una corriente eléctrica generada en las Cataratas del Niágara. En mi opinión, esto resuelve una de las cuestiones más importantes asociadas con el desarrollo eléctrico», comentó Edison. Bell estuvo de acuerdo y afirmó: «Esta transmisión de energía eléctrica a larga distancia ha sido el descubrimiento más importante de la ciencia eléctrica que se haya producido en muchos años».

«[Bell] con Edison, pensando en el futuro, se dieron cuenta de que mediante este descubrimiento ciudades y pueblos alejados de los lugares de generación eléctrica podrían obtener los servicios de este agente con gran economía y con una conveniencia práctica muy superior a la que hoy en día es posible».

Tesla, «quien solucionó el problema», afirmó: «Ahora estoy convencido, más allá de toda duda, de que es posible transmitir electricidad mediante energía hidráulica [...] con ventaja comercial a lo largo de una distancia de 800 kilómetros a la mitad del coste de generación por vapor [o carbón]. Estoy dispuesto a arriesgar mi reputación y mi vida por esta afirmación».[24]

22. «Edison's Rival», *Troy Press* (20 de abril de 1895) [TAE].

23. Ratzlaff, J. T. *et al.*: *Dr. Nikola Tesla Bibliography, 1884-1978.* Ragusen Press, Palo Alto, California, 1979. p. 36.

24. «Tesla Solved the Problem», *Philadelphia Press* (24 de junio de 1895) [TAE].

No existe ningún registro de lo que se dijeron Tesla y Edison en esta ocasión, pero parece probable que a ambos les divirtiera en privado la rivalidad manifestada por la prensa, que Tesla le diera las gracias a Edison por la utilización temporal de su laboratorio y que éste expresara su tristeza por la pérdida del lugar de trabajo de Tesla.

General Electric estaba perdiendo ahora la campaña de propaganda en todos los frentes. Incluso Edison admitía el logro de Tesla. Comenzaron a circular rumores de que se había llegado a un acuerdo con Westinghouse sobre la utilización conjunta de patentes, pero aún faltaban varios años para llegar a una solución definitiva, en parte porque General Electric tenía muchas divisiones que pirateaban el aparato y en parte porque Westinghouse no veía ninguna ventaja inmediata en hacer un trato.[25] Después de una derrota importante en los tribunales, General Electric se vio obligada a cambiar su postura, pero continuaron negociando porque sus financieros controlaban la empresa Niagara. Además, el tamaño de ese negocio impedía que Westinghouse lo abordara solo. T. C. Martin, en cambio, pensaba ingenuamente que Tesla tenía al alcance de la mano una reconciliación completa y una reivindicación. «Esto significaría el reconocimiento de la supremacía de tus patentes polifásicas. Supongo que cada uno dará licencia al otro»,[26] escribió.

No parece que Tesla le informara sobre la finalidad del acuerdo que había firmado, porque un año después el editor volvió a sacar el tema: «No puedo expresar lo contento que estoy por la noticia del reconocimiento de tus patentes por parte de General Electric Company, y me apresuro a felicitarte. Esto debería llenar tus bolsillos con tu propio dinero»,[27] concluyó Martin.

Al menos desde una perspectiva histórica, la reivindicación estaba al alcance de la mano, porque ahora incluso la oposición aceptaba que el trabajo de Tesla por sí solo estaba haciendo posible «unirse al servicio de la propia vieja Niagara»;[28] pero el inventor nunca obtendría

---

25. «The Electric Combinations», *New York Comercial Bulletin* (18 de abril de 1895) [TAE].

26. Thomas Commerford Martin a Nikola Tesla (22 de mayo de 1895). [MNT].

27. Thomas Commerford Martin a Nikola Tesla (12 de marzo de 1896). [MNT].

28. «Nikola Tesla and the Electrical Outlook», *Review of Reviews*, pp. 293-294 (septiembre de 1895).

ganancia financiera alguna aparte de aquellas con las que ya se había conformado.

En palabras de *Review of Reviews*, «este descubrimiento constituye la base del intento de la Niagara Company de utilizar esa enorme energía que durante siglos se ha desaprovechado, y así hacer girar maquinaria en pueblos y ciudades tan lejanos como Búfalo, a más de 30 kilómetros de distancia, y tal vez Nueva York y Chicago». Y entonces la revista soltó la bomba: «Y esto es lo que subyace a la aventura no menos audaz de las empresas de Westinghouse y Baldwin de impulsar con electricidad un ferrocarril rápido. No es exagerado decir que el motor Tesla está detrás de todos los grandes intentos de transmisión de energía eléctrica que se están llevando a cabo en todo el país, no sólo en los campos de la fabricación y el transporte, sino también en la minería, el riego y la agricultura».[29]

7 de agosto de 1895

Mi querido Sr. Westinghouse:

Me he enterado por los periódicos de su acuerdo amistoso con los trabajos de Baldwin Locomotive [...]. La noticia de su consolidación ha sido una agradable sorpresa. Una unión tan espléndida de medios y capacidades no puede dejar de interesar a ambas partes implicadas.

Atentamente,

N. Tesla

Tesla necesitaba nuevo capital. La Westinghouse Corporation le estaba facturando por la pérdida de equipos y por las nuevas máquinas encargadas, y, sin embargo, acababan de conseguir dos contratos gigantescos en dos campos completamente separados, ambos basados en la creación de Tesla. Seguramente la corporación pasó por alto unos cuantos miles de dólares adeudados, especialmente cuando fue la personalidad de Tesla la que jugó un papel clave en reunir a jefes de la Niagara Company como Edward Dean Adams, John Jacob Astor y William Birch Rankine.

---

29. Ibíd.

También se le ocurrió al inventor que el empleo de su motor de inducción en un campo completamente nuevo como el transporte ferroviario estaba, en cierto sentido, fuera de la intención original de su contrato. ¿No debería él también beneficiarse de un giro tan fortuito de los acontecimientos? Tesla continuó, un tanto ingenuamente, llevando nuevos clientes potenciales a Pittsburgh, casi como si fuera su embajador privado, pero nunca recibió compensación adicional por el servicio.

17
Fiebre marciana (1895-1896)

Si hay habitantes inteligentes en Marte o en cualquier otro plane-
ta, me parece que podemos hacer algo para llamar su atención
[...]. Llevo considerando este plan cinco o seis años.

NIKOLA TESLA[1]

En 1888, John Jacob Astor IV se graduó en la Universidad de Harvard a los veintidós años. Era uno de los hombres más ricos del planeta, con activos de unos cien millones de dólares. En comparación, la riqueza de J. Pierpont Morgan era quizás de treinta millones de dólares. Cuando era joven, Astor había sido inventor y había patentado un freno de bicicleta y una pasarela neumática que ganó un premio en la Feria Mundial de Chicago de 1893. Otros inventos incluyeron una batería de almacenamiento, un motor de combustión interna y una máquina voladora.[2]

Durante sus años universitarios, en los que era conocido con el desafortunado apodo de «Jack Ass»,[3] Astor, que ahora lucía patillas largas y afiladas y un bigote encerado, había realizado cursos con el inimitable profesor de astronomía William Pickering. Uno de los proyectos favoritos de Astor consistía en encontrar una manera de crear lluvia «bombeando aire cálido y húmedo desde la superficie de la Tierra hacia la atmósfera superior», pero la Oficina de Patentes de Estados Unidos lo había rechazado.[4] Así, cuando Pickering mencionó que las estaciones se debían a la inclinación del eje de la Tierra con respecto a la eclíptica,

---

1. Citado en el *The New York Sun* (25 de marzo de 1896).
2. Gates, J. D.: *The Astor Family*. Doubleday, Garden City, Nueva York, 1981. pp. 112-113.
3. Juego de palabras con el apellido, Astor, y *ass*, con varios significados despectivos: «burro», «tonto», «ridículo» o «culo», entre otros. *(N. del T.)*
4. Gates, J. D.: *The Astor Family*. Doubleday, Garden City, Nueva York, 1981. p. 113.

Astor quedó intrigado: si la Tierra no estuviera inclinada en dirección opuesta al Sol, sugirió Pickering, probablemente tendría un clima uniforme y moderado incluso en las latitudes extremas norte y sur.

Como parte del plan de estudios, Astor conoció el Observatorio de Harvard. Allí, junto con personas tan prometedoras como Percival Lowell, hermano del presidente de la Universidad, Astor pudo mirar a través del gran telescopio y ver maravillas como los cráteres de la Luna, los satélites de Júpiter y los espectaculares anillos de Saturno.

En abril de 1890, el profesor Pickering fue noticia cuando fotografió lo que dijo que era una tormenta de nieve en el planeta Marte. Calculó que el área cubierta era casi igual a la de Estados Unidos.[5] Dos años más tarde, durante un célebre viaje al observatorio de Harvard en Arequipa (Perú), el profesor de tupida barba anunció otro descubrimiento importante: «lagos en gran número en Marte». Pickering proclamó: «Los canales tienen regiones oscuras y brillantes. También observamos nubes y el derretimiento de la nieve, y esto ha confirmado la hipótesis de Herschel de que había vegetación alrededor de las regiones de agua».[6]

La idea de intentar enviar señales a los «marcianos» era una ambición familiar de la época, y Astor, como Tesla, quedó atrapado en la fantasía. En 1894, Percival Lowell anunció en *Nature* su descripción de los canales de Marte. Al mismo tiempo, Astor, con apenas treinta años, completaba una novela de ciencia ficción sobre viajes espaciales. Titulado *A Journey in Other Worlds*, su libro ofrece una visión futurista de lo que sucederá dentro de un siglo. Unos meses después de su publicación, en febrero de 1895, el financiero presentó una copia al gran inventor.

Aunque Tesla no parecía estar particularmente impresionado por el trabajo, el inventor prometió a Astor conservarlo «como un recuerdo interesante y agradable de un conocido».[7]

Adornada con ilustraciones reales del espacio exterior realizadas por Dan Beard, la historia de Astor comienza en el año 2000, con una reu-

5. Flammarion, C.: «Mars and its Inhabitants», *North American Review*, n.º 162, p. 549 (1896).

6. Pickering, W.: «Pickering's Idea for Signaling Mars», *The New York Times*, Pt. 5, 1: 1-6 (25 de abril de 1909) [algunas paráfrasis para mejorar la lectura].

7. Nikola Tesla a John Jacob Astor IV (6 de febrero de 1895) [MNT].

nión en el restaurante Delmonico's de la Terrestrial Axis Straightening Company,[8] cuya tarea es crear un buen tiempo en todo el planeta.

Astor imagina para «finales del siglo XX» un teléfono con imagen, un avión capaz de volar a Europa en un día, un automóvil eléctrico, fonógrafos escondidos por la policía para grabar conversaciones de delincuentes, fotografías en color, un dispositivo para hacer llover, la idea de colonizar el Sistema Solar y la comprensión de que la Tierra parecería una luna creciente vista desde el espacio exterior.

Quizás la predicción más impresionante de Astor es el camino que toma su «nave espacial» *Callisto* en su viaje a Júpiter. Astor plantea la hipótesis de que, del mismo modo que el magnetismo tiene una fuerza repulsiva, la gravedad también debería tenerla. Esta energía, a la que llamó *apergía*,[9] es simplemente la opuesta a la gravedad. Al aprovechar la apergía, los astronautas de la historia dirigen su nave primero hacia el Sol, luego «cambian su rumbo a algo así como una tangente a la Tierra y reciben su dirección correcta final de regreso a Júpiter oscilando cerca de la Luna [...] para poner en juego la apergía».[10] Exactamente un siglo después de la publicación de este libro, la NASA envió una nave espacial, llamada *Galileo*, en un viaje que siguió una trayectoria notablemente similar, utilizando a Venus en lugar de la Luna como pivote para el retorno hacia Júpiter. Sin embargo, mientras que este viaje moderno tardará algunos años, los agotados viajeros de Astor cubren la distancia en cuestión de días. Júpiter está lleno de vida. Las flores los saludan «cantando con el volumen de un órgano de catedral». Descubren que la mancha roja fue provocada por un bosque que cambió de color debido a una ola de frío.[11] Armados, los astronautas pueden cazar animales parecidos a mastodontes que matan para alimentarse. Afortunadamente, también tienen los medios para volver a subirse al *Callisto* y poder regresar a la Tierra.

Alimentados con un espíritu competitivo, los periódicos y las revistas continuaron promulgando la idea de que Marte estaba habitado por seres

8. La empresa se podría traducir como «Compañía Enderezadora del Eje Terrestre». (*N. del T.*)

9. La palabra fue inventada en 1880 por Percy Greg para la obra *Across the Zodiac: the story of a wrecked record* (Trübner & Co., Londres, 1880) (*N. del T.*)

10. Astor, J. J.: *A Journey in Other Worlds*. Appleton, Nueva York, 1894. pp. 115-116.

11. Ibíd. p. 161.

posiblemente más inteligentes que nosotros. Mientras Tesla aparecía en los titulares de los diarios y las revistas especializadas en electricidad de Nueva York por su audaz predicción de que «haría señales a las estrellas» y Astor llegaba a las librerías con su «aventura del futuro» sobre viajes espaciales, otras luminarias también capitalizaban el fervor extraterrestre.

En 1895, George Lathrop, yerno del novelista Nathaniel Hawthorne, hizo que terrícolas se enfrentaran a guerreros del Planeta Rojo en las páginas del *New York Journal*. Sus armas eran mortales rayos desintegradores inventados por el Mago de Menlo Park, Thomas Edison. Al año siguiente, George du Maurier, abuelo de Daphne, escribió la novela *The Martian*, en la que describe seres telepáticos alados «que no descienden del mono», pero que son capaces de adornar estatuas de mármol e irrigar todo el planeta.[12] Y al año siguiente, H. G. Wells ganó notoriedad con su historia de terror *War of the Worlds*,[13] publicada en la revista *Person's*, en la que espantosos marcianos parecidos a pulpos asaltan la Tierra en sus naves espaciales con forma de huevo y toman el poder.

Aunque ficticias, estas historias se basaban en pronósticos presentados por científicos supuestamente sobrios. El principal culpable fue el astrónomo e investigador psíquico francés Camille Flammarion. En *Lumen, histoire d'une comète*, publicada en 1872, Flammarion entrevistó a Lumen, un sagaz cometa de regreso, sobre temas como la velocidad de la luz, los viajes en el tiempo y la vida en otros planetas. Lumen:

> Ah, si conocieseis los organismos que vibran en Júpiter o Urano; si os fuese dado apreciar los sentidos en acción en Venus o en el anillo de Saturno; si algunos siglos de viaje os permitiesen observar, aunque fuera ligeramente, las formas de la vida en los sistemas de las estrellas; las sensaciones de la vista en los soles de colores; las impresiones de un sentido eléctrico que no conocéis en los grupos de soles múltiples; si, en una palabra, una comparación ultraterrestre os hubiera dado los elementos de un conocimiento nuevo, comprenderíais que seres vivientes pueden ver, oír, oler o por mejor decir, conocer la Naturaleza, sin ojos, sin oídos y sin olfato; que existe en la Naturaleza un

---

12. Du Maurier, G.: *The Martian*. Little Brown, Boston, 1896.

13. Publicada en castellano en numerosas ediciones como *La guerra de los mundos*. *(N. del T.)*

número indeterminado de otros sentidos, esencialmente diferentes de los vuestros, y que hay en la Creación un número incalculable de hechos maravillosos que actualmente os es imposible imaginar.[14]

Esta idea, llamada hipótesis de la pluralidad de mundos, es un concepto antediluviano que, a lo largo de los siglos, ha contado con numerosos científicos entre sus seguidores. Los primeros astrónomos como Kepler, Newton, Laplace y Herschel adoptaron esta posición, junto con astrofísicos modernos como Carl Sagan.

Los seres humanos, al comprender la inmensidad del cosmos, saben que la vida no es necesariamente exclusiva de la Tierra. La mitología griega y romana, que se refería a las vidas y responsabilidades de deidades específicas e incluía un dios para cada uno de los planetas conocidos, probablemente sirvió como modelo psicológico para las especulaciones de los astrónomos y las creencias religiosas correspondientes.

Carl Jung vinculó este pensamiento mitológico con la creencia en los ovnis, la búsqueda de significado y de Dios. Al identificar a Dios con lo incognoscible, el inconsciente y la sabiduría revelada en la interpretación de los sueños, Jung afirmaba que el mito surge a través de los intentos del consciente de comprender el inconsciente.[15] Así, los misterios del espacio exterior están conectados con los del espacio interior. Los instintos primordiales, los arquetipos, serían, por lo tanto, el mecanismo desarrollado a través de los intentos de explicar los fenómenos naturales celestes. Con el tiempo, éstos se transformaron en los mitos de nuestros antepasados.

Esta creencia en los antiguos dioses del cielo y la existencia extraterrestre surge de un motivo común, es decir, que los humanos no pueden ser los seres más avanzados del cosmos y, además, que existe un creador supremo. Dado que la idea toca una fibra sensible, a lo largo de los siglos numerosos científicos, artistas y autores se han sentido atraídos por esta noción.

En 1835, Richard Adams Locke, del *The New York Sun*, publicó una serie de artículos de primera plana sobre el astrónomo sir John Herschel, descubridor de Urano y presunto descubridor de formas de vida avanzadas en la Luna. El engaño de Locke, que se difundió por todo el mundo

---

14. Flammarion, C.: *Lumen, historia de un alma, un cometa y el infinito*. Gaspar y Rimbau, Valencia, 2019. p. 162.

15. Jung, C.: *The Portable Jung*. Viking Press, Nueva York, 1971. p. 311.

antes de ser descubierto, fue posible gracias al hecho de que Herschel se encontraba en ese momento en Sudáfrica y, por lo tanto, lejos de todo contacto con la prensa. Los supuestos descubrimientos de Herschel sobre animales parecidos a unicornios y humanoides alados se llevaron a cabo mediante un maravilloso (y ficticio) telescopio de 45 metros de largo y que podía ampliar los cielos cuarenta y dos mil veces.[16] Treinta años después, Julio Verne llevó a sus lectores a la Luna, pero a finales de la década de 1870 el destino se había desplazado a Marte.

El primer intento de crear un mapa de Marte y delinear las características que se ven en él se remonta a Bernard de Fontana y Christian Huygens a mediados del siglo XVII. Herschel esbozó dibujos más detallados en 1830, así como otros muchos científicos, como Camille Flammarion,[17] en las décadas de 1860 y 1870, y Giovanni Schiaparelli en la década de 1880, quien llamó a estos canales *canali*.

En dos tratados científicos, *La Pluralité des mondes habités*[18] y *Mars and Its Inhabitants*, Flammarion expresó su creencia de que Marte no sólo albergaba vida, sino también seres inteligentes. De estatura muy reducida, colocado junto a su telescopio de cinco metros de altura, el barbudo astrónomo francés describió en detalle montañas, valles, cráteres, lagos y océanos de Marte en la *North American Review* de 1896. «Es evidente que el mundo de Marte está vigorosamente vivo», concluyó Flammarion. Quizás inconscientemente influenciado por el engaño del *The New York Sun* de 1835 o por la historia de Du Maurier, Flammarion sugirió que, debido a la ligereza de la atmósfera, «los habitantes pueden haber recibido el privilegio de volar [...]. ¿Tal vez sean más bien como libélulas revoloteando por el aire sobre los lagos y los canales?».[19]

Mientras que Flammarion sólo se propuso describir a los marcianos, Tesla en realidad hizo planes para contactarlos. Sin embargo, el defensor estadounidense más influyente fue sin duda el erudito Perceival Lowell, descendiente de la famosa familia Lowell de Massachusetts. Influenciado

---

16. Cohan, D.: «Heavenly Hoax», *Air and Space*, n.º 4-5, pp. 86-92 (1986).

17. Morse, E.: *Mars and Its Mystery*. Little Brown, Boston, 1906. pp. 52-53.

18. Traducida al castellano como *Pluralidad de los mundos habitados* (Editorial Humanitas, Barberà del Vallès, 1990). *(N. del T.)*

19. Flammarion, C.: «Mars and ts Inhabitants», *North American Review*, n.º 162, pp. 546-557 (1896).

por Flammarion, Lowell acaparó la portada de los periódicos en muchas ocasiones con titulares del estilo «Marte habitado». También llegó a ser autor de una serie de relatos académicos cubiertos en revistas tan prestigiosas como *Nature* y *Scientific American*,[20] que culminaron en su importante texto *The Canals of Mars*, difundido por la distinguida Macmillan Publishing Company.[21]

A diferencia de los belicosos humanos de la Tierra, los marcianos vivían en un mundo coordinado, especulaba Lowell. Habían superado sus instintos salvajes y «practicaban conscientemente la paz». Estos marcianos eran «constructores sagaces» que conservaban su preciada agua y habían aprendido a vivir en una sociedad global civilizada.

Marte era un planeta más antiguo y, por lo tanto, más experimentado. Sus habitantes habían vivido la revolución tecnológica hacía eones, por lo que habían aprendido a cosechar y cultivar su planeta desde una perspectiva global.

Con la humanidad en los albores de una nueva sociedad tecnológica, era reconfortante pensar que no tendríamos que afrontar solos esta situación que avanzaba tan rápidamente. Como parte de una comunidad de planetas inteligentes, teníamos vecinos a quienes podíamos acudir en busca de orientación.

A finales de la década de 1890, Lowell había completado la construcción de su propio gigantesco telescopio en Flagstaff (Arizona), todavía hoy en día es uno de los mejores del mundo. Allí informaba de cada nuevo descubrimiento, incluida la catalogación de galaxias, que en aquel momento se llamaban «universos islas».

Resulta difícil sobreestimar el impacto de Lowell sobre el pensamiento contemporáneo. Por ejemplo, Wernher von Braun, Willy Ley y P. Bonestell se hicieron eco de la hipótesis de la vegetación cuando coescribieron en su texto de 1956 *The Exploration of Mars* «Y ésta es la imagen de Marte a mediados de siglo: un pequeño planeta que tres cuartas partes son un desierto frío y el resto está cubierto por una especie de vida vegetal [muy probablemente líquenes]. Marte no es el planeta muerto, pero

---

20. «Strange Lights on Mars», *Nature* (2 de agosto de 1894); «Mars Inhabited Says Prof. Lowell», *The New York Times*, p. 1:7 (30 de agosto de 1907); «Signalling to Mars», *Scientific American* (8 de mayo de 1909).

21. Lowell, P.: *Mars and its Canals*. Macmillan Publishing Company, Nueva York, 1906. pp. 376-377.

tampoco puede estar habitado por el tipo de seres inteligentes con que mucha gente soñaba en 1900».[22]

Las creencias de una sociedad determinan su realidad. Pero la sociedad está formada por individuos, y en el caso de la idea de que Marte estaba habitado, estos individuos a menudo embellecían sus supuestos hallazgos científicos objetivos. Apoyados enérgicamente por la prensa, los defensores más importantes del escenario de «vida en Marte» fueron los astrónomos, pero la posición también fue defendida por los inventores.

Elihu Thomson, un viejo observador de estrellas y amigo del profesor Pickering, estaba tan entusiasmado que a menudo llevaba su telescopio a sus fábricas para que los trabajadores pudieran ver el sistema de canales marcianos con sus propios ojos.[23] Otros científicos eminentes incluyeron a lord Kelvin, quien, a su llegada a Estados Unidos en septiembre de 1897, anunció a la prensa su idea de enviar una señal por la noche desde la resplandeciente metrópolis de la ciudad de Nueva York a Marte para hacerles saber que estamos aquí. Sin duda, discutió este plan con Tesla cuando visitó su laboratorio durante el viaje.[24] Edison también estaba atrapado en causas esotéricas, pero su deseo era inventar un dispositivo parecido a un teléfono para contactar con espíritus difuntos en lugar de con marcianos vivos.

«La posibilidad de enviar señales a los marcianos era la aplicación extrema de mi principio de propagación de ondas eléctricas», dijo Tesla a los entrevistadores en 1896 en el artículo «Is Tesla to Signal the Stars?». «El mismo principio puede emplearse con buenos efectos para la transmisión de noticias a todas partes de la Tierra [...]. Cada ciudad del globo podría formar parte de un circuito inmenso. Así, un mensaje enviado desde Nueva York podría estar en Inglaterra, África y Australia en un instante. ¡Qué gran cosa sería!».[25]

---

22. Von Braun W. *et al.*: *The Exploration of Mars*. Viking Press, Nueva York, 1956. pp. 84-85.

23. Ibíd.; Abrahams, H. J. *et al.* (eds.): *Selections from the Scientific Correspondence of Elihu Thomson*. Academic Press, Nueva York, 1971.

24. Popović, V. *et al.*: *Tribute to Nikola Tesla: Letters, Articles, Documents*. Museo Nikola Tesla, Belgrado, 1961. p. LS-18.

25. «Is Tesla to Signal the Stars?», *Electrical World*, p. 369 (4 de abril de 1896).

18
Alta sociedad (1894-1897)

Nikola Tesla es uno de los grandes genios y uno de los hombres más notables que jamás haya tenido algo que ver con la electricidad [...]. Es un honor proponerlo como miembro, ya que su afiliación sería una adición al club.

Carta al Player's Club por STANFORD WHITE[1]

Viajar diariamente a Nueva Jersey era sólo una solución temporal y al cabo de unas semanas Tesla regresó a Nueva York, donde consiguió un laboratorio justo debajo de Greenwich Village, cerca de Chinatown, en el 46-48 de Houston Street.

Nervioso y perpetuamente al borde del agotamiento, Tesla comenzó a experimentar con las propiedades curativas de sus osciladores a medida que comenzaron a filtrarse informes procedentes de todo el país sobre sus notables propiedades curativas. Estos «potenciadores de la vitalidad» de alta frecuencia generarían un «agente curativo universal» que, cuando se aplicara, permitiría al cuerpo «liberarse de todas las enfermedades», dijo el Dr. F. Finch Strong. «Los efectos obtenidos incluían un aumento de la fuerza, el apetito y el peso, inducción del sueño natural y expulsión».[2] Otros médicos informaron sobre la capacidad de curar la tuberculosis.

«Tesla cree que la electricidad es el mejor de todos los médicos y dice que cuando su laboratorio ardió, sólo las aplicaciones diarias regulares de electricidad le impidieron hundirse en un estado de melancolía».[3] «Mis

---

1. Fechada hacia el 25 de febrero de 1894 y citada en Baker, P.: *Stanny: The Gilded Life of Stanford White*. Free Press, Nueva York, 1989. p. 137.

2. Strong, F. F.: «Electricity and Life», *Electrical Experimenter*, pp. 798, 831 (marzo de 1917).

3. Davis, J. M.: «Great Master Magician Is Nikola Tesla», *Comfort* (mayo de 1896) [MNT].

altas frecuencias producen una acción antigermicida», afirmaba. Así, como parte de su rutina cotidiana en el laboratorio, el inventor se desnudaba, pisaba su aparato y abría la carga. Una corona espinosa envolvía su cuerpo y lo devolvía a una condición más prístina.

La electricidad se había convertido en la nueva panacea; podía curar a los enfermos, erradicar a los delincuentes e incluso eliminar la maleza recalcitrante que «interfería con el funcionamiento de los trenes [...]. Desmalezar siempre se ha considerado un trabajo muy duro, pero con la ayuda de una desherbadora eléctrica, un hombre sólo tiene que tocar un botón y las malas hierbas desaparecen».[4]

En mayo de 1895, Tesla y los Johnson asistieron a la ceremonia de inauguración del nuevo arco, situado como puerta de entrada, mirando al sur a Greenwich Village en Washington Square Park y mirando al norte al comienzo de la Quinta Avenida. Diseñado por Stanford White, «el hombre apuesto del bigote rojo», el noble edificio era más alto y ancho que cualquier otro comparable erigido por los poderosos romanos o griegos antiguos. Johnson recitó uno de sus poemas en honor al original de madera que se construyó en 1889.

Ésta sólo fue una conexión más entre Tesla y el célebre Stanford White, cuyos muchos otros monumentos y edificios estaban transformando rápidamente la ciudad en un testimonio majestuoso de la gran y vibrante era alegre. Tesla a menudo se encontraba con White en las oficinas del *Century*, donde el artista recibía el encargo de ilustrar sus portadas, y en reuniones relacionadas con la empresa Niagara Falls en el Delmonico's, en el Waldorf y en el teatro o el restaurante de la azotea del Madison Square Garden. Además de diseñar el Players' Club en Manhattan en 1887, el Tennis Club en Newport, iglesias y numerosas mansiones, White también fue decorador de interiores. Se decía que conocía el color del tocador de todas las mujeres destacadas de la ciudad. White, creador de tendencias y sensualista, se convirtió en uno de los principales coreógrafos del ambiente de la animada metrópolis. White, buen amigo del inventor, hablaba a menudo con Tesla sobre su visión compartida del futuro.

Tesla había conocido a White en 1891, cuando el virtuoso del piano Ignace Paderewski tocó en el Garden durante cinco impresionantes ac-

---

4. «The Field of Electricity: Edison, Tesla and Moore at Work», recorte de periódico sin cabecera, Omaha, Nebraska (14 de junio de 1896) [TAE].

tuaciones. Edward Dean Adams estaba coqueteando con ambos hombres, con Tesla por sus inventos y con White por su destreza arquitectónica, y quería reunir a los dos para discutir la mejor manera de colocar los gigantescos generadores eléctricos de Westinghouse en la próxima central eléctrica.

«Mi querido señor Adams: he recibido debidamente la información de la Cataract Construction Company y colaboraré lo antes posible. Con McKim en Chicago y Mead en Canadá, estoy aquí solo en una especie de torbellino de trabajo [...]. Si no fuera porque el Roof Garden y las bailarinas me animaron, hace mucho que estaría muerto»,[5] escribió White. A finales de año, White había enviado a Adams diseños para los edificios propuestos. Adams correspondió enviando a White un magnífico texto sobre piedras preciosas y un «obsequio impresionante» (probablemente un rubí o una esmeralda).[6]

En 1893, Tesla y White volvieron a cruzarse, ya que ambos eran participantes fundamentales en la Exposición Universal de Chicago. Al año siguiente, White, que entonces tenía cuarenta años, instó al inventor a convertirse en miembro del Players' Club. «¿No me dejarás registrarte como miembro? –preguntó–. Creo que es un club económico y el carácter de sus miembros te gustaría, y sé que sería un gran placer para mí encontrarte allí de vez en cuando».[7] Tesla pidió que Johnson fuera inscrito como miembro y White estuvo de acuerdo.

En pleno invierno, a principios de 1895, White invitó a Tesla «a una modesta cena [en honor del] artista Ned Abbey, en mi habitación de la Torre», y Tesla «agudizó su apetito para la ocasión».[8] Allí, desde el santuario de White, donde la mente podía contar miles de historias, la pareja contemplaba toda la ciudad. Este momento simbolizaba la cúspide del logro social, porque sólo la élite podía entrar en la cámara de White y sólo la imaginación de las personas ajenas podía discernir lo que podría acontecer. Un mes después, el inventor correspondió invitando a White, su esposa Bessie y su hijo Lawrence a su cubil.

---

5. Stanford White a Edward Dean Adams (14 de mayo de 1891; 16 de agosto de 1892).

6. Stanford White a Edward Dean Adams (diciembre de 1891; octubre de 1891).

7. Stanford White a Nikola Tesla (25 de febrero de 1894).

8. Stanford White a Nikola Tesla (5 de febrero de 1895).

2 de marzo de 1895

Mi querido Tesla:

No puedo dejar de darte las gracias por tu amabilidad al mostrarnos el otro día todos tus maravillosos experimentos. Me causaron una profunda impresión, como a todos, y algún día los volveré a ver, si me lo permites.

Sinceramente,

STANFORD WHITE[9]

Quince días después, el laboratorio estaba reducido a cenizas, pero para el experto en electricidad era casi como si simplemente estuviera cambiando de marcha. En primavera recibió una atrevida invitación al extravagante «Banquete de la chica en el pastel» de White. Según cuenta la historia, y hay varias versiones, una docena de doncellas escasamente vestidas sirvieron una comida de veinte platos en el famoso estudio de fotografía de James Lawrence Breese en el número 5 de la calle 16 Oeste, platos que habían sido enviados desde el Sherry's. Al evento clandestino asistieron otros amigos de White, incluidos los artistas August Saint-Gaudens y Robert Reid, y el inventor Peter Cooper Hewitt. Al terminar la fiesta, con la banda tocando, las jóvenes volvieron a salir con trajes aún más provocativos, cantando mientras sacaban un pastel del tamaño de un automóvil pequeño. Con la melodía de «Four and Twenty Black-birds», se abrió la corteza de la tarta con el aleteo de una bandada de canarios y de dentro apareció una joven en *topless*. ¡Ni una palabra hasta que se publicaron detalles incompletos en el *New York World*![10]

Tesla estaba al corriente de las actividades lascivas del arquitecto y es posible que participara en enredos discretos, aunque es igualmente probable que su fobia a los gérmenes o sus inclinaciones monásticas lo inhibieran. White admiraba a Tesla, ya que cada uno, a su manera, era un escultor de la Nueva Era. Aparte de reunirse ocasionalmente para una

9. Stanford White a Nikola Tesla (2 de marzo de 1895).

10. Mooney, M.: *Evelyn Nisbet and Stanford White*. Morrow, Nueva York, 1976. pp. 193-199; Baker, P.: *Stanny: The Gilded Life of Stanford White*. Free Press, Nueva York, 1989. pp. 249-250.

partida de billar en el Players' Club o un combate de boxeo, tal vez con Twain, en el Garden, Tesla también acompañaba a White en salidas en barco en Southampton con una docena de miembros del grupillo.

En una ocasión, White le pidió a Tesla que lo acompañara en una excursión con William Astor Chamber, un explorador africano. Como de costumbre, Tesla estaba ocupado trabajando, pero después insistir con tacto, cedió. «Estoy encantado de que hayas decidido alejarte de tu laboratorio. Preferiría tenerte a bordo a ti antes que al emperador de Alemania o a la reina de Inglaterra»,[11] dijo White.

El año 1895 fue peculiar. El gobierno estadounidense se encontraba al borde de la bancarrota. Durante el Pánico de 1893, los tenedores de bonos deseaban conseguir oro en lugar de papel moneda, y la Casa de la Moneda se las arregló agotando sus reservas. En enero de 1895, el país estaba a pocos días de no poder hacer frente a sus deudas. De manera discreta, el presidente Cleveland había pedido a August Belmont, un rico hombre de negocios judío (y patrocinador de la Westinghouse Company), que se reuniera con los Rothschild europeos para asegurar reservas de oro de reemplazo. La realidad del momento, sin embargo, incluía una desafortunada ola mundial de antisemitismo. Sólo el año anterior, en un famoso juicio celebrado en Francia, el capitán judío Alfred Dreyfus había sido condenado por un «cargo falso de traición». Los Rothschild eran judíos. ¿Cómo podía ser que los financieros judíos rescataran a una nación entera? Fue por este motivo, según el biógrafo de Morgan, George Wheeler, que J. Pierpont Morgan, un destacado episcopaliano, entró en escena.[12] Morgan, con la ayuda de Belmont, pudo conseguir sesenta millones de dólares en reservas de oro en el extranjero y el país se salvó de la insolvencia. El incidente también marcó la unción de Morgan como Rey de Wall Street.

En octubre, un educado taquígrafo de veintidós años llamado George Scherff entró en el laboratorio de Tesla y le pidió trabajo.[13] El inventor revisó las credenciales del secretario y lo contrató. Aunque Scherff no sabía nada de ingeniería eléctrica, Tesla quedó impresionado con su comporta-

---

11. Stanford White a Nikola Tesla (30 de noviembre de 1895).

12. Wheeler, G.: *Pierpont Morgan and Friends: Anatomy of a Myth*. Prentice-Hall, Englewood Cliffs, Nueva Jersey, 1973. p. 17.

13. George Scherff (1902) [BBUC].

miento y su inteligencia, y en cuestión de días el joven estaba ocupado transcribiendo documentos y asumiendo la dirección general de la oficina.

Ese mismo mes, Tesla le envió un libro sobre budismo a Luka, a quien no había visto desde finales del verano. Johnson había viajado con su esposa a Italia para ser condecorado por el rey Humberto por su trabajo para lograr una ley internacional de derechos de autor y, durante ese período, Tesla se había tomado algún tiempo para asistir a conferencias en Brooklyn sobre budismo impartidas por Swami[14] Vivekananda.[15] «Mi querido amigo y fiel desconocido, me conmueve que me recuerdes al enviar el libro. Iré a tu laboratorio algún día por el bien de un viejo conocido»,[16] respondió Johnson.

«Me alegra saber que estás nuevamente en la ciudad y establecido en la hermosa Mansión Johnson. No puedo decir lo mismo de mi laboratorio, que todavía necesita equipamiento»,[17] escribió Tesla a la señora Filipov.

Tesla le explicó los chismes locales, como que Stanford tenía dificultades para decidir entre dos hermosas hermanas con cuál pasar la velada; la esencia de las conferencias de Swami Vivekananda sobre la naturaleza externa de Dios y la transmigración de las almas, y su progreso para conseguir más millonarios. Se reunió con el magnate ferroviario y senador estadounidense Chauncey DePew; con J. Beavor Webb, capitán de flota, constructor naval y hombre de Morgan; con Darius Ogden Mills, manipulador del mercado de valores y director de General Electric, y con John Jacob Astor.

El más rico del grupo, exceptuando a Astor, era sin duda Mills, que había hecho fortuna en San Francisco durante la fiebre del oro de California. Propietario del *New York Tribune* y de un palacio en la Quinta Avenida «frente a la catedral de San Patricio [...] del cual un sha de Persia podría haberse sentido orgulloso»,[18] Mills había sido el segundo

---

14. «Swāmī» es una palabra sánscrita que significa «amo de uno mismo». *(N. del T.)*

15. Johnson, R. U.: *Remembered Yesterdays*. Little Brown, Boston, 1923. pp. 480-481; «True Buddhism, Brooklyn Standard Union» (4 de febrero de 1895), en Vivekananda, S.: *The Complete Works of Swami Vivekananda*, vol. 2. Advaita Ashram, Calcuta, 1970; Tad Wise al autor (10 de abril de 1996).

16. Robert Underwood Johnson a Nikola Tesla (25 de octubre de 1895) [BBUC].

17. Nikola Tesla a Katharine Johnson (23 de octubre de 1895) [BBUC].

18. Josephson, M.: *The Robber Barons*. J. J. Little & Ives Co., Nueva York, 1934. pp. 332-334.

ciudadano privado de la historia, después de J. Pierpont Morgan, en tener su vivienda iluminada por electricidad. Como cuenta Herbert Livingston Satterlee, Mills quedó tan impresionado con el invento de Edison que insistió en convertirse en socio de la empresa. «Sólo si por cada acción de Edison que compras para ti, compras una para mí», respondió Morgan, y Mills estuvo de acuerdo.[19] Tesla tenía mucho que contar a sus amigos viajeros europeos.

A finales de año, Tesla comenzó a ejercer más presión sobre Edward Dean Adams para que influyera en John Jacob Astor. El coronel, como lo llamaban ahora, estaba financiando precisamente al charlatán John Worrell Keely. Ésta era una situación que tenía que cambiar. El motor de Keely no había funcionado en veinte años; los de Tesla, en cambio, habían cambiado el mundo. Martin escribió al inventor sobre su asombro de la credulidad de Astor;[20] Tesla presionó a Astor para que se comprometiera.

En un intento, quizás, de sacar provecho del espíritu navideño, Tesla se reunió el 19 de diciembre con Astor y su consejero náutico, J. Beavor Webb, y les presentó su causa. «Estoy impresionado con su esfuerzo, Sr. Tesla —comentó Astor—, aunque, según tengo entendido, sus últimos inventos aún no han llegado al punto de comercializarse. Sin embargo, hablaré con el Sr. Adams. Mantengamos la puerta abierta por todos los medios».

Tesla llamó a Adams esa tarde y le escribió a Astor al día siguiente:

Mi querido Sr. Astor:

[Adams] estaría encantado de tenerlo con nosotros. Hemos acordado que aportaríamos conjuntamente entre 500 y 1000 acciones de la empresa matriz para usted y el Sr. Webb al precio de 95 dólares por acción con un valor nominal de 100 dólares cada una.

La empresa matriz es propietaria de mis patentes [y de los derechos en los mercados nacionales y extranjeros, que creo] que afectarán profundamente el estado actual de los conocimientos mecánicos y eléctricos, y provocarán una revolución mayor en sus aplicaciones

---

19. Satterlee, H. L.: *J. Pierpont Morgan: An Intimate Portrait*. Wiley, Nueva York, 1939. p. 214.
20. Thomas Commerford Martin a Nikola Tesla (7 de noviembre de 1895; 17 de noviembre de 1895) [MNT].

que mis ideas sobre la transmisión de energía actuales, generalmente adoptadas.[21]

Se acercaba la Navidad y con ella la renovación del vínculo del serbio con su familia estadounidense de adopción. La invitación de los Johnson fue bien recibida. «Mi querido Luka —escribió Tesla—, como sabes, tengo afecto por los millonarios, pero los incentivos que ofreces son tan grandes que los dejaré a un lado para participar en la espléndida comida que Mme. Filipov preparará. Para Navidad, quiero estar en casa, en el 327 de Lexington Avenue, con mis amigos, mis queridos amigos, los Johnson. Si preparas una cena para media docena y no invitas a nadie, me convendrá […]. Hablemos de paz bendita y seamos felices hasta entonces».[22]

Tesla hizo todo lo posible para esquivar la tensión erótica que emanaba de Katharine mientras ordenaba a los sirvientes, con Agnes, que pusieran la mesa y Tesla hablaba de negocios con Robert y su hijo, Owen. Katharine nunca podría formar parte del vínculo que existía entre Tesla y Robert. Su corazón dolía por lo que no podía tener y, sin embargo, simultáneamente, estaba lleno de lo que ahora poseía.

Con Robert fuera de la habitación, Katharine estaba demasiado intensa. Afirmaba tener un vínculo telepático con el mago, su pecho palpitaba cuando él estaba cerca, las hormonas brotaban. En una ocasión sobrepasó el límite. No tuvo más remedio que retirarse.

El último día del año, Stanford dejó una nota. Quería que Tesla contratara a un muchacho prometedor, hijo de su amigo Charley Barney, un banquero vinculado a Whitney y Vanderbilt. «Mi querido señor White —respondió Tesla—, estoy totalmente de acuerdo en que el joven, que tiene dos hermanas terriblemente bonitas, debe ser ayudado por todos los medios. Desafortunadamente, todavía tenía la responsabilidad de cargar con tres trabajadores superfluos que en realidad no estaban trabajando debido al retraso provocado por el incendio.[23]

A medida que la relación con los Johnson se fue haciendo más íntima, es posible que surgieran rivalidades entre ellos sobre cuál tenía ma-

---

21. Nikola Tesla a John Jacob Adams (20 de diciembre de 1895) [MNT].

22. Nikola Tesla a Robert Underwood Johnson (13 de diciembre de 1895; 22 de diciembre de 1895) [MNT].

23. Nikola Tesla a Stanford White (4 de enero de 1896) [MNT].

yor acceso a «él». Tesla escribió después de año nuevo: «Mi querido Luka, me alegra saber que puedo contar contigo en cualquier circunstancia y que tu amor por mí se mantiene intacto. Me entristece, sin embargo, saber que tienes problemas de salud, pero recuerda que los héroes no se meten en la cama por un granito».[24]

Aunque Katharine había visto a Tesla dos veces en diciembre, eso sólo sirvió para encender aún más su pasión. Dividida entre amar a un caballero profesoral y encantador, que podía contar entre sus amigos a Mark Twain, John Muir, Rudyard Kipling y Teddy Roosevelt, aunque tuviera problemas, y a un exótico virtuoso internacionalmente conocido cuyos singulares talentos prometían transformar todo un mundo, Katharine quería «sentirse *en rapport*» con el mago para poder discutir su vínculo psíquico:

12 de febrero de 1896

Querido Sr. Tesla:

He tenido una experiencia maravillosa en los últimos tres años. Gran parte de ello ya ha [¿desaparecido?] y a veces temo que todo muera conmigo, y tú más que nadie deberías saber algo al respecto, porque no podrás dejar de tener un interés científico en ello. Lo llamo transferencia de pensamiento a falta de una palabra mejor. Quizás en absoluto se trate de eso. Muchas veces he deseado y querido hablarte de ello, pero cuando estoy contigo nunca digo las cosas que tenía intención de decir. Parece que sólo soy capaz de una cosa. Ven mañana.

Es posible que Stanford hubiera podido dejar a su esposa en Long Island mientras cortejaba a jóvenes estrellas en su apartamento de soltero en Gramercy Park o en su ático privado en la Garden Tower, pero el «querido Sr. Tesla» estaba cortado por otro patrón. A menudo cenaba con mujeres y las tentaba con la mirada, pero ése tenía que ser el límite de una relación.

---

24. Nikola Tesla a Robert Underwood Johnson (10 de enero de 1896) [BBUC].

Al parecer, Tesla asumió un voto de castidad autoimpuesto, influenciado en parte por Swami Vivekananda, quien predicaba la castidad como el camino hacia la autotransformación y la iluminación.

Tesla conoció al *swāmī* el 13 de febrero de 1896, en una cena con Sarah Bernhardt después de una de sus actuaciones en la obra *Iziel*. Al igual que el resto del mundo, Tesla había oído hablar del *swāmī* por primera vez en verano de 1893, cuando el «hindú» ganó prominencia de la noche a la mañana después de hablar en el Congreso de Religiones del Mundo, que se había celebrado en la Feria Mundial de Chicago. Como Tesla estuvo en Chicago un mes después de la conferencia, es muy probable que lo conociera o viera hablar en esa época.

Vivekananda le habló al «gran electricista» acerca de «*prāṇa* [fuerza vital] y *ākāśa* [éter], que, según Tesla, son las únicas teorías que la ciencia moderna puede considerar».

Habiendo estudiado las enseñanzas teosóficas de madame Blavatsky, Tesla ya estaba versado en la idea de *ākāśa* y los registros akáshicos, que son, en esencia, los registros de todos los eventos históricos que existen en algún estado vibratorio en este éter.

«El Brahma, o Mente Universal –continuó el swāmī–, produce *ākāśa* y *prāṇa*».

Tesla estuvo de acuerdo con la premisa esencial de esta visión budista, respondiendo que la teoría podría «probarse matemáticamente demostrando que la fuerza y la materia son reducibles a energía potencial», y luego el inventor invitó al *swāmī* Vivekananda, a algunos de sus devotos y a Sarah Bernhardt a su laboratorio la semana siguiente para demostrar este principio mediante experimentos.

Después de que Tesla le mostrara al *swāmī* algunas de sus «creaciones», éste le advirtió de que la creación pura, en el sentido de que «algo» naciera de «nada», no era posible. Para Vivekananda, la creación era un proceso de combinación de elementos existentes en una nueva síntesis. Esta idea de la naturaleza eterna de la existencia sin principio ni fin atraía a Tesla, y más tarde se refirió a este y a otros conceptos relacionados en algunos de sus escritos. Hoy en día, en cosmología esta teoría se refiere a la teoría del estado estacionario de la creación eterna, que se opondría a la teoría más generalmente aceptada del Big Bang, que plantea la hipótesis de una fecha concreta para el comienzo de los tiempos. El motivo por el cual esta teoría es la más aceptada es porque el universo se está expandiendo. Mirando hacia atrás, parece lógico que toda la materia del universo estuviera junta al mismo tiempo en un lugar. Las estimaciones actuales sitúan el Big Bang hace unos quince mil millones de años.[25]

Para Tesla suponía todo un misterio cómo Keely pudo llegar a engañar a Astor, ya que por el momento el financiero se negaba a participar en la empresa. Se había tomado un mes para considerar la propuesta:

18 de enero de 1896

Querido Sr. Tesla:

Su carta ofreciéndome parte de las acciones de su oscilador [...]. Noventa y cinco me parece un precio bastante alto; porque si bien los inventos cubiertos por el fondo traerán sin duda grandes cambios, es posible que todavía no rindan frutos durante algún tiempo y, por supuesto, siempre hay muchos riesgos.

Deseando que el oscilador tenga el mismo éxito que si estuviera financieramente interesado, y esperando poder utilizar uno pronto,

Reciba un cordial saludo,

JOHN JACOB ASTOR[26]

Aunque era un rechazo, la carta no era un no definitivo. Se necesitarían un par de vueltas más para capturar este pez gordo.

Por supuesto, para Tesla los osciladores nunca fueron un fin en sí mismos. Su objetivo era enviar energía a la Tierra y utilizarla como conducto para transmitir mensajes. Sin embargo, los detalles del plan eran un secreto tan bien guardado que ni siquiera lo conocían sus trabajadores. De manera algo subrepticia, Tesla cogió un tren a Colorado Springs a finales de febrero de 1896 para examinar un posible emplazamiento para un nuevo laboratorio y también para llevar a cabo el tipo de experimentos sin hilos que había querido emprender antes de que su laboratorio se redujera a cenizas. Le pidió a un colega, tal vez un profesor local de

25. Swami Vivekananda a William Thomas Stead (ed., *Review of Reviews*), en Vivekananda, S.: *Letters of Swami Vivekananda*. Advaita Ashrama, Pithoragarh, 1981. pp. 281-283; Vivekananda, S.: *The Complete Works of Swami Vivekananda*, vol. 2. Advaita Ashram, Calcuta, 1970.

26. John Jacob Astor a Nikola Tesla (18 de enero de 1896) [MNT].

ingeniería, que transmitiera una canción musical con una autoarpa[27] a través de Pikes Peak hasta su equipo receptor, que incluía otra autoarpa, sintonizada con la primera, a seis kilómetros de distancia, al otro lado de la montaña.

El experimento fue todo un éxito; la canción «Ben Bolt», tocada en un lado de la montaña, fue captada por medio de una frecuencia de resonancia terrestre en el otro. Tesla, sin embargo, confundió por completo los detalles de la instrumentación involucrada. Al dar a entender a la prensa que la energía utilizada procedía de la Tierra y no de uno de sus osciladores, Tesla también logró generar titulares hiperbólicos.

Basándose en esta premisa falsa, la página 1 de la sección de la revista dominical del *New York World* del 8 de marzo de 1896 anunció no sólo el histórico logro sin hilos de Tesla, sino también la supuesta verificación experimental de que la Tierra estaba imbuida de «energía libre» en cantidades esencialmente ilimitadas. Aprovechando esta reserva, el futuro estaba claro: «La electricidad sería tan gratuita como el aire [....] El fin de las compañías de telégrafos, de teléfonos [...] y de otros monopolios [...] ha llegado con estrépito».

---

27. Instrumento musical de cuerda inventado hacia 1882 en Estados Unidos. Consta de una caja de resonancia similar a la de una guitarra y de 36 o 37 cuerdas. A pesar de su nombre, deriva de la cítara. *(N. del T.)*

19
Radiografías[1] (1896)

Las crecientes afirmaciones de los inventores reviven un incidente relacionado con el descubrimiento del rayo Röntgen [...]. Oliver Lodge anunció un aparato mediante el cual vio a través de un hombre. Unos días más tarde, el señor Edison proclamó que tenía un aparato con el que había visto a través de dos hombres. Al cabo de una semana, el señor Tesla produjo rayos con un poder tan penetrante que atravesaron a tres hombres. Cuando se lo mostró al Sr. Edison, el gran hombre, que no tiene ni una chispa de celos en su naturaleza, sonrió y dijo: «Bueno, detengámonos en tres. ¿Qué me estás diciendo? Creo que tres hombres servirán tan bien y demostrarán lo mismo que un regimiento».

New York Mail and Express[2]

Unos días antes de Año Nuevo, el mundo científico se vio sacudido por el notable descubrimiento realizado por Wilhelm Röntgen de una extraña y desconocida energía a la que llamó rayos X, que emanaba de sus tubos Lenard y Crookes. Michael Pupin escribió: «Ningún otro descubrimiento en mi vida había despertado el interés del mundo como lo hizo el descubrimiento de los rayos X. Todos los físicos abandonaron sus propios problemas y se lanzaron de cabeza a la investigación». Sorprendentemente, Pupin añadió: «Hasta donde sé, yo era el único físico que en ese momento había tenido alguna experiencia de laboratorio en la investigación con tubos de vacío [...]. Obtuve la primera fotografía de

---

1. El término empleado por Tesla y por otros científicos de la época para referirse a las radiografías es *shadowgraphy*, de *shadow* («sombra») y *graphy* («escritura»), y que por lo tanto se podría traducir literalmente como «escritura con sombra». *(N. del T.)*
2. «Phosphorescent Light», *New York Mail and Express* (22 de mayo 1896) [TAE].

rayos X en Estados Unidos el 2 de enero de 1896, dos semanas después de que se anunciara el descubrimiento en Alemania».[3] Como Pupin sabía hacer con tanta claridad, renunció a cualquier mención de su compatriota. Para Pupin, Tesla no era una persona.

Röntgen se ganó el reconocimiento mundial prácticamente de la noche a la mañana con el anuncio de que había descubierto una nueva energía que emanaba de los tubos de rayos catódicos y que podía iluminar sustancias químicas sensibles a la luz en el otro extremo de una habitación, penetrar objetos sólidos y fotografiar los órganos internos y los huesos de los seres vivos. Como señaló Pupin, científicos de todo el mundo abandonaron sus proyectos para unirse a esta nueva y emocionante empresa. El propio Tesla escribió nada menos que nueve artículos sobre el tema en un período de dos años. Aunque Tesla pudo haber notado estos rayos y sus efectos en el papel fotográfico años antes,[4] no prosiguió con las investigaciones y no dejó dudas de que el descubridor fue Wilhelm Röntgen.

Tesla había tomado la palabra de Søren Kierkegaard, quien las describió en su ensayo *O lo uno o lo otro*. Para el filósofo existencialista eran siluetas «en parte para traer de inmediato a la memoria con esta denominación que las recojo del lado oscuro de la vida, y en parte porque, al igual que las siluetas, no son inmediatamente visibles. Si tomo una silueta con la mano, ésta no me causa impresión alguna, y puedo sólo hacerme una idea de ella sujetándola contra la pared y dejando de contemplar la imagen inmediata para contemplar la que se muestra sobre la pared; sólo entonces la veo. Eso mismo sucede con la imagen que quiero mostrar aquí, una imagen interior que sólo se hace perceptible en tanto en cuanto penetro lo exterior con la mirada. Quizás lo exterior no tiene nada de llamativo, pero en cuanto lo penetro con la mirada, sólo entonces, descubro esa imagen interior que quiero mostrar, una imagen interior que es demasiado fina para hacerse exteriormente visible, dado que ha sido tejida con los más acallados acordes del alma».[5]

3. Pupin, M.: *From Immigrant to Inventor*. Charles Scribner's Sons, Nueva York, 1925. p. 306.

4. O'Neill, J. J.: *Prodigal Genius: The Life of Nikola Tesla*. Ives Washburn, Nueva York, 1944.

5. Kierkegaard, K.: *Escritos 2. Lo uno o lo otro. Un fragmento de vida I*. Editorial Trotta, Madrid, 2006. p. 190.

En Europa se producían rayos X escasos mediante máquinas estáticas y bobinas de inducción de Ruhmkorff; Tesla sugirió, en cambio, el uso de una bobina disruptiva de alta frecuencia unida a una bombilla especial con dos electrodos, un cátodo dentro del vacío, para generar las «corrientes catódicas» y un ánodo colocado lo más lejos posible fuera de la bombilla para limitar la reducción del potencial. Con este aparato, «se alcanzaron presiones efectivas de aproximadamente cuatro millones de voltios».[6] Al principio, la bombilla se calentará y brillará con un tono violáceo, luego el electrodo se desintegrará y la bombilla se enfriará. El uso de un ventilador ayuda. «A partir de este momento [...], la bombilla está en muy buenas condiciones para producir las sombras Röntgen». Cuando el electrodo está demasiado caliente, probablemente se deba a que no hay suficiente vacío.[7]

Generar voltajes tan altos no sólo permitía medir la calidad de la energía que sale de la bombilla y probar su capacidad de atravesar objetos vivos y no vivos o ser reflejada, sino que también sentó las bases para experimentos posteriores de Tesla con armas de rayos de partículas.

En 1896, Tesla planteó la idea promulgada por los físicos cuánticos unos años más tarde de que la energía tenía propiedades tanto de partículas como de ondas. Habiendo establecido un objetivo para disparar las corrientes, Tesla escribió: «Los efectos sobre la placa sensible se deben a partículas proyectadas o a vibraciones [de frecuencias extremadamente altas]».[8] El inventor especuló además que «las corrientes están formadas por materia en alguna condición primaria o elemental [...]. El Sol y probablemente otras fuentes de energía radiante deben emitir corrientes similares».[9] Tesla también parecía haberse acercado a la idea de descomponer el electrón en partículas subatómicas. «Los trozos de materia proyectados actúan como cuerpos inelásticos, de manera similar a pequeñas balas de plomo [...]. Estos trozos se rompen en fragmentos tan pequeños que acaban perdiendo por completo algunas propiedades físicas que

6. Tesla, N.: «On Roentgen Rays», *Electrical Review* (11 de marzo de 1896), en Popović, V. *et al.*: *Nikola Tesla: Lectures, Patents, Articles*. Museo Nikola Tesla, Belgrado, 1956. p. A-27.

7. Ibíd. p. A-29.

8. Ibíd. p. A-30.

9. Tesla, N.: «On Roentgen Radiations», *Electrical Review* (8 de abril de 1896), en Ibíd. p. A-43.

poseían antes del impacto. ¿[No sería posible] que en los fenómenos de Röntgen seamos testigos de una transformación de la materia ordinaria en éter?[10] O podamos enfrentarnos a una disolución de la materia en alguna forma primaria desconocida, el *ākāśa* de los antiguos vedas».[11]

El inventor, como físico, procedió entonces a tomar radiografías de pequeños animales, como pájaros y conejos, así como de sus trabajadores, y de su cráneo, sus costillas, sus extremidades y sus vértebras. Como algunas radiografías tardaban hasta una hora en obtenerse, Tesla notaba que a veces se quedaba dormido mientras la máquina lo bombardeaba.

Semana tras semana, Tesla publicaba un nuevo artículo sobre sus «Últimos resultados». El 18 de marzo de 1896 anunció en *Electrical Review* que había obtenido radiografías de humanos a distancias de doce metros y había afectado papel fotosensible a una distancia de dieciocho metros de la fuente de los rayos. El inventor también probó diferentes metales para ver cuáles reflejaban mejor la energía. Ilustrado con una magnífica radiografía de los huesos de la caja torácica del propio mago, el artículo transmitía una impresión espeluznante.[12]

«Les dije a algunos amigos que sería posible observar con la ayuda de una pantalla objetos [y esqueletos] que pasan por una calle [...]. Menciono esta extraña idea sólo como una ilustración de cómo estos avances científicos pueden incluso afectar a nuestra moral y costumbres. Quizás pronto nos acostumbremos a este estado de cosas», escribió Tesla.

Para Tesla, los rayos Röntgen eran una puerta de entrada a un mundo invisible y propicio para nuevas posibilidades. «Roentgen nos dio un arma [maravillosa] para disparar [...] proyectando misiles con un poder de penetración mil veces mayor que el de un cañón, y llevándolos probablemente a distancias de muchos kilómetros [...]. Estos misiles son tan pequeños que podemos dispararlos a través de nuestros tejidos durante días, semanas y años, aparentemente sin consecuencias dañinas».

Durante todo el año, el inventor sufrió «la gripe». Aunque su enfermedad fue noticia, nadie pareció relacionarla con su excesiva experimen-

---

10. Tesla, N.: «Roentgen Rays or Streams», *Electrical Review* (1 de diciembre de 1896), en ibíd. p. A-52.

11. Ibíd. p. A-56; Tesla también asociaba esta idea a los «vórtices de éter» de Kelvin.

12. Tesla, N.: «On Roentgen Rays: Latest Results», *Electrical Review* (18 de marzo de 1896), en ibíd. pp. A-32-38; «On Roentgen Radiations», *Electrical Review* (8 de abril de 1896), en ibíd. p. A-41.

tación con la misteriosa energía. De hecho, en relación con el riesgo para la salud, Tesla escribió: «Ningún experimentador debe ser disuadido de investigar los rayos Röntgen por temor a acciones venenosas o generalmente nocivas, ya que parece razonable concluir que se necesitarían siglos para acumular suficiente materia como para que interfiera seriamente con el proceso de vida de una persona».[13] Ahora sabemos, por supuesto, que esta opinión es errónea ya que la exposición prolongada a los rayos X puede ser muy peligrosa para la salud.

De todos modos, Tesla se refirió a dolor en el centro de su frente al experimentar con los rayos y a «la acción dañina sobre la piel, inflamación y formación de ampollas», pero esto lo atribuyó a la producción de ozono, que en pequeñas cantidades era «un desinfectante muy beneficioso». Sin embargo, se produjo un grave accidente en el laboratorio «con un querido y fervoroso asistente [...] sin una pantalla protectora presente. El trabajador sufrió graves ampollas y la carne cruda quedó expuesta», asumiendo el inventor «el amargo deber de registrar el accidente para reducir el peligro para los demás».[14]

Edison también aparecía en los titulares por su trabajo con los rayos Röntgen, especialmente cuando observó que los rayos provocaban que las personas ciegas experimentaran sensaciones en los ojos. «Los rayos X lograron provocar en el ciego una exclamación: "Ya veo; ¡Sí, veo una luz!"».[15]

Edison, cuyo fluoroscopio ya se utilizaba para iluminar el ojo durante una cirugía ocular, vio la posibilidad de que de alguna manera se pudiera recuperar la vista con el uso de rayos X.[16] Tesla lo dudaba, por lo que la prensa se subió al carro y generó una nueva ronda de titulares que volvió a enfrentar a los dos pioneros. «El húngaro oscuro y carente de humor tuvo el desagradable deber de decir: "¿No es cruel generar tales esperanzas cuando hay tan poco terreno para ello... ¿Qué posible bien puede derivarse de ello?"».[17]

---

13. Tesla, N.: «On the Roentgen Streams», *Electrical Review* (1 de diciembre de 1896), en ibíd. pp. A-58.

14. Tesla, N.: «On the Hurtful Actions of Lenard and Roentgen Tubes», *Electrical Review* (5 de mayo de 1897), en Ibíd. pp. A-65.

15. «Tesla Opposes Edison», *New York Evening Journal* (2 de diciembre de 1896) [TAE].

16. «Tesla Says "Let us Hope"», *Philadelphia Press* (20 de noviembre de 1896) [TAE].

17. «Scoffs at X rays for the Blind», *New York Morning Journal* (3 de diciembre de 1896) [TAE].

El tiempo demostró que Edison estaba equivocado, ya que los rayos X no se habían utilizado para «estimular la retina» de tal manera que restaurara la vista, pero los dos magos llevaron a cabo una serie de milagros exitosos con la extraña energía cuando ambos utilizaron los instrumentos para localizar balas alojadas en los huesos de varios pacientes. Afortunadamente, la Facultad de Medicina de Kentucky ayudó a poner fin a la batalla entre los dos cuando «combinaron los dispositivos de Tesla y Edison» para extraer perdigones del pie herido de un votante que había recibido la herida en una pelea en una votación electoral. Después de desarrollar la radiografía, que sólo tardó noventa segundos en realizarse, «se diferenciaban todos los huesos y se localizaban claramente los perdigones, en total unos treinta».[18]

Para celebrar el triunfo y sofocar cualquier supuesta hostilidad, T. C. Martin pudo convencer a Tesla para que se uniera a Edison y a otros estudiosos de la electricidad para pasar un día de pesca en una goleta de gavias frente a la costa de Sandy Hook. El evento fue patrocinado por la Safety Insulated Wire and Cable Company. Aunque se formó una tormenta, acompañada de nubes oscuras y relámpagos, los «audaces pescadores no se desanimaron [...] Con majestuosa grandeza [...] el grupo más feliz y satisfecho que jamás haya surcado las olas del Atlántico [...]. Hacia el anochecer, el barco viró su proa hacia casa [...]. Nicola Tesla pescó una platija de grandes dimensiones y Edison un halibut sorprendentemente grande».[19]

18. «Combined Devices», *New York Evening Journal* (2 de diciembre de 1896); «Triumph of Science: Combination of Tesla and Edison Contrivances», *Louisville KY Courier Journal* (24 de noviembre de 1896) [TAE].

19. «Edison Caught a Fluke», *New York Morning Journal* (10 de agosto de 1897) [TAE].

20

El discurso de las cataratas (1897)

*Nikola Tesla dijo mucho en un notable discurso en un banquete
para celebrar la transferencia de energía de Niágara a Búfalo.
No sólo es un trabajador esforzado, es un soñador de sueños sa-
bios, un poeta y un humanista, que trabaja con nuevas herramientas para el beneficio de todos. Es un hombre que se pregunta ante
la locura de hombres que inventan armas cuándo podrían inventar herramientas. Su espíritu es por naturaleza esperanzador
[...]. No mira tanto al mundo como al universo. Encuentra energía
en las cataratas y al mismo tiempo espera con ansias el momento
en el que podamos, tal vez, aprovechar las fuerzas invisibles de los
planetas y utilizar la energía cósmica que hace girar las estrellas
en sus cursos. Espera un tiempo en el que la energía será tan barata, tan universal, que todo el trabajo será realizado por máquinas incansables y, por lo tanto, la vida de cada hombre será mucho
más digna de ser vivida.*

CHARLES BARNARD[1]

En julio de 1896, Tesla se desplazó hasta las Cataratas del Niágara para
llevar a cabo su primer estudio de esta gran empresa. Viajó con George
Westinghouse, Edward Dean Adams, William Rankine y el comandante
George W. Melville de la Marina de Estados Unidos. También estuvo
presente Thomas Ely, supervisor de fuerza motriz del Pennsylvania Railroad. Tesla era importante para los cinco por casi tantas razones.

Un periodista del *Niagara Falls Gazette* los saludó a su llegada. «Tesla
es un idealista de un metro ochenta de altura, tez muy oscura, nervioso

---

1. Barnard, C.: «Nikola Tesla, the Electrician», *The Chautauguan*, n.º 25, pp. 380-384
   (1897).

y enjuto. Las señoritas impresionables se enamorarían de él a primera vista, pero no tiene tiempo para pensar en señoritas impresionables. De hecho, ha dado su opinión de que los inventores nunca deberían casarse. Día y noche trabaja en problemas profundos que le fascinan, y cualquiera que hable con él sólo unos minutos se llevará la impresión de que la ciencia es su única amante y que él se preocupa más por ella que por el dinero y la fama», escribió el periodista.

Rankine predijo que Búfalo recibiría energía eléctrica en noviembre y Westinghouse, que los costos serían más baratos que el vapor. «Se podría afirmar que costará la mitad de lo que cuesta la energía de vapor», ratificó Rankine.

«Señor Tesla, ¿cuál es su opinión sobre el efecto de este desarrollo de energía entre Búfalo y las Cataratas del Niágara?», se le preguntó. «El efecto será que ambas ciudades extenderán sus brazos hasta encontrarse».[2]

Tesla miró hacia la catarata rugiente abrumado por la emoción mientras él y los demás se ponían su ropa impermeable antes de adentrarse en la poderosa maravilla. Había crecido a sólo ochenta kilómetros del magnífico laberinto de canales en cascada conocidos como lagos de Plitvice, pero aquéllos eran liliputienses en comparación con este coloso atronador. El orgullo superó al inventor mientras se quedaba rezagado unos instantes para pensar, como solía hacer, en su montañosa tierra natal. Habían pasado cuatro años desde que había visto por última vez a su familia, quince años desde la primera construcción exitosa de una turbina que podía ser impulsada por energía hidráulica, y casi treinta y cinco años desde que le contó a su tío su sueño de aprovechar algún día las Cataratas del Niágara. Conmovido por esta asombrosa manifestación de la naturaleza, se sentó un momento a reflexionar mientras miraba cómo desaparecían sus compañeros a lo largo de las pasarelas entre una niebla irisada.

«Vamos, señor Tesla», gritó Adams, después de haber esperado lo más pacientemente que pudo, porque la siguiente parada en el recorrido era la central hidroeléctrica Edward Dean Adams, la primera de las dos que se construirían con su nombre. Diseñado por Stanford White, el edificio

---

2. «Nikola Tesla: An Interesting Talk with America's Great Electrical Idealist», *Niagara Falls Gazette*, p. 1:1 (20 de julio de 1896). Véase también Valone, T.: «Tesla's History in Western New York», en Elswick, S. R. (ed.): *Proceedings of the 1986 International Tesla Symposium*. Sociedad Internacional Tesla, Colorado Springs, 1986. pp. 27-51.

albergaba casi una docena de gigantescas turbinas Tesla, capaces de generar en conjunto más de 35 000 kilovatios. Los hombres parecían enanos deambulando entre un brillante aparato ensamblado como por gigantes: una larga fila de imponentes motores en forma de caldera. Desde esta cámara estaba a punto de generarse una fuente eficiente, no contaminante e inagotable de energía eléctrica capaz de impulsar las fábricas e iluminar las calles y los hogares de casi una cuarta parte de todo el continente. Los ecos de sus pasos se apagaron cuando se quedaron un momento en silencio en la capilla de la naciente Nueva Era.

A su regreso a Nueva York, Tesla encontró una carta de sir William Preece.[3] Un joven, mitad británico por parte de madre y mitad italiano por parte de padre, había pasado por el despacho de Preece con un aparato de código Morse sin hilos basado en el trabajo de Heinrich Hertz. Guglielmo Marconi, de sólo veintidós años, había traído un cuaderno en el que repasaba la literatura en este campo (muy probablemente los escritos de Hertz, Lodge y Tesla). Marconi había elegido sabiamente, ya que Preece era jefe del Servicio Postal británico y había experimentado él mismo probando los efectos de la inducción a través del suelo a partir de líneas telegráficas.[4]

«Después de los experimentos con los dispositivos clásicos de Hertz bajo los auspicios de la Oficina Imperial de Correos de Inglaterra –explicó Tesla muchos años después–, Preece me escribió una carta transmitiéndome la información de que las pruebas habían sido abandonadas por carecer de valor, pero él creía que [con mi sistema sería posible] obtener buenos resultados. Como respuesta, le ofrecí preparar dos juegos para probar y le pedí que me diera los detalles técnicos necesarios para el diseño. En ese momento, Marconi salió con la enfática afirmación de que había probado mi aparato y no funcionó. Evidentemente tuvo éxito en su propósito, ya que no se hizo nada con respecto a mi propuesta».[5] La primera patente de Tesla específicamente para la transmisión sin hilo fue presentada un año después, el 2 de septiembre de 1897 (n.º 650.353).

3. William Preece a Nikola Tesla (1896) [MNT].

4. Baker, E. C.: *Sir William Preece: Victorian Engineer Extraordinary*. Hutchinson, Londres, 1976. pp. 269-270.

5. Tesla, N.: «Marconi and Preece», *New York World* (13 de abril de 1930), en Ratzlaff, J. T. (ed.): *Tesla Said*. Tesla Book Co., Milbrae, California, 1984. p. 229.

El mes siguiente, en agosto de 1896, Tesla recibió una súplica histriónica de Katharine, que estaba de vacaciones con su familia en una casita de campo en Bar Harbor (Maine). Queriendo desesperadamente que Tesla se uniera a ellos, sólo podía aludir a su deseo.

6 de agosto de 1896

Querido Sr. Tesla:

Estoy muy preocupada por ti. He oído que estás enfermo [...]. Deja el trabajo por un tiempo. Me atormenta el miedo de que puedas sucumbir al calor [...]. Encuentra un clima fresco. No te quedes en Nueva York. Eso significaría el laboratorio todos los días...

Estás cometiendo un error, mi querido amigo, casi fatal. Crees que no necesitas cambios y descanso. Estás tan cansado que no sabes lo que necesitas. Si alguien tan sólo te levantara y te llevara físicamente. No sé qué espero conseguir al escribirte. Mis palabras no surten ningún efecto, olvidadas tal vez nada más leerlas.

Pero debo hablar y lo haré. ¿No me escribirás unas líneas? Qué feliz sería si llevara un matasellos desconocido.

Atentamente,

KATHARINE JOHNSON[6]

Robert, que tenía cierta perspectiva sobre el sentido dramático de Katharine, también le escribió para invitarlo. «Pero sé que no es seguro para ti alejarte más de cinco kilómetros del Delmonico's. El rumor es que te has derretido en tu laboratorio».[7]

Quizás Katharine tenía razón, ya que Tesla no estaba a disposición de los Johnson ni siquiera a su regreso. Tesla también ignoraba las cartas de sus hermanas de Croacia, en particular de Marica, quien, al igual que Katharine, le preguntó por qué no respondía. Hacía muchos meses que había abandonado los rayos Röntgen, pero todavía estaba demacrado por la enfermedad y el exceso de trabajo. Ahora estaba inmerso en

---

6. Katharine Johnson a Nikola Tesla (6 de agosto de 1896) [MNT].
7. Robert Underwood Johnson a Nikola Tesla (28 de julio de 1896) [BC].

una carrera sin hilos contra recién llegados como Marconi. Temiendo que su invento fuera pirateado, el laboratorio de Tesla se convirtió en un lugar más misterioso.

7 de noviembre de 1896

Querido Sr. Tesla:

Puede parecer presuntuoso que un extraño se dirija a usted, pero la señora Johnson [mi esposa], a quien quizás recuerde haber conocido, no puede dejar de unirse conmigo para felicitarle por el éxito del experimento de Búfalo [...]. Si esto parece tomarse demasiada libertad con alguien a quien conocemos tan poco, confío en que lo atribuirá a nuestro interés en el progreso de la humanidad.

Respetuosamente suyo,

ROBERT UNDERWOOD JOHNSON[8]

El espíritu navideño de Tesla prevaleció y se unió a sus queridos Johnson para la cena de Navidad, disculpándose por ser tan distante y llevándole a la Sra. Filipov un exquisito ramo de flores.

La celebración de la inauguración de la central eléctrica del Niágara se llevó a cabo en el Ellicott Club de Búfalo en el mes más peligroso del invierno. Afortunadamente, el tiempo dio un respiro y trescientos cincuenta de los empresarios más destacados del país emprendieron el viaje en enero. Presentado por el representante de Morgan, Francis Lynde Stetson, socio legal de Grover Cleveland, entre la lista de asistentes se incluía la flor y nata del comercio. Curiosamente, aunque estaban invitados, faltaron al evento personalidades como John Jacob Astor, J. Pierpont Morgan y Thomas Alva Edison.

«El señor Stetson habló de la cortina de humo que cubría Búfalo y dijo que llegaría el día en que la energía vendría del Niágara y no del humo y el vapor [...]. La presentación de Nikola Tesla, el mayor experto en electricidad de la Tierra, desencadenó una monstruosa ovación. Los invitados se pusieron de pie de un salto, agitaron frenéticamente las ser-

8. Robert Underwood Johnson a Nikola Tesla (7 de noviembre de 1896) [BC].

villetas y vitorearon al famoso científico. Pasaron tres o cuatro minutos antes de que se hiciera el silencio».[9]

Una constelación de peculiaridades psicológicas acompañó la conferencia del mago. Comenzó de manera autocrítica: «Apenas he tenido el valor suficiente para dirigirme a una audiencia en algunas ocasiones inevitables [...]. Incluso ahora, mientras hablo [...] las concepciones fugitivas se desvanecerán y experimentaré ciertas sensaciones bien conocidas de abandono, de escalofrío y de silencio. Puedo ver ya vuestros rostros decepcionados y puedo leer en ellos el doloroso arrepentimiento del error de vuestra elección».[10]

¿Por qué Tesla «se tiró piedras contra su propio tejado» con esta terrible presentación? Parece evidente un profundo sentimiento de inferioridad, pero, sin embargo, Tesla también era plenamente consciente de que esta cena era en su honor y, por lo tanto, era la cúspide de su vida hasta la fecha y, gracias a ella, una apoteosis para toda la humanidad. ¿Por qué simplemente no se limitó a felicitarse ni aceptó unos elogios bien merecidos? Vemos aquí la primera manifestación tangible de un abrumador sentimiento de inferioridad, un claro elemento autodestructivo en su naturaleza. Fluyó por sus venas el oscuro legado de una represión profundamente arraigada, como una hidra a punto de aniquilar.

Sin embargo, fueron sus inventos los que cambiaron un mundo entero. Fue el nombre Nikola Tesla el que apareció una docena de veces en la placa de patente de su nuevo sistema. Fue Nikola Tesla quien fue elogiado con «gran entusiasmo» por la intelectualidad corporativa y de la ingeniería. Y fue Nikola Tesla quien cambió, de manera precisa y mensurable, la dirección misma que estaba tomando la humanidad. Éste fue un momento de unción; a través de su acción específica, la evolución de la raza y la textura de todo un planeta cambiarían permanentemente de manera positiva.

Pero en ese momento de cumplimiento de su mayor deseo, también se desencadenó una profunda constelación neurótica. Desde la perspectiva psicoanalítica, ahora Tesla podría recompensar a su familia por la

---

9. «History Making Celebration of the Only Electrical Banquet the World Has Ever Seen», *The Buffalo Evening News*, pp. 1:1-2; 4:2-5 (13 de enero de 1897).

10. Tesla, N.: «Niagara Falls Speech», *Electrical World*, pp. 210-211 (6 de febrero de 1897), en Popović, V. *et al.*: *Nikola Tesla: Lectures, Patents, Articles*. Museo Nikola Tesla, Belgrado, 1956. pp. A-101-108.

muerte de su hermano devolviéndole simbólicamente la vida y, a mayor escala, darle al mundo una nueva vida: su sistema polifásico de corriente alterna. Pero las sombras lo dominaban y sencillamente era incapaz de aceptar la felicidad del momento sin poner palos en la rueda. Su discurso continuó: «Estas observaciones, caballeros, no están hechas con el deseo egoísta de ganarme su amabilidad y su indulgencia con mis defectos, sino con la honesta intención de ofrecerles una disculpa por su decepción [...]. Pero tengo la esperanza de que en mis declaraciones informes e incompletas [...] puede haber algo de interés [...] que beneficie esta ocasión única».[11]

El plan inconsciente de Tesla, el corazón y el alma de su neurosis, era socavarse a sí mismo por completo quitando importancia al esfuerzo de la empresa Niagara. Es posible que Stetson hubiera leído el discurso durante el viaje en tren hasta Búfalo y previera las trágicas consecuencias, ya que parece que esperó un momento propicio para cortar el final.

Ahora que Tesla había triunfado, empezó a verse a sí mismo como algo más que un simple inventor. Era un creador, no de grandes pinturas ni de grandes composiciones musicales, sino de grandes tecnologías. Niagara Falls no era más que un trampolín hacia el plan más ambicioso. Su discurso continuó rindiendo homenaje al «espíritu filantrópico» del empresario y a la gran contribución del científico. Tesla también elogió a personas como el diseñador de iluminación de arco Charles Brush, el inventor de los tubos de vacío Philip Lenard y el diseñador de motores ferroviarios Frank Sprague, así como a Wilhelm Röntgen, lord Rayleigh, Elihu Thomson, Thomas Edison y George Westinghouse. «Todos estos hombres y muchos más trabajan incansablemente investigando nuevas regiones y abriendo campos insospechados y prometedores».

Entre todos estos muchos departamentos de investigación, hay uno que es de la mayor importancia para el confort y la existencia de la humanidad, y es la transmisión eléctrica de energía [...]. Tenemos muchos monumentos de épocas pasadas que ejemplifican la grandeza de las naciones, el poder de los hombres, el amor al arte y la devoción religiosa. Pero ese monumento del Niágara tiene algo propio, digno de nuestra era científica, un verdadero monumento de ilustra-

---

11. Ibíd.

ción y de paz. Significa la subyugación de las fuerzas naturales al servicio del hombre, la interrupción de los métodos bárbaros, el alivio de la miseria y el sufrimiento de millones de personas [...]. La electricidad es nuestro pilar, la fuente primaria de nuestras energías multifacéticas.[12]

Stetson vio su momento y regresó al escenario para susurrarle al oído a Tesla. «Me acaban de informar –anunció repentinamente Tesla– que en tres minutos tenemos que partir [...]. ¿Qué puedo decir? [Gritos de "No"]. Puedo felicitar a los valientes pioneros que se han embarcado en esta empresa y la han llevado al éxito. Ciudadanos de Búfalo, podría decir amigos, permítanme felicitarlos por la maravillosa extensión de posibilidades abiertas y desearlos que en poco tiempo su ciudad sea una digna vecina de la gran catarata que es una de las grandes maravillas de la naturaleza».[13] Había que tomar un tren. El resto del discurso se publicaría en las revistas especializadas en electricidad.

Fue una ruptura fortuita. Porque aquí vemos una declaración positiva sobre el estupendo logro en Niágara y también vemos las semillas de una nueva visión que Tesla estaba plantando para el mundo. No era mecánico, sino artista. La ganancia monetaria no era un fin; de hecho, un objetivo era proporcionar energía barata a las masas. Los empresarios no eran capitalistas codiciosos, sino nobles filántropos. Éste era un sueño utópico que quizás algún día podría hacerse realidad. Y como veremos, también fue una justificación, tal vez incluso una racionalización, de algunas de las audaces formas que Tesla eligió para gastar las «contribuciones» de los financieros que acudieron a apoyar su campaña prometeica.

Al jugar el «Juego Maestro», Tesla estaba apostando todas las inversiones. Su objetivo era nada menos que la capacidad de transformarse en una deidad. Éste, como escribe John J. O'Neill, era su «complejo de superhombre»:

---

12. Ibíd.

13. *The Buffalo Evening News* (12 de enero de 1897); véase también Dumych, D.: «Nikola Tesla and the Development of Electric Power at Niagara Falls», *Tesla Journal*, n.º 6-7, pp. 4-10 (1989-1990).

No nos contentaremos simplemente con mejorar [los métodos actuales], tenemos una tarea mayor que cumplir: desarrollar medios para obtener energía de reservas que son siempre inagotables, perfeccionar métodos que no impliquen consumo ni desperdicio de ningún material. He examinado durante mucho tiempo las posibilidades de hacer funcionar motores en cualquier punto de la Tierra mediante la energía del medio y me alegra decir que he ideado medios que me han dado nuevas esperanzas de que veré el cumplimiento de uno de mis sueños más preciados; es decir, la transmisión de energía de una estación a otra sin el empleo de ningún cable de conexión.[14]

¡Tesla había proclamado audazmente en la parte escrita y publicada de su discurso que esta gran empresa que estaban a punto de iniciar (y la que todavía utilizamos un siglo después) ya estaba obsoleta! Tenía un plan mejor. No habría necesidad de los millones de postes telefónicos que se iban a levantar, no habría necesidad de los millones de toneladas de cobre que tendrían que ir a parar a un sinfín de cables eléctricos interconectados, no habría necesidad de la enorme producción de caucho para aislamiento o de los centenares de miles de metros cuadrados para soportar el sistema, y no se necesitarían los trabajadores que pronto serían contratados para mantener el equipo, ya que todo esto, la transmisión de energía eléctrica, luz e información se podía conseguir sin cables. No es de extrañar que Stetson interrumpiera a Tesla.

Este discurso fue el momento crucial en la carrera de Tesla. Se expuso con todas sus fuerzas para lograr este fin. Sólo la muerte lo detendría en su intento por hacer realidad su sueño.

---

14. Ibíd.

21
Celebridades (1896-1898)

Una ocasión memorable fue el primer encuentro de Tesla y Pade-
rewski. Dos de los hombres más intelectuales o adorables que nun-
ca haya conocido. Congeniaron y se hicieron amigos de inmediato.
Al comparar notas, descubrieron que ambos habían estado en Es-
trasburgo años antes en el mismo momento [1882], Tesla como
asistente eléctrico con un pequeño salario y Paderewski como estu-
diante de música, y se rieron de buena gana del cambio de sus
condiciones desde aquella época de tormenta y estrés.

ROBERT UNDERWOOD JOHNSON[1]

Tesla regresó a Manhattan con T. C. Martin, Francis Lynde Stetson, Darius Ogden Mills y el hermano de John Hays Hammond, Richard Hammond, que estaba considerando colocar turbinas Tesla en una presa en
California. Martin y R. U. Johnson estaban coordinando un simposio
sobre Röntgen bajo los auspicios del *Century*, y Tesla ayudaría en los
preparativos, pero los desacuerdos con Tom Edison, Elihu Thomson y
Michael Pupin habían llegado a su punto máximo, y Tesla rechazó una
invitación a una cena de todos los participantes. «No puedo explicarlo,
pero me resulta realmente imposible unirme a la compañía»,[2] dijo.

Edison estaba a punto de unir fuerzas con Marconi. Thomson seguía
pirateando el motor de inducción de Tesla, y Pupin, los osciladores de
Tesla. Stetson, como «fiscal general» de Morgan, podría aplanar los obstáculos en los intentos de General Electric de sentar las bases para un
conjunto de patentes con Westinghouse (General Electric obtendría el
sistema polifásico de corriente alterna a cambio de las patentes del carri-

---

1. Johnson, R. U.: *Remembered Yesterdays*, Little Brown, Boston, 1923. p. 402.
2. Ibíd. (13 de marzo de 1896).

to Vanderpoel), pero nunca podría borrar la creciente venganza contra Tesla por parte de varios hombres clave en su industria.

Fue un momento particularmente difícil para Martin y por eso comenzó a aparecer una brecha entre Martin y Tesla.

A finales de enero, Tesla patrocinó otro fastuoso banquete seguido de un recorrido por su laboratorio. Invitó a John Jacob Astor y a su impresionante esposa, Ava Willing, y al Sr. y la Sra. Stanford White. Dado lo tarde que era, lady Astor estaba «terriblemente decepcionada» porque se declinó la pirotecnia eléctrica.[3] Sin embargo, White y compañía pudieron sacar provecho de todo el asunto.

«Mi querido Tesla –escribió White–, no puedo expresar lo impresionado que me sentí la otra noche en su laboratorio y lo encantado que estaba de estar allí». Al firmar la carta «Afectuosamente suyo», White también felicitó a Tesla por su «discurso en Búfalo [que estuvo] tan lleno de hermosos pensamientos».[4] Ésta fue la segunda visita de White al laboratorio, y sus sentimientos por Tesla continuaron creciendo.

28 de marzo de 1896

Querido Luka:

Resulta que esta noche estoy libre. Si tenéis visitas (comunes mortales) no vendré. Si tienes a Paderewski, Röntgen o la Sra. Anthony, iré.

Atentamente,

TGI[5]

«Tesla Gran Inventor»; había conocido a Paderewski en una cena en el «salón» Johnson en abril de 1896. Después de una invitación de Robert, Tesla le respondió: «Espero que la señorita, quiero decir el Sr. Paderews-

3. John Jacob Astor a Nikola Tesla (29 de enero de 1897) [MNT].
4. Stanford White a Nikola Tesla (29 de enero de 1897).
5. Nikola Tesla a Robert Underwood Johnson (28 de marzo de 1896); saludo, 12 de marzo de 1896 [BBUC].

ki, venga».[6] Se refería a la característica distintiva de Paderewski, una melena larga y exuberante que ondeaba sobre su cabeza cuando tocaba el piano durante sus conciertos.

Refiriéndose a este primer encuentro, Johnson escribió: «Al igual que Tesla, él [Paderewski] tiene una mente maravillosa, que es un almacén de conocimientos sobre todo tipo de temas». Johnson, que había escrito un poema sobre el virtuoso, comparó la música de Paderewski con «ángeles cantando en el paraíso».[7]

Paderewski, en aquel momento primer ministro de Polonia, fue el actor mejor pagado de la década. Richard Watson Gilder, editor en jefe del *Century*, invitaba a menudo, en palabras de Paderewski, a «todos los grandes artistas, músicos, escritores distinguidos, escultores, pintores y políticos visitantes que han venido a Estados Unidos [...]. Conocedor del arte y de la vida, [Gilder] apreciaba y reconocía de inmediato lo inusual en todo... y en las personas también».[8] Gracias a Gilder, Johnson conoció a muchas celebridades, y gracias a Johnson, Tesla las siguió.

En aquel momento, en la primavera de 1896, Tesla y los Johnson estaban ocupados leyendo *El libro de la Selva* recientemente publicado por Rudyard Kipling. «Las historias de Kipling son el encanto en sí mismo —escribió Tesla a la señora Filipov—. «Creo que "Rikki Tikki Tavi"[9] es el mejor».[10] Dos días después, se organizó una fiesta para Kipling en la casa de Johnson. «Lo siento, no puedo ir a cenar, pero apareceré lo antes posible más tarde»,[11] escribió Tesla.

Kipling, que por aquel entonces tenía treinta años, le había comprado una casa a su cuñado en Brattleboro (Vermont), donde había escrito *El libro de la selva*, y ahora había ido a Nueva York para ayudar a promocionarlo.

Al igual que Twain, Kipling era conocido como un «trotamundos», ya que había visitado lugares como Ceilán, la India, Nueva Zelanda y

---

6. Nikola Tesla a Robert Underwood Johnson (8 de abril de 1896) [BBUC].

7. Johnson, R. U.: *Remembered Yesterdays*, Little Brown, Boston, 1923. pp. 402-403.

8. Paderewski, I. *et al.*: *The Paderewski Memoirs*. Charles Scribner's Sons, Nueva York, 1938. pp. 205-206.

9. «Rikki-Tikki-Tavi» es un cuento que forma parte de *El libro de la selva* de Rudyard Kipling sobre las aventuras de una joven y valiente mangosta gris india. *(N. del T.)*

10. Nikola Tesla a Katharine Johnson (8 de abril de 1896; 9 de abril de 1896) [BBUC].

11. Nikola Tesla a Katharine Johnson (10 de abril de 1896) [BBUC].

Australia. Después de la fiesta y de su estancia en Nueva York, Kipling viajó a Inglaterra y luego a Sudáfrica. En el viaje en barco se encontró con John Hays Hammond, y cuando llegó a Ciudad del Cabo, convenció a Cecil Rhodes para que le hiciera un recorrido por el frente de la Guerra de los Bóeres.[12] A su regreso a Nueva York, a principios de 1899, pasó un tiempo con Tesla antes de que los Johnson prepararan otra cena formal en su honor. La siguiente carta, aunque escrita tres años después, refleja el tipo de amistad que compartían los dos hombres:

> Querida Sra. Filipov:
>   ¿Qué le pasa al escribiente Kipling? ¿De verdad se atrevió a invitarme a cenar a un oscuro hotel donde estaba seguro de que me encontraría pelos y cucarachas en la sopa?[13]

El mismo día de la fiesta, Kipling estremeció al mundo, porque enfermó de tifus y estuvo a punto de morir. Katharine pasaría los siguientes meses ayudando a cuidar al novelista enfermo.[14] Kipling sobrevivió a la terrible experiencia, pero, trágicamente, su hija Josephine falleció. Se encontraba en un estado tan debilitado que su esposa se vio obligada a ocultarle la muerte de la joven hasta que se recuperara lo suficiente como para poder soportar la noticia. Mientras los periódicos publicaban informes diarios sobre el estado de Kipling en sus portadas, el mundo lamentaba la pérdida de la joven, al mismo tiempo que se regocijaba con su recuperación. Habiendo experimentado personalmente una tragedia familiar, Tesla esperaba que la muerte no afectara la capacidad de Kipling para escribir. «Estoy encantado de que Kipling se haya recuperado –dijo Tesla a los Johnson–. Sólo espero que no tenga malas consecuencias excepto un dolor, aunque difícil de soportar». E hizo un comentario filosófico, al añadir: «Probablemente dará a sus obras más dignidad y profundidad».[15]

---

12. Nombre con el que se conocen dos conflictos armados (diciembre de 1880-marzo de 1881 y octubre de 1899-mayo de 1902) que tuvieron lugar en Sudáfrica entre el Imperio británico y los colonos de origen neerlandés. La derrota de estos últimos terminó con la desaparición de las repúblicas independientes del Estado Libre de Orange y del Transvaal que habían fundado a mediados del siglo XIX. *(N. del T.)*
13. Nikola Tesla a Rudyard Kipling (1 de abril de 1901) [BBUC].
14. Nikola Tesla a Katharine Johnson (10 de marzo de 1899) [BBUC].
15. Nikola Tesla a Katharine Johnson (9 de marzo de 1899) [BBUC].

Por lo tanto, no os dejéis llevar por las masas. Os invito a uniros a mí en un mes de adoración con la Naturaleza en los altos templos de la gran Sierra Crown más allá de nuestro sagrado Yosemite. No os costará nada salvo el tiempo y muy poco de eso para vosotros será mayoritariamente en la eternidad.

JOHN MUIR[16]

Otro visitante frecuente de la casa de los Johnson era el conservacionista y poeta John Muir, quien unos años antes había llevado a Johnson a un recorrido por Yosemite, lo que Muir llamaba «las grandes creaciones del Todopoderoso». En sus viajes a Nueva York, Muir normalmente vestía un traje de temporada de tres piezas con un reloj de oro colgando del bolsillo del chaleco; pero en todo momento su comportamiento era el de un «hombre de montaña». Tenía sesenta años, todavía se encontraba en su plenitud, su cabello era largo y gris, y su rostro estaba adornado con una barba que se extendía hasta el ombligo como una artemisa rala. Es posible que sus ojos brillaran en diferentes direcciones debido a un temprano accidente industrial, pero su mirada proclamaba el aura de una persona iluminada.

Después de haber cenado con Muir en casa de los Johnson durante la época de Navidad y haber invitado al naturalista a regresar a su laboratorio, Tesla le dijo más tarde a Katharine que apreciaba la contribución de Muir a la sociedad. «Siempre le estaré agradecido] por su magnífica descripción del valle de Yosemite, que he leído de un tirón»,[17] escribió.

Muir, fundador del Sierra Club con Johnson, era, en cierto sentido, el doble de Tesla. Muir era un naturalista algo descuidado que pasaba la mayor parte de su tiempo en el bosque, pero una parte de él anhelaba la civilización, y Tesla, el urbanita fastidioso y elegantemente vestido, pasaba la mayor parte de su vida en la ciudad, pero añoraba las montañas. Muir, que había sido inventor y había diseñado una cama premiada que por la mañana hacía caer al suelo a quien estaba durmiendo en ella, no se oponía en principio al progreso humano, sino únicamente a la

16. Browning, P. (ed.): *John Muir in His Own Words*. Great West Books, Lafayette, California, 1988.
17. Nikola Tesla a Katharine Johnson (3 de noviembre de 1898) [BBUC].

cruel destrucción de las preciosas maravillas del planeta. Dado que los inventos de Tesla buscaban utilizar energía renovable y minimizar la destrucción de los recursos naturales, en ese sentido tanto Tesla como Muir compartían un fin común.

Los escritos de Muir siguen siendo su declaración más poderosa sobre el camino espiritual. La importancia de su amistad con Tesla ayuda a apoyar los conceptos modernos de conservación y pensamiento ecológico. Poniéndolo todo en perspectiva, Muir escribió: «¡Quién no sería montañero! Aquí arriba, todos los premios del mundo parecen nada».[18]

18. Browning, P.: *John Muir in His Own Words*. Great West Books, Lafayette, California, 1988. p. 12.

22
Aprendiz de mago (1896-1897)

Tesla hizo oscurecer sus habitaciones en el laboratorio de Houston
Street y se encendió una corriente de manera invisible. Mientras el
grupo contemplaba esto, el apartamento se llenó con una tremen-
da exhibición de relámpagos, con el sonido de chasquidos y cruji-
dos, desplazando la reverberación de la artillería del cielo, y todos
notaron el extraño y sobrecogedor efecto de la exhibición...

Con el rostro iluminado y su enjuta figura vibrante de orgullo,
Tesla anunció: «Estoy produciendo una perturbación eléctrica de
magnitud intensa que, por medio de ciertos instrumentos simples,
puede percibirse y apreciarse en cualquier punto del globo sin
ayuda ni intervención de cables de cualquier tipo».

New York Journal[1]

Uno de los admiradores más fervientes de Tesla era el estudiante de Yale
Lee De Forest, que había estudiado las obras completas del inventor el
semestre anterior. Los escritos de Tesla son «los mayores estímulos para
el trabajo y el estudio entusiastas», escribió De Forest en su diario. «Su
laboratorio de Nueva York es un dominio fabuloso al que todos los jóvenes y ambiciosos estudiantes de electricidad aspiran a entrar y quedarse
allí [...]. ¡Cómo rezo para poder igualarlo o superarlo, que toda esta fe
en mi genio sea inútil ni vanidosa!».

En mayo de 1896, De Forest pudo concertar una visita al estudio de
East Houston Street. «Éste es el punto crítico en la curva de mi vida»,
garabateó el joven en su libreta mientras estaba sentado en el tren esperando llegar a su parada, «porque estoy a punto de buscar trabajo con
Nikola Tesla».

---

1. «Tesla Electrifies the Whole Earth», *New York Journal*, p. 1:1-3 (4 de agosto de 1897).

El experto saludó al principiante y le hizo un recorrido, pero no pudo aceptarlo como aprendiz. Al notar la expresión abatida en el rostro del inventor en ciernes, Tesla le dijo a De Forest: «Vislumbro un enorme futuro para ti, ya que estás dotado de una mente aguda. No necesitarás este trabajo para triunfar». Tesla le deseó lo mejor y sugirió que De Forest se volviera a poner en contacto con él más adelante.

De Forest volvió a presentar su solicitud en la primavera de 1898, y probablemente una vez más en 1900 o 1901, pero por diversas razones nunca fue contratado. Mirando atrás, la decisión de Tesla de rechazar al talentoso ingeniero fue desafortunada, ya que De Forest pronto ascendería a una posición de primer nivel como pionero en el campo de las comunicaciones sin hilos. Tenía una mentalidad comercial y se convirtió en un rival tenaz del otro joven competidor de Tesla, Guglielmo Marconi.[2]

A lo largo de 1896, Tesla solicitó y recibió ocho patentes sobre su sistema sin hilos. En su mayoría se trataba de diferentes tipos de osciladores para generar corrientes electromagnéticas de alta frecuencia y alto potencial. Su primera aplicación específicamente en el campo de las radiocomunicaciones fue en 1897; el segunda, el control remoto, en 1898. Patentes anteriores sobre osciladores que datan de 1891 y 1893 también cubrían este trabajo, aunque de forma velada. Durante los cinco años siguientes, el arsenal del inventor creció hasta llegar a las treinta y tres patentes fundamentales, que cubrían todas las áreas esenciales de la «transmisión de energía eléctrica a través del medio natural».[3]

Como parte de su plan general, Tesla también comenzó a trabajar en el perfeccionamiento de un sistema de telefotografía. Su interés se remontaba a 1893 y a la Feria Mundial de Chicago, donde se exhibió la máquina teleautográfica de Elisha Gray. Pero durante el verano de 1896

---

2. De Forest, L.: *Father of Radio: An Autobiography*. Wilcox & Follett, Chicago, 1950. pp. 76, 81, 85.

3. Popović, V. *et al.*: *Nikola Tesla: Lectures, Patents, Articles*. Museo Nikola Tesla, Belgrado, 1956. Patentes esenciales para osciladores y transmisores: n.º 454.622 (23 de junio de 1891); n.º 462.418 (3 de noviembre de 1891); n.º 514.168 (2 de agosto de 1893); n.º 568.176-180 (20 de abril de 1896– 9 de julio de 1896); control remoto: n.º 613.809 (1 de julio de 1898); comunicación sin hilos: n.º 649.621 (2 de septiembre de 1897); n.º 111.9732 (18 de enero de 1902).

la rivalidad alcanzó su punto máximo, especialmente cuando Edison anunció sus planes de comercializar un «telégrafo autográfico». «Lo estoy preparando para ustedes, compañeros del periódico, y cuando lo tenga funcionando, todo lo que tendrán que hacer es enviar su copia al operador, pongamos por ejemplo en Nueva York, que cerrarán la portada… ¡y chan!… los cables lo transmitirán letra por letra a la máquina situada en el otro extremo, en Búfalo, por ejemplo. Los cables transmitirán 20 pulgadas cuadradas de copia por minuto y también llevarán bocetos y fotografías»,[4] explicó Edison.

En un intento por superar a Edison, Tesla le contó al *New York Herald* sus propios avances. Bajo la imaginativa suposición de que las imágenes de la retina podrían capturarse y transmitirse, Tesla incluyó esta idea esotérica junto con un plan más realista para transmitir texto e imágenes a través de líneas telefónicas y sin hilos.[5]

Incluso hoy en día, el facsímil ocupa un lugar especial en nuestra imaginación, ya que algo tecleado en una oficina de Nueva York puede transmitirse instantáneamente por satélite o por líneas telefónicas a un receptor en San Francisco, Moscú o Tokio. Uno sólo puede imaginarse la sensación de incredulidad a la que se tuvo que enfrentar Tesla cuando intentaba convencer a los lectores de que podían enviarse imágenes mediante conexión sin hilos de una ciudad a otra. Hay que tener en cuenta que ni siquiera se habían conseguido enviar de manera efectiva los rudimentarios mensajes codificados en morse.

Sin embargo, mientras Marconi se aproximaba rápidamente a la exitosa demostración de su aparato inalámbrico, Tesla recorría las bibliotecas para estudiar la historia de la telefotografía.

Rastreó los primeros trabajos en inventos que condujeron al desarrollo de la máquina facsímil y la televisión hasta el físico inglés Alexander Bain, quien en 1842 transmitió por primera vez fotografías utilizando una rejilla de cables eléctricos embebidos en cera y sostenidos firmemente debajo de una hoja de papel tratado químicamente. Todos estos cables podrían canalizarse en un único cable y tenderse hasta una esta-

4. «Wizard Edison Here», *The Buffalo News* (30 de agosto de 1896) [TAE].

5. «Nikola Tesla on Far Seeing-The Inventor Talks Interestingly on the Transmission of Sight by Wire», *New York Herald* (30 de agosto de 1896). Véase también Ratzlaff, J. T. *et al.*: *Dr. Nikola Tesla Bibliography, 1884-1978*. Ragusen Press, Palo Alto, California, 1979. p.45.

ción receptora en la que se había construido una rejilla idéntica. Si, por ejemplo, el emisor trazaba la letra *A* con un estilete eléctrico, se electrificaban los cables particulares que componían el diseño de la letra, y éstos, a su vez, trataban esa zona del papel en el extremo receptor para deletrear el carácter correspondiente. Los autógrafos y los dibujos también se podían transmitir de la misma manera. Cuando evolucionó el proceso, se podían dividir las imágenes en un número finito de elementos pictográficos para poder enviarlas también. En la década de 1860, esta rejilla fue reemplazada por un único cable mediante la implementación de discos giratorios y un «sincronismo perfecto entre el transmisor y el receptor», y el motor síncrono de corriente alterna de Tesla ayudó a aumentar el procedimiento a finales de la década de 1880 y principios de la de 1890.[6]

Con el desarrollo del proceso fotográfico, Küster y G. Williams enviaron las primeras imágenes sin hilos en 1898, «pero la disposición implicaba el empleo de ondas de Hertz y eran impracticables». En 1892, recordó Tesla muchos años después, «la atención del mundo científico se dirigió a un receptor maravillosamente sensible, que consistía en una corriente de electrones mantenida en un estado delicadamente equilibrado en una bombilla de vacío, mediante la cual se propuso utilizar la fotografía en la transmisión de mensajes telegráficos y telefónicos a través de los cables del Atlántico, y posteriormente también sin hilos».

En 1904, el Dr. Arthur Korn, ingeniero eléctrico de la Universidad de Múnich, llamó la atención de la comunidad científica cuando transmitió con éxito fotografías por cables desde Múnich a Nuremberg. Según Korn, a quien a menudo se le atribuye el mérito de ser el inventor del tubo de televisión, el aparato utilizaba «corrientes de Tesla».[7] Según Tesla, una vez que Korn introdujo «un lugar sensible y una célula de selenio para variar la intensidad de la corriente de envío», el proceso que se llama televisión avanzó un paso de gigante. El «tubo de Korn es excitado por una corriente de alta frecuencia suministrada desde un transforma-

---

6. Tesla, N.: «Developments in Practice and Art of Telephotography», *Electrical Review* (11 de diciembre de 1920), en Popović, V. *et al.*: *Nikola Tesla: Lectures, Patents, Articles*. Museo Nikola Tesla, Belgrado, 1956. pp. A-94-97.

7. Arthur Korn a Nikola Tesla (mayo de 1931), en Popović, V. *et al.*: *Tribute to Nikola Tesla: Letters, Articles, Documents*. Museo Nikola Tesla, Belgrado, 1961. pp. 25-27.

dor Tesla y puede flashear muchos miles de veces por segundo», logrando así la imagen de televisión en movimiento.[8]

Tesla fecha los primeros experimentos de Korn en 1903. Un artículo de mayo de 1899 afirma que Tesla estaba trabajando en un sistema de «telegrafía visual» con el elemento sensible a la luz selenio, por lo que es cuatro años anterior al trabajo de Korn. Es probable que Tesla estuviera replicando los experimentos de Küster y Williams sobre los precursores de la cámara de vídeo, aunque Korn, no Tesla, fue quien los perfeccionó.[9]

En esencia, la televisión moderna funciona de forma análoga a la primera construcción de Bain en 1842. Un tubo electrónico, similar al tubo de vacío con haces de Tesla, se desplaza en un instante por toda una pantalla de televisión. Cuando pasa por la zona donde se forma la imagen, libera impulsos sincronizados para cada píxel. La posición del rayo y su secuencia precisa de encendido están dirigidas por impulsos provenientes de la estación emisora. Cada paso por la pantalla completa crea una imagen separada que, cuando se reproduce en secuencia, retrata imágenes en movimiento naturales.

Tesla siguió los avances en el campo de la telefotografía a medida que se producían y experimentó por sí mismo. Su primera tarea fue descubrir la forma óptima de transmitir la energía.

Después de probar el espinterómetro de Hertz, Tesla descubrió que este dispositivo, que Marconi estaba utilizando, estaba sujeto a interferencias estáticas e involucraba frecuencias *pulsadas* (amortiguadas) arbitrarias que eran débiles. Se transmitían transversalmente a través del aire y no tenían en cuenta las propiedades longitudinales, que aumentaban al utilizar potenciales extremadamente altos y una conexión a tierra. Al realizar cálculos que tenían en cuenta la velocidad de la luz y el tamaño de la Tierra, Tesla diseñó ondas electromagnéticas *continuas* (no amortiguadas) cuidadosamente construidas que estaban en armonía con las del planeta.

En 1897, Tesla había acumulado todas las patentes esenciales para generar, modular, almacenar, transmitir y recibir impulsos sin hilos. En

8. Tesla, N.: «Developments in Practice and Art of Telephotography», *Electrical Review* (11 de diciembre de 1920), en Popović, V. *et al.*: *Nikola Tesla: Lectures, Patents, Articles.* Museo Nikola Tesla, Belgrado, 1956. p. A-97.

9. McGovern, C. M.: «The New Wizard of the West», *Pearson's Magazine*, pp. 291-297 (mayo de 1899).

una carta a su abogado, Parker W. Page, Tesla escribió: «Adjunto la patente del Sr. Marconi que acaba de ser concedida [...]. Observo que las señales han sido descritas como debidas a ondas hertzianas, lo cual no es el caso. En otras palabras, la patente describe algo completamente diferente de lo que realmente ocurre [...]. ¿Hasta qué punto esto afecta la validez de la patente?».[10] Claramente, Tesla ya sospechaba que Marconi estaba utilizando su equipo.

En la primera patente de Tesla específicamente para la transmisión sin hilos, n.º 649.621, presentada el 2 de septiembre de 1897, analiza la necesidad de una «terminal [...] preferiblemente de gran superficie [...] mantenida por medios tales como un globo a una altura adecuada para los propósitos de la transmisión y otra terminal secundaria conectada a la Tierra [...]. En la estación receptora se emplea un transformador de construcción similar». La especificación continúa describiendo cómo se pueden construir y modificar las longitudes de onda para sintonizar los circuitos y tener en cuenta las propiedades naturales de la energía electromagnética.

Habiendo tenido en cuenta el tamaño y la capacidad de la Tierra, Tesla había calculado que con una bobina de ochenta kilómetros de longitud que oscilaba 925 veces por segundo, se obtenía una relación de resonancia con la frecuencia de la luz. Como había trabajado con tubos fluorescentes, sabía que la electricidad viajaba más fácilmente a través de ellos que del aire. Por lo tanto, razonó, si sus torres de transmisión se colocaran en puntos elevados por encima de los obstáculos y se elevaran aún más mediante el uso de globos, la propia atmósfera superior (o ionosfera) serviría como medio de transmisión. Grandes centrales eléctricas ubicadas cerca de cascadas suministrarían la energía necesaria para la transmisión sin hilos a este estrato superior.[11]

---

10. Nikola Tesla a Parker W. Page (8 de agosto de 1897) [DKS].

11. Patente n.º 649.621 (2 de septiembre de 1897), en Popović, V. *et al.*: *Nikola Tesla: Lectures, Patents, Articles*. Museo Nikola Tesla, Belgrado, 1956. pp. P-293-296; McGovern, C. M.: « The New Wizard of the West», *Pearson's Magazine*, p. 294 (mayo de 1899).

Por otra parte, la misma Tierra también serviría como medio. El siguiente pasaje de la misma solicitud de patente de 1897 criticaba el uso que hacía Marconi del aparato hertziano más primitivo: «Cabe señalar que el fenómeno implicado aquí en la transmisión de energía eléctrica es uno de conducción verdadera y no debe confundirse con los fenómenos de radiación eléctrica que se han observado hasta ahora y que, por la propia naturaleza y el modo de propagación, harían prácticamente imposible la transmisión de cualquier cantidad apreciable de energía a una distancia tal que sea de importancia práctica».[12]

Marconi, que trabajaba con Lloyds de Londres en experimentos del barco a la costa, estaba utilizando un método más de prueba y error. En julio de 1896, en una serie de experimentos con Preece, el italiano había transmitido con éxito mensajes a través de paredes y a distancias de once o doce kilómetros. En diciembre solicitó una patente, que Preece consideró «muy sólida»,[13] aunque sabía que Lodge y Tesla se habían anticipado al joven. La patente no era original y no presentaba ningún principio nuevo; sin embargo, claramente Marconi estaba triunfando en el mundo real, mientras que Tesla progresaba en su laboratorio en refinamientos de aparatos y en el ámbito teórico. Las diferencias en la complejidad del conocimiento sobre el tema las describe acertadamente uno de los aso-

12. Popović, V. et al.: *Nikola Tesla: Lectures, Patents, Articles*. Museo Nikola Tesla, Belgrado, 1956. pp. P-293-296.

13. William Preece citado en Baker, E. C.: *Sir William Preece: Victorian Engineer Extraordinary*. Hutchinson, Londres, 1976. p. 270.

ciados de Marconi, Vyvyan: «Entonces no sabíamos nada sobre la influencia de la longitud de una onda transmitida que rige la distancia a la que podría verse afectada la comunicación. Ni siquiera teníamos los medios ni los instrumentos para medir la longitud de onda; de hecho, no sabíamos con precisión qué longitud de onda estábamos utilizando».[14]

El trabajo inicial de Preece en su estudio de las corrientes terrestres y los efectos de inducción generados a partir de líneas telegráficas normales en las décadas de 1880 y 1890 lo llevó a darse cuenta de la solidez del sistema de Tesla. En ese momento, Marconi no entendía el papel de la Tierra en la transmisión de energía eléctrica. Estaba utilizando el principio de «radiación» a través del aire según el aparato de Hertz. Sin entender por qué, empleó una conexión aérea y terrestre, pero esta configuración ya había sido publicada ampliamente en 1893 por Tesla. Tomó otros principios de Oliver Lodge, que estaba embarcado en una disputa de patentes con Guglielmo Marconi. William Preece era muy consciente de que se le habían anticipado, pero también podía ver cómo Marconi avanzaba notablemente, mientras que sus precursores no progresaban.

Después de que Marconi rechazara la sugerencia de Preece de solicitar la utilización del aparato de Tesla, el noble británico se vio en una situación conflictiva. En agosto de 1897 envió por correo un despacho «conciso». «Lamento decir que debo interrumpir todos los experimentos y todas las acciones hasta que conozca las condiciones que determinarán las relaciones entre su empresa y los departamentos del gobierno [británico] que tanto lo han alentado y ayudado».[15] Pero la suerte estaba echada y Preece se vio incapaz de detener lo que sabía que era una forma compleja de piratería. Enfermó y se retiró a Egipto, donde permaneció un año.

Marconi también contaba con la ayuda de H. M. Hozier, director de Lloyds, quien, según un relato, «logró enviar mensajes razonablemente claros [a través del aparato de Hozier] en un lugar, al menos donde el propio Marconi había fracasado».[16] Lloyds también se puso en contacto con Tesla «para instalar un equipo sin hilos de barco a tierra en 1896 para

14. Richard Vyvyan citado en Marconi, D.: *My Father, Marconi*. McGraw-Hill, Nueva York, 1962. p. 138.

15. Jolly, W.: *Marconi*. Stein & Day, Nueva York, 1972. p. 48.

16. Gibb, D. E. W.: *Lloyds of London*. Lloyds of London Press, Londres, 1957. p. 158.

informar sobre la regata internacional de yates, pero Tesla rechazó la oferta, alegando que cualquier demostración pública de su sistema a menos que fuera a nivel mundial se confundiría con el esfuerzo a nivel de aficionado llevado a cabo por otros experimentadores».[17]

En vez de ello, Tesla realizó un experimento clandestino a larga distancia del que no habló a nadie, ni siquiera a sus trabajadores. En algún momento de 1896 o de principios de 1897, el inventor conectó su generador para «producir trenes continuos de oscilaciones» y cogió un taxi hasta el río Hudson. Allí se embarcó y viajó hasta West Point con una máquina que funcionaba con baterías «apta para ser transportada». «Lo hice dos o tres veces –dijo a los tribunales en 1915–. Pero, en realidad, no se daban señales. Simplemente recibí la nota, pero eso me daba igual». En otras palabras, habiendo llevado consigo un instrumento receptor, el inventor simplemente lo sintonizó hasta el punto en que comenzó a responder a las oscilaciones que salían de su laboratorio en East Houston Street. «Creo que es una distancia de unos 50 kilómetros», dijo Tesla.[18]

Tesla también consideró aprovechar la energía eólica, las mareas, la energía solar y la geotérmica, así como la energía liberada durante el proceso de electrólisis. Si el agua se separara en oxígeno e hidrógeno, en teoría estas sustancias explosivas podrían utilizarse para generar el calor necesario para crear vapor. Trabajando en diversas líneas de investigación, también patentó máquinas de producción de ozono e ideó un sistema mediante el cual se separaba eléctricamente el nitrógeno del aire y se mezclaba con cintas transportadoras de sustrato para crear una máquina fertilizante.

«Todo lo que el agricultor necesita –sugirió Tesla– es palear una cantidad de tierra suelta, tratada con una preparación química secreta en forma líquida [...] dentro del cilindro. Se hace pasar una corriente eléctrica a través del cilindro. Se hace pasar una corriente eléctrica a través de la atmósfera confinada, el oxígeno y el hidrógeno son expulsados, y el nitrógeno que queda es absorbido por la tierra suelta. De este modo

17. Jenkins, F.: «Nikola Tesla: The Man, Engineer, Inventor, Humanist and Innovator», en Popović, V. *et al.*: *Nikola Tesla: Life and Work of a Genius*. Sociedad Yugoslava para la Promoción del Conocimiento Científico, Belgrado, 1976. pp. 10-21. Fuente original: O'Neill, J. J.: *Prodigal Genius: The Life of Nikola Tesla*. Ives Washburn, Nueva York, 1944.

18. Tesla vs. Marconi, transcripciones del tribunal, pp. 440-441 [LA].

se produce fertilizante potente por un precio nominal [justo] en casa [del agricultor]».[19]

El 6 de abril de 1897, Tesla volvió a hablar ante el público en la Academia de Ciencias de Nueva York. Asistieron más de cuatro mil personas.[20] Con grandes fotografías de docenas de tubos de radio que Tesla había diseñado adornando las paredes, Tesla se propuso explicar sus avances con los rayos Röntgen. Ciertamente, el público estaba interesado en ver un dispositivo extraordinario que revelaba el esqueleto humano de una persona viva, pero sin duda la mayoría de ellos vinieron a contemplar al hechicero lanzando sus rayos.[21]

Finalmente había quedado claro el sistema de telegrafía mundial de Tesla. Su plan era perturbar la capacidad eléctrica de la Tierra con gigantescos osciladores de Tesla y así utilizar estas corrientes terrestres como ondas portadoras para su transmisor. En 1897 explicó con precisión cómo funcionaría su sistema mundial de telegrafía:

> Supongamos que toda la Tierra es como una pelota hueca de caucho llena de agua, y en un lugar tengo conectado un tubo con un émbolo [...]. Si presiono el émbolo, el agua del tubo entrará en la pelota de goma, y como el agua es prácticamente incompresible, cada parte de la superficie de la pelota se expandirá. Si retiro el émbolo, el agua lo seguirá y cada parte de la pelota se contraerá. Ahora bien, si perforo diversas veces la superficie de la pelota y coloco tubos y émbolos en cada una de esas perforaciones, estos émbolos vibrarán hacia arriba y hacia abajo en respuesta a cada movimiento que pueda producir sobre el émbolo del primer tubo.

---

19. McGovern, C. M.: «The New Wizard of the West», *Pearson's Magazine*, p. 297 (mayo de 1899).

20. «A Crowd to Hear Tesla», *The New York Times*, p. 12:2 (7 de abril de 1897); Ratzlaff, J. T. *et al.*: *Dr. Nikola Tesla Bibliography, 1884-1978*. Ragusen Press, Palo Alto, California, 1979. p. 49.

21. Para una discusión de su conferencia no publicada, véase Anderson, L. I. (ed.): *Nikola Tesla: On His Work With Alternating Currents and Their Application to Wireless Telegraphy, Telephony and Transmission of Power* (Sun Publishing, Denver, Colorado, 1992), que incluye la declaración original de Tesla ante sus abogados de patentes sobre los orígenes de la invención de la tecnología sin hilos en 1916.

Hay un añadido peculiar a este párrafo: «si provocara una explosión en el centro de la masa de agua de la pelota, esto provocaría una serie de vibraciones en toda la masa. Si entonces pudiera colocar el émbolo en uno de los para vibrar en consonancia con las vibraciones del agua, en poco tiempo y con muy poca energía, podría hacerlo estallar todo en pedazos».

El agua se corresponde con «corrientes terrestres» (que hoy se conocen como corrientes telúricas) y los émbolos se refieren a sus transmisores y receptores. «El inventor cree posible que su máquina, una vez perfeccionada, pueda instalarse, una en cada gran centro de civilización, para transmitir inmediatamente las noticias de la historia de las nueve horas del día a todas las demás ciudades del mundo, y, abandonando los reinos del mundo laboral cotidiano, ofrece una profecía de que ciertamente con este método se puede llevar a cabo cualquier comunicación que podamos tener con otras estrellas».[22]

Este artículo, que apareció en *Scribner's Magazine*, también analiza la exitosa transmisión sin hilos de Marconi de trece kilómetros que llevó a cabo en Europa. Vemos en estos pasajes de 1896 y 1897 que Tesla ya había concebido un plan total para su sistema telegráfico mundial y que utilizaba un abanico de modos inalámbricos: uno a través de los estratos superiores del aire, otro mediante resonancia mecánica, a la que llamó telegeodinámica, y un tercero, y el más importante, aprovechando las corrientes terrestres. Su siguiente plan consistía en medir con precisión la frecuencia del planeta y construir transmisores en relaciones armónicas con ella. Luego se podrían trazar puntos nodales desde, por ejemplo, un transmisor sin hilos colocado en las Cataratas del Niágara hasta posiciones precisas para torres receptoras en diferentes continentes.

A todos los efectos, nadie, excepto Marconi, había demostrado que los mensajes sin hilos pudieran transmitirse a más de unas pocas decenas de metros. Y el éxito sólo implicó el modesto objetivo de enviar mensajes codificados en morse. El siguiente plan de Marconi, que captaría la atención del mundo, consistía en irradiar impulsos a través del Canal de la Mancha. Ciertamente, Tesla había demostrado todos los principios descubiertos en la radio moderna años antes, pero sus demostraciones públicas se llevaron a cabo en auditorios. Había comprobado que podía iluminar lámparas desde un transmisor colocado en el techo de su labo-

---

22. «Telegraphy without wires», *Scribner's Monthly*, pp. 527-528 (1897).

ratorio en Houston Street hasta su hotel situado a veintiséis manzanas de distancia, pero estos experimentos se llevaron a cabo en secreto y nunca fueron publicitados.[23] El incendio de 1895 también frustró sus esfuerzos por mostrar efectos a larga distancia.

Y cuando Lloyds de Londres se puso en contacto con él, Tesla rechazó la oferta de demostrar las capacidades de su sistema para consternación de su secretario, George Scherff.

Sin embargo, Tesla no se contentaba con simplemente establecer un sistema de transmisión mundial que, desde una perspectiva conceptual, es superior a nuestra tecnología predominante en el sentido de que podría transmitir *energía* además de información; también sugirió que podría contactar las estrellas, provocar lluvia en los desiertos o causar estragos a gran escala. Tesla se convirtió en el científico loco por excelencia. A través de sus inventos, podía dominar el mundo a su antojo.

Las contradicciones internas del inventor comenzaron a empujarlo en direcciones opuestas. En cartas a los Johnson se autodenomina «Tesla Gran Inventor» e insinúa que, al igual que Paderewski y otras celebridades, no era un simple mortal, pero en cambio durante su discurso en las Cataratas del Niágara se denigraba a sí mismo. Era bastante rico en esta época, pero los requisitos de sus operaciones quedaban fuera de sus posibilidades. sin embargo, rehuyó cobrar a los ingenieros cuando pidieron su ayuda y anuló un contrato de royalties con Westinghouse a pesar de que en aquel momento valía una fortuna.

En junio de 1897 se informó de que Westinghouse había pagado 216 000 dólares por sus patentes.[24] Como Tesla y sus socios, Brown y Peck, recibían cheques anuales de 15 000 dólares, con un pago inicial de probablemente 70 000 dólares,[25] esto equivale aproximadamente a una cuarta parte de un millón de dólares durante un período de diez años. En una carta a Astor, Tesla sitúa la cifra en 500 000 dólares,[26] pero, en cualquier caso, seguía siendo millones de dólares menos que su valor real.

---

23. «Nikola Tesla vs. Reginald A. Fessenden» (1902) [documentos de George Scherff, BBUC].

24. Informe anual de la Westinghouse Co., *Electrical Review*, p. 313 (30 de junio de 1897).

25. Memorándum de Westinghouse (7 de julio de 1888).

26. Nikola Tesla a John Jacob Astor (6 de enero de 1899) [MNT].

Para entonces, Westinghouse y General Electric habían formalizado su entente cordiale. Esto significaba que del invento de Tesla se beneficiaría una segunda corporación gigantesca con numerosas filiales, pero el inventor no recibiría ni un céntimo por él. Los trenes subterráneos eléctricos también implementarían los motores y el sistema Tesla y, de nuevo, el inventor no recibiría ninguna compensación.

Los nuevos planes de Tesla requerirían gastos enormes. Westinghouse estaba dejando claro que su compañía no sería una fuente de fondos más allá del acuerdo firmado con anterioridad (aunque es posible que Tesla sí recibiera ingresos adicionales por otros inventos, como sus osciladores). A finales de año, el inventor le escribió a su amigo Earnest Heinreich, un ingeniero de la Westinghouse Corporation que también era novelista: «Mi querido Heinreich, es cierto que últimamente no me he encontrado muy bien, pero te puedo asegurar que ahora me encuentro física y mentalmente bien. De todos modos, todavía sufro una pequeña dolencia que podría denominarse anemia financiera, que tú mismo padeces, si no estoy equivocado. Me gustaría que me recordaras a todos los muchachos cuando se acerque Navidad, porque es posible que algunos de ellos estén dispuestos a enviarme un token».[27]

También hubo otras presiones. Tesla tenía dificultades con su patrocinador financiero Edward Dean Adams, quien se oponía a sus esfuerzos por promover su proyecto sin hilos; estaba esa competencia continua con Marconi, y los dolorosos ecos de su pasado serbio, de Kosovo y de su juventud perdida. Sus padres y su hermano estaban muertos y él se encontraba lejos de su familia no sólo en distancia sino también en espíritu. En otra de tantas cartas enviadas, las hermanas Marica y Angelina exigían una respuesta. Tesla les había enviado fondos en muchas ocasiones y una copia del texto de Martin, pero querían más. «Recuerda cuál es tu nombre y de dónde vienes», le escribió Marica, terminando su carta con el habitual «Te beso en espíritu».[28] Una parte de él sufría por el dolor, y justo cuando despuntaba en la cresta de la ola.

---

27. Nikola Tesla a Earnest Heinreich (4 de diciembre de 1897) [BC].

28. Marica Tesla a Nikola Tesla (27 de marzo de 1891), en Kosanović, N. (ed. y trad.): *Nikola Tesla: Correspondence with Relatives*. Sociedad Memorial Tesla y Museo Nikola Tesla, Lackawanna, Nueva York, 1995.

Tal vez fue la influencia de la Guerra de los Bóeres o los disturbios que se estaban gestando en Cuba, pero comenzó a emerger la vena destructiva de Tesla. Sus inventos anteriores ya estaban remodelando los acontecimientos humanos; su creación más reciente podría interconectar cualquier aldea remota o despedazar el mundo. Decidió experimentar.

Con George Scherff presente, Tesla colocó uno de sus osciladores mecánicos en la viga de soporte en el sótano del edificio de Houston Street donde estaba ubicado su laboratorio y ajustó la frecuencia hasta el punto en el que la viga comenzó a resonar. «Cuando estaba haciendo otra cosa, alcanzó tal crescendo de ritmo que comenzó a sacudir el edificio, luego comenzó a sacudir la tierra cercana [y otros edificios con vigas de soporte en frecuencia de resonancia]. El Departamento de Bomberos respondió frenéticamente a una alarma; cuatro toneladas de maquinaria se desplazaron por el sótano y lo único que salvó al edificio del colapso total fue la rápida acción del Dr. Tesla al agarrar un martillo y destruir su máquina».

«El dispositivo podría ser un monstruo de Frankenstein», confió Tesla muchos años después. «Si no se vigila, ninguna sustancia puede resistir el ritmo aplicado constantemente cuando se alcanza su punto de resonancia. Los rascacielos podrían ser destruidos fácilmente con la constante acumulación de resonancia de los golpes sincronizados de un martillo de dos kilogramos».[29]

En otra versión de la historia, contada en otro momento, Tesla afirmó que había llevado su oscilador del tamaño de un despertador a una obra en construcción «en el distrito de Wall Street». Cuando encontró uno en construcción, de unos «diez pisos de altura con una estructura de acero», fijó el vibrador a una de las vigas y se tocó el ajuste hasta que lo sintonizó.

«En unos minutos pude sentir temblar el haz –dijo Tesla a un periodista–. Poco a poco, el temblor aumentó en intensidad y se extendió por toda la gran masa de acero. Finalmente, la estructura comenzó a crujir y a temblar, y los trabajadores del acero cayeron al suelo presos del pánico, creyendo que se había producido un terremoto. Se extendieron los rumores de que el edificio estaba a punto de derrumbarse y llamaron a la

29. «Tesla at 79 Discovers New Message Wave», *Brooklyn Eagle*, p. 1:1,3:4 (11 de julio de 1935); véase también O'Neill, J. J.: *Prodigal Genius: The Life of Nikola Tesla*. Ives Washburn, Nueva York, 1944. pp. 158-164.

policía. Antes de que pasara algo grave, quité el vibrador, lo guardé en mi bolsillo y me fui. Pero si lo hubiera mantenido diez minutos más, podría haber derribado ese edificio. Y con el mismo vibrador, podría hacer caer el puente de Brooklyn sobre el río Éste en menos de una hora».

Tesla le dijo al periodista que podría abrir la Tierra de la misma manera, acabando con la humanidad.

«Las vibraciones de la Tierra –dijo– tienen una periodicidad de aproximadamente una hora y cuarenta y nueve minutos. Es decir, si golpeo la Tierra en ese instante, la atraviesa una onda de contracción que volverá en una hora y cuarenta y nueve minutos en forma de expansión. De hecho, la Tierra, como todo lo demás, está en un estado de vibración constante; se contrae y se expande constantemente.

»Ahora supongamos que en el preciso momento en que comienza a contraerse, hago explotar una tonelada de dinamita. Eso acelera la contracción, y en una hora y cuarenta y nueve minutos, viene una ola de expansión igualmente acelerada. Cuando la ola de expansión mengua, supongamos que hago explotar otra tonelada [...] y supongamos que esta actuación se repite una y otra vez. ¿Alguien tiene alguna duda de lo que pasaría? Por mi parte no tengo ninguna. La Tierra se partiría en dos. Por primera vez en la historia del hombre, tiene el conocimiento con el cual puede interferir con los procesos cósmicos».

Tesla calculó que este procedimiento podría tardar más de un año en tener éxito, «pero en unas pocas semanas –dijo– podría poner la corteza terrestre en tal estado de vibración que subiría y bajaría decenas de metros, expulsando a los ríos de sus lechos, destrozando edificios y prácticamente destruyendo la civilización. El principio no puede fallar».[30]

30. Benson, A.: «Nikola Tesla: Dreamer», *The World To-Day*, pp. 1763-1767 (1915) [Archivos, Health Research, Mokelumne Hill, California].

23
Energía vril (1898)

*Entramos a una inmensa sala, alumbrada por el mismo sistema
que el exterior, pero se difundía por el aire un exquisito perfume.
El pavimento era de grandes bloques teselados de metales preciosos, y en parte cubierto por una especie de esterillas. Una suave
melodía se dejaba oír por todos los ámbitos de la sala [...].*

*Una figura de ropaje similar, aunque más sencillo que el de mi
guía, estaba inmóvil cerca del dintel de la puerta. Mi guía la tocó
dos veces con su vara y la figura, con un impulso silencioso y ra-
sante, se puso en movimiento rápidamente, deslizándose por el pavimento. Al fijarme, me di cuenta de que no era un ser vivo, sino un
autómata mecánico [...].*

*Varios autómatas, parecidos al que antes había visto, perma-
necían de pie, mudos e inmóviles, apoyados en la pared.*

La raza venidera, EDWARD GEORGE BULWER-LYTTON[1]

Uno de los mayores inventos de Tesla en términos de ingenio, originalidad y complejidad de diseño fue un barco robótico controlado a distancia al que llamó *teleautómata*. Este dispositivo fue presentado en la Exposición Eléctrica celebrada en el Madison Square Garden durante el
apogeo de la guerra hispano-estadounidense en mayo de 1898, pero sus
precursores anteriores se remontan a los motores sin hilos que exhibió
ante el Instituto de Ingenieros Eléctricos en 1892.

Este único invento no sólo estableció todos los principios esenciales
de lo que unos años más tarde se conocería como la radio, sino que también sirvió de base para otras creaciones como el teléfono inalámbrico, el

---

1. Bulwer-Lytton, E. G.: *The Coming Race*. Routledge, Londres, 1871. (Trad. cast.: *La
raza venidera*. Ediciones Abraxas, Barcelona, 2000. pp. 30-31).

abridor de la puerta del garaje, la radio del coche, el fax, la televisión, el codificador de televisión por cable y la robótica controlada a distancia. La naturaleza precisa de la invención, virtualmente su solicitud de patente, fue publicada en la mayoría de las revistas técnicas en el momento de su presentación.[2]

El *teleautómata* era prácticamente idéntico a un modelo desarrollado por el novelista británico Edward G. Bulwer-Lytton en 1871, aunque Tesla insistió en una misiva dirigida a Johnson, escrita dos años después de la presentación del invento, en que no se había inspirado en esta historia de ciencia ficción.[3]

Como en aquella época Bulwer-Lytton era quizás el autor más popular junto a Charles Dickens, es poco probable que Tesla desconociera esta historia cuando concibió el invento. En *La raza venidera*, Bulwer-Lytton describe un concepto al que llamó «energía vril». Era una energía transmitida desde los ojos y el cuerpo de la especie ficticia avanzada que se utilizaba para animar autómatas.[4] En esencia, Tesla construyó un modelo funcional que sustituyó el «vril» del novelista por la electricidad. La historia comienza cuando el protagonista cae en un agujero en la tierra y se encuentra con una civilización avanzada: «En todo servicio, sea bajo techo o al aire libre, [los habitantes de Vril-ya] emplean mucho a los entes autómatas, los cuales son mecanismos tan ingeniosos y adaptables a las operaciones del vril, que parecen realmente dotados de razón. Los entes que vi guiar y dirigir los rápidos movimientos de las grandes máquinas apenas se distinguían de los seres humanos capaces de pensar».[5] Como veremos, aspectos clave de la historia de Bulwer-Lytton se correlacionan bastante estrechamente con las posiciones adoptadas por Tesla.

La exposición eléctrica fue organizada por Stanford White, que trabajó con Tesla para diseñar una habitación de luces de neón con forma de

---

2. Tesla, N.: «Tesla's Latest Invention: Electrical Circuits and Apparatus of Electrically Controlled Vessels», *Electrical Review*, pp. 305-312 (16 de noviembre de 1898).

3. Nikola Tesla a Robert Underwood Johnson (12 de julio de 1900) [BBUC].

4. Esta conexión entre Tesla y Bulwer-Lytton fue mencionada por primera vez por Desire Stanton, columnista de un periódico de Colorado Springs en 1899. Véase Hunt, I. *et al.*: *Lightning in His Hands: The Life Story of Nikola Tesla*. Omni Publications, Hawthorne, California, 1964.

5. Bulwer-Lytton, E. G.: *The Coming Race*. Routledge, Londres, 1871. (Trad. cast.: *La raza venidera*. Ediciones Abraxas, Barcelona, 2000. p. 114).

arcoíris en la entrada, y estuvo presidida por Chauncey Depew, otro amigo de Tesla, que también fue uno de los directores del New York Central Railroad y senador estadounidense por Nueva York. Se esperaba que el presidente McKinley iluminara la exposición mediante líneas telegráficas desde Washington, pero algo salió mal, por lo que el vicepresidente Garret Hobart inauguró los actos. En representación de la empresa Marconi estuvo el hijo de Tom Edison, Tom Junior, quien obtuvo el puesto a gracias a T. C. Martin. Esta relación marcó el comienzo de una asociación entre Marconi y Edison, ya que el Mago de Menlo Park tenía patentes sin hilos que el italiano quería poseer para mejorar su posición legal sobre prioridad de descubrimiento. El evento también fue un presagio de la futura ruptura entre Tesla y Martin.

Las hostilidades entre España y Estados Unidos llevaban años siendo intensas. A partir de 1895, fecha en la que los españoles tomaron medidas represivas contra los cubanos rebeldes, muchos estadounidenses comenzaron a defender la causa de la anexión cubana.

El hundimiento del acorazado *Maine* en el puerto de La Habana en febrero de 1898 disipó cualquier duda y dos meses después se declaró oficialmente la guerra. Tesla se había estado reuniendo con John Jacob Astor durante todo este período en sus continuos intentos de atraer al financiero mientras Astor le explicaba más claramente su posición sobre temas relevantes.[6] Mientras su esposa jugaba a *mahjong* en casa, el coronel paseaba por la cubierta de su poderoso barco, el *Nourmahal*, al que había armado con cuatro ametralladoras para protegerlo de posibles piratas. Etiquetado de insípido y dominado por los columnistas de chismes, Astor buscaba su libertad en alta mar.

Quizás fue durante un paseo en el yate de Astor cuando al inventor se le ocurrió la idea de crear un teleautómata en forma de torpedo. «Ven a Cuba conmigo donde podrás demostrar tu trabajo a esos sinvergüenzas insoportables», le sugirió Astor.

Es posible que Tesla se hubiera sentido tentado, pero en medio de un torbellino de inventos, declinó amablemente, ya que había sido llamado «por un deber superior».[7]

---

6. Nikola Tesla a John Jacob Astor (27 de enero de 1897; 3 de julio de 1897) [MNT].

7. Nikola Tesla a John Jacob Astor (2 de diciembre de 1898) [MNT].

Terminó la construcción de su barco a control remoto y consideró cómo hacer las paces mientras Astor consultó con el presidente McKinley en Washington y luego se apresuró al frente. El coronel había donado 75 000 dólares al ejército estadounidense para equipar una división de artillería para su uso en Filipinas y había prestado el *Nourmahal* a la marina para su entrada en batalla. El gran velero, de casi cien metros de eslora, estaba equipado con un cuerpo de marineros militares. Capaz de transportar sesenta y cinco personas, la goleta de tres mástiles propulsada por vapor era un buque de guerra formidable. Con su rango honorario ascendido a inspector general, el coronel Astor llevó su batallón a Cuba, donde pudo «observar a Teddy Roosevelt en la batalla de las Lomas de San Juan a través de unos prismáticos».[8]

Golpear a los españoles con modernos instrumentos de destrucción se convirtió en el tema principal de la exposición. Tesla tendría con diferencia la construcción más sofisticada, pero optó por retratarla enfatizando engañosamente características misteriosas: «En la demostración de mi invento ante el público, los visitantes podían hacer cualquier pregunta, por muy complicada que fuera, y el autómata respondería por señas. Esto se consideraba mágico en aquella época, pero era muy sencillo, ya que era yo mismo quien daba las respuestas por medio del dispositivo».[9]

El barco, de aproximadamente 120 centímetros de largo y 90 centímetros de altura, fue colocado en un gran tanque en el centro de un auditorio privado, preparado para una presentación especial para inversores clave como J. O. Ashton, George Westinghouse, J. Pierpont Morgan y Cornelius Vanderbilt.[10] Gracias a un abanico de transmisores y frecuencias, el inventor podía arrancar, detener, impulsar, dirigir y operar otras funciones, como encender o apagar luces. Tesla también planeaba construir un prototipo de sumergible, quizás para competir en los simulacros de batallas que se celebraban entre los modelos de los barcos estadounidenses y la flota española, pero nunca se construyó.

---

8. Cowles, V.: *The Astors*. Knopf, Nueva York, 1979. pp. 130-131.

9. Tesla, N.: *My Inventions: The Autobiography of Nikola Tesla*. Hart Brothers, Williston, Vermont, 1982. pp. 107-108. (Trad. cast.: *Mis inventos*. Ediciones Obelisco, Barcelona, 2022. p. 104).

10. John Oliver Ashton a Lee Anderson (17 de julio de 1953) [LA].

Debido el nulo acceso que tuvo la prensa a este invento exclusivo, los periódicos publicaron en su lugar el sistema de detonación sin hilos de Marconi. Mediante una bomba colocada a bordo de la fragata enemiga y un simple botón colocado en manos de Tom Junior, los barcos «españoles» volaron en pedazos. Marconi, sin embargo, no había resuelto el problema de sintonizar una frecuencia, por lo que en una ocasión el hijo de Edison hizo estallar accidentalmente un escritorio en una habitación trasera que había albergado otras bombas. Por fortuna nadie resultó herido.[11]

Parece que el público apreció el dramático artilugio de Marconi, que apelaba a instintos más bajos, en comparación con la obra maestra de Tesla, que operativamente estaba dieciséis años adelantada a su tiempo y conceptualmente al menos un siglo adelantada a su tiempo, es decir, tal como se concibió en la forma final. Sólo las revistas científicas explican con claridad la complejidad del dispositivo.[12]

La tímida interpretación de Tesla desató una lluvia de epítetos por parte de la prensa. Les molestó especialmente el fantástico pronóstico siguiente:

TORPEDERO SIN TRIPULACIÓN

Mi barco submarino, cargado con sus torpedos, puede partir de una bahía protegida o sumergirse por un costado de un barco, abrirse paso sinuosamente por la superficie a través de peligrosos canales de minas [...] buscando a su presa, y a continuación, lanzarse sobre ella en el momento que quiera descargar su arma mortal y regresar a la mano que lo ha enviado [...]. Soy consciente de que esto suena casi increíble y me he abstenido de hacer público este invento hasta haber resuelto prácticamente todos los detalles.[13]

---

11. «Tom Edison's Son Explodes Desk by Accident», *The New York Times*, p. 7:1 (3 de mayo de 1898).

12. «Tesla's Latest Invention», *Electrical Review* (9 y 16 de noviembre de 1898).

13. Tesla, N.: «Torpedo Boat Without a Crew», *Current Literature*, pp. 136-137 (febrero de 1899).

Al permitir que apareciera el siguiente editorial en su revista *Electrical Engineer*, T. C. Martin fue, de manera indirecta, otro que lideró el ataque.

El Sr. Tesla y el zar

El Sr. Tesla se engaña a sí mismo, si es que engaña a alguien, cuando se lanza de lleno a las deslumbrantes teorías y especulaciones asociadas con su nombre [...]. Recientemente, se ha dado publicidad a algunos de sus trabajos más recientes. Deberíamos alegrarnos personalmente de verlo terminar algunas de las muchas otras cosas que han ocupado sus energías estos diez últimos años.

El editorial luego criticaba el oscilador de Tesla y su método de «entregar grandes cantidades de corriente sin cables, digamos desde las Cataratas del Niágara a París [lo que todavía no ha ocurrido]. El Sr. Marconi ya ha telegrafiado de globo a globo sin cables más de treinta kilómetros, demostrando así de antemano la congruencia de la propuesta del Sr. Tesla».[14]

Siguió el descrédito del torpedo sin hilos. Esto fue una reacción a la sugerencia de Tesla de que las armas definitivas podrían ser «autómatas diabólicos». Atrapado en la fiebre de la guerra, Tesla enfatizó las nefastas implicaciones de su trabajo: los autómatas lucharían mientras que los humanos vivirían. Escribió: «En última instancia, el desarrollo continuo en esta dirección debe hacer de la guerra un mero contexto de máquinas sin hombres y sin pérdida de vidas, una condición [que conducirá] en mi opinión a una paz permanente».[15]

Esta posición fue refutada por varias personas, siendo la más elocuente el francés M. Huart:

---

14. «Mr. Tesla and the Czar», *Electrical Engineering*, pp. 486-487 (17 deda noviembre de 1898).

15. Tesla, N.: «The Problem of Increasing Human Energy», *Century*, p. 188 (junio de 1900).

EL GENIO DE LA DESTRUCCIÓN

Como todos los inventores de máquinas destructivas, [Tesla] afirma que sus [autómatas diabólicos] harán vacilar a los gobiernos propensos a crear conflagraciones internacionales. Por este motivo, Nikola Tesla reclama el derecho a ser llamado benefactor de la humanidad. El genio de la destrucción parecería tener, pues, dos objetivos. Crea maldad, pero sobre todo el bien. Gracias a su ayuda, es posible que la abolición de las guerras ya no sea una utopía de soñadores generosos. Se abrirá una era bendita para los pueblos, cuyas disputas se resolverán ante el terror de los cataclismos prometidos por la ciencia. ¿A qué contradicciones de concepción está sujeta la mente humana?[16]

Casualmente, esta opinión fue adoptada por Mark Twain, quien escribió a Tesla desde Europa pretendiendo vender las patentes a los ministros del gabinete en Austria, Alemania e Inglaterra, por Bulwer-Lytton y por el zar Nicolás de Rusia, con quien el propio Tesla estaba negociando.[17] (Y así fue como «Nicholas» Tesla se asoció con el zar). En la era moderna, Edward Teller, uno de los inventores de la bomba de hidrógeno, y, más recientemente, el presidente Ronald Reagan en sus discursos sobre Star Wars de los años 1980, también se pronunciaron sobre esta posición. Pero Tesla (al igual que Einstein) llegó a lamentar su visión inicial de cómo los agentes del Armagedón podrían llevar a los humanos a la paz.

El desvergonzado ensayo, que había aparecido en el diario de Martin, continuaba como una introducción al «reflexivo» artículo de Tesla sobre electroterapéutica y luego concluía con el siguiente retorcido cumplido:

No es nuestro deseo hacernos pasar por apologistas o publicistas del Sr. Tesla. No necesita ayuda de este tipo; y mientras controle libremente páginas enteras de los periódicos dominicales, por las que el Sr. Wanamaker paga gustosamente sus miles de dólares, las revistas científicas tendrán poco a hacer en el asunto. Todo lo que queremos decir es que no es justo condenar, como muchos hacen, al Sr. Tesla

---

16. Huart, M.: «The Genius of Destruction», *Electrical Review*, p. 36 (7 de diciembre de 1898).

17. Mark Twain a Nikola Tesla (17 de noviembre de 1898) [MNT].

como un visionario y poco práctico. Nadie ha terminado su trabajo cuando muere, e incluso entonces hay largos y largos siglos en los que se puede demostrar que sus ideas son ciertas. Por lo tanto, los visionarios suelen ser al final los realistas más sórdidos, algo que el señor Tesla nunca será.[18]

Como Martin había sido, en cierto sentido, el agente de Tesla, su decisión de permitir esta crítica en su diario se convirtió en una sanción tácita para que otros escritores desplegaran su condena. Por ejemplo, apareció otra crítica mordaz tanto en *The Scientific American* como en el más popular *Public Opinion*. El artículo apareció en la misma página que el obituario del charlatán inventor John Worrell Keely.

¿Era Keely un charlatán?

Con la muerte de J. W. Keely, famoso por el motor Keely, el mundo se ha visto despojado de uno de sus personajes más singulares y fascinantes. [Keely] siempre iba a sorprender al mundo, pero nunca lo hizo. Es de esperar sinceramente que los supuestos secretos de Keely hayan muerto con él.

Ciencia y sensacionalismo

… Que el autor del sistema de transmisión multifásico esté, a estas alturas, inundando la prensa con grandilocuencia retórica que recuerda los días más salvajes de la manía del motor Keely es inconsistente e inexplicable hasta el último nivel […]. Los datos sobre el invento del Sr. Tesla son pocos y simples, mientras que las fantasías que se han tejido en torno a él son muchas y extravagantes. Los principios del invento no son nuevos, ni Tesla fue el descubridor original.[19]

---

18. «Mr. Tesla and the Czar», *Electrical Engineering*, pp. 486-487 (17 de noviembre de 1898).

19. «Was Keely a Charlatan?» y «Science and Sensationalism», *Public Opinion*, pp. 684-685 (1 de diciembre de 1898).

Esta implicación de que Tesla no era el autor de su sistema de comunicación sin hilos se hizo eco de acusaciones anteriores de que no era el verdadero inventor del sistema polifásico de corriente alterna. Esto fue lo que lo hizo enfurecer sobre todas las cosas, ya que era fundamental que su trabajo fuera original.

—Me gustaría poder arrojar sobre este tipo todos los rayos bifurcados de mi laboratorio –le dijo Tesla a los Johnson durante una cena en su casa.[20]

—Tal vez sería más eficaz si una persona externa saliera en tu defensa –sugirió Robert.

—Mi querido Luka, sé que eres un compañero noble y un amigo devoto, y aprecio tu indignación por estos ataques injustificados, pero te ruego que no te involucres bajo ningún concepto, ya que podrías ofenderme. Deja que mis «amigos» se equivoquen, así me gusta más. Que muestren sociedades científicas con planes inútiles, se opongan a una causa digna, tiren arena a los ojos de quienes puedan ver. Cosecharán su recompensa con el tiempo.[21]

—Entonces, ¿cómo podemos reconducir a un individuo tan inaceptable?

—Sintamos un profundo desprecio por la criatura –concluyó Tesla.

—No veo a Commerford en esta misma categoría –intervino Katharine, tratando de preparar el escenario para una reconciliación.

—Sé que Luka y tú queréis que perdone a vuestro amigo Martin por su editorial despectivo. Estaba bien hecho, pero no con tanto esmero como muchos otros antes. Me presta servicios cada vez más valiosos.

—Al menos habla con él –suplicó Katharine.

Tesla cogió su sombrero, su abrigo y sus guantes, y agitó la mano.

—Lo siento por él. Eso es todo –dijo mientras se iba.[22]

Tesla contraatacó con una enérgica respuesta al *Electrical Engineer* que se vieron obligados a publicar:

En más de una ocasión me ha ofendido, pero en mis cualidades tanto de cristiano como de filósofo siempre le he perdonado y sólo me he

---

20. Nikola Tesla a Robert Underwood Johnson (1 de enero de 1898) [BBUC].
21. Ibíd.
22. Nikola Tesla a Robert Underwood Johnson (28 de noviembre de 1898) [BBUC].

compadecido por sus errores. Esta vez, sin embargo, su ofensa es más grave que las anteriores, porque se ha atrevido a ensombrecer mi honor [...]. Siendo portador de altos honores de varias universidades americanas, es mi deber, en vista de este insulto, exigirle una disculpa completa y humilde [...]. Con esta condición, le volveré a perdonar, pero le aconsejaría que se limite en sus futuros ataques a afirmaciones por las que no esté expuesto a ser castigado por la ley.[23]

Tesla, por supuesto, estaba enfadado con el tono general de su editorial; pero lo que más le molestó fue la insinuación de que había abandonado sus osciladores mecánicos y eléctricos, y sus lámparas frías sin filamentos (luces fluorescentes). Estaba negociando una gran transacción comercial con varios inversores, en particular Astor. De ninguna manera quería que hubiera ninguna insinuación de que se estaban dejando de hacer estos esfuerzos.

La refutación de Martin se publicó inmediatamente después de la carta de Tesla:

De sus amigos al Sr. Tesla

Uno de los principales inventores eléctricos [no nombrado, probablemente Elihu Thomson] ha tenido la amabilidad de decir que el *Electrical Engineer* creó al Sr. Tesla.

Martin cuestionó esta afirmación diciendo que «las acciones de una persona hacen a la persona»; sin embargo, la revista (es decir, Martin) citó el hecho de que en el pasado publicó los artículos de Tesla y el libro de sus inventos y conferencias, y, además, que fue su editor quien «se esforzó con toda la capacidad que tenía para explicar las ideas del Sr. Tesla». Esto es completamente cierto. Durante un período de ocho años, entre 1890 y 1898, *Electrical Engineer* publicó 167 artículos de o sobre Tesla, cuarenta más que *Electrical Review* y setenta más que *Electrical World*.[24] Además,

---

23. Tesla, N.: «Mr. Tesla's reply», *Electrical Engineer*, p. 514 (2 de noviembre de 1898).
24. Seifer, M. J.: *Nikola Tesla: Psychohistory of a Forgotten Inventor*. Saybrook Institute, San Francisco, 1986. p. 272. [Tesis doctoral]

318

fue claramente Martin quien coreografió la entrada del solitario inventor en el ámbito eléctrico estadounidense.

Como Tesla a menudo prometía más de lo que daba, la revista, como «verdadero amigo», se sintió en la obligación de instarlo a completar «una larga prueba de inventos hermosos pero inacabados». Ellos (es decir, Martin) también se opusieron vivamente a las fantásticas declaraciones sobre la máquina voladora controlada remotamente de Tesla que podía cambiar su dirección en vuelo, «explotar *a voluntad* y [...] no fallar nunca». Martin continuó: «Nuestra pasada admiración por el trabajo real y tangible del Sr. Tesla está registrada y se mantiene; pero establecemos un límite en cosas como éstas. Lamentamos que el Sr. Tesla lo sienta tan profundamente, pero no podemos evitarlo».[25]

Dado que este ataque provino de uno de los aliados más cercanos de Tesla, merece una cuidadosa consideración. Sin embargo, desde una perspectiva histórica, también deberíamos considerar intenciones ocultas. Por ejemplo, en 1894, Tesla distribuía libremente sus obras completas y no pagaba por copias adicionales.

«Hice algo de dinero con mi libro de Tesla –le confesó Martin a Elihu Thomson muchos años después–, pero el componente titular me lo pidió prestado rápidamente, de modo que fueron en vano dos años de trabajo».[26] Al año siguiente, en 1895, el laboratorio de Tesla quedó totalmente destruido por el incendio y Martin escribió un homenaje admirable.[27] Quizás por eso no insistió en que Tesla le pagara.

Martin se había visto en una posición incómoda, porque también era un buen amigo de Tom Edison, un poderoso rival de Tesla; y como periodista, debía ser objetivo a la hora de cubrir las insinuaciones de otros rivales, como Marconi. El irritante hábito de Tesla de vivir más allá de sus posibilidades y ver los proyectos completados antes de que realmente se materializaran fue siempre una fuente de frustración para su protector de toda la vida. Y la historia ha demostrado, en muchos sentidos, que Martin tenía razón. Los osciladores de Tesla nunca fueron un éxito comercial;

25. «His Friends to Mr. Tesla», *Electrical Engineer*, p. 514 (24 de noviembre de 1898).

26. Thomas Commerford Martin a Elihu Thomson (16 de enero de 1917), en Abrahams, H. J. *et al.* (eds.): *Selections from the Scientific Correspondence of Elihu Thomson*. Academic Press, Nueva York, 1971. p. 352.

27. Martin, T. C.: «The Burning of Tesla's Laboratory», *Engineering*, p. 11:1 (abril de 1895).

su sistema sin hilos de distribución de luz, información y energía (en su forma total) nunca se llevó a cabo, y, por razones difíciles de entender, las luces fluorescentes de Tesla nunca llegaron a comercializarse.

Por otra parte, Tesla fue extremadamente prolífico. Construyó modelos funcionales de todos sus inventos. Por ejemplo, el teleautómata era un prototipo en pleno funcionamiento. Y se necesitan muchos años para que los esfuerzos de uno den frutos. Tesla ya había demostrado su valía de diversas maneras. Que todos sus proyectos nunca llegaran a materializarse es comprensible dado el gran alcance de sus esfuerzos.

Su teleautómata sigue siendo uno de los triunfos tecnológicos más importantes de la era moderna. En su forma final, fue concebido como una nueva especie mecánica capaz de pensar como lo hacen los humanos, capaz de llevar a cabo tareas complejas e incluso capaz de reproducirse. La invención también incluía todas las características esenciales de la transmisión sin hilos y la sintonización selectiva. He aquí una verdadera genialidad.

Sorprendentemente, Tesla era partidario de un modelo de estímulo-respuesta para explicar el comportamiento y la conciencia humanos en lugar de un defensor de un modelo que abrazaba un inconsciente creativo. La rivalidad entre Ernst Mach y Carl Stumpf, el profesor de filosofía de Tesla, analizada anteriormente, y el trabajo de Descartes sobre los autómatas autopropulsados se correlacionan con una serie de posiciones clave que tomó Tesla y que influyeron directamente en el desarrollo de su teleautómata. Según esta proposición, la mente no era más que una simple recopilación de sensaciones de causa y efecto. Lo que llamamos ideas eran impresiones secundarias derivadas de estas sensaciones primarias.

Paradójicamente, aunque el logro de Tesla era muy original y aunque se promocionaba a sí mismo como el «creador de nuevos principios», de ninguna manera el inventor pensaba que alguna vez había tenido una idea nueva que no surgiera de algo externo, como un mecanismo presente en la naturaleza, o que derivara del trabajo de otros. Lector de grandes filósofos, Tesla comprendía perfectamente lo que significaría para el mundo la adopción de su teleautómata. Vio claramente las implicaciones en la «carrera venidera». Las máquinas no sólo reemplazarían a los trabajadores, sino que pensarían por sí mismas. La genialidad de Tesla, por lo tanto, no consistía sólo en apreciar el pensamiento avanzado de los demás, sino también, y más importante aún, en implementar sobre una base práctica sus ideas abstractas. Mientras que otros buscaban cambiar el mundo con pensamientos, Tesla manifestaba en el plano físico modelos reales de trabajo. Ciertamente era el padre de los «seres» electrónicos controlados a distancia, pero habría sido la última persona en afirmar que era el padre de la idea.

En un famoso artículo publicado en el *Century* en 1900, Tesla explicó toda la conceptualización que había detrás de su teleautómata: «He demostrado, con cada pensamiento y cada acto mío, y lo hago diariamente, para mi absoluta satisfacción, que soy un autómata dotado de poder de movimiento, que simplemente responde a estímulos externos que golpean mis órganos sensoriales, y piensa y actúa en consecuencia. Sólo recuerdo uno o dos casos en toda mi vida en los que no fui capaz de localizar la primera impresión que provocó un movimiento, un pensamiento o incluso un sueño».[28]

Tesla olvida mencionar que uno de estos dos casos fue la revelación que tuvo en clase del profesor Poeschl: había visto que en las máquinas de corriente continua podía eliminarse el conmutador. En otras palabras, el invento más exitoso de Tesla, el sistema polifásico de corriente alterna, se inició a partir de una visión intuitiva. Sin embargo, Tesla se aferraba obstinadamente a la premisa de la «tabula rasa». Ninguna inspiración, según este experto, comenzaba desde dentro; las respuestas autodirigidas se iniciaban sólo después de recibir estímulos externos. Se trata de una idea compleja, ya que en el primer párrafo siguiente parece que Tesla cree lo contrario.

CÓMO LAS FUERZAS CÓSMICAS DAN FORMA A NUESTROS DESTINOS

Cada ser vivo es un motor engranado en las ruedas del universo [...]. No hay constelación o nebulosa, o sol o planeta que no ejerza algún control sobre su destino, no en el sentido vago y engañoso de la astrología, sino en el significado rígido y positivo de la ciencia física.

Se puede decir más que esto. No hay cosa dotada de vida –desde el hombre que esclaviza los elementos, hasta la criatura más humilde– en todo el mundo que no influya a su vez.[29]

---

28. Tesla, N.: «The Problem of Increasing Human Energy», *Century*, pp. 175-211 (junio de 1900).

29. Tesla, N.: «How Cosmic Forces Shape Our Destiny» (1915), en Popović, V. *et al.*: *Nikola Tesla: Lectures, Patents, Articles*. Museo Nikola Tesla, Belgrado, 1956. p. A-122.

En el momento en que concibió estas ideas, es decir, a principios de la década de 1890, Tesla estaba estudiando a Herbert Spencer[30] y también escritos budistas. Incluso le dio a su amigo Johnson una copia de un libro sobre budismo para que lo leyera. Sin embargo, la influencia del principio de Mach y las leyes de Newton sobre correlatos como el momento angular de la Tierra, el Sol y las galaxias también figuraban en su paradigma cosmológico. «El budista lo expresa de una manera, el cristiano de otra, pero ambos dicen lo mismo: todos somos uno [...]. También la ciencia reconoce esta conexión entre individuos separados, aunque no en el mismo sentido en que admite que los soles, los planetas y las lunas de una constelación son un solo cuerpo, y no cabe duda de que esto será confirmado experimentalmente en el futuro».[31]

Después de haber estudiado psicología de la voluntad (principios psicológicos ocultos) cuando era joven, Tesla creía firmemente en la autodeterminación y en el increíble poder de la voluntad. Sin embargo, de alguna manera reconcilió este procedimiento interno, que el filósofo George Gurdjieff relaciona con una expresión directa del alma, con su paradigma conductista externo. Para Tesla, la chispa de la vida no es sólo biológica, sino que también está presente en la estructura de la materia: «Incluso la materia llamada inorgánica, que se cree muerta, responde a los irritantes y ofrece evidencias inequívocas de un principio vivo en su interior».[32]

Cosas como los metales responden a estímulos (por ejemplo, imanes). Tesla se niega a separar las fuerzas motrices implicadas en los efectos electromagnéticos de las reacciones de la materia «viva». Éste era, en esencia, el «poder vril» de Bulwer-Lytton. La energía que hace funcionar el universo dirige la vida. «Así, todo lo que existe, orgánico o inorgánico, animado o inerte, es susceptible a estímulos del exterior. No hay brecha entre ellos, ni interrupción en la continuidad, ni agente vital es-

30. Herbert Spencer (1820-1903) fue un naturalista, filósofo, sociólogo y antropólogo británico que adaptó la teoría de la evolución a la sociedad, por lo que está considerado el padre del darwinismo social. *(N. del T.)*

31. Tesla, N.: «The Problem of Increasing Human Energy», *Century*, pp. 173-174 (junio de 1900).

32. Tesla, N.: «How Cosmic Forces Shape Our Destiny» (1915), en Popović, V. *et al.*: *Nikola Tesla: Lectures, Patents, Articles.* Museo Nikola Tesla, Belgrado, 1956. p. A-122.

pecial y distintivo. La trascendental pregunta de Spencer (¿Qué es lo que hace que la materia inorgánica se transforme en formas orgánicas?) ha sido respondida. Es el calor y la luz del Sol. Dondequiera que estén hay vida».[33]

Como el propio Tesla era un «autómata autopropulsado enteramente bajo el control de influencias externas», podía utilizar el modelo de sí mismo para construir su teleautómata. Lo que llamamos memoria, afirmó Tesla, «no es más que una mayor capacidad de respuesta ante estímulos repetidos». El pensamiento creativo y también los sueños se derivarían de reverberaciones secundarias de estos estímulos externos iniciales.

Hace mucho tiempo concebí la idea de construir un autómata que me representara mecánicamente y que respondiera, como yo, pero, por supuesto, de una manera mucho más primitiva, a las influencias externas. Evidentemente, tal autómata debía tener fuerza motriz, órganos de locomoción, órganos directivos y uno o más órganos sensitivos adaptados para ser excitados por estímulos externos [...].

Que el autómata fuera de carne y hueso, o de madera y acero, importaba poco, siempre que pudiera cumplir todas las funciones que se le exigían como ser inteligente.[34]

Para Tesla, su barco teledirigido no era simplemente una máquina, era una nueva creación tecnológica dotada de la capacidad de pensar. En opinión de Tesla, también era, en cierto sentido, la primera forma de vida no biológica del planeta. Como prototipo, esta primera nueva forma de vida fue «encarnada», en palabras de Tesla, con una «mente prestada», ¡la suya! «[Podrá] seguir un rumbo trazado u obedecer órdenes dadas con mucha antelación, será capaz de distinguir entre lo que debe y lo que no debe hacer [...] y de registrar impresiones que afectarán indudablemente a sus acciones posteriores».[35]

En 1898 muy pocas personas podían comprender la magnitud de la creación, por lo que arremetieron contra Tesla.

---

33. Ibíd.
34. Tesla, N.: «The Problem of Increasing Human Energy», *Century*, pp. 184-185 (junio de 1900).
35. Ibíd., pp. 185-186.

En noviembre de 1898, el examinador jefe de patentes fue testigo de una demostración del teleautómata de Tesla antes de conceder una patente y su reacción fue increíble. «Recuerdo que cuando más tarde llamé a un oficial de Washington con el fin de ofrecer el invento al Gobierno, estalló en carcajadas tras contarle lo que había logrado. Nadie pensó entonces que hubiera la más mínima perspectiva de perfeccionar tal dispositivo»,[36] escribió Tesla.

36. Tesla, N.: *My Inventions: The Autobiography of Nikola Tesla*. Hart Brothers, Williston, Vermont, 1982. p. 107. (Trad. cast.: *Mis inventos*. Ediciones Obelisco, Barcelona, 2022. p. 103). Cabe señalar también que, durante muchos años, para que se concediera una patente, el inventor debía demostrar su invención.

24
Waldorf-Astoria (1898)

29 de noviembre de 1897

Querido Luka:
   He llegado a la conclusión de que un acontecimiento literario tan importante como la aparición de su espléndido libro de poemas debería conmemorarse primeramente con una cena en el Waldorf, como sugirió la señora Filipov con su manera peculiarmente delicada [...]. Como esto no parece posible por culpa de su inmensa popularidad, me gustaría que me indicara otra noche muy pronto, porque es posible que se me acabe el dinero.
   Atentamente,

N. TESLA[1]

El Waldorf-Astoria era el hotel más alto del mundo, un centro de banquetes, conciertos y convenciones en la ciudad, y la residencia permanente o temporal de los ciudadanos más ricos y eminentes de la época. Residir allí se convirtió en un objetivo al que aspiraba Tesla; sería algo que lograría antes de fin de año y que mantendría durante las siguientes dos décadas. Construido en dos partes, el Waldorf original, de William Waldorf Astor, se terminó en 1893; el Astoria, de su primo John Jacob Astor, a finales de 1897. Al principio, Jack se mostraba reacio a derribar la casa de su madre para construir un hotel, pero después de que el Waldorf recaudara 4,5 millones de dólares en su primer año, cambió de opinión. Su apertura «marcó el comienzo de un nuevo concepto de

---

1. Nikola Tesla a Robert Underwood Johnson (29 de noviembre de 1897) [BBUC].

vida», ensalzando la esencia de la exclusividad, la cordialidad, la pomposidad y la elegante grandiosidad para las masas.[2]

El director, George C. Boldt, era un inmigrante prusiano de la isla de Rügen, situada cerca de Dinamarca en el mar Báltico. «Amable, serio y modesto», Boldt se parecía a «un típico profesor alemán con su barba muy corta que mantenía minuciosamente recortada [...] y sus quevedos sujetados con un cordón de seda negro». Descrito también como «un hombre excesivamente estricto y de humor voluble», Boldt era una persona de la alta sociedad, en ciertos aspectos, del tipo más superficial. «Preferiría ver a la Sra. de Stuyvesant Fish[3] disfrutando de una taza de té en una sala Palm casi vacía –declaró Boldt– que a una docena de invitados menos conocidos festejando algo allí».[4]

El director también adoraba los dispositivos mecánicos y había dotado al hotel de modernas comodidades como tubos neumáticos, bombillas eléctricas para llamar a los carros, paneles de control parpadeantes en los ascensores y «su red de timbres silenciosos, pero autoritarios».[5] Unos años más tarde, el Waldorf sería el primer hotel con una torre de radio. Sin duda, Tesla, él mismo un elitista, resultaba interesante para Boldt. Con su posición de inventor extraordinario bien establecida, es probable que el inventor fuera aceptado en una clase distinta por encima del director. Cuando se mudó, quizá Tesla incluso evitara pagar el alquiler en lugar de su relación con Astor, o bien que negociara un contrato favorable.

Con más de novecientos empleados, el aclamado «Oscar del Waldorf» en el puesto de chef y la competente esposa de Boldt supervisando la decoración, no había un establecimiento más elegante. Una majestuosa fragancia flotaba desde cada rincón del hotel, con porcelana exquisita, flores exóticas y muebles caros que decoraban pasillos, comedores y suites. Éste era el callejón al que los pavos reales acudían a pavonearse. Con

---

2. Cowles, V.: *The Astors*. Knopf, Nueva York, 1979. p. 126.

3. Stuyvesant Fish (1851-1923) fue un hombre de negocios estadounidense y miembro de la familia Fish que se desempeñó como presidente de la Illinois Central Railroad. Poseía grandes propiedades en la ciudad de Nueva York y Newport, Rhode Island, y, junto con su esposa «Mamie», destacó entre la alta sociedad estadounidense durante la Gilded Age (1870-1891), época en que el país conoció una expansión económica, industrial y demográfica sin precedentes. *(N. del T.)*

4. Dearing, A.: *The Elegant Inn*. Lyle Stuart, Secaucus, Nueva Jersey, 1986. pp. 75, 78, 87.

5. Ibíd. p. 81.

más de 185 centímetros de altura y vestido con botines de gamuza, frac, bastón, sombrero de copa y los omnipresentes guantes blancos, Nikola Tesla era uno de los más orgullosos y reconocidos.

La Guerra hispano-estadounidense se prolongó durante la mayor parte de 1898 mientras Tesla seguía intentando explotar su teleautómata para utilizarlo como arma naval. Había ofrecido sus transmisores sin hilos para ayudar en la organización de los movimientos de barcos y tropas, pero el secretario de Marina lo rechazó, como informó Tesla un año después, «por temor de que pudiera provocar una calamidad, ya que las chispas tienden a volar hacia cualquier lugar cercano a dicho aparato cuando está en funcionamiento». Tesla intentó garantizar que había superado «estos defectos y limitaciones», pero fue en vano.[6] Las demostraciones públicas y las fotografías de los rayos arrojados por su ingenio se esforzaron por obstaculizar cualquier garantía que pudiera dar. En cambio, durante el conflicto, la Marina utilizó globos aerostáticos conectados a barcos mediante líneas telegráficas. Subirse a uno de ellos «hacía que el cabello de un hombre se volviera blanco», ya que el globo era un blanco fácil, pero los soldados tenían que «obedecer órdenes, y no había otra».[7]

Tesla se puso en contacto con el constructor naval Nixon, diseñador del *Oregon* (el transatlántico de Villard que había reparado mientras trabajaba para Tom Edison en 1884), y también con el constructor de submarinos John P. Holland.[8] Dos años más tarde, Holanda vendería a la Marina su primer sumergible; pesaba unas impresionantes setenta y cuatro toneladas y se convirtió en una máquina de combate por excelencia, pero en 1898 todavía tenía dificultades para negociar un acuerdo. «El Departamento de Marina se vio obligado a rechazar [la oferta de Holanda de] ir al Puerto de Santiago y destruir los buques de guerra españoles [...], ya que olía a actitud de corsario y violaba el derecho internacional».[9] Y Tesla también invitó a personal militar a su laboratorio, en particular al contralmirante de la Marina de Estados Unidos Francis J. Higginson,

6. Nikola Tesla a la Marina de Estados Unidos (27 de septiembre de 1899) [AN].

7. Delaney, P.: «Telegraphing from a Balloon in War», *Electrical Review*, p. 68 (octubre de 1898).

8. Nikola Tesla a John Jacob Astor (3 de enero de 1901) [MNT].

9. «Offer of the Holland Owners», *The New York Times*, p. 1:4 (4 de junio de 1898).

presidente de la Comisión de Faros,[10] para discutir el uso de sus transmisores sin hilos. Pero tratar con el gobierno no era nada fácil.[11]

Durante este período, en junio de 1898, Richmond Pearson Hobson saltó al estrellato, robando los corazones de Estados Unidos gracias a sus heroicos esfuerzos en la guerra. Unos meses más tarde, Hobson se convirtió en la atracción clave de la red social Tesla-Johnson, y una década después, con su fama tan bien establecida, se convirtió en candidato presidencial.[12]

El 4 de junio, el *The New York Times* informó de que una audaz fragata de combate estadounidense, el *Merrimac*, «se había apresurado» al puerto de Santiago bajo «un intenso cañoneo» en un intento de atacar a la armada española allí atracada. El barco fue hundido y «un oficial, un ingeniero y seis marineros fueron hechos prisioneros». El periódico concluyó: «Todo el mundo está asombrado por la audacia del barco estadounidense».[13]

Al día siguiente, se supo que el barco que el barco no había sido hundido por el fuego enemigo, sino que había sido hundido deliberadamente por el teniente Hobson con el objetivo de dejar bloqueada en el puerto toda la flota española. «Este espléndido golpe» apartó de la guerra al temido almirante Cervera. «En un día, en una hora, la potente y omnipresente fuerza de la electricidad [...] hizo brillar su fama en todo el mundo».[14] Mientras Hobson estuvo encarcelado en el calabozo del Castillo de Morro, continuó apareciendo en los titulares mientras el mundo esperaba que terminara la guerra y su ansiada liberación.[15]

Como siempre, Katharine siguió desplegando sus encantos irlandeses, invitando al místico serbio a cenar para quedar «hipnotizada» por su

---

10. La Comisión de Faros (en inglés United States Lighthouse Board) es una antigua agencia del gobierno de Estados Unidos, desaparecida en 1910, responsable de la construcción y el mantenimiento de todos los faros y ayudas a la navegación en el país. *(N. del T.)*

11. Nikola Tesla a la Marina de Estados Unidos (1899) [AN].

12. «The Patience of Hobson», *The New York Times* (20 de abril de 1908).

13. «The Merrimac Destroyed?», *The New York Times*, p. 1:4 (4 de junio de 1898).

14. Young, M.: «Lieutenant Richmond P. Hobson», *Chautauguan*, n.º 27, p. 561 (1898).

15. «Lieut. Hobson's Promotion», *The New York Times*, p. 1:4 (21 de junio de 1898).

presencia.[16] El mismo día del hundimiento del *Merrimac*, el inventor recibió la siguiente provocativa misiva:

6 de junio de 1898

Querido Sr. Tesla:

Tengo muchas ganas de verte [mañana por la tarde] y me sentiré realmente decepcionada si no consideras que mi petición es digna de tu consideración. Robert se va a celebrar una fiesta de cumpleaños y hará cantar algunas de tus canciones serbias.

Tienes que reservarnos esta noche. Después de esta fecha me iré a Washington de visita, así que, ¿alguien tiene ganas de ver a la Sra. Filipov?

Cuando vengas mañana por la tarde, hablaremos de la mano que ahora tengo ante mí pero que está condenada a la reclusión [...]. No puedo soportarlo. Es demasiado fuerte, demasiado viril; cuando entro en la habitación sin pensar, me sobresalto; *es lo único que tiene*. Pero no me satisface porque no da la idea adecuada de tu mano, grande y libre. Como tú, parece pegajosa, pequeña, sé lo que causa esto, son las sombras. Debes intentarlo de nuevo y hacer que tu mano sea tan grande y enorme como es.

Sinceramente tuya,

KATHARINE JOHONSON[17]

En enero, Tesla había publicado una fotografía a página completa de su mano para *Electrical Review* en un intento de mostrar dramáticamente las mejoras que había hecho en la eficiencia de sus lámparas de vacío.[18] De lo eficiente que era el iluminante, se podía apreciar cada línea en la palma de la mano (aunque, como señala Katharine, la forma se ve dañada por una sombra subyacente). Por aquel entonces, el famoso quiro-

---

16. Katharine Johnson a Nikola Tesla (6 de diciembre de 1897) [MNT].

17. Katharine Johnson a Nikola Tesla (6 de junio de 1898) [MNT].

18. Tesla, N.: «Tesla's Latest Advances in Vacuum Tubes», *Electrical Review*, p. 9 (5 de enero de 1898).

mántico Cheiro estaba causando furor después de haber publicado el análisis de las manos de celebridades como Tom Edison, Sarah Bernhardt o la teósofa Annie Besant. Mark Twain comentó: «Cheiro ha expuesto mi carácter con una precisión humillante. No debería confesar esta precisión, pero aun así me siento impulsado a hacerlo».[19]

Parece probable que la inteligente vanidad de Tesla hubiera encontrado una manera de explotar sus tubos fluorescentes y al mismo tiempo revelar de forma velada la magnanimidad de su ser exponiendo su mano al mundo. Examinada por un quiromántico profesional, la mano de Tesla supuestamente revela «una veta coqueta e hipersensibilidad» en el cinturón de Venus; «preocupaciones incesantes derivadas del pasado» en la línea de la cabeza; una estrecha asociación con su madre (porque está unida a la línea del corazón); «un rasgo irracional y un punto ciego en su pensamiento» (debido al curso ondulado y acortado de la línea), y todo ello contrarrestado por una «línea del destino remarcable, que, elevándose como un roble fuerte, revela estabilidad, visión, aspiración creativa, terquedad y capacidad para soportar grandes tensiones y agitaciones [...]. La línea del destino es la línea más fuerte en la mano».[20]

Durante estos meses las cháchas divertidas entre el inventor y la esquiva madame Filipov alcanzaron su punto máximo; parece que intentó casar a Tesla. En febrero, Katharine escribió: «Habrá otra encantadora dama que no se cree que seas mi amigo, que ni siquiera te conozco. Quiero convencerla de que estás en mi lista y que te sentarás a su lado. Ven y vierte el resplandor de tu feliz mirada sobre todos nosotros, especialmente sobre los Johnson».[21]

En marzo, exige que Tesla vaya a comer con ellos para «traer consuelo a tus amigos» y unos días después lo vuelve a invitar. «Estará aquí una chica muy encantadora que tiene muchas ganas de conocer al Sr. Tesla. Una chica real, te lo aseguro».[22] Tesla decide invitar a todos a cenar pri-

19. Cheiro (Warner, W. J.): *Cheiro's Language of the Hand.* Transatlantic Publishing Co., Nueva York, 1895. (Trad. cast.: *Quiromancia para todos.* Ediciones Obelisco, Barcelona, 2016).

20. Sphynx. Análisis de la palma de la mano de Tesla. Correspondencia privada (agosto de 1990).

21. Katharine Johnson a Nikola Tesla (8 de febrero de 1898) [MNT].

22. Katharine Johnson a Nikola Tesla (12 a 25 de marzo de 1898) [MNT].

mero y le escribe: «Te enviaré mi carruaje privado […] para cenar en el Waldorf y ya se me va abriendo el apetito para la ocasión».[23]

El celibato de Tesla siempre ha sido un interrogante. Parece probable que él y Katharine hubieran tenido una relación «embarazosa» unos años antes, pero en esta etapa, debido en parte a los montajes de Katharine, Tesla se había vuelto activo con otras mujeres, y Katharine había disfrutado a través de otras de sus placeres. Las tres damas que le interesaban eran la Sra. Winslow, la Srta. Amatia Kussner y la Srta. Marguerite Merington. La primera, por desgracia, estaba casada; con la segunda, Tesla quería mostrar sus inventos en su laboratorio; «Hay otra razón por la que ella debería venir, pero eso es complicado de explicar […]. Bueno, no quiero decir nada despectivo de una dama».[24]

Ante otro «fiestón de los Johnson», Tesla escribió, respecto a la tercera dama: «Preferiría confiar en tu elección y sólo recordarte sugerir a la Srta. Merington, si ella pudiera venir. Sé que yo sería su víctima, antes de la cena. pero después creo que podría defenderme porque ella no bebe clarete».[25] Y unos meses después:

9 de marzo de 1899

Mi querida Sra. Johnson:

Me encantaría que vinieran algunos de tus amigos, pero debemos tener una dama por cada caballero; de lo contrario, deberás cenar sin mí […]. Agnes debe venir sea como sea y ¿no podrías invitar a la Srta. Merington? Es una mujer maravillosamente inteligente. Yo diría que hubiese sido una buena decisión si se hubiera casado. De verdad, me gustaría tenerla entre nosotros.

Atentamente,

NICHOLAS I DE HOUSTON ST.[26]

23. Nikola Tesla a Katharine Johnson (12 de marzo de 1898) [BBUC].
24. Nikola Tesla a Katharine Johnson (3 de diciembre de 1898) [BBUC].
25. Nikola Tesla a Katharine Johnson (3 de noviembre de 1898) [BBUC].
26. Nikola Tesla a Katharine Johnson (9 de marzo de 1899) [BBUC].

Nacida en Inglaterra, Marguerite Merington se crio en un convento en Búfalo antes de estudiar piano y convertirse en profesora en su alma mater, el Normal College. Tras renunciar para mudarse a la ciudad de Nueva York y seguir su pasión de «autora dramática», la Srta. Merington apareció por primera vez en los titulares en 1891 con su bien recibida obra romántica *Captain Letterblair*. Dos años después de este éxito, ganó un premio de 500 dólares del Conservatorio Nacional de Música por su libreto Daphne, que fue revisado, entre otros, por Antonin Dvořák. «Alta, elegante y encantadora», la majestuosa Srta. Merington era una «invitada frecuente a cenar en la casa de los Johnson». Como parte integral del set de Gramercy Park, la Srta. Merington acompañó al joven Owen Johnson a la fiesta de cumpleaños de Mark Twain en 1905 y mantuvo su chispa creativa durante toda su vida, hasta el punto de escribir un libro sobre el general Custer y su esposa en 1950, un año antes de su muerte, soltera, a los noventa y un años.[27]

En agosto de 1898, John Jacob Astor regresó del campo de batalla, pero no fue hasta diciembre cuando Tesla se reunió con él en su casa. Si bien muchos consideraban que Jack era «desalmado, sin sentido del hu-

27. Papeles de Marguerite Merington, museo de la ciudad de Nueva York; O'Neill, J. J.: *Prodigal Genius: The Life of Nikola Tesla*. Ives Washburn, Nueva York, 1944. p. 302.

mor, débil de mente y casi completamente carente de personalidad»,[28] su esposa, Ava, era considerada la mujer más bella de Estados Unidos. Tesla quedó particularmente cautivado por la belleza de lady Astor, y parece que ella quedó cautivada por los experimentos del inventor. Los tres cenaban juntos de vez en cuando en el Delmonico's o en el Waldorf, y cuando Tesla llegaba a la residencia Astor, a menudo traía consigo un ramo de flores. Pero, aunque «Ava brillaba ante cada vela encendida y Jack la seguía como un perro de aguas desaliñado y de mal carácter», no todo iba bien en el matrimonio; cuando Astor tuvo que dejar a su exquisita esposa durante meses, navegando en alta mar en busca de aventuras y la noble causa, ella se retiró manteniendo un celoso interés por el bridge.[29]

Así, aunque Ava estaba de su lado, el inventor no estaba seguro de su posición.

—Mi querido Astor –comenzó Tesla–, me gustaría explicarte por qué no pude ir a Cuba contigo.

—Lo entiendo –respondió Astor–. Durante los tiroteos, tal vez fue entonces cuando me di cuenta de que tu vida era demasiado valiosa como para arriesgarla en un viaje así. De todos modos, veo en informes recientes que, después de todo, has sido atacado, pero en tu caso por periodistas.

—Me alegro de vivir en un lugar en el que, aunque pueden asarme en los periódicos, no pueden quemarme en la hoguera,[30] bromeó Tesla.

Entonces Tesla convocó una reunión con Astor y dos de sus amigotes, Clarence McKay y Darius Ogden Mills, para poderles mostrar su continuo progreso con sus osciladores y las luces fluorescentes, así como enseñarles solicitudes de patentes y artículos que habían aparecido en las revistas técnicas e informes sobre pruebas llevadas a cabo por la Royal Society de Londres y la Röntgen Society de Alemania. «Déjame leerte el siguiente despacho de sir William Crookes –dijo Tesla–. Enhorabuena. El rendimiento de su máquina es maravilloso». Y Tesla presentó otro informe, en el que se elogiaba su oscilador como «uno de los más importantes de la época».

---

28. Cowles, V.: *The Astors*. Knopf, Nueva York, 1979. pp. 124-125.

29. Ibíd. p. 135.

30. Nikola Tesla a John Jacob Astor (2 de diciembre de 1898; 6 de enero de 1899) [MNT].

«Verás cuántas empresas pueden construirse sobre la base de ese novedoso principio, coronel. Es por una razón que a menudo me siento violentamente atacado, porque mis inventos amenazan a una serie de industrias establecidas. Mi teleautómata, por ejemplo, abre una nueva investigación que, tarde o temprano, hará que los grandes cañones y la construcción de grandes acorazados resulten inútiles, y que, como he afirmado en mi patente mucho antes del manifiesto del zar, obligará a las naciones a llegar a un acuerdo para el mantenimiento de la paz».[31]

«Estás tocando demasiadas teclas –dijo Astor, haciendo que los demás también lo reconsideraran–. Ciñámonos a los osciladores y las luces frías. Déjame ver algún éxito en el mercado con estas dos iniciativas antes de que te vayas a salvar al mundo con un invento de un nivel completamente diferente, y entonces comprometeré más que mis buenos deseos. Vuelve a visitarme cuando tengas una buena propuesta o llámame por teléfono».

Tesla esperó hasta el año nuevo y luego atacó al coronel con un asalto directo. «Mi querido Astor –dijo Tesla–, siempre he creído firmemente que tienes un interés genuino y amistoso en mi persona, así como en mis trabajos [...]. Ahora te pregunto con franqueza, cuando tengo un amigo como J. J. A., un príncipe entre los hombres ricos, un patriota dispuesto a arriesgar su vida por su país, un hombre que piensa en cada palabra que dice, que valora tanto mis esfuerzos y que se ofrece repetidamente a respaldarme, ¿no tengo una base para creer que él estaría a mi lado cuando, después de varios años de arduo trabajo, finalmente he logrado alcanzar la perfección comercial con algunos inventos importantes que, incluso en la estimación más conservadora, deben estar valorados en varios millones de dólares?».

Al comunicar a Astor que George Westinghouse le había dado 500 000 dólares por el sistema polifásico de corriente alterna y que Edward Dean Adams había invertido 100 000 dólares para convertirse en socio de sus proyectos posteriores cuando tenía «14 [nuevas] patentes estadounidenses y otras tantas patentes extranjeras», Tesla comentó que había una «camarilla poderosa» que todavía se le oponía. «Y es sobre todo por este motivo que quiero que algunos amigos, como tú, me brinden en este momento su valioso apoyo financiero y moral».

Habiendo «puesto fe» en las palabras de Astor, Tesla revela que había vendido valores para recomprar el control de su empresa, aunque «el se-

---

31. Nikola Tesla a John Jacob Astor (2 de diciembre de 1898) [MNT].

ñor Adams todavía tiene un interés minoritario». Tras afirmar que en el pasado su laboratorio «ha pagado 1500 dólares por cada 100 dólares invertidos, en promedio», el inventor proclama: «Estoy plenamente seguro de que la propiedad que ahora tengo en mis manos pagará mucho más que esto».

«Ahora produzco una luz muy superior a la de la lámpara incandescente con un tercio del consumo de energía, y como mis lámparas durarán para siempre, el coste de mantenimiento será mínimo. El coste del cobre, que en el antiguo sistema es un elemento muy importante, en el mío se reduce a una mera nimiedad, ya que con un hilo de una lámpara incandescente puedo conectar más de mil de mis lámparas, dando cinco mil veces más luz. Déjame preguntarte, coronel, ¿cuánto vale esto por sí solo, si se considera que hoy en día se invierten centenares de millones de dólares en luz eléctrica en los principales países en los que he patentado mis inventos en este campo?

Y Tesla continúa: «Tarde o temprano, mi sistema será comprado por Whitney Syndicate, General Electric o Westinghouse, porque de lo contrario serán expulsados del mercado».

El inventor concluyó: «Consideremos entonces mis osciladores y mi sistema de transmisión de energía sin hilos, mi método para gobernar el movimiento de los cuerpos a distancia mediante telegrafía sin hilos, la fabricación de fertilizantes y ácido nítrico del aire, la producción de ozono [...] y muchas otras líneas importantes de fabricación como, por ejemplo, refrigeración y fabricación barata de aire líquido, etc., y verás que, haciendo un cálculo justo de todo, no puedo ofrecer vender ningún porcentaje considerable de mi propiedad por menos de mil dólares por acción. Estoy perfectamente seguro de que podré imponer ese precio tan pronto como algunos de mis inventos se encuentren en el mercado».

Tras decirle a Astor que tenía contratos pendientes con «Creusot Works en Francia, Helios Company en Alemania, Ganz and Company en Austria, entre otras empresas», Tesla le pidió una inversión de 100 000 dólares. «Si no pones tanto interés me pondrás en una gran desventaja» Si Astor entrara, otros socios de Astor, como McKay y Darius Ogden Mills, «harían lo mismo». Tesla escribió: «Si después de seis meses tienes algún motivo para estar insatisfecho, mi primer deber será satisfacerte».[32]

---

32. Nikola Tesla a John Jacob Astor (6 de enero de 1899) [MNT].

Astor destacó su interés en ver a Tesla explotar sus luces fluorescentes y el inventor estuvo de acuerdo. El 10 de enero de 1899 se firmaron unos documentos por los cuales Astor entregaba a Tesla 100 000 dólares por 500 acciones de Tesla Electric Company; a cambio, Astor fue elegido director de la junta.[33] Al mismo tiempo, Tesla se mudó al Waldorf-Astoria. Tesla también recibió 10 000 dólares del fabricante de productos textiles Simpson and Crawford,[34] y es posible que también recibiera fondos de Mills o de McKay. La antigua Tesla Company, con William Rankine y Edward D. Adams, fue, para todos los efectos, disuelta, al igual que su relación con Alfred Brown y Charles Peck, aunque todos estos individuos pudieron haber estado relacionados con la nueva empresa de una forma u otra.

La primera carta escrita en papel membrete del Waldorf a los Johnson está fechada el 3 de noviembre de 1898. Es una de las raras cartas en las que Tesla se refiere a la señora Johnson como «Mi querida Kate». Tesla estaba a punto de pescar un pez gordo, quizás el pez más rico del planeta, y su sentido de prepotencia aumentó en consecuencia. Con altiva fanfarria, el aristócrata serbio separó a los de su exaltada clase de «otros tribolites sociales [...] plebeyos, tamborileros, tenderos y judíos».[35] Las referencias antisemitas son poco frecuentes en la correspondencia de Tesla, pero sin duda era antisemita, al menos en el sentido social, es decir, como reflejo común de la época. El antisemitismo contra los habitantes de los guetos étnicos, como los recién llegados a Williamsburg, Brooklyn y el Lower East Side de Nueva York era común entre las clases altas, aunque los Rothschild, August Belmont, Jacob Schiff y Bernard Baruch eran muy respetados y conocido por ser judíos. Sin embargo, es una evidencia clara de uno de los prejuicios de Tesla. La carta también se refiere al deseo de Tesla de conocer al lugarteniente Hobson, cuyas hazañas cubanas habían aparecido en el Century. «El interés [en Hobson] estaba en pleno apogeo [en nuestras oficinas]», recordó Johnson, «[y] las estimaciones de la venta de su libro [propuesto] ascendieron a centenares de miles». Por

33. Nikola Tesla a John Jacob Astor (6 de enero de 1899; 10 de enero de 1899; 27 de marzo de 1899) [MNT]. Se desconoce si Tesla realmente recibió la cantidad completa.
34. O'Neill, J. J.: *Prodigal Genius: The Life of Nikola Tesla.* Ives Washburn, Nueva York, 1944. p. 176.
35. Nikola Tesla a Katharine Johnson (3 de noviembre de 1898) [BBUC].

desgracia, poco después de que apareciera su relato, ocurrió un suceso escandaloso que fue incitado por la «prensa sensacionalista», y la idea del libro «fracasó».[36] El incidente tenía que ver con el atractivo aspecto de Hobson y la incapacidad de las mujeres para refrenarse de besarlo cuando él se encontraba entre ellas.

«Me habría cortado el brazo derecho antes que ofender a una [de esas damas]», declaró Hobson, y concluyó: «Los episodios de besos, lo poco que hubo en ellos, estaban completamente lejos de mi control, y mi conciencia está tranquila».[37]

Tanto Tesla como los Johnson apreciaban mucho al apuesto lugarteniente, y su entrada en su círculo añadió una chispa maravillosa a sus vidas. Se unió a un grupo que incluía en ese momento a los Gilder, la Srta. Kussner, la Srta. Merington, la Sra. Winslow, la Sra. Robinson, la Sra. Dodge, Rudyard Kipling y John Muir. Los celos bromistas se hacían evidentes cuando Tesla y los Johnson competían por la atención del héroe de guerra, y Tesla incluso se atrevió a ofrecerle a Hobson una dama con la que el inventor pudo haber tenido relaciones íntimas.

«Recuerda, Luka –bromeó Tesla–, Hobson no pertenece exclusivamente a los Johnson. Me vengaré de madame Filipov presentándole a madame Kussner y alguien pasará a la historia».[38]

Tesla pasó muchas horas «encantadoras» con Hobson, invitándolo al laboratorio, a cenar y a salir por la ciudad. «Es un buen tipo»,[39] concluyó el inventor. Su amistad perduraría.

Hobson, sureño de veintiocho años, tenía una presencia llamativa con su uniforme, ojos hundidos y penetrantes, cabello peinado hacia atrás, barbilla firme y prominente, y bigote en forma de manillar. Graduado de la Academia Naval de Estados Unidos en 1889, pasó tres años en París estudiando en una escuela marítima y trabajó para la Oficina de Inteligencia Naval.

Dotado de una mente sagaz, Hobson había trabajado para el secretario de Marina durante la guerra entre China y Japón. En su familia, tanto paterna como materna, había abogados, jueces, un go-

36. Johnson, R. U.: *Remembered Yesterdays*, Little Brown, Boston, 1923. pp. 418-419.
37. «The Gentle Art of Kissing», *The New York Times*, p. 6:2-4 (15 de agosto de 1899).
38. Nikola Tesla a Robert Underwood Johnson (6 de diciembre de 1898) [BBUC].
39. Nikola Tesla a Robert Underwood Johnson (8 de noviembre de 1898) [BBUC].

bernador y un general.[40] Era un héroe ya hecho y un partido social de primer orden.

Todas las piezas del rompecabezas de Tesla ya estaban en su lugar. Había conseguido patentes fundamentales sobre control remoto y comunicación sin hilos, había calculado el tipo de energía que necesitaba para alterar las condiciones eléctricas del planeta, había obtenido una considerable suma de capital de trabajo de uno de los hombres más ricos del mundo, había iniciado negociaciones serias con la Marina de Estados Unidos y, como triunfo social, se había mudado al Waldorf-Astoria. El incipiente empresario ideó un plan para comercializar sus osciladores y sus lámparas frías –bueno, podían esperar por ahora– y a continuación Tesla dio el siguiente paso audaz. Probaría sus teorías inalámbricas a gran escala.

El laboratorio de Houston Street era demasiado pequeño y vulnerable a incendios y posibles espías. Sin que mucha gente lo supiera, Tesla había explorado el país en busca de sitios potenciales para su nueva «estación experimental». George Scherff, su competente secretario, intentó que Tesla reconsiderara su decisión, se quedara en Nueva York y se dedicara a algo tangible, a algo que le diera un retorno inmediato, pero estaba hablando a oídos sordos. El destino empujaba a Tesla hacia el oeste.

---

40. «Lieut. Hobson's Career», *The New York Times*, p. 2:4 (5 de junio de 1898).

25
Colorado Springs (1899)

Nikola Tesla, el científico serbio, cuyos descubrimientos eléctricos no son de una nación, sino el orgullo del mundo, ha fijado su residencia en Colorado Springs [...]. En la avenida East Pike's Peak, con llanuras ilimitadas que se extienden hacia el este, y un panorama de imponentes montañas que se levantan al norte y al sur, hacia el oeste, Tesla ha hecho que se construyera una estación [sin hilos] para la investigación científica.

DESIRE STANTON, Colorado Springs, 1899[1]

Después de haber sido invitado a Colorado Springs para construir su laboratorio por el abogado de patentes de Westinghouse, Leonard E. Curtis, un viejo asesor y amigo durante los difíciles años de la «batalla de las corrientes», Tesla envió su equipo a principios de la primavera de 1899. Antes de dejar Nueva York y como golpe de gracia a su relación con T. C. Martin, Tesla se reunió con el editor competidor Charles W. Price de *Electrical Review* y el fotógrafo profesional Dickenson V. Alley para coreografiar una pieza espectacular en el laboratorio del mago. Cumplimentado con una rica descripción de sus experimentos y una sensacional serie de fotografías, el artículo se publicó en el número del 29 de marzo de 1899. Comenzando con un retrato de cuerpo entero del inventor sujetando una lámpara de vacío sin hilos del tamaño de una pelota de baloncesto que brillaba resplandecientemente, el artículo pasaba a describir la evolución de otros inventos, como su transformador de alta tensión, que dio como resultado la bobina transmisora espiral plana

---

1. Stanton, D.: «Nikola Tesla Experiments in the Mountains», *Mountain Sunshine*, pp. 33-34 (julio-agosto de 1899). El viaje de 1896 de Tesla a Colorado fue descubierto por James Corum mientras revisaba unos artículos en el Museo Tesla de Belgrado.

de Tesla. Este transmisor de dos metros y medio, «fácilmente reconocible por su aspecto de telaraña», fue el primero que permitió al inventor generar de manera eficiente dos vibraciones individualizadas, o circuitos sintonizados, simultáneamente y también producir muchos millones de voltios.[2] Otras imágenes mostraban al extravagante ingeniero haciendo pasar corrientes elevadas a través de su cuerpo para iluminar un abanico de tubos de vacío, como uno que hizo girar alrededor de su cabeza en una fotografía de exposición múltiple. Con una mano que parecía arrancar una varilla refulgente en medio de una galaxia espiral de luz borrosa y la otra agarrando una bobina circular chisporroteante de alta tensión, «el cuerpo del operador estaba cargado a un gran potencial».[3]

Tesla llegó a Colorado Springs el 18 de mayo de 1899, después de hacer escala en Chicago para exhibir su teleautómata en el Commercial Club, una sociedad eléctrica local. Situado en la misma puerta de entrada a las Montañas Rocosas, en el margen de una llanura que se extendía centenares de kilómetros, Colorado resultaba una excelente opción no sólo para estudiar la energía sin hilos generada por su transmisor, sino también para estudiar un fenómeno común en la región: las tormentas eléctricas.

Cuando salió de la estación después de un viaje de una semana, el inventor fue recibido por Curtis y algunos dignatarios. Un carruaje de caballos lo llevó a su hotel, el Alta Vista, donde se alojó en la habitación 207.[4] Al igual que la casa de su infancia en Smiljan, la ciudad estaba situada al pie de una imponente cadena de montañas. Las Montañas Rocosas surgían tan repentinamente que parecía casi como si todavía se estuvieran formando. En un día despejado, la vista se extendía prácticamente hasta Wyoming al norte y Nuevo México al sur, y era común presenciar tormentas eléctricas a lo lejos mientras se estaba de pie bajo el sol.

Con la esperanza de ser el «Pequeño Londres» de Occidente, la gente de «The Springs» dio la bienvenida al gran inventor honrándolo con un

---

2. Litigio Nikola Tesla vs. Reginald A. Fessenden (5 de agosto de 1902) [BBUC].

3. Tesla, N.: «Some Experiments in Tesla's Laboratory with Currents of High Potential and High Frequency», *Electrical Review*, pp. 193-197, 204 (29 de marzo de 1899).

4. Hunt, I. *et al.*: *Lightning in His Hands: The Life Story of Nikola Tesla*. Omni Publications, Hawthorne, California, 1964. p. 110.

banquete, patrocinado por Curtis, en El Paso Club. Bien conocido en toda la región porque su sistema de transmisión de energía corriente alterna había sido adoptado en las minas de plomo, plata y oro en lugares como Telluride y Cripple Creek, Tesla fue felizmente recibido por la gente de la alta sociedad, los funcionarios de la ciudad y el gobernador.[5] Unos días después llegó a la ciudad otro notable: el comodoro Schley, recién llegado de su victoria en la Bahía de Santiago.[6] La ciudad entera celebró la visita del héroe.[7] Sin duda, Tesla tenía fácil acceso al comodoro y probablemente comentaron el uso potencial de su teleautómata como arma para ayudar a abolir la guerra.

Como parte del acuerdo de Tesla, con la garantía de Curtis, El Paso Electric Company proporcionó a Tesla energía eléctrica gratuita para apoyar la investigación. Le presentaron el contratista local Joseph Dozier para discutir la construcción del laboratorio. Bajaron por Pike's Peak Avenue hasta lo que ahora es la esquina de Coyote Street, cerca de Prospect Lake, para conocer el sitio. Al parecer, Dozier tenía una inclinación mística, por lo que las conversaciones derivaron a hablar de vida en otros planetas y formas inusuales de buscar oro en las colinas cercanas.[8]

El inventor había viajado al oeste por diversas razones, en particular su deseo de comprobar experimentalmente que podía transmitir luz, información y energía a grandes distancias mediante medios sin hilos. «Quería estar libre de las influencias perturbadoras de la ciudad que dificultan la sintonización de los circuitos», añadió el inventor.[9] Tesla se había embarcado en un plan gigante que presuponía la comprensión de

---

5. Ibíd.; Anderson, L. I. (ed.): *Nikola Tesla: On His Work with Alternating Currents and Their Application to Wireless Telegraphy, Telephony and Transmission of Power.* Sun Publishing, Denver, Colorado, 1992. p. 109.

6. El 3 de julio de 1898 las flotas de España y de Estados Unidos se enfrentaron en la batalla naval de Santiago de Cuba. Ante la inminente ocupación de Santiago de Cuba, el almirante Cervera recibió la orden de abandonar la bahía para evitar que la flota española cayera en manos enemigas. Sin embargo, todos los barcos cayeron bajo el fuego enemigo. El resultado fue abrumador: 343 españoles muertos y 1890 prisioneros, entre ellos el propio almirante Cervera, frente a sólo un marinero estadounidense muerto y dos heridos. *(N. del T.)*

7. Hunt, I. *et al.*: *Lightning in His Hands: The Life Story of Nikola Tesla.* Omni Publications, Hawthorne, California, 1964. p. 110.

8. Ibíd.

9. Litigio Nikola Tesla vs. Reginald A. Fessenden (5 de agosto de 1902) [BBUC].

una tecnología que desafía incluso la comprensión actual de los sistemas de distribución de energía. Los detalles del trabajo se mantuvieron en secreto y la ni siquiera reveló su intención de construir la estación hasta prácticamente el día de su partida.[10]

Desde el primer día de su llegada, anunció planes bastante optimistas, explicándole a la columnista local Mrs. Gilbert McClurg, esposa del secretario de la cámara de comercio, que escribía bajo el seudónimo de Desire Stanton:[11] «Con mi oscilador de telégrafo sin hilos, podría hablar con los habitantes del planeta Marte si supieran lo suficiente como para captar un mensaje [...], y hablaría con la gente de la Tierra, a cualquier distancia, sin la ayuda de cables».[12]

Existía la idea popular, e incluso la especulación astronómica, de que había otros planetas habitados y que se podía establecer contacto con Marte. Cultivar grandes campos con flora plantada formando símbolos de diferentes colores o crear superficies reflectantes gigantes para emitir señales parpadeantes fueron otras dos propuestas que adoptaron algunos escritores en revistas técnicas y que recibieron cierta consideración. Con el magnífico telescopio de Percival Lowell ubicado en Flagstaff (Arizona), a sólo unos centenares de kilómetros de distancia, los informes sobre las actividades marcianas eran un tema de conversación común.

Con la llegada de Tesla, en palabras de Desire, «el día de la "energía vril" no está muy lejos».

«Iluminaría ciudades enteras y daría a simples máquinas todos los movimientos de la inteligencia –dijo Tesla–. Pero mi primer plan simplemente consiste en recopilar datos experimentales, montar instrumentos y registrar experimentos en diferentes niveles atmosféricos».

«El plan de Tesla para el cableado a través del Atlántico consiste en erigir dos estaciones terminales, una en Londres y otra en Nueva York, con los osciladores colocados en lo alto de torres altas, desde donde se comunicarán con grandes discos suspendidos en globos cautivos que flo-

---

10. Los dibujos relacionados con el diseño de la estación experimental de Colorado Springs se hicieron en 1896 y 1897. De la misma manera, mientras estaba en Colorado, Tesla también elaboró planes para su próximo transmisor, que se construyó en Long Island.

11. Hunt, I. *et al.*: *Lightning in His Hands: The Life Story of Nikola Tesla*. Omni Publications, Hawthorne, California, 1964. p. 108.

12. Ibíd.

tan a 1500 metros sobre el nivel del suelo para captar los estratos de aire enrarecido a través de los cuales las ondas eléctricas viajan más fácilmente. Estos rayos podrían enviar un mensaje instantáneamente desde el oscilador hasta el disco del globo cautivo y a través de los miles de kilómetros de espacio intermedio hasta el segundo disco [...].Tesla dice que está preparado para poner en funcionamiento su sistema sin hilos tan pronto como se puedan solucionar los detalles prácticos».[13]

Su plan era multifacético. Podría utilizar la ionosfera para actuar como un conducto o reflector de las ondas eléctricas;[14] podría utilizar los impulsos eléctricos intrínsecos de la propia Tierra, es decir, su pulso geomagnético como onda portadora, o podría transmitir energía de la manera inalámbrica más convencional «con un único circuito sintonizado en el extremo transmisor y receptor»[15] como había demostrado en sus conferencias públicas en Londres, París, Nueva York, Filadelfia y San Luis, es decir, utilizando un circuito sintonizado resonante, compuesto por un transmisor y un receptor, una conexión aérea y terrestre, o podría utilizar líneas de cobre convencionales.[16]

En Colorado Springs, a más de 1800 metros sobre el nivel del mar, uno de sus primeros experimentos implicó la transmisión de frecuencias muy altas a través de cables largos hasta terminales situados a tres kilómetros en el cielo.[17] Se encargaron globos llenos de helio de más de tres metros de largo a una «granja de globos» en Alemania dirigida por el profesor Meyers y se enviaron miles de metros de cable desde el laboratorio de Houston Street.[18]

Otros equipos incluían baterías, instrumentos receptores y de medición, interruptores, transformadores, bombas de vacío y docenas de ti-

13. Ibíd.
14. Según los conocimientos actuales, la ionosfera, o capa de Kennelly-Heaviside, no actúa como portadora de ondas eléctricas, como teorizó Tesla, sino como reflectora, lo que hace que la energía «rebote rápidamente de un lado para otro durante la transmisión a larga distancia», y así es como recorre toda la curva de la Tierra (Stanley Seifer, correspondencia privada, 1985).
15. Litigio Nikola Tesla vs. Reginald A. Fessenden (5 de agosto de 1902), p. 51 [BBUC].
16. Marinčić, A.: «Research on Nikola Tesla in Long Island Laboratory», *Tesla Journal*, n.º 6-7, pp. 25-28 (1989-1990).
17. Litigio Nikola Tesla vs. Reginald A. Fessenden (5 de agosto de 1902) [BBUC].
18. Nikola Tesla a George Scherff (22 de junio de 1899) [BC].

pos de tubos electrónicos especialmente preparados por un soplador de vidrio de Manhattan. Además, se enviaron sus enormes osciladores y sus gigantescas bobinas de Tesla, aunque no se envió su novedoso transmisor plano en espiral, que aparece tan destacadamente en las fotografías de 1898 de su laboratorio de Nueva York. Louis Uhlman, uno de sus ingenieros clave, fue puesto a cargo del equipo en Houston Street, con George Scherff como gerente comercial y enlace.

La estación experimental inalámbrica de Tesla era una gran estructura parecida a un granero de aproximadamente 18 metros de ancho y 1,5 de alto, con una antena de 60 metros de alto con una parte superior bulbosa cuya altura podía ajustarse a diferentes longitudes. Situado en la avenida Pike's Peak Avenue, a poca distancia del centro de la ciudad, el edificio estaba conectado mediante líneas de transmisión a la estación eléctrica de El Paso a sólo «unos pocos kilómetros de distancia». Desde su circuito, Tesla pudo «liberar, según necesidad, 100 caballos de potencia y más».[19] Custodiado por un cartel que avisaba del peligro, el laboratorio albergaba un transformador de alta frecuencia y una bobina de Tesla con un diámetro de 13 metros.[20] «Todos sus experimentos fueron cuidadosamente registrados» en su cuaderno privado de Colorado (que fue descubierto en la década de 1950 entre sus documentos en el Museo de Belgrado). Teorías, experimentos, observaciones personales puntuales y ecuaciones matemáticas muy técnicas llenaban las páginas.[21]

---

19. Litigio Nikola Tesla vs. Reginald A. Fessenden (5 de agosto de 1902), p. 26 [BBUC].

20. La bobina principal era un cable especialmente preparado que abarcaba el perímetro interior del edificio mismo, mientras que la secundaria era una bobina más pequeña con forma tubular situada en el centro de la estructura que rodeaba una torre de transmisión que se elevaba desde una columna de soporte como un único chapitel. Con un techo removible para aumentar el ajuste de la antena y una pequeña bombilla en su ápice, el transmisor podría extenderse a una longitud variable que podría alcanzar un máximo de 60 metros del suelo. Marinčić, A.: *Colorado Springs Notes, 1899-1900.* Nolit, Belgrado, 1978.

21. Debido a los extraordinarios poderes del imaginario eidético de Tesla, surgió un mito, perpetuado por O'Neill y la propia autobiografía de Tesla, que sugiere que el inventor elaboraba todos los diseños y cálculos únicamente en su mente. Por eso, los primeros conservadores del Museo Tesla mantuvieron en secreto el cuaderno de notas de Colorado, ya que no querían destruir esta imagen de las extraordinarias capacidades mentales del inventor. Según el Dr. Marinčić, que fue conservador del museo, «la aparición del cuaderno de Colorado mostraría que Tesla era humano y que cometió errores, etc». La postura de Marinčić era totalmente diferente. Él pen-

Tesla declaró que su motivo principal para desplazarse a Colorado «era producir un transformador resonante que fuera capaz de alterar el estado eléctrico [de una parte], si no de todo el planeta [...], lo que me permitiría transmitir inteligencia a grandes distancias sin cables».[22] En realidad, el plan era bastante simple; Tesla suponía que la Tierra tenía una frecuencia de resonancia y, por lo tanto, podía medirse y utilizarse como «una onda portadora gigantesca para distribuir energía eléctrica». Dado que toda la Tierra estaba en una relación armónica con su equipo, Tesla afirmó que no habría «disminución de la intensidad de los impulsos transmitidos. Incluso es posible hacer que las acciones aumenten con la distancia de la planta según una ley matemática exacta».[23]

Regulando la altura de la antena se podrían crear diferentes longitudes de onda que podrían medirse en términos de su relación armónica con las propiedades eléctricas naturales de la Tierra.

Unas semanas después, Tesla convocó a Fritz Lowenstein. Lowenstein, de apenas veinticinco años e inmigrante alemán recién llegado al país, llevaba sólo un mes trabajando para Tesla. Por lo tanto, surgió la duda sobre su capacidad ante el trabajo. Sin embargo, era, como dijo Tesla, «un hombre que poseía la más alta formación técnica»[24] y tal vez el más formalmente educado de su equipo.

En junio, Tesla experimentó con un teléfono sin hilos, aunque se desconoce si realmente transmitió palabras habladas.[25] Escribió a Astor al año siguiente: «No hay nada nuevo en llamar por teléfono sin hilos a una distancia de ocho o nueve kilómetros, ya que esto se ha hecho muchas veces [...]. En este sentido, he conseguido dos patentes».[26]

---

saba que cuanta más gente entendiera al verdadero Tesla, más se apreciarían sus logros. Fue por este motivo por el que Marinčić preparó el cuaderno que fue publicado por el museo en 1978.

22. Litigio Nikola Tesla vs. Reginald A. Fessenden (5 de agosto de 1902) [BBUC].

23. Tesla, N.: *My Inventions: The Autobiography of Nikola Tesla.* Hart Brothers, Williston, Vermont, 1982. p. 86. (Trad. cast.: *Mis inventos.* Ediciones Obelisco, Barcelona, 2022. p. 75.) Véase también Marinčić, A.: *Colorado Springs Notes, 1899–1900.* Nolit, Belgrado, 1978. p. 174: «Ahora era importante aumentar el factor de aumento...».

24. Litigio Nikola Tesla vs. Reginald A. Fessenden (5 de agosto de 1902), p. 30 [BBUC].

25. Marinčić, A.: *Colorado Springs Notes, 1899–1900.* Nolit, Belgrado, 1978. pp. 28, 34.

26. Nikola Tesla a John Jacob Astor (10 de septiembre de 1900) [MNT].

Se desconoce si Astor estaba totalmente al tanto del plan de Tesla de abandonar Nueva York para establecer una estación experimental en Colorado Springs. Astor había estado en Europa durante gran parte de las etapas de planificación del proyecto y regresó a Nueva York el 14 de junio. Ciertamente, Tesla notificó a Astor sus planes, pero este autor sospecha que el financiero no se enteró hasta que se consolidó su acuerdo comercial. Como Astor esperaba avances en los osciladores y la luz fría, probablemente tenía sentimientos encontrados cuando contactó a Scherff para verificar el progreso de Tesla.[27]

Los globos del profesor Meyer finalmente llegaron. «Sólo deberían inflarse unos dos tercios –advirtió Meyers–, ya que de lo contrario podrían explotar al alcanzar cierta altura».[28] «También ha incluido algunas cometas», escribió Scherff con el envío. Los globos se lanzaron en julio, «pero son demasiado pesados y no funcionan bien».[29] El plan, aunque factible, era engorroso, ya que habría tenido que transmitirse la energía a través de un cable largo, que sobrecargaba el globo (o cometa) de forma un tanto desordenada. Se necesitaban dispositivos colocados a cierta distancia para recibir la transmisión y luego enviarla por cables largos a los instrumentos en tierra. Por numerosas razones se abandonó esta línea de investigación.

El siguiente punto de la agenda era la medición de las propiedades eléctricas de la Tierra, el seguimiento de las tormentas eléctricas y la creación de oscilaciones electromagnéticas que estuvieran en una relación armónica con las corrientes terrestres.

Lo más importante para Tesla era el problema de la individualización de los mensajes y la protección de la privacidad. Por lo tanto, la mayoría de sus experimentos implicaban la combinación de dos o más frecuencias y la construcción de instrumentos receptores sintonizados con estas disposiciones específicas. «La característica principal de un sistema práctico de telégrafo sin hilos –dijo Tesla a Lowenstein es el secreto, la inmunidad y la selectividad del aparato oscilante y receptor». De este modo, el inventor se propuso crear un abanico de mecanismos para producir múltiples longitudes de onda. Mientras que Marconi y los demás utilizaban «oscilaciones pulsadas a frecuencias [hertzianas ineficientes]

---

27. George Scherff a Nikola Tesla (14 de junio de 1900) [BC].
28. George Scherff a Nikola Tesla (22 de junio de 1899) [BC].
29. Nikola Tesla a George Scherff (6 de junio de 1899) [BC].

muy altas, Tesla trabajaba con «oscilaciones continuas [no amortigua-das] en el rango bajo de HF [alta frecuencia]».[30]

—¿Entiendes lo que estamos ahora intentando conseguir?

—Sí, señor Tesla –respondió Lowenstein–, entiendo que en este invento los elementos del aparato receptor responden a los elementos del transmisor, y que sólo la coacción de la respuesta de todos estos elementos del aparato receptor hacer que el aparato registrador registre».

—Excelente.[31]

El 16 de junio, Tesla se propuso crear una conexión terrestre eficiente. Sus trabajadores recibieron instrucciones de cavar un hoyo de tres metros y medio de profundidad cerca de una tubería principal de agua, y allí se enterró una placa de cobre de seis metros cuadrados. «Se mantuvo el agua fluyendo constantemente sobre el suelo para humedecerlo y mejorar la conexión», pero la tierra seca y el problema de las formaciones rocosas impidieron la creación de un sistema completamente eficiente. Sin embargo, «los instrumentos receptores deliberadamente insensibles colocados a 60 metros del taller respondieron cuando se conectaron a tierra. La acción del dispositivo fue fuerte, aunque se concluyó que la resistencia de la Tierra seguía siendo demasiado grande».[32]

Para la siguiente serie de experimentos, Lowenstein estuvo a cargo del transmisor y Tesla se ocupó de sus numerosos receptores. «Yo mismo manejé el gran transmisor que enviaba dos vibraciones a través del suelo mediante dos circuitos secundarios separados [...]. Entonces, el Sr. Tesla entonces salía del edificio dejándome instrucciones para encender y apagar continuamente el oscilador en ciertos intervalos [...]. No sé hasta dónde llegó, pero cuando regresó por la tarde, es fácil hacerse una idea de hasta dónde pudo haber llegado el Sr. Tesla mientras yo me quedé junto al interruptor»,[33] recordó Lowenstein. En 1916, Tesla declaró que de vez en cuando llevaba a cabo experimentos a una distancia de hasta a quince kilómetros de la estación.

30. Marinčić, A.: *Colorado Springs Notes, 1899-1900.* Nolit, Belgrado, 1978. p. 15.

31. Litigio Nikola Tesla vs. Reginald A. Fessenden, testimonio de Lowenstein (5 de agosto de 1902), pp. 99-101, 106 [BBUC].

32. Marinčić, A.: *Colorado Springs Notes, 1899-1900.* Nolit, Belgrado, 1978. p. 37.

33. Litigio Nikola Tesla vs. Reginald A. Fessenden (5 de agosto de 1902), pp. 106-108 [BBUC].

En vísperas del 4 de julio, una de las tormentas eléctricas más espectaculares jamás registradas en la región sacudió Pikes Peak. «Observaciones realizadas anoche: No debían olvidarse fácilmente por más de una razón. En primer lugar, el extraordinario espectáculo de los relámpagos proporcionó una vista magnífica: se presenciaron no menos de 10 000 a 12 000 descargas en dos horas [...]. Algunas eran de un brillo maravilloso y mostraban a menudo diez o hasta el doble de ramas».[34]

Mientras seguía la tormenta con su sensible aparato receptor, Tesla notó que, aunque la tormenta se había perdido de vista, los instrumentos «comenzaron a funcionar periódicamente». Se trataba de una verificación experimental de las «ondas estacionarias», vibraciones electrónicas periódicas impresas en la propia Tierra. También se detectaron depresiones y puntos nodales. «Ahora es seguro que se pueden producir con un oscilador», escribió Tesla en su cuaderno, y luego añadió entre paréntesis: «Esto es de una importancia inmensa».[35]

Tesla escribió a su secretario ese mismo día: «Estimado señor Scherff, he recibido mensajes de las nubes a 160 kilómetros de distancia».[36] Y dos días después: «Ya casi hemos terminado todos los detalles; en realidad, mi trabajo va a comenzar en serio ahora mismo».[37]

34. Marinčić, A.: *Colorado Springs Notes, 1899-1900*. Nolit, Belgrado, 1978. p. 61.
35. Ibíd.
36. Nikola Tesla a George Scherff (4 de julio de 1899) [BC].
37. Nikola Tesla a George Scherff (6 de julio de 1899) [BC].

26
Contacto (1899)

Mi querido Luka:
  Todo el mundo me persigue desde que fui escogido por los
«marcianos» [...]. Mi amigo J. Collier me ha convencido para ha-
cer una breve declaración sobre el tema de la comunicación inter-
planetaria.
  Atentamente,

NIKOLA TESLA[1]

El cuaderno de Colorado es prácticamente un registro diario del trabajo de Tesla en ese período. En ninguna parte de las notas se puede encontrar un pasaje distintivo del momento crucial en el que recibió impulsos no identificados que llegó a atribuir a extraterrestres; sin embargo, el 8 de diciembre se refiere a este evento, escribiendo a su amigo y columnista Julian Hawthorne: «La técnica de transmitir energía eléctrica a través de los medios naturales hará tal vez posible que el hombre produzca maravillosos cambios y transformaciones en la superficie de nuestro globo como los que ahora están siendo provocados, según todas las pruebas, por seres inteligentes en un planeta vecino».[2]

Y apenas unas semanas más tarde, cuando todavía se encontraba en Colorado, Tesla, en un mensaje navideño a la Cruz Roja local «después de que me pidieran que indicara uno de los grandes logros posibles de los próximos cien años»,[3] escribió: «He observado acciones eléctricas que parecían inexplicables. Por débiles e inciertas que fueran, me han ofreci-

---

1. Nikola Tesla a Robert Underwood Johnson (25 de enero de 1901) [BBUC].
2. Nikola Tesla a Julian Hawthorne (8 de diciembre de 1899), en Marinčić, A.: *Colorado Springs Notes, 1899-1900.* Nolit, Belgrado, 1978. p. 314.
3. Tesla, N.: «Talking with the Planets», *Current Literature*, p. 360 (marzo de 1901).

do una profunda convicción y un conocimiento previo de que, dentro de poco, todos los seres humanos de este planeta, como uno, girarán sus ojos al firmamento, con sentimientos de amor y reverencia, emocionados por la buena noticia: "¡Hermanos! Tenemos un mensaje de otro mundo, desconocido y remoto. Dice: uno... dos... tres"».

A lo largo de julio, estuvo monitoreando cuidadosamente la actividad eléctrica de la Tierra, verificando que tuviera un pulso geomagnético específico y los armónicos de ese pulso. El día veintiocho, trabajó para aumentar la sensibilidad de sus receptores «amplificando los efectos de las perturbaciones débiles». El inventor había ajustado su equipo con tanto cuidado que «en un caso, los dispositivos registraron los efectos de las descargas de rayos a una distancia de 800 kilómetros, a juzgar por la acción periódica de las descargas a medida que la tormenta se alejaba».[4] Por lo tanto, razonó, no tenía que probar las oscilaciones transmitidas instalando un receptor a ochenta, quinientos u ochocientos kilómetros de distancia, ya que estaba demostrando que esto se podía lograr simplemente monitoreando estas tormentas eléctricas distantes. Ésta fue una de las formas en que racionalizó su decisión de no realizar experimentos a larga distancia; tenía constancia de que funcionarían.[5] Tres días después, el 1 de agosto, el inventor dejó de escribir su creciente archivo de ecuaciones complejas para componer un discurso de cuatro mil palabras sobre la atmósfera y el clima. En estos pasajes, describe el «poder desconcertante de la luz de la luna» para tomar fotografías nocturnas, el «asombroso brillo de las estrellas», magníficas puestas de sol y estrellas fugaces, la peculiar capacidad de las voces para viajar varios kilómetros desde el centro de la ciudad hasta su laboratorio, los «curiosos fenómenos de la rápida formación y desaparición de las formaciones de nubes», y las numerosas formas inusuales que aparecían en ellas.

«Los días eran despejados, con suficientes nubes en el cielo para romper la monotonía del azul –escribió–. No es de extrañar que gente con mala salud se encuentre bien aquí [...]. Pronto supe que había miles de tuberculosos en el lugar y concluí que si bien este clima es ciertamente

---

4. Marinčić, A.: *Colorado Springs Notes, 1899-1900.* Nolit, Belgrado, 1978. pp. 109-110.

5. Litigio Nikola Tesla vs. Reginald A. Fessenden (5 de agosto de 1902), pp. 106-108 [BBUC].

saludable y vigorizante en un grado maravilloso, aquí sólo deberían venir dos tipos de personas: las que tienen tuberculosis y las que quieren cogerla…». Volviendo a ponerse en modo científico, finalizó el ensayo con la siguiente frase: «Pero lo más interesante de todo son las observaciones eléctricas que se describirán a continuación».[6]

Parece probable que este repentino estallido de ensoñación poética pueda atribuirse al momento místico que había vivido tres noches antes cuando se encontraba solo en el laboratorio monitoreando su equipo.

Este acontecimiento, que, como hemos visto, alteraría su destino de muchas maneras, no surgió de la nada. Tesla llevaba casi una década planeando establecer contacto.

Hablando con los planetas

Nikola Tesla

La idea de comunicarse con los habitantes de otros mundos es antigua. Pero durante siglos se ha considerado meramente como el sueño de un poeta, para siempre irrealizable.

[…]

Cuando estaba mejorando mis máquinas para la producción de intensas acciones eléctricas, también estaba perfeccionando los medios para observar esfuerzos débiles. Uno de los resultados más interesantes, y también uno de gran importancia práctica, fue el desarrollo de ciertas artimañas para indicar a una distancia de muchos cientos de kilómetros una tormenta que se acerca, su dirección, velocidad y distancia recorrida. Es probable que estos artefactos sean valiosos en futuras observaciones meteorológicas y topográficas, y se conducirán particularmente a muchos usos navales.

Había perfeccionado el aparato referido hasta el momento que desde mi laboratorio en las montañas de Colorado podía sentir el pulso del globo, ya que estaba notando cada cambio eléctrico que ocurría en un radio de 1800 kilómetros.

Nunca podré olvidar las primeras sensaciones que experimenté cuando caí en la cuenta de que había observado algo posiblemente de consecuencias incalculables para la humanidad. Me sentí como si

---

6. Marinčić, A.: *Colorado Springs Notes, 1899-1900.* Nolit, Belgrado, 1978. pp. 127-133.

estuviera presente en el nacimiento de un nuevo conocimiento o la revelación de una gran verdad. Incluso ahora, a veces puedo recordar vívidamente el incidente y ver mi aparato como si realmente estuviera frente a mí. Mis primeras observaciones me aterrorizaron positivamente, ya que en ellas había algo misterioso, por no decir sobrenatural, y estaba solo en mi laboratorio por la noche, pero en ese momento la idea de que estas perturbaciones eran señales inteligentemente controladas todavía no se presentaba. Los cambios que noté se estaban llevando a cabo periódicamente y con una sugerencia tan clara de los números y el orden de que no se podían rastrear a ninguna causa conocida por mí. Estaba familiarizado, por supuesto, con las perturbaciones eléctricas producidas por el Sol, la aurora boreal y las corrientes de la Tierra, y estaba tan seguro como podía de que estas variaciones no se debían a ninguna de estas causas. La naturaleza de mis experimentos impidió la posibilidad de que los cambios fueran producidos por perturbaciones atmosféricas, como algunos afirmaron precipitadamente. Transcurrió un momento después cuando me vino a la mente el pensamiento de que las perturbaciones que había observado podrían deberse a un control inteligente. Aunque no pude descifrar su significado, me fue imposible pensar que habían sido completamente accidentales. Me invade constantemente la sensación de haber sido el primero en escuchar el saludo de un planeta a otro.[7]

Como admite el inventor, la noche en que recibió las señales no las atribuyó a extraterrestres. Lo más probable es que al principio pensara que se trataba de oscilaciones periódicas derivadas de las tormentas que estaba monitoreando. Unos días más tarde, empezó a darse cuenta de que el carácter metrónomo de los ritmos no se correlacionaba con la suposición de que estuvieran relacionados con las descargas de rayos. El artículo también especulaba que podrían haber procedido de Venus o Marte. Dos décadas después, en 1921, Tesla escribió:

---

7. Tesla, N.: «Talking with the Planets», *Collier's*, pp. 405-406 (9 de febrero de 1901); *Current Literature*, pp. 429-431 (marzo de 1901).

Otros pueden burlarse de esta sugerencia de comunicarnos con uno de nuestros vecinos celestiales, como Marte [...] o tratarlo como una broma pesada, pero he sido muy serio al respecto desde que hice mis primeras observaciones en Colorado Springs.

En aquella época, aparte de la mía, no existía otra planta de radio que pudiera producir una perturbación perceptible en un radio superior a unos pocos kilómetros. Además, las condiciones en las que operaba eran ideales y estaba bien capacitado para el trabajo. El carácter de las perturbaciones registradas excluía la posibilidad de que fueran de origen terrestre, y también eliminé la influencia del Sol, la Luna y Venus. Como anuncié entonces, las señales consistían en una repetición regular de números, y un estudio posterior me convenció de que debían haber salido de Marte, ya que entonces el planeta se encontraba cerca de la Tierra.[8]

Se pueden observar ligeras modificaciones con respecto al artículo original y a la carta a la Cruz Roja. En el artículo de 1901, Tesla no señala a Marte como la única fuente posible de impulsos. También se mencionan Venus u otros planetas. En el artículo de 1921 dice que Venus había sido descartado. Esto tuvo que suceder más de dos años después del acontecimiento, es decir, cierto tiempo *después* del artículo de 1901 que todavía incluía a Venus como una posibilidad. «Tras una reflexión y un estudio maduros», el propio Tesla fecha su «conclusión positiva de que deben haber emanado de Marte» en el año 1907.[9] En la carta de la Cruz Roja y en el artículo de 1901, Tesla es muy específico al mencionar tres golpes. En el artículo de 1921 se oscurece el número de golpes. Julian Hawthorne, que había escrito a Tesla cuando éste se encontraba en Colorado Springs y que se reunió con él en Nueva York a su regreso, también se refiere a «tres golpecitos de hadas». Asimismo, Tesla cambia los hechos con respecto a los operadores sin hilos rivales. Mientras permanecía en Colorado, recibió varias cartas de George Scherff sobre sus rivales. Por ejemplo, el 1 de agosto de 1899:

8. Tesla, N.: «Interplanetary Communication», *Electrical World*, p. 620 (24 de septiembre de 1921).

9. Tesla, N.: «Signalling to Mars», *Harvard Illustrated* (marzo de 1907), en Ratzlaff, J. T. (ed.): *Tesla Said*. Tesla Book Co., Milbrae, California, 1984. pp. 92-93.

Querido Sr. Tesla:

El Sr. Clark, el experimentador de la telegrafía sin hilos, llamó esta mañana en busca de un oscilador potente o información sobre cómo construir uno.[10]

En agosto y septiembre de 1899, Scherff continuó informando a Tesla sobre Clark, que podía enviar mensajes a cinco kilómetros, consiguiendo así empleo en un periódico de Nueva York para informar sobre regatas de yates. En esa misma época, otros operadores sin hilos eran el profesor D'Azar en Roma, el profesor Marble en Connecticut y al Dr. Riccia en Francia.[11] Y, por supuesto, estaba Guglielmo Marconi, quien captó la imaginación de los medios durante las carreras de la Copa América ese otoño. Aunque Scherff escribió: «El *The New York Times* sigue promocionando a Marconi»,[12] Tesla le respondió con confianza, el 22 de septiembre de 1899: «No te preocupes por mí. Voy un siglo por delante de los demás».[13]

Tesla, como uno de los numerosos seguidores de la creencia de fantasía grupal de que Marte estaba habitado, asumió que los impulsos provenían de allí. En 1899 le resultaba francamente inconcebible poder interceptar el mensaje de un competidor. Sin embargo, el quid de la cuestión es que Marconi estuvo transmitiendo mensajes a centenares de kilómetros a través de Europa y el Canal de la Mancha durante el verano de 1899 y utilizaba como señal la letra *S* en código morse (punto-punto-punto), que corresponde precisamente a los tres golpes que Tesla dijo que interceptó cuando se encontraba en Colorado.[14]

---

10. George Scherff a Nikola Tesla (1 de julio de 1899) [BC].

11. Artículos del *The New York Times* sobre operadores sin hilos: D'Azar (3 de septiembre de 1899, p. 17:7), Marble
(7 de noviembre de 1899, p. 1:3), Riccia (10 de septiembre de 1899, p. 10:4).

12. George Scherff a Nikola Tesla (2 de octubre de 1899) [BC].

13. Nikola Tesla a George Scherff (27 de septiembre de 1899) [BC].

14. El 28 de julio, en Marinčić, A.: *Colorado Springs Notes, 1899-1900* (Nolit, Belgrado, 1978), Tesla también utiliza la palabra «débil». Esta misma palabra aparece en el artículo de 1901 «Talking With the Planets». Véase también Seifer, M. J.: «Forty Years of the Handwriting of Nikola Tesla» (1979), artículo presentado ante la National Society for Graphology, en Nueva York; «The Belief in Life on Mars: A Turn-of-the-century Group Fantasy» (1984); *Nikola Tesla: Psychohistory of a Forgotten Inventor*. Saybrook Institute, San Francisco, 1986.

El 28 de julio, el mismo día en el que se supone que Tesla recibió las señales, Marconi estaba con el Almirantazgo británico y la Armada francesa en el Canal de la Mancha, haciendo una demostración de su aparato sin hilos entre barcos en simulacros de maniobras de batalla a distancias de cincuenta, noventa y ciento cuarenta kilómetros. «El 28 de julio, Marconi había inspeccionado el equipo del [barco] *Alexandra* en preparación para las hostilidades».[15] Lo más probable es que en ese momento transmitiera la letra *S* para ver si era captada por el otro buque de guerra. Si Tesla estuvo monitoreando su equipo a las doce de la noche, eran las ocho de la mañana en Inglaterra, por lo que los tiempos también se correlacionan.

Al principio, Tesla debió creer sinceramente que la fuente de los impulsos era extraterrestre, ya que lo afirmó claramente en una serie de artículos publicados.[16] Unos años más tarde, se hizo evidente la terrible verdad. Peor aún, Tesla pudo haber interceptado los impulsos de Marconi y haber quedado en ridículo al afirmar que procedían de inteligencias superiores. Marconi era un anatema para Tesla. En 1921, irónicamente, cuando Marconi apareció en los titulares intentando interceptar mensajes de planetas cercanos, Tesla escribió: «Naturalmente, yo estaba muy interesado en los recientes informes de que estas supuestas señales planetarias no eran más que interferencias de fondo de transmisores sin hilos. Estas perturbaciones que observé por primera vez entre 1906 y 1907 ocurrían de manera muy ocasional, pero posteriormente fueron aumentando en frecuencia. Cada transmisor emite mensajes de fondo, y éstos dan por interferencia pulsaciones largas, cuya longitud de onda oscila entre 80 y 480 y 640 kilómetros».[17]

---

15. Jolly, W.: *Marconi*. Stein & Day, Nueva York, 1972. pp. 65-66.

16. Biógrafos recientes, como Hunt y Draper, atribuyeron los impulsos a «ondas de radio provenientes de las estrellas» o a púlsares. El investigador de Tesla, el profesor James Corum, sugiere que pudo haber interceptado frecuencias pulsadas que emanaban de Júpiter o al «coro matinal», partículas cargadas que «salpican de un lado a otro entre los polos norte y sur a primeras horas de la mañana». Posibilidades adicionales incluyen otros fenómenos naturales asociados con las tormentas eléctricas o corrientes telúricas, equipos defectuosos o autoengaño.

17. Tesla, N.: «Interplanetary communication», *Electrical World*, p. 620 (9 de septiembre de 1921).

Esta afirmación apoya la hipótesis de que los impulsos de 1899 también provinieron de algún competidor. Además, Tesla sugiere el mecanismo real de su encuentro: un efecto de ruido de fondo; ¡y parece que desgraciadamente también proporcionó, a través de la piratería de Marconi, los mismos osciladores utilizados para transmitir las señales! Por lo tanto, el transmisor en alta mar en Inglaterra estaba sintonizado con el equipo receptor en Colorado. Casualmente, esta comprensión en 1906-1907 se produjo, como veremos, durante una época de gran tensión emocional. En lugar de afrontar la verdad, el místico serbio se aferró a una explicación sobrenatural.

El defensor más ferviente del escenario del espacio ultraterrestre fue sin duda el periodista Julian Hawthorne. Julian, hijo de Nathaniel Hawthorne, fue autor de una serie de elaborados tratados sobre la filosofía de Tesla, su trabajo de laboratorio, sus experimentos en comunicación interplanetaria y su lugar en la historia. Hawthorne asumió la causa extraterrestre de Tesla quizás porque se había involucrado en un espectacular duelo de artículos con su cuñado George Lathrop, quien escribió cuentos de ciencia ficción sobre Tom Edison luchando contra los invasores de Marte en el *New York Journal* de Arthur Brisbane.[18]

La competencia entre Edison y Tesla nunca disminuiría y continuó incluso en el ámbito de la ciencia ficción. Como muchas personas creativas, Edison tenía interés en lo oculto. Con Charles W. Batchelor había estudiado telepatía[19] y había trabajado con espiritistas en un «teléfono» para comunicarse con las almas de los difuntos. Edison estaba interesado en los viajes espaciales y las comunicaciones interplanetarias. Lathrop, que se había casado con la hermana de Julian, llevaba trabajando con Edison desde mediados de la década de 1890 coescribiendo una serie de artículos que se convirtieron en los precursores de los cuentos fantásticos modernos. En la novela de Lathrop *Edison's conquest of Mars*, cuando los guerreros del Planeta Rojo invadieron la Tierra, el Mago de Menlo Park «inventó un rayo desintegrador y Edison salió

---

18. Conot, R.: *A Streak of Luck: The Life and Legend of Thomas Alva Edison*. Bantam Books, Nueva York, 1980. pp. 344-346; Josephson, M.: *Edison: A Biography*. pp. 415-417. Josephson, M.: *Edison: A Biography*. McGraw-Hill, Nueva York, 1959. p. 178. (Trad. cast.: *Edison*. Plaza y Janés, Buenos Aires, 1962).

19. Documentos de Charles W. Batchelor [TAE].

al rescate del Universo».[20] El hijo de Nathaniel Hawthorne no se quedaría atrás.

¿Y CÓMO RESPONDERÁ TESLA A ESAS SEÑALES DE MARTE?

JULIAN HAWTHORNE

El otro día, al Sr. Tesla le sucedió la experiencia más trascendental que jamás haya tenido un ser humano en esta tierra: Tesla recibió en Colorado tres golpecitos mágicos, uno tras otro, a un intervalo fijo que viajaba a la velocidad de la luz. ¡De algún Tesla en el planeta Marte!

Entonces, ningún hombre reflexivo puede tener muchas dudas de que, por poco que seamos conscientes de ello, debemos haber estado sujetos durante siglos a la inspección directa de los hombres de Marte y de los planetas más antiguos. Nos visitan y nos observan año tras año, e informan en casa: «¡Aún no están preparados!». Pero finalmente nace un Tesla y los hombres de las estrellas están atentos a los acontecimientos. Posiblemente guíen su desarrollo; ¿quién puede saberlo?[21]

Quizás más que cualquier otro escritor, Hawthorne elevó a Tesla al orden de un Adonis interplanetario cuyo destino místico sobre la Tierra era dar a sus habitantes energía eléctrica, instrumentación e iluminación. Al respecto, hay que tener en cuenta la exagerada, pero elegante descripción que Hawthorne escribe al encontrarse con el mago: «De vez en cuando aparece un hombre que es a la vez científico y poeta que camina con los pies en el suelo, pero con la cabeza entre las estrellas. Los hombres de este tipo son raros [...]. Pitágoras fue uno de ellos; Newton tuvo que haber tenido una pizca de inspiración; en nuestros

20. Conot, R.: *A Streak of Luck: The Life and Legend of Thomas Alva Edison*. Bantam Books, Nueva York, 1980. pp. 344-346; Josephson, M.: *Edison: A Biography*. McGraw-Hill, Nueva York, 1959. pp. 415-417. Josephson, M.: *Edison: A Biography*. McGraw-Hill, Nueva York, 1959. p. 178. (Trad. cast.: *Edison*. Plaza y Janés, Buenos Aires, 1962).

21. Hawthorne, J.: «And How Will Tesla Respond to Those Signals From Mars?», *Philadelphia North American* (1901) [BBCA].

tiempos, Tesla es el hombre [...]. Nació en Herzogovina, de origen griego, una de las familias más antiguas de la zona. Creo que es un príncipe en casa».[22]

Hawthorne entrevistó a Tesla en el mismo artículo en el que el inventor reiteraba su hipótesis extraterrestre y su visión tecnológica del futuro, creando un mundo en el que la energía barata estaría a disposición de todos los habitantes del planeta y la humanidad podría empezar a ocupar el lugar que le corresponde en la jerarquía evolutiva. Y aunque Hawthorne intentó introducir algunas dudas sobre la realidad definitiva del encuentro extraterrestre, en una cuarta parte del tratado de cinco mil palabras, el escritor suavizó la crítica potencial al racionalizar que «las esperanzas que Tesla mantiene encarnan cosas que deberían ser verdad; que ampliarían y embellecerían inmensamente el mundo si fueran verdad...». Concluyendo con una pregunta retórica, Hawthorne escribió: «¿Y qué hay de conversar con Marte? Tesla hará aquello para lo que fue enviado aquí».

Con el apoyo de la oposición, facciones de la prensa también arremetieron vehementemente. Un crítico severo, bajo la firma de un misterioso Sr. X, advirtió a los «lectores inteligentes»: «Obviamente, el Sr. Tesla quiere aparecer en los periódicos. Todo el mundo estaría muy interesado si fuera cierto que se envían señales desde Marte. Por desgracia, no ha aportado ni una pizca de evidencia para probarlo [...]. Sus especulaciones sobre la ciencia son tan imprudentes que pierden interés. Su filosofar es tan ignorante que carece de valor».[23]

Mientras estaba en Colorado, Tesla negoció con funcionarios de la Marina de Estados Unidos y de la Comisión de Faros; llegaron a intercambiarse nueve cartas entre la primavera de 1899 y, a su regreso a Nueva York, el otoño de 1900.[24] El 11 de mayo, el contraalmirante Francis J. Higginson de la Marina de Estados Unidos le escribió a Tesla una carta que fue enviada a Colorado:

---

22. Ibíd.

23. «Mr. Tesla's Science», *Popular Science Monthly*, pp. 436-437 (febrero de 1901). Las citas de Tesla están sacadas de Tesla, N.: «The Problem of Increasing Human Energy», *Century* (junio de 1900).

24. Nikola Tesla a la Marina de Estados Unidos (16 de septiembre de 1916) [AN].

Querido señor:

Me gustaría preguntarle si no puede establecer un sistema de telegrafía sin hilos en el buque faro n.º 66, Nantucket Shoals (Massachussets), que se encuentra a unos cien kilómetros al sur de la isla Nantucket.[25]

Higginson declaró explícitamente: «La Comisión de Faros no tiene dinero [por lo que la financiación] tendrá que ser pagada por alguna fuente externa».

Tesla envió sus «humildes disculpas por una respuesta tardía», debido a un «resfriado severo», y terminó la nota con esta línea aparentemente inofensiva: «... también mi más sincera esperanza de no interponerme en el camino de algún otro experto más merecedor y capacitado para cumplir la tarea que yo mismo».[26]

La afirmación le parece extraña a este investigador. ¿Por qué Tesla escribiría que potencialmente estaba «interponiéndose en el camino de algún otro experto más merecedor» cuando sabía que se trataba de una afirmación completamente falsa? Ningún otro experto era más merecedor ni tenía más conocimientos que él. Además, sabía que era muy probable que otros expertos estuvieran pirateando su trabajo; entonces, ¿por qué incentivaría más esa actividad? Se trataba claramente de un elemento autocrítico y autodestructivo. Sea como fuere, la respuesta del comandante Perry, socio de Higginson, fue igualmente peculiar:

Oficina de la Comisión de Faros
Washington D.C., 16 de agosto de 1899
Sr. N. Tesla:
Estación Experimental,
Colorado Springs, Colorado

Sr.:

Al acusar recibo de su carta del 11 de agosto de 1899 por ciertas expresiones utilizadas en ella, la Comisión teme que pueda haber al-

25. Francis John Higginson a Nikola Tesla (11 de mayo de 1899) [AN].
26. Nikola Tesla a la Marina de Estados Unidos (11 de julio de 1899) [AN].

gún malentendido, por lo que para evitar que usted se meta en problemas de gastos, la Comisión desea decir que hasta el momento no ha tomado ninguna medida para proporcionar ningún aparato para utilizar la telegrafía sin hilos, ya que no dispone de información para tal fin […] .

Cuando se trate la cuestión de instalar aparatos para comunicarse con los buques faro, su gran nombre y fama en tales asuntos asegurarán una seria consideración hacia usted mismo.

Respetuosamente,

T. PERRY, comandante de la Marina de Estados Unidos

Aparentemente, el comandante Perry leyó en la carta de Tesla información que no salía en ella. El inventor no hablaba del reembolso, pero aprovechó la oportunidad en otra carta para reprender a Perry por su tacaña respuesta, y escribió el 20 de agosto de 1899, desde su «Estación Experimental» en Colorado Springs, a la Comisión de Faros, Washington D.C.:

Caballeros:

… En esta ocasión, permítame hacer uso de mi preciosa y adquirida prerrogativa como ciudadano de Estados Unidos, y expresar mi profundo asombro de que, en un país de tanta riqueza y líder en ilustración, un organismo tan importante como la Comisión de Faros, en lugar de contar con recursos ilimitados, se vea trivialmente obstaculizada y en una situación tan incómoda.

Muy sinceramente,

N. TESLA[27]

Aunque inteligente, la respuesta de Tesla fue miope, ya que los beneficios que se obtendrían al instalar aparatos sin hilos en este buque superarían claramente cualquier pérdida a corto plazo. El equipo habría sido mucho más avanzado que el de Marconi, la prensa y el público verían, sin duda,

---

27. Nikola Tesla a la Marina de Estados Unidos (20 de agosto de 1899) [AN].

la superioridad de Tesla, y otras ramas de la Marina y de las fuerzas armadas habrían firmado contratos con el inventor. Además, habría sido la primera demostración pública de Tesla de la telegrafía sin hilos de larga distancia. Desafortunadamente, a lo largo de la larga carrera de Tesla, nunca demostró esta capacidad a nadie más que a él mismo.

De todos modos, la carta de Tesla no acabó con sus posibilidades con la Comisión de Faros. El 14 de septiembre, el comandante Perry respondió ofreciendo el contrato a Tesla porque la Marina «prefería adjudicar talento local» antes que a Marconi.[28]

Era la oportunidad de su vida. Ciertamente era comprensible que Tesla necesitara pasar en Colorado el otoño. Regresaría a Nueva York la primera semana de enero de 1900. El experimento de Colorado había sido una empresa costosa y el inventor había cogido velocidad, avanzando hacia la gran conclusión, es decir, su deseo de enviar impulsos a todo el mundo. Perry quería actuar «rápidamente». Pero pedirle que se retrasara noventa días no habría sido una petición descabellada. Sin embargo, desde el punto de vista emocional, Perry había dicho algo equivocado. Había mencionado el nombre de Signor Marconi.

Caballeros:

Por mucho que yo valore sus ofrecimientos, me veo obligado a decir, para ser justo conmigo mismo, que nunca aceptaría una preferencia por ningún motivo, excepto el mérito de mi propio trabajo, y más en este caso, ya que estaría compitiendo contra algunos de los que siguen mi camino, y como cualquier ventaja pecuniaria que pueda obtener aprovechándome de este privilegio, me resulta un asunto de la más absoluta indiferencia para mí.

Pero como usted tiene razones por su preferencia, permítame decirle que hace unos años establecí ciertos principios novedosos sobre la «telegrafía sin hilos» que desde entonces he ido perfeccionando.

Tesla pasó a describir las siete características de su sistema: 1) un oscilador, 2) un circuito de tierra y uno elevado, 3) un transmisor, 4) un receptor resonante, 5) un transformador «que los científicos me han honrado identificándolo con mi nombre» (bobina de Tesla), 6) una potente bobi-

---

28. Marina de Estados Unidos a Nikola Tesla (14 de septiembre de 1899) [AN].

na conductora y 7) un transformador en el aparato receptor. Habiendo «leído detenidamente todos los informes de los experimentadores más exitosos a medida que iban apareciendo», Tesla descubrió que «todos ellos están utilizando, con cuidado religioso, estos dispositivos y principios, sin la más mínima desviación, incluso en detalles menores». Terminaba la carta ofreciendo una vez más sus servicios, pero solicitando que la Marina comprara una docena de transmisores, con la advertencia de que

> … al final, uno puede ser acusado de establecer precios escandalosos. Es más que probable que mi aparato cueste más que el que ofrecen otros, ya que yo mismo cuido cada detalle.
>
> Agradeciéndole sus buenas intenciones,
> Muy respetuosamente suyo,
>
> N. Tesla[29]

La Marina nunca respondió a esta carta. Un año después, el 4 de octubre de 1900, Tesla le escribió al contraalmirante Higginson. Cuatro días después, el almirante respondió: «Será necesario, antes de pedir dinero al Congreso para llevar a cabo este trabajo, tener más estimaciones de costes».

El estilo de Tesla al escribir a la Marina era particularmente irritante y estaba lleno de contradicciones. Afirma ser «absolutamente indiferente» a conseguir una «ventaja pecuniaria» y, en cambio, le dice al comandante Perry que el coste podría llegar a parecer «escandaloso». En las etapas iniciales de una industria completamente nueva, en lugar de construir uno o dos prototipos para mostrarlos ante el Gobierno, Tesla insiste en realizar un pedido considerable. En una de sus primeras cartas afirma que no quiere interponerse en el camino de ningún competidor; en otro afirma que no sabía que había otros competidores. En un pasaje acusa a todos sus competidores de piratería (lo que probablemente era cierto) y en otro les desea «mucho éxito». Su posición era, cuanto menos, incongruente y sirvió para hundir su propia causa. Éste resultaría ser uno de los errores más importantes de su carrera.

---

29. Nikola Tesla a la Marina de Estados Unidos (27 de septiembre de 1899) [AN].

27

El emisario de Thor (1899)

El problema se volvió extremadamente difícil debido a las inmensas dimensiones del planeta [...]. Pero mediante mejoras graduales y continuas de un generador de oscilaciones eléctricas [...], finalmente, logré alcanzar índices de liberación de energía eléctrica que realmente superan los de las descargas de rayos [...]. Mediante el uso de un generador de ondas estacionarias así y aparatos receptores debidamente colocados y ajustados en cualquier otra localidad, por remota que sea, es posible transmitir señales inteligibles, o controlar o accionar a voluntad cualquier aparato para muchos otros propósitos importantes y valiosos.

NIKOLA TESLA[1]

Tesla se desplazó a Colorado en parte por motivos de discreción. Sus importantes osciladores de transmisión y su diseño general ya habían sido pirateados, y pronto se vería involucrado en un abanico de batallas prioritarias. Si analizamos el proyecto de Colorado desde el punto de vista técnico, el inventor se encontraba en un terreno virgen y necesitaba experimentar para determinar un plan viable para distribuir luz, información y energía de forma inalámbrica. La medición de las ondas estacionarias de las tormentas eléctricas durante todo el mes de julio confirmó lo que sospechaba: que la Tierra tenía una frecuencia de resonancia y, por lo tanto, podía utilizarse como onda portadora para transmitir sus señales.

Las cartas entre Scherff y Tesla continuaron casi a diario durante todo el verano. En agosto, Tesla recibió una «invitación para asistir al banque-

---

1. Tesla, N.: «Tesla's reply to Edison», *English Mechanic and World Science*, p. 515 (14 de julio de 1905), en Ratzlaff, J. T. (ed.): *Tesla Said*. Tesla Book Co., Milbrae, California, 1984. pp. 88-89.

te en honor del aniversario del emperador Francisco José».[2] También le llegó correspondencia de Austria, la India, Australia y Escandinavia. «La última –escribió Scherff– es una propuesta para convertirte en agente o fabricante de tu nueva bombilla para Suecia, Noruega y Dinamarca».[3] Ante las numerosas consultas comerciales, Tesla escribió: «Diles que me encuentro en una expedición científica y que regresaré dentro de unas semanas».[4] También hubo correspondencia con William Rankine, E. D. Adams, Coaney (un accionista) y Alfred Brown.

Le enviaban facturas y el inventor, a su vez, enviaba periódicamente fondos para cubrir estos gastos. Los salarios de los trabajadores rondaban los 90 dólares por período de pago. El laboratorio de Nueva York, a su vez, preparó nuevos equipos para enviarlos al oeste, mientras Scherff continuaba enviando detalles sobre su construcción.

6 de septiembre de 1899

Querido Sr. Scherff:

¿Puedes escribir sobre algo más interesante que la bomba? Pasan muchas cosas en una gran ciudad. Intenta que tu correspondencia resulte más interesante [por ejemplo, enviando] recortes de prensa.

Atentamente,

N. Tesla[5]

Como era su costumbre, el inventor vivía en el futuro y le escribió a Scherff a finales de agosto diciéndole que esperaba regresar a Nueva York en unas semanas. Serían más bien cuatro meses. Al mismo tiempo, Lowenstein pidió permiso para despedirse, ya que quería regresar a Alemania por algún asunto familiar. Tesla tenía miedo de que pudiera ser un

2. George Scherff a Nikola Tesla (3 de agosto de 1899) [BC].
3. Nikola Tesla a George Scherff (6 de noviembre de 1899) [BC].
4. Ratzlaff J. et al. (eds.): *Dr. Nikola Tesla: I, English/Serbo-Croatian Diary Comparisons, II, Serbo-Croatian Diary Commentary, III, Tesla/Scherff Colorado Springs Correspondence, 1899-1900.* Tesla Book Co., Millbrae, California, 1979. p. 73.
5. Nikola Tesla a George Scherff (6 de septiembre de 1899) [BC].

espía industrial, pero en realidad sólo volvía a casa para casarse. Llamaron a Coleman Czito para sustituirlo.

«Czito acaba de llegar –escribió Tesla–, y me alegro de volver a ver una cara familiar. Parece un poco demasiado gordo para el trabajo que espero de él».[6] Llegó justo a tiempo para participar en algunas de los experimentos eléctricos más espectaculares jamás llevados a cabo. Czito, un compañero cordial y digno de confianza, permaneció a disposición de Tesla hasta que fue un anciano. En ese momento, ya había preparado a su hijo Julius para que asumiera el mando. Finalmente, Julius acabaría ayudando a Tesla en algunos de sus experimentos más clandestinos entre la Tierra y la Luna, así como en sus responsabilidades cotidianas.[7]

A lo largo de septiembre, Tesla diseñó una gran cantidad de tubos eléctricos para que los fabricara su soplador de vidrio en Nueva York y para que Scherff se los enviara, mientras continuaba documentando su trabajo con un fotógrafo local. La energía eléctrica generada superó los tres millones de voltios. Tesla informó: «Provoqué chispas de 2,5 centímetros entre mi cuerpo y un tubo de hierro enterrado en el suelo a unos treinta metros del laboratorio».[8]

El día 29, se enviaron por correo fotografías de un *time-lapse* a John Jacob Astor, el rey de las refinerías de azúcar; a H. D. Havemeyer, a su esposa y a su hija, E. F. Winslow; a Stanford White; a la celebridad Mary Mapes Dodge, y a los Johnson. También se enviaron copias a lord Kelvin, sir William Crookes, sir James Dewar, William Roentgen, Philip Lenard y a Adolph Slaby.[9] «Revisadlas cuidadosamente antes de entregarlas», ordenó el inventor a su enlace, «y no dejéis que los trabajadores, aparte de ti y el Sr. Ulman, las vean».[10]

6. Nikola Tesla a George Scherff (22 de septiembre de 1899), en Ratzlaff J. *et al.* (eds.): *Dr. Nikola Tesla: I, English/Serbo-Croatian Diary Comparisons, II, Serbo-Croatian Diary Commentary, III, Tesla/Scherff Colorado Springs Correspondence, 1899-1900.* Tesla Book Co., Millbrae, California, 1979.

7. Nancy Czito, entrevista personal (Día de la Conmemoración del Inventor, noviembre de 1983, Washington D.C.).

8. Ratzlaff, J. T. (ed.): *Tesla Said.* Tesla Book Co., Milbrae, California, 1984. p. 216.

9. Anderson, L. I.: «John Stone on Nikola Tesla's Priority in Radio and Continuous-Wave Radiofrequency Apparatus», *Antique Wireless Association Review*, p. 1:1 (1986).

10. Nikola Tesla a George Scherff (29 de octubre de 1899) [BC].

A lo largo del otoño, el inventor continuó modificando la altura de la bola en la parte superior de la antena para medir el cambio en la capacidad y la relación con las longitudes de onda generadas con el fin de sintonizar el equipo a la frecuencia de la Tierra y «poner el oscilador en resonancia con el circuito».[11] Hecha de madera, la bola estaba recubierta de metal. También estudió el extraño fenómeno de las bolas de fuego, que, cuando se crean por medios naturales, pueden parecer estepicursores[12] de luz que pueden rodar por una calle y estrellarse contra un árbol o una casa. Rara vez se ven, aunque hay observaciones documentadas. A pesar de que el propio Tesla no había presenciado ninguna bola de fuego natural, pudo crear otras más pequeñas en su laboratorio. «A veces parecía [sic] como si se formara una bola sobre la bobina, pero esto puede haber sido sólo un efecto óptico provocado por muchas chispas que salían de varios puntos en diferentes direcciones. En otras ocasiones, se formaba un gran grupo y saltaban irregularmente en todas las direcciones».[13] «Las producía bastante por accidente y los veía, más de una vez, explotar y destrozar su mástil y también destruir aparatos dentro de su laboratorio. La acción destructiva que acompaña a la desintegración de una bola de fuego —afirmó— se produce con una violencia inconcebible».[14]

En una ocasión, llevó los experimentos demasiado lejos y se inició un incendio. Atrapado por chispas que lo podrían mutilar o matar, el inventor tuvo que rodar hasta un lugar seguro para salvar su vida. Le escribió a Johnson: «He tenido experiencias maravillosas aquí, entre otras cosas, he domesticado a un gato salvaje y no soy más que una masa de rasguños sangrantes. Pero en los rasguños, Luka, hay una mente. UNA MENTE».[15]

Unas semanas más tarde, con un fotógrafo presente, Tesla prendió fuego al techo, pero pudo extinguirlo antes de que se produjeran grandes

11. Marinčić, A.: *Colorado Springs Notes, 1899-1900.* Tesla Book Co., Millbrae, California, 1979. p. 421.

12. Parte aérea de una serie de especies de plantas que, una vez secas, se desprende del tallo o de la raíz y rueda por la fuerza del viento. *(N. del T.)*

13. Marinčić, A.: *Colorado Springs Notes, 1899-1900.* Tesla Book Co., Millbrae, California, 1979. p. 111.

14. O'Neill, J.: «Tesla Tries to Prevent World War II» (capítulo originalmente no publicado de la biografía de Tesla), *Tesla Coil Builders Association,* pp. 13-14 (julio-agosto de 1988).

15. Nikola Tesla a Robert Underwood Johnson (1 de octubre de 1899) [BBUC].

daños. «La demostración ha sido maravillosa a pesar de esto»,[16] escribió en su diario.

Después de estudiar los fenómenos, Tesla atribuyó la generación de bolas de fuego a «la interacción de dos frecuencias, una onda dispersa de mayor frecuencia que se impone sobre la oscilación libre de menor frecuencia del circuito principal». También podrían producirse cuando «cargas dispersas de alta frecuencia de corrientes terrestres aleatorias» interactuaban con cargas de su oscilador.[17]

La semana siguiente, elevó la bola a una altura de 43 metros y comenzó a «propagar ondas por el suelo».[18]

En cuanto a la acción de las ondas eléctricas o de radio a distancia, sé por experiencia que, si no se toman las precauciones adecuadas, los transmisores sin hilos pueden provocar incendios y explosiones de todo tipo. En mis experimentos en Colorado, cuando la planta estaba fuertemente excitada, los pararrayos situados en veinte kilómetros a la redonda estaban puenteados por arcos continuos, mucho más intensos y persistentes que los que solían formarse durante una tormenta eléctrica. He excitado mallas (antenas de bobina) y he encendido bombillas incandescentes a considerable distancia del laboratorio sin tan siquiera utilizar más del cinco o el diez por ciento de la capacidad del transmisor. Cuando se excitaba el oscilador a unos cuatro millones de voltios y se sostenía en la mano una bombilla incandescente a unos *quince o veinte metros* del laboratorio [énfasis añadido], el filamento a

16. Marinčić, A.: *Colorado Springs Notes, 1899-1900*. Tesla Book Co., Millbrae, California, 1979. p. 228.

17. O'Neill, J.: «Tesla Tries to Prevent World War II», p. 14. Este trabajo ha sido replicado por el profesor James Corum colocando dos bobinas cerca la una de la otra, una con una frecuencia baja (90 KH) y la otra con una frecuencia alta (200 KH). Al excitar ambas bobinas, a veces aparecen pequeñas bolas de fuego. Poner una «huella digital de carbono» en una de las bobinas también ayuda a acelerar el proceso. En este último caso, es posible que, cuando se electrifican, las micropartículas de carbono atraigan cargas adicionales. Robert Golka, otro investigador de Tesla, también provocó bolas de fuego. Sugiere que en el proceso puede estar involucrado el movimiento de rotación de una capa límite de cargas. Corum, J.: «Cavity Resonator Developments», conferencia ante la Sociedad Internacional Tesla, Colorado Springs, agosto de 1990.

18. Marinčić, A.: *Colorado Springs Notes, 1899-1900*. Tesla Book Co., Millbrae, California, 1979. p. 228.

menudo se rompía por la vibración generada, lo que daba una idea de la magnitud de las fuerzas electromotrices generadas en el espacio.[19]

Tesla había calculado que la Tierra pulsaba a frecuencias variables, especialmente a doce ciclos por segundo.[20] Con sus bobinas enrolladas con trozos de alambre en relaciones armónicas con las longitudes de onda requeridas para «rodear el globo», escribió en su diario, la longitud de la bobina se calculó basándose en la ecuación:

$$\text{longitud de onda}/4 = \text{armónico de la longitud de onda total}$$
$$\text{(o) longitud requerida de la bobina}$$

Teniendo en cuenta la velocidad de la luz (300 000 kilómetros por segundo) y la circunferencia de la Tierra, determinó que las bobinas tendrían que medir «aproximadamente» un kilómetro de longitud, o algún armónico de esta cifra, para estar en una frecuencia de resonancia terrestre.[21] Otros componentes incluían el grosor del cable en sí y los caballos de potencia generados. Incrementando la frecuencia entre pulsaciones, el inventor afirmó ser capaz de aumentar los caballos de potencia a unos pocos cientos de miles, aunque esta cantidad de energía producida duraría sólo una fracción de segundo.[22]

Un día de mediados de otoño, Czito llegó a trabajar y se encontró con que el inventor regaba vigorosamente el suelo alrededor de la placa de metal que había enterrado cerca del laboratorio.

19. Tesla, N.: «Can Radio Ignite Balloons?», *Electrical Experimenter*, pp. 516, 591-592 (octubre de 1919) [Archivos de Gernsback Publications, Farmingdale, Nueva York].

20. «La pérdida [de ondas propagadas] es proporcional al cubo de la frecuencia [...] con ondas de 300 metros de longitud, la transmisión económica de energía queda fuera de la cuestión, ya que la pérdida es demasiado grande. Con longitudes de onda de 12 000 metros [las pérdidas] se vuelven bastante insignificantes y en este hecho afortunado descansa el futuro de la transmisión sin hilos de energía». Tesla, N.: «The Disturbing Influence of Solar Radiation on the Wireless Transmission of Energy», *Electrical Review and Western Electrician* (6 de julio de 1912), en Ratzlaff, J. T. (ed.): *Tesla Said*. Tesla Book Co., Milbrae, California, 1984. pp. 121-127.

21. Marinčić, A.: *Colorado Springs Notes, 1899-1900*. Tesla Book Co., Millbrae, California, 1979. p. 76.

22. Secor, H. W.: «The Tesla High Frequency Oscillator», *Electrical Experimenter*, pp. 614-615, 663 (marzo de 1916).

—Si pudiera aislar estos cables con oxígeno líquido, podría reducir en otra magnitud las pérdidas –dijo el inventor–. Toma, ponte esto.

Le dio a Czito un par de zapatos con suela de goma mientras él se ataba otro par.

—¿Todo el día de hoy, señor? –preguntó Czito.

—Hasta terminar, amigo mío. y recuerda –advirtió el inventor–, mantén una mano detrás de la espalda en todo momento.

Czito respondió asintiendo con la cabeza. No quería correr el riesgo de electrocución creando un circuito a través de su corazón.

—Pulsa el interruptor cuando veas mi señal –dijo Tesla.

—Será mejor que utilicemos esto, señor.

Czito le entregó a su jefe dos bolas de algodón, cogió dos para él y se taparon los oídos con ellas.

El larguirucho serbio se abandonó lentamente su laboratorio, pasó por el barro para colocar equipos de prueba y lámparas frías en varios lugares, y se situó en una loma a aproximadamente un kilómetro y medio de distancia, cerca de Prospect Lake. Aunque estaba aislado con la goma de los zapatos, saltaban chispas desde el suelo hasta sus pies mientras avanzaba por el camino.[23]

El sol estaba bajo en el horizonte cuando en Colorado Springs comenzaron a encenderse las farolas y las lámparas eléctricas para prepararse para la noche. «Ahora», dijo Tesla mientras hacía un gesto con la mano.

Czito encendió el equipo.

El ruido comenzó como un estruendo bajo y se convirtió en un «rugido que era tan fuerte que se podía oír claramente a quince kilómetros de distancia». El suelo temblaba con el ruido cuando el inventor miró hacia un establo cercano donde media docena de caballos encabritados sobre sus patas traseras se alejaron galopando frenéticamente. «Las mariposas eran movidas en círculos como en un [remolino] y no podían abandonarlo, por mucho que lo intentaran»,[24] mientras un flujo de chispas subía muy por encima del techo del laboratorio y desde el ápice partían rayos de 40 metros. ¡Kaboom! ¡Zip! ¡Zap! ¡Kaboom! Mirando al cielo, el mago levantó sus antorchas sin hilos en señal de triunfo mientras parpadeaban con su trueno.

---

23. Tesla, N.: «Can Radio Ignite Balloons?», *Electrical Experimenter*, p. 591 (octubre de 1919).

24. Ibíd.

El final llegó abruptamente, Springs quedó sumido en la oscuridad. Había dejado la ciudad sin luz.

Afortunadamente, «la central eléctrica tenía un segundo generador de reserva que se puso en marcha poco después. Tesla insistió en que se le suministrara corriente desde esta máquina de reserva tan pronto como estuviera en funcionamiento, pero su petición fue rechazada». Obligado por El Paso Electric a reparar él mismo el generador dañado, el inventor volvió a estar conectado en uno o dos días. «En el futuro, le dijeron, recibiría corriente de una dinamo operada independientemente de la que abastece a los clientes habituales de la compañía [El Paso Electric]».[25]

A finales de 1899, Tesla estaba preparado para regresar a Nueva York. Quería llegar a casa para las vacaciones, para pasarlas con los Johnson, pero le llevaría un poco más de tiempo desconectar. En diciembre, llamó a su fotógrafo, Dickenson V. Alley, para capturar su trabajo con la mejor luz posible. Mediante el uso de exposiciones múltiples, Alley consiguió la que quizás sea la fotografía más famosa de Tesla: la del inventor sentado tranquilamente leyendo un libro, eclipsado por innumerables lenguas de rayos explosivos. (Esta imagen es una exposición múltiple. Tesla, por supuesto, no estaba sentado allí en el momento en que se conectó el oscilador; la electricidad lo habría matado).

22 de diciembre de 1899

Querido Sr. Tesla:

El día de Navidad mantendremos fresco tu recuerdo [...]. ¡Qué bonito sería si de repente aparecieras entre nosotros para pasarlo juntos.

A veces me pregunto si podrías volver a alegrarme, sólo con verte, hace mucho que la alegría no aparece en mi vida. Todo lo que alguna vez fue, ha desaparecido. Es como si uno se hubiera quedado dormido a la suave luz de la luna y se hubiera anclado fuera de lugar

---

25. O'Neill, J. J.: *Prodigal Genius: The Life of Nikola Tesla*. Ives Washburn, Nueva York, 1944. p. 187; Marinčić, A.: *Colorado Springs Notes, 1899-1900*. Tesla Book Co., Millbrae, California, 1979. p. 348.

y fuera de tiempo para encontrarse en la edad de piedra, siendo él mismo una piedra.

¿Qué significa todo esto?

A veces tengo alguna noticia tuya a través de Robert. Espero que el Año Nuevo te traiga lo que más deseas y que nos lo traiga a nosotros, mi querido amigo.

Sinceramente,

KATHARINE JOHNSON[26]

---

26. Katharine Johnson a Nikola Tesla (22 de diciembre de 1899) [MNT].

28
El regreso del héroe (1900)

La gente corriente debe descansar como una máquina, pero al gran Nick, el Ocupado, lo ves pasar 150 horas sin comer ni beber. ¡Porque puede inventar con las manos atadas a la espalda! Puede hacer cualquier cosa, en definitiva, es superior a todas las leyes de higiene y energía humana. Es un vegetariano que no sabe vegetar...

ROBERT UNDERWOOD JOHNSON[1]

El 7 de enero de 1900, Tesla abandonó Colorado Springs con la intención de regresar. Tras contratar a C. J. Duffner y a otro vigilante para que cuidaran el laboratorio, el inventor se fue con promesas inexplícitas de pagos futuros. Agotados sus fondos, también se fue sin pagar las facturas pendientes que debía a la compañía eléctrica local.[2]

Los Johnson estaban encantados con el regreso del mago y lo celebraron a lo grande cenando fuera. Con la aprobación de Gilder, Robert sugirió que Tesla redactara un discurso sobre sus recientes empeños.

Casualmente, Marconi se encontraba en Manhattan buscando inversores y planeando dar una conferencia sobre sus avances en tecnología sin hilos.[3] «Cuando envié ondas eléctricas desde mi laboratorio en Colo-

---

1. Robert Underwood Johnson a Nikola Tesla (7 de julio de 1900) [BC].

2. «Nikola Tesla to Come Here», *Colorado Springs Gazette*, p. 1:7 (30 de octubre de 1903); «Tesla Sued for $180 by Electrical Co.», *Colorado Springs Gazette*, p. 3:1 (6 de abril de 1904); «Nikola Tesla Says He Is Not Indebted to Duffner», *Colorado Springs Gazette*, p. 1:2 (6 de septiembre de 1905). Véase también Ratzlaff, J. T. *et al.*: *Dr. Nikola Tesla Bibliography, 1884-1978*. Ragusen Press, Palo Alto, California, 1979. pp. 79, 81, 86.

3. «Signor Marconi Arrival from Europe», *The New York Times*, p. 1:3 (3 de enero de 1900).

rado a todo el mundo –informó Tesla–, el Sr. Marconi estaba experimentando con mi aparato sin éxito en el mar. Después, el señor Marconi vino a América para dar una conferencia sobre este tema, afirmando que era él quien enviaba esas señales alrededor del globo. Fui a escucharlo, pero cuando supo que yo estaría presente se puso enfermo, pospuso la conferencia y hasta la fecha no la ha pronunciado».[4]

Aunque temía a Tesla, Marconi también deseaba entender mejor el equipo del maestro. Con Michael Pupin como intermediario, Marconi conoció a Tesla en el Club de Ciencias de Nueva York.[5] Pupin estaba de muy buen humor, ya que John S. Seymour, comisionado de patentes, por fin se había retirado. Después de seis años de presentaciones para intentar demostrar que sus conocimientos de la resonancia y los armónicos en el campo de la transmisión de la corriente alterna superaban los de Tesla, finalmente había ganado. En diciembre de 1899 volvió a solicitar su patente, «The Art of Reducing Attenuation of Electrical Waves», y el nuevo comisionado, Walter Johnson, la aprobó.[6] Al parecer, sólo un mes después, el trío acudió después de cenar a visitar el laboratorio de Tesla. George Scherff estaba trabajando hasta tarde y los recibió en la puerta.

«Recuerdo cuando [Marconi] vino a que le explicara la función de mi transformador para la transmisión de energía a grandes distancias», recordó Tesla. Aunque el inventor obviamente tenía sentimientos encontrados sobre la reunión, accedió con un discurso sobre la diferencia entre las radiaciones hertzianas y las corrientes de Tesla. «Después de todas mis explicaciones sobre la aplicación de mi principio, el Sr. Marconi dijo que es imposible».

«El tiempo lo dirá, señor Marconi», respondió Tesla.[7] Pupin pudo acompañar a Marconi hasta la puerta antes de que la discusión subiera de tono.

---

4. Petković, D.: «A Visit to Nikola Tesla», *Politika*, vol. XXV, n.º 6824, p. 3 (27 de abril de 1927) [LA].

5. Stoilković, S.: «Portrait of a Person, a Creator and a Friend», *Tesla Journal*, n.º 4-5, pp. 26-29 (1986-1987).

6. Documentos de Pupin, patente n.º 652.231 (19 de junio de 1900) [BBUC].

7. Stoilović, S.: « Portrait of a Person, a Creator and a Friend», *Tesla Journal*, n.º 4-5, pp. 26-29 (1986-1987).

«Entiendo perfectamente lo que está haciendo, Sr. Marconi –comenzó Pupin mientras acompañaba al joven italiano de regreso a su hotel–. Me gustaría mucho actuar como consultor en su operación».

«Sería un honor», dijo Marconi mientras debatía con Pupin una forma de persuadir al Signor Edison para que se embarcara» La razón de Marconi, en concreto, era consaeguir la patente del saltamontes de Edison, que describía una forma sin hilos de transmitir mensajes desde las estaciones de tren hasta los trenes en movimiento y que Edison patentó en la década de 1880.

Pupin estaba eufórico. No sólo se estaba involucrando profesionalmente en una apasionante empresa inalámbrica internacional, sino que también había comenzado a sacar provecho de su nueva patente de corriente alterna. En junio, Pupin recibió un anticipo de 3000 dólares por la venta de los derechos a John E. Hudson, presidente de AT&T, y unos meses más tarde negoció pagos anuales de 15 000 dólares al año, por una cantidad total de 200 000 dólares por el invento que el comisionado Seymour llamó «tautológico» y «no más que una multiplicación del circuito de Tesla que utilizaba principios bien comprendidos».[8] En cualquier caso, la patente permitió a AT&T perfeccionar las transmisiones telefónicas de larga distancia y aportó a Pupin unos buenos ingresos por muchos años venideros. También reivindicó su posición de que había entendido el invento de Tesla mejor que el propio Tesla.

Éste volvió a intentar interesar al diseñador de submarinos John Holland con la teleautomática; también trabajó para diseñar «torpedos sin hilos dirigibles» o pequeñas aeronaves que pudieran controlarse desde tierra. «Todos los que las vieron –reveló unos años más tarde– se quedaron asombrados por su desempeño».[9]

---

8. Cartas de patente estadounidense a Michael Pupin (30 de junio de 1896; 25 de julio de 1896), documentos de Pupin [BBUC]; véase también Martin, T. C. (ed.): *The Inventions, Researches, and Writings of Nikola Tesla*. The Electrical Engineer, Nueva York, 1894. p. 292, y la discusión previa en el capítulo 15.

9. Tesla, N.: «Tesla's Wireless Torpedo», *The New York Times*, p. 8:5 (20 de marzo de 1907), en Ratzlaff, J. T. (ed.): *Tesla Said*. Tesla Book Co., Milbrae, California, 1984. p. 96.

Después de elaborar una propuesta y consultar con sus abogados, el inventor hizo las maletas rumbo a Washington para hablar en persona con el contraalmirante Higginson de la Comisión de Faros y el secretario John D. Long de la Marina. Pensaba ofrecer no sólo su «teleautómata diabólico», sino también un plan para «establecer comunicaciones telegráficas sin hilos a través del Pacífico». Recibido con mofa y escepticismo, el inventor fue trasladado a lo que Mark Twain llamó «la oficina de circunloquios». «Mis ideas –dijo Tesla– fueron arrojadas a la papelera naval […]. Si nuestra Marina hubiera construido y adoptado sólo unos pocos torpedos "teleautómatas", la mera influencia moral se habría notado poderosa y más beneficiosamente en la actual complicación oriental [la guerra ruso-japonesa[10]]».[11]

Tesla había esperado al menos que la Guardia Costera o la Marina de Estados Unidos cumplieran en menor escala financiando la construcción de transmisores de tamaño modesto para sus faros y sus barcos, pero las agencias eludieron cualquier compromiso serio y continuaron escondiéndose detrás de un embrollo burocrático que implicaba la necesidad de aprobación por parte del Congreso.[12]

—He circunscrito el globo con impulsos eléctricos –le dijo a Scherff a su regreso–. Que se queden con los aficionados hertzianos. Pronto volverán a mi camino.

—¿Qué harás con el profesor Pupin, que está robando tu trabajo sobre corriente alterna? –le preguntó Scherff.

—Está involucrado en el envío de voz por cables –respondió el inventor–. A quién le puede molestar.

Fue en ese momento cuando Tesla encargó a un agente en el Reino Unido que localizara un lugar apropiado para construir una estación receptora,[13] mientras continuaba reelaborando los planos de su sistema de transmisión transoceánica. Utilizando sus derechos de autor ingleses

---

10. Conflicto militar que enfrentó a ambos imperios entre febrero de 1904 y septiembre de 1905 que acabó con ls victoria japonesa. *(N. del T.)*

11. Tesla, N.: «The Transmission of Electrical Energy Without Wires as a Means for Furthering Peace», *Electrical World and Engineer*, p. 22 (7 de enero de 1905).

12. Contraalmirante Francis J. Higginson a Nikola Tesla (8 de octubre de 1900) [AN].

13. «Nikola Tesla, true founder of radio communications», en Popović, V. *et al.*: *Nikola Tesla: Life and Work of a Genius*. Sociedad Yugoslava para la Promoción del Conocimiento Científico, Belgrado, 1976. p. 82.

como garantía, pidió a George Westinghouse un préstamo de unos cuantos miles de dólares; también trató de involucrarlo en la empresa inalámbrica.[14]

Westinghouse, sin embargo, se negó a involucrarse, pero le adelantó al inventor los fondos solicitados, a pesar de que su empresa se había sobrepasado en casi 70 millones de dólares en su rápida expansión y el cambio al sistema polifásico. Los incesantes honorarios legales a causa de los interminables litigios sobre las batallas de prioridad de patentes, principalmente con las innumerables filiales, también supusieron una gran carga. El emigrante suizo Bernard. A. Behrend, autor de uno de los primeros libros de texto estándar sobre motores de corriente alterna, escribió en su tratado que, para disgusto del abogado de patentes de New England Granite (una subsidiaria de General Electric), se negó a testificar contra Tesla, «ya que tal evidencia iría en contra de sus mejores convicciones».[15]

Esta carta fue escrita en 1901, *un año después* de que el fallo inequívoco del juez Townsend justificara a Tesla como el único autor del sistema polifásico de corriente (*véase* el capítulo 3).[16] Ahora Westinghouse finalmente podría comenzar a cobrar los daños y pagar su enorme deuda. George Westinghouse envió a Tesla una nota de agradecimiento felicitándose a sí mismo «por ganar la demanda» y felicitando a Tesla por haberse ganado «la reputación por un gran invento». Westinghouse terminó la carta así: «Sabes que aprecio tu comprensivo interés por mis asuntos».[17]

A principios de 1900, Tesla solicitó tres patentes relacionadas con la comunicación sin hilos.[18] Hizo varios intentos de ponerse en contacto con el esquivo coronel Astor, pero centró la mayor parte de sus esfuerzos

---

14. La carta también hace referencia a la continua colaboración de Tesla con Peck and Brown, poseyendo Tesla cuatro novenos de todos los royalties de la invención. Nikola Tesla a George Westinghouse (22 de enero de 1900) [BC].

15. Behrend, B. A.: *The Induction Motor and Other Alternating Current Motors: Their Theory and Principles of Design.* McGraw-Hill, Nueva York, 1921. pp. 261-262.

16. «The Tesla Patents», *Electrical Review*, pp. 288-292 (19 de septiembre de 1900); véase también discusiones sobre la prioridad de la corriente alterna en el capítulo anterior.

17. George Westinghouse a Nikola Tesla (5 de septiembre de 1900) [BC].

18. Las patentes n.º 685.012, n.º 787.412 y n.º 725.605.

en trabajar en un artículo para el *Century*. Robert había pedido que Tesla escribiera un artículo educativo sobre teleautomática y comunicación sin hilos. El plan era acompañar el ensayo con fotografías del barco controlado a distancia y de los fantásticos experimentos del inventor en Colorado, pero Tesla tenía otras ideas. Influenciado por los filósofos occidentales Friedrich Nietzche y Arthur Schopenhauer sobre ideas como la creación del Übermensch[19] mediante la activación de la voluntad y la renuncia al deseo, y por filósofos orientales como Swami Vivekananda sobre el vínculo entre el alma y Dios, *prāṇa* (fuerza vital) y *ākāśa* (éter) y su equivalencia con el universo, la fuerza y la materia,[20] el inventor decidió redactar un tratado apocalíptico por una vez en la vida sobre la condición humana y el papel de la tecnología en la configuración de la historia mundial.

Robert le suplicó que «no escribiera un artículo metafísico, sino uno informativo», pero Tesla no lo quiso escuchar. Por el contrario, envió un discurso de doce mil palabras que cubría temas como la evolución de la raza, la inteligencia artificial, la posibilidad de que seres futuros sobrevivieran sin necesidad de comer alimentos, el papel del nitrógeno como fertilizante, la teleautomática, fuentes alternativas de energía (como, por ejemplo, el calor terrestre, el viento y el sol), una descripción de cómo se puede lograr la comunicación sin hilos, la hidrólisis, problemas en la minería y el concepto de la pluralidad de mundos.

Robert se encontraba en un aprieto. Ni él ni Gilder querían publicar un ensayo filosófico extenso, controvertido y abstracto que pudiera dañar la revista. Sin embargo, no podían limitarse a censurar las secciones que no les satisfacían, porque se trataba de un hombre que nació siendo un genio y un amigo que anteriormente había aportado dos joyas que aumentaron en gran medida el prestigio de su publicación. Acercarse al hipersensible sabio era un problema difícil que a Robert no le entusiasmaba.

---

19. Traducible como «superhombre», «superhumano» u «hombre superior», en la filosofía de Friedrich Nietzsche es una persona que ha alcanzado un estado de madurez espiritual y moral superior al que se considera el del hombre común. *(N. del T.)*

20. Swami Vivekananda a Edward Toronto Sturdy (13 de febrero de 1896), en Vivekananda, S.: *Letters of Swami Vivekananda*. Advaita Ashrama, Pithoragarh, 1981. pp. 281-283.

6 de marzo de 1900

Querido Tesla:

Sencillamente no puedo ver que fracases esta vez. Confía en mis conocimientos de lo que el público espera de ti.

Guarda tu filosofía para un tratado filosófico y danos algo práctico sobre los propios experimentos [...]. Estás haciendo una tarea de una cosa simple y por todo lo que he dicho, perdona mi forma torpe de decirlo por mi cariño y respeto hacia ti, y porque llevo casi treinta años juzgando lo que el público encuentra interesante.

Sinceramente tuyo

(créeme, nunca más sinceramente)

RUJ[21]

6 de marzo de 1900

Mi querido Robert:

He oído que no te encuentras bien y espero que no sea mi artículo el que te ha puesto enfermo.

Sinceramente

N. TESLA[22]

Tesla sabía lo que estaba haciendo. Había decidido plasmar, de una vez por todas, en un solo tratado un porcentaje importante de los conocimientos que había acumulado y no había manera de hacer que cambiara. Lo más probable es que Robert consultara con Gilder. Sin duda, el ensayo era brillante y original, y cuanto más lo leían, más se daban cuenta de sus múltiples niveles de sabiduría. Razonaron que la mejor táctica a seguir en este punto era trabajar para aclarar el artículo utilizando subtítulos, incluyendo todas las sorprendentes fotografías eléctricas de Colorado y el teleautómata, y haciendo que Tesla explicara más cuidadosamente los detalles de sus inventos, y luego esperar lo mejor. El ensayo publicado comenzaba así:

---

21. Robert Underwood Johnson a Nikola Tesla (6 de marzo de 1900) [BC].
22. Nikola Tesla a Robert Underwood Johnson (6 de marzo de 1900) [BC].

EL MOVIMIENTO DE AVANCE DEL HOMBRE

De toda la interminable variedad de fenómenos que la naturaleza presenta a nuestros sentidos, no hay ninguno que llene nuestras mentes de mayor asombro que ese movimiento inconcebiblemente complejo que, en su totalidad, designamos como vida humana; su misterioso origen está velado en la niebla siempre impenetrable del pasado, su carácter se hace incomprensible por su infinita intrincación, y su destino está oculto en las insondables profundidades del futuro.

Inherente a la estructura de la materia, como se ve en el crecimiento de los cristales, es un principio formador de vida. Esta matriz organizada de energía, tal como la entendió Tesla, se convierte en vida biológica cuando alcanza un cierto nivel de complejidad. Ahora, el siguiente paso en la evolución del planeta era construir máquinas que pudieran pensar por sí mismas, y así Tesla creó el primer prototipo, su teleautómata. Las formas de vida no necesitan estar hechas de carne y de sangre.

Como ambientalista, Tesla estaba preocupado por la higiene personal, la contaminación del aire y del agua, y el desperdicio innecesario de recursos naturales. Centrándose en los problemas energéticos se podrían lograr soluciones. Por lo tanto, muchos de sus inventos fueron creados específicamente para maximizar el uso eficiente de la energía y demostrar el principio de que una máquina pensante autodirigida podría alterar el curso de la civilización al obtener un mayor control sobre la evolución del planeta.

En la mitad del tratado, el inventor explica con gran detalle el mecanismo que hay detrás de su transmisor sin hilos. Numerosas fotografías de sus experimentos en Colorado Springs también realzaban el impacto del mensaje. Treinta y cinco páginas después, terminaba el tratado con una discusión sobre la jerarquía cognitiva y la especulación de que «si hay seres inteligentes en Marte» probablemente utilicen un sistema sin hilos de distribución de energía que interconecta todos los rincones de su planeta. Tesla concluyó: «El hombre científico no aspira a un resultado inmediato. No espera que sus ideas avanzadas se adopten fácilmente. Su trabajo es como el del plantador: para el futuro. Su deber es poner los cimientos para los que han de venir, y señalar el camino».[23]

---

23. Tesla, N.: «The Problem of Increasing Human Energy», *Century*, pp. 175-211 (junio de 1900).

El artículo causó sensación cuando apareció en la edición de junio del *Century*. Tesla distribuyó copias anticipadas a amigos, como la Douglas Robinson, una de las fundadoras del Museo Metropolitano de Arte,[24] Julian Hawthorne, Stanford White y John Jacob Astor. En el caso de Astor, Tesla incluyó sus solicitudes de patente sin hilos, reenviando «este asunto a tu casa, en lugar de a tu oficina [por razones de discreción]. Las patentes me dan un monopolio absoluto en Estados Unidos, no sólo para fines energéticos», continuó el inventor en otra carta al coronel, «sino también para establecer comunicación telegráfica independientemente de cuán grande sea la distancia».[25] Los que apoyaban a Tesla se solidarizaron con él, *Nature* le dio una «respuesta favorable» y los franceses rápidamente lo tradujeron para sus lectores,[26] pero los que estaban en su contra ahora tenían una nueva provisión de municiones para un ataque frontal.

El escenario estaba preparado en marzo de 1900, cuando Carl Hering fue elegido presidente de la AIEE; el profesor Pupin quedó cerca.[27] Hering, que también se convertiría en editor jefe de *Electrical World and Engineer*, marcó un nuevo tono para la comunidad eléctrica. Así como había puesto en duda el trabajo prioritario de Tesla en materia de corriente alterna una década antes, cuando respaldó a Dobrowolsky, también cuestionó la credibilidad de Tesla en el campo de la tecnología sin hilos. Otros oponentes fueron Reginald Fessenden, que intentaba obtener patentes competitivas sobre circuitos sintonizados, y rivales tan tradicionales como Lewis Stillwell, Charles Proteus Steinmetz, Tom Edison y Elihu Thomson. Las primeras fotografías aparecieron en el *Evening Post*[28] y posteriormente en el *Popular Science Monthly*.

Tesla había sugerido que la suma total de energía humana en el planeta, a la que llamó M, podría multiplicarse por su «velocidad», V, que se medía por el progreso tecnológico y social. Al igual que en física, la fuerza humana total podría calcularse como $MV.2$ Si los humanos van en contra de las

24. Nikola Tesla a Corinne Robinson [BH].

25. Nikola Tesla a John Jacob Astor (2 de mayo de 1900; 30 de marzo de 1900).

26. Nikola Tesla a Robert Underwood Johnson (21 de junio de 1900; 29 de junio de 1900) [BC].

27. «A Tesla Patent in Wireless Transmission», *Electrical World and Engineer*, p. 792 (26 de marzo de 1900).

28. Nikola Tesla a Robert Underwood Johnson (15 de junio de 1900) [BC].

leyes de la religión y la higiene, la energía humana total disminuiría. En una sociedad primitiva o agraria, la energía progresaría aritméticamente. En cambio, si la nueva generación tuviera un «mayor grado de iluminación», entonces la «suma total de la energía humana» aumentaría geométricamente. Tesla estaba sugiriendo que con sus inventos del motor de inducción, la transmisión de energía de corriente alterna y sus robots controlados a distancia, el progreso humano evolucionaría a un ritmo cada vez mayor.

En un discurso muy visible bajo el título «Ciencia y ficción», un escritor anónimo con el seudónimo de «Físico» atacó con vehemencia esta premisa. «Desgraciadamente –escribió este crítico–, el Sr. Tesla, en su entusiasmo por progresar se olvida de indicar qué dirección es la adecuada que debe seguir la masa humana: norte, sur, este, oeste, hacia la Luna o Sirio o hacia el Satán de Dante en el centro de la Tierra [...]. Por supuesto, toda la noción es absurda».

El editorial, que ocupaba seis columnas, ponía en duda la invención del teleautómata por parte de Tesla, su creencia de que las máquinas de combate reemplazarían a los soldados en el campo –«las corridas de toros internacionales [...] o las carreras de patatas podrían funcionar igual de bien»–, su trabajo sin hilos y su apoyo a la hipótesis de la pluralidad de mundos. El autor sugería que, en futuros números, el *Century* debería someter este tipo de artículos a un consejo científico «para crítica y revisión, aunque sólo sea como protección frente a invenciones falsas y empresas sin sentido». Lanzando epítetos como si se estuviera enfrentando a un enemigo mortal, «Físico» concluyó: «Aparentemente, los editores [del *Century*] imputan a sus lectores el deseo de entretenerse a toda costa [...]. Evidentemente, a menudo no distinguen la ciencia de la basura, y aparentemente rara vez hacen algún esfuerzo por descubrir la diferencia».[29]

El ataque continuó en *Science* y en un editorial de seguimiento nuevamente en el *Popular Science Monthly*, esta vez por parte de un misterioso «Sr. X».

«(Pseudo) *Science* incluye un artículo de XXX. "Físico" no aparece en él», escribió Tesla a Johnson, añadiendo sarcásticamente: «También es un gran elogio para los editores de tu gran revista».[30] Otros diarios atacaron asimismo las controvertidas afirmaciones del inventor.

---

29. «Science and Fiction», *Popular Science Monthly*, pp. 324-326 (julio de 1900).
30. Nikola Tesla a Robert Underwood Johnson (12 de julio de 1900) [BBUC].

Tesla, sin embargo, hizo la vista gorda ante este problema de credibilidad y, audaz o temerariamente, siguió este artículo con el tristemente célebre artículo «Talking With the Planets» («Hablando con los planetas») en *Collier's*, que se ha tratado en un capítulo anterior. Sin ocultar su identidad, Reginald Fessenden, que ahora estaba envuelto en una disputa legal con Tesla, escribió con vehemencia en el diario de Hering que la fuente de «las llamadas señales marcianas se conoce desde hace mucho tiempo y sólo la más absoluta ignorancia podría atribuirle tal origen». Habiendo sido en algún momento «un serio obstáculo para los sistemas multiplex, [ahora están prácticamente] eliminados». Fessenden dijo que las señales se debían a «tranvías, relámpagos y la electrización gradual de la antena. Además, los diferentes tipos son fácilmente distinguibles. Quienes ignoran el tema podrían confundirlas con señales inteligentes».[31]

Desde su regreso a Nueva York, Tesla hizo repetidos esfuerzos para reavivar su amistad con Astor, pero resultaba difícil acaparar a aquel hombre de mundo. Durante el verano, los Johnson intentaron llevar al inventor a Maine para pasar juntos las vacaciones, pero él estaba demasiado decidido a contactar con el multimillonario.

2 de agosto de 1900

Querido Sr. Tesla:

He estado pensando en ti todo el día y toda la noche, como lo hago muy a menudo [...]. Esta tarde me he sentado en una pequeña ladera mirando las verdes praderas más allá del mar y deseando poder prestarte mis ojos para que pudieras tener mis visiones y beber de la belleza del día [...]. Estás tan silencioso como sólo tú sabes estarlo. Llámanos.

Sinceramente tuya,

KATHARINE JOHNSON[32]

---

31. Fessenden, R. A.: «Wireless Telegraphy», *Electrical World and Engineer*, pp. 165-166 (26 de enero de 1901).
32. Katharine Johnson a Nikola Tesla (2 de agosto de 1900) [MNT].

12 de agosto de 1900

Mi querida Sra. Johnson:

Sólo una línea para decirte que nunca podré olvidar ni olvidaré a los Filipov: me han provocado demasiados problemas.

Atentamente,

N. Tesla[33]

Incapaz de relajarse hasta arreglar las cosas con Astor, Tesla lo intentó de nuevo, perdiéndose la oportunidad de un respiro necesario.

24 de agosto de 1900

Mi querido coronel Astor:

Todavía recuerdo cuando me dijiste que, si pudiera mostrarte un gran rendimiento de tu inversión, con gusto me respaldarías en cualquier empresa, y espero que no sea por un interés egoísta, sino por un interés superior, que tus ideas no hayan cambiado [con respecto a: osciladores, motores y sistema de iluminación], ya que se pueden conseguir al menos de 50 millones de dólares con mi invento. Esto puede parecerte una exageración, pero sinceramente creo que es una subestimación.

¿Es posible que tengas algo contra mí? Al no tener noticias tuyas no puedo interpretar de otra manera tu silencio...

Finalmente, Astor respondió, afirmando que estaba «contento de recibir tu carta y me pondré en contacto contigo».[34] Pero en realidad se trataba de una excusa, porque continuó escabulléndose. Tesla envió otra serie de cartas describiendo su progreso con sus osciladores, su luz fluorescente –«el valor comercial [...] si se explora correctamente, es

33. Nikola Tesla a Katharine Johnson (12 de agosto de 1900) [MNT].
34. John Jacob Astor a Nikola Tesla (septiembre de 1900) [MNT].

Nikola Tesla en el apogeo de su fama en 1894.

(*Arriba*) La Feria Mundial de Chicago de noche, iluminada por la Westinghouse Corporation utilizando el sistema polifásico de corriente alterna de Tesla.

(*Página anterior arriba*) Tesla mostrando tubos fluorescentes inalámbricos ante la Royal Society en Inglaterra, 1892.

(*Página anterior arriba*) Thomas Alva Edison (centro) en su fábrica de inventos de Menlo Park. Sentado a la izquierda de Edison se encuentra Charles W. Batchelor, socio clave y el hombre que presentó Tesla a Edison, probablemente en Francia en 1883.

(*Derecha*) Thomas Commerford Martin, editor del texto de 1893 *The Inventions, Researches, and Writings of Nikola Tesla*, el único trabajo recopilatorio publicado en vida de Tesla. (MetaScience Foundation)

(Arriba) El Waldorf-Astoria, donde Tesla vivió entre 1897 y 1920. (MetaScience Foundation)

(Izquierda) Katharine Johnson, quien tuvo una larga historia de amor platónico con el inventor. (Little Brown)

(Página siguiente arriba) Mark Twain en el laboratorio de Tesla en 1894. (MetaScience Foundation)

(Página siguiente abajo) Robert Underwood Johnson, editor de la revista Century y uno de los amigos más cercanos de Tesla. (Little Brown)

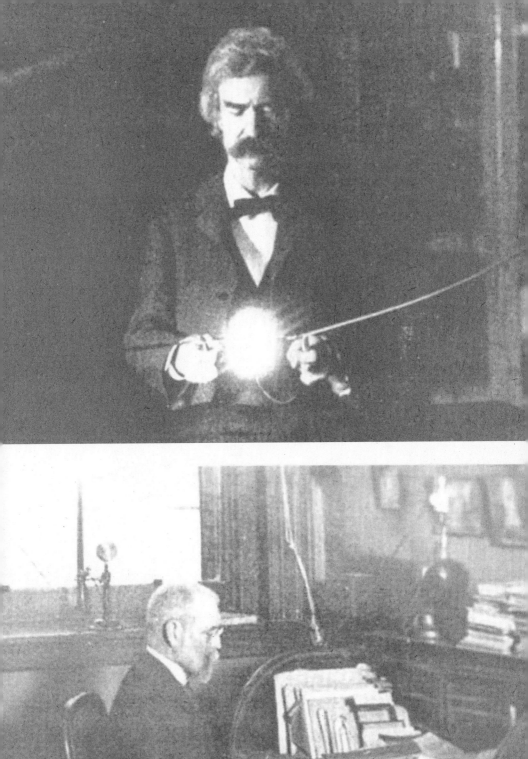

(Derecha) Cataratas del Niágara a finales del siglo XIX.

(Abajo a la derecha) Edward Dean Adams, uno de los socios financieros de Tesla y responsable del proyecto hidroeléctrico de las Cataratas del Niágara. (MetaScience Foundation)

(Abajo a la izquierda) C. E. L. Brown, un importante partidario de Tesla y el primer ingeniero en transmitir corrientes polifásicas de corriente alterna a largas distancias. (MetaScience Foundation)

(*Arriba*) La placa de patente en las Cataratas del Niágara, que menciona a Tesla como el inventor principal del sistema polifásico de corriente alterna. (Marc J. Seifer)

(*Izquierda*) Charles Proteus Steinmetz, inicialmente un partidario de Tesla y luego uno de los oponentes más fervorosos del inventor a lo largo de su vida. (MetaScience Foundation)

Nikola Tesla mostrando su invento de la lámpara fría
inalámbrica sin filamento. (*Electrical Review*, 1898)

Generador polifásico Tesla utilizado por la Westinghouse Electric and Manufacturing Company para electrificar la Feria Mundial de Chicago de 1893.

En 1898 Tesla hizo pasar 500 000 voltios a través de su cuerpo para encender una luz fluorescente sin hilos en una fotografía de exposición múltiple en su laboratorio de Houston Street. (MetaScience Foundation)

El mago en su laboratorio de Colorado Springs sentado entre chispas eléctricas de veinte metros de altura en esta famosa fotografía de exposición múltiple. (Museo Nikola Tesla)

Wardencıyffe, hacia 1903. (MetaScience Foundation)

Jack Hammond (centro) con algunos de sus amigos, incluido Leopold Stokowski
(más a la derecha). Hacia 1912, Hammond se asoció con Tesla para perfeccionar
torpedos controlados a distancia y sistemas de guiaje para la Marina de Estados
Unidos. (Castillo de Hammond)

Una cena del Instituto de Ingenieros de Radio en 1915 en honor a John Stone
Stone, presidente de la sociedad. De pie a lo largo de la pared del fondo,
desde la izquierda, están Karl F. Braun, ganador junto con Marconi del Premio
Nobel de Física en 1909; John Stone Stone; Jonathan Zeaneck, de la planta
inalámbrica de Sayville; Lee De Forest, pionero de la radio; Nikola Tesla; Fritz
Lowenstein, socio de Tesla, y Rudolf Goldschmidt, un físico que trabajó con
Emil Meyer, tercero desde la izquierda, sentado en la fila central, que dirigía la
planta inalámbrica alemana en Tuckerton (Nueva Jersey). Sentado al fondo, en
el extremo izquierdo delante de Braun, se encuentra David Sarnoff, más tarde
director de RCA y NBC-TV. (Instituto Smithsoniano)

(Página anterior) Cómo hubiera sido la torre de Wardenclyffe una vez terminada. (Dibujo del artista de ciencia ficción Frank R. Paul; Instituto Smithsoniano)

(Derecha) Nikola Tesla iluminado por una bombilla fría sin hilos. (Instituto *Smithsoniano*)

(Abajo) Nikola Tesla, hacia 1925 (Museo Nikola Tesla)

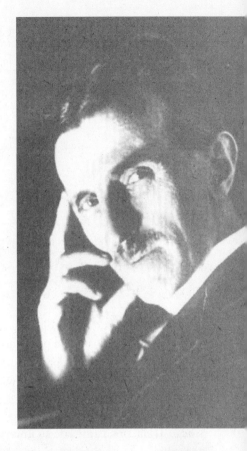

(*Arriba*) Una estatua de Nikola Tesla ubicada en la plaza de la ciudad de Gospić (Croacia). Diseñada por Franco Kršinić, esta estatua fue destruida deliberadamente por una bomba durante la guerra entre serbios, croatas y musulmanes en la antigua Yugoslavia. En Goat Island, junto a las Cataratas del Niágara, se encuentra una réplica exacta. (Marc J. Seifer)

(*Abajo*) Tesla, poco antes de su muerte en 1942, reuniéndose con el rey Pedro de Serbia. A la izquierda se encuentra el sobrino de Tesla, Sava Kosanović, embajador de Yugoslavia. (Instituto Smithsoniano)

July 20, 1931

TIME

The Weekly Newsmagazine

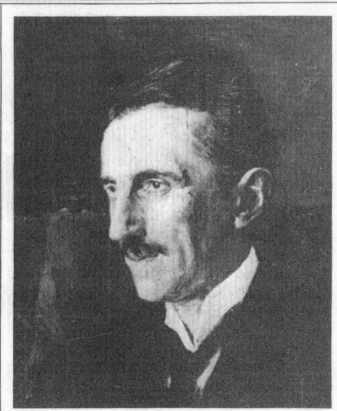

Keystone

Volume XVIII

NIKOLA TESLA*
All the world's his power house.
(See SCIENCE)
*From a portrait by Princess Lwoff-Parlaghy.

Number 3

Time celebró el septuagésimo quinto cumpleaños de Tesla con una portada.
(© 1931 Time Inc. Reimpreso con permiso)

PERFECT PARTNERSHIP

George Westinghouse and Nikola Tesla. Seeking to make long distance electric power transmission a reality, they combined their skills, their genius and their belief in a new technology... alternating current. Together they started a revolution that electrified the world. A Perfect Partnership.

Anuncio publicitario promocional de la década de 1890.
(Westinghouse Corporation)

sencillamente inmenso»– y su empresa sin hilos,[35] pero Astor siguió resistiéndose.

Éste nunca le dijo directamente a Tesla sus verdaderos sentimientos. Su renuencia a promover la asociación sugiere que estaba enfadado con Tesla por no explotar los osciladores y las luces fluorescentes en 1899, como había prometido, sino que había huido a Colorado Springs para llevar a cabo su locura inalámbrica.

Ciertamente, el ataque en los periódicos dañó la reputación de Tesla, pero este autor cree que el ataque de la prensa tuvo poco o nada que ver con el cambio de Astor. Tesla lo había engañado. A pesar de lo rico que era, Astor quería invertir en algo seguro. Los osciladores y las luces fluorescentes parecían estar prácticamente listos para salir al mercado, pero en lugar de perfeccionar estos inventos, Tesla invirtió el capital para emprender otra aventura y regresó sin un centavo. Astor estaba enfurecido, pero era demasiado caballero como para hacérselo saber a Tesla. Con Stanford White y Douglas Robinson detrás de él, Tesla exploró un nuevo camino.

---

35. Nikola Tesla a John Jacob Astor (29 de octubre de 1900) [MNT].

29
La dinastía Morgan (1901)

J. P. Morgan destacaba por encima de toda la gente de Wall Street como Sansón por sobre los filisteos.

NIKOLA TESLA[1]

En mayo de 1900, el caballero Jim Corbett fue noqueado por James Jeffries en una pelea por el campeonato celebrada en Coney Island. Es probable que asistiera Tesla, un ávido fanático del boxeo. De regreso al hotel, un joven serbio de nombre familiar le había dejado un mensaje. Era el hijo de Anna, la única chica de la que Tesla se había enamorado. A lo largo de los años habían mantenido contacto, por lo que Tesla estaba avisado de la llegada del chico. Sin embargo, no estaba preparado para la carrera que el muchacho había elegido.

«Quiero ser boxeador», proclamó el muchacho.

Inquieto por este anuncio, Tesla consultó con Stanford, quien ayudaba a los jóvenes a ponerse en contacto con una escuela de boxeo cerca del Garden. De vez en cuando Tesla bajaba al gimnasio para seguir los progresos del chico; finalmente, se decidió que estaba preparado para subir al ring. Stanford había hecho todo lo posible para preparar un combate razonable, pero el joven insistió en buscar un oponente más duro.

Un golpe dejó al muchacho inconsciente y poco después murió en el hospital. «Tesla lloró por él como si fuera su propio hijo».[2]

En el otoño de 1900, J. Pierpont Morgan anunció la boda de su hija Louisa con Herbert Satterlee, el último biógrafo de Morgan. Fue un evento magnífico con una lista de dos mil cuatrocientos invitados. Du-

---

1. Tesla, N.: «Our Future Motive Power», *Everyday Science and Mechanics*, pp. 78-81, 86 (diciembre de 1931).
2. Ibíd.

rante la gala, el niño prodigio serbio se sintió como en casa, ya que allí estaban muchos de sus amigos, incluidos John Jacob y lady Astor, Douglas Robinson y su hermano Teddy Roosevelt (a quien Tesla había conocido en casa de la Sra. Robinson en Madison Avenue en marzo de 1899), William Rankine, Edward Dean Adams, Darius Ogden Mills, Chauncey DePew y Stanford White. Otros invitados fueron Jacob Schiff, Henry Clay Frick, Grover Cleveland, August Belmont, el presidente William McKinley y Thomas Edison. Morgan estaba de muy buen humor y saludó personalmente a cada invitado con un cálido apretón de manos.[3] «Leí su artículo en el *Century*, Sr. Tesla, y quedé muy impresionado» .

Coincidiendo con el inminente vínculo de Tesla con la dinastía Morgan y su reciente regreso triunfal de Colorado Springs, su letra y su firma comenzaron a mostrar una frívola abundancia de adornos ornamentados. Aunque estas muestras fueron escritas en momentos de alegría en cartas a los Johnson,[4] revelan, sin embargo, un cambio cualitativo subconsciente en su estado mental en comparación con su habitual caligrafía delgada y escueta. Los grafólogos señalan que «el papel es frecuentemente tratado como un objeto sustituto. [Así] los [escritores] gráficamente expansivos suelen ser los mismos que no sólo dominan el papel, sino también su entorno, [del mismo modo que] los gráficamente tímidos también lo son en otros aspectos».[5]

Por lo tanto, se podría especular que Tesla era un tipo que se hacía ver. Y del mismo modo que él adornaba su firma, adornaba su cuerpo, vistiendo trajes a la última, sombrero de copa, bastón y guantes blancos. Estaba extremadamente orgulloso de ser el líder en su terreno y uno de los hombres mejor vestidos que paseaban por la Quinta Avenida. Tendiendo ahora a la extravagancia, el inventor comenzó a identificarse más entusiastamente con la opulencia y el poder que lo rodeaban.

Anne Tracy Morgan, de veintiocho años, la hermana menor de Louisa, quedó particularmente cautivada por el apuesto inventor e iniciaron una amistad.

3. Satterlee, H. L.: *J. Pierpont Morgan: An Intimate Portrait.* Wiley, Nueva York, 1939. p. 344.

4. Nikola Tesla a Robert Underwood Johnson (29 de enero de 1900) [BBUC].

5. Wolff, W.: *Diagrams of the Unconscious.* Grune & Stratton, Nueva York, 1948. p. 267.

«Ese año la cena de Acción de Gracias [en casa de los Morgan] fue un acontecimiento inusualmente alegre y de envergadura con sus tradicionales cuatro variedades de pasteles»[6] y Tesla recibió una invitación para el evento del día siguiente, celebrado el viernes por la noche.[7] Es probable que Anne lo viera como una oportunidad para ampliar su amistad; intercambiaron cartas durante toda su vida, pero Tesla lo vio como una oportunidad de negocio. El mago llevó consigo fascinantes bombillas eléctricas multicolores que emanaban telarañas danzantes de rayos, dispositivos de electricidad estática que erizaba el pelo de una persona y otra parafernalia inalámbrica. El inventor intercambió saludos con J. P. Morgan Jr., que por aquel momento tenía poco más de treinta años, y le regaló a Anne fotografías de su trabajo en Colorado Springs.

Después de la cena, Morgan se reunió con Tesla en privado para discutir una posible asociación. Herbert Satterlee, un hombre que conoció personalmente a Tesla, analiza el tenor de los tiempos. Al escribir un registro diario virtual de la vida de Morgan, Satterlee eliminó deliberadamente cualquier referencia a la relación Morgan-Tesla; pero el párrafo siguiente, que coincide precisamente con este momento, parece ser una justificación de la decisión del financiero de respaldar la aventura inalámbrica: «El último año vio la realización de muchas combinaciones de las empresas más pequeñas de la industria del acero [...]. Todos se hicieron ricos. Gates especuló en Wall Street. El juez Moore empezó a comprar buenos caballos [...] .En cambio, Reid y los demás invirtieron en grandes propiedades rurales [Y Morgan apostó por un inventor excéntrico]. Cenas en el Waldorf-Astoria y en el Sherry's y los fastuosos entretenimientos estuvieron a la orden del día, y en todas partes había evidencias de una riqueza rápidamente acumulada. Todos parecían pensar que esto no tenía fin».[8]

Conocido entre el grupillo por su colección de amantes, Morgan extendió su pasión a acumular una inmensa provisión de tesoros, que incluían monedas antiguas, piedras preciosas, tapices, tallas, láminas ra-

6. Satterlee, H. L.: *J. Pierpont Morgan: An Intimate Portrait*. Wiley, Nueva York, 1939. p. 344.

7. Nikola Tesla a John Pierpont Morgan (26 de noviembre de 1900) [BC].

8. Satterlee, H. L.: *J. Pierpont Morgan: An Intimate Portrait*. Wiley, Nueva York, 1939. p. 345.

ras, pinturas de los maestros, estatuas, libros antiguos y manuscritos originales. Algunas de sus posesiones más preciadas incluían primeros borradores de las novelas de Charles Dickens, un retrato de Nicolaes Ruts de Rembrandt, varios medallones bizantinos del siglo XI y una Biblia de Gutenberg.[9] En el estudio colgaba su última adquisición, *Cristóbal Colón* de Sebastiano del Piombo.[10] Estaba colgado junto a un cuadro del yate del comodoro, de cien metros de eslora, que Morgan solía preferir como dormitorio a su casa cuando estaba atracado cerca de Wall Street durante la temporada de navegación. Tesla miró el del Piombo con gran admiración.

«La Sra. Robinson me ha convencido para donarlo al Museo Metropolitano. Naturalmente, odio desprenderme de él, pero ya sabes lo persuasiva que puede llegar a ser».

El inquieto Tesla había visto a Morgan de cerca antes, pero nunca durante períodos prolongados de una manera tan íntima. Afectado desde su juventud por una serie de afecciones cutáneas, la nariz deformada y de color rojo remolacha de Morgan, retocada en todas las fotografías oficiales, a menudo estaba hinchada y cubierta de verrugas. Un marchante de arte que se encontró con Morgan en una circunstancia similar dijo:

No estaba preparado para la reunión [...]. Había oído hablar de una desfiguración, pero lo que vi me trastornó tanto que por un momento no pude pronunciar palabra. Si no exclamé, debí cambiar de color. El señor Morgan se dio cuenta y sus pequeños y penetrantes ojos me atravesaron con una mirada maliciosa. Percibí que notaba mis sentimientos de lástima, y por un tiempo que me pareció siglos, estuvimos uno frente al otro sin decir una palabra. No podía emitir ningún sonido, y cuando por fin logré abrir la boca sólo pude producir una tos estridente. Él gruñó.[11]

---

9. Canfield, C.: *The Incredible Pierpont Morgan: Financier and Art Collector*. Harper & Row, Nueva York, 1974.

10. Satterlee, H. L.: *J. Pierpont Morgan: An Intimate Portrait*. Wiley, Nueva York, 1939. pp. 344-345.

11. Wheeler, G.: *Pierpont Morgan and Friends: Anatomy of a Myth*. Prentice-Hall, Englewood Cliffs, Nueva Jersey, 1973. pp. 61-62.

—Quiero saber, señor Tesla —comenzó Morgan, mirando una de las fotografías de Colorado del inventor—, cómo sobrevivió entre todos estos rayos.

—No es así —dijo Tesla—, evitando una mirada directa—. Se trata de exposiciones múltiples.

—¡Qué ingenioso! White me ha dicho que quiere construir una torre sin hilos.

—He perfeccionado un aparato que permite la transmisión de mensajes a cualquier distancia sin cables, haciendo que los largos y costosos cables como medio para transmitir inteligencia queden comercialmente obsoletos. Esta creación también permite la producción y la manipulación de centenares de miles de caballos de potencia, llevando instrumentos a cualquier punto del planeta en acción independientemente de su distancia desde el transmisor —dijo Tesla.

—¿Instrumentos? —preguntó Morgan.

—Manipuladores telegráficos, teléfonos, relojes, fotografía remota.

Morgan se restableció y arqueó las cejas:

—¿Tiene algún sistema inalámbrico para transmitir imágenes?

—No hay nada nuevo en telefotografía. Edison ha estado trabajando en este campo desde que se presentó el dispositivo de Elisha Gray en la Exposición de 1893. Mis patentes simplemente usurpan la necesidad de utilizar cables.

—No presione mis conocimientos, Sr. Tesla. Hasta donde yo entiendo, su propuesta sólo se refiere a la telegrafía. Soy un hombre sencillo que quiere una manera de hacer señales a los barcos de vapor entrantes en días de niebla, enviar mensajes a Europa, tal vez obtener los precios de Wall Street cuando me encuentro en Inglaterra.[12] ¿Puede hacer esto? ¿Puede enviar mensajes sin cables a distancias tan largas? —preguntó Morgan.

—En efecto, puedo, Sr. Morgan.

—¿Y el problema de la facturación? ¿Alguien con un receptor no tendría libre acceso a esta información? No voy a subvencionar a mis competidores, ni al público en general —añadió Morgan.

Puedo garantizar privacidad absoluta para todos los mensajes. Se han asegurado amplios derechos, lo que me da un monopolio en Estados Unidos y en la mayor parte de Europa —dijo Tesla.

---

12. Nikola Tesla a John Pierpont Morgan (13 de octubre de 1904) [BC].

—¿Cuán amplios son sus costes?

—Aunque este trabajo supone una década de esfuerzo, sé que estoy en presencia de un gran filántropo y, por tanto, no dudo en dejar el reparto de mis intereses y compensaciones enteramente a su generosidad.

—No me halague, Sr. Tesla. Vayamos al grano. ¿Cuánto costará?

—Mi plan requiere dos torres de transmisión, una para transmitir a través del Atlántico y la otra a través del Pacífico. La primera requeriría un gasto de aproximadamente 100 000 dólares y la segunda, alrededor de un cuarto de millón de dólares.

—Hablemos de cada océano por separado. ¿Qué recibiría por financiar la construcción de una planta sin hilos para cruzar el Atlántico? – preguntó Morgan.

—Su capacidad de funcionamiento equivaldría al menos a cuatro de los cables oceánicos actuales y su finalización tardaría entre seis y ocho meses.[13]

—¿Qué pasa con Marconi? Stetson dice que sus costes suponen una séptima parte de su cotización.

—Así es. Sin embargo, faltan elementos claves para su éxito, elementos que sólo se pueden encontrar en mis patentes, en aparatos universalmente identificados con mi nombre y publicados en escritos fechados entre 1890 y 1893, cuando Marconi todavía estaba en la falda de su madre.

—Transmitió mil cuatrocientas palabras desde el barco hasta la costa, aquí mismo en Nueva York durante las regatas de la Copa América del año pasado. Lo sé, estuve allí. Vi su equipo –dijo Morgan.

—Un simple juego de niños. Utiliza equipos diseñados por otros y además con la frecuencia equivocada. Los más mínimos cambios en el tiempo atmosférico alterarán sus mensajes y no tiene ningún dispositivo para crear canales separados. He probado detalladamente sus frecuencias hertzianas, Sr. Morgan, y creo que no hay ninguna viabilidad comercial en ellas.

—¿Exactamente por qué están tan equivocados?

---

13. Todas las conversaciones entre Tesla y Morgan se han recreado a partir de su correspondencia. Me he tomado alguna licencia literaria en forma de conversación. Las citas referenciadas son textuales. Nikola Tesla a John Pierpont Morgan (26 de noviembre de 1900) [BC].

—Por ejemplo, no hacen uso de las propiedades eléctricas naturales de la Tierra. Las corrientes de Tesla, en cambio, están sintonizadas con las frecuencias de nuestro planeta. Éstas son ondas continuas, no interrupciones pulsadas. En resumen, mi método es el mejor para transmitir información sustancial y asegurar total privacidad.[14]

—Tengo un puñado de artículos con fotografías de Marconi que parecen no estar de acuerdo con usted. El Servicio Postal británico está utilizando el método hertziano. Aquí tengo un artículo periodístico que recogí en Inglaterra de un contralmirante que ha utilizado los transmisores de Marconi para distancias superiores a 130 kilómetros: «Nuestros movimientos de los barcos se han dirigido con una facilidad y una seguridad y se han llevado a cabo con una confianza que, sin esta maravillosa ampliación del alcance de las señales, habría sido totalmente inalcanzable. Es un verdadero triunfo del Signor Marconi».[15] Y tengo artículos que cuestionan si alguna vez usted ha enviado mensajes más allá de los límites de su laboratorio.

—Veo que ya le he robado suficiente tiempo –dijo el inventor, mirando su reloj–. Le agradezco mucho su hospitalidad –dijo Tesla.

—No estoy diciendo que no podamos hacer negocios, señor Tesla, pero voy a tener que pensarlo bien.

—Muy bien –dijo Tesla.

Cuando Tesla se marchó, Morgan sacó una baraja de cartas y realizó su ritual nocturno de jugar al solitario. Ante él había otro archivo sobre las patentes de Tesla, pero no eran sin hilos: «Los descubrimientos del Sr. Tesla eliminan el filamento de carbono. Explicó que al crear un campo electrostático, los tubos de vacío frío podrían colgarse en cualquier lugar en la habitación. [No se pueden quemar, porque no hay ningún filamento que se pueda destruir]. La fabricación estimada de bombillas incandescentes es de cincuenta mil al día».[16]

---

14. Nikola Tesla a John Pierpont Morgan (10 de diciembre de 1900) [BC].

15. «Marconi's Signals», *The New York Times* (8 de abril de 1899); Jolly, W.: *Marconi*. Stein & Day, Nueva York, 1972. p. 66.

16. «New Electric Inventions: Nikola Tesla's Remarkable Discoveries», *New York Recorder* (15 de junio de 1891).

10 de diciembre de 1900

Querido Sr. Morgan:

Apreciando el inmenso valor de su tiempo, me retiré más o menos apresuradamente el viernes pasado, prefiriendo hacer algunas afirmaciones condensadas sobre la larga distancia que, con un pequeño esfuerzo de su parte, le pondrán en posesión de los conocimientos que he adquirido sólo después un largo y exhaustivo estudio.

Esta extensa carta, una de las primeras de muchas, comenzaba con una cita del profesor Adolph Slaby de Alemania, quien se refirió a Tesla como «el padre de esta telegrafía», y también incluía citas de lord Kelvin y de sir William Crookes sobre otros desarrollos en el campo, como en la construcción de su oscilador para generar frecuencias sin hilos. La carta también señalaba la posición legal de Tesla, quien había patentado todos los fundamentos del proceso en Estados Unidos, Australia, Sudáfrica y Europa, y señalaba los defectos específicos del sistema de Marconi (señalados anteriormente). «Disculpándome por esta digresión [...], le ruego que tenga en cuenta que mis patentes en este campo todavía virgen, si las adquiere, le llevarán a una posición que, por varios motivos, será jurídicamente más fuerte que la que tienen mis propios descubrimientos sobre la transmisión de energía mediante corrientes alternas».

Tesla terminaba la carta con un apasionante desafío: «Permítame recordarle que si en el mundo sólo hubiera habido personas miedosas y tacañas, nunca se habría hecho nada grandioso. Rafael no habría creado sus maravillas, Colón no habría descubierto América, no se habría podido tender el cable en el Atlántico. Usted debería ser, de entre todos, el hombre que se embarcara en esta empresa que será un acto de inestimable valor para la humanidad».[17]

17. «Además de en este país me he protegido, aunque no tan completamente, en Inglaterra, Victoria, Nueva Gales del Sur, Austria, Hungría, Alemania, Francia, Italia, Bélgica, Rusia y Suiza»; Nikola Tesla a John Pierpont Morgan (10 de diciembre de 1900) [BC].

El primer trust de mil millones de dólares

Quizás el personaje más estrafalario que haya vivido en el Waldorf ha sido el barón ladrón y manipulador del mercado de valores, John W. (Bet-a-Million)[18] Gates, copropietario de la American Steel & Wire Company. Durante un día normal, Gates podía ganar o perder 40 000 dólares en una partida de póquer y, en algunas ocasiones, la cifra podría ser hasta diez veces mayor. Tras hablarlo con Henry Clay Frick, otro ocupante del Waldorf y ocasional compañero de partidas de póquer, Gates ayudó a coreografiar uno de los acuerdos más importantes del siglo.

El 12 de diciembre se celebró una cena para los magnates del acero en honor a Charles Schwab en el University Club. Patrocinada por el jefe de Schwab, Andrew Carnegie, entre los asistentes se encontraban J. Pierpont Morgan, Edward H. Harriman, August Belmont, Jacob Schiff, John W. Gates y el primer gerente de Carnegie, Henry Clay Frick.

En un discurso improvisado después de la cena, con Carnegie ausente de la reunión, Schwab explicó, de manera clara y directa, las ventajas de crear un trust siderúrgico gigante.[19] Después de discusiones que se prolongaron hasta las tres de la mañana, Morgan comenzó para darse cuenta de los grandes rendimientos del plan de Schwab, y en unos pocos meses finalizó la fusión, colocando a Schwab a la cabeza del nuevo trust siderúrgico de 1400 millones de dólares, la primera empresa capitalizada en más de 1000 millones de dólares. Carnegie recibió unos 226 millones de dólares; Frick, 60 millones de dólares, y Rockefeller, por sus minas de hierro, 90 millones de dólares. Gates, el «apostador pantagruélico», jugando como si se tratara de una mano de póquer, se opuso tanto como pudo, hasta que Morgan amenazó con crear una compañía eléctrica sin él, por lo que también se fue con una ganancia considerable. En marzo de 1901, con la creación de la nueva corporación, Morgan pudo añadir acero a su cartera de valores, que en ese momento incluía industrias eléctricas, navieras, mineras y energéticas, así como corporaciones telefóni-

---

18. Literalmente «apuesta un millón». *(N. del T.)*

19. Hessen, R.: *Steel Titan: The Life of Charles M. Schwab*. Oxford University Press, Nueva York, 1975. pp. 116-117.

cas, ferroviarias y aseguradoras.[20] Caricaturas políticas de la jornada lo representaron como un Atlante con la Tierra a la espalda o como un Goliat alzándose sobre individuos menos poderosos, como el rey de Inglaterra, el káiser alemán o el presidente de Estados Unidos.

Como reacción a la «morganización», la anarquía comenzó a convertirse en una alternativa política viable. Por otro lado, aunque Morgan representaba fuerza y estabilidad en los negocios, en realidad la creación de U. S. Steel suponía una magnífica apuesta. Carnegie lo sabía y afirmó: «Pierpont no es un maestro del hierro. No sabe nada sobre el negocio de fabricar y vender acero. ¡Gestioné mi comercio con él de modo que me pagaron en bonos, no en acciones! Él hará un fracaso del negocio y demorará el pago de los intereses. Entonces lo embargaré y recuperaré mis propiedades».[21]

Schwab también temía esto. Al cabo de dos años, el astuto conciliador dimitió de la empresa para hacerse cargo de Bethlehem Steel, una joya mucho más pequeña, sólida y rentable.

Así pues, Morgan iba a tener quebraderos de cabeza con el monopolio del acero en parte debido a problemas de mercado y sobre todo a causa de disputas laborales, en particular una huelga que prácticamente paralizó a la empresa. Es posible que el motivo principal por el que U. S. Steel tuviera éxito se debió a la invención del automóvil, que creó un enorme mercado nuevo.

Para compensar la posibilidad de que el gran conglomerado se hundiera y aumentara el potencial de mayores ingresos, Morgan «reclutó» al famoso manipulador de acciones James Keene para crear un interés artificial. Keene compró y vendió grandes paquetes de U. S. Steel a falsos inversores para crear la ilusión de un interés alcista.[22] La farsa funcionó y en pocas semanas la Bolsa de Nueva York experimentó los días de negociación más activos de la historia. «Las acciones ordinarias de Big Steel, que se habían ofrecido en el mercado a treinta y ocho, subieron casi inmediatamente a cincuenta y cinco, y Pierpont Morgan se convirtió en el

20. Josephson, M.: *The Robber Barrons*. J. J. Little, Nueva York, 1934. p. 426; Satterlee, H. L.: *J. Pierpont Morgan: An Intimate Portrait*. Wiley, Nueva York, 1939. p. 347.

21. Satterlee, H. L.: *J. Pierpont Morgan: An Intimate Portrait*. Wiley, Nueva York, 1939. p. 348.

22. Wheeler, G.: *Pierpont Morgan and Friends: Anatomy of a Myth*. Prentice-Hall, Englewood Cliffs, Nueva Jersey, 1973. p. 233.

héroe del mundo financiero y el principal demonio de aquellos que temían y odiaban el monopolio».[23]

El acuerdo de Tesla

Tesla se reunió con Morgan en medio de estas negociaciones sobre el acero en un intento de consolidar un acuerdo. En plena época de Navidad, cogió un taxi para dirigirse a la oficina de Morgan en el número 23 de Wall Street y le entregó al financiero algunas de sus especificaciones.

—Sr. Morgan, mi plan y mis patentes que le ofrezco tendrán una posición legalmente más fuerte que la que tienen los propietarios del teléfono de Bell o los titulares de las patentes basadas en mi descubrimiento en la transmisión de energía mediante corriente alterna.

—Envíeme el papeleo y lo revisaré.

—Señor, en vista de la intensa actividad en este campo, es deseable que se me coloque sin demora en una posición que nos permita aprovechar mis conocimientos avanzados.[24]

Morgan se acercó a la ventana y contempló Wall Street a sus pies.

—Si acepto ayudar a construir su estación para transmitir a través del Atlántico, quiero que quede claro que soy –y se volvió hacia el serbio y bajó la voz hasta que fue apenas un susurro– un socio silencioso.[25] ¿Sabe lo que eso significa, señor Tesla?

—Sí, señor. Lo sé.

—Bien. Le voy a ser franco. No tengo una buena impresión de usted.[26] Abunda en controversias, es jactancioso y, exceptuando su acuerdo con Westinghouse, todavía no ha conseguido beneficios con ninguna otra creación. Por otro lado, aprecio su talento, así que déjeme poner mis cartas sobre la mesa. Si procedemos, cualquier cifra que decidamos será firme. No seré estafado para continuar con los fondos de investigación.[27]

---

23. Hoyt, E. P.: *The House of Morgan*. Dodd, Mead & Company, Nueva York, 1966. p. 245.

24. Nikola Tesla a John Pierpont Morgan (10 de diciembre de 1900) [BC].

25. Nikola Tesla a John Pierpont Morgan (7 de septiembre de 1902) [BC].

26. Nikola Tesla a John Pierpont Morgan (5 de marzo de 1901) [BC].

27. Nikola Tesla a John Pierpont Morgan (13 de octubre de 1904) [BC].

—No es dinero lo que busco, aunque estos inventos, en sus poderosas manos, con su consumado conocimiento de los negocios, pueden valer una cantidad incalculable. Usted conoce el valor del avance científico y de la creación artística. Sus términos son los míos.[28]

—Con esto no es suficiente. Deme detalles. Deme una cifra.

—Como le dije en nuestra primera reunión, creo que 100 000 dólares serán suficientes para la construcción de un transmisor transatlántico de treinta metros de altura.[29]

—Asegurémonos de esto. ¿Pongamos 150 000 para la construcción de dicha torre de transmisión y una división al 50 % de las acciones de la compañía?[30]

Morgan cogió su talonario de cheques, escribió un pago inicial y se lo entregó al inventor.

Asombrado por su buena suerte y humillado ante el rey, Tesla no pudo callarse.

—Deje que el control sea suyo, señor Morgan. Insisto en que usted se lleve el 51 % y yo el 49 %.[31]

—Es usted un hombre realmente peculiar. Está bien, es un trato. Una vez que los documentos estén redactados, puede recurrir a la dinastía Morgan cuando surja la necesidad de conseguir el límite completo.[32]

3 de enero de 1901

Mi querido coronel Astor:

Mis mejores deseos para el nuevo siglo [...]. El generoso respaldo del Sr. Morgan, por el que le estaré agradecido toda mi vida, me garantiza mis triunfos en la telegrafía y la telefonía sin hilos, pero todavía no puedo poner mis inventos terminados [osciladores, luces fluorescentes] en el mercado. Me cuesta creer que tú, mi amigo des-

---

28. Nikola Tesla a John Pierpont Morgan (10 de diciembre de 1900) [BC].

29. Nikola Tesla a John Pierpont Morgan (13 de octubre de 1904) [BC].

30. Ibíd.

31. Ibíd.

32. John Pierpont Morgan a Nikola Tesla (15 de febrero de 1901) [BC].

de hace años, dudes en unirte a mí y presentarlos cuando puedo ofrecerte retornos de tu inversión diez veces mejores que cualquier otra persona.

Sinceramente,

N. Tesla[33]

La letra pequeña

5 de marzo de 1901

Querido Sr. Tesla:

Me permito acusar recibo de su carta del primer instante junto con las asignaciones de intereses de varias patentes como se muestra en el calendario y las asignaciones entregadas junto con el mismo, y confirmar el acuerdo allí expresado.

Muy atentamente,

J. Pierpont Morgan[34]

El pulpo no se contentó con crear una simple asociación en el ámbito inalámbrico. Sin que el inventor lo supiera, Morgan también quería hacerse cargo de la iluminación y controlar las patentes de Tesla. Con atrevimiento, se acabaron añadiendo al acuerdo. Ahora Tesla se encontraba en una situación difícil, ya que Astor era el principal socio de la otra empresa y el inventor no había planeado incluir las patentes reales como parte de su garantía. «Cuando recibí su carta formal –escribió Tesla tres años después–, especificaba un interés en el 51 % de las patentes de estos inventos. Eso era otra cosa, aunque mi participación era la misma. Era una venta simple. Los términos eran completamente irrelevantes para mí y no dije nada, por temor a ofenderlo. Usted se ha referido repetidamente a algunas acciones, y es posible que se haya cometido un error».[35] En lugar de enfrentarse frontalmente a su nuevo benefactor, Tesla accedió.

---

33. Nikola Tesla a John Jacob Astor (3 de enero de 1901) [MNT].

34. John Pierpont Morgan a Nikola Tesla (5 de marzo de 1901) [BC].

35. Nikola Tesla a John Pierpont Morgan (13 de octubre de 1904) [BC].

18 de febrero de 1901

Querido Sr. Stedleg [intermediario de Morgan]:

... No hace falta decir que firmaría cualquier documento aprobado por el Sr. Morgan, pero creo que hay un malentendido con respecto a mi sistema de iluminación que no estaba incluido en la propuesta original.

En lugar de intentar modificar el acuerdo para eliminar este asunto vital que, en palabras de Tesla en la misma carta, «provocará una revolución industrial», el inventor señaló las grandes ventajas del negocio de la iluminación e incluyó un anuncio promocional titulado «Tesla's Artificial Daylight».[36] Concluyó afirmando que «aparte de mí, está interesado el coronel Astor. Por lo tanto, será necesario por mi parte que cumpla con una formalidad antes de hacer las asignaciones. Atenderé este asunto lo antes posible».[37]

Un mes antes, quizás anticipándose a este problema, Tesla había apelado una vez más a su benefactor original:

11 de enero de 1901

Mi querido coronel Astor:

Como el Sr. Adams y sus socios están completamente fuera, prácticamente no tengo a nadie conmigo excepto a ti y al Sr. Morgan [...]. Por favor, déjame saber de ti. Conmigo no estás con un sindicato salvaje, sino con un hombre para quien tu nombre, tu crédito y tu interés son sagrados.[38]

---

36. «Luz diurna artificial de Tesla». *(N. del T.)*
37. Nikola Tesla a John Pierpont Morgan (18 de febrero de 1901) [BC].
38. Nikola Tesla a John Jacob Astor (11 de enero de 1901) [MNT].

Astor llamó por teléfono una semana después. Le dijo al inventor que le preocupaba que Tesla no tuviera patentes fundamentales y que otros inventores pudieran tener prioridad, particularmente en el sector inalámbrico.

«No te dejes engañar por lo que dicen los periódicos, coronel, tengo los derechos de control. ¿Por qué no te unes al Sr. Morgan y a mí?».[39]

Astor evitó hacer afirmaciones definitivas, por lo que aparentemente Tesla sólo vinculó el asunto de la iluminación al acuerdo inalámbrico con el comodoro.[40] Ahora Morgan controlaba los fundamentos detrás de dos industrias *nuevas* completamente independientes. Tesla difícilmente podía quejarse; había aceptado la propuesta. Todo lo que tenía que hacer era tener éxito con el capital ahora proporcionado.

5 de marzo de 1901

Querido Sr. Steele [otro intermediario de Morgan]:

Ahora que todos los peligros de transmitir una impresión equivocada al Sr. Morgan han sido eliminados por su amable aceptación de mi propuesta, quisiera llamar su atención sobre el hecho de que considero mis patentes fundamentales sobre métodos y aparatos para la transmisión sin hilos de energía como las patentes más valiosas de los tiempos modernos y en cuanto a mi sistema de iluminación, estoy

---

39. Nikola Tesla a John Jacob Astor (22 de enero de 1901) [MNT].

40. Una característica curiosa de este episodio es que, aparte de las patentes de iluminación que datan de entre 1890 y 1892, no se ha descubierto ninguna patente de Tesla de hacia 1900 que esté escrita específicamente para describir la iluminación fluorescente o de neón. Esta conclusión se ve corroborada por la correspondencia con otros investigadores de Tesla (por ejemplo, Leland I. Anderson y John T. Ratzlaff). Si Tesla redactó patentes para este invento, nunca fueron presentadas en Washington. Puede haber copias en los archivos de Morgan o en el Museo Tesla, o la invención podría estar de alguna manera vinculada a otras patentes. Una investigación del Congreso aporta evidencia tangencial de que Morgan acalló deliberadamente esta invención: «La introducción de la iluminación fluorescente en este país fue retardada por General Electric y Westinghouse, a través del control de patentes, para que su eficiencia no redujera demasiado drásticamente la demanda de corriente». (*Invention and the Patent System*, Informe del Comité Económico Conjunto del Congreso de Estados Unidos, 88.º Congreso, 2.ª sesión, diciembre de 1964, p. 100.)

convencido de que constituye uno de los avances más importantes y de enorme valor comercial.

Atentamente,

N. Tesla[41]

El día trece del mes, siempre un día favorito para el mago supersticioso, Tesla le devolvió a Westinghouse un pagaré por 3045 dólares. Ya no tenía deudas e iba por el buen camino.[42]

41. Nikola Tesla a John Pierpont Morgan (5 de marzo de 1901) [BC].
42. Nikola Tesla a George Westinghouse (13 de marzo de 1901) [BC].

30
Centro de telegrafía mundial (1901)

Querido Sr. Morgan:

¡Cómo puedo empezar a darle las gracias en nombre de mi profesión y del mío propio, gran hombre generoso! Mi obra proclamará en voz alta su nombre al mundo. ¡Pronto verá que no sólo soy capaz de apreciar profundamente la nobleza de su acción, sino también de hacer que su inversión principalmente filantrópica valga cien veces la suma que ha puesto a mi disposición de manera tan magnánima y noble!

Deseo su felicidad y bienestar con toda la fuerza de mi corazón. Créame.

Siempre suyo con toda sinceridad,

N. TESLA[1]

En marzo de 1900 se produjo un incendio en el edificio de East Houston Street que albergaba el laboratorio de Tesla. «Los judíos en el piso inferior se quemaron [y esto] me asustó casi hasta la muerte», escribió Tesla a los Johnson. «Me fue por un pelo, y si hubiera ocurrido la desgracia, probablemente habría sido la última de vuestro amigo Nikola».[2] Durante este período, el ataque violento de la prensa también prosiguió de manera desenfrenada.

---

1. Nikola Tesla a John Pierpont Morgan (12 de febrero de 1901) [BC].
2. Nikola Tesla a Robert Underwood Johnson (8 de marzo de 1900; 9 de marzo de 1900) [BBUC].

25 de febrero de 1901

Mi querido Sr. Tesla:
Nunca olvidamos a los viejos amigos y los defendemos a toda costa contra los agresores maliciosos.
Atentamente,

EARNEST HEINREICH

Uno de los miembros de la vieja guardia de la corporación Westinghouse, Earnest Heinreich, incluyó un recorte de periódico que había escrito. «Cualquiera que sea ignorante —escribió Heinreich— no sabe que Tesla se encuentra en la primera línea de los inventores eléctricos por lo que realmente ha logrado».[3]

Otro que salió en defensa de Tesla fue T. C. Martin, autor de unas palabras de elogio en *Science*. «El barco estaba desviado de su rumbo —escribió Tesla—, pero siempre tuve fe en el capitán».[4]

13 de diciembre de 1900

Mi querido Tesla:
Estoy encantado de recibir tus amables palabras del 12 de diciembre. No conozco ningún cambio en mis sentimientos hacia ti en estos muchos años desde el principio hasta ahora. Siempre estaré muy orgulloso de mi modesta colaboración con tu trabajo anterior...
Como siempre,

T. C. MARTIN[5]

Por desgracia, también hubo disputas entre Tesla y Martin sobre el editorial anterior que atacaba a Tesla en el periódico de Martin y sobre el lento progreso de Tesla en sus otros inventos. Respecto a las bombillas de vacío, Martin escribió: «Me encantaría ver que tú o cualquier otro hom-

---

3. Earnest Heinreich a Nikola Tesla (25 de febrero de 1901) [BC].

4. Nikola Tesla a Thomas Commerford Martin (12 de diciembre de 1900) [MNT].

5. Thomas Commerford Martin a Nikola Tesla (13 de diciembre de 1900) [MNT].

bre nos regale el arte comercial». Trastornado, Tesla interrumpió su correspondencia, por lo que la amistad quedó dañada.[6]

Apenas tres meses después, en marzo de 1901, Tesla invitó a su laboratorio a una admiradora y discípula de Swami Vivekananda, Emma C. Thursby. «Entonces mi luz quedará permanentemente instalada y usted y sus amigos –la Srta. Farmer en particular– serán bienvenidos a verla».[7]

LA NUEVA SORPRESA DE TESLA
JULIAN HAWTHORNE

Se están haciendo grandes preparativos para un experimento a escala extraordinaria en el laboratorio del mago en la calle de East Houston [...]. Un visitante no anunciado entró hoy por casualidad. Tesla no estaba allí. Pero lo que vio el visitante lo encadenó al lugar.

UN COLOR MARAVILLOSO

De una viga robusta del techo colgaban tres deslumbrantes y pulsantes coágulos de luz violeta violeta. La habitación brillaba con la calidez de un color extraño y sobrenaturalmente intenso, un tono que no figura en el espectro. Por encima y por debajo de los rayos se retorcían largas espirales de vidrio estrechamente enroscadas: serpientes de palpitantes llamas violetas...

OSCURIDAD REPENTINA

Uno de los trabajadores de Tesla encontró hechizado al visitante no anunciado. Un rápido salto hacia la pared, un botón oculto presionado... y oscuridad.

Quienes lo sabían dicen que esta luz violeta es la nueva señal luminosa del mago Tesla a los marcianos. Pronto lo revelará al mundo. Incluso se insinúa a la vuelta de la esquina de Mulberry Street, en la sede de la policía, que Tesla ya ha agitado el planeta rojo y ha obtenido una respuesta.[8]

---

6. Thomas Commerford Martin a Nikola Tesla (17 de diciembre de 1900; 18 de diciembre de 1900) [MNT].

7. Nikola Tesla a la Srta. Emma C. Thursby (3 de marzo de 1901).

8. Hawthorne, J.: «Tesla's New Surprise», *Philadelphia North American* (hacia 1900) [BBUC].

Hawthorne vivía en Yonkers y a menudo cogía un tren hasta Manhattan para cenar con Tesla a principios de año.[9] Compartían varios amigos en común, incluido Stanford White, cuyo padre, Richard Grant White, le había confesado una vez a Hawthorne «entre otras confidencias sagradas la existencia de una mujer a quien había encontrado y amado en Nueva York». El rumor, en esencia, era que había sido esencialmente un bígamo, que mantenía un hogar para su familia y otro para su concubina.[10] Quizás esto explicase la inclinación de Stanny por el coqueteo. De todos modos, el hijo superaba fácilmente al padre, ya que mantenía cinco o seis retiros, incluida una finca en Long Island, un apartamento en Gramercy Park, la suite de Garden Tower, «la Morgue» en la calle 55 Oeste que él y sus compatriotas, como Saint-Gaudens, «utilizaban en caso de necesidad», y su «lugar más tristemente célebre», en el 22 de la calle 24 Oeste.[11]

En marzo, Stanford quedó prendado de los exóticos encantos de Evelyn Nesbit, la sirena Florodora,[12] de dieciséis años, que había aparecido como una *Gibson girl*[13] en la página central de *Collier's* y como una bailarina española con el pecho casi al descubierto en un popular musical de Broadway. White la vio actuar noche tras noche durante muchas semanas antes de poder concertar una cita, que tuvo lugar en pleno verano en el estudio de la calle 24.[14]

«Stanford me hizo instalar una puerta eléctrica –le dijo el inventor a Hawthorne–. Presionas un botón y se abre automáticamente».

---

9. Nikola Tesla a Julian Hawthorne (16 de enero de 1901) [BBUC].

10. Baker, P.: *Stanny: The Gilded Life of Stanford White*. Free Press, Nueva York, 1989. p. 15.

11. Ibíd. p. 289.

12. Comedia musical estrenada en 1899 en Londres y un año después en Nueva York, donde se hizo famosa sobre todo por sus coristas, conocidas como «florodoras». *(N. del T.)*

13. Creada por el dibujante Charles Dana Gibson (1867-1944) en la década de 1890, la *Gibson girl* está considerada el primer ideal de belleza estadounidense. Era alta y delgada, pero con formas remarcadas por el corsé, y tenía la nariz y la boca pequeñas, ojos grandes y la melena recogida siguiendo la moda de los voluminosos peinados. Representaba el cambio social que empezaba a permitir a las mujeres una mayor independencia hasta el punto de ser ella quien escogía al hombre que le gustaba. *(N. del T.)*

14. Baker, P.: *Stanny: The Gilded Life of Stanford White*. Free Press, Nueva York, 1989. p. 321.

White había decorado su estudio de soltero en tonos rojos, con cortinas de terciopelo en las ventanas, cojines blandos en el suelo y tapices, estatuas y cuadros, en su mayoría desnudos, por todas partes. En su *loft*, con la habitación ambientada como un bosquecillo, iluminada con un brillante tragaluz, había un columpio de terciopelo rojo colgando del techo, como uno de los juguetes de Chaucer, con cuerdas verdes colgando del asiento, imitando las enredaderas de un árbol.[15]

Además de reunirse con el hijo místico del renombrado autor gótico, Nathaniel Hawthorne, durante todo este período Tesla cenó con Stanford White y, a veces, con Mark Twain en el Players' Club, o con el héroe de la guerra hispanoamericana, Richmond Hobson, con Rudyard Kipling o, por supuesto, con los Johnson. Katharine se interesó por el espiritismo e intentó un experimento de transferencia de pensamiento sin que el inventor lo supiera. En broma, Tesla respondió:

11 de junio de 1900

Mi querida Sra. Johnson
    Esta vez no ha habido influencia telepática. No he pensado en ti ni por un momento.
    Sinceramente,

                       ¡EL CHICO MILLONARIO![16]

Arraigado en su filosofía materialista, el supersticioso «mago que habla con otros mundos»[17] continuaba repudiando la noción de que las mentes humanas pudieran interactuar por medios extrasensoriales, a pesar de que recientemente había salvado a algunos amigos de una colisión de tre-

---

15. Licencia literaria. Adaptado a partir de la película *La muchacha del trapecio rojo* (1955), del director estadounidense Richard O. Fleischer; Mooney, M. M.: *Evelyn Nesbit and Stanford White: Love and Death in the Gilded Age*. Morrow, Nueva York, 1976. pp. 45-46.

16. Nikola Tesla a Katharine Johnson (11 de junio de 1900) [BBUC].

17. Ratzlaff, J. T. *et al.*: *Dr. Nikola Tesla Bibliography, 1884-1978*. Ragusen Press, Palo Alto, California, 1979. p. 70.

nes gracias a una premonición.[18] Sin embargo, sostenía abiertamente que los fenómenos psíquicos eran una tontería. Katharine no sólo sería objeto de burlas por sus inclinaciones místicas, sino también por la posesión de Hobson y su apariencia.

1 de enero de 1901

Mi querido Luka:
 Cuando la Sra. Filipov está fuera de la ciudad, pienso en la Sra. de Kay como la dama más encantadora de mi experiencia. Sería aconsejable, Luka, que ambas damas no se enteraran de esto. Una palabra al sabio es suficiente.[19]

Considerado como un tío de la familia, Tesla también expresó su continuo afecto por los niños Johnson. En el caso de Agnes, le firmó una tarjeta de Año Nuevo como «Nikola Hobson», y en el caso de Owen, se tomó el tiempo para leer la primera novela del joven, *Arrows of the Almighty*. También felicitó a Owen por su inminente matrimonio. Agnes también se casaría más tarde y heredaría la vasta correspondencia de los Johnson, gran parte de la cual fue donada a la Universidad de Columbia. Según la actual señora de Robert Underwood Johnson, la esposa del hijo de Owen (llamado así por su abuelo), Agnes era «horrible. No me gustaba en absoluto. Su hija, sin embargo, era muy hermosa. Paderewski consideraba que Ann tenía mucho talento [...]. Owen era muy apuesto y atractivo, y tenía muchas de las cualidades de su madre. Como escritor, fue autor de la serie Lawrenceville y se ganaba bien la vida como novelista».

La actual señora Johnson afirmaba que Katharine tenía «una personalidad irlandesa». Podía ser «alegre, animada y amante de la diversión, pero en el fondo también tener un punto depresivo». El actual Robert Underwood Johnson vivía con sus abuelos. «Tenían dos sirvientas irlan-

---

18. O'Neill, J. J.: *Prodigal Genius: The Life of Nikola Tesla*. Ives Washburn, Nueva York, 1944. p. 187.
19. Nikola Tesla a Robert Underwood Johnson (1 de enero de 1901) [BBUC].

desas, Josie y Norah. Katharine se ponía de mal humor, se quedaba en su habitación y no bajaba ni siquiera para comer. Su depresión se agravó después de la Primera Guerra Mundial». Se consideraba que Robert era «aburrido, muy formal, con modales del viejo mundo…, un buen caballero mayor. Katharine se sentía atraída por Tesla porque era imaginativo y fascinante desde un punto de vista europeo. Podría haber aportado más alegría a la casa».[20]

WARDENCLYFFE

El inventor Nikola Tesla ha comprado un terreno de doscientos acres en Wardenclyffe on the Sound, quince kilómetros al este de Port Jefferson para el establecimiento de una planta de telegrafía sin hilos. El terreno y las mejoras costarán 150 000 dólares».[21]

El 1 de marzo de 1901, Tesla firmó oficialmente su contrato con Morgan. Ya podía iniciar la construcción de su laboratorio y de su torre en Long Island, a unos cien kilómetros de la ciudad de Nueva York. Dos días después, Morgan anunció oficialmente la creación de U.S. Steel. No se hizo tal anuncio sobre la Tesla Company. El artículo mencionado anteriormente, que apareció en un periódico local, el *Long Island Democrat*, fue quizás el único que hacía referencia a la cifra correcta de 150 000 dólares, que aportó Morgan. Cuando John J. O'Neill escribió su biografía en 1944, desconocía los detalles de la relación Morgan-Tesla, a pesar de que conocía personalmente a Tesla desde hacía más de treinta años. El inventor, cuyos papeles todavía se encontraban bajo llave en el momento de terminar la biografía, le había dicho a O'Neill que el financiero aportó los fondos en su calidad de filántropo, aunque no fue así. Era una simple asociación comercial.

Tesla celebró la nueva relación dando una gran fiesta en el Waldorf-Astoria. Había discutido con Oscar los detalles del menú y participó en la degustación de las distintas salsas. Impecablemente vestido, reservó uno de los salones de banquetes más pequeños y pidió a sus invitados

---

20. Entrevista con la Sra. de Robert Underwood Johnson (1 de julio de 1990).

21. «Nikola Tesla Inventor», *Long Island Democrat*, p. 1:3 (27 de agosto de 1901).

que llegaran a las siete y media *en punto*. Es probable que White estuviera allí, junto con los Johnson, Hobson y tal vez la Srta. Merington o las acólitas de Vivekananda, la Srta. Thursby, la Srta. Farmer o Anne Morgan. Como cuenta la leyenda, cuando llegó el momento de servir la cena, el maître se vio obligado a llamar aparte a Tesla para informarle que le debía al hotel facturas atrasadas por un total de más de 900 dólares. Tenía órdenes. No se podía servir la cena a menos que primero se aclarara el asunto. Con un as bajo la manga, Tesla recibió a sus invitados con indiferencia y luego salió para ver al gerente. El señor Boldt fue cordial pero insistente, por lo que Tesla hizo una llamada y lo puso al teléfono con Morgan. A pesar del nerviosismo, Boldt fue capaz de mantenerse firme. Inmediatamente se envió un cheque y el inventor se salvó del bochorno.[22]

Poco después, Tesla se reunió con el magnate inmobiliario Charles R. Flint, quien organizó una reunión con James Warden, director de la North Shore Industrial Company. Warden, que controlaba una granja de patatas de mil ochocientos acres en Long Island Sound, en el condado de Suffolk, proporcionó a Tesla doscientos acres adyacentes a lo que hoy en día se conoce como Route 25A. Al inventor también se le dio la opción de comprar la parcela restante. Quizás para endulzar el trato o a cuenta de otros acuerdos, el lugar recibió el nombre de Wardenclyffe, en honor al propietario, y el 2 de abril se estableció una oficina de correos bajo esa denominación. Cinco años más tarde, en 1906, el nombre se cambió oficialmente a Shoreham Village.[23]

Electrical World and Engineer informó: «La compañía está ofreciendo sus acciones a la venta a 100 dólares cada una, esperando pagar dividendos del 15 %. La Wardenclyffe Building Company tendrá el primer derecho y privilegio de construir y hacer todas las mejoras constructivas [...] y tendrá el derecho preferente de compra de cualquier terreno adicional que se ofrezca para la venta». Warden, entrevistado para el artículo, predijo que «en el futuro se obtendrán grandes beneficios». Describiendo a Tesla como «el electricista más destacado de la época, cuyos logros en la ciencia eléctrica eclipsan en importancia práctica a todos los

---

22. O'Neill, J. J.: *Prodigal Genius: The Life of Nikola Tesla*. Ives Washburn, Nueva York, 1944. p. 187.

23. Shoreham en *Historical Sketches of Northern Brookhaven Town*. p. 68 [DKS].

demás descubrimientos del siglo», Warden señaló que el inventor «acaba de cerrar un contrato para gastar una suma muy grande de dinero en la construcción de laboratorios eléctricos y la estación principal para su sistema de telegrafía sin hilos para comunicar con Europa y Australasia. Este desarrollo requerirá un gran número de casas para el alojamiento de los varios centenares de personas que empleará el Sr. Tesla».[24]

El plan final de Tesla era construir un Centro Mundial de Telegrafía, con un laboratorio, un transmisor sin hilos e instalaciones de producción para fabricar sus osciladores y tubos de vacío. Había negociado con Morgan el primer paso, es decir, construir el laboratorio y una torre sencilla para informar sobre regatas de yates, hacer señales a los barcos de vapor y enviar mensajes en código morse a Inglaterra. Simultáneamente, discutió con McKim, Mead & White la construcción de una metrópolis entera, «una ciudad modelo», utilizando los mil ochocientos acres disponibles, con casas, comercios y edificios para albergar a más de dos mil quinientos trabajadores.[25] «Wardenclyffe será la operación más grande de su tipo en el mundo –dijo Tesla a los periódicos locales–. El laboratorio atraerá a hombres de los más altos círculos científicos y su presencia beneficiará a todo Long Island.[26] Con una plantilla de setenta y cinco delineantes, el eminente estudio de arquitectura McKim, Mead and White está bien preparado para la tarea», concluyó Tesla. Le facturaron 1168 dólares por los planos.[27]

Al parecer, White se encontraba en una posición precaria: Morgan todavía tenía reservas sobre su relación con el extravagante ingeniero. En su calidad de decorador de interiores, White había localizado en febrero una estatua en Londres que sabía que interesaba al financiero. «Mi querido comodoro –escribió el cautivador pelirrojo–, realmente renunciar a ella es como separarme de un pedazo de mi corazón. Por lo tanto, honestamente preferiría mostrársela a usted que venderla ya que mi único de-

24. «Mr. Tesla at Wardenclyffe, L. I.», *Electrical World and Engineer*, pp. 509-510 (28 de septiembre de 1901).

25. Ibíd.; cita de Warden: «la cifra final de la que se habla es de dos mil a dos mil quinientos [trabajadores]».

26. «When the Man Who Talked to Mars Came to Shoreham», *Port Jefferson Record*, p. 3 (25 de marzo de 1971).

27. Roth, L. M.: *The Architecture of McKim, Mead & White: A Building List*. Garland Publishing Inc., Nueva York, 1978.

seo es complacerle». Pero Morgan insistió en compensarlo por la estatua, pagándole a White «el doble de la comisión normal» para demostrar que él también sentía que su asociación transcendía los «negocios».[28]

26 de abril de 1901

Querido Nikola:

Le envío con esta carta un nuevo plan revisado para su central eléctrica, y también una estimación muy cercana que hemos hecho nosotros mismos en esta oficina […]. El trabajo podría realizarse por unos 14 000 dólares. Estoy seguro de que para un edificio de este tamaño sería imposible reducir estas cifras.

Afectuosamente,

STANFORD WHITE[29]

Se aceptaron ofertas de Sturgis and Hill y también de Mertz and Co., dos contratistas con los que White trabajaba a menudo. En mayo se le enviaron a Tesla los planos del laboratorio para su aprobación, en junio se finalizó un contrato con Sturgis and Hill,[30] y en julio se despejó el terreno y se construyó una carretera.[31] White recomendó a uno de sus socios: W. D. Crow, como arquitecto responsable. Crow también se encargaría de la construcción real de la torre.[32]

El sol brillaba una mañana de principios de primavera mientras el inventor paseaba pomposamente por Peacock Alley y subía por la Quinta Avenida hacia la calle 42 y la Grand Central Station, para hacer transbordo en la estación Pensilvania y coger un tren a primera hora hacia Wardenclyffe. Rayos dorados de luz atravesaban las ventanas superiores del edificio catedralicio cuando Tesla cruzó el imponente corredor y su-

28. Stanford White a John Pierpont Morgan (6 de febrero de 1901; 7 de febrero de 1901) [DSW].
29. Stanford White a Nikola Tesla (26 de abril de 1901) [DSW].
30. Stanford White a Nikola Tesla (1 de junio de 1901) [DSW].
31. George Scherff a Nikola Tesla (23 de julio de 1901) [BC].
32. Stanford White a Nikola Tesla (1 de enero de 1901) [DSW].

bió a bordo del vagón de lujo. Pidió una taza de café y empezó a leer su correo. El tren salió traqueteando de la ciudad, pasó por Manhassett, por Oyster Bay, donde vivía el vicepresidente Roosevelt, por St. James, cerca de Smithtown, donde White tenía su propiedad familiar, y por Port Jefferson, y finalmente llegó a Wardenclyffe. Con paradas en los distintos pueblos, el viaje duró aproximadamente una hora y media, con la costa de Connecticut visible de vez en cuando al otro lado del estrecho. Fue cuando llegó a la página 280 de *Electrical Review* que se quedó boquiabierto y su taza de café se derramó sobre el impecable mantel blanco.

Telegrafía sin hilos sintónica

Guglielmo Marconi

Se está publicando una gran cantidad de información inexacta y engañosa [...], incluso en la prensa científica sobre la telegrafía a través del espacio [...]. Me esforzaré por corregir algunas de estas afirmaciones erróneas.

Mi intención es describir detalladamente los esfuerzos que he llevado a cabo para sintonizar el sistema sin hilos, esfuerzos que, me alegra decir, se han visto coronados por un éxito total.

Primero construí una disposición que consiste en una botella de Leyden o circuito condensador en el que se incluía la bobina primaria, lo que podría llamarse una bobina de Tesla, y una secundaria que está conectada a la tierra o al conductor aéreo. La idea de utilizar una bobina de Tesla para producir oscilaciones no es nueva. Fue probada por el Servicio Postal [es decir, con Preece] cuando experimentaba con mi sistema en 1898 y también sugerida en una especificación de patente por el Dr. Lodge con fecha del 10 de mayo de 1897 (N.º 11) y por el Profesor Braun en 1899.[33]

---

33. Marconi, G.: «Wireless Telegraphy and the Earth», *Electrical Review* (12 de enero de 1901); patentes eléctricas recientes: «Marconi consigue otra patente para un receptor mejorado de oscilaciones eléctricas en su sistema de telegrafía sin hilos», *Electrical Review* (2 de marzo de 1901); la cita en el texto es de «Syntonic Wireless Telegraphy», *Electrical Review*, parte I (15 de junio de 1901), p. 755; parte II (22 de junio de 1901), pp. 781-783.

En una carta escrita tres años después, Tesla le describió a Morgan cómo le afectó esta información:

> Cuando descubrí, bastante accidentalmente, que otros, que ridiculizaban abiertamente lo que había emprendido y desacreditaban mi aparato, lo utilizaban en secreto, evidentemente empeñados en la misma tarea, me encontré enfrentado a condiciones totalmente imprevistas [...]. Su participación [de Morgan] requería una revisión cuidadosa de mis planes. No podía desarrollar el negocio lentamente como si de una tienda de comestibles se tratara. No podría informar sobre regatas de yates ni enviar señales a los barcos de vapor que llegaban. No habría dinero para esto. No era un asunto para un hombre de su posición e importancia. Quizás usted nunca haya apreciado plenamente el sentido de esta obligación.[34]

Este pasaje muestra una mala comprensión por parte de Tesla de la personalidad de Morgan. A diferencia del inventor, cuyas ideas se manifestaban en formas abstractas y futuristas, la mente del financiero pragmático estaba en el presente. A Morgan le encantaban las regatas de vela y los yates, y se sentiría molesto si alguien le sugiriera lo que un hombre de su posición debería o no hacer.

Tesla revela en esta carta que tuvo que cambiar sus planes por culpa de la «ventaja que tenían los astutos competidores» (por ejemplo, debido a la piratería de Marconi y sus conexiones con Pupin, Edison, inversores europeos y gobernantes soberanos). Entonces decidió abandonar el plan acordado de construir un transmisor de tamaño modesto y lo reemplazó con la idea de construir una torre de doscientos metros de altura, diseños que esquematizó en su elegante papel membrete del Waldorf-Astoria.[35] Irónicamente, para el Tesla a menudo altruista, fue su codicia, su vanidad y su megalomanía lo que lo impulsó a emprender la nueva empresa. Que le robaran sus ideas era abominable. En su autobiografía, Tesla se refirió más tarde a Marconi (aunque sin nombrarlo) como «parásito y microbio de una enfermedad desagradable». Fue en ese momento cuando el inventor decidió descartar la trivial idea de enviar meros códigos morse a tra-

---

34. Nikola Tesla a John Pierpont Morgan (13 de octubre de 1904) [BC].
35. Dibujos y notas de Nikola Tesla para Wardenclyffe (29 de mayo de 1901) [MNT].

vés del Atlántico. Inauguraría una empresa mundial de comunicaciones para pulverizar a las alimañas como un paquidermo aplastaría a un sapo.

Habiendo alcanzado la cima de la clase dominante, la autoimagen de Tesla creció con la ocasión, porque había concebido una empresa de telecomunicaciones más eficiente que las fuerzas combinadas de los sistemas actuales de radio, televisión, servicios de cable, iluminación, teléfono y energía. Su plan final incluía incluso la producción de lluvia en los desiertos, la iluminación de los cielos sobre las rutas marítimas, la producción sin hilos de energía para automóviles y aeronaves, un aparato universal de cronometraje y un mecanismo para lograr la comunicación interplanetaria. Habiendo alcanzado la conciencia cósmica, había ofrecido esta creación al rey del mundo financiero, y el rey había aceptado. Para el inventor, era simplemente un detalle que esta visión no estuviera de acuerdo con los detalles del contrato o que Tesla nunca le contara a Morgan su plan superior; esta obra, al igual que la estatua de White, transcendía las reglas tradicionales de los negocios.

Pánico en Wall Street

Habían pasado sólo sesenta días desde que Tesla firmara su contrato con Morgan, treinta días después de que éste zarpara hacia Europa. Sin embargo, Tesla ya había cambiado irreversiblemente sus planes. Como en sus días de juventud había sido jugador de billar y apostador y ahora vivía entre los derrochadores más audaces del Waldorf, estas viejas tendencias reaparecieron ahora que había «pescado el pez más grande de Wall Street». Había calculado las probabilidades basándose en ciertas suposiciones sobre la estabilidad de la economía y la rapidez de su acceso a los 150 000 dólares de Morgan, y procedió con audacia a completar la obra maestra.

¿Cómo podía saber el inventor que el 10 de mayo la bolsa se desplomaría y que el principal culpable de la catástrofe sería su patrocinador, J. Pierpont Morgan?

El colapso del mercado de valores tuvo lugar por culpa de una amarga rivalidad que existía entre Morgan y Ned Harriman. Morgan, que estaba a cargo del Northern Pacific Railroad después de haber destituido a Henry Villard una década antes, había comprado el control de una enorme línea llamada Chicago, Burlington and Quincy Railroad. Esta compañía se extendió desde los puertos del Atlántico hasta Chicago y por el Mississippi hasta Nueva Orleans. Harriman, que controlaba la Union Pacific, o la ruta sur hacia el oeste, también quería tener acceso a la Chicago, Burlington and Quincy, e intentó negociar con Morgan un puesto en la junta directiva. Desafortunadamente, debido a amargos desacuerdos derivados de un antiguo acuerdo ferroviario en el que el astuto Harriman había sido más listo que el comodoro, Morgan acabó detestando al hombre. Por lo tanto, no compartiría la Chicago, Burlington and Quincy y perdía los papeles cada vez que oía mencionar el nombre de Harriman.[36]

Así, mientras Morgan disfrutaba de sus compras de arte en Inglaterra y de su amante en Francia, Harriman, con la ayuda de su corredor, Jacob Schiff, comenzó clandestinamente a comprar la Northern Pacific de Morgan. En lugar de intentar superar la oferta de Morgan por la Chicago, Burlington and Quincy, Harriman se atrevió a comprar el propio *holding* empresarial de Morgan. Para lograr este golpe maestro, el aventurero Harriman necesitaba casi cien millones de dólares, que consiguió vendiendo enormes paquetes de acciones de la Union Pacific, y consiguió llevar a cabo con éxito la operación. En la primera semana de mayo, poseía más del 59 de la preciada compañía de Morgan, a la que cariñosamente llamaba Nipper.[37] Cuando Morgan recibió el fatídico telegrama de sus subordinados mientras estaba en Francia, se quitó de encima a su amante y telegrafió la orden de volver a comprar la Northern Pacific *a cualquier precio*, ya que Harriman aún no poseía la mayoría de las acciones ordinarias con derecho a voto.

¡El 9 de mayo, las acciones se dispararon de 150 dólares a 1000 dólares por acción! Apareció el pánico cuando los compradores que adquirieron acciones de la Nipper no pudieron obtener la posesión de sus acciones, ya que ni Morgan ni Harriman quisieron liberar ninguna; la mayoría de las demás empresas cayeron cuando los inversores vendieron para cubrir sus pérdidas. El resultado final fue la caída del mercado y la creación de tiempos económicos y políticos extremos, y también de caos monetario. Stanford White fue uno de los muchos que perdieron grandes cantidades en el mercado. Para Tesla, los costes aumentaron drásticamente y le resultó casi imposible obtener crédito. La portada del *The New York Times* infor-

---

36. Birmingham, S.: *Our Crowd.* Pocket Books, Nueva York, 1977. Véase también Satterlee, H. L.: *J. Pierpont Morgan: An Intimate Portrait.* Wiley, Nueva York, 1939, y Wheeler, G.: *Pierpont Morgan and Friends: Anatomy of a Myth.* Prentice-Hall, Englewood Cliffs, Nueva Jersey, 1973.

37. «Niña». *(N. del T.)*

mó de la calamidad: «Ayer se abatió sobre el mercado de valores el mayor pánico general que jamás haya conocido Wall Street, con el resultado de que, antes de ser controlado, muchas fortunas se vieron barridas».[38]

Incluso la preciada U.S. Steel de Morgan cayó de 46 dólares a un mínimo de 8 dólares por acción.[39] Muchos se arruinaron y algunos supuestamente se suicidaron. (Un rumor sobre este famoso acontecimiento afirma que Morgan recuperó la compañía porque el corredor de Harriman, Jacob Schiff, se encontraba en la sinagoga el sábado fatídico cuando Morgan comenzó a comprar más acciones de la Northern Pacific. Sin embargo, Schiff nunca tuvo la intención de arrebatar la compañía a Morgan, sino que su objetivo era únicamente conseguir un porcentaje lo suficientemente grande como para obligar a Morgan a darle a Harriman una parte de la Chicago, Burlington and Quincy Railroad. En su frenesí, Harriman quería cambiar su plan para hacerse con el control de las tres compañías ferroviarias, pero Schiff lo desautorizó. Por lo tanto, el aumento vertiginoso de las acciones y la consiguiente caída del mercado se debieron únicamente a las órdenes de compra de Morgan).

La turbulencia económica provocó pesadas cargas financieras sobre Tesla. De todos modos, no se daría cuenta de inmediato de las crecientes dificultades financieras, ya que los efectos en los costes de construcción, los salarios y los gastos imprevistos se prolongaron a lo largo del verano y el otoño.

Antes de la partida de Pierpont a Inglaterra, en abril, le había asegurado a Tesla que ya «no tenía dudas» sobre las habilidades del inventor,[40] e incluso si, por alguna casualidad, Morgan no le proporcionara fondos adicionales, Tesla todavía tenía su propio dinero y la personalidad para atraer nuevos inversores. A sus cuarenta y cinco años, rico, consolidado como líder (aunque controvertido) en su campo y codeándose con la *crème de la crème*, el alto inventor estaba bien preparado para la tarea que preveía.

38. «Fear and Ruin in a Falling Market», *The New York Times*, p. 1:6 (10 de mayo de 1901).

39. Hoyt, E. P.: *The House of Morgan*. Dodd, Mead & Company, Nueva York, 1966. p. 251.

40. Nikola Tesla a John Pierpont Morgan (13 de octubre de 1904) [BC].

31
Choque de titanes (1901)

Fabricar o comprar una bobina de Tesla. Hice una, encontrarla...
Conseguir libros sobre telegrafía sin hilos.

Del cuaderno privado de THOMAS ALVA EDISON[1]

A lo largo de todo el final de la primavera y el verano, Tesla estuvo viajando con cierta regularidad a Wardenclyffe, a menudo con un trabajador de origen serbio y un almuerzo del Waldorf-Astoria.[2] Por la noche regresaba a la ciudad, donde podía detenerse en el Players' Club, asistir a un concierto o cenar en el Delmonico's o en el Sherry's. En junio, como tuvo que renunciar a otro «fiestón de los Johnson», se disculpó con Robert y Owen por no haber podido «conocer a la dama que inspiró al célebre autor de *Arrows of the Almighty*».[3]

White estaba pasando sus vacaciones anuales de pesca en Canadá,[4] así que Tesla se pasó solo el mes. Parte del tiempo lo dedicó a buscar posibles apartamentos para alquilar en Shoreham, y George Scherff también tuvo que buscar un lugar. En julio regresó el arquitecto y reanudaron las conversaciones sobre la construcción de la torre. Después de haberse hecho socio del Automobile Club of America, que tenía su sede en Locust Valley y contaba con el vicepresidente Teddy Roosevelt entre sus miembros,[5] White abandonaba la ciudad para dirigirse al club o hasta St.

---

1. Cuaderno privado de Thomas Alva Edison (18 de marzo de 1902) [TAE, Reel M94].
2. O'Neill, J. J.: *Prodigal Genius: The Life of Nikola Tesla*. Ives Washburn, Nueva York, 1944.
3. Nikola Tesla a Robert Underwood Johnson (14 de junio de 1901) [BBUC].
4. Stanford White a Nikola Tesla (1 de junio de 1901) [DSW].
5. «Long Island Automobiles», *Electrical World and Engineer*, p. 165 (26 de enero de 1901).

James en su nuevo «*locomobile*[6] de *vapor*», *que requería un conductor, o solo en un moderno «runabout*[7] *eléctrico biplaza».*[8] Con su finca a sólo unos pocos kilómetros de Shoreham, el ávido automovilista podía conducir más allá de las interminables llanuras de campos de patatas por la misma carretera que también conducía al sitio de Wardenclyffe para supervisar el trabajo y tal vez llevar al inventor a dar una vuelta. El hijo del arquitecto lo recordaba: «Recuerdo bien a Tesla, ya que venía a menudo a quedarse con nosotros en Long Island. Solía pasear por el jardín por las noches a la luz de la luna, y cuando mi madre le preguntaba por qué no dormía, respondía "Nunca duermo". También recuerdo haber ido a su laboratorio [en la ciudad] cuando era niño y ver cómo se hacía pasar varios millones de voltios a través de su cuerpo para encender dos tubos de Crookes que sostenía en su mano».[9]

White hizo que Tesla se diera cuenta de que un transmisor de doscientos metros de altura (aproximadamente dos tercios de la altura de la Torre Eiffel) sencillamente era imposible, por lo que Tesla hizo intentos con proporciones armónicas de la mitad y un cuarto de ese tamaño. Con precios tan inestables, sería difícil calcular los nuevos costes.

Los Johnson estaban tan entusiasmados como Tesla con la compra de Wardenclyffe. En julio, una vez despejado el terreno, llegó el momento oportuno para visitar el lugar, a sólo unos kilómetros de una hermosa playa en Wading River y no muy lejos de Southampton, en el lado del Atlántico. Se reservaron un fin de semana para convencer a Tesla de que

---

6. El término «locomobile» proviene de las palabras «locomotora» y «automóvil». Fabricados por la Locomobile Company of America entre 1899 y 1929, los primeros vehículos eran impulsados a vapor, pero a partir de 1902 la empresa empezó a diseñar motores de gasolina, que acabaron convirtiéndose en un objeto de lujo, ya que únicamente salían cuatro vehículos al día de la fábrica. *(N. del T.)*

7. Tipo de carrocería de automóvil, popular en Estados Unidos hasta 1915 aproximadamente, muy básica, sin parabrisas, techo ni puertas, y con una única fila de asientos. *(N. del T.)*

8. Baker, P.: *Stanny: The Gilded Life of Stanford White.* Free Press, Nueva York, 1989. p. 318.

9. Carta de Lawrence Grant White a Kenneth Swezey (21 de diciembre de 1955) [DKS]. Lawrence le dio a Swezey tres cartas de Tesla, cuyas copias se encuentran en la Biblioteca del Congreso y en la Colección Swezey. Pidió que se las devolvieran, pero faltan los originales y no existen copias entre los documentos de Stanford White en la Biblioteca Avery.

fuera a nadar con ellos. Fue un momento encantador, una magnífica ocasión para disfrutar del agua salada y de las áreas de picnic, y para hacerse extravagantes fotografías con las cabezas metidas en los agujeros de las típicas imágenes publicitarias de cuerpos en trajes de baño a rayas o, alegremente vestidos, sentados en los asientos de un automóvil de imitación.[10]

En agosto, con la estructura del laboratorio y los planos para el revestimiento en marcha, Tesla se negó una vez más tomarse un respiro en Maine con los Johnson, y les escribió una carta burlona en la que les decía que, como miembro de los Cuatrocientos,[11] no podía reunirse con «personas cuyos padres habían sido vendedores ambulantes de frutas y verduras».[12] Quizás el padre de Katharine lo había sido.[13] Con la torre ahora planeada como una empresa mucho más grande y Morgan retrasando el pago de los fondos prometidos, Tesla reflexionó sobre una manera no sólo de obtener los fondos adeudados, sino también de conseguir que Morgan aumentara su inversión.

El monarca de nariz bulbosa regresó de Europa el 4 de julio. Bajando del transatlántico por la popa para evitar la multitud de reporteros, Morgan ignoró su casa y se mudó al *Corsair*, su yate de cien metros de eslora, en el que estuvo viviendo un mes y permaneció en Bar Harbor (Maine) durante parte de agosto.[14] El experto en arte estaba satisfecho con sus recientes adquisiciones de pinturas, piedras preciosas y manuscritos raros –no acortó su viaje anual a Europa a causa de una crisis de Wall Street–, pero estaba irritable, irracionalmente perturbado con Harriman y temía

---

10. El Museo Tesla tiene una fotografía de Tesla en una de estas vallas publicitarias.

11. Lista de la alta sociedad neoyorquina durante la Gilded Age. Con la ayuda de Ward McAllister, su amigo y confidente, la Sra. Astor intentó codificar el comportamiento y la etiqueta adecuados, así como determinar quiénes eran aceptables como defensores del dinero y de la tradición, y el 16 de febrero de 1892, el *The New York Times* publicó la lista «oficial» de los incluidos en el grupo. McAllister acuñó la expresión de «los Cuatrocientos» al declarar que «sólo había cuatrocientas personas en la elegante sociedad de Nueva York», si bien el número no es casualidad, ya que son las personas que se estima que cabían en el salón de baile de los Astor en el 250 de la Quinta Avenida o en el lujoso restaurante Delmonico's. *(N. del T.)*

12. Nikola Tesla a Katharine Johnson (8 de agosto de 1901) [MNT].

13. Durante varios años los Johnson estuvieron yendo a Maine cada mes de agosto. Es probable que Tesla se les uniera en una de estas estancias.

14. Satterlee, H. L.: *J. Pierpont Morgan: An Intimate Portrait*. Wiley, Nueva York, 1939. p. 360.

que la prensa y el público amenazasen su imperio, si no su vida. Morgan era un hombre obstinado, imparcial la mayor parte del tiempo, pero peligrosamente testarudo en otras ocasiones. Detestaba a Harriman porque había demostrado ser más listo que él no una sino dos veces, por lo que debió sentirse furioso cuando el mundo lo veía a él como el villano que había desestabilizado la economía por culpa de una venganza personal. Una turbulenta huelga laboral de los trabajadores del acero se sumó a su descontento y a la incertidumbre de la época. Titulares como el siguiente le hicieron buscar protección armada:

LOS RICOS DENUNCIADOS POR EL LABORISMO SOCIALISTA

Miles de trabajadores en Cooper Union aplauden los prolijos ataques al capital.

J. P. Morgan acusado de intentar «monopolizar la Tierra».

«Éste es el siglo –afirmó el presidente Lucien Sanial– en el que tendrá lugar una revolución social».

El público permaneció agitando sombreros y gritando frenéticamente durante aproximadamente un minuto [...]. Charles Knoll dijo que estaba a favor de la adopción de resoluciones que «harían temblar la columna vertebral de los capitalistas».[15]

Para poner fin al fiasco de la Northern Pacific, Morgan y Harriman autorizaron a que los inversores liquidaran sus cuentas a 150 dólares por acción. Suponían que la gente no se daría cuenta de que este precio concedía grandes beneficios a los gigantes que habían comprado sus acciones por un tercio menos sólo unos días antes, y que, por el contrario, fueran considerados honrados en sus intentos de restaurar el orden y la cordura en la economía. Al principio, el gobierno quería que Morgan devolviera las acciones a los inversores originales a los precios originales. Como respuesta, éste dijo que sería toda una hazaña «devolver los huevos enteros a sus gallinas una vez hecho un revoltillo». Cuando se le acusó de

---

15. «The Rich Denounced by Socialist Labor», *The New York Times*, p. 7:1 (2 de mayo de 1901).

eludir su responsabilidad ante la sociedad, Morgan respondió enfadado: «No le debo nada a la gente». Por este comentario, sería interrogado por los comités de investigación gubernamentales hasta sus últimos días, pero capeó la tormenta con facilidad.

Antes de partir hacia Maine, Morgan se reunió con el inventor. Tesla llevó en una nueva cartera comprada para la ocasión sus últimas solicitudes de patente, dibujos del laboratorio a medio terminar y esquemas de la torre. La secretaria del número 23 de Wall Street lo hizo pasar.

—Sr. Morgan, usted ha levantado grandes olas en el mundo industrial y algunas han hecho zozobrar mi barquito. En consecuencia, los precios se han duplicado o incluso se han triplicado, y luego ha habido costosos retrasos, sobre todo como consecuencia de actividades que le entusiasman.[16]

—Todos hemos sufrido, Sr. Tesla –dijo Morgan, ya perturbado y malhumorado por los embrollos más importantes en los que estaba metido.

Tesla siguió adelante y explicó a Morgan que había decidido diseñar una torre más grande de lo acordado debido a la piratería de Marconi. Morgan lo miró, al principio con asombro e indiferencia, mientras Tesla continuaba.

—Supongamos que se construye una planta capaz de enviar señales dentro de un radio determinado y consideremos una extensión del doble de esa distancia. Siendo entonces el área cuatro veces mayor, los beneficios serán más valiosos. Calculado aproximadamente, el precio medio se triplicará. Esto significa que una planta con un radio de actividad dos veces mayor ganará doce veces más, pero costará el doble… Cuanto mayor sea la distancia, mayor será la ganancia hasta que, cuando la planta pueda transmitir señales hasta los confines más lejanos de la Tierra, su poder de ganancia se volverá, por así decirlo, ilimitado.

»El camino a seguir, Sr. Morgan, es construir una planta así… Dará la mayor fuerza a mis patentes y asegurará un monopolio y ofrecerá posibilidades de negocios a una escala grande y digna acorde con su posición en la vida y la mía como pionero en este arte, que ha originado todos los principios esenciales.[17]

---

16. Nikola Tesla a John Pierpont Morgan (8 de febrero de 1903) [BC].

17. Nikola Tesla a John Pierpont Morgan (13 de octubre de 1904) [BC].

—Déjeme entenderle, Sr. Tesla. ¿No ha explotado la empresa de iluminación?

—Aún no, señor.

—¿No ha construido una torre de transmisión, pero acaba de terminar la construcción de un laboratorio?

—Sí.

—¿Ha comprado doscientos acres con una opción sobre mil seiscientos más y se ha quedado sin fondos?

—Sólo temporalmente. Una vez que haga balance...

—Y si renuncio a estas inversiones, ¿bastará para la creación de su «ciudad modelo»?

—No, como le he explicado...

—Si duplicamos el tamaño de la torre, ganaré doce veces más. ¿Es así?

—Exactamente.

—Váyase, Sr. Tesla.

—Pero...

Alzando la voz hasta convertirla en un rugido sordo, Morgan reiteró su orden. En silencio, Tesla guardó los papeles dentro de su cartera y se fue.

El inventor estaba en shock. Sólo podemos suponer qué palabrotas escogió Morgan, conocido «en Wall Street por su brusquedad y sus groserías contundentes»,[18] para lanzarlas sobre la prima donna que había entrado en su oficina con su fantástico plan y sus elevadas y poderosas exigencias. Tesla necesitó unos días para recuperar la compostura. Legítimamente, Morgan todavía le debía una cantidad significativa de fondos. El banquero estaba molesto con los problemas con la Northern Pacific y con la consiguiente denigración por parte de la prensa. Ya le pasará, razonó Tesla. Lo mejor sería restablecer la credibilidad. Envió a Morgan sus asignaciones de patentes más recientes y luego lo dejó estar.[19]

La semana siguiente, White llamó por teléfono para sugerir que utilizaran un revestimiento de piedra en bruto para el laboratorio en lugar

18. Sketch de Thomas F. Ryan (descripción de John Pierpont Morgan) en *New York World*, p. 1:3 (18 de junio de 1905).

19. Nikola Tesla a John Pierpont Morgan (8 de agosto de 1901) [BC].

de ladrillo, y el inventor estuvo de acuerdo. «Por favor, asegúrese de que también coloquen un techo a prueba de incendios», le dijo Tesla a su arquitecto.[20]

«No nos precipitemos con la torre –advirtió White–. Todavía estoy haciendo cálculos».

Como en esas mismas fechas, White cortejaba cada día a Evelyn Nesbit y también ayudaba a Tesla a recalibrar la construcción del complejo, es posible que el reservado inventor se enterara de la relación íntima del arquitecto.[21]

En un aprieto financiero, Tesla informó a White de que había visitado a la «gente del American Bridge[22] para confirmar si podrán construir la cúpula de mi torre sin mucho retraso. Como este parte consumirá más tiempo, es necesario tomar todas las medidas preliminares para que el trabajo pueda comenzar tan pronto como se hayan aprobado los planos. Creo que la American Bridge Company es la mejor empresa para tratar este asunto –continuó Tesla–, pero te ruego que no prestes atención a mi sugerencia, si piensas lo contrario. La Bethlehem Steel Company proporcionará las planchas, pero no puedo dar la orden hasta que hayamos acordado todos los detalles».[23]

«Te debe gustar desprenderte de tu dinero si estás negociando con American Bridge –respondió White–. Te suplico que me dejes gestionar los contratos. Debería tener las cifras en unas pocas semanas, pero puedo decirte ahora mismo que una torre de cien metros es imposible, por lo que no sabemos qué tamaño tendrá la cúpula… También hay que considerar el coste adicional de diseñar la torre de modo que cada puntal individual pueda ser reemplazado si es necesario, sin tener que derribar todo el edificio».

«Por favor, entiéndelo, Stanford, he acudido a la American Bridge Company simplemente por mi ansiedad de que el trabajo se llevara a

20. Nikola Tesla a Stanford White (16 de agosto de 1901) [DSW].

21. Baker, P.: *Stanny: The Gilded Life of Stanford White.* Free Press, Nueva York, 1989. p. 326.

22. Fundada en 1900 por John Pierpont Morgan, la American Bridge Company fue pionera en el uso de acero como material de construcción y se especializó en la fabricación y renovación de puentes. Entre otros edificios, colaboró en la construcción de la Torre Sears, el edificio Chrysler y el Empire State. *(N. del T.)*

23. Nikola Tesla a Stanford White (28 de agosto de 1901) [BC].

cabo lo más rápido posible. Estoy encantado de seguir tu consejo y te ruego que te consideres absolutamente libre en tu elección y tus acuerdos con respecto a este trabajo».[24]

El viernes 6 de septiembre de 1901, el presidente William McKinley viajó a Búfalo para asistir a una exposición y ver de primera mano el extraordinario proyecto establecido en Niágara. Eclipsado por las colosales turbinas de Tesla, el presidente regresó a la estación de tren estrechando la mano de muchos de los allí presentes. Mientras esperaba en el andén, un anarquista enloquecido se lanzó sobre él y le disparó a quemarropa. Con McKinley luchando toda la semana entre la vida y la muerte, Tesla decidió escribirle al viejo amigo del presidente, Morgan, y hacerle una petición el día favorito del inventor, el viernes trece, el día anterior a que muriera el presidente. «El fallecimiento de McKinley —exclamó Morgan— es la noticia más triste que he oído jamás».[25]

Comenzando la carta «Respetuosamente le pido disculpas por molestarle en un momento en el que su mente debe estar repleta de pensamientos de naturaleza más seria de lo habitual», el inventor reiteró imprudentemente su reciente propuesta, sugiriendo que si Morgan duplicaba su inversión, Tesla sería capaz de enviar mensajes a través del Pacífico así como del Atlántico, o mejor aún, si Morgan triplicaba la cifra, el mago podría enviar mensajes a cualquier punto del globo, «sin importar la distancia».[26] El mismo día, también le escribió a White, quien finalmente le había dado cifras precisas sobre su propuesta de torre del tamaño de un monstruo.

Mi querido Stanford:

La noticia del asesinato del presidente no me ha dejado ni la mitad de estupefacto que las estimaciones que me has presentado y que, junto con tu amable carta de ayer, recibí anoche. Una cosa está clara: no podemos construir esa torre como se describe.

No puedo expresar lo mucho que lo siento, porque mis cálculos demuestran que con una estructura así podría cruzar el Pacífico.

24. Nikola Tesla a Stanford White (30 de agosto de 1901) [MNT].
25. Satterlee, H. L.: *J. Pierpont Morgan: An Intimate Portrait*. Wiley, Nueva York, 1939. p. 363.
26. Nikola Tesla a John Pierpont Morgan (13 de septiembre de 1901) [BC].

Tesla le dijo a White que, debido a las limitaciones de capital, tendría que «recurrir a un diseño más antiguo que implica el uso de dos, y posiblemente tres torres, pero mucho más pequeñas». El diseño sería el mismo, sólo que se reducirían las dimensiones. «Haré algunos cálculos – concluyó el inventor– para ver hasta qué punto puedo reducir la altura sin perjudicar materialmente la eficiencia del aparato, y me comunicaré contigo tan pronto como lo sepa».[27]

Al día siguiente, Tesla volvió a escribir a White y aceptó construir una torre con una altura de aproximadamente 45 metros.[28] Habiendo trabajado en mayo con cifras de una torre de más de 180 metros de altura, Tesla probablemente la redujo a la mitad cuando se reunió con Morgan en agosto, y luego otra vez a la mitad después de que White le dijera que los costes de una torre de 90 metros eran prohibitivos. Sumando la cifra de «1/6 más grande», que le mencionó a White en su última carta (es decir, 7,5 metros), llegamos a 45 + 7,5 metros (52,5 metros), que era aproximadamente la altura real de la torre. (Después de la construcción, medía 57 metros). Sin embargo, Tesla también construyó un pozo debajo de la torre, acompañado de una escalera de caracol, que corría diez pisos bajo tierra, hasta una profundidad de 36 metros.[29] Sumando esta cifra al total (es decir, 57 + 36 metros), llegamos a una longitud de aproximadamente 90 metros, la mitad del tamaño del plano original, y, por lo tanto, en una relación armónica con él. Sin embargo, incluso esta torre era demasiado cara de construir, dado el coste de la maquinaria, el complejo diseño del edificio, que requería que fuera a prueba de incendios, y la inflación provocada por la crisis económica.

Al reflexionar sobre estas cartas, resulta evidente que Tesla no estaba demasiado preocupado por el asesinato del presidente. Absorto en sí mismo, era completamente ambliope cuando se trataba de negociar con Morgan, un hombre atrapado en dos crisis potencialmente épicas y una tragedia que alteraría la historia. Theodore Roosevelt, que se convirtió en presidente, no era un hombre que fuera a ser particularmente amable con las grandes empresas.

---

27. Nikola Tesla a Stanford White (13 de septiembre de 1901) [BC].

28. Nikola Tesla a Stanford White (14 de septiembre de 1901) [MNT].

29. Shoreham en *Historical Sketches of Northern Brookhaven Town*. pp. 69-70 [DKS].

Decir que Tesla cometió un error en este punto sería quedarse corto. Su decisión de modificar su contrato sin decírselo a Morgan y su resolución de proceder con la gran obra cuando sabía que sus fondos serían insuficientes fueron una locura. Se puede sospechar que una vez que Tesla firmó un contrato con la mayor fuerza financiera del planeta, se desencadenó un complejo subconsciente profundamente arraigado que implicaba una vena ególatra impaciente que obligó al inventor a arriesgarlo todo cuando debería haber procedido de una manera más manera perspicaz. Incapaz de comprometerse y a riesgo de autodestrucción, Tesla comenzó la construcción de la torre *después* de alejarse de Morgan. En el lado positivo, el inventor sabía que estaba en una carrera contra los piratas y por lo que percibía como el Santo Grial, su escalón sin igual en la historia. Impávido, el corajoso inventor siguió adelante con la convicción de que su decisión era la correcta y que no podía fracasar.

La decisión aparentemente temeraria de Tesla debe entenderse a la luz del hecho de que Morgan y otros ya habían cosechado fortunas con sus inventos anteriores. En 1901, por ejemplo, la General Electric Company de Morgan producía en realidad más motores de inducción que la Westinghouse Corporation; Morgan participó, junto con Westinghouse, en la instauración de un sistema de metro eléctrico en las entrañas de Manhattan basado en el sistema polifásico de Tesla, y luego, por supuesto, estaban las Cataratas del Niágara. Todos los hogares del mundo iban a estar iluminados gracias al sistema de Tesla. Los ingresos que llegaban a las compañías de energía eléctrica por esta nueva tecnología eran asombrosos, pero Tesla no recibió ni un centavo. De una forma u otra, consideraba que Morgan debería darle carta blanca.

Era un otoño sombrío para el inventor cuando se inició la construcción del edificio de dieciocho pisos, al que Tesla ahora llamaba su «transmisor amplificador». Aunque en su mayor parte estaban construido con madera, también se utilizaron «50 toneladas de hierro y acero», junto con «cincuenta mil pernos».[30] Si se tiene en cuenta la cantidad de madera que se necesitó para revestir el pozo y construir la escalera, y la dificultad para cavarlo, se empieza a visualizar los enormes gastos que iban a suponer. W. D. Crow permaneció a cargo de la construcción. Esperando lo mejor, Tesla le escribió a Katharine el 13 de octubre:

---

30. Ibíd.

Mi querida Sra. Johnson:

El 13 es mi número de la suerte y por eso sé que cumplirás mi deseo de venir al Waldorf. Y si lo haces, cuando transmita mis mensajes sin hilos a través de mares y continentes, tendrás el mejor sombrero jamás fabricado, aunque me quede arruinado…

Ya he encargado un almuerzo sencillo y debes venir en masa. Debemos exhibir a Hobson… Sé que le gusto más que tú.

Nikola Tesla
Inventor e ingeniero eléctrico[31]

En noviembre, el inventor intentó una vez más acercarse a Morgan, concertando una reunión en el número 23 de Wall Street y llevándole una lista sucinta de sus últimas asignaciones de patentes y su informe sobre cómo iba la construcción.

Querido Sr. Morgan:

Perdóneme por invadir su valioso tiempo […]. La importancia práctica de mi sistema reside en el hecho de que los efectos transmitidos disminuyen sólo en una razón simple con la distancia, mientras que en todos los demás sistemas se reduce en proporción al cuadrado. Por ejemplo, si se aumenta la distancia cien veces, yo obtengo una centésima parte del efecto, mientras que en las mismas condiciones otros pueden obtener, en el mejor de los casos, una diezmilésima parte del efecto. Esta característica por sí sola excluye toda competencia.

En cuanto a otras ventajas, sólo hay dos maneras posibles de utilizar económicamente la energía transmitida: o almacenándola de forma dinámica, como se almacena, por ejemplo, la energía de los impulsos oportunos en un péndulo, o acumulándola de forma potencial, como se almacena, por ejemplo, el aire comprimido en un depósito […]. Mis derechos a través de patentes sobre ambas son fundamentales.

En el caso concreto de la telegrafía y el teléfono, todavía tengo dos solicitudes pendientes en la oficina de patentes […]. En una des-

---

31. Nikola Tesla a Katharine Johnson (13 de octubre de 1901) [BBUC].

cribo y reivindico descubrimientos relacionados con la transmisión de señales a través de la Tierra a cualquier distancia por grande que sea, y en la otra, un nuevo principio que asegura la absoluta privacidad de los mensajes y también permite la transmisión simultánea de cualquier número deseado de mensajes hasta muchos miles, a través del mismo canal, ya sea la tierra, un hilo o un cable. Sobre este último principio he solicitado patentes en los principales países extranjeros. Considero estos inventos de extrema importancia comercial.

Esperando poder asegurarle que su generosidad y su confianza en mí no han sido injustificadas,

quedo a la espera,

muy respetuosamente,

N. Tesla[32]

El continuo maltrato de Morgan al inventor y la falta de reconocimiento de la importancia de los planes revelados fueron prácticamente demasiado insoportables. El Día de Acción de Gracias, Tesla no podía quedar con los Johnson ni con nadie y por eso rechazó su invitación. «Querido Luka –escribió Tesla–, por favor, discúlpame y recuérdame con cordiales saludos», firmando la carta, «Nikola Faraway».[33]

Terranova

Durante este período, Marconi había estado viajando con cierta regularidad entre Inglaterra y Estados Unidos, buscando localizaciones para sus estaciones sin hilos. Entre los sitios privilegiados se incluyeron el extremo oriental de Long Island, Martha's Vineyard y Cabo Cod. «En septiembre de 1901, el nuevo equipamiento, incluido el transmisor inmensamente poderoso, se instaló en Poldhu [Inglaterra] y en el borde del acantilado se había levantado como un esqueleto un gran anillo de mástiles de 60 metros de diámetro y 60 metros de altura […]. Las transmisiones de prueba a otras estaciones Marconi, en particular a la de Croo-

---

32. Nikola Tesla a John Pierpont Morgan (1 de noviembre de 1901) [BC].
33. Nikola Tesla a Robert Underwood Johnson (28 de noviembre de 1901) [BBUC].

khaven, en Irlanda, situada a más de 320 kilómetros de distancia, habían demostrado que las ondas seguían, al menos en este alcance, la curvatura de la Tierra y no se escapaban hacia el espacio. Al otro lado del Atlántico, en Cabo Cod, la estación gemela estaba también a punto de ser terminada, y se hicieron planes con discreto optimismo para que el experimento se llevara a cabo al cabo de unas pocas semanas».[34]

En septiembre, unos vientos huracanados arrasaron las antenas situadas en Poldu, y en noviembre ocurrió lo mismo en Cabo Cod. Marconi siguió adelante con tenacidad, apostando por un transmisor menos potente pero más resistente en Inglaterra y abandonando la idea de construir un transmisor gemelo en Estados Unidos. En vez de ello, el italiano sencillamente intentaría interceptar las señales del transmisor inglés construyendo una antena con cometas, globos meteorológicos de gran altitud y un cohesor sensible como receptor.

El 6 de diciembre aterrizó, con un pequeño grupo, en Terranova (Canadá) e hizo elevar su antena receptora en un lugar designado apropiadamente como Signal Hill.[35] Se eligió el 12 de diciembre como día para el experimento y la baliza marcó punto punto punto, el código morse para la letra S.

El viernes 13, en medio de una pausa de una horrible tormenta de granizo y lluvia, se oyeron tres débiles golpecitos en su equipo. El mundo se vio sacudido; el nombre de Guglielmo Marconi quedó irrefutablemente grabado en los libros de historia; la era de la comunicación de masas había comenzado.

---

34. Jolly, W.: *Marconi*. Stein & Day, Nueva York, 1972. pp. 103-104.
35. «Colina de la Señal». *(N. del T.)*

32
Paso de testigo (1902)

Diciembre de 1901: El Signor Marconi da un astuto golpe de autoridad. Ya sea que los tres puntos que oyó vinieran o no de Inglaterra o, como los que oyó Tesla, de Marte, si soy un profeta, no volveremos a escuchar mensajes transatlánticos durante algún tiempo.

LEE DE FOREST[1]

Amargado, Tesla sabía que el logro de Marconi se basaba en el empleo de su bobina, de sus osciladores y del diseño general que había explicado en conferencias años antes. Preece asumió una parte de culpa, ya que había pedido a Tesla el uso de este equipo para el trabajo, pero Marconi había anunciado que el aparato de Tesla era innecesario e ineficaz,[2] y esto había provocado una ruptura en la relación del italiano con Preece. Fleming, por otra parte, tras haber estudiado en profundidad el trabajo de Tesla desde que recibió al inventor en su casa de Londres en 1892, no veía tal conflicto; como fue él quien «arregló para Marconi la planta transmisora de Poldhu»,[3] Tesla reveló muchos años después: «Marconi había declarado que la comunicación sin hilos a través del Atlántico era imposible porque había un muro de agua de varios kilómetros entre los dos continentes que los rayos no podían atravesar, pero los acontecimientos posteriores demos-

---

1. De Forest, L.: «Passage from Private Notebook», en *Father of Radio: The Autobiography of Lee De Forest*. Wilcox and Follett, Chicago, 1950.

2. Tesla, N.: «Tesla on Marconi's Feat», *New York World* (13 de abril de 1930).

3. John Ambrose Fleming a Elihu Thomson (11 de enero de 1927), en Abrahams, H. J. et al. (eds.): *Selections from the Scientific Correspondence of Elihu Thomson*. Academic Press, Nueva York, 1971. p. 239. En realidad, la relación de Fleming con Tesla comenzó un año antes, cuando le escribió al inventor que «me han encargado [tu] descripción [...] sobre corrientes alternas de alta frecuencia y estoy muy ansioso por repetirlas en Inglaterra»: John Ambrose Fleming a Nikola Tesla (22 de julio de 1891) [MNT].

traron que todo el tiempo había estado utilizando mi sistema en secreto, recibió los aplausos del mundo y aceptó impasiblemente incluso mis propias felicitaciones, y no lo admitió hasta mucho tiempo después».[4]

Thomas Commerford Martin llegó a su oficina el lunes 16 de diciembre para revisar el sorprendente informe de Terranova. Con sólo Marconi y un asistente como testigos y habiendo mantenido en secreto los planes hasta que se llevó a cabo la hazaña, muchos dudaron del anuncio del italiano. El profesor Silvanus Thomson, del Reino Unido, sugirió que era muy probable que Marconi hubiera recibido energía estática provocada por condiciones climatológicas severas. Uno de los colegas de Martin coincidió:

—Es falso. Eso no se puede hacer.

—Creo que debería pedir otra opinión –dijo el editor mientras llamaba a Tom Edison.

—Muy dudoso. ¿Cómo va a sortear esa maldita curva? –fue la evasiva respuesta de Edison.

Martin llamó a Michael Pupin.

—Profesor, ¿cree que la transmisión de Marconi es genuina?

—Ciertamente lo creo.

—Entonces creo que deberíamos celebrarlo.[5]

Era pleno invierno cuando Tesla salió del Waldorf-Astoria mientras el nuevo experto en electricidad se registraba. Tesla probablemente acudió a Wardenclyffe para contemplar el primer nivel de la torre, que por fin se estaba construyendo. Con la temperatura tan fría, era sólo una molestia más para frenar el avance.

Con sólo unos días para prepararse, Martin pudo reservar la Astor Gallery del Waldorf para el banquete del lunes 13 de enero de 1902. Con la llegada de trescientos invitados, la tarea de disponer todos los detalles lo puso en un estado frenético. Pasó ante fantásticas imágenes del laboratorio de un mago mientras se apresuraba a salir por la puerta.

La sala estaba decorada con un gran mapa del Atlántico colocado en la pared y un adorno de cables «con grupos de tres luces» parpadeantes,

---

4. Tesla, N.: «Tesla on Marconi's Feat», *New York World* (13 de abril de 1930).

5. Elihu Thomson a Alba Johnson (29 de enero de 1930), en Abrahams, H. J. *et al.* (eds.): *Selections from the Scientific Correspondence of Elihu Thomson*. Academic Press, Nueva York, 1971. p. 325; Jolly, W.: *Marconi*. Stein & Day, Nueva York, 1972. p. 111.

punto, punto, punto, colgadas entre grandes tablillas en las que se podía leer Signal Hill en Terranova y Poldhu en Inglaterra. Alrededor de la sala, cada mesa tenía su propio modelo de torre de transmisión, placas de identificación y «menús italianos de color verde oliva» en cartulina con dibujos a pluma y tinta del logro transatlántico. En el estrado superior «en el medio había un medallón con el retrato de Marconi, cubierto con la bandera italiana». Allí también se colocaron banderas estadounidenses y británicas y pendones de la AIEE y el escudo de armas italiano.

«En los momentos oportunos, las luce] se encendían» entre los aplausos del público; y para culminar la cena, en el momento del postre, llegó una «procesión de camareros» con helado incrustado en tallas de hielo de bombillas incandescentes, barcos en el mar, vehículos eléctricos y torres de telégrafo sin hilos.[6]

El gnomo de 120 centímetros se recortó la barba de chivo y miró su reloj de bolsillo de oro antes de sonreírse una vez más en el espejo mientras se dirigía al asunto. Aunque se balanceaba de un lado a otro al caminar, Charles Proteus Steinmetz desarrolló una nueva fanfarronería, ya que acababa de ser elegido presidente de la AIEE. Estaba a punto de recibir un doctorado honoris causa por Harvard y una cátedra de ingeniería por el Union College, ubicado cerca de la sede de General Electric en Schenectady (Nueva York). El nombramiento universitario permitió a Steinmetz dividir su tiempo entre el mundo académico y el mundo empresarial.

Durante el viaje en tren de seis horas hasta la ciudad, el abstracto matemático leyó atentamente las galeradas de su obra sobre corriente alterna que McGraw-Hill estaba a punto de volver a publicar en un formato más grande. Para el preeminente erudito era un asunto menor haber eliminado el nombre de su coautor y haber continuado con la práctica de eliminar la referencia a la fuente de su obra, *The Inventions, Researches, and Writings of Nikola Tesla*. Racionalizó que los estudiosos de la electricidad estarían más interesados en sus conceptos avanzados que en «saber quién investigó por primera vez los fenómenos».[7] En 1907,

6. «The Institute Annual Dinner and Mr. Marconi», *Electrical World and Engineer*, pp. 107-108, 124-126 (18 de enero de 1902).

7. Steinmetz, C. P.: *Alternating Current Phenomena*. McGraw-Hill, Nueva York, 1900 (prefacio); véase también Steinmetz, C. P.: *Engineering*. McGraw-Hill, Nueva York, 1902 (prefacio).

Steinmetz lideraría el establecimiento del Código de Ética de la AIEE.[8] De todos modos, ¿quién era Tesla? Marconi era el hombre del momento.

En el estrado superior estaba sentado un grupo de adversarios de Tesla. Además del nuevo presidente, se encontraba el profesor Pupin, ahora vinculado financieramente a Marconi; Elihu Thomson, quien reivindicaba la prioridad sobre la invención del motor de corriente alterna y la bobina de Tesla; Carl Hering, quien había apoyado a Dobrowolski en los debates prioritarios sobre el inventor de la transmisión de corriente alterna a larga distancia; William Stanley, quien había pirateado los motores de inducción de Tesla/Westinghouse y ahora los producía legalmente para General Electric; Frank Sprague, quien se ganó su reputación en parte como el inventor del ferrocarril eléctrico cuando en realidad todo formaba parte del sistema polifásico de corriente alterna de Tesla; T. C. Martin, quien todavía estaba enfadado por las sumas adeudadas en el pasado por la venta de las obras completas del inventor, y, por supuesto, Guglielmo Marconi, el tipo que se le había adelantado. La decisión de Tesla de no asistir creó una atmósfera excelente para el regocijo… y para perpetuar la posición publicada por Steinmetz de relegar al pionero a la categoría de no persona.

Otros presentes en el infame estrado superior eran Alexander Graham Bell y abogados generales del Reino Unido y de Italia, y repartidos por la sala se encontraban Josh Wetzler, D. McFarlan Moore, muchas de las esposas de los hombres y la de Thomas Alva Edison, en representación de su marido.

Martin presidió la ocasión, abriendo el período de conferencias con lecturas de telegramas de quienes no asistieron. Comenzó con una carta del alcalde y a continuación leyó un comunicado del Mago de Menlo Park.

A T. C. Martin:

Lamento no poder asistir a su cena anual esta noche, sobre todo porque me gustaría presentar mis respetos a Marconi, el joven que tuvo la monumental audacia de intentar, y de lograrlo, hacer saltar una ola eléctrica a través del Atlántico.

THOMAS A. EDISON[9]

---

8. Kline, R.: «Professionalism and the Corporate Engineer: Charles P. Steinmetz and the AIEE», *IEEE Transactions on Education*, vol. E-23, n.º 3 (agosto de 1980).

9. «The Institute Annual Dinner and Mr. Marconi», *Electrical World and Engineer*, pp. 107-108, 124-126 (18 de enero de 1902).

Martin no explicó que en Navidad Marconi había enviado a Edison un «telegrama alegre» reiterando su éxito y ofreciéndose a mostrarle personalmente al maestro su equipo transatlántico o que Marconi ya estaba ofertando a Edison sus primeras patentes sin hilos.[10]

El *The New York Times* informó de «aplausos cuando el maestro de ceremonias recibió una carta de Nikola Tesla que decía que "no podía estar a la altura de las circunstancias"».[11] Sin duda, enmascararon las burlas. Sonriendo por debajo de su enorme bigote, Martin esperó a que el clamor amainara antes de continuar con el resto de la carta:

> Lamento no poder contribuir al placer de la velada, pero deseo unirme a los miembros para felicitar de todo corazón al Sr. Marconi por sus brillantes resultados. Es un trabajador espléndido, lleno de energías raras y sutiles. Que demuestre ser uno de aquellos cuyas facultades aumentan y cuyos sensores mentales se extienden más con el paso de los años por el bien del mundo y el honor de su país.

Le siguió el profesor Elihu Thomson. «Recibí la noticia de la gran hazaña de Marconi por teléfono gracias a un periodista que quería saber si yo creía que realmente se habían recibido señales al otro lado del Atlántico». Aprovechando los elogios de la audiencia, Thomson relató su respuesta: «Como le dije al periodista, si Marconi dice que recibió las señales, creo que se recibieron». Y entonces el héroe subió al púlpito. Esperando amablemente a que disminuyeran los aplausos, empezó.

Marconi explicó su sistema sintónico sin hilos y señaló que «se había basado en gran medida en el trabajo de otros y mencionó al secretario Maxwell, a lord Kelvin, al profesor Henry y al profesor Hertz». En este momento, su uso más importante era la comunicación entre barcos. El italiano se complació en anunciar que en ese momento «más de setenta barcos llevan su sistema inalámbrico, treinta y siete de la Marina británica, doce de la italiana y el resto en grandes compañías de transatlánticos, como la Cunard Line, la Norddeutscher Lloyd y la Beaver Line. También

---

10. Conot, R.: *A Streak of Luck: The Life and Legend of Thomas Alva Edison*. Bantam Books, Nueva York, 1980. p. 413.
11. «Marconi Tells of His Wireless Tests», *The New York Times*, p. 1 (14 de enero de 1902).

había más de veinte estaciones en funcionamiento con más en construcción». Marconi abordó el problema de la sintonización selectiva y sugirió que había creado un sistema de este tipo para que «los mensajes transmitidos [desde un barco] no puedan ser recibidos de ninguna manera por ningún otro, excepto aquel que esté sintonizado para recibir el mensaje».[12] Revelado como una bravuconería, Marconi estaba mintiendo, ya que no tenía ningún sistema para crear canales separados.

«Es mi esperanza –concluyó Marconi– que en una fecha no muy lejana pueda llevar mi sistema al punto de perfección que permita a amigos y familiares comunicarse entre sí a través del océano con un pequeño gasto».

Finalizó el profesor Pupin. «En referencia a las afirmaciones hechas de que antes de Marconi las señales sin hilos se transmitían a distancias cortas –dijo Pupin, mirando hacia el estrado superior–, cualquier escolar por medio de un oscilador hertziano podría transmitir tales señales a corta distancia, pero hacía falta que el ingeniero hiciera tal trabajo útil para el mundo». Al intentar disipar los temores de que el sistema de Marconi dejaría obsoletos los cables del Atlántico, el Dr. Pupin astutamente «señaló, a modo de ilustración, cómo la finalización de la iluminación eléctrica ha ayudado a la industria del gas y ha mejorado, en lugar de disminuir, el valor de sus inversiones».[13]

El 9 de enero, Tesla envió una carta a Morgan explicando que las patentes del «sindicato Marconi-Fleming no reflejan con precisión su aparato real, sino que están cubiertas por mis patentes de 1896 y 1897». El resto de la carta describe el precursor de lo que se convertiría, medio siglo después, en las grandes cadenas de televisión:

No necesito decirle que he trabajado tan duro como me he atrevido sin desplomarme [...]. Tras haber examinado y rechazado centenares de experimentos con el capital a mi alcance, me alegra decir que, con avances lentos pero constantes, he conseguido hacer funcionar una máquina [que producirá] una perturbación eléctrica de intensidad

12. «The Institute Annual Dinner and Mr. Marconi», *Electrical World and Engineer*, pp. 107-108, 124-126 (18 de enero de 1902).

13. Ibíd.

suficiente para ser perceptible en toda la Tierra. Cuando accione el interruptor, enviaré un saludo al mundo entero y por este gran triunfo siempre le estaré agradecido [...] .

Este sistema acabará no sólo con los cables sino también con los periódicos, porque ¿cómo pueden los periódicos como los actuales mantenerse en el negocio cuando cada cliente puede tener una máquina barata que imprima sus propias noticias mundiales?

El hermoso invento que estoy desarrollando ahora me permitirá difundir nuestro nombre en cada hogar, y permitirá oír en todas partes el tono de mi voz.[14]

Éste sería el último comunicado del inventor al financiero en nueve meses. Se propuso la difícil tarea de completar la construcción de la torre de transmisión de dieciocho pisos sabiendo muy bien que no tenía fondos suficientes. De los registros bancarios que datan de 1896, se desprende que Tesla tenía casi 50 000 dólares, parte de los cuales se habían convertido en activos inmobiliarios.[15] Probablemente hubiera recibido la última parte del dinero de Morgan, por lo que fue en ese momento, a mediados de 1902, cuando el pionero comenzó a utilizar sus reservas personales para mantener el proyecto en marcha. Los trabajos continuaron a un ritmo constante durante todo el año.

Otros competidores

Tras haber recibido su doctorado en ingeniería eléctrica en 1899, Lee De Forest volvió a intentar una vez más entrar en el laboratorio de su ídolo, pero por tercera vez Tesla lo rechazó. Por lo tanto, De Forest decidió emprender el camino por su cuenta. En 1901 logró enviar mensajes sin hilos a través del río Hudson a una distancia de dos o tres kilómetros y poco después envió impulsos desde State Street, en el centro de Nueva York, hasta Staten Island, a unos once kilómetros de distancia. Utilizando «detectores que se restauran automáticamente con receptores telefónicos en lugar de sondas o entintadores morse», De Fo-

---

14. Nikola Tesla a John Pierpont Morgan (9 de enero de 1902) [BC].
15. [DKS].

rest consiguió incrementar sustancialmente la velocidad de transmisión. Ahora su aparato amenazaba las líneas telegráficas locales de la Western Union. Trabajando con D. McFarlan Moore, que había «estudiado el monumental volumen inicial de Tesla»,[16] De Forest pudo reducir los problemas de interferencia estática. En 1903 informaba sobre regatas de yates a una velocidad de entre veinticinco y treinta palabras por minuto, o casi tan rápido como podía enviarlas un operador de código morse. En 1904 podía transmitir mensajes «a 290 kilómetros por tierra, entre Búfalo y Cleveland», y en 1908 su dispositivo de señalización saltaba continentes.[17]

A Fessenden, que había trabajado para Edison y Westinghouse ya a principios de la década de 1880, se le suele atribuir el mérito de haber inventado los medios para enviar voz a través de ondas de radio. Aunque Marconi estaba utilizando las frecuencias electromagnéticas para imitar los patrones de impulso del código morse, «a Fessenden se le ocurrió enviar una señal continua variando la amplitud de las ondas (o "modulándola") y haciendo que dicha variación siguiera las irregularidades de las ondas sonoras. En la estación receptora, dichas variaciones podían ser ordenadas y convertidas de nuevo en sonido. En 1906 el primer mensaje de este tipo se envió desde la costa de Massachusetts, y los receptores sin hilos pudieron realmente captar música. De esta manera nació la radio tal y como la conocemos».[18] Un año más tarde, utilizando su audión patentado, que era, en esencia, una modificación del «tubo de cepillo» de Tesla, De Forest logró transmitir la voz de Enrico Caruso, que cantaba en el Metropolitan Opera House de Nueva York.[19]

Interesado por razones de prioridad en obtener la patente inalámbrica del saltamontes de Edison (que data de la década de 1880), Fessenden buscó trabajo en General Electric en 1902 para inaugurar la construc-

16. De Forest, L.: *Father of Radio: An Autobiography*. Wilcox & Follett, Chicago, 1950. p. 220.

17. De Forest, L.: «A Quarter Century of Radio», *Electrical World*, pp. 579-580 (20 de septiembre de 1924).

18. Asimov, I.: *Asimov's Biographical Encyclopedia of Science and Technology*. Doubleday, Garden City, Nueva York, 1964. pp. 464-465. (Trad. cast.: *Enciclopedia biográfica de ciencia y tecnología*. Alianza Editorial, Madrid, 1987. pp. 796-797).

19. De Forest, L.: «A Quarter Century of Radio», *Electrical World*, p. 580 (20 de septiembre de 1924).

ción de una estación de transmisión sin hilos en Brant Rock (Massachusetts). Aunque mantuvo su amistad con Edison y cuidó de su descarriado hijo, Tom Junior, que había sido pillado pasando cheques sin fondos, Fessenden no logró obtener la patente sin hilos clave de Edison; el Mago de Menlo Park se la había vendido a Marconi por 60 000 dólares.[20]

Las batallas legales resultaban costosas, pero Tesla consideraba que no tenía más remedio que proteger tantos aspectos fundamentales de su sistema como pudiera. ¿De qué otra manera podría demostrarle a Morgan que su trabajo de campo era realmente la base de los sistemas que estaban teniendo éxito?

En junio de 1900, Reginald Fessenden había solicitado una patente para circuitos sintonizados. El mes siguiente, Tesla también solicitó una. Era un asunto de conocimiento público que la solicitud de Fessenden precedió a la de Tesla. Lo que estaba en cuestión era si Fessenden había compilado o no su invento a partir de experimentos anteriores de Tesla. Aunque Fessenden afirmaba que había concebido la idea en 1898, Tesla señaló que Fessenden 1) no pudo aportar documentación de esta fecha anterior, 2) no creó un modelo funcional de su aparato y 3) la máquina no había sido utilizada comercialmente.

Mientras que la aplicación de Fessenden era rudimentaria, la de Tesla definía claramente una multiplicidad de objetivos, como, por ejemplo, 1) hacer funcionar aparatos distantes, 2) controlar señales mediante el uso de dos o más frecuencias eléctricas idiosincrásicas, 3) producir una pluralidad de impulsos distintivos en un aparato receptor que comprende un número múltiple de circuitos y 4) crear una disposición combinada de transmisor-receptor configurada para responder a una sucesión de impulsos liberados en un orden determinado. Mientras que Fessenden podría fechar sus conceptualizaciones teóricas quizás en 1898, Tesla fechó el inicio de su trabajo en 1889 y aportó sus numerosas publicaciones como prueba. Con referencia específica al funcionamiento de los «circuitos sintonizados», el inventor mostró su teleautómata en pleno funcionamiento, que presentó al mundo en 1898. Sin los osciladores de corriente alterna de Tesla, la maquinaria de Fessenden no podría funcionar. A menos que hubiera vivido como un ermitaño, habría resultado imposible

20. Conot, R.: *A Streak of Luck: The Life and Legend of Thomas Alva Edison*. Bantam Books, Nueva York, 1980. pp. 413-414, 444.

para Fessenden haber concebido su invento sin utilizar los éxitos de Tesla. Parker W. Page interrogó a su cliente durante horas; el testimonio de Tesla ocuparía setenta y dos páginas mecanografiadas.

A mediados de abril el testimonio continuó y, una vez que Tesla terminó, su gerente de veintinueve años, George Scherff, subió al estrado. Scherff, que en ese momento estaba viviendo en Wardenclyffe, pudo corroborar que los circuitos sintonizados y los experimentos sin hilos de larga distancia de Tesla se llevaron a cabo por primera vez en su presencia en 1895, cuando comenzó a trabajar para Tesla en su laboratorio en el 33-35 de la Quinta Avenida Sur (antes de que se redujera a cenizas). Scherff recordaba al inventor transmitiendo impulsos inalámbricos desde el laboratorio en Houston Street hasta el tejado del Hotel Gerlach, que estaba a dos o tres kilómetros de distancia.[21]

Lo siguió Fritz Lowenstein, sólo un año más joven que Scherff. Acabado de regresar de Europa en febrero y recién casado, Lowenstein había conseguido un nuevo empleo con Tesla en Wardenclyffe. Con un marcado acento alemán, Lowenstein describió minuciosamente la naturaleza de los experimentos confidenciales en Colorado Springs. «El señor Tesla me explicó –afirmó Lowenstein– que la característica principal de un sistema práctico de telégrafo sin hilos era la discreción, la inmunidad y la selectividad; al mismo tiempo me explicó cómo se aseguran dos oscilaciones de un aparato oscilante [...]. Cuando acudí al Sr. Tesla –reveló el ingeniero universitario–, no entendía nada en absoluto al respecto, pero él pronto me mostró el gran valor de los circuitos sintonizados, y entonces entendí qué era la sintonización.[22]

Querido Sr. Scherff:

El Sr. Page acaba de decirme que el abogado de mi oponente ha admitido mi prioridad [El Sr. Fessenden] debe estar decepcionado, por supuesto, y lo siento por él, aunque usted sabe que ha escrito algunos artículos que no son muy agradables [...]. Mi honor como creador del principio está asegurado.[23]

---

21. Litigio Nikola Tesla vs. Reginald A. Fessenden (5 de agosto de 1902), pp. 87, 97-98 [BBUC].

22. Ibíd., pp. 99, 102.

23. Nikola Tesla a George Scherff (9 de agosto de 1902) [BBUC].

Tesla ganó el caso, pero no estaba dispuesto a celebrarlo. La principal de sus prioridades era su deseo de mantener en secreto los detalles del litigio. Lo último que quería era publicidad, ya que las transcripciones del juicio revelaban muchos detalles técnicos que ayudarían a su competencia de numerosas maneras. A corto plazo, el inventor logró proteger aspectos importantes de su sistema sin hilos, pero a la larga el testimonio se convirtió en una importante fuente de información para Fessenden, que ahora tenía una base legal para diseñar una plétora de patentes de segundo orden. En el momento de su muerte, Fessenden había recopilado la asombrosa cifra de quinientas patentes, casi tantas como Tom Edison. Obviamente, este trabajo también ayudó a Lowenstein, quien se convirtió en un experto inalámbrico valioso para diferentes miembros de la nueva generación de ingenieros que rápidamente estaban surgiendo.

33
Wardenclyffe (1902-1903)

Si bien la torre en sí es muy pintoresca, son las maravillas ocultas debajo de ella las que despiertan la curiosidad de la pequeña aldea. En el centro de la base, hay un elemento de madera muy parecido a la escalera de un barco de vapor. Cuidadosamente vigilados, a nadie, excepto a los propios hombres del Sr. Tesla, se les ha permitido ni siquiera un breve vistazo...

El Sr. Scherff le dijo a un investigador que la entrada del pozo conducía a un pequeño pasaje de drenaje construido con el fin de mantener seco el suelo alrededor de la torre, pero los aldeanos cuentan una historia diferente.

Afirman que conduce a una excavación a modo de pozo, tan profunda como alta es la torre, con muros de mampostería y una escalera circular que conduce hasta el fondo. A partir de ahí, dicen, todo el terreno debajo está repleto de túneles subterráneos que se extienden en todas direcciones.

Cuentan con asombro cómo el señor Tesla, en sus visitas semanales, pasa tanto tiempo en los pasajes subterráneos como en la torre o en el hermoso laboratorio donde está instalada la central eléctrica para el telégrafo mundial.

The New York Times[1]

Del mismo modo que Tesla había creado un cuaderno para sus experimentos en Colorado, también compiló un registro diario de las actividades en Wardenclyffe. Sus registros de 1902 revelan poca actividad durante el primer tercio del año, excepto en el mes de marzo. La toma de notas

---

1. «Cloudborn Electric Wavelets to Encircle the Globe», *The New York Times* (27 de marzo de 1904) [condensado].

prolongada realmente comenzó de nuevo en mayo y continuó ininterrumpidamente hasta julio de 1903. Cada semana, Tesla observaba cómo la torre alcanzaba una nueva altura mientras experimentaba midiendo la capacitancia de su aparato y construyendo un prototipo de planeta para calcular «su teoría de la propagación de la corriente a través de la Tierra». En esta esfera metálica de considerable tamaño, el inventor transmitía diferentes frecuencias para medir el voltaje, la longitud de onda y la velocidad de la energía transmitida, y también evaluaba varios puntos nodales, como a lo largo del ecuador y en el polo opuesto al punto de generación.[2]

En febrero de 1902, junto con Stanford White, Tesla entretuvo al príncipe Enrique de Prusia, que había acudido a Nueva York para recuperar un yate real construido en los Estados Unidos. Hermano del káiser Guillermo, había sido el príncipe Enrique quien había colaborado en la realización de los famosos experimentos del inventor bajo el nombre de Tesla en Berlín seis años antes. El yate estaba siendo bautizado por Alice Roosevelt, hija del presidente.[3] En junio, en Wardenclyffe, «dos peregrinos canosos de East Hampton llegaron de camino a un retiro de primavera».[4] Los ojos de Kate brillaron cuando se separó de Robert y Nikola para acercarse a la torre y sentirla con sus propias manos. Una calidez radiante fluyó a través de su ser mientras observaba al larguirucho ingeniero conversar con su marido.

En septiembre, el transmisor había alcanzado su altura máxima de 55 metros. Sin fondos, con la cúpula todavía por colocar encima, el inventor no tuvo más remedio que cerrar las actividades y despedir a la mayoría de los trabajadores. Tesla había vendido su último activo importante, un terreno valorado en 35 000 dólares, pero ni siquiera eso pudo mantener la operación totalmente a flote. De todos modos, con esta nueva fuente de ingresos consiguió fondos suficientes para mantener un equipo mínimo, cubrir a Scherffs y su propio alojamiento, y pagar a un chef del Waldorf para que apareciera periódicamente. Tesla también

2. Marinčić, A.: «Research on Nikola Tesla in Long Island Laboratory», *Tesla Journal*, n.º 6-7, pp. 25-28, 44-48 (1989-1990).

3. Baker, P.: *Stanny: The Gilded Life of Stanford White.* Free Press, Nueva York, 1989. p. 326; Thomas Commerford Martin a Nikola Tesla (21 de marzo de 1895) [MNT].

4. Robert Underwood Johnson a Nikola Tesla (19 de junio de 1902) [BBUC].

aprovechó este tiempo para fotografiar las operaciones interiores de toda su planta. Estas imágenes no sólo incluían reproducciones de toda su maquinaria, sino que también contenían una muestra representativa de los innumerables tipos diferentes de tubos de radio que había diseñado el inventor. Eran casi mil.[5]

El *The Port Jefferson Echo* informó sobre la «guerra entre Marconi y Tesla» en sus titulares de 1902. Según el periódico, la United States Marconi Company había comprado un terreno al oeste de Bridgehampton y estaba planeando construir su propia torre competidora de 56 metros, con conexiones de la ciudad de Nueva York a la Western Union. «Debería convertirse en el centro inalámbrico más importante del país». Mientras que Marconi iba a enviar sus señales a través del aire, explicaba el periódico, Tesla planea, a través de su pozo de «150 metros de profundidad», enviar mensajes también a través de la tierra. Aunque el hueco sólo tenía 36 metros, la esencia de la noticia era precisa.

Tras enviar primero un emisario, una mañana lluviosa el propio Marconi alquiló un caballo y una calesa para ir a Wardenclyffe a reunirse con Tesla y ver la operación con sus propios ojos.[6] Las limitaciones de Marconi se hicieron evidentes en la conversación, y esto le dio a Tesla el coraje de regresar para ver a Morgan. Se había mantenido apartado del camino de Morgan durante casi un año, pero ahora el inventor tenía claro que una vez que su socio se diera cuenta del trabajo realizado con tan pocos fondos disponibles, reconsideraría su posición y aceptaría reanudar la inversión. Todo lo que el inventor tenía que hacer era cambiar la opinión del hombre.

El 5 de septiembre, Tesla escribió al financiero para comunicarle que las patentes extranjeras habían sido cedidas a la empresa. La carta explicaba claramente que su sistema sin hilos garantizaba la privacidad y tenía la capacidad de crear un número virtualmente infinito de canales separados que dependían no sólo de combinaciones particulares de diferentes

5. Nikola Tesla a Robert Underwood Johnson (3 de julio de 1903) [BC]; Anderson, L. I. (ed.): *Nikola Tesla: On His Work With Alternating Currents and Their Application to Wireless Telegraphy, Telephony and Transmission of Power.* Sun Publishing, Denver, Colorado, 1992. pp. 152, 169.

6. Ferguson, A.: «When the Man Who Talked to Mars Came to Shoreham», *Port Jefferson Record*, p. 3 (25 de marzo de 1971); Natalie Stiefel a Marc J. Seifer (10 de abril de 1997).

frecuencias, sino también de «su orden de sucesión». Básicamente, el inventor le explicó a Morgan los conceptos inherentes a dispositivos tales como los canales protegidos de la televisión por cable, la grabación digital y el codificador de telefonía inalámbrica.

En la carta, Tesla explicaba que se vio obligado a aumentar la potencia de su aparato debido a «apropiaciones atrevidas» de sus equipos (la piratería de Marconi), pero su *mea culpa* también delataba tendencias paranoicas, si bien buscaba una reconciliación: «La única manera de protegerme completamente consistía en desarrollar aparatos de tal poder que me permitieran controlar de manera eficiente las vibraciones en todo el globo. Ahora bien, si hubiera tenido esta necesidad antes, habría ido a Niágara, y con el capital que tan generosamente había avanzado, podría haberlo conseguido fácilmente. Pero por desgracia mis planes ya estaban hechos y no podía cambiar. Una vez traté de explicárselo, con gran pesar mío, porque le impresioné erróneamente. No me quedó otro remedio que hacerlo lo mejor que pudiera dadas las circunstancias».

La respuesta de Morgan fue de total asombro. Tesla no sólo había reiterado el incumplimiento del contrato, sino que también había revelado un fallo sorprendente en su plan. Ahora tenía que transportar continuamente camiones cargados de carbón para obtener la energía necesaria para hacer funcionar su transmisor en Long Island, mientras que si hubiera establecido operaciones en Niágara habría tenido fácil acceso a cantidades ilimitadas de energía y, por tanto, la operación habría resultado considerablemente menos costosa iniciarla. Además, Rankine y sus socios tenían una oferta permanente de proporcionar energía en las Cataratas por un coste mínimo o nulo, reduciendo así aún más los gastos potenciales. Sin embargo, de manera increíble, Tesla le explica a Morgan que incluso en Long Island podría superar la potencia de la catarata gigante.

«Forzando al máximo cada parte de mi maquinaria —escribió Tesla—, seré capaz de alcanzar una tasa de entrega de energía de diez millones de caballos de potencia». Esta producción, proclamó, equivaldría a «más del doble de la de todas las Cataratas del Niágara. Así, las ondas generadas por mi transmisor serán la mayor manifestación espontánea de energía en la Tierra [...] el efecto más fuerte producido en un punto diametralmente opuesto al transmisor que en este caso está situado a unos centenares de kilómetros de la costa occidental de Australia».

Fuera o no cierta esta afirmación, era contraproducente divulgarla. (Lo más probable es que Tesla esté hablando de la producción de una única ráfaga masiva de energía eléctrica en lugar de un flujo continuo e interminable. En cualquier caso, después de haber pasado un año en el interior de Colorado, el *bon vivant* no estaba dispuesto a renunciar a su estilo de vida en el elegante Waldorf para otro viaje solitario al lúgubre lugar cerca de Búfalo). Neurótico, el inventor se sintió empujado a impresionar al magnate financiero cuando lo único que Morgan quería era hacer señales a los transatlánticos y enviar código morse a Europa.

Más adelante en la carta, el inventor abordó esta tarea más modesta de transmitir mensajes simples. A través de líneas de transmisión, los despachos de la New York Telegraph & Cable podrían entregarse a Wardenclyffe, desde donde podrían distribuirse a Europa mediante conexión sin hilos a una estación receptora central.

Desde su partida, señor Morgan, he tenido tiempo para reflexionar sobre la importancia y el alcance de su trabajo, y ahora veo que ya no es un hombre, sino un principio y que cada chispa de su vitalidad debe ser preservada para el bien de sus semejantes. Por lo tanto, he perdido la esperanza de que usted pueda ayudarme a establecer una planta de fabricación que me permita cosechar el fruto de mi trabajo de muchos años. Pero algunas ideas que no únicamente he concebido, sino que he elaborado, son de tan grandes consecuencias que honestamente creo que merecen su atención [...].

No tengo mayor deseo que el de demostrarme digno de su confianza, y que haber tenido relaciones, por lejanas que sean, con un hombre tan grande y noble como usted será para mí una de las experiencias más gratificantes y los recuerdos más preciados de mi vida.

Suyo muy devotamente,

N. Tesla[7]

Tal vez fuera el final o el rango del inventor o tal vez la realización del valor de las patentes fundamentales lo que continuó fluyendo hacia su

---

7. Nikola Tesla a John Pierpont Morgan (5 de septiembre de 1902) [BC].

oficina, pero por alguna razón, Morgan se vio impulsado hasta el punto de permitir otra reunión, siempre y cuando fuera expresamente entendió que la relación aún se mantendría en secreto.[8]

El plan de Tesla consistía en buscar nuevos inversores vendiendo bonos y capitalizando la empresa en diez millones de dólares. Lo que no se dio cuenta fue que su socio secreto quería mantener su control sobre el 51 % sobre las patentes, hacerse con «aproximadamente un tercio de los valores» y también un reembolso por su inversión inicial.[9] En otras palabras, mientras que Tesla exigía unos 150 000 dólares adicionales para completar la torre, pagar sus deudas, construir el equipo receptor, etc., la hidra de Wall Street quería recuperar todo su dinero, quería mantener su gran parte de la empresa, quería que el inventor recaudara los fondos por su cuenta, y no quería que nadie supiera de su relación con el proyecto. Si Tesla aceptaba todo eso, llegarían a un acuerdo.

Kate miró por la ventana los colores cambiantes de las hojas mientras repasaba con Agnes el menú de Acción de Gracias.

—¿Crees que vendrá, mamá?

—¡Claro!

—El año pasado no vino.

—El señor Tesla no era él mismo –afirmó Katharine con total naturalidad.

Sentada junto a una bombilla Edison que estaba chisporroteando, escribió un aviso urgente y contrató a un mensajero especial para que lo entregara.

Tesla estaba trabajando en su lista de posibles inversores cuando un golpe fuerte en su puerta lo interrumpió.

—Lo siento señor, es importante.

El inventor cogió la carta y la abrió. Pensamientos de accidente y muerte pasaron por su cerebro mientras reflexionaba sobre su relación con los Johnson y su incapacidad para tratar con ellos ahora. Les respondió:

---

8. Nikola Tesla a John Pierpont Morgan (7 de septiembre de 1902) [BC]. Obviamente, algunas personas sabían del interés de Morgan en esa época (por ejemplo, los Johnson, Astor), y *The Port Jefferson Echo* (agosto de 1901), un periódico local de Port Jefferson, había revelado el interés de Morgan, pero en ese momento su relación se limitaba a los rumores. Los detalles de la relación nunca fueron revelados hasta mucho después de la muerte de Tesla con la publicación de la biografía de Hunt y Draper en 1967.

9. Sr. Steele (John Pierpont Morgan) a Nikola Tesla (21 de octubre de 1902).

Algún día os diré lo que pienso de las personas que marcan sus cartas como «importantes» o envían despachos por la noche.

Sabéis que viajaría mil quinientos kilómetros para disfrutar de un regalo tan maravilloso como una de las cenas de la Sra. Filipov, pero este día de Acción de Gracias tengo muchos huesos duros de roer y lo pasaré en tranquila meditación. El resto de las vacaciones me propongo pasarlas en la misma buena compañía.

No importa mi ausencia en cuerpo. No tiene ninguna importancia. Estoy con vosotros en espíritu.

NIKOLA[10]

Con esta dolorosa carta, Tesla consiguió trasladar parte de su angustia a sus amigos. No sólo no asistiría a la cena de celebración de noviembre, sino que tampoco participaría en las festividades navideñas. Incapaz de escapar o de abrirse camino para salir del profundo agujero en el que se encontraba, pasó el tiempo buscando formas de reclutar nuevos inversores.

Cuando Katharine se dio cuenta de cuán profunda era la desesperación del inventor, se alarmó. El vacío en una ocasión tan importante era casi insoportable.

—Agnes, por favor escribe al Sr. Tesla una vez más y dile que puede pasar por aquí en cualquier momento que quiera y durante el tiempo que quiera.

—¿No crees que sabe lo que está haciendo? –contestó Robert–. En estos momentos necesita estar solo.

—¡No me digas qué necesita! –explotó Kate.

Su temperamento irlandés latía.

—¡Hazlo! –le ordenó a su hija.

Robert entró silenciosamente en la sala de estar para leer un libro de poemas.

Cuando Agnes se sentó a escribir, una peculiar expresión oscura y retorcida cruzó por el rostro de su madre. Kate se retiró a su tocador y se sentó allí en la oscuridad. Tesla escribió dos días después del nuevo año: «Mi querida Agnes. No tengo tiempo, pero siento mucho amor y amistad para todos

---

10. Nikola Tesla a Katharine Johnson (25 de septiembre de 1902 [BBUC]; entrevista con la Sra. de R. U. Johnson Jr., ciudad de Nueva York (1986).

vosotros. Me gustaría mucho veros, pero es imposible. Incluso los reyes están empezando a infringir mis derechos de patente, y debo contenerme».[11]

Katharine podía encontrar consuelo «en el hecho de que su enamorado platónico había utilizado la palabra «amor» dos veces en dos cartas. A su peculiar manera, Tesla había transformado el dolor de su carrera en su vínculo, y en ese sentido, se había acercado como nunca lo había hecho, pero fue retirándose, y esto hizo que ella lo amara aún más.

Thomas Commerford Martin pudo haber tenido sentimientos encontrados por haber apoyado tan enérgicamente a un hombre que sabía que había infringido las patentes de Tesla, pero Martin había advertido a Tesla casi cinco años antes de que, mientras Marconi estaba teniendo éxito en el terreno físico, Tesla parecía avanzar principalmente en teoría. Martin, un tocapelotas social, también había incrementado considerablemente su prestigio al ser anfitrión de la gala del asunto Marconi, y continuó elevando su posición entre el escalafón superior de la comunidad eléctrica. *Harper's Weekly* decidió escribir un artículo sobre él y Edison se estaba volviendo receptivo a la idea de permitirle escribir su biografía.[12] Como precursor de la nueva empresa, el editor preparó para el semanario un breve artículo sobre «la vida volcánica de un maestro que ha producido una patente cada quince días durante más de treinta años».

Un «hombre Edison» sigue siendo un hombre Edison hasta el final del capítulo, y está orgulloso del sello dejado en su carrera por el gran espíritu con quien ha compartido pruebas y triunfos. Aunque Edison siempre ha estado rodeado por una multitud dispuesta de trabajadores, siempre ha mantenido fácilmente su liderazgo entre ellos. Esto no es de ninguna manera cierto para otros [….] Algunos pensadores poderosos, ya sea por desconfianza instintiva o por celos inconfesados, se esfuerzan por forjar sus concepciones en una lucha solitaria, y aquí se podrían mencionar nombres de inventores eléctricos cuya maldición parece ser este aislamiento estéril. En el caso de Edison, el temperamento alegre y bondadoso del hombre propicia la amistad.[13]

---

11. Nikola Tesla a Agnes (2 de enero de 1903) [BBUC].

12. La biografía, en coautoría con Frank Oyer, tardó diez años en completarse.

13. Martin, T. C.: «The Edison of To-day», *Harper's Weekly*, vol. 47, p. 630 (enero/junio de 1903).

Es casi seguro que aquí Martin se estaba refiriendo a Tesla y, al hacerlo, destacó grandes debilidades en la personalidad del inventor. Tesla podía ser excesivamente retraído, privado, «desconfiado», un elitista e incluso envidioso de los demás, incapaz de participar en el desarrollo de sus ideas por temor a tener que compartir el crédito. Más adelante en este artículo, Martin escribió que «un gran número de inventores de primera clase están muy concentrados en una única línea», mientras que Edison tenía «muchos asuntos entre manos». Por muy versátil e increíblemente prolífico que fuera Tesla, se apegó, hasta el final de sus días, a la única y monumental idea de Wardenclyffe de que cualquier aspecto del gran plan, en sí mismo, habría sido un logro revolucionario.

Sin embargo, en el fondo, Martin era, sin duda, el único individuo que había logrado más para explicar los maravillosos logros del genio secuestrado, y su relación con Tesla siguió siendo sagrada para él durante toda su vida. Martin aprovechó la oportunidad para hacérselo saber a Tesla cuando le entregó al inventor una versión actualizada de las obras recopiladas.

«Muchas gracias por el libro –le escribió Tesla a su viejo amigo–, ha sido un placer leer la dedicatoria que me dice que tu corazón es fiel a Nikola».[14] Esta ocasión sirvió para romper nuevamente el hielo, y los dos retomaron su amistad, aunque no con la misma intensidad que antes.

En un desagradable aprieto, el inventor comenzaba a contemplar un cañón de fatalidad, escribiendo ahora sus cartas con lápiz y abandonando la certeza de la pluma.

> Desde niño tuve deseos de echar mano al Banco de Inglaterra. ¿Puedes culparme de ello? Confieso que mis bajos intereses comerciales me dominan [...]. ¿Podrías proporcionarme una lista de personas casi tan prominentes e influyentes como los Johnson que deseen entrar a formar parte de la alta sociedad? Les enviaré mi carta.
>
> NIKOLA ARRUINADO[15]

14. Nikola Tesla a Thomas Commerford Martin (3 de junio de 1903) [MNT].
15. Nikola Tesla a Robert Underwood Johnson (24 de enero de 1904) [BBUC].

Obligado a pedir fondos tanto a los Johnson como a su administrador, George Scherff, ambos le prestaron miles de dólares en los años siguientes.[16] Al mismo tiempo, volvió con antiguos fanáticos como la Sra. Dodge y la Sra. Winslow, y con nuevos inversores, como la Sra. Schwarz, esposa del propietario de la tienda de juguetes FAO Schwarz.[17] El precio de inversión fue de 175 dólares por cada acción.

Entre la espalda y la pared, se volvió a acercar a su benefactor de Wall Street. «¿Dejará ahora que vaya de puerta en puerta para humillarme y pedir fondos a algún judío o promotor, y hacerle partícipe de ese agradecimiento que siento hacia usted? –le escribió a Morgan–. Estoy cansado de hablar con gente pusilánime que se asusta cuando les pido que inviertan 5000 dólares y les da diarrea cuando les pido diez».[18]

Científico loco

«Es una torre muy hermosa –dijo un buen granjero la semana pasada–. La brisa allá arriba es algo grandiosa propia de una tarde de verano, y puedes ver el estrecho y todos los barcos de vapor que pasan. Sin embargo, estamos cansados, tratando de entender por qué la puso aquí en lugar de en Coney Island».[19]

Aunque las operaciones se suspendieron, había muchas vías que el inventor exploraría en sus intentos de completar la visión. Una de sus primeras decisiones fue cumplir con el plan de George Scherff de ser más pragmático. A lo largo del resto del año y gran parte de 1903, Tesla comenzó a fabricar osciladores y continuó el desarrollo de sus lámparas fluorescentes. Los ingresos empezaron a llegar lentamente y a mediados de año había acumulado ahorros suficientes para volver a contratar a

---

16. Correspondencia entre Nikola Tesla, Robert Underwood Johnson y George Scherff (14 de marzo de 1905; 10 de enero de 1909; 24 de marzo de 1909) [BBUC].

17. George Scherff a Nikola Tesla (19 de diciembre de 1910; 31 de diciembre de 1910) [BBUC].

18. Nikola Tesla a John Pierpont Morgan (22 de abril de 1903; 1 de abril de 1904) [BC].

19. «Cloudborn Electric Wavelets to Encircle the Globe», *The New York Times* (27 de marzo de 1904).

SUS MANOS LLENAS.

El Pulpo: «Supongo que tendré que dejarme crecer algunos brazos más».
Minneapolis Journal.

J. Pierpont Morgan: una de las numerosas caricaturas políticas
que se burlan del financiero más poderoso del mundo (c. 1901).

media docena de trabajadores y pagar la cúpula, que se colocó en la cúspide de la aguja.[20] Con más de quince metros de diámetro, tres metros de altura y un peso de cincuenta y cinco toneladas, esta corona de hierro y acero, con su multitud de puntos nodales especialmente diseñados, serviría para almacenar cargas eléctricas y distribuirlas a través del aire o por la columna de metal hasta el hueco. La cúpula estaba conectada a cuatro grandes condensadores detrás del laboratorio, que también servían para almacenar energía eléctrica, y éstos a su vez estaban acoplados a «un elaborado aparato» que tenía la capacidad de proporcionar «toda regulación imaginable [...] en el control de la energía».

En la base del edificio, muy por debajo de la tierra, a lo largo de la escalera de caracol descendente, había una red de catacumbas que se extendían como los radios de una rueda. Dieciséis de ellos contenían tubos de hierro que partían del hueco central hasta una distancia de unos noventa metros. El gasto en estos «mangos terrestres» fue notable, ya que Tesla tuvo que diseñar «máquinas especiales para empujar las tuberías, una tras otra» profundamente hacia el interior de la tierra.[21] También en el pozo había cuatro túneles revestidos de piedra, cada uno de los cuales ascendía gradualmente hasta la superficie. Lo suficientemente grandes como para que un hombre pudiera pasar por ellos, emergían como hornos de ladrillo aislados, en forma de iglú, a noventa metros de la base de la torre.

Aunque no se ha determinado el motivo exacto de las madrigueras, su necesidad probablemente era multifacética. Tesla había incrementado la longitud de la antena en más de treinta metros extendiendo el asta hacia la tierra. Simultáneamente, con esta disposición podía transmitir energía más fácilmente a través del suelo. Es posible que también planeara hacer resonar el acuífero que se encontraba ligeramente por debajo del

---

20. Entre los trabajadores, se incluían el Sr. Hartman, el Sr. Clark, el Sr. Johannessen, el Sr. Merckling y el Sr. Beers; George Scherff a Nikola Tesla (14 de abril de 1903) [BBUC].

21. Es probable que estas máquinas funcionaran hidráulicamente. Con respecto a la cúpula, Tesla testificó que uno de sus descubrimientos más importantes fue que «podría almacenarse cualquier cantidad de electricidad dentro de lo razonable siempre que [estuviese hecha] de una determinada forma [...]. Esa construcción me permitió producir [...] el efecto que podría producir una planta ordinaria de cien veces su tamaño», Anderson, L. I. (ed.): *Nikola Tesla: On His Work With Alternating Currents and Their Application to Wireless Telegraphy, Telephony and Transmission of Power*. Sun Publishing, Denver, Colorado, 1992. pp. 170-177.

fondo del pozo. Los pasadizos aislados que subían hasta la superficie podían haber sido válvulas de seguridad, que dejaban escapar el exceso de presión. También proporcionaban una forma alternativa de acceder a la base. Es posible que Tesla hubiera planeado llenar otras astas con agua salada o nitrógeno líquido para aumentar la transmisión. También los pudo haber construido por otras razones.[22]

Justo cuando el inventor se preparaba para probar su nuevo equipo, los acreedores comenzaron a avasallarlo con más fuerza y nunca pudo colocar el revestimiento protector exterior a prueba de incendios en la cúpula y la torre. A Westinghouse le debía casi 30 000 dólares,[23] la compañía telefónica le estaba facturando por los postes y las líneas telefónicas que levantaron para conectarlo con la civilización,[24] y James Warden lo había demandado por los impuestos adeudados por la tierra.[25] Con la exigencia del tiempo presionando inexorablemente, el inventor trabajó sin descanso para conectar su transmisor a la fuente de energía y probar sus potencialidades.

A lo largo de la primera parte de 1903, «realizó muchas mediciones de la resistencia del suelo y del aislamiento de la torre. Incluso consideró los aumentos de temperatura provocados por las pérdidas en el suelo, las diferencias cuando el agua salada se esparcía alrededor de la base, las condiciones climatológicas y la hora del día».[26]

En la última semana de julio, pocos días antes de que unos hombres vinieran a llevarse parte de su equipo, el inventor ideó una manera de acoplar su gigante y ponerlo en marcha. Cuando las presiones alcanzaron su máximo con la cúpula completamente cargada, un trueno

22. Freedman, M.: «Dig for Mystery Tunnel Ends· With Scientist's Secret Intact», *Newsday*, p. 24 (13 de febrero de 1979); «Famed Inventor, Mystery Tunnels Linked», *Newsday*, p. 19 (10 de marzo de 1979). Además, entrevista personal con Edwin J. Binney, West Babylon, quien de niño bajó a los túneles; inspección personal del lugar por el autor (1984). Durante sus últimos días en Colorado, Tesla también llevó a cabo experimentos con el uso de nitrógeno líquido y la transmisión de energía.

23. [DKS].

24. Nikola Tesla a George Scherff (14 de mayo de 1911) [BBUC].

25. Ferguson, A.: «When the Man Who Talked to Mars Came to Shoreham», *Port Jefferson Record*, p. 3 (25 de marzo de 1971).

26. Marinčić, A.: *Colorado Springs Notes, 1899-1900*. Tesla Book Co., Millbrae, California, 1979.

sordo retumbó desde el lugar, alertando a la aldea de que algo estaba a punto de pasar.

Luz extraña en la torre de Tesla

Varias noches de la semana pasada hubo un intenso despliegue de luz desde lo alto de la torre metálica del Sr. Tesla en la costa norte de Long Island. Este fenómeno *[sic]* provocó la curiosidad de las pocas personas que viven cerca, pero el propietario de la planta Wardencliffe *[sic]* se negó a explicar el espectáculo cuando se le hicieron preguntas.[27]

La ciudadela con forma de champiñón de Tesla escupió una erupción pirotécnica que pudieron detectar no sólo los que vivían cerca, sino también la población que habitaba las costas de Connecticut, al otro lado del estrecho de Long Island. Pero a finales de julio la torre quedó en silencio y nunca más volvió a emitir su grito de radio.

Era una mañana brumosa cuando el equipo de Westinghouse apareció con su carro tirado por caballos y una orden judicial que les otorgaba permiso para llevarse el equipo más pesado. El gigantesco edificio se alzaba como un espectro de lo que podría ser, con su cabeza aún oscurecida por las nubes bajas. A excepción de un guardia, George Scherff y una persona de mantenimiento, todo el personal fue despedido. Ahora que su sueño cojeaba, el hosco mago regresó sin hacer ruido a la ciudad para llorar solo en su suite del Waldorf.

---

27. «Strange Light at Tesla's Tower», *New York Herald Tribune*, p. 2:4 (19 de julio de 1903).

458

34
La red (1903-1904)

14 de julio de 1903

Querido Sr.:
   He recibido tu carta [...] y como respuesta diría que no me
siento dispuesto en este momento a hacer más avances.
   Atentamente,

J. PIERPONT MORGAN[1]

El Sr. Boldt sacó su monóculo del bolsillo superior de su chaleco y miró al hombre con recelo. El extraño sudaba copiosamente a causa del calor de agosto. «Niko Tezle», dijo con fuerte acento mientras le entregaba al gerente del hotel un sobre arrugado.

Distraído por unos instantes por culpa de una mota de polvo, Boldt recuperó el documento para inspeccionar el membrete de Tesla. «Puedes subir» dijo con desdén mientras golpeaba con la mano la campana para llamar a un botones.

El hombre entró en lo que le pareció una suite palaciega.

—Jovan, ¡qué bien que hayas venido! —exclamó el venerado ingeniero en su lengua nativa—. Debes encontrar al tío Petar. Es un asunto de suma urgencia»

—Puede que esté en Bosnia.

—Entonces ve allí.

Tesla le entregó al hombre un billete de barco de ida y vuelta, un comunicado sellado con cera y una billetera con dinero para gastos.

—Dependo de ti.[2]

---

1. John Pierpont Morgan a Nikola Tesla (16 de julio de 1903) [BC].
2. Nikola Tesla a George Scherff (17 de agosto de 1903) [BBUC].

Las tres hermanas de Tesla, Angelina Trbojević, Milka Glumičić y Marica Kosanović, sus maridos, todos ellos sacerdotes serbios, y todos sus hijos se sentaron en la rectoría para escuchar el fascinante relato que el mensajero les entregó sobre el laboratorio de Niko y la torre de telegrafía mundial.

—Su cabeza llega hasta las nubes –dijo Jovan, extendiendo los brazos al máximo–, y algún día enviará mensajes a todo el mundo, hasta aquí mismo, a esta ciudad.

Los primos de Jovan se quedaron sin aliento de asombro cuando pasó una fotografía tomada apenas tres meses antes por Dickenson V. Alley, el fotógrafo también responsable de las fotografías de Colorado.[3]

—¿Cómo sabremos cuándo se envía un mensaje?

—Todo el mundo tendrá un pequeño dispositivo, del tamaño de… –Jovan miró alrededor de la habitación y vio un libro de oraciones– del tamaño de este libro, con un cable atado que clavará en el suelo para recibir el mensaje.

Dos primos hermanos, Nicholas Trbojević y Sava Kosanović, que acababan de abandonar la niñez, escuchaban con atención. Absolutamente cautivado por esas noticias procedentes de Estados Unidos, Nicholas anunció con orgullo:

—Algún día yo también seré inventor.

Sava, destinado cuarenta años después a ser el primer embajador de Yugoslavia en Estados Unidos, le devolvió la sonrisa y asintió con la cabeza.

El tío Petar salió de la habitación para abrir el despacho en privado. Niko le había dicho a su tío que el pánico financiero lo había afectado duramente y que se había quedado sin fondos. Tendría que cerrar el Centro Mundial de Telegrafía si no recibía ayuda inmediatamente. Le pidió a Petar que fuera a un banco local y pidiera un préstamo utilizando acciones de Wardenclyffe como garantía. El banco, por supuesto, no quiso,[4] por lo que Petar convocó una reunión con los mayores de la familia para aunar recursos. Luego regresaron a Belgrado, donde pudieron realizar la transferencia de fondos.

---

3. Nikola Tesla a Dickenson V. Alley (26 de mayo de 1903) [BBUC].

4. Petar Mandić a Nikola Tesla (2 de septiembre de 1903), en Kosanović, N. (ed. y trad.): *Nikola Tesla: Correspondence with Relatives*. Sociedad Memorial Tesla y Museo Nikola Tesla, Lackawanna, Nueva York, 1995. p. 134.

—Le deseas lo mejor a Niko de nuestra parte —dijo Petar—, sujetando a Jovan con ambos brazos.

Tesla recibió el dinero a finales de mes, pero en realidad sólo fue suficiente para mantener una puerta abierta durante lo que quedaba de año.

13 de septiembre de 1903

Querido Sr. Morgan:

Estuve muchos años en su puerta con este invento, pero no pensé que sería inútil [...]. Mi última empresa ha obtenido más de dos docenas de veces la inversión original y esto, en manos fuertes, debería ir aún mejor.

Ayúdeme a terminar este trabajo y lo verá.

Atentamente,

N. TESLA[5]

Modificando su calendario, el inventor empezó a visitar el laboratorio sólo los fines de semana. Después de pensarlo bien, abandonó la idea de reunirse con pequeños inversores y orientó sus esfuerzos en dos direcciones distintas: intensificaría la fabricación de osciladores y reclutaría a otros magnates.[6] Con el dinero de sus familiares, pudo volver a contratar a algunos trabajadores. Las operaciones, sin embargo, resultaron prácticamente nulas y el resto de la plantilla estaba enfadada porque no les pagaba.

«Por supuesto, sabes —le dijo a Scherff— que cuando llegó el pánico financiero, muchos fabricantes sencillamente despidieron a sus trabajadores. Nuestros empleados deben entender que he intentado tratarlos con generosidad en los momentos más difíciles que ha conocido este país, y deberían estar agradecidos en lugar de impacientarse. Aunque el pánico prácticamente ha pasado, todavía hay un sentimiento generalizado de aprensión en la calle. Sin embargo, tengo unos cuantos asuntos entre manos, y en cualquier momento puedo encontrar la solución que

5. Nikola Tesla a John Pierpont Morgan (13 de septiembre de 1903) [BC].
6. Nikola Tesla a George Scherff (30 de julio de 1903) [BBUC].

estoy buscando. Estoy más seguro que nunca de que nada puede impedir mi éxito final».[7]

La primera parada de Tesla fue la casa de John Jacob Astor. Llevando consigo las nuevas y dramáticas fotografías de Alley, el inventor hizo todo lo posible por reavivar la llama. Astor, que ganaba aproximadamente tres millones de dólares al año, no era en absoluto un hombre frívolo. Por aquella época, la mayor parte de su dinero lo gastaba en su yate, el *Nourmahal*. Si bien Tesla había tenido una aliada en la esposa de Astor, el matrimonio estaba ahora en horas bajas y Ava pasaba la mayor parte de su tiempo en Europa con sus dos hijos pequeños, mientras que su marido, Jack, continuaba con su práctica de alejarse de casa.[8] «Aunque te deseo toda la suerte posible —escribió Astor al inventor, no me interesa entrar en persona en la empresa».[9]

Decidido de que había otros peces en el mar que valía la pena pescar, Tesla compiló una lista de los más grandes y trabajó con un diseñador gráfico para editar un anuncio publicitario llamativo. Conocido como el «Tesla Manifesto» («Manifiesto de Tesla»), el panfleto anunciaba con atrevimiento las expectativas de su empresa telegráfica mundial.[10]

Plegado en una carpeta de vitela granate, el folleto contenía magníficas impresiones de la Estación Colorado, así como del imponente laboratorio y de la torre de Wardendyffe, una lista de patentes relevantes, éxitos pasados y futuros, una declaración de su disponibilidad para ser contratado como consultor, y una declaración de la amplitud y el alcance de su plan, todo ello rodeado por un diseño festoneado de dibujos a pluma y tinta de sus muchos otros inventos. Encima del nuevo transmisor amplificador, dibujadas como parte del marco en elegante cursiva, aparecían las siguientes palabras: «Electrical Oscillator Activity Ten Million Horsepower» («Actividad del oscilador eléctrico, diez millones de caballos de potencia»). Entre las personas de la lista que había redactado se incluían numerosos magnates, cada uno de ellos con un patrimonio de entre veinte y doscientos millones de dólares, casi todos conocidos personales del inventor.

---

7. Nikola Tesla a George Scherff (17 de agosto de 1903) [BBUC].

8. Cowles, V.: *The Astors*. Knopf, Nueva York, 1979. p. 126.

9. John Jacob Astor a Nikola Tesla (6 de octubre de 1903) [MNT].

10. Folleto de Nikola Tesla (1 de enero de 1904) [DSW].

«Luka —escribió Tesla a Robert Johnson—, Rockefeller y Harriman están acaparando cada momento de mi tiempo, pero creo que terminaré con ellos muy pronto».[11] Escrita en parte en broma, esta carta no se desviaba mucho de la verdad, porque Tesla cada vez estaba teniendo más éxito a la hora de penetrar en otros enclaves ricos.

UNA ENTREVISTA CON EL MAGO EDISON

«¿Cree usted [Sr. Edison] como Tesla que algún día de estos podremos hablar alrededor del mundo?».

«No, no espero avances en ese sentido. Aquello maravilloso que se desarrollará cada vez más es la telegrafía sin hilos. Marconi está haciendo progresos y tarde o temprano perfeccionará su sistema».[12]

Con Edison liderando las acusaciones contra su credibilidad, Tesla se encontraba en una situación delicada. El público en general aún no conocía su relación con Morgan y, sin embargo, Tesla tuvo que informar a los inversores potenciales de su interés. Debido a la animosidad que Morgan todavía sentía hacia Harriman, era imposible un contrato con él, pero todavía quedaban muchos otros financieros a considerar.

El 12 de octubre de 1903, Tesla se reunió con Thomas Fortune Ryan. Ryan, un hombre fornido y corpulento cinco años mayor que Tesla, cuyo verdadero segundo nombre era Falkner, había comenzado como empleado de productos textiles en Baltimore. Su golpe de suerte se produjo después de mudarse a Wall Street, donde se convirtió en corredor de bolsa e inversor en grandes instituciones financieras. En 1905 su posición había crecido tanto que obtuvo el control de casi 1400 millones de dólares, lo que equivalía a casi la mitad de toda la deuda pública de Estados Unidos. Casi un tercio de esta cifra provenía de su adquisición de las acciones de control de la Equitable Life Assurance Society,[13] y esto tuvo lugar poco

---

11. Nikola Tesla a Robert Underwood Johnson (22 de septiembre de 1903) [BBUC].

12. «Nikola Tesla Says We Will Be Soon Taking Around the World», *New York World* (14 de julio de 1905).

13. «The Reasons Why 5,000,000 Persons Demand that Higgins Investigate the Equitable», *New York World*, p. 1:3-4 (13 de julio de 1905).

más de un año después de su primera reunión con Tesla. En sí misma, la relación parecería incidental; sin embargo, fue Tesla quien organizó una reunión entre Ryan y Morgan en un intento de llegar a un acuerdo aceptable, y es bien sabido que Morgan era el poder secreto que estaba detrás del famoso escándalo de seguros de Equitable Life que estalló en 1905.

Aparte del puñado de diamantes que constantemente acariciaba en la palma de su mano, los otros activos de Ryan incluían el control sobre Mutual Life y Washington Life Insurance, New York City Railway, American Tobacco, Morton Trust, Metropolitan Securities y Mercantile Trust. Ryan también formaba parte de la junta directiva de una docena de otras empresas de seguros, banca, ferrocarriles y servicios públicos.[14] También era dueño de una inmensa propiedad que cubría centenares de acres al norte de la ciudad, cerca de Monticello, donde había erigido una mansión valorada en 500 000 dólares. Desde este retiro, su esposa, la Sra. de T. F. Ryan, se hizo un nombre como filántropa, fundó una institución teológica, erigió «una magnífica iglesia católica y un hospital público, [compró] equipos para compañías de bomberos y [consiguió] puntajes de contribuciones menores para el bien de la ciudad».[15]

Conocido por su «sorprendente competencia de organización sistemática […] acción decisiva, discreción y el arte de utilizar un gran poder detrás del trono», el don más eficaz de Ryan era su capacidad de persuasión. «El señor Ryan tiene su cuartel general en la oficina de Morton Trust Company, de la que es vicepresidente. No cierra la puerta como John D. Rockefeller […]. Cualquier persona que llama llega a su secretaria y muy a menudo al despacho interior. No tiene nada de la brusquedad que caracteriza al Sr. Morgan […]. El Sr. Ryan es encantadoramente discreto […]. Nunca hace ni dice nada importante sin consultar a sus abogados […]. Por el contrario, siempre es educado y nunca muestra nada de ira».[16]

Tesla había calculado que necesitaba aproximadamente 100 000 dólares para completar su proyecto, por lo que su plan era reclutar «diez suscriptores que pusieran 10 000 dólares cada uno».

---

14. Ibíd.

15. «Eymard Seminary, Suffern, New York, Supported by Mrs. Ryan», *New York World* (1 de julio de 1905).

16. «What John Skelton Williams Thinks of Thomas F. Ryan», *New York World*, editorial, p. 1 (18 de junio de 1905); sección editorial, p. 1 [Williams criticó a Ryan; esta sección del artículo fue compilada por los editores del periódico].

—¿De qué sirve acudir a tanta gente? —sugirió Ryan, mirando fijamente el contenido de la carpeta de vitela—. Me quedaré con una cuarta parte. ¿Dónde firmo?[17]

Obviamente, era una gran oportunidad, pero no se trataba simplemente de firmar un documento. Tesla tuvo que volver a reunirse con Morgan, y 25 000 dólares aún lo dejarían muy lejos de su objetivo.

—¿Consideraría invertir la totalidad de los 100 000 dólares?

Es una posibilidad.

—Déjeme hablar con mi socio sobre su generosa oferta y me pondré en contacto usted.

—¿Es alguien a quien yo conozca? —preguntó Ryan.

—Tengo órdenes de mantener su nombre en secreto.

—Estamos hablando de una cantidad importante de dinero, señor Tesla. quiero saber con quién voy a hacer negocios.

—Es Pierpont Morgan —dijo crípticamente el inventor.

—¡Morgan! Bueno, entonces no podría estar en mejores manos.

Tesla escribió a Morgan al día siguiente para concertar una reunión. «El señor Ryan es un gran admirador y un amigo leal suyo y por este motivo, así como por su capacidad, estoy muy ansioso por contar con su cooperación. Le he dicho que 100 000 dólares serían suficientes para llegar a los primeros resultados comerciales, que allanarán el camino hacia otros éxitos mayores. Conociendo el espíritu generoso que usted tiene, le he dicho al Sr. Ryan que cualquier acuerdo que usted decida será satisfactorio para mí».[18]

El Día de Acción de Gracias, Tesla quedó con los Johnson. Tenía buenas noticias que darles. Recién llegados de una estancia de dos meses en Europa, Robert y Kate estaban ansiosos por describir su encuentro con la reina Elena de Italia. Después de haber sido condecorado por el rey Humberto en 1895 por su trabajo con respecto a los derechos de autor internacionales, Robert fue recibido por la reina viuda como un personaje distinguido. Les leyó a ella y a la reina madre una selección de su libro de poemas más reciente.[19] También se quedaron unas semanas

---

17. Nikola Tesla a Thomas Fortune Ryan (¿20 de diciembre de 1905?) [MNT].

18. Nikola Tesla a John Pierpont Morgan (13 de octubre de 1903) [BC].

19. Johnson, R. U. (ed.): *Songs of Liberty and Other Poems*. Century Company, Nueva York, 1897.

más para presenciar el jubileo en el Vaticano, para celebrar los veinticinco años del reinado del papa León XIII.

—Sr. Tesla, ¿Detecto un brillo en tus ojos? –preguntó Kate.

—No estarás a punto de convertirte en uno de la detestada élite rica, ¿verdad? –bromeó Robert.

—Mi querido Luka, no quiero que desprecies a los millonarios, ya que estoy trabajando duro para convertirme en uno. Mis acciones han subido considerablemente esta semana.

—¿Morgan? –Katharine susurró esperanzada.

—Fortune Ryan –dijo Tesla, sacando un billete para exhibirlo con orgullo.

Recibiría un total de 10 000 dólares del financiero.

—Si esto continúa así durante algunas semanas, el mundo pronto quedará anillado. Ahora, Kate, ¿dónde está ese pavo?[20]

Por aquellos días, Morgan se reunió con Ryan. Obviamente, el acuerdo con Tesla no se concretó. La pregunta es, ¿por qué?

Todo indica que la reunión transcurrió bien. Wheeler (uno de los críticos más duros de Morgan) había descrito a Ryan como «un hombre muy hábil, agradable y tranquilo»[21] y esto tiene cierto sentido, porque unos años más tarde se hizo patente que Ryan era, en esencia, una marioneta de Morgan.

En 1899 falleció Henry Hyde. Había sido director de la Equitable Life Assurance Society, valorada en quinientos millones de dólares, «que comprende las sobras de los pobres».[22] El 51 % de la empresa quedó en manos de su hijo James, que en ese momento tenía veintitrés años. James, un millonario bastante excéntrico e ingenuo, cobraba a la empresa por extravagancias baladís, como importar barberos de Francia o colocar a sus chefs personales en todos sus restaurantes favoritos. Los *muckrakers*[23] no podían

---

20. Nikola Tesla a Robert Underwood Johnson (2 de diciembre de 1903) [BBUC].

21. Wheeler, G.: *Pierpont Morgan and Friends: Anatomy of a Myth*. Prentice-Hall, Englewood Cliffs, Nueva Jersey, 1973. p. 263.

22. Ibíd.

23. Del inglés «removedor de basura», nombre con que se conoce al periodista o grupo semiorganizado de periodistas estadounidenses que a comienzos del siglo xx se dedicaron a denunciar públicamente la corrupción política, la explotación laboral y una serie de abusos, inmoralidades y trapos sucios de personajes e instituciones de la época. (*N. del T.*)

tolerar el estilo de vida extravagante de James, especialmente después de que se supo que el 31 de enero de 1905 había gastado 200 000 dólares en un baile de disfraces de Luis XV en el Sherry's. Exigieron su dimisión.

Sin duda, desde que falleció el padre de Hyde, Morgan había puesto el ojo en la empresa, pero debido a la debacle de la Northern Pacific, tuvo que proceder con cautela. Es plausible suponer que, en la reunión sobre el proyecto de Tesla, Morgan sugiriera que sería mejor invertir el dinero de Ryan en otro ámbito. Independientemente de lo que dijera, parece que lo dijo de tal manera que no desanimó por completo a Ryan, ya que invirtió y mantuvo interés en la empresa entre los años 1903 y 1906, aunque nunca pagó a Tesla más que la modesta suscripción inicial.

En una situación similar al fiasco de la Northern Pacific, Morgan luchó por la Equitable contra Harriman y su bróker, Jacob Schiff, otro financiero que casi entró en el acuerdo con Tesla. El resultado final fue una oscura maniobra mediante la cual Thomas Fortune Ryan pudo comprar las participaciones de control de Equitable por unos miserables 2,5 millones de dólares. El joven Hyde se mudó a Francia, donde permaneció durante un cuarto de siglo.

Sin embargo, continuaron los rumores sobre la mala gestión de los fondos de unos pocos millones de inversores y durante todo el verano de 1905 apareció la fotografía de Ryan en las portadas de todos los periódicos de la ciudad. Dibujado como una araña voraz en su telaraña agarrando a su presa de la Equitable en una caricatura política, Ryan fue descrito por el banquero y crítico sureño John Skelton Williams en un mordaz artículo que apareció en el *New York World*: «El señor Ryan tiene tendencias que, si sus límites hubieran estado en una esfera humilde y reducida probablemente lo habrían convertido en un cleptómano. Su impulso más fuerte es adquirir dinero, y su única pasión fuerte es conservarlo [...]. Ryan es simplemente una máquina adquisitiva y se maneja a sí mismo con el propósito de obtener lo que otros tienen».[24]

Aunque Morgan, como jefe de una compañía de seguros rival, supuestamente no tenía ningún interés en la Equitable Life Assurance Society, Herbert Satterlee, su yerno, reveló de manera inusual que en realidad Ryan estaba controlado por Morgan, afirmando que Morgan

---

24. «What J. Skelton William Thinks of T. F. Ryan», *New York World*, sección editorial, p. 1 (18 de junio de 1905).

«conocía a la perfección los planes del Sr. Ryan [...]. Tenían su total aprobación y posiblemente su respaldo financiero».[25]

Durante las investigaciones gubernamentales que se prolongaron incesantemente durante la primera década de este siglo, se descubrió que se habían concedido préstamos ficticios por un total de 1,8 millones de dólares a un mensajero negro de quince años en la New York Life Insurance Company de Morgan.[26] Ryan también vendió sus 51 % de participación en la Equitable a Morgan por tres millones de dólares en 1910. El testimonio de la investigación explica con bastante claridad el papel de Ryan como marioneta de Morgan.

P: Untermeyer: ¿Le ofreció el Sr. Ryan estas acciones?
R: Morgan: Le pedí que me las vendiera.
P: Untermeyer: ¿Le dijo por qué las quería?
R: Morgan: No. Le dije que era bueno para mí tenerlas [...]. Dudó y finalmente me las vendió.

Tomado de *Pierpont Morgan and Friends: Anatomy of a Myth*, de Wheeler, el autor finalizaba el pasaje de la siguiente manera: «Durante el pánico financiero de 1907, Morgan, a sus 71 años, manipuló grandes sumas y grupos de hombres [entre ellos incluido el presidente Theodore Roosevelt] de manera imponente».[27]

Como «el poder detrás del trono», Morgan dominó claramente la conversación cuando Ryan entró a invertir en Vardenclyffe. Morgan redirigió su nueva pieza de ajedrez al ámbito de los seguros, pero esto sigue sin responder a la pregunta de por qué. Si se percibiera que la empresa de Tesla empezaba a resultar potencialmente rentable, que Ryan hubiera aportado otros 100 000 dólares para completarla habría sido algo fácil de hacer. Por lo tanto, podemos concluir que Morgan deliberadamente hundió la empresa de Tesla.

25. Satterlee, H. L.: *J. Pierpont Morgan: An Intimate Portrait*. Wiley, Nueva York, 1939. p. 426.

26. Birmingham, S.: *Our Crowd*. Pocket Books, Nueva York, 1977. p. 328.

27. Wheeler, G.: *Pierpont Morgan and Friends: Anatomy of a Myth*. Prentice-Hall, Englewood Cliffs, Nueva Jersey, 1973. p. 266.

La conexión Guggenheim

Además de estar molesto con el complejo inventor, Morgan estaba preocupado por la sugerencia de Tesla de que podía transmitir «potencia ilimitada» por medios inalámbricos. Tesla estaba fanfarroneando, ya que en cartas posteriores aseguró a Morgan que Wardenclyffe sólo sería capaz de transmitir «cantidades débiles» de energía.

Llegamos aquí a un momento en el que las decisiones de los individuos reorientaron el curso de la historia. Como señaló John Stewart Mill, los individuos hacen la historia, y he aquí un ejemplo claro de esta proposición. Para todos los efectos, en octubre de 1903 Morgan tomó la decisión de hacer todo lo posible para asegurar la derrota del inventor.

Morgan se oponía filosóficamente al plan general de Tesla. Se ha sugerido que Morgan sentía presión por parte de otros magnates de Wall Street, como Bernard Baruch, el joven y exitoso corredor de bolsa de Thomas Fortune Ryan. Un día, Baruch sugirió erróneamente que Morgan, como él, era un jugador. Se ha dicho que Morgan respondió «Nunca juego» y, de hecho, es posible que se echara atrás en el acuerdo con Tesla por temor a correr el riesgo de que el controvertido inventor fracasara o tuviera éxito de una manera perjudicial para las estructuras corporativas existentes.

La siguiente cita es del médico e inventor Andrija (Henry) Puharich, un hombre de ascendencia yugoslava que participó tangencialmente en ayudar a enviar los documentos de Tesla al Museo Tesla en Belgrado a principios de la década de 1950[28] y que conoció personalmente a John J. O'Neill, el primer gran biógrafo de Tesla: «Ahora, yo [Puharich] siempre obtuve esta información de segunda mano; no la encontrarás impresa en ninguna parte, pero Jack O'Neill me dio esta información como biógrafo oficial de Nikola Tesla. Me dijo que Bernard Baruch le dijo a J. P. Morgan "Mira, este tipo se está volviendo loco. Lo que está haciendo es dar energía eléctrica gratis a todos y no podemos ponerle medidores a eso. Sencillamente nos vamos a arruinar apoyando a este tipo". Y de repente, de la noche a la mañana, se cortó el apoyo a Tesla, el trabajo nunca se terminó».[29]

---

28. Seifer, M. J. *et al.*: «The Tesla/Matthews Outer Space Connection: An Interview with Andrija Puharich», *Pyramid Guide*, partes I y II (mayo y julio de 1978).

29. Declaraciones de Andrija Puharich en *The Zenith Factor*, vídeo de Sky Fabin (Southwestern College of Life Sciences, Santa Fe, Nuevo México, 1985).

Desde un punto de vista técnico y económico, Morgan no podía entender cómo la información y la energía gratuitas podían generar beneficios. Y fuera Baruch o no quien advirtió a Morgan, el propio Tesla, con sumo atrevimiento, había expresado ya una década antes (en el *The New York Sunday World* del 8 de marzo de 1896) que proporcionando una reserva de energía eléctrica a toda la Tierra mediante su aparato, «todos los monopolios» que dependen de medios convencionales de distribución de energía, es decir, a través de cables, «llegarán a un fin repentino».

Como capitalista principal, la existencia de Morgan se definía en gran medida por controlar el precio y la distribución de la energía y mantener una clase trabajadora para apoyar los gigantescos monopolios corporativos (llamados servicios «públicos»). Por lo tanto, sencillamente no podía apoyar un sistema en el que cualquier persona con un instrumento receptor pudiera acceder a la información y la energía sin hilos, y en el que las máquinas reemplazaran a la fuerza laboral. Reorganizar las industrias existentes de energía, iluminación y telefonía para complacer la visión de un inventor un tanto excéntrico era ciertamente una empresa improbable para el cauteloso financiero de Wall Street. «Todas aquellas empresas que [ya no] necesitaban préstamos ya no depositarían sus ganancias en su banco».[30] Tesla, como iconoclasta por excelencia, había llegado a un acuerdo con el rey equivocado.[31]

En 1903, Bernard Baruch, de apenas treinta y tres años y uno de los hombres más ricos de Wall Street, se retiró de la empresa en la que había trabajado durante más de una década para montar su propia oficina. Uno de sus primeros clientes importantes fueron los hermanos Guggenheim. Su interés radicaba en los metales, por lo que Baruch se reunió con los mineros Darius Ogden Mills y John Hays Hammond Sr. para buscar asesoramiento y conseguir inversiones. Mills sugirió que Baruch fuera al

---

30. Robert McCabe, correspondencia personal (15 de enero de 1991, Flint, Michigan).

31. Tesla afirmó en numerosas ocasiones que Wardenclyffe fue creado principalmente para transmitir conversaciones telefónicas. Aparentemente su plan era crear transmisores-receptores amplificadores idénticos en puntos estratégicos de todo el mundo. Éstos estarían conectados mediante cables convencionales, aunque también sería posible una conexión sin hilos a la estación central local. Así, por ejemplo, un abonado en Australia que llamara a Estados Unidos realizaría la conexión inalámbrica a través de la principal línea troncal intercontinental. Así, el problema de proporcionar electricidad gratuita se podía sortear fácilmente.

oeste y comprara minas él mismo, y los Guggenheim contrataron a Hammond para actuar como asesor y adquirir minas de plata en México. Una de las primeras adquisiciones de Baruch fue la Utah Copper Company, porque «era consciente de que siempre habría necesidad de cobre en el mundo».[32] La empresa inalámbrica de Tesla claramente amenazaba la inversión Baruch-Guggenheim en la que Morgan estaba tratando de involucrarse.

En 1905, la Utah Copper Company producía cobre y otros metales a un ritmo superior a los cien millones de dólares al año, ritmo que se mantuvo durante otros veinticinco años.[33] En años posteriores, John Hays Hammond afirmó que «el desarrollo de las industrias eléctrica y automovilística sería posible [...] sólo con un gran suministro asegurado de cobre».[34] Por desgracia para Tesla, su plan mundial fue percibido como una amenaza en varios frentes clave.

Tesla estuvo esperando durante las primeras semanas de diciembre una señal positiva de la reunión entre Ryan y Morgan, pero no llegó ninguna. Sin otra opción, se vio obligado a enfrentarse cara a cara al potentado financiero. Decidió adoptar un enfoque pragmático. «¿Me permitirá llamar esta o cualquier otra noche porque [deseo] enseñarle un pequeño instrumento para mostrarle uno o dos experimentos con mi "luz de día"? [...]. El tiburón que vendrá detrás de mí obtendrá el contrato para iluminar su hogar»,[35] escribió Tesla.

Al programar su visita para que coincidiera con las vacaciones, Tesla eligió deliberadamente esta oportuna ocasión para intentar pinchar el exterior incondicional del financiero. Pero al mismo tiempo utilizó en su carta el símbolo del tiburón, ya que era un animal que se alimentaba de peces grandes. Anne Morgan era una de sus aliadas. Lo recibió en la puerta. Recientemente convertida en «fundadora del Colony Club, la primera sociedad de damas estadounidense, inspirado en un club de caballeros británico» y diseñado por Stanford White, Anne había entrado en medio

32. Coit, M.: *Mr. Baruch*. Houghton Mifflin, Nueva York, 1957. p. 123.

33. «Desde 1905 [...] hasta 1931 inclusive, la producción fue de 2 871 300 000 de dólares». Hammond Sr., J. H.: *The Autobiography of John Hays Hammond*. Farrar and Rinehart, Nueva York, 1935. p. 518.

34. Hoyt, E. P.: *The Guggenheims and the American Dream*. Funk and Wagnalls, Nueva York, 1967. p. 158.

35. Nikola Tesla a John Pierpont Morgan (7 de diciembre de 1903) [BC].

de un gentío de teatro andrógeno con vínculos con el tristemente célebre autor homosexual Oscar Wilde. Con la orientación sexual de Tesla perpetuamente en duda y Anne a punto de involucrarse en una aventura lésbica,[36] su vínculo transcendió las comodidades superficiales. Antes de reunirse con su padre, Anne pudo acorralar al célibe declarado y discutir con él la visión emergente de las nuevas mujeres.

—Señor Tesla, creo que es absurdo que en esta era de la iluminación las mujeres todavía no tengan derecho a votar.

—Estoy totalmente de acuerdo, Anne. También creo que esta lucha de la mujer humana por la igualdad sexual terminará en un nuevo orden sexual, con las mujeres superiores.

—¿De verdad lo cree? –dijo Anne, con las pupilas de los ojos tan abiertos que parecían grandes charcos negros–. Yo hubiera considerado a los sexos iguales –continuó mientras extendía la mano para tocar al inventor.

—La mujer moderna, que anticipa en un fenómeno meramente superficial el avance de su sexo, no es más que un síntoma superficial de algo más profundo y más potente que se fomenta en el seno de la raza. No es mediante la superficial imitación física de los hombres que las mujeres afirmarán primero su igualdad y luego su superioridad, sino con el despertar del intelecto de las mujeres. A medida que transcurran las generaciones, la mujer promedio estará tan bien educada como el hombre promedio, y luego mejor educada, porque las facultades dormidas de su cerebro se verán estimuladas a una actividad que será aún más intensa debido a siglos de reposo.[37]

—El Sr. Morgan lo verá ahora –interrumpió el mayordomo.

—Sr. Tesla –dijo Morgan.

—Señor Morgan, gracias por recibirme. Mis enemigos han tenido tanto éxito al representarme como poeta y visionario que resulta absolutamente imperativo que publique sin demora algo comercial. Si tan sólo me ayudara a hacer esto, preservará una propiedad de inmenso valor.

—Lo siento, Sr. Tesla, como ya le dije…

---

36. Chernow, R.: *The House of Morgan: An American Banking Dinasty and the Rise of Modern Finance.* Atlantic Monthly Press, Nueva York, 1990. p. 140.

37. Ann Morgan a Nikola Tesla (26 de abril de 1928) [MNT]. Licencia literaria tomada en la conversación. Adaptado de Kennedy, J.: «When Woman Is Boss-An Interview with Nikola Tesla», *Collier's* (30 de enero de 1926).

—¿No me permitirá terminar el trabajo y demostrarle que no se ha equivocado al darme un talonario de cheques para utilizar en su honorable casa? Si piensa que he encontrado la piedra filosofal, no estará muy lejos de la verdad. Mi invento provocará una revolución tan grande que casi todos los valores y todas las relaciones humanas se verán profundamente modificados.

—Si simplemente hubiera conseguido lo que le había pedido, no se encontraría en esta situación.

—Sr. Morgan, le ruego llamar nuevamente su atención sobre el hecho de que mis patentes controlan absolutamente todas las características esenciales y que mi trabajo ha llegado a tal punto que cuando usted me diga que siga adelante, en tres meses rodearé el mundo con tanta seguridad como que me llamo Tesla. Le he prometido a la gente de San Luis abrir la puerta de la Exposición con energía transmitida desde aquí. Es una gran oportunidad, Sr. Morgan. Puedo hacerlo fácilmente, pero si no me ayuda pronto será demasiado tarde. Por favor, piense por un momento lo que esto significa para mí. Ha pasado lo que ya le dije hace mucho tiempo. Mis competidores se han derrumbado, ya que sus intentos generalizados [de transmisión practicable sin hilos] no han tenido éxito. Ahora es el momento de ayudarme. Usted lo sabe mejor que nadie.

—Yo ya he hecho mi parte. Hay muchos otros empresarios con el capital necesario para completar su proyecto.

—Pero usted, señor, es el socio de control. Si consigo un compromiso de otro, usted considerará una renegociación.

—Me lo pensaré.[38]

Tras reunirse con Morgan en diciembre, Tesla no sólo se fue con las manos vacías, sino que también salió con la clara sensación de que su socio no iba a facilitar la búsqueda de nuevos inversores. Evitar a Katharine en Navidad era una forma de transmitir las malas noticias. Utilizando todo su abanico de encantos femeninos, la coqueta Sra. Filipov envió una más de sus provocativas misivas.

---

38. Conversación recreada a partir de la correspondencia de Nikola Tesla a John Pierpont Morgan (11 de diciembre de 1903) y de dos comunicados sin fecha del mismo período [BC].

20 de diciembre de 1903

Querido Sr. Tesla:

Eres muy cruel... ¡querido amigo! ¿Por qué no vienes a verme A MÍ en lugar de pasar siempre por el *Century* para ver a Robert?[39] Debo haber hecho algo para ofenderte, pero ¿qué?

¿Cómo puedes ser indiferente ante tal devoción? [...]. Si estás triste y decepcionado, y consideras que tienes mala suerte, entonces con mayor razón debes buscar la compañía y el apoyo de tus leales amigos.

De hecho, si todo el mundo estuviera en contra de ti, más firmemente se aferrarían a ti.

Sinceramente tuya,

KATHARINE JOHNSON[40]

Consciente de la turbación de Morgan sobre la posibilidad de que su equipo usurpe la necesidad de las compañías de energía eléctrica existentes, el inventor le escribió explícitamente en un intento de disipar estos temores:

13 de enero de 1904

Querido Sr. Morgan:

La Canadian Niagara Company aceptará por escrito proporcionarme 10 000 caballos de potencia durante veinte años sin cargo, si coloco allí una planta para transmitir esta energía sin cables a otras partes del mundo [...]. Como le dije, utilizaría la energía no para fines industriales, sino para hacer funcionar relojes, cintas de cotizaciones bursátiles y otros aparatos que actualmente se utilizan por

---

39. Robert estaba publicando un artículo de Madame Curie que Tesla estaba leyendo. Tesla también conversó con Curie por correo sobre su descubrimiento más reciente de la energía radiante.

40. Katharine Johnson a Nikola Tesla (20 de diciembre de 1903) [MNT].

millones y que no requieren en promedio más de 1/10 caballos de potencia para cada instrumento.

¿Me ayudará en los términos que usted elija y me permitirá asegurar y desarrollar una gran propiedad que, en última instancia, generará remuneraciones cien veces mayores? Por favor, no me haga una injusticia creyéndome incapaz simplemente porque cierta suma de dinero no fue suficiente para llevar a cabo mi emprendimiento [...]. Podrá ver que mi trabajo queda inacabado por falta de fondos, pero *nunca verá* que esa maquinaria que construyo no cumple con los fines para los que fue diseñada.

Tesla terminaba la carta con «deseos cordiales para el nuevo año».[41] ¿Cómo podía saber que Morgan no dudaba de que Tesla podría tener éxito? Lo temía.

14 de enero de 1904

Mi querido señor:

En respuesta a su nota, lamento decirle que no estaría dispuesto a adelantar más cantidades de dinero como ya le he dicho. Por supuesto, le deseo mucho éxito en su empresa.

Atentamente,

J. PIERPONT MORGAN

Cerca de cerrar acuerdos con otros inversores, pero obstaculizado por su relación con Morgan, Tesla estaba particularmente molesto porque su socio respondió el mismo día en que envió su propia carta. Tesla se enfureció porque suponía que Morgan ni siquiera estaba considerando la situación. Por primera vez dejó de fingir y le dijo a Morgan lo que realmente pensaba de él.

---

41. Nikola Tesla a John Pierpont Morgan (13 de enero de 1904) [BC].

14 de enero de 1904

Querido Sr. Morgan:

¡Me desea éxito! Está en sus manos, ¿de verdad me lo desea?

Partimos de una proposición, todo debidamente calculado; es financieramente frágil. Se involucra en operaciones imposibles, me hace pagar el doble, sí, me hace esperar diez meses por la maquinaria. Encima provoca el pánico. Cuando, después de poner todo lo que pude, vengo a demostrarle que lo he hecho lo mejor que puede hacerlo, me despide como a un oficinista y grita de tal manera que lo oyen a seis manzanas de distancia: ni un centavo; está extendido por toda la ciudad. Estoy desacreditado, soy el hazmerreír de mis enemigos.

Hace apenas catorce meses que se interrumpieron los trabajos de construcción de mi planta [...]. Tres meses más con una buena fuerza de hombres la habrían terminado y ahora estaría pagando 10 000 dólares diarios. Es más, habría conseguido contratos de los gobiernos para varias plantas similares...

Ahora que prácticamente he eliminado todos los obstáculos hábilmente puestos en mi camino y sólo necesito un poco más para salvar una gran propiedad, que permitiría pagarle diez millones de dólares hasta el último centavo, usted se niega a ayudar en un problema provocado por sus propias acciones.

Tesla sugiere en el resto de la carta que una donación de 25 000 dólares le permitiría iniciar las operaciones de producción de osciladores y de luz fluorescente, y que finalmente, «de forma lenta y dolorosa», podría conseguir los fondos necesarios para completar la torre.

Estoy ansioso por tener éxito en su cuenta tanto como en la mía. Qué cosa tan espantosa sería que los periódicos publicaran su nombre en letras rojas [UN ACUERDO CON MORGAN INCUMPLIDO]. Se telegrafiaría a todo el mundo. Puede que no le importe, señor Morgan. Los hombres son como moscas para usted. Pero tendría que trabajar cinco años para reparar el daño, si es que se pudiera reparar.

Ya se lo he dicho todo. Por favor, no me escriba para negarlo. Ya me duele bastante.

Tristemente suyo,

N. Tesla[42]

Al no recibir respuesta, la semana siguiente Tesla envió otra carta:

22 de enero de 1904

[…] ¡¡¿Me va a dejar en un agujero?!!

Me he ganado mil enemigos poderosos por su culpa, porque les he dicho que valoro más uno de sus zapatos a que todos ellos […] ,

Dentro de cien años, este país daría mucho por tener los primeros honores de transmitir energía sin cables. Debe hacerse con mis métodos y aparatos, y primero se me debe ayudar a mí a hacerlo.

1 de abril de 1904

[…] ¿Me ayudará a terminar este gran trabajo?

2 de abril de 1904

¿Ha leído alguna vez el libro de Job? Si pone mi mente en lugar de su cuerpo, encontrará mi sufrimiento descrito con precisión. He puesto todo el dinero que pude juntar en esta planta. Con 50 000 dólares más está terminada, y tengo una corona inmortal y una inmensa fortuna.

---

42. Nikola Tesla a John Pierpont Morgan (14 de enero de 1904) [BC].

Incapaz de comprender por qué salió mal el acuerdo con Ryan, Tesla dedujo, en cambio, que había sido obra de Mòrgan. Tomar represalias de manera evidente habría supuesto un suicidio. Y aunque Tesla tenía tendencias autodestructivas, como por ejemplo el incumplimiento de un contrato con J. Pierpont Morgan, el inventor deseaba desesperadamente tener éxito. Su objetivo no era tanto llenarse los bolsillos, aunque seguramente buscaba enriquecerse con el invento, sino ayudar a la sociedad. Tesla era muy consciente de su potencial papel en la remodelación del curso de los acontecimientos humanos.

Al no ver otra opción, decidió audazmente, a principios de 1904, no ocultar más la relación con Morgan, sino hacerla pública y mantener la fachada de que todo iba bien entre ellos. El 10 de abril le escribió a uno de sus preocupados inversores, William Rankine, del proyecto de las Cataratas del Niágara: «Duda de la luz del sol, duda del brillo de las estrellas, pero no dudes de la existencia de la Nikola Tesla Company».[43] Conseguir a Morgan en primera instancia había sido un logro. Ahora el *bon vivant* había decidido explotar la relación y también rebelarse descaradamente contra un hombre que parecía empeñado en hundir su barco. Al estilo de Tesla por excelencia, publicó simultáneamente un artículo espectacular en *Scientific American* y *Electrical World and Engineer* en el que describía su trabajo hasta la fecha y sus planes para el futuro, adornando el escrito con impresionantes fotografías de sus estaciones de transmisión en Colorado Springs y Wardenclyffe.

Los resultados obtenidos por mí han hecho que mi proyecto de «Telegrafía Mundial» sea fácilmente realizable. Constituye un cambio radical y fructífero con respecto a lo que se ha hecho hasta ahora. Implica el empleo de una serie de plantas, cada una de las cuales estará preferiblemente ubicada cerca de algún centro importante de la civilización y las noticias que reciba a través de cualquier canal se transmitirán a todos los puntos del planeta. Luego se puede instalar un dispositivo barato y sencillo [de bolsillo] en algún lugar del mar o de la tierra, que registrará las noticias o los mensajes especiales que estén destinados a todo el mundo. Así, la Tierra entera se convertirá

---

43. Nikola Tesla a William Rankine (10 de abril de 1904) [archivos de Profiles in History, Beverly Hills, California].

en un enorme cerebro, por así decirlo, capaz de responder en cada una de sus partes. Dado que una única planta de cien caballos de potencia puede operar centenares de millones de instrumentos, el sistema tendrá una capacidad de trabajo virtualmente infinita.

La primera de estas plantas centrales ya estaría terminada de no ser por retrasos imprevistos que, afortunadamente, nada tienen que ver con sus características puramente técnicas. [Este retraso puede resultar] después de todo una bendición disfrazada.

Por el trabajo realizado hasta ahora, estoy en deuda con la noble generosidad del Sr. J. Pierpont Morgan, que fue tanto más bienvenida porque que se extendió en un momento en el que quienes más habían prometido desde entonces eran los más escépticos. También tengo que dar las gracias a mi amigo Stanford White por su gran ayuda desinteresada. Este trabajo está ahora muy avanzado y, aunque los resultados pueden llegar tarde, seguramente llegarán.[44]

---

44. Tesla, N.: «The Transmission of Electric Energy Without Wires», *Electrical World and Engineer*, p. 429-431 (5 de marzo de 1904) [resumido].

35
Disolución (1904-1906)

*He observado en la dinastía Morgan una grandeza, nobleza y fir-
meza de carácter que por cierto es muy escasa. Sólo puedo sonreír
cuando leo los intentos de encontrar algo vergonzoso en las tran-
sacciones de J. P. Morgan & Co. Ni un centenar de investigaciones
de este tipo descubrirán algo que un juez imparcial no consideraría honorable, justo, decente y conforme en todos los sentidos al
elevado ideal y a los estándares éticos de los negocios. Estaría dispuesto a arriesgar mi vida por ello.*

NIKOLA TESLA[1]

El sociólogo Karl Mannheim sugiere que el psicohistoriador debería intentar reconstruir tanto la *Weltanschauung* del sujeto como el espíritu de
la época en cuestión. Deben reconocerse los componentes irracionales.
Así, y en este sentido, la historia es paradójica; es contradictoria, dinámica,
multinivel y dialéctica.[2] La cosmovisión de Tesla implicaba una filosofía
basada en la obra de Wolfgang von Goethe. Para él sus inventos no eran
verdaderas creaciones en el sentido de que surgieran de la nada, sino que
evolucionaban a partir del trabajo de otros y del descubrimiento de mecanismos secretos que se encuentran dentro de leyes ocultas de la naturaleza.

*¿Fue un Dios quien dibujó estos símbolos
que aplacan mi fiera lucha interior,
colman de alegría al pobre corazón
y, con secreto impulso, en torno mío,
a las fuerzas de la Naturaleza descubren?*

1. Tesla, N.: «The House of Morgan», en Ratzlaff, J. T. (ed.): *Tesla Said*. Tesla Book Co.,
   Milbrae, California, 1984. p. 243.
2. Mannheim, K.: *Essays on the Sociology of Knowledge*. Routledge, Londres, 1952.

¿Soy yo un Dios? ¡Todo lo veo tan claro!
Observo en esos puros símbolos
postrarse ante mi alma a la activa naturaleza.[3]

Esta idea se puede encontrar claramente en el *Fausto* de Goethe, el poema favorito de Tesla, que memorizó íntegramente y al que se refirió durante toda su vida. Era *Fausto* lo que recitaba en Budapest en sus años de juventud, cuando descubrió el secreto del campo magnético giratorio, y fue a un paradigma fáustico a lo que se apegó cuando vinculó la invención del sistema mundial de telegrafía con el descubrimiento del Santo Grial.

> Se manifiesta en el ser plenamente desarrollado –el Hombre– un deseo misterioso, inescrutable e irresistible: imitar la naturaleza, crear, obrar él mismo las maravillas que percibe [...]. Domina y pone a su servicio la chispa feroz y devastadora de Prometeo, las fuerzas titánicas de la cascada, el viento y la marea. Domina el rayo atronador de Júpiter y aniquila el tiempo y el espacio. Hace del gran Sol su obediente y esforzado esclavo [...].
>
> ¿Puede el hombre controlar el más grandioso e impresionante de todos los procesos de la naturaleza? ¿Podrá aprovechar sus inagotables energías para realizar todas sus funciones a su llamada? [...]. Si pudiera hacer esto, tendría poderes casi ilimitados y sobrenaturales [...].
>
> Ésta sería la manifestación suprema del poder de la mente del Hombre, su triunfo más completo sobre el mundo físico, su logro supremo, que lo colocaría al lado de su Creador, le haría cumplir su destino último. Nikola Tesla.[4]

Dos temas principales atraviesan el poema de Goethe: 1) los secretos de la naturaleza pueden revelarse y aprovecharse de las necesidades humanas y 2) los humanos se ven atraídos por fuerzas satánicas. Claramente, Tesla se guiaba por ambos principios. En el segundo caso, consciente o inconscientemente, buscaba a Morgan precisamente por ser un semidiós, un sobrehumano, cuya vida transcendía la de los simples mortales.

---

3. Goethe, J. W. von: *Fausto*. Penguin Random House Grupo Editorial, Barcelona, 2016. p. 41.
4. Tesla, N.: «Man's Greatest Wonder» (hacia 1930) [DKS].

Así como Fausto fue tentado por Mefistófeles, Tesla fue atraído por la dinastía Morgan. En las «manos fuertes» del financiero, Tesla, voluntaria y, que lástima, irracionalmente, entregó el control del 51%, insistiendo en ello. Sabiendo que el contrato implicaba renunciar a su abundancia de solicitudes de patentes pasadas y futuras, el inventor selló de todos modos el pacto fáustico, ya que «los términos eran inmateriales» para él.

MEFISTÓFELES: Lo que te sea prometido habrás de gozarlo enteramente; nada te será de ello escatimado. Mas, eso no puede ser abarcado con tan breves palabras, y habremos de discutirlo en la próxima entrevista; pero ahora te ruego encarecidamente que me dejes partir por esta vez.

FAUSTO: Quédate todavía un momento y dame alguna noticia nueva.[5]

Querido Sr. Morgan:

Desde hace muchos años conozco personalmente un lado de su carácter. Creo que en mi primer acercamiento a usted le he dado pruebas de este conocimiento [...]. Usted ya ha dejado de lado el dinero necesario para completar el trabajo iniciado –en sus pensamientos– y ya está decidido. Pero hasta hace poco no le entendía como hombre de negocios.

He trabajado para conseguir resultados que lleven consigo una dignidad y una fuerza tales que merezcan su atención. Lo que quería usted era un simple resultado. ¿Me permitirá aprovechar este conocimiento posterior y me dará la oportunidad de rehabilitarme como empresario desde su punto de vista?[6]

En octubre de 1903, dos meses antes de que Orville y Wilbur Wright hicieran historia en la aviación,[7] el profesor Samuel P. Langley lanzó un artefacto volador más pesado que el aire desde el techo de una casa flotante situada en el Potomac. Con fotógrafos del Instituto Smithsoniano

---

5. Goethe, J. W. von: *Fausto*. Penguin Random House Grupo Editorial, Barcelona, 2016. p. 105.

6. Nikola Tesla a John Pierpont Morgan (posiblemente no enviada, hacia 1903) [BC].

7. Los hermanos Wright fueron los primeros seres humanos en conseguir volar de manera exitosa con un aeroplano. Se considera que dicho vuelo tuvo lugar el 17 de diciembre de 1903 en Kitty Hawk, Carolina del Norte. *(N. del T.)*

presentes, la nave fue lanzada «desde unos rieles de 20 metros y en un momento quedó libre en el aire. Luego se agitó en el aire. El aparato se hundió con su atrevido navegante emergiendo del desastre tras sufrir sólo una zambullida». La prensa calificó el avión de Langley como «un fracaso»,[8] pero Tesla salió en defensa de Langley. «Langley ha percibido una gran verdad –escribió Tesla en el *New York Herald*–, que podría hacerse volar una máquina más pesada que el aire [...]. A un hombre así se le deberían proporcionar los medios necesarios para completar su trabajo, este logro conlleva un gran honor y también una gran utilidad práctica que este país no puede permitirse perder».[9]

Tesla empezó el año 1904 a la ofensiva con su manifiesto y diversas publicaciones llamativas. Se suspendieron los trabajos sobre la operación sin hilos y se retiraron los componentes esenciales de la torre y se devolvieron a los acreedores descontentos. Un equipo reducido mantuvo las apariencias y continuó el desarrollo de sus lámparas y sus osciladores. Pero como revelan sus notas de Wardendyffe, no hubo escritos teóricos durante este período;[10] todas sus energías se concentraron en una única vía: recaudar fondos para resucitar el proyecto. Los abogados de Tesla habían localizado un fabricante en Connecticut para «fabricar todas las piezas metálicas» de sus osciladores, pero aún quedaba el problema de la distribución y los ingresos no le permitían reabrir la planta de Wardendyffe. Otro problema tenía que ver con el propio señor Warden. Aparentemente no había gestionado una búsqueda de título cuando compró el terreno y sobre la propiedad había caído una sombra legal. Tesla utilizó el enredo para retrasar aún más el pago de la hipoteca.[11]

«Una consideración –escribió a Scherff– es que la combinación Edison-Pupin-Marconi, que me ha causado tantos problemas, se encuentra en una situación peor».[12]

8. «Langley Airship Proves a Failure», *New York Herald*, p. 5:2 (8 de enero de 1903).

9. «Mr. Tesla Praises Professor Langley», *New York Herald*, p. 8:6 (9 de octubre de 1903).

10. Marinčić, A.: «Research on Nikola Tesla in Long Island Laboratory», *Tesla Journal*, n.º 6-7, p. 26 (1989-1990).

11. Nikola Tesla a George Scherff (9 de diciembre de 1903) [BBUC].

12. Ibíd.

En febrero, Tesla asistió a un recital musical y a una fiesta en Gramercy Park organizada por Stanford White y su esposa, Bessie, para 350 de sus amigos, con una cena posterior en el Sherry's.[13] Lo más probable es que el inventor se encontrara con Morgan y con otros inversores potenciales. Al mes siguiente, el inventor se reunió con el director ejecutivo de General Electric, Charles Coffin. «Si [la gente de General Electric] se niega, sencillamente están durmiendo», escribió a Scherff.[14] No salió nada de la reunión, pero en abril llegó una pista sólida a través de John S. Barnes, un financiero bien relacionado que había leído el artículo de Tesla en *Electrical World and Engineer*. Barnes, socio del coronel Oliver Payne del grupillo de Rockefeller, había invitado a Tesla a su casa para cenar y discutir los planes del inventor.

—Siempre he tenido el mayor respeto por el coronel Payne y sería realmente feliz si alguna vez me considerara digno de su amistad.

—Tenemos curiosidad por conocer los detalles de la concesión del comodoro –intervino Barnes.

—El señor Morgan no ha hecho una donación generosa como podría haber deducido de mi artículo –replicó astutamente Tesla–. Es un hombre con un gran cerebro y ha visto que [formando una sociedad comercial] puede hacer una inversión extremadamente rentable.[15]

Aunque dudaba en comprometerse, Barnes sugirió que Tesla hiciera que sus abogados escribieran la evaluación de sus solicitudes de patente.

Dado su vínculo con el coronel Payne, Tesla se tomó muy en serio la sugerencia. Payne, multimillonario de la ciudad de Cleveland, había hecho fortuna como socio de John D. Rockefeller; la pareja había ganado cincuenta centavos por barril por cada barril de petróleo enviado por ferrocarril. Esta enorme mordida se había establecido como un descuento para su propio crudo y como un arancel para todos los competidores. Con sus vastas propiedades y el espíritu de hurón de Rockefeller, simplemente habían intimidado a los ferrocarriles para que aceptaran este acuerdo contractual.[16]

---

13. Baker, P.: *Stanny: The Gilded Life of Stanford White*. Free Press, Nueva York, 1989. p. 339.

14. Nikola Tesla a George Scherff (21 de marzo de 1904) [BBUC].

15. Nikola Tesla a John S. Barnes (20 de abril de 1904) [SHNY].

16. Flynn, J.: *God's Gold: The Story of Rockefeller and His Times*. Harcourt Brace, Nueva York, 1932.

Payne, conocido como un tipo altivo y «pariente de Dios», nunca simpatizó con John D., pero mantuvo la asociación. Tenía una residencia en Nueva York y era amigo y benefactor financiero de Stanford White, a quien encargó que le comprara arte mientras se encontraba en Europa y que diseñara en la ciudad la mansión de su sobrino, Payne Whitney.

White, que estaba atravesando una situación terrible, con una deuda de casi tres cuartos de millón de dólares, sobre todo como consecuencia del fiasco de la Northern Pacific, explicó a Tesla que Payne le había ofrecido un apoyo notable para ayudarlo a aliviar su carga. White también estaba desanimado porque su novia, la joven Evelyn Nesbit, había comenzado a salir con un multimillonario trastornado de Pittsburgh, Harry Thaw. «He oído historias explicadas por las chicas Florodora de que azotó a una de ellas en la cama con un látigo de nueve colas».

Irónicamente, White no tenía ningún resentimiento hacia Morgan, a pesar de que el financiero fue el responsable directo de la caída del mercado. A finales de 1903, White y su esposa, Bessie, se unieron al comodoro en el *Corsair* para presenciar las regatas de yates, y el socio de White, Charles McKim, todavía estaba muy ocupado en la construcción de la Biblioteca Morgan. Uno se pregunta cómo se debió sentir Morgan cuando navegó en barco hasta Newport o Bar Harbor y miró hacia el horizonte oriental y vio el gigante con forma de hongo de Tesla.

—¿Crees que alguna vez lo reconsiderará? –preguntó el inventor.

—Con Morgan todo es posible –respondió el arquitecto–. Sin embargo, creo que, a estas alturas, el coronel Payne es una apuesta más segura.

Piedra angular estadounidense, el buen coronel estaba conectado con los niveles más altos del gobierno. Gracias al matrimonio de su hermana, estaba relacionado con William C. Whitney, secretario de Marina, y también con John Hay, secretario de Estado; el padre de Payne, Henry Payne, era un senador muy conocido, a menudo mencionado como potencial candidato a presidente de Estados Unidos.[17] Ésta no era una posibilidad que debiera tomarse a la ligera.

Como favor a este noble de Ohio, Tesla abrió su almacén al *Líder de Cleveland* y consultó con Kerr, Page & Cooper sobre una forma de redac-

---

17. Baker, P.: *Stanny: The Gilded Life of Stanford White*. Free Press, Nueva York, 1989. p. 313; se han tomado licencias literarias en las conversaciones entre Stanford White y Nikola Tesla.

tar un documento legal que delinearía el alcance y el poder fundamental de su arsenal de patentes. En un artículo titulado «Harnessing the Lightning» («Aprovechando el rayo»), el periodista Alfred Cowles señalaba que los pronósticos del inventor «eran tan sorprendentes que, si hubieran procedido de otra fuente, uno naturalmente los consideraría los caprichos de una mente errante. Si puede conseguir lo que está emprendiendo, en los siglos futuros su fama eclipsará a los grandes nombres del pasado».

Haciéndose eco de los sentimientos que Tesla había expresado durante su entrevista, Cowles concluía: «Los verdaderos inventos sólo son posibles cuando la creación mental del inventor demuestra estar en armonía con la ley natural; y tales inventos, cuando son necesarios, son en sí mismos una parte del proceso evolutivo, donde el desarrollo es una adaptación al medio ambiente».[18]

¡Cómo las partes se funden en el todo,
cómo vive y actúa lo uno en lo otro!
¡Cómo suben y bajan las celestes fuerzas
y los áureos cubos entre ellas se alcanzan![19]

Tesla presentó a Barnes y Payne un informe exhaustivo de abogados que delineaba esencialmente cada característica de su plan maestro. Se incluían especificaciones de patentes y planes para «distribuir energía eléctrica sin cables con fines telegráficos, telefónicos e industriales» para almacenar la energía, localizar transmisiones, asegurar la no interferencia y crear canales separados. También se incluía el trabajo de Tesla en teleautomática, sistemas para crear altas frecuencias, sus osciladores y «un método para aislar la red eléctrica mediante refrigeración a temperaturas muy bajas. Por este medio, la energía puede transportarse hasta grandes distancias de forma económica, y literalmente, sin ninguna pérdida». El plan también sugería la «solución perfecta al problema de la distribución subterránea en ciudades y barrios poblados». Por lo tanto, el plan definitivo implicaba sistemas tanto sin hilos como convencionales para distribuir la energía eléctrica. Al analizar la viabilidad de cada una de las vein-

---

18. Cowles, A.: «Harnessing the Lightning», *The Cleveland Leader* (27 de marzo de 1904).
19. Goethe, J. W. von: *Fausto*. Penguin Random House Grupo Editorial, Barcelona, 2016. p. 41.

titrés patentes, los abogados Kerr, Page & Cooper concluyeron: «No vemos nada que pueda anticipar las reclamaciones y opinamos que son válidas».[20]

El informe también se distribuyó a otros actores importantes, incluidos Fortune Ryan y Pierpont Morgan. «JURO –le escribió Tesla a Scherff– que si alguna vez salgo de este agujero, ¡nadie me atrapará sin dinero en efectivo!». Al mismo tiempo, regateó con la compañía del carbón para mantener las entregas de combustible y con la compañía telefónica para mantener abierta su línea en Wardenclyffe. «Ahora estoy seguro de que las dos lámparas propuestas serán un éxito perfecto y tú sabes que después de esto podré recurrir al Tesoro de Estados Unidos».[21] Sin embargo, persistieron los problemas con la bombilla y nunca se comercializaría con el nombre de Tesla.

28 DE OCTUBRE DE 1958

ANUNCIO DE LA WESTINGHOUSE
DIVISIÓN DE BOMBILLAS

La Westinghouse Corporation se complace en anunciar que se ha presentado una «bombilla de luz plana» que no tiene filamentos, que no produce calor, que no deslumbra y que arderá día y noche durante un año por menos de un centavo [...]. Ésta es la primera vez que el público ha podido comprar una bombilla electroluminiscente como fuente de luz para el hogar.[22]

Cuando fracasó el acuerdo con el coronel Payne, Tesla le escribió a Morgan desde Wardenclyffe: «Espero que el desafortunado malentendido, cuya causa he estado tratando en vano de descubrir, sea quitado [...] y que usted reconozca que mi trabajo es del tipo de los que pasa a la historia y es digno de su apoyo».[23]

A lo largo de la primavera y el verano, Tesla visitaría frecuentemente la planta en busca de fortaleza y confirmación. En junio ordenó a Scherff

---

20. Nikola Tesla a Kerr, Page & Cooper (8 de abril de 1904) [SHNW].

21. Nikola Tesla a George Scherff (1 de junio de 1904) [BBUC].

22. Anuncio de la Westinghouse Corporation (28 de octubre de 1958) [DKS].

23. Nikola Tesla a John Pierpont Morgan (22 de julio de 1904) [BC].

que se asegurara de que el césped de Wardenclyffe estuviera bien cuidado, ya que llegaba con otro potencial inversor.[24] De todos modos, su determinación empezaba a flaquear; a dondequiera que fuera, encontraba oposición. Se convenció de que su éxito dependía de cambiar la opinión de un único hombre. En septiembre entregó personalmente un despacho a Morgan «asegurando contratos para varias de esas plantas en Inglaterra y Rusia»,[25] pero no obtuvo respuesta del financiero.

En pleno otoño, Morgan consultó con el arzobispo de Canterbury.[26] Tomándolo como un signo místico que le ayudaría en su búsqueda, el experto en ingeniería escribió el 13 de octubre, su día favorito del mes, una carta de trece puntos en la que explicaba toda la cadena de acontecimientos al omnipotente capitalista. La carta comenzaba con una discusión sobre sus solicitudes de patentes, el desarrollo de su relación y la decisión de Tesla de cambiar la naturaleza del acuerdo por culpa de la piratería de Marconi. La simple transmisión de meros mensajes codificados en morse quedaba fuera de consideración para el pomposo conceptualista. Como se había alineado con la mayor fuerza económica del planeta, esto confirmaba la necesidad de participar en un esfuerzo mayor.

> Su participación exigía una cuidadosa revisión de mis planes [...]. Quizás nunca haya apreciado plenamente el sentido de esta obligación [...].
>
> Una vez que perdí su apoyo, debido a su personalidad y al carácter de nuestro acuerdo, no podía interesar a nadie más, al menos no durante varios años, hasta que el valor comercial de mis patentes fuese reconocido.
>
> [Aumentando el tamaño del transmisor] hasta que la planta pueda transmitir señales hasta los confines más lejanos de la Tierra, su poder de obtención de ingresos se vuelve, por así decirlo, ilimitado, pero costará apenas el doble [por ejemplo, 300 000 dólares]. Esto ofrecía posibilidades para un negocio a gran escala, digno, acorde con su posición en la vida y la mía como pionero en este arte, quien ha originado todos sus principios esenciales [...].

24. Nikola Tesla a George Scherff (1 de junio de 1904) [BBUC].

25. Nikola Tesla a John Pierpont Morgan (9 de septiembre de 1904) [BC].

26. Satterlee, H. L.: *J. Pierpont Morgan: An Intimate Portrait*. Wiley, Nueva York, 1939. p. 413.

Me había dicho desde el principio que yo no debía pedir más, pero el trabajo era de una importancia tan transcendental [...] que me ocupé de explicarle el estado de las cosas tras su primer regreso del extranjero. Parecía no entenderme. Esto era muy desgraciado [...].

Los audaces maquinadores que se han atrevido a engañar a las cabezas coronadas de Europa, al presidente de Estados Unidos e incluso a su santidad el papa han desacreditado el arte con intentos incompetentes y han arruinado al público con falsas promesas, el cual no puede distinguir entre el derecho legítimo [...] y la capacidad [...].

Sé que debe ser escéptico *[sic]* acerca de obtener retornos cien veces mayores, pero si me ayuda hasta el final, pronto verá que mi valoración es cierta [...]. He gastado alrededor de 250 000 dólares en total y una suma mucho menor me separa de un triunfo gigantesco [...]. Con 75 000 dólares ciertamente se terminaría la planta [...].

Esta carta (muy resumida aquí) era una evaluación justa y precisa de lo que había ocurrido y por qué. Claramente, fue escrita por un erudito lúcido, alguien que había demostrado su valía en la industria en muchas otras ocasiones y que estaba a punto de alterar el curso de la civilización de una manera drástica y revolucionaria. Tesla estaba operando en el nivel de la *conciencia del alma*, por lo que quitó todas las defensas y reveló las profundidades de su ser con el siguiente saludo y voto sagrado:

Desde hace un año, señor Morgan, apenas ha habido una noche en la que mi almohada no haya estado empapada de lágrimas, pero por eso no tiene que suponer que soy un hombre débil. Estoy perfectamente seguro de que terminaré mi tarea, pase lo que pase. Sólo lamento que después de superar todas las dificultades que parecían insuperables y de adquirir un conocimiento y una habilidad especiales que ahora sólo yo poseo y que, si se aplicaran eficazmente, harían avanzar al mundo un siglo, tenga que ver retrasado mi trabajo.

Me quedo con la esperanza de tener noticias favorables de usted,

N. Tesla[27]

---

27. Nikola Tesla a John Pierpont Morgan (13 de octubre de 1904) [BC].

15 de octubre de 1904

Querido señor:

En referencia a su carta del 13 de octubre, el Sr. J. P. Morgan desea que le informe que le será imposible hacer nada más al respecto.[28]

Este arrogante rechazo desgarró al inventor y abrió un bucle que dejó al descubierto no sólo su ira contra una fuerza que había bloqueado su cruzada, sino también una elocuencia poética.

17 de octubre de 1904

Querido Sr. Morgan:

Es usted un hombre como Bismarck. Genial pero incontrolable. Le escribí intencionadamente la semana pasada con la esperanza de que su reciente asociación [con el arzobispo] pudiera haberlo hecho más susceptible a una influencia más blanda. Pero usted no es cristiano en absoluto, es un musulmán fanático. Una vez que dice que no, pase lo que pase, es no.

Que la gravitación rechace en lugar de atraer, que lo correcto se convierta en incorrecto, toda consideración, sin importar cuál sea, debe embarrancar en la roca de su brutal decisión.

Es increíble, hace un año y medio podría haber pronunciado una conferencia aquí que habría sido escuchada por todos los académicos del mundo [...]. Ése habría sido el momento de darles las gracias. Pero me dejó seguir luchando, debilitado por enemigos astutos, desanimado por amigos que dudaban, financieramente agotado, tratando de superar obstáculos que usted mismo ha apilado acumulado delante de mí [...].

«Si esto es algo bueno, ¿por qué Morgan no te apoya?», «Morgan es el último hombre que deja pasar algo bueno». Así ha sido durante

---

28. John Pierpont Morgan a Nikola Tesla (15 de octubre de 1904) [BC].

dos años. Progreso, pero ¿cómo? Como un hombre nadando contra una corriente que lo arrastra aguas abajo.

¿No escuchará nada en absoluto? ¿Me dejará tal vez sucumbir, perder una corona inmortal? ¿Dejará que se deprecie una propiedad de inmenso valor, que se diga que su propio juicio fue defectuoso, simplemente porque una vez dijo que no? ¿Puedo ahora hacerle una nueva propuesta para superar la dificultad? Le digo que le devolveré su dinero multiplicado por cien.[29]

La carta iba acompañada de testimonios de sus habilidades defendidas por varios líderes de su campo. También explicó en detalle cómo esta operación avanzó los trabajos realizados en Colorado Springs. El 16 de diciembre, Tesla envió un ultimátum. Pidió 100 000 dólares para terminar la planta o 50 000 «para terminar las partes indispensables, dejarlo todo perfectamente a prueba de incendios [...] y contratar un seguro» o «si no quiere hacer esto, sólo queda una cosa. Me libera de todas las obligaciones, me devuelve mis asignaciones y considera la suma que ha invertido como una contribución generosa, dejándolo todo a mi integridad y capacidad para obtener los mejores resultados para usted y para mí». Tesla sugirió que podría realizar una gira de conferencias para recaudar fondos; entonces le llevaría «no más de una semana conseguir unos cuantos millones en Wall Street».[30]

Morgan le respondió el 17 de diciembre:

Como ya le he dicho a menudo, *no* estoy dispuesto a adelantarle más dinero. En cuanto a su tercera propuesta, tampoco estoy dispuesto a aceptarla. He firmado y ejecutado con usted un contrato de buena fe y habiendo cumplido mi parte, no es descabellado esperar que usted cumpla la suya.[31]

---

29. Nikola Tesla a John Pierpont Morgan (17 de octubre de 1904) [BC].
30. Nikola Tesla a John Pierpont Morgan (16 de diciembre de 1904) [BC].
31. John Pierpont Morgan a Nikola Tesla (17 de diciembre de 1904) [BC].

19 de diciembre de 1904

Querido Sr. Morgan:

Por una costumbre adquirida hace mucho tiempo desafiando la superstición, prefiero hacer comunicaciones importantes los viernes y el 13 de cada mes, pero mi casa está en llamas y no tengo una hora que perder.

Sabía que se negaría [...]. ¿Qué posibilidades tengo de pescar al monstruo más grande de Wall Street con el hilo de araña del alma?

Dice que ha cumplido su contrato conmigo. *No lo ha cumplido.*

Vine a reclutar su genio y su poder, no su dinero. Debe saber que lo he honrado al hacerlo tanto como me he honrado a mí mismo. Es usted un gran hombre, pero su obra se forja de forma pasajera, la mía es inmortal. Acudí a usted con el mayor invento de todos los tiempos. Tengo más creaciones que llevan mi nombre que cualquier hombre que haya existido antes, excepto Arquímedes y Galileo, los gigantes de la invención. Actualmente se invierten en Estados Unidos seis mil millones de dólares en empresas basadas en mis descubrimientos. [Esto no es una fanfarronada, Sr. Morgan; sólo son mis credenciales]. Podría recurrir a usted al verlo por un millón de dólares si fuera el Pierpont Morgan de antaño.

Llegado a este punto, Tesla se refiere a lo que percibe como un incumplimiento de contrato por parte de Morgan:

Cuando redactamos nuestro contrato, aporté: 1) derechos de patente; 2) mi habilidad como ingeniero y especialista en electricidad; 3) mi buena voluntad. Usted debía aportar: 1) dinero; 2) su capacidad comercial; 3) su buena voluntad. Cedí derechos de patente que, en el peor de los casos, valen diez veces su inversión en efectivo. Usted adelantó el dinero, es cierto, pero incluso esta primera cláusula de nuestro contrato fue violada. Hubo un retraso de dos meses en la aportación de los últimos 50 000 dólares, retraso que resultó fatal.

Cumplí a conciencia con la segunda y tercera obligaciones. Usted ignoró deliberadamente las suyas. No sólo esto, sino que me desacreditó.

Sólo hay un camino a seguir, Sr. Morgan. Deme el dinero para terminar una gran obra [...]. O si no, hágame un regalo y déjeme obrar en mi salvación. Su interés es sagrado para mí y siempre estarán con usted mis más sinceros deseos de felicidad y bienestar.

Atentamente,

N. Tesla[32]

Para demostrar su buena voluntad, Tesla adjuntó un cheque de royalties de una de sus patentes y una copia anticipada de su obra maestra teórica «The Transmission of Electrical Energy Without Wires as a Means of Furthering Peace» («La transmisión de energía eléctrica sin cables como medio para promover la paz»). Quince días después, el 6 de enero de 1905, Morgan envió el saldo del 49 % que legalmente correspondía al inventor.

El plan de paz de Wardenclyffe

Publicado en *Electrical World and Engineer*, el tratado de Tesla tenía casi seis mil palabras. Comenzaba con una exposición sobre cómo la «filantropía» y «la utilización práctica de vibraciones eléctricas», es decir, un sistema de comunicación de masas, podrían lograr la «paz universal». Al definir y analizar este tema, Tesla señalaba que puede surgir repentinamente, como resultado de una lenta acumulación de esfuerzos pasados a lo largo de la historia. «Debemos pensar cósmicamente [...]. Las enemistades y prejuicios raciales están decididamente menguando [...]. Sin embargo, hasta ahora la armonía universal se ha logrado sólo en una única esfera de las relaciones internacionales: el servicio postal».

«Algunos países fuertes [podrían] asustar a todos los más débiles para que consigan la paz –sugiere Tesla–, pero conquistar por pura fuerza es cada día más difícil». Así como los misiles de crucero, la CNN y las organizaciones de noticias mundiales han alterado notablemente la forma en que se lleva a cabo la guerra hoy en día, haciendo que luchen las máquinas en lugar de los humanos (guerra de Nintendo) y usurpando las antiguas cadenas de mando convencionales, Tesla profetizó algo similar

---

32. Nikola Tesla a John Pierpont Morgan (19 de diciembre de 1904) [BC].

en 1905: «Si nuestra armada hubiera construido y adoptado sólo unos pocos de mis torpedos "teleautomáticos" [en lugar de haberlos rechazado], la mera influencia moral de esto se habría percibido poderosa y más beneficiosamente en la actual complicación oriental [guerra ruso-japonesa]. Por no hablar de las ventajas que podrían haberse conseguido mediante la transmisión directa e instantánea de mensajes a colonias y escenarios distantes de los actuales conflictos bárbaros».

Su tratado continuaba describiendo un nuevo sistema de guía de misiles «casi inteligente» que estaba desarrollando y que tendría un «mayor alcance y una precisión infalible», pero también que los «malentendidos» son la base de las guerras. Refiriéndose a Morgan en términos velados que ayudan a explicar por qué tantos de los escritos teóricos más importantes de Tesla se pueden encontrar en las páginas del *The New York Times*, del *New York Herald Tribune*, del *The New York Sun* y del *New York World*, el inventor escribió: «El entendimiento mutuo se vería inmensamente facilitado por el empleo de un lenguaje universal […]. Después del habla debemos considerar los registros permanentes de todo tipo […]. Aquí los periódicos desempeñan, con mucho, el papel más importante […]. Sin tener en cuenta la fuerza de la invención eléctrica, la del periodismo es el más grande al instarnos a la paz […]. Lo más deseable […] en el establecimiento de relaciones pacíficas universales es la completa ANIQUILACIÓN DE LA DISTANCIA. Para lograr esta maravilla, la electricidad es el único medio».

Si Morgan lo hubiera financiado, hubiera tenido lugar la paz universal. Ésta fue una gran responsabilidad que puso sobre los hombros de su benefactor. A lo largo de cinco páginas más repletas de datos, Tesla describía con intensos detalles toda su operación de telegrafía mundial, exactamente cómo funcionaba y qué intentaba conseguir. Refiriéndose a la tormenta que había presenciado esa noche de verano en las Montañas Rocosas de Colorado y su descubrimiento de las ondas estacionarias, Tesla concluía: «Ese día inolvidable, el oscuro Dios del Trueno misericordiosamente me mostró en su vasto e imponente laboratorio el pulso geomagnético. Entonces pensé que me llevaría un año establecer comercialmente mi cinturón sin hilos en todo el mundo. ¡Qué pena! Mi primera planta de "telegrafía mundial" aún no está terminada, su construcción ha progresado lentamente durante los últimos dos años. Y esta máquina que estoy *construyendo* no es más que un juguete, un oscilador con una actividad máxima de sólo diez millones de caballos de potencia, lo suficiente para provocar débiles temblores en este planeta, mediante signos y palabras: para telegrafiar y llamar por teléfono».

Aunque intentaba asegurar a Morgan que Wardenclyffe *no* usurparía las compañías eléctricas, Tesla tuvo que seguir: «¿*Cuándo* veré terminada esa primera central eléctrica, ese gran oscilador que estoy *diseñando*? [...]. ¡Que liberará energía a una tasa de mil millones de caballos, cien cataratas del Niágara combinadas en una, sacudiendo el universo a golpes, golpes que despertarán de su letargo a los electricistas dormidos, si los hay, en Venus o en Marte? [...]. ¡No es un sueño, es una *simple hazaña de ingeniería eléctrica científica*, sólo un mundo caro, ciego y pusilánime!».

Si hubiera mostrado moderación, ¿este tratado habría cumplido su propósito de transformar al capitalista en filántropo? Probablemente no. En cualquier caso, Tesla dañó aún más su posición al terminar el ensayo con una puñalada final: «Quizás sea mejor en este mundo nuestro que una idea o una invención revolucionaria, en lugar de ser ayudada y recibir una palmadita, sea obstaculizada y maltratada en su adolescencia [...] por interés egoísta, pedantería, estupidez e ignorancia; que sea atacada y reprimida; que pase por amargas pruebas y tribulaciones, por la lucha despiadada de la existencia comercial. Así obtenemos nuestra luz. Así que todo lo que fue grande en el pasado, fue ridiculizado, condenado, combatido, reprimido, sólo para emerger de la lucha con mayor fuerza y más triunfalmente».[33]

17 de febrero de 1905

Querido Sr. Morgan:

Déjeme decírselo una vez más. He perfeccionado el mayor invento de todos los tiempos: la transmisión de energía eléctrica sin cables a cualquier distancia, un trabajo que ha consumido diez años de mi vida. Es la piedra filosofal largamente buscada. Sólo necesito terminar la planta que he construido y de un salto la humanidad avanzará siglos.

Soy el *único hombre* en esta tierra *hoy* que tiene el conocimiento y la capacidad peculiares para conseguir esta maravilla y es posible que

33. Tesla, N.: «The Transmission of Electrical Energy Without Wires As a Means for Furthering Peace», *Electrical World and Engineer*, pp. 21-24 (7 de enero de 1905), en Ratzlaff, J. T. (ed.): *Tesla Said*. Tesla Book Co., Milbrae, California, 1984. pp. 78-86.

no aparezca otro en cien años [...]. Ayúdeme a finalizar este trabajo o a eliminar los obstáculos en mi camino.

Me alegré muchísimo de verle ayer con tan espléndida salud. Seguro que gozará de otros veinte años de vida activa.

Sinceramente,

N. TESLA[34]

Las presiones continuaron aumentando. El abogado de Warden presionó para el pago de la hipoteca y uno de los anteriores trabajadores de Tesla, un tal Sr. Clark, lo había demandado por salarios atrasados. Cuando algunas de las malas noticias llegaron a su suite en el Waldorf, el inventor «rompió la carta lo suficiente como para evitar que cualquier persona indeseable leyera el terrible secreto a voces de Wardenclyffe». Tesla intentó mantener el equilibrio perseverando en el desarrollo de sus osciladores y otros inventos, como un transformador, un condensador y una turbina de vapor, pero estas operaciones eran proyectos de largo plazo que no proporcionarían beneficios inmediatos en el orden necesario para abrir los trabajos inalámbricos. «Los obstáculos en mi camino –escribió Tesla a Scherff– «son una hidra habitual. Tan pronto como corto una cabeza, crecen dos nuevas».[35]

Durante este período comenzó a escribir exclusivamente con lápiz y su escritura se volvió menos clara, careciendo de la fuerza y la claridad que la había caracterizado en períodos anteriores. Cuando comenzó a sentirse agotado más a menudo, Tesla comparó su tarea con la de un levantador de pesas. «Ahora cada gramo cuenta», le dijo a su gerente.

10 de marzo de 1905

Mi querido Luka:
No iré a cenar con vosotros. Tengo mucho trabajo para conseguir [para la Sra. Filipov] ese excelente automóvil.[36]

---

34. Nikola Tesla a John Pierpont Morgan (17 de febrero de 1905) [BC].

35. Nikola Tesla a George Scherff (23 de enero de 1905) [BBUC].

36. Nikola Tesla a Robert Underwood Johnson (10 de marzo de 1910) [BBUC].

A finales de marzo, Tesla «quedó asombrado en el Waldorf» cuando el abogado de Warden irrumpió en las instalaciones exigiendo el pago inmediato. El arqueamiento de una única ceja por parte del señor Boldt bastó para inquietar al emprendedor en apuros. «Espero partir [para Wardenclyffe] el domingo». Tesla escribió a Scherff. «Lo necesito urgentemente».[37]

Tesla se puso a trabajar con sus abogados en abril y finalizó las solicitudes de patentes para Inglaterra, Francia e Italia. Pero su incapacidad para compensar adecuadamente a sus trabajadores en Long Island estaba provocando un «efecto desmoralizante en Wardenclyffe. ¿Quizás nos estemos acercando allí a una revolución?», le preguntó a Scherff. «Decepciones y peligros [...], problemas y problemas otra vez» seguían atormentándolo.[38] Estaba empezando a desmoronarse.

1 de mayo de 1905

Mi querido Tesla:

Sé que te agradará saber de la gran felicidad que me ha llegado. La Srta. Grizelda Houston Hull [...] ha dado su consentimiento para convertirse en mi esposa y la boda ha sido planeada para el 25 de mayo... ¿Sabes, mi querido Tesla? Eres la primera persona, fuera de mi familia, en la que he pensado y [...] deseo tenerte presente cerca de mí en esta ocasión tan llena de novedades en mi vida.

De hecho, no podría sentir que la ocasión estuviera completa sin ti.

Sinceramente tuyo,

RICHMOND PEARSON HOBSON[39]

---

37. Nikola Tesla a George Scherff (22 de marzo de 1905; 24 de marzo de 1905; 28 de marzo de 1905) [BBUC].
38. Nikola Tesla a George Scherff (5 de abril de 1905; 12 de abril de 1905) [BBUC].
39. Richmond Pearson Hobson a Nikola Tesla (1 de mayo de 1905) [DKS].

La alegre ocasión fue un respiro necesario, con Tesla «charlando» con la suegra de Hobson, ocultando sus preocupaciones y, característicamente, burlándose de su amigo. «Hobson, ahora que estás casado, tu carrera ha terminado»,[40] declaró. Esto, por supuesto, estaba lejos de la realidad, ya que durante mucho tiempo habían circulado rumores sobre la posibilidad de preparar al carismático lugarteniente para la presidencia.

—Debo hacer algo por nuestro querido Sr. Tesla —le dijo Katharine a Robert de camino a casa.

—¿Qué podrías hacer tú que él no haya hecho?

—Apelar al rey –respondió con nostalgia.

Al llegar a casa, Katharine corrió hacia casa para ocultar sus lágrimas.

Mientras Morgan estaba en Europa durante su estancia de verano, Tesla se reunió con Jacob Schiff, un hombre que estaba prestando a los japoneses grandes sumas de dinero en su guerra contra los rusos. «S. dijo que tal vez podría ocuparse él mismo –escribió esperanzado Tesla a Scherff–. Creo que será un hombre valioso para mí».[41]

Morgan regresó en agosto. Tesla envió a Scherff a entregarle personalmente su lista más reciente de patentes concedidas, que el pulpo agarró con sus tentáculos y arrojó a la papelera.

13 de noviembre de 1905

Querido Sr. Scherff:

El trece parece ser mi número de la suerte. En primer lugar, me encontré con el Sr. F. sólo por unos instantes cuando salía de su oficina. Fue muy amable y dijo que lamentaba tener que irse, pero que hablaría conmigo otro día. TENGO A MI HOMBRE tan seguro como la ley de la gravitación. Lo sé.[42]

---

40. Ginzelda Hull Hobson a Kenneth Swezey (14 de febrero de 1955) [DKS].

41. Nikola Tesla a George Scherff (25 de julio de 1905) [BBUC].

42. Nikola Tesla a George Scherff (11 de noviembre de 1905) [BBUC].

14 de diciembre de 1905

Mi querido Sr. Tesla:

He recibido su carta del día 13 y en respuesta le digo que no estoy dispuesto a invertir más dinero en la empresa. Me alegraría mucho que el Sr. Frick se uniera a usted. No podría tener mejor socio y me encantaría trabajar con el Sr. Frick en este asunto, aportando lo que tengo a sus 100 000 dólares a los que usted alude.

Suyo muy sinceramente,

J. Pierpont Morgan[43]

Se acercaba la Navidad y, al parecer, Tesla había llegado a un acuerdo con otro de los supermillonarios. Recordemos que Frick había ganado más de sesenta millones de dólares en 1901, cuando se creó la U.S. Steel. Ryan y Schiff también estuvieron involucrados en este nuevo sindicato potencial. Tesla le escribió a Morgan para darle las gracias por permitir que tuviera lugar el enlace. «Usted y el señor Frick pueden quedarse con lo que quieran. [Estaré satisfecho] con un interés muy pequeño –escribió Tesla en un primer borrador–. Entiendo perfectamente su actitud. Usted se adhiere estrictamente a los principios. Nunca en mi vida he conocido a un hombre que, aunque sea en una pequeña medida, pueda acercarse al estado que describe Goethe».[44]

Una vez más, Tesla revisó su relación, su decisión de cambiar el contrato y su deseo final de transmitir energía con fines industriales. ¿Por qué? Morgan esquivó una reunión con Frick en diciembre. Soplaban malos vientos. Tesla comenzó a derrumbarse y su letra ahora apenas era legible, escrita con un escaso y tenue trazo de lápiz.

43. John Pierpont Morgan a Nikola Tesla (14 de diciembre de 1905) [BC].
44. Nikola Tesla a John Pierpont Morgan (15 de diciembre de 1905) [BC].

24 de diciembre de 1905

Querido Tesla:

Lamento enterarme de tu reciente enfermedad –bien oculta a tus amigos y al público– y ahora también me alegra mucho saber de tu recuperación. Por favor, mantente sano y fuerte.

Sinceramente,

T. C. Martin[45]

24 de enero de 1906

Querido Sr. Morgan:

Acabo de enterarme de que los alemanes han comenzado la construcción de una planta similar en todos los aspectos a la mía, que esperan terminar en un año [...]. Ahora bien, Sr. Morgan, usted no desea que suceda algo tan horrible. Si Frick me ayuda, puedo poner mi planta en funcionamiento sin demora para julio del próximo año. Por favor, reúnase con él lo antes posible. No tengo mucho tiempo que perder.[46]

Con los Johnson acabados de regresar de Europa y una reunión con «Su Majestad en Roma», Kate decidió aprovechar el momento. Completamente sola, la señora Robert Underwood Johnson llamó un cabriolé. «Al 23 de Wall Street», dijo con audacia. Así Morgan no la vería.[47]

---

45. Thomas Commerford Martin a Nikola Tesla (24 de diciembre de 1905) [MNT].
46. Nikola Tesla a John Pierpont Morgan (24 de enero de 1906) [BC].
47. Katharine Johnson a Mrs. Hearst (15 de marzo de 1906). [BBCA].

2 de febrero de 1906

Querido Sr. Morgan:
   Por favor, reúnase con Mr. Frick [...]. Él irá a visitarlo. El tiempo vuela.[48]

Unos diez días después, Tesla volvió a escribirle, suplicándole que permitiera la formación de «una base razonable sobre la cual tengo derecho». Tesla pidió que Morgan aceptara hacerse con un tercio de la empresa, reduciendo así su participación en aproximadamente un 20 %. «Por favor, no eche a perder la carta con referencias innecesarias a su falta de voluntad para aportar más dinero. Todo el mundo lo sabe».[49]

Morgan hizo todo lo posible para arruinar el acuerdo y con ello fracasó Tesla. Su cuerpo se sacudía violentamente y comenzaron a salírsele los ojos de sus órbitas. Olvidándose de afeitarse o incluso de ducharse, el ingeniero enfermo cogió el primer tren a Shoreham y corrió desde la estación hasta su preciosa torre, a sólo unos centenares de metros de distancia. Agarrándose a las vigas para no perder el equilibrio mientras subía, el hechicero pulverizado ascendió quince pisos hasta la cima y contempló la tierra plana que se extendía impertérrita varios kilómetros a la redonda.

10 de abril de 1906

Querido Sr. Tesla:
   He recibido tu carta y me alegra mucho saber que está venciendo tu enfermedad. Pocas veces te he visto tan de mal humor como el domingo pasado, y me asusté.
   Sinceramente,

GEORGE SCHERFF[50]

---

48. Nikola Tesla a John Pierpont Morgan (6 de febrero de 1906) [BC].
49. Nikola Tesla a John Pierpont Morgan (15 de febrero de 1906) [BC].
50. George Scherff a Nikola Tesla (10 de abril de 1906) [BC].

En mayo se produjo una aciaga explosión en Bridgeport que provocó una onda expansiva que se sintió en Shoreham. «Espero que mi torre no sea sometida a tales pruebas con frecuencia», escribió Tesla a Scherff. Había pasado menos de un mes del gran terremoto de San Francisco, pero la sacudida sirvió para despertar una nueva reserva de energía. Trabajando con Scherff y algunos hombres de la planta, Tesla continuó el desarrollo de su condensador y de su turbina de vapor que planeaba colocar dentro de un torpedo.

Preocupado por la estabilidad de los edificios que estaban construyendo en Estados Unidos, Stanford White escribió a la ciudad de San Francisco, diciéndoles que aprobaran «leyes estrictas [...]. El edificio de acero remachado en caliente resistió maravillosamente la sacudida»,[51] concluyó.

White, como Tesla, era víctima de una desgracia financiera y comenzó a beber en exceso. Con sólo cincuenta y cuatro años, su salud estaba deteriorada y padecía tuberculosis. En febrero, el arquitecto había planeado subastar sus tapices, esculturas y pinturas por valor de 300 000 dólares para reducir su deuda a la mitad, pero un incendio acabó con las propiedades no aseguradas apenas dos semanas antes de la venta.

Harry Thaw, que se había casado con Evelyn Nesbit, seguía a White noche y día. El 25 de junio de 1906, con Evelyn presente, Thaw se abrió paso por el pasillo del restaurante Roof Garden en el Madison Square Garden, con una pistola con mango de perla en la mano. Mientras el artista Harry Short cantaba «I Could Love a Thousand Girls», Thaw vio y disparó a la «Bestia» entre los ojos. Stanford White, diseñador del Madison Square Garden, del edificio agrícola de la Feria Mundial de Chicago, de la central eléctrica de las Cataratas del Niágara, del Capitolio en Providence, del Arco de Washington Square en Nueva York, de la mansión Rosecliff y del Salón de la Fama del Tenis en Newport, del Casino de Narragansett, de la estación de tren de Boston, del Players' Club, de numerosas iglesias y de otras mansiones, de la nueva ampliación de la Casa Blanca, y de Wardenclyffe estaba muerto.

Pocos asistieron al funeral de White porque había sido acusado de violar a una niña de dieciséis años. Pero Tesla acudió.[52] El sueño se esfumó; terminó la Edad Dorada.

51. Stanford White (24 de abril de 1906) [DSW].
52. Baker, P.: *Stanny: The Gilded Life of Stanford White*. Free Press, Nueva York, 1989.

A lo largo del año, la letra de Tesla comenzó a soltarse y en agosto se desintegró por completo, apoyando la hipótesis de que en ese momento sufrió un colapso nervioso.[53] Al entrar en su propio infierno privado, el inventor se vio obligado a soportar un enervamiento emocional que le provocó un cambio disfuncional en su personalidad. La autoalienación se apoderó de él, la amargura y la ira desplazada se hicieron manifiestas a medida que las peculiaridades de su naturaleza se hicieron más patentes. Las cartas incluso a sus amigos más cercanos aparecían firmadas por «N. Tesla», no por «Nikola». En septiembre, la prematura muerte de William Rankine, a los cuarenta y siete años, supuso otro clavo en el ataúd de sus sueños.

En una carta apenas legible fechada el 15 de octubre de 1906, la última de esta increíble serie dirigida a Morgan, Tesla informó al monarca de Wall Street que los Sres. Ryan, Schiff y Frick estaban todos dispuestos a formar parte de la sociedad.

> Cada oportunidad está ahí […]. Le tengo en gran estima como un hombre grande y honorable […]. Hay mayor poder en la hoja de una flor que en la garra de un oso. Eso es todo lo que jamás diré […] .Usted tiene fama de constructor de propiedades, pero si en este caso prefiere talar postes […], adelante.[54]

> FAUSTO: ¡No me muestres de esa forma tus voraces dientes! ¡Me das asco…! Excelso y magnífico espíritu que te dignaste aparecer ante mí, que conoces mi alma y mi pecho, ¿por qué me has encadenado al infame, al que se refocila en el daño y se recrea en la perdición?
> MEFISTÓFELES: ¿Has acabado?
> FAUSTO: ¡Sálvala, mísero de ti, o que te persiga durante milenios la más abominable de las maldiciones!
> MEFISTÓFELES: No puedo cortar los lazos del vengador, no puedo abrir sus cerrojos. ¡Sálvala!, dices. ¿Quién la llevó a la perdición? ¿Yo o tú?[55]

53. Seifer, M. J.: «Forty Years of the Handwriting of Nikola Tesla», conferencia ante la National Society of Graphology, Nueva York, 1979; «The Lost Wizard», en Grotz, T. *et al.* (eds.): *Proceedings of the Tesla Centennial Symposium.* Sociedad Internacional Tesla, Colorado Springs, 1984; Seifer, M. J.: *Nikola Tesla: Psychohistory of a Forgotten Inventor.* Saybrook Institute, San Francisco, 1986 (tesis doctoral).

54. Nikola Tesla a John Pierpont Morgan (15 de octubre de 1906) [BC].

55. Goethe, J. W. von: *Fausto.* Penguin Random House Grupo Editorial, Barcelona, 2016. p. 331.

36
El chico de sus sueños (1907-1908)

No dudo en afirmar aquí, como referencia futura y como prueba de la exactitud de mi pronóstico científico, que las máquinas voladoras y los barcos propulsados por electricidad transmitida sin cables habrán dejado de ser una maravilla dentro de diez años. Yo diría cinco si no fuera porque existe algo llamado «inercia de la opinión humana» que se resiste a las ideas revolucionarias.

NIKOLA TESLA[1]

—Son las tres de la mañana, señor Tesla –dijo George Scherff por teléfono mientras su esposa refunfuñaba en sueños–. El sheriff ha tomado por la fuerza el terreno. ¡Le debía a Warden 199 dólares!.

Luchando por contener un torrente de lágrimas, el inventor dijo con voz áspera:

—No los tengo.

—Yo me encargaré de ello, Sr. Tesla.[2]

—Gracias –dijo Tesla mientras su mano colgaba sin fuerzas el aparato.

Con el pelo despeinado y la ropa esparcida, el ex hombre del momento pronto tendría que dejar entrar a la criada. ¿Qué diría ella de las cortinas que había colocado sobre los espejos? Y luego estaba la torre. Tuvo que regresar allí para precintar la propiedad. ¿Tendría la fuerza necesaria para hacer el viaje?

Prácticamente había perdido el apetito y hacía meses que no veía a sus amigos. Envió una carta a Katharine mientras llamaba al servicio de habitaciones para que le enviaran el desayuno. «Tengo un problema mu-

---

1. Tesla, N.: «Mr. Tesla on the Wireless Transmission of Power», *New York World* (19 de mayo de 1907).
2. «Tesla Tower to be Sold», *The New York Times*, p. 6:4 (27 de octubre de 1907) (licencia literaria en la conversación telefónica).

cho mayor –garabateó en su papel con membrete».[3] Pero no permitiría que nadie realmente supiera en qué infierno se había metido. En su habitación no debía entrar nada de luz. Se sentó en las sombras y se puso a acariciar una paloma herida que había encontrado dando tumbos junto a la Biblioteca Pública de Nueva York. Si Boldt se llegara a enterar, tendría que sacar la paloma a escondidas.

El debilitado hombre extendió la mano hacia el sobre dirigido a él con letra femenina. Sacó con cuidado la carta y la entrada para el teatro. Marguerite Merington lo había invitado a su nueva obra *Love Finds a Way*.[4] Se quedó mirando el título y rompió una vez más en sollozos incontrolables.[5]

Una vez superado el tormento, Tesla volvió a la red social cuando a principios de 1907. Como parte de su terapia, el ermitaño subía de manera subrepticia a un tren a la luz de la luna hasta Wardenclyffe. Allí, en las habitaciones del mago, el genio de los Balcanes conectaba aparatos de alta frecuencia a su cráneo y así imprimía ondas macabras de energía eléctrica tranquilizadora a través de su cerebro. «Hacía pasar [150 000 voltios] por mi cabeza –dijo Tesla al *The New York Times*–, y no perdía el conocimiento, pero invariablemente caía en un sueño letárgico algún tiempo después».[6]

En mayo, Tesla fue admitido como miembro de la Academia de Ciencias de Nueva York.[7] Poco a poco, empezó a ver una vez más que tal vez podría resucitar su gran plan. Para reunir el capital necesario para mantener su nave a flote, el inventor contrató una serie de hipotecas, subdividiendo la empresa en una serie de parcelas hipotéticas. En la primavera de 1904 había pedido prestado 5000 dólares a Thomas G. Sherman, socio legal del cuñado de Stanford White, y en el invierno de 1906

3. Nikola Tesla a Katharine Johnson (16 de octubre de 1907) [LA].

4. Marguerite Merington (Stoke Newington, Reino Unido, 1857-Nueva York, Estados Unidos, 1951) fue una autora de cuentos, ensayos, obras dramáticas y biografías. *(N. del T.)*

5. «Miss Merington, Long an Author», *The New York Times*, obituario (21 de junio de 1951). La obra se estrenó en 1906 (licencia literaria tomada a partir de la cadena de acontecimientos relacionados).

6. Tesla, N.: «Sleep From Electricity», *The New York Times*, p. 8:5 (16 de octubre de 1907).

7. Popović, V. *et al.*: *Tribute to Nikola Tesla: Letters, Articles, Documents*. Museo Nikola Tesla, Belgrado, 1961. p. D-11.

consiguió 3500 dólares de Edmund Stallo, yerno de uno de los socios de la Standard Oil de Rockefeller, pero esos fondos habían desaparecido hacía mucho tiempo. Después de casi tres años esquivando a la dirección del Waldorf, consiguió otra hipoteca por 5000 dólares adicionales sobre el alquiler que debía al propietario, George Boldt.[8] Y así comenzó un nuevo plan para seguir viviendo en el regazo del lujo sin gastar ni un centavo más.

Boldt lo había hecho excepcionalmente bien para él. Después de haberse codeado con los megamillonarios durante muchos años, el gerente del Waldorf había podido aprovechar una serie de oportunidades internas. En 1907, millonario por derecho propio, había ampliado sus cimientos para convertirse en banquero, orquestando la creación de la Lincoln Trust Company, ubicada delante del Madison Square Garden.[9]

Todo el mundo, excepto Tesla, parecía estar prosperando. Finalmente, Morgan, a través de Jacob Schiff, había cerrado su trato con los Guggenheim para formar el Alaska Syndicate, una enorme corporación creada para explotar un hallazgo de cobre en las inviolables tierras salvajes septentrionales. Mientras que la montaña Guggenheim, en Utah, contenía sólo un 2-3 % de mineral, según el informe de John Hays Hammond ¡esta veta tenía un 75 % de cobre puro! En un lugar de riqueza incalculable, se necesitaría una flota de barcos de vapor, una plantilla de mil trabajadores y una inversión de capital inicial de veinticinco millones de dólares para construir un ferrocarril sólo para llegar al hallazgo.

Pero el cobre no era lo único que los «Morganheim» tenían en mente. También comenzaron a comprar reservas de carbón y hierro, y centenares de miles de acres de tierras forestales. «Así, la prensa, los pocos ambientalistas activos en ese momento y un porcentaje significativo del pueblo estadounidense comenzaron a oponerse vigorosamente a la Guggenmorganización de Alaska».[10]

---

8. «Nikola Tesla Sued», *The New York Times*, p. 7:2 (21 de julio de 1912); «Syndicate Sues Nikola Tesla», *The New York Sun*, p. 1:3 (21 de julio de 1912); «Tesla Property May Go for Debt», *New York City Telegram* (17 de abril de 1922). La hipoteca de Tesla con el Waldorf Astoria se consumó en mayo de 1908.

9. Satterlee, H. L.: *J. Pierpont Morgan: An Intimate Portrait*. Wiley, Nueva York, 1939. p. 456.

10. Davis, J. H.: *The Guggenheims: An American Epic*. William Morrow, Nueva York, 1978. p. 106.

Con la creciente necesidad de alambre de cobre, también surgió la demanda de aislamiento. Aprovechando la oportunidad, Thomas Fortune Ryan y Bernard Baruch viajaron a Europa para firmar un contrato con el rey de Bélgica (el expríncipe Alberto, conocido de Tesla). Su plan era hacerse con la industria del caucho en el Congo africano. Los financieros negociaron un reparto equitativo: el rey asignaba el 25 % a su país y retenía el 25 % para sí mismo. Cuando Baruch regresó a Wall Street para encargarse del marketing, Ryan viajó a África para supervisar la fabricación del producto. Naturalmente, las empresas de neumáticos estaban tan interesadas como las empresas eléctricas.

Cuando se supo que los planes de Tesla de eliminar las líneas de transmisión habían sido abolidos, pareció como si comenzara un frenesí devorador de las existencias de cobre, ya que a partir de ese momento este mercado tenía asegurada una demanda en continuo aumento.

El pánico de 1907

Los primeros signos de dificultades económicas se anunciaron en agosto, cuando John D. Rockefeller, de la Standard Oil, fue multado con la asombrosa suma de veintinueve millones de dólares por manipulación de precios y aranceles ilegales. De repente, Wall Street se puso nervioso. En octubre, F. Augustus Heinze, un conocido especulador y enemigo del sindicato Guggenheim, comenzó a vender a pérdida[11] grandes paquetes de la United Copper en el mercado. Heinze calculó mal sus intentos de recomprar las acciones a un precio mucho más bajo y su astuta argucia conllevó una caída del mercado y una gran demanda de fondos de su banco, la Mercantile Trust Company. Debido a los vínculos de Heinze con otras instituciones financieras, la histeria se extendió y comenzó el pánico de 1907. Los depositantes vaciaron todos los bancos a los que tuvieron acceso.

J. Pierpont Morgan convocó una conferencia de emergencia de todos los presidentes de bancos y trust, y los reunió en su biblioteca recién construida en una vigilia que duró toda la noche. Sentado entre sus tapices,

---

11. La venta a pérdida, dumpin o competencia desleal se refiere a la práctica de vender por debajo del precio normal o a precios inferiores al coste con el fin de eliminar a la competencia y adueñarse del mercado. *(N. del T.)*

manuscritos originales, pinturas y joyas, el monarca de Wall Street hizo todo lo posible para orquestar un rescate de aquellas instituciones que eran salvables. Algunas, sin embargo, no tenían solución, y los bancos más fuertes sólo recurrirían hasta cierto punto a sus reservas. Charles Barney, director de la Knickerbocker Trust Company y padre de «dos hermanas tremendamente bonitas», pidió ayuda, pero fue regañado. Barney marchó a casa y se puso una pistola en la cabeza. Este acto desencadenó en una ola de suicidios, particularmente entre los dieciocho mil depositantes de la Knickerbocker. Con Henry Clay Frick actuando como enlace, el presidente Theodore Roosevelt transfirió veinticinco millones de dólares al control de Morgan. Aunque esta cifra coincidía con la promesa de las instituciones más fuertes, la nueva entrada de dinero sólo podía llegar hasta cierto punto. El banco de Boldt, el Lincoln Trust, junto con el Knickerbocker Trust, el Mercantile Trust y otra media docena más, habían quebrado al terminar la semana.[12] En ese momento, las posibilidades de Tesla de resucitar su propia empresa se volvieron aún más remotas.

«Son tiempos sencillamente terribles –dijo Tesla a Scherff–. No puedo entender en absoluto cómo los estadounidenses, que son tan atrevidos e imprudentes en otros aspectos, pueden asustarse hasta tal punto. El plan de propulsión de mi nave es realmente fantástico y estoy seguro de que me sacará del agujero. ¿Cómo? No lo veo todavía porque parece casi imposible acumular dinero».

—Todavía estamos esperando noticias de la International Mercantile Marine Company dijo Scherff.

—Ten paciencia, amigo mío. Ciertamente están interesados, pero ponen condiciones que por el momento no puedo aceptar. Si tuviera algo de capital no me preocuparía por terminar mi casa.

—¿Qué pasa con Astor? –preguntó Scherff.

—Me dijo por teléfono que me vería lo antes posible, pero hasta el momento no se ha materializado nada. Ahora sé que, si quiero conseguir capital, sólo puedo conseguirlo de algún tipo que tenga no menos de cien millones.

—Entonces, esperemos lo mejor.[13]

---

12. Chernow, R.: *The House of Morgan: An American Banking Dinasty and the Rise of Modern Finance*. Atlantic Monthly Press, Nueva York, 1990. pp. 123-126.

13. Nikola Tesla a George Scherff (20 de noviembre de 1907) [BBUC].

«Apagado por su propio sufrimiento»,[14] Tesla comenzó a salir de su depresión escribiendo una serie de mordaces ensayos para revistas especializadas en electricidad y periódicos locales. Abarcando una amplia gama de temas, el inventor buscó reivindicarse y así intentar encontrar sentido a una situación absurdamente irónica. Simultáneamente, trató de explicar una vez más la visión de Wardenclyffe con la vana esperanza de que algún financiero con una visión transcendente acudiera en su rescate. Estaba buscando un héroe, no sólo por deseos egoístas sino, desde su punto de vista, por el futuro del planeta.

Con el pretexto de comentar la exploración del Polo Norte por parte del comodoro Perry, Tesla explicó en detalle el modus operandi de su plan inalámbrico mundial.[15] Para *Harvard Illustrated*, habló sobre los descubrimientos marcianos de Lowell y la forma de enviar señales al planeta cercano;[16] para el *New York World* y *English Mechanic and World of Science*, describió cómo se podía crear un maremoto utilizando explosivos potentes para hacer oscilar toda la Tierra y discutió cómo se podía aprovechar esta pared de agua para «engullir» a un enemigo que avanzaba,[17] y para el *The New York Sun* y el *The New York Times* escribió una serie de cartas al editor sobre temas como su torpedo dirigible sin hilos,[18] la transmisión de voz por sistemas sin hilos, la «influencia narcótica de determinadas corrientes periódicas» cuando se transmiten a través del cuerpo por razones terapéuticas, la ineficiencia del sistema de Marconi y la piratería de sus osciladores por parte de Marconi y otro inventor de sistemas sin hilos, Valdemar Poulsen. Tesla también declaró que el teléfono fue inventado por Philip Reis

14. Nikola Tesla a George Scherff (1 de abril de 1907) [BBUC].

15. Tesla, N.: «Tesla on the Peary North Pole Expedition», *The New York Sun* (16 de julio de 1907), en Ratzlaff, J. T. (ed.): *Tesla Said*. Tesla Book Co., Milbrae, California, 1984. pp. 90-91.

16. Tesla, N.: «Signalling to Mars», *Harvard Illustrated* (marzo de 1907), en Ratzlaff, J. T. (ed.): *Tesla Said*. Tesla Book Co., Milbrae, California, 1984. pp. 92-93.

17. Tesla, N.: «Tesla's Tidal Wave to Make War Impossible», *English Mechanic and World of Science* (3 de mayo de 1907), en Ratzlaff, J. T. (ed.): *Tesla Said*. Tesla Book Co., Milbrae, California, 1984. pp. 98-102.

18. Tesla, N.: «Tesla's Wireless Torpedo», *The New York Times*, p. 8:5 (20 de marzo de 1907), en Ratzlaff, J. T. (ed.): *Tesla Said*. Tesla Book Co., Milbrae, California, 1984. pp. 96-97.

antes que Bell y la bombilla incandescente por King y J. W. Starr antes que Edison.[19]

A diferencia de Bell y Edison, Tesla escribió: «Tuve que abrir camino yo mismo y todavía me duelen las manos». Después de repasar su amarga batalla por la reivindicación como el verdadero autor del sistema polifásico de corriente alterna contra tales «hombres débiles» como el profesor Ferraris, el mago continuó discutiendo su trabajo fundamental en la telegrafía sin hilos: «Nunca será posible transmitir energía eléctrica de manera económica a través de este [planeta] y su entorno, excepto esencialmente por los mismos sistemas y métodos que he descubierto —declaró—, y el sistema es ahora tan perfecto que admite pocas mejoras [...]. ¿Sería capaz de mencionar un motivo por el cual este avance no debería ser dignamente comparado con los descubrimientos de Copérnico?».[20]

Éste era un nuevo Tesla: resentido, indignado, desafiante, petulante. Fue el descubridor del sistema polifásico de corriente alterna, del motor de inducción, de las luces fluorescentes, de los osciladores mecánicos y eléctricos, de un novedoso sistema de propulsión a vapor, de la transmisión sin hilos de inteligencia, luz y energía, del control remoto y de la comunicación interplanetaria. Se trataba de un descubridor original, mientras que Bell y Edison simplemente habían modificado los trabajos de otros. ¿Cómo se atreve el mundo a negarle lo que le corresponde?

Los inventos de Tesla estaban incluso en el corazón del nuevo sistema del metro eléctrico que acababa de abrir sus puertas bajo la próspera metrópolis. Las inundaciones, sin embargo, suponían un problema continuo que estropeó esta nueva derivada de Tesla. Había que advertir a los ciudadanos que el agua no corroería componentes vitales, aumentando así el riesgo de provocar una explosión, por lo que otro artículo aconsejaba a las autoridades sobre maneras solucionar el problema.

---

19. Ratzlaff, J. T. (ed.): *Tesla Said.* Tesla Book Co., Milbrae, California, 1984. pp. 96-105.
20. Tesla, N.: «Can Bridge Gap to Mars», *The New York Times* (23 de junio de 1907), en Ratzlaff, J. T. (ed.): *Tesla Said.* Tesla Book Co., Milbrae, California, 1984. pp. 103-104.

Después de una de sus visitas quincenales a su estimado artista barberil para que le aplicara compresas calientes en la cara y un vigoroso masaje en la cabeza para estimular las células cerebrales,[21] Tesla cogió su bastón y salió a pasear con sus botines de ante verde hasta la calle 42, hasta la entrada de las catacumbas de Interborough, acabadas de azulejar. Estaba buscando un nuevo espacio para oficinas. Al bajar las escaleras, el creador se sintió invadido por un pomposo sentimiento de orgullo mientras permanecía junto a las vías esperando el próximo tren. Fue una experiencia casi mágica para él bajar en una parte de la ciudad y aparecer majestuosamente en otro lugar unos minutos después.

Un día cualquiera de 1907, mientras esperaba en una parada, un muchacho se le acercó y le preguntó si era el gran Nikola Tesla. Al ver un brillo en los ojos de quien se lo preguntaba, el inventor respondió afirmativamente.

—Tengo muchas preguntas que hacerle –dijo el joven mientras Tesla se movía para subir al tren.

—Bueno, entonces, vamos –respondió Tesla, incapaz de comprender por qué el niño estaba dudando.

—No tengo suficiente dinero para comprar el billete –fue su avergonzada respuesta.

—¡Ah! Ese es el problema –se rio el experto en electricidad mientras le lanzaba al joven la suma requerida–. ¿Cómo te llamas?»

—O'Neill, señor, Jack O'Neill. Estoy solicitando un trabajo como asistente para la Biblioteca Pública de Nueva York.

—Bien. Podemos citarnos allí y tú puedes ayudarme a estudiar la historia de algunas patentes que estoy investigando.

O'Neill, que también tenía un gran interés en los fenómenos psíquicos, se convertiría una década más tarde en reportero científico para el periódico de Long Island, el *Nassau Daily Review Star*. Con el tiempo consiguió un puesto en el *Herald Tribune*, donde ganó el premio Pulitzer antes de escribir *Prodigal Genius: The Life of Nikola Tesla*.[22]

---

21. O'Neill, J. J.: *Prodigal Genius: The Life of Nikola Tesla*. Ives Washburn, Nueva York, 1944.

22. Nikola Tesla a John J. O'Neill (26 de febrero de 1916) [MNT]; «O'Neill Writes on Tesla's Life», *Nassau Daily Review Star*, p. 16 (1944); «Life of a Self-Made Superman», *The New York Times*, reseña del libro *Prodigal Genius: The Life of Nikola Tesla* (19 de noviembre de 1944) [DKS].

En junio llegó otra demanda legal, nuevamente de Warden, si bien esta vez de sus herederos, ya que había fallecido. La cantidad era de 1080 dólares, por dinero adeudado por una opción que Tesla tenía sobre cuatrocientos acres adyacentes a los doscientos que controlaba.

«Se trata de un caso antiguo que se ha estado arrastrando en los tribunales durante años –dijo Tesla al reportero del *The New York Sun*. Tenía la intención de utilizar esta tierra para un experimento agrícola de fertilización del suelo mediante electricidad. Pensé que mediante el uso de determinados principios eléctricos [para producir nitrógeno], el suelo podría mejorar mucho [y por eso] acepté tener una opción sobre él. Pero posteriormente descubrí que la persona que firmó el acuerdo no tenía derecho a hacer tal disposición [...]. Le dije que la opción estaba descartada, pero los herederos del propietario sencillamente habían presentado la reclamación, y es muy probable que haya que pagarla».[23]

VTOL:[24] Una historia de aviones de despegue y aterrizaje vertical

8 de junio de 1908

Mi querido coronel:
   Estoy preparado para recibir un encargo suyo para [diseñar] una máquina voladora autopropulsada, ya sea del tipo más ligero o pesado que el aire.
   Sinceramente,

NIKOLA TESLA[25]

---

23. «Sheriff Takes Tesla Tower», *The New York Sun*, p. 3:3 (13 de junio de 1907).
24. VTOL es el acrónimo del inglés Vertical Take-Off and Landing («despegue y aterrizaje vertical»). *(N. del T.)*
25. Nikola Tesla a John Jacob Astor (8 de junio de 1908) [MNT].

Astor estaba particularmente interesado en las máquinas voladoras, pero como se acabaría convirtiendo en su costumbre, Tesla trabajaba en objetivos cruzados. Quería que el buen coronel financiara este trabajo en aeronáutica, pero en realidad su objetivo final era ganar suficiente dinero para poder regresar a Long Island y reabrir su planta mundial de telegrafía. Por lo tanto, cualquier beneficio potencial siempre estaba amenazado por el plan mayor. Este problema seguía obstaculizando cualquier posible acuerdo, especialmente con alguien como Astor, que conocía muy bien las intenciones principales del inventor.

Una de las predicciones más confusas de Tesla llegó a principios de 1908. Tras haber localizado finalmente un nuevo espacio de trabajo en el 165 de Broadway, Tesla sintió que estaba volviendo a la normalidad. Poco después de mudarse, recibió una invitación para dar una charla durante una cena Waldorf-Astoria en honor a él y al contralmirante Charles Sigsbee. «Este año que viene disipará un error que ha retrasado enormemente la navegación aérea», profetizó Tesla. «El aeronauta pronto se convencerá de que un avión [...] es demasiado pesado para volar, y que tal máquina, si bien tendrá alguna utilidad, nunca podrá volar tan rápido como un globo dirigible [...]. En fuerte contraste con estas pruebas innecesariamente peligrosas se encuentran los serios y dignos esfuerzos del conde Zeppelin, que está construyendo una verdadera máquina voladora, segura y fiable, para transportar una docena de hombres y provisiones, y con una velocidad muy superior a la obtenida con los aeroplanos».[26]

Suponiendo que la viscosidad de la atmósfera superaba a la del agua, Tesla había calculado que un avión nunca podría volar mucho más rápido que «una nave acuática». El inventor razonó además que para velocidades más elevadas «la hélice está condenada al fracaso». No sólo su velocidad de rotación era restrictiva, sino que también estaba sujeta a roturas fáciles. Según los cálculos, el avión de hélice, tendría que ser sustituido por «uno de chorro a reacción».[27]

Durante un plazo de tiempo corto, es decir, durante los siguientes treinta años, el dirigible fue el método de transporte de pasajeros preferido.

---

26. Tesla, N.: «Nikola Tesla's Forecast for 1908», *New York World* (6 de enero de 1908); «Aerial Warships Coming, Tesla Tells», *The New York Times*, p. 1:2 (11 de marzo de 1908); «Little Aeroplane Progress: So Says Nikola Tesla», *The New York Times*, p. 6:5 (6 de junio de 1908).

27. Ibíd.

BERLÍN, 30 de mayo [de 1908]. El conde Zeppelin, cuyos notables desempeños en su primer dirigible le valieron tan importantes honores, logró hoy la hazaña más sorprendente de su carrera hasta el momento. Dirigió su Zeppelin II, con dos ingenieros y una tripulación de siete personas a bordo, una distancia de más de 640 kilómetros, sin aterrizar.

A lo largo de la noche la aeronave [...] navegó a toda velocidad sobre Baden-Baden-Wurtemberg y Baviera, pasando por campos y pueblos dormidos y ciudades apenas algo menos dormidas [...].

Se anunció y se publicó extensamente [...] que el conde se dirigiría a Berlín y aterrizaría en la plaza de armas. A la espera del acontecimiento, el emperador y la emperatriz [...] y centenares de miles de personas se reunieron allí.[28]

Faltaban dos décadas para que Lindbergh capturara la imaginación del público volando en solitario en un avión propulsado por hélice sobre mar abierto, pero los dirigibles ya estaban cerca de lograr esa hazaña. En 1911, Joseph Brucker creó la Brucker Transatlantic Airship Expedition, pero fue derrotado en la expedición por la fuerza aérea británica, que logró cruzar el Atlántico ocho años después.[29] Durante la Primera Guerra Mundial, el zepelín realizó frecuentes misiones de bombardeo desde Berlín a Londres, y Robert Underwood Johnson voló con otros cincuenta pasajeros en un «leviatán» similar sobre Roma sólo dos años después, en 1919.[30] Sin embargo, a finales de la década de 1920, este tristemente célebre legado estaba todo menos olvidado, ya que estos grandes dirigibles volaban con regularidad a través del Atlántico desde Europa hasta tanto América del Norte como América del Sur, y Alemania disfrutaba de una reputación como el nuevo líder en tecnología futurista.

Una curiosa y desafortunada nota a pie de página de la historia fue la decisión sin sentido de llenar esos dirigibles con hidrógeno, un gas altamente explosivo, en lugar de helio no inflamable. Si los ingenieros hu-

28. «Zeppelin Flies Over 24 Hours», *The New York Times*, p. 1:1,2 (30 de mayo de 1908).

29. Dienstback, C.: «The Brucker Transatlantic Airship Expedition», *Scientific American*, pp. 1, 62 (21 de enero de 1911).

30. Johnson, R. U.: *Remembered Yesterdays*, Little Brown, Boston, 1923. p. 580.

bieran insistido en utilizar un medio mucho más seguro siguiendo la advertencia de Tesla de 1915, el gran desastre del *Hindenburg* de 1937 nunca hubiera ocurrido, y la utilización de zepelines probablemente hubiera continuado durante muchos años más. El problema se remonta a finales del siglo XVIII, cuando Jacques Charles, un científico francés, descubrió que el hidrógeno era catorce veces más ligero que el aire y llenó un globo con él. Como el conde Zeppelin de la época de Tesla, Monsieur Charles, adquirió gran notoriedad viajando en su globo veinticinco o treinta kilómetros seguidos.

Hoy en día, los dirigibles suponen plataformas estables para cámaras deportivas de televisión, los anunciantes los utilizan gracias a su capacidad única de generar «reconocimiento de marca» y a los militares les gustan porque ofrecen ventajas singulares sobre los helicópteros: se pueden utilizar en misiones de rescate de vuelo bajo sin crear turbulencias peligrosas, para detectar el lanzamiento submarino de misiles de crucero posicionándose en una única zona durante horas o días y son extremadamente difíciles de localizar mediante vigilancia terrestre. «¿Por qué no aparecen en el radar?», se preguntaba un artículo de 1986 de *Popular Mechanics*. «Debido a que la góndola del Skyship está hecha de Kevlar, la cubierta es de fibra de poliuretano y está llena de helio. Todos tienen registro de radar pequeño o nulo [...]. Las aeronaves de próxima generación consumirán poquísimo combustible. Y seguirían siendo operativas durante meses seguidos. Como se desarrollan para uso militar, no es demasiado descabellado predecir que los dirigibles del [siglo XXI] puedan incluso utilizarse para el transporte transatlántico de pasajeros».[31]

Tesla revela en su charla en el Waldorf-Astoria su profecía sobre el inevitable desarrollo del avión a reacción, que sería lo más cercano a lo que llegaría a explicar de su invención altamente novedosa y aún desconocida de un aeroplano que operaba de manera muy similar al actual avión VTOL de «empuje vectorial». Tesla había probado con varios diseños de dirigibles desde sus días universitarios. Uno de sus modelos, elaborado en 1894, era un globo aerostático de forma tradicional. Inspirado en los que había visto en las Ferias Mundiales de París y Chicago, este dirigible recibía su suministro continuo de calor gracias a una gigantesca

---

31. Eskow, D.: «Silent Running», *Popular Mechanics*, pp. 75-77 (julio de 1986).

bobina de inducción colocada muy por encima de la góndola, en el centro del contenedor de aire caliente.[32]

El modelo más reciente, que recordaba una lágrima gigantesca, tomaba en consideración principios aerodinámicos descubiertos por investigadores como Leonardo da Vinci, el conde von Zeppelin y Lawrence Hargrave, un australiano que, en 1890, diseñó aeronaves de hélice propulsadas por bandas elásticas que se desplazaban a través del aire hasta distancias superiores a los cien metros. Este diseño fue preparado esquemáticamente en forma de un alerón convencional por uno de los dibujantes de Tesla en 1908.[33]

Mi dirigible no tendrá bolsa de gas, alas ni hélices [...]. Podrías verlo en el suelo y nunca adivinarías que se trata de una máquina voladora. Sin embargo, podrá moverse a voluntad por el aire en cualquier dirección con perfecta seguridad, a velocidades más elevadas que las que se han alcanzado hasta ahora, independientemente del clima y de los evidentes «agujeros en el aire» o corrientes descendentes. Ascenderá en tales corrientes si así se quiere. Puede permanecer completamente parado en el aire incluso con viento durante un largo período de tiempo. Su poder de elevación no dependerá de dispositivos tan delicados como los que tenga que emplear un ave, sino de una acción mecánica positiva. [La estabilidad se logrará] mediante la acción giroscópica de mi motor [...]. Es el hijo de mis sueños, el producto de años de intensos y dolorosos trabajos e investigaciones.[34]

El vehículo de Tesla tenía el «chorro a reacción» situado en su «borde de ataque», o extremo voluminoso, y las cincuenta válvulas de escape de dirección situadas en el «borde de salida» opuesto, o extremo ahusado. Si se hubiera diseñado como un dirigible más ligero que el aire, la aeronave habría seguido, en parte, los modelos de los trabajos de Henri Giffard, un

---

32. Ibíd.

33. Jovanović, B.: *Tesla i svet vazduhoplovstva*. Museo Nikola Tesla, Belgrado, 1988. p. 42.

34. Stockbridge, F. P.: «Tesla's New Monarch of Mechanics», *New York Herald Tribune*, p. 1 (15 de octubre de 1911).

francés que inventó el primer dirigible en 1852, así como del conde von Zeppelin, el inventor que había sido el primero en construir un prototipo exitoso con una estructura metálica rígida «dentro de la bolsa».[35] Zeppelin también fue uno de los primeros en tener en cuenta la resistencia del viento; sus naves podían viajar a velocidades superiores a sesenta kilómetros por hora.

Un alerón bien diseñado puede desarrollar una fuerza de sustentación muchas veces mayor que su resistencia. Esto permite que el ala de un avión sirva como amplificador de empuje. Si el empuje se dirige horizontalmente, se puede desarrollar una fuerza de sustentación vertical lo suficientemente grande como para superar el peso del vehículo.

Así pues, parece que el prototipo de jet a reacción de Tesla también podría haberse fabricado con un diseño más pesado que el aire. Oliver Chanute, Alexandre Goupil y Otto Lilienthal fueron otros aeronautas de la década de 1890 cuyos trabajos patentados Tesla había estudiado. Naturalmente, también estuvo influenciado por Samuel Langley y los hermanos Wright, quienes habían fabricado modelos más pesados que el aire que realmente habían volado.[36]

El aerodeslizador

Otro VTOL con forma de cangrejo de herradura diseñado por Tesla se conoció como aerodeslizador o con el término inglés *hovercraft*. Este vehículo, que se parecía a un Corvette, llevaba la potente turbina horizontalmente en el centro. Funcionando de manera muy similar a un gran ventilador, el motor creaba una potente corriente descendente que hacía que el vehículo se elevara y se desplazara por el suelo sobre una capa de aire.[37] Este invento, que aparentemente funcionaba de manera muy similar al aerodeslizador que aparece en la saga de *La guerra de las galaxias*, fue el primer precursor del «jeep aéreo» del ejército, del tamaño de un

35. *Illustrated World Encyclopedia*. Bobley Pub. Co., Woodbury, Nueva York, 1977.
36. Chanute, O.: «Progress in Aerial Navigation», *Engineering Magazine*, vol. 2, pp. 1-15 (1891-1892).
37. Jovanović, B.: *Tesla i svet vazduhoplovstva*. Museo Nikola Tesla, Belgrado, 1988. pp. 49-50.

automóvil, que «obtiene su empuje de ventiladores con conductos montados rígidamente en la estructura del vehículo. Para volar horizontalmente, toda la nave [estaba] ligeramente inclinada [por el movimiento inclinado del conductor]». En 1960, *Scientific American* escribió que «este diseño se está explorando debido a su simplicidad y adaptabilidad para volar a altitudes muy bajas».[38]

Es dudoso que Tesla hubiera construido alguna vez algún aerodeslizador más pesado que el aire, si bien es posible que hubiera construido un modelo de hidroala para sobrevolar el Hudson. No hay ninguna duda de que también construyó naves «más ligeras que el aire» que pudieran ser guiadas mediante control remoto.

Las ideas inherentes a los aerodeslizadores de Tesla y a los dirigibles a reacción con forma de paramecio evolucionaron hasta convertirse en el actual avión de combate Harrier, un avión supersónico considerado una de las «máquinas de combate más potentes» del ejército, y en el nuevo Lockheed Martin X-33, aún por construir,[39] que es un reemplazo VTOL liviano del transbordador espacial que tiene un nuevo motor experimental y el avión en sí tiene la forma de un «ala volante plana».[40]

Las semillas de esta tecnología también se remontan al trabajo de «A. F. Zahm, un destacado ingeniero aeronáutico que patentó [en 1921] un aeroplano con un ala que desviaba el chorro de aire de la hélice para proporcionar sustentación para el vuelo estacionario». Aunque Zahm en realidad no construyó su aeronave, su concepto, que pudo haber sido influenciado por el trabajo de Tesla, evolucionó hasta convertirse en el English Hawker, un caza británico desarrollado en la década de 1960. Este aeroplano utiliza toberas para desviar un chorro hacia abajo para el despegue vertical o para el vuelo estacionario, y horizontalmente para

---

38. Campbell, J. P.: «Vertical-Takeoff Aircraft», *Scientific American*, p.48 (8 de agosto de 1960).

39. Después de una inversión de más de novecientos millones de dólares y con el prototipo de Lockheed Martin X-33 ensamblado en un 85 %, la NASA canceló el programa en 2001, después de una larga serie de dificultades técnicas, incluida la inestabilidad del vuelo y el exceso de peso. Por su parte, y después de más de medio siglo de servicio, a principios de la década de 2020 la mayoría de los ejércitos del aire habían empezado a sustituir los Harrier por otros modelos de despegue corto o vertical más modernos. *(N. del T.)*

40. «A New Version of Space Shuttle», *Newsweek*, p. 69 (1 de julio de 1996).

el vuelo normal. Utilizando «empuje vectorial»,[41] este aparato se volvió más viable con el desarrollo del motor Pegasus, un turborreactor extremadamente potente que también lleva el Harrier y que se presentó en 1969.[42] Desde el punto de vista del piloto, sólo hay un control adicional en la cabina: una única [palanca] para seleccionar el ángulo de la tobera. «AV-8B Harrier: el avión a reacción de apoyo terrestre de los marines de Estados Unidos puede despegar verticalmente, cernirse cerca de un campo de batalla y soltar misiles, bombas de racimo o bombas inteligentes».[43]

Volar en un haz de energía

No se sabe si Tesla fue capaz o no de perfeccionar su diseño para aeronaves que operaban sin combustible y obtenían energía de transmisores inalámbricos. Este concepto, sin embargo, ha sido adoptado por los militares. En 1987, el *The New York Times* y también *Newsweek* informaron sobre grandes aviones planeadores «propulsados sin combustible». Su energía procede de microondas transportadas por un haz desde transmisores terrestres a grandes paneles planos de rectenas[44] situadas en la parte inferior de cada ala. Estas «antenas especiales, conectadas a diminutos rectificadores que convierten la corriente alterna en corriente continua, alimentan un motor eléctrico para hacer funcionar la hélice de la nave».[45] Este concepto también se utiliza como paneles solares en naves espaciales y en automóviles impulsados por energía solar.

---

41. Capacidad de una aeronave para dirigir el empuje de su motor en una dirección distinta a la paralela al eje longitudinal del vehículo. *(N. del T.)*

42. Cloud, W.: «Vertical Takeoff Planes», *Popular Science*, pp. 42-45, 176-177 (agosto de 1965); *Wings* (programa de televisión, 1991).

43. «The Allies' Firepower», *Newsweek* (18 de febrero de 1991) (inserto).

44. Palabra compuesta derivada del inglés *rectifying antenna*, «antena rectificadora». *(N. del T.)*

45. Broad, W.: «Flying on a Beam of Energy: New Kind of Aircraft Is on Horizon as Designers Try Microwave Power», *The New York Times*, p. C1 (21 de julio de 1987).

El avión Flivver

TESLA DISEÑA UNA EXTRAÑA NAVE PARA VOLAR HACIA ARRIBA,
HACIA ABAJO Y HACIA LOS LADOS
LA AERONAVE COMBINA CUALIDADES DE HELICÓPTERO Y AVIÓN

Ayer se hicieron públicas descripciones detalladas del avión helicóptero, la última creación de Nikola Tesla, inventor, mago de la electricidad, experimentador y soñador.

Es una diminuta mezcla de avión que, según afirma su inventor, ascenderá y descenderá verticalmente y volará horizontalmente a gran velocidad, mucho más rápido que la velocidad de los aviones actuales. Pero a pesar de las hazañas que atribuye a su invento, Tesla dice que se venderá por algo menos de mil dólares.[46]

Aunque este artículo fue escrito en 1928, Tesla solicitó por primera vez patentes para su nuevo «método de transporte aéreo» en 1921.[47] De todos modos, los diseños de aviones VTOL propulsados por hélice se remontan incluso a antes del cambio de siglo. Uno de los primeros y más primitivos helicópteros de Tesla se parecía mucho a un lavamanos, con un eje vertical que se elevaba desde su centro. Abriéndose hacia el exterior, como las varillas de dos paraguas apilados el uno encima del otro, se situaban sus dos hélices horizontales. Este vehículo evolucionó hasta convertirse en el avión flivver,[48] que despegaba verticalmente como un helicóptero y luego volaba como un avión normal, cuando la hélice y la nave giraban 90 grados hasta la posición horizontal. Los conceptos que se encuentran en el avión flivver de Tesla se pueden encontrar en otro avión militar VTOL avanzado llamado V-22 Osprey. En su diseño, la carrocería del vehículo se parece a un avión de transporte militar normal; son las hélices, situadas en los extremos de cada ala, las que giran noventa grados desde la posición del helicóptero, para el despegue vertical, hasta la posición normal del avión, para el vuelo hacia adelante. Utilizado en numerosos enfrentamientos (entre ellos la guerra de Irak de febre-

---

46. «Tesla and Flivver Plane», *Brooklyn Eagle*, p. 8:2 (23 de febrero de 1928).

47. Tesla, Nikola: «Method of Aerial Transportation», patentes números 1.655.113 y 1.655.114 (rellenadas el 9 de septiembre de 1921 y aceptadas el 3 de enero de 1928).

48. Literalmente, «tartana». *(N. del T.)*

ro de 1990), este vehículo, al igual que el jeep aéreo y el avión de combate Harrier, evolucionó directamente a partir de los diseños de Tesla. Como el trabajo de Tesla en aeronáutica nunca ha recibido mucha publicidad, es muy posible que los militares lo adoptaran en secreto.

Los VTOL se pueden agrupar en cuatro categorías generales. La aeronave podría inclinarse, el empuje podría desviarse, la hélice o el motor turborreactor podrían inclinarse o podría utilizarse un sistema de propulsión dual. Bell Labs comenzó a construir VTOL propulsados por hélice en la década de 1940. Los primeros modelos incluían el XC-142A de ala inclinada, desarrollado por Vought, Hiller y Ryan, y la aeronave de hélice inclinada X-19, desarrollada por Curtiss y Wright.

Las nuevas armas

Cada ejército tiene su nueva arma favorita, y la favorita del Cuerpo de Marines es el V-22 Osprey, un avión que puede despegar como un helicóptero y volar como un avión. Es la aeronave ideal para transportar a los marines rápidamente y lejos en el desierto, argumentan sus fabricantes, Bell Helicopter Textron Inc. y Boeing Vertol Co. [El vehículo puede transportar] veinticuatro hombres y cuesta cuarenta millones de dólares.[49]

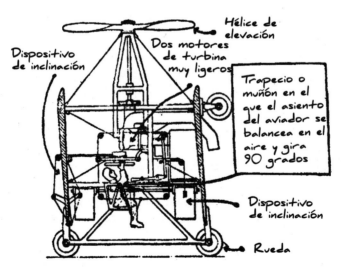

El invento de Tesla del helicóptero-avión, al que llamó avión flivver. (*New York American,* 23 de febrero de 1928).

---

49. «The New Weapons», *Newsweek*, p. 28 (10 de septiembre de 1990).

37
Turbinas sin álabes (1909-1910)

22 de marzo de 1909

Mi querido coronel Astor:
Tenía muchas ganas de saber por los periódicos que había regresado a la ciudad y me he apresurado a decirle que mi turbina de vapor y de gas, mi bomba, mi turbina de agua, mi compresor de aire y mi hélice han resultado un gran éxito. En opinión de hombres muy competentes, estos inventos causarán una gran revolución. Mi turbina de gas será lo mejor del mundo para una máquina voladora porque permite alcanzar hasta 8 o 10 caballos de potencia por cada kilogramo de peso. He estado trabajando duro en el diseño de la máquina voladora y va a ser algo muy bueno. No tendrá hélice de tornillo ni plano inclinado ni timón; de hecho, nada de lo antiguo, y permitirá levantar pesos mucho mayores e impulsarlos en el aire a una velocidad incluso mucho mayor de la que ha sido posible hasta ahora. Estamos fabricando un automóvil que encarna estos nuevos principios y también estoy diseñando una locomotora para un ferrocarril y estoy adaptando mi nuevo esquema de propulsión a uno de los mayores transatlánticos. Toda esta información es confidencial. Simplemente le escribo sabiendo que estará satisfecho con mi éxito.
Con un cordial saludo,
Atentamente,

NIKOLA TESLA[1]

---

1. Nikola Tesla a John Jacob Astor (22 de marzo de 1909) [MNT].

Con la muerte del frágil poeta Robert Watson Gilder en noviembre de 1909, Robert Underwood Johnson ascendió de editor adjunto a editor en jefe. Numerosos dignatarios asistieron al lúgubre acontecimiento, entre ellos Mark Twain y la última estrella en ascenso en el mundo de la poesía, el «niño maravilla» de veinticuatro años, George Sylvester Viereck. Para Luka era una forma poco deseada de conseguir el ascenso, pero claramente los miembros del consejo de administración nunca consideraron a otra persona para el puesto. El fallecimiento de Gilder era otra señal tangible del fin de una era importante para el *Century*.

Tesla acudió a cenar por Navidad y la conversación derivó hacia los problemas que ahora tendría Robert para impulsar una tirada en constante declive. En competencia con una nueva generación de revistas plebeyas, Luka se vio obligado a bajar sus estándares y permitir la introducción de palabras como «infierno» en las páginas del *Century*.

Katharine estaba interesada en debatir la reciente afirmación de sir Oliver Lodge de que había localizado un médium que había hablado con «miembros muertos de la Society of Psychical Research», pero Tesla pensaba que esa forma de «comunicación sin hilos» era una tontería y estaba más interesado en despedazar la suposición del profesor Pickering de que con 10 000 dólares podría erigir un juego de espejos en Texas para enviar señales a los marcianos.

«La idea de que se puedan fabricar espejos que reflejen la luz solar en haces paralelos, por el momento no se encuentra a nuestro alcance. Pero hay un método para ponernos en contacto con otros planetas», dijo Tesla mientras los ojos de sus anfitriones se iluminaban una vez más con la idea de Wardenclyffe. El capital, por supuesto, era el problema, por lo que Tesla comenzó a describir su nuevo plan para hacer dinero; se trataba de su último invento.[2] Acusado de ser un visionario y un soñador, el consumado inventor «exigió sus poderes de concentración en el tranquilo retiro de la noche» para encontrar una manera de salir del apuro.[3] A

---

2. Licencia literaria. «Messages From Dead Now Made Public; Sir Oliver Lodge Advertised», *The New York Times*, p. 1:5 (15 de septiembre de 1908); «Talk of Signals to Mars, Astronomers Gather in Paris», *The New York Times*, p. 1:2 (21 de abril de 1909); «How to Signal Mars, says Nikola Tesla; Wireless the Only Way Now, Says Nicola Tesla --Mirror Plan Not Practicable», *The New York Times*, p. 10 (23 de mayo de 1909).

3. Tesla, N.: «Tesla Predicts More Wonders», *The New York Sun*, p. 1:3,4,5; 2:5 (7 de abril de 1912).

menudo salía de su suite Waldorf para caminar por las calles durante de horas y meditar. Su santuario favorito era el colosal hall de la Grand Central Station.[4] Y allí, en la capilla adormecida, a las cuatro de la mañana, podía seguir el eco de sus pensamientos solitarios hacia abajo y hacia dentro de los túneles hasta donde estacionaban los trenes, o hacia arriba y alrededor de las majestuosas escaleras de mármol que dominaban el gran escenario de los viajeros y hacia el cielo hasta la cúpula estrellada, donde aparecían pintados en el techo las constelaciones y los dioses míticos correspondientes. Ésta era *su* gran estación para intercambiar ideas con Pegaso, Hércules, Virgo, Centauro, Géminis, Hidra u Orión. Quizás Argos[5] (la nave) nos pueda aportar una pista.

Wardenclyffe se había convertido en su obsesión y, a menos que fuera capaz de resucitarla en su totalidad, nunca se sentiría realizado. Las medidas intermedias estaban descartadas. O ponía en funcionamiento todo el edificio o no ponía en funcionamiento nada de él. Scherff visitaba la planta periódicamente con su esposa, su padre y su hijo recién nacido, y gestionaba el dinero de los impuestos y el salario del Sr. Hawkins, quien seguía trabajando como guardia.

Pero la competencia de Tesla se había puesto al día y de alguna manera estaba superando, si no reemplazando, su imaginación. Aviones y zepelines salpicaban los cielos, los poderes de aquellos que se oponían a los iluminadores sin filamentos se estaban afianzando y los transmisores sin hilos afloraban como setas en las orillas de un arroyo en medio del bosque. En enero de 1908, los franceses colocaron una estación de transmisión en lo alto de la Torre Eiffel para transmitir mensajes a Marruecos. El director de operaciones predijo que tales impulsos «teóricamente deberían dar la vuelta al mundo y volver a la torre».[6] Lee De Forest empezó a tomar impulso en Estados Unidos y pronto comenzó a contratar con el gobierno y los millonarios la construcción de «radioteléfonos», que colocó en los techos de las estructuras más altas de Manhattan. En 1907 emitió la voz de Enrico Caruso, que cantaba en el Metropolitan Opera

---

4. O'Neill, J. J.: *Prodigal Genius: The Life of Nikola Tesla*. Ives Washburn, Nueva York, 1944.

5. Constelación que representaba la nave en la que viajaron Jasón y los argonautas. Es la única de las constelaciones descritas por Ptolomeo que no se reconoce hoy en día, ya que se divide en tres: Carina (la quilla), Puppis (la popa) y vela (la vela).

6. «French to Establish Wireless Station on Eiffel Tower», *The New York Times*, p. 1:6 (26 de enero de 1908).

House. La mayoría de los oyentes se encontraban en barcos cercanos. Al mismo tiempo, De Forest había perfeccionado una manera de aumentar la velocidad de las transmisiones en código morse: ahora podía enviar telegramas a la asombrosa velocidad de seiscientas palabras por minuto.

«Puedo predecir con confianza –proclamó De Forest– que dentro de los próximos cinco años, todos los barcos estarán equipados con teléfonos sin hilos [...]. Espero con ansias el día en que, por este sistema, la ópera pueda llegar a todos los hogares. Algún día, las noticias e incluso la publicidad se enviarán al público a través del teléfono sin hilos». A continuación, De Forest criticó los dispositivos de Marconi, que todavía no habían resuelto el problema de las interferencias estáticas, y predijo que su nuevo sistema de sintonización acabaría convirtiéndose en estándar.[7] Al año siguiente, firmó un contrato para la «radio sin hilos» con Bell Telephone e instaló operaciones entre Filadelfia y Nueva York.[8] Tesla se estaba convirtiendo en nota marginal en el campo, y Boldt lanzó su propia afrenta al contratar a la United Wireless para colocar dos transmisores sin hilos de doce metros en el techo del Waldorf y pagarles 3000 dólares por el trabajo.[9]

Marconi, en cambio, seguía siendo el hombre de moda, y su nombre era familiar, como se jactaba de ello el *The New York Times* en cada suplemento dominical, con un titular encima de su cabecera que representaba con audacia los transmisores sin hilos de Marconi atravesando continentes y mares.

El motor primario[10]

La turbina de Tesla es la apoteosis de la simplicidad. ¡Se opone tan violentamente a todos los precedentes que parece increíble![11]

---

7. «DeForest Tells of New Wireless», *The New York Times*, p. 1:3 (14 de febrero de 1909).

8. «Dr. DeForest in Philadelphia. Wireless Telephone Soon», *The New York Times*, p. 18:4 (23 de marzo de 1909).

9. «Steel Towers for Waldorf Wireless», *The New York Times*, p. 14:2 (6 de marzo de 1909).

10. El motor primario o principal es aquel que convierte el combustible en trabajo aprovechable. *(N. del T.)*

11. *Technical World Magazine* (hacia 1911), en Hayes, J. (ed.): *Tesla's Engine: A New Dimension For Power*. Tesla Engine Builders Association, Milwaukee, Wisconsin, 1994. p. 58.

Con su «proyecto [inalámbrico] evidentemente muy adelantado a los tiempos», Tesla se dedicó «a otros inventos que atraían más a los hombres prácticos. Después de años de pensar cuidadosamente, descubrí que lo que el mundo necesitaba más [...] era un motor primario eficiente». Tesla se refería a su nuevo invento de una turbina potente y liviana, que podría emplearse para reemplazar el motor de gasolina del automóvil, instalarse en aviones, torpedos o transatlánticos, o convertirse en una bomba para transportar aire, sólidos o fluidos. Esta destacable máquina podría utilizarse para crear oxígeno líquido o incluso colocarse encima de incineradores para convertir el calor desperdiciado en electricidad. Nacido del juego infantil de Dane y Niko con ruedas hidráulicas en Smiljan, este dispositivo multifacético y revolucionario se hizo manifiesto por primera vez en 1906-1907. Se llamó turbina sin álabes.[12]

LA ÚLTIMA MARAVILLA DEL MONARCA DE LA MECÁNICA

FRANK PARKER STOCKBRIDGE

«Tiene lo que el profesor Langley estaba tratando de desarrollar para su máquina voladora, un motor que proporcionará dos caballos de potencia por kilogramo de peso», sugerí.

«Tengo más que eso –respondió el Dr. Tesla–. Tengo un motor que dará más de veinte caballos de potencia por kilogramo de peso. Esto es veinticinco veces más potente que los motores más livianos que se utilizan hoy en día. El motor de gasolina más liviano que se utiliza en los aviones pesa 1,1 kilogramos y proporciona un caballo de potencia. Con ese peso puedo producir veinticinco caballos de potencia».

«Esto significa la solución del problema de volar», le sugerí.

«Sí, y de muchos más –fue la respuesta–. Es el motor rotatorio perfecto. Es un logro con el que los ingenieros mecánicos han estado soñando desde la invención de la energía de vapor».[13]

---

12. Tesla, N.: «New Inventions by Tesla», *Electric Review and Western Electrician*, pp. 986-987 (20 de mayo de 1911).

13. Stockbridge, F. P.: «Tesla's New Monarch of Mechanics», *New York Herald Tribune*, p. 1 (15 de octubre de 1911), en Hayes, J. (ed.): *Tesla's Engine: A New Dimension for Power*. Tesla Engine Builders Association, Milwaukee, Wisconsin, 1994. pp. 23-37.

Acto seguido el inventor procedió a explicar sus principios. Después de estudiar las propiedades del agua y el vapor cuando pasaban a través de una hélice, Tesla exploró la relación de la *viscosidad* y la *adhesión* con el giro correspondiente del álabe.

«El metal no absorbe nada de agua, pero parte del agua se adhiere a él. La gota de agua puede cambiar de forma, pero sus partículas permanecen intactas. Esta tendencia de todos los fluidos a resistir la separación es la viscosidad», explicó el inventor. Explotando estos principios, Tesla había patentado un tipo de turbina completamente nuevo que eliminaba los álabes de una hélice común y los reemplazaba con una serie de discos escasamente separados como una pila de monedas de un centavo. Cada disco tenía un orificio en el centro para permitir la salida del fluido entrante y hacer girar el eje central. Mientras que «la fricción impide el avance de un barco por el mar o de un avión por el aire», Tesla explotó este aparente obstáculo para mejorar el giro de la turbina en lugar de frenarlo por la adhesión y la viscosidad del medio. Fue otro golpe de genialidad del maestro.

La acción en espiral se iniciaba en la periferia de cada disco a medida que el agua formaba un patrón de sacacorchos cada vez más apretado a medida que se acercaba al orificio central, aumentando así la acción en espiral. De esta forma, un fluido a presión, como por ejemplo vapor, podría entrar en la cámara sellada que albergaba la pila horizontal de discos y provocar su rotación. Siguiendo la tendencia natural de crear un remolino (como el agua que sale por un desagüe), el fluido giraba de manera natural cada vez más rápido a medida que se movía hacia el centro. Al mismo tiempo, su propiedad de adhesión movía, o arrastraba, el disco correspondiente a un ritmo más rápido, y este giro podría utilizarse, por ejemplo, como turbina para generar electricidad; revertir todo el proceso convertía el instrumento en una bomba; y conectarlo a un motor de inducción podría transformar el instrumento en un motor a reacción.

«Una de esas bombas actualmente en funcionamiento, con ocho discos, de 45 centímetros de diámetro, bombea más de 15 000 litros por minuto a una altura de 110 metros [...]. Supongamos ahora que invertimos la operación –continuó el inventor [...]–. Supongamos que tuviéramos agua, o aire bajo presión, o vapor bajo presión y lo dejáramos correr dentro del cárter que contiene los discos, ¿qué pasaría?», preguntó.

—Los discos girarían y se accionaría cualquier maquinaria unida al eje; convertiría la bomba en un motor», sugerí.

«Eso es exactamente lo que sucedería... lo que sucede», respondió el Dr. Tesla. [...].

«Por otro lado –dijo más adelante el Dr. Tesla–, tampoco es necesario realizar ajustes delicados. La distancia entre los discos no es una cuestión de precisión microscópica [...]. Acoplando estos motores en serie, se puede eliminar el engranaje de la maquinaria [...]. El motor está especialmente adaptado a los automóviles, ya que funciona tanto con explosiones de gas como con vapor».

[...]

«Con un motor de mil caballos de potencia, que pesa sólo 45 kilogramos, imagine las posibilidades. En el espacio que ahora ocupan los motores del *Lusitania*[14] se podrían desarrollar veinticinco veces sus 80 000 caballos de potencia, siempre que fuera posible proveer una capacidad de caldera suficiente para proporcionar el vapor necesario [...] .He aquí un motor que hará cosas que ningún otro motor ha hecho jamás».[15]

En enero de 1909, George Scherff, que entonces estaba trabajando para una empresa de azufre, envió una carta solicitando ayuda financiera a Tesla. «Mis acreedores me están acosando duramente. Cualquier cosa que pueda hacer por mí será muy apreciada»,[16] escribió Scherff.

En lugar de enviarle dinero a él, Tesla envió un cheque para la Sra. Schwarz, otra inversora descontenta más. Scherff, que también lo necesitaba, intentó desviar los fondos, pero Tesla, que se había encontrado en la posición de Scherff en numerosas ocasiones, respondió relajadamente: «Lamento señalar que estás perdiendo tu ecuanimidad y tu aplomo. La

---

14. El *Lusitania* fue un transatlántico británico, el buque de pasajeros más grande de la época desde su viaje inaugural el 7 de septiembre de 1907 hasta la botadura del *Olympic* en 1910 y del tristemente célebre Titanic un año después. El *Lusitania* mantuvo el récord de velocidad durante dos décadas gracias a su revolucionario sistema de turbinas de vapor. *(N. del T.)*

15. Stockbridge, F. P.: «Tesla's New Monarch of Mechanics», *New York Herald Tribune*, p. 1 (15 de octubre de 1911), en Hayes, J. (ed.): *Tesla's Engine: A New Dimension for Power*. Tesla Engine Builders Association, Milwaukee, Wisconsin, 1994. pp. 23-37.

16. George Scherff a Nikola Tesla (10 de enero de 1909) [BC].

Sra. Schwarz es débil, en cambio tú estás completamente capacitado para afrontar tus propias batallas».[17] Poco después, Scherff envió otra nota informando a Tesla que había preparado los impuestos para Wardenclyffe. «Hace unas noches –añadía Scherff–, un ladrón entró en mi casa y se llevó todo el dinero en efectivo de mis bolsillos». Tesla captó la indirecta y comenzó a recompensar a su exsecretario, enviándole un cheque en noviembre.

11 de noviembre de 1909

Querido Sr. Tesla:

Gracias por los doscientos dólares [...]. Aquello que me da más placer que el dinero es la evidencia concreta que proporciona de su progreso hacia el éxito por el que ha luchado tanto y con tanto esfuerzo.

Sinceramente,

GEORGE SCHERFF[18]

En marzo de 1909, Tesla había creado la Tesla Propulsion Company junto con Joseph Hoadley y Walter H. Knight. Con acciones capitalizadas en un millón de dólares, en *Electrical World* se publicitó que estaban vendiendo turbinas a la Alabama Consolidated Coal & Iron Company.[19] Tesla también creó otras empresas: la Tesla Ozone Company, capitalizada en 400 000 dólares, que producía ozono, y la Tesla Electrotherapeutic Company, que comercializaba máquinas electroterapéuticas con el coronel Ray.

---

17. Nikola Tesla a George Scherff (26 de marzo de 1909) [BC].
18. George Scherff a Nikola Tesla (11 de noviembre de 1909; 4 de noviembre de 1910) [BC].
19. «Tesla Propulsion Company», *Electrical World*, p. 1263 (27 de mayo de 1909).

La terapia actual con ozono

Durante un simposio que conmemoraba los cien años de la llegada de Tesla a Estados Unidos, G. Freibott, un médico que utilizaba el equipo de producción de ozono de Tesla, afirmó que al inyectar ozono puro directamente en el torrente sanguíneo de un hombre que padecía cáncer de colon, «se liberaron treinta tumores». Según Freibott, esta forma de oxígeno, que se forma de manera natural por la acción del sol en las capas superiores de la atmósfera, tiene «poderes oxidantes, antisépticos y germicidas [...] que proporcionan resultados paliativos y curativos a muchas personas». Cuando se le preguntó sobre los peligros de provocar embolias, Freibott señaló que las «embolias aéreas» no están causadas por burbujas de oxígeno en el torrente sanguíneo, como comúnmente se cree, sino por impurezas transportadas por el oxígeno. Este trabajo es nuevo y controvertido, aunque los médicos han verificado estos hallazgos.[20]

Tesla, por supuesto, no inyectaba ozono a las personas; sin embargo, construyó un dispositivo electroterapéutico para la esposa de Scherff, que en ese momento padecía una enfermedad. «Creo que te hará mucho bien a ti y a tu esposa», escribió Tesla, añadiendo a continuación un ingenioso comentario, «a menos que no tengáis un circuito de suministro eléctrico en casa, en cuyo caso será necesario mudarse a otro distrito».[21]

A lo largo de 1909 y 1910, el inventor se fue desplazando entre Providence (Bridgeport) y la ciudad de Nueva York, donde había instalado varias versiones de sus turbinas. La mayor parte del trabajo de desarrollo lo llevó a cabo en Bridgeport.

«Ahora estoy trabajando en nuevas ideas para un automóvil, una locomotora y un torno en los que se materializan estos inventos míos y que no pueden dejar de ser un éxito colosal —escribió a Scherff—. El único problema es conseguir el dinero en efectivo, pero no pasará mucho tiempo antes de que me llueva el dinero y entonces puedas llamarme para lo que quieras». En otra carta añadió con optimismo: «Las cosas me están

---

20. Freibott, G.: «History and Uses of Tesla's Inventions in Medicine», conferencia ante la Sociedad Internacional Tesla, Colorado Springs, Colorado, 1984; Seifer, M. J.: *Nikola Tesla: Psychohistory of a Forgotten Inventor.* Saybrook Institute, San Francisco, 1986. p. 429 (tesis doctoral); Sweet, F. *et al.*: «Ozone Selectively Inhibits Growth of Human Cancer», *Science*, pp. 931-932 (22 de agosto de 1980).

21. Nikola Tesla a George Scherff (22 de febrero de 1910) [BC].

yendo muy bien y parece que mi sueño sin hilos se hará realidad antes del próximo verano».[22]

En marzo de 1910, la esposa de Owen dio a luz a su primer hijo, Robert Underwood Johnson Jr., pero en la primavera una desastrosa premonición invadió el círculo de Tesla cuando se anunció que John Jacob Astor y su hijo Vincent se habían perdido en el mar. El inventor fue uno de los muchos que se alegraron cuando llegó la noticia de que uno de los diez hombres más ricos del mundo y su hijo habían resultado ilesos. No está claro hasta qué punto Astor contribuyó al trabajo de Tesla con la turbina; sin embargo, hay algunas evidencias de que el inventor instaló un motor a reacción de hidroala en una «embarcación misteriosa» que Astor había atracado en el río Harlem. El *The New York Times* explicó que el vehículo «parecía personificar una aeronave en una práctica embarcación acuática».[23] Si se trataba de una máquina voladora radical en la que Tesla estaba trabajando, tanto él como Astor se aseguraron de que los periodistas se mantuvieran alejados. Una de las ventajas de este prototipo era que podía minimizarse el peligro de muerte resultante de los vuelos experimentales, ya que en teoría la nave estaba diseñada sólo para sobrevolar el agua.

Sintiéndose bien encaminado hacia el éxito, Tesla le escribió a su amigo Charles Felton Scott, de la Westinghouse Corporation, para encargarle un millón de motores de inducción para impulsar sus turbinas. «Pero, como he aprendido a ir despacio —añadió en la carta—, para empezar sólo quiero uno».[24]

En noviembre de 1910, con su nuevo impulso, trasladó su sede a la prestigiosa Metropolitan Tower de cuarenta y ocho pisos, ubicada en el número 1 de Madison Avenue, justo enfrente del Garden. Con una oficina en el piso veinte, debajo del famoso reloj de la torre del rascacielos, el inventor podía contemplar la floreciente metrópolis desde el edificio más alto del mundo[25] para planificar su siguiente paso para recuperar su Santo Grial, su esquema de telegrafía mundial.

---

22. Nikola Tesla a George Scherff (19 de febrero de 1909; 23 de noviembre de 1909) [BC].

23. «Col. Astor Estate», *The New York Times*, p. 2 (22 de junio de 1913).

24. Nikola Tesla a Charles Felton Scott (30 de diciembre de 1908) [BC].

25. El rascacielos, construido por la aseguradora Metropolitan Life Company e inspirado en el campanario de la Piazza de San Marco de Venecia, fue el más alto del mundo entre 1909 y 1912. *(N. del T.)*

38
La conexión Hammond (1909-1913)

8 de noviembre de 1910

Mi querido Sr. Hammond [Jr.]:
   Tenía muchas ganas de leer los informes periodísticos adjun-
tos. Esto es agua para mi molino. Sólo siga adelante y gane mucho
dinero, lo demandaré por infracción y nos lo repartiremos.
   Sinceramente,

N. Tesla[1]

No está claro exactamente cuándo y con qué intensidad John Hays Hammond se involucró financieramente con Nikola Tesla. John J. O'Neill, que conoció al inventor durante casi cuarenta años, escribió en su biografía que Hammond padre le hizo a Tesla un regalo de 10 000 dólares para el desarrollo del teleautómata, que fue presentado en 1898.[2] John Hays Hammond Jr., o «Jack» Hammond , contradijo esta afirmación al escribir doce años después de la publicación del libro: «Mi padre estaba financiando uno de sus últimos inventos y de esta manera tuve la oportunidad de conocerlo cuando me encontraba en Yale (1907-1910)».[3] Así, según la carta de Jack, es muy probable que Hammond ayudara a financiar la turbina sin álabes de Tesla, aunque es posible que hubiera invertido en Wardenclyffe o en alguna otra empresa.

1. Nikola Tesla a John Hays Hammond Jr. (8 de noviembre de 1910) [BC].
2. O'Neill, J. J.: *Prodigal Genius: The Life of Nikola Tesla.* Ives Washburn, Nueva York, 1944. p. 175.
3. John Hays Hammond Jr. a Kenneth Swezey (11 de mayo de 1956) [DKS]. No se han encontrado cartas entre Nikola Tesla y John Hays Hammond Sr. en los museos Tesla o de Gloucester, ni en los papeles de Yale de John Hays Hammond Sr.

En cualquier caso, es poco probable que Hammond le hubiera hecho a Tesla un «regalo» directo, por lo que está claro que al menos parte de la afirmación de O'Neill es incorrecta. Uno de los amigos más antiguos de Hammond desde la infancia era Darius Ogden Mills. Ambos hombres crecieron como mineros de oro en California.[4] Mills, un viejo amigo de Stanford White, se convirtió en director de la Edison Illuminating Company allá por 1883, junto con J. Pierpont Morgan.[5] Como socio comercial de John Jacob Astor a finales de la década de 1890, Mills participó en la financiación de la Niagara Falls Enterprise y probablemente también invirtió en la empresa de Tesla. Éste también conocía al hermano de Hammond, Richard, que había estado en las Cataratas del Niágara para escuchar la invocación del inventor.

Tras haber anticipado correctamente una «depresión» como resultado de la elección de Grover Cleveland en 1892, Hammond viajó con su esposa y su familia a Sudáfrica para administrar las minas de oro y diamantes de los hermanos Bernarto. Por lo tanto, se encontraba al otro lado del mundo cuando Tesla estaba desarrollando la teleautomática. Sin embargo, es muy posible que, a través de Mills, Hammond participara en la empresa. Jack Hammond, que tendría diez años en 1898, habría conocido esta tecnología a una edad impresionable. Dado que el foco de la extraordinaria carrera de Jack giró en torno a su trabajo con sistemas de armamento guiados por radio, esta temprana relación con Tesla ayudaría a explicar su ardiente interés. Aunque Jack no ocultó que Tesla fuera el inventor principal de la teleautomática, es posible que sí quisiera minimizar el papel fundamental que tuvo la enorme influencia de Tesla en la dirección que tomaría su vida.

De acuerdo con la investigación de Jack Hammond, «en 1897, el profesor Ernest Wilson controló un torpedo en el Támesis mediante ondas hertzianas. Es el inventor pionero en este arte».[6]

4. Hammond Sr., J. H.: *The Autobiography of John Hays Hammond*. Farrar & Rhinehart, Nueva York, 1935.

5. Josephson, M.: *Edison: A Biography*. McGraw-Hill, Nueva York, 1959. p. 292. Josephson, M.: *Edison: A Biography*. McGraw-Hill, Nueva York, 1959. p. 178. (Trad. cast.: *Edison*. Plaza y Janés, Buenos Aires, 1962) .

6. Hammond Jr., J. H.: «The Future in Wireless», *National Press Reporter*, vol. XV, n.º 110 (mayo de 1912).

John Hays Hammond

John Hays Hammond, cuya vida pasó a ser ficcionada como el «heroico Clay» en *Soldiers of Fortune*,[7] fue todo un temerario. Nacido en 1855, el abuelo materno de Hammond, el coronel John Coffee Hays, fue un ranger de Texas y el primer sheriff de la «ciudad más malvada del mundo», el puerto marítimo y la ciudad bonanza de San Francisco. Criado en California durante la fiebre del oro, el padre de Hammond, Richard Pindell Hammond, se graduó en West Point y era amigo de Robert E. Lee y también de Franklin Pierce.[8] Hammond también fue minero de oro y recaudador de impuestos federales del puerto de San Francisco.

Estudió minería en la Universidad de Yale y continuó sus estudios a mediados de la década de 1870 en Europa. Tras su regreso, el enérgico aventurero partió hacia la Sierra Madre en busca de plata y oro. Viajando con su familia y su hermano Richard, Hammond se encontró con indios apaches en pie de guerra y desesperados mexicanos en búsqueda de un tesoro enterrado. «Para darme ánimos –afirmó Hammond–, mi esposa frecuentemente afirmaba que en caso de que Dick y yo fuéramos asesinados, ella prometía fielmente disparar primero a las mujeres, luego a su hijo y luego a ella misma, en lugar de dejar que cayeran en manos de los indios».[9]

Otras expediciones incluyeron viajes a través de pantanos infestados de caimanes en América Central y «el país caníbal de Colombia».[10] Hammond, que logró encontrar oro en Guatemala, también abrió minas de plomo y plata en México y el Medio Oeste. En 1891, con seis armas atadas a cada cadera, ayudó a sofocar una violenta huelga minera en Montana; sin embargo, en 1893, descontento con la nueva administración demócrata, decidió abandonar América, llevándose a su familia

---

7. Davis, R. H.: *Soldiers of Fortune*. Nueva York, Charles Scribner's Sons, 1897.

8. Franklin Pierce (1804-1869) fue el decimocuarto presidente de Estados Unidos (1853-1857). Su distanciamiento de los grupos antiesclavistas acabó preparando el escenario para la secesión del Sur y la guerra civil estadounidense, en la que Robert Edward Lee (1807-1870) tomó parte como el general que comandó el Ejército Confederado de Virginia del Sur desde 1862 hasta su rendición en 1865. *(N. del T.)*

9. Hammond Sr., J. H.: *The Autobiography of John Hays Hammond*. Farrar & Rhinehart, Nueva York, 1935. p. 129.

10. Ibíd.

consigo, para cumplir su sueño de infancia de buscar diamantes en las profundidades del continente negro.

A cargo de la empresa británica Consolidated Gold Fields, Hammond hizo su fortuna cuando se dio cuenta de que buscar diamantes a ochocientos metros bajo tierra resultaba mucho más lucrativo cuando este tipo de tierra se vendía a diez dólares el acre, mientras que las participaciones mineras a poca profundidad se vendían a 40 000 dólares por acre.[11].

Entre sus hijos, el más precoz fue un niño de cinco años llamado John Hays Hammond Jr., o Jack. También estaban Harris, seis años mayor que Jack; Richard, un hermano menor, y Nathalie, una hermana pequeña.

Arrastrado por la Guerra de los Bóeres en 1896, Hammond fue arrestado por el gobierno de Transvaal. Capturado con Cecil Rhodes y el tristemente célebre Dr. Jameson, que había liderado una revuelta contra los holandeses, los miembros de élite del sindicato minero fueron condenados a muerte por un pelotón de fusilamiento. Con una súplica del secretario de Estado de Estados Unidos y tal vez un empujoncito de Mark Twain, que en ese momento se encontraba en Sudáfrica, finalmente pudieron pagar por su salida. Según Hammond, Twain explicó a los holandeses que habían capturado «algunos de los bichos más ricos del mundo». El presidente Krueger fijó el rescate en 600 000 dólares, 125 000 dólares por cabeza. Con Rhodes al frente del botín, se llegó a un acuerdo y fueron liberados. Hammond, su esposa y su familia pudieron regresar a Estados Unidos. Pagaría su parte con ganancias futuras de nuevas empresas mineras.

Considerado uno de los industriales más ricos del mundo, con una lista de amigos que incluía a tres presidentes y al excompañero de Yale William Howard Taft, John Hays Hammond se convirtió en una elección natural para el cargo de vicepresidente. Tras dimitir de la coalición del cobre Guggenheim, en 1908 Hammond buscó con todas sus energías la candidatura a vicepresidente en la lista de Taft[12] durante los primeros años de la asociación de Tesla con su hijo Jack.

---

11. «Hammond's First Job», *The New York Times*, p. 3:6 (31 de diciembre de 1915).

12. «John Hays Hammond Explains Why Is Ambitious to Become Vice President», *The New York Times*, p. 11 (7 de junio de 1908).

John Hays Hammond Jr.

Después de una breve estancia en Inglaterra en 1900, la familia Hammond regresó a Estados Unidos y fijó su residencia en Washington D.C. Hammond Sr. también tenía una oficina en Wall Street y una casa de verano en Nueva Jersey. Interesado por los inventores, el ingeniero de minas invitó a muchos de ellos a su casa. En la lista se encontraban Alexander Graham Bell, Guglielmo Marconi, Tom Edison, Nikola Tesla y los hermanos Wright.[13] En 1901, cuando Jack sólo tenía doce años, fue invitado con su padre a Menlo Park. Allí, Edison, que estaba trabajando en «un nuevo proceso para extraer oro del mineral sudafricano, le mostró a Jack modelos de su primer fonógrafo y le dio al joven algunos bocetos originales. Puede que fuera este contacto –especuló Hammond– lo que estimuló el interés de mi hijo por el estudio de la electricidad».[14]

Poco después de que Jack ingresara en Yale en 1906, comenzó a estudiar los inventos de Tesla. También trabajó para Alexander Graham Bell. Así, fue durante sus años universitarios cuando (re)despertó su interés por el control remoto. «Tesla y Bell fueron, por así decirlo, mis padrinos científicos –escribió Jack en su diario–. Los encontraba profundamente inspiradores».[15] Los «experimentos de Jack comenzaron a principios de 1908, cuando desarrolló un manejo eléctrico y [también un] control de motor para un barco [descubriendo] que podía controlar este mecanismo en distancias cortas con un impulso de radio».[16]

Fue en esa época cuando los Hammond establecieron su residencia permanente en el puerto del pueblo pesquero de Gloucester (Massachusetts), y fue allí donde el entusiasta estudiante de ingeniería llevó a cabo la mayoría de sus investigaciones. Destinado a tener más patentes que cualquier inventor estadounidense excepto Tom Edison, Jack comenzó su interés por la invención durante sus años de estudios preuniversitarios en Nueva Jersey. Su primera creación importante, a los dieciséis años, fue

---

13. Rubin, N.: *John Hays Hammond, Jr.: A Renaissance Man in the Twentieth Century.* Hammond Museum, Gloucester, Massachusetts, 1987. p. 4.

14. Hammond Sr., J. H.: *The Autobiography of John Hays Hammond.* Farrar & Rhinehart, Nueva York, 1935. pp. 481-482.

15. Rubin, N.: *John Hays Hammond, Jr.: A Renaissance Man in the Twentieth Century.* Hammond Museum, Gloucester, Massachusetts, 1987. p. 8.

16. «John Hays Hammond, Jr.», Instituto Franklin (15 de abril de 1959) [CH].

un interruptor inverso que apagaba automáticamente la luz nocturna cuando el director abría la puerta de su dormitorio para comprobar si estaba leyendo después de la hora límite.[17] Después de esto, se abrieron las compuertas y al final de su carrera, John Hays Hammond Jr. había acumulado un asombroso abanico de más de ochocientas patentes, incluidas invenciones en los campos de la guerra militar, la música y el sonido (sin relación con W. H. Hammond, famoso por sus órganos eléctricos), y los aparatos electrodomésticos. Algunas de las contribuciones más singulares de Jack incluyen una pitillera de la que «salía un cigarrillo encendido cuando se abría», un horno de microondas, una radio con pulsador, un superheterodino (que amplificaba enormemente las ondas de radio y coincidía con Edwin H. Armstrong), sistemas de guía de aviones, una bomba de gas con temporizador, un tapón magnético de botella, una combinación de piano, radio y fonógrafo, un limpiaparabrisas, una unidad de vivienda móvil y un «teleestereógrafo» o «mecanismo para proyectar imágenes tridimensionales sin hilos».[18]

En septiembre de 1909, durante su último año de estudios, el niño prodigio en ciernes escribió a su padre para concertar una reunión con el «sumo sacerdote serbio de la teleautomática».[19] «Padre, tengo información importante que deseo obtener del Sr. Tesla».[20]

Hammond padre, que acababa de perder su candidatura a la vicepresidencia, preparó la reunión. Jack conoció al inventor de cincuenta y tres años en su oficina de la Metropolitan Tower en Nueva York la semana del 26 de septiembre, y lo más probable es que Tesla lo correspondiera visitando Gloucester poco después. Hammond le pidió que Tesla le enviara la información de su patente sobre el control inalámbrico de maquinaria, y Tesla lo hizo antes de que terminara el mes.[21]

Cuando trabajaba en la oficina de patentes de Washington D.C., Jack ya había preparado, para entonces, una embarcación de doce metros de

17. Weisinger, M.: «Hammon: Wizard of Patents», *Coronet*, pp. 67-72 (mayo de 1949).

18. Ibíd.; Rubin, N.: *John Hays Hammond, Jr.: A Renaissance Man in the Twentieth Century.* Hammond Museum, Gloucester, Massachusetts, 1987.

19. John Hays Hammond Jr. a Nikola Tesla (16 de febrero de 1911) [MNT].

20. John Hays Hammond Jr. a John Hays Hammond Sr. (17 de septiembre de 1909) [CH].

21. Nikola Tesla a John Hays Hammond Jr. (27 de septiembre de 1909; 29 de septiembre de 1909) [MNT].

eslora para maniobrarla mediante sistemas sin hilos. Su sistema de transmisión, basado en parte en un diseño de Marconi, también utilizaba osciladores Tesla y tenía «dos torres de control de radio de 110 metros cerca del laboratorio con vistas a Freshwater Cove [...]. Con estos dispositivos, un hombre situado en una estación de vigilancia costera podría gobernar un barco vacío en el agua».[22] Jack también le pidió a Tesla que hablara en su graduación de Yale.[23]

Este período en la vida de Tesla estuvo marcado por una extrema amargura porque en diciembre Marconi fue recompensado por su piratería con el Premio Nobel. Tesla informó a Jack de que el manitas italiano «ha abandonado los viejos dispositivos de Hertz y Lodge, y los ha sustituido por los míos. De esta manera llevó a cabo la transmisión a través del Atlántico».[24] Jack, sin embargo, no sentía animadversión hacia Marconi y lo incluyó de manera destacada en el compendio de cuatro volúmenes que estaba escribiendo sobre la historia de las comunicaciones sin hilos. También invitó a Marconi al complejo de Gloucester y entabló una amistad que perduró hasta bien entrada la década de 1930.[25]

Tras haber regresado de un viaje por Europa durante el cual había visitado a ingenieros eléctricos (e investigadores psíquicos) en Londres, París y San Petersburgo, Jack pudo completar su tesis doctoral:

> En 1892 el Sr. Tesla demostró que el verdadero efecto hertziano no era un sistema mediante el cual fuera posible que una estación emisora se comunicara con una estación receptora a gran distancia. Además, demostró que las ondas propagadas en una estación transmisora viajan a través del suelo como un conductor. En la actualidad [1912], se acepta que estos puntos de vista son correctos. Sin embargo, quedó en manos de la espléndida empresa de Marconi cristalizar los resulta-

---

22. Rubin, N.: *John Hays Hammond, Jr.: A Renaissance Man in the Twentieth Century.* Hammond Museum, Gloucester, Massachusetts, 1987. p. 8.

23. John Hays Hammond Jr. a Nikola Tesla (10 de noviembre de 1910) [MNT].

24. Nikola Tesla a John Hays Hammond Jr. (19 de diciembre de 1901) [MNT]. El Premio Nobel por sus logros en tecnología sin hilos lo compartió con Carl F. Braun, un inventor eléctrico que trabajaba para la alemana Telefunken, competidor de Marconi.

25. Rubin, N.: *John Hays Hammond, Jr.: A Renaissance Man in the Twentieth Century.* Hammond Museum, Gloucester, Massachusetts, 1987. p. 4; libro de invitados, propiedad de John Hays Hammond Jr. [CH].

dos de investigadores anteriores en un sistema completo y práctico de telegrafía espacial [...]. En 1897, Marconi transmitió mensajes a una distancia de 23,6 kilómetros. Hoy en día, Marconi sostiene que la distancia máxima efectiva de transmisión es de 9600 kilómetros.[26]

Molesto por la decisión de Hammond de destacar los dudosos logros de Marconi y continuar en su campo del control remoto, Tesla pidió una compensación. Trabajando con Fritz Lowenstein y Alexander Graham Bell, Jack inventó un «perro mecánico» que seguía a su «amo» cuando se le iluminaba con una linterna. Creado con la forma de un cartón de leche sobre ruedas, el «bicho» utilizaba pilas de selenio como «ojos» para recibir la brillante señal de orden. Hammond aseguró a Tesla que no estaba infringiendo su trabajo en teleautomática, pero Tesla no quedó convencido, sobre todo después de que un artículo periodístico explicaba que Hammond estaba camino de mostrar torpedos controlados a distancia a los militares.

> Mi querido Hammond:
> A juzgar por lo adjunto, creo que está haciéndose el muerto sin hilos. A pesar de sus garantías, vigilaré su progreso y presentaré una demanda amistosa por infracción tan pronto como me asegure de que tiene fondos.[27]

Jack respondió para reconfirmar que daría el crédito adecuado, pero Tesla quería un contrato y un porcentaje de las ganancias.

«Mi querido señor Tesla —respondió el joven de veintidós años—, estoy muy de acuerdo en compartir las ganancias con usted, pero sólo lo haré con la condición de que también comparta nuestros pasivos».[28]

«Como naturalmente supongo que su papa pagaría todos nuestros pasivos —respondió Tesla—, estoy dispuesto a compartirlos».[29]

---

26. Hammond Jr., J. H.: «The Future of Wireless», *National Press Reporter* (mayo de 1912) [CH].

27. Nikola Tesla a John Hays Hammond Jr. (noviembre de 1910) [BC].

28. John Hays Hammond Jr. a Nikola Tesla (noviembre de 1910) [BC].

29. Nikola Tesla a John Hays Hammond Jr. (noviembre de 1910) [BC].

Aparte de las bromas, Tesla esperaba que Hammond tuviera éxito en su relación con el ejército, porque ahora tendría un mercado para vender sus nuevos motores sin álabes. Pronto formaron una sociedad y Hammond padre saldaba las cuentas.

«Haz esto con tu hermano Harris –advirtió el padre de Jack–. Es mayor que tú y tiene más experiencia. Y ten cuidado con Tesla. Tiende a gastar oro como si fuera cobre».

Tras estudiar el método de sintonización selectiva de Tesla, Jack llegó a llamarlo la «patente del genio profético de 1903».[30] Tesla había creado este invento debido a un problema recurrente que había notado en 1894-1895, a saber, que había estado teniendo dificultades iluminando determinadas bombillas en su laboratorio sin iluminar otras. Después de estudiar el trabajo de Herbert Spencer sobre la acción combinada de dos o más nervios en el cuerpo humano, el inventor dio con «un plan mediante el cual las bombillas se iluminarían sólo cuando se transmitiera una combinación de más de una frecuencia». Jack notó que «Tesla asemeja su sistema a una cerradura de combinación».[31] Al explicar los detalles al iniciado, Tesla demostró que se podían hacer dispositivos para responder no sólo a una frecuencia, sino a dos, tres o incluso más. Esta disposición combinada, análoga a la televisión actual y a los codificadores telefónicos, no sólo garantizaba la privacidad, sino que también permitía un sistema con un número prácticamente ilimitado de canales separados.[32]

La patente correspondiente, junto con el método de Tesla de utilizar frecuencias terrestres resonantes para la transmisión, es decir, corrientes de Tesla, se convirtió en la columna vertebral de una gran cantidad de inventos que van desde sistemas de guía militar hasta radio y telecomunicaciones. El mayor desarrollo y perfeccionamiento de esta base también hizo millonarios a Jack y a algunos otros inventores, como por ejemplo a Edwin H. Armstrong.

---

30. Hammond Jr., J. H.: «The Future of Wireless», *National Press Reporter* (mayo de 1912) [CH].

31. Ibíd.

32. Tesla, N.: «Possibilities of Wireless», *The New York Times*, p. 8:6 (22 de octubre de 1907).

En 1911, escribiendo desde la oficina de patentes, donde Jack todavía estaba trabajando, el prodigio dispuesto informó a Tesla que se había puesto en contacto con el Departamento de Guerra con la esperanza de vender sistemas de comunicación barco-costa capaces de transmitir veinte palabras por minuto. Jack también había iniciado la creación de un grupo de expertos vinculado al ejército en Gloucester, donde contrató ingenieros tan competentes como Fritz Lowenstein y Benjamin Franklin Meissner. Nacido en 1890, Meissner, que llegaría a escribir un libro de texto sobre radiodinámica con la colaboración de Tesla,[33] se convirtió en asistente jefe del laboratorio. Habiendo trabajado para la Marina de Estados Unidos en 1908, Meissner había ayudado en el desarrollo del perro eléctrico y superheterodino. También se le atribuye la invención del «bigote de gato», que era un detector en el aparato de radio de galena.[34] Asimismo, Jack estaba consultando con Reginald Fessenden, Lee De Forest, John S. Stone y Guglielmo Marconi.

16 de febrero de 1911
Washington D.C.

Querido Sr. Tesla:

Creemos una empresa sin pretensiones y llamémosla Tesla-Hammond Wireless Development Company. Al pensar en este nombre, he seguido el consejo de Emerson y, como ve, he unido mi carro a una estrella [...] .

El objetivo de esta empresa sería perfeccionar un sistema selectivo automático, perfeccionar el torpedo [sumergible] y, finalmente, llevar a cabo sus magníficos proyectos que electrificarán el mundo de forma inalámbrica.

Muy sinceramente suyo,

JOHN HAYS HAMMOND JR.[35]

---

33. Benjamin Franklin Meissner a Nikola Tesla (8 de noviembre de 1915) [BC].
34. Colección Swezey [DKS].
35. John Hays Hammond Jr. a Nikola Tesla (16 de febrero de 1911) [MNT].

18 de febrero de 1911
202 Metropolitan Tower
Ciudad de Nueva York

Querido Sr. Hammond:

La combinación Tesla-Hammond me parece buena, pero deberíamos abordarla con cierta cautela. Ya se ha interesado un caballero que firma J. P. M. en parte de mis inventos sin hilos y mi amigo Astor ahora está esperando que se termine mi planta para dedicarme al negocio de transmisión de energía sin hilos, lo que debería ser un éxito colosal.

Sin embargo, en el arte de la teleautomática soy perfectamente libre y estaría encantado de presentar cualquier propuesta justa para explotar este campo. Creo que dentro de unos años este despegue llamará la atención del mundo.

Acabo de terminar mis turbinas y el lunes comienzo a instalarlas en la planta de Edison, donde espero mostrártelas en funcionamiento en su próxima visita a la ciudad.

Atentamente,

N. Tesla[36]

Escribiendo en su elegante papel con membrete de Wardenclyffe, con el transmisor amplificador en la parte superior de la hoja, el inventor escribe, en opinión de este autor, un despacho de lo más exasperante. La pelea que Tesla tuvo con Morgan se había mantenido en secreto. Sólo un puñado de personas conocía siquiera los detalles de su contrato. Incluso los amigos más cercanos de Tesla y los biógrafos se mantuvieron en la ignorancia. Sin embargo, en otro nivel, en 1911 se había hecho evidente para todos menos para Tesla que Wardenclyffe era un barco con un casco de plomo.

Todavía ebrio con la idea de la telegrafía mundial, lleno de esperanza de que sus nuevas turbinas sin álabes provocarían una revolución, el perenne iconoclasta se embarcó imprudentemente, aunque con coraje, en el mejor escenario posible: reunir suficiente capital con nuevos inventos para finalmente regresar a Long Island para terminar la torre.

---

36. Nikola Tesla a John Hays Hammond Jr. (18 de febrero de 1911) [MNT].

Quizás todavía era posible en este momento de su vida que su motor, por ejemplo, reemplazara al motor de gasolina del automóvil o al motor de hélice del avión. Sin embargo, lo que no era posible era la insinuación en la carta de que Morgan seguía estando «interesado». Se trataba de una flagrante muestra de desinformación que el pomposo dandy del Waldorf proclamó engreídamente para ocultar el hecho mismo, tal vez incluso a sí mismo, de que su optimismo era posiblemente una ilusión.

Había una oportunidad de desarrollar un sistema sin hilos concreto con el respaldo del rico y poderoso linaje Hammond, pero Tesla rechazó la oportunidad debido a tendencias arrogantes, narcisistas y de mentalidad cerrada, y posiblemente también por culpa de las limitaciones contractuales impuestas por el contrato de Morgan. Si hubiera desarrollado el proyecto inalámbrico con Jack, es posible que hubiera tenido que compensar legalmente a Morgan con el 51 % de cualquier desarrollo que consiguiera. Hammond no se había imaginado que la estrella a la que se había enganchado era un cometa sin madurar.

El apóstol de las fantasías

En mayo de 1911, T. C. Martin invitó a Tesla a dirigirse a mil trescientos miembros de la National Electric Light Association, que celebraba su simposio anual en el edificio de la Sociedad de Ingeniería en la calle 39.

«No hay ningún placer que me pueda imaginar tan exquisito como el triunfo que sigue a un invento o a un descubrimiento original –comenzaba la explicación–. Pero el mundo no siempre está dispuesto a aceptar la sentencia del inventor, y abundan los que dudan, por lo que los descubridores a menudo tienen que tragar pastillas amargas, junto con su placer».

¡Pero qué magníficas píldoras obligaría este científico loco a ingerir a su congregación! Tesla procedió a deslumbrar a la audiencia con diapositivas de su sistema polifásico de corriente alterna, teleautomática y experimentos sin hilos mundiales, mostrando imágenes de Colorado con rayos que se extendían hasta veinte metros.

Al debatir su método de individuación, afirmó que la transmisión de frecuencias combinadas y múltiples se beneficiaba en un sistema que *no* utilizaba cables. «Todas las afirmaciones que se leen en los periódicos acerca de que se interfieren los mensajes sin hilos –explicó el inventor– se deben a que los trabajadores en ese campo trabajan bajo engaños: están transmitiendo mensajes por ondas hertzianas, y de esta manera no es posible guardar ningún secreto».

Habiendo disparado su visión a un mundo que no era de esta Tierra, el mago se puso en la piel de Prometeo. «Ahora, el descubrimiento [de las ondas estacionarias] que he hecho ha trastornado todo lo que había pasado antes, porque había un sistema de proyectar energía al espacio, absolutamente sin pérdida, desde cualquier punto del planeta a otro, a las antípodas, si se desea. De hecho, una fuerza aplicada en un punto podría aumentar con la distancia [...]. Pueden imaginar cuán profundamente me afectó esta revelación. Técnicamente, significaba que la Tierra, en su conjunto, tenía un cierto período de vibración».[37]

Contra un cielo de nubes tormentosas, en la pantalla apareció la ciudadela de Wardenclyffe, asomando su vértice en forma de hongo.

«He eliminado la distancia en mi esquema –rugió *deus*–, y cuando se perfeccione, no será ni un ápice diferente de lo que requieren mis planes actuales. El aire será mi medio, y seré capaz de transmitir cualquier cantidad de energía a cualquier lugar. Podré emitir mensajes a todas partes del mundo y enviar palabras que surgirán de la tierra en el desierto del Sahara con tal fuerza que podrán oírse a veinticinco kilómetros a la redonda».[38]

«Gracias a mi potente transmisor sin hilos sería posible iluminar todos los Estados Unidos. La corriente viajaría por el aire y, extendiéndose en todas direcciones, produciría el efecto de una potente aurora boreal. Sería una luz suave, pero suficiente para distinguir objetos».[39] Naturalmente, la torre también sería lo suficientemente potente como para enviar señales a planetas cercanos, especialmente si hubiera marcianos ahí fuera para recibirlas.

Y esto fue sólo la introducción al tema que fue a divulgar esa noche: la turbina sin álabes de Tesla.

---

37. «New Inventions by Tesla», *Electrical Review and Western Electrician*, pp. 986-988 (20 de mayo de 1911).

38. «Tesla Tells of Wonders», *The New York Times*, p. 22:5 (16 de mayo de 1911).

39. «Tesla's Plan for "Wireless" Electric Lightning», *Electrical Review and Western Electrician*, p. 91 (8 de enero de 1910).

Tesla comenzó a trabajar en serio en sus nuevos motores, desplazándose entre Providence y Bridgeport, y la mayoría de sus operaciones acabaron trasladándose a la estación Edison Waterside de Nueva York. También buscó posibles clientes. Uno de sus planes era vender, probablemente a través de Jacob Schiff, quinientos motores a los japoneses. «Aplicando mi turbina a su torpedo –escribió Tesla a Harris, el hermano de Jack–, puedo duplicar la potencia. Deberíamos negociar royalties sobre la base de los caballos de potencia».[40] Tesla también consultó con General Electric y la exuberante Seiberling Company, líderes en el desarrollo de embarcaciones a motor de alta velocidad.[41]

Prometiendo «un gran éxito», trabajó horas extras, forjando su revolucionario equipo, mientras Jack continuaba perfeccionando un prototipo de barco operado a distancia y una estación de transmisión sin hilos. Con un alcance de 3200 kilómetros, el transmisor de Hammond se convirtió en «la estación de transmisión privada más importante del mundo». Jack también estudió telefotografía y trabajó para perfeccionar su perro eléctrico. «Y si se invierte el motor pulsando el interruptor de la cola –explicó Jack a la prensa– se puede hacer que el perro retroceda de manera sorprendente en cualquier dirección cuando se avanza hacia él con la luz».[42]

Ampliando su mercado, Tesla diseñó prototipos que podían transmutar el motor de gasolina en el automóvil; comenzó a hacer propuestas a la Ford Motor Company y también al káiser Guillermo de Alemania, que planeaba ponerlos en tanques. Como ocurre con cualquier nueva creación, hubo problemas. Por ejemplo, como los rodamientos de bolas se desgastaban demasiado rápido, los discos no mantenían su giro a aceleraciones óptimas. Como un «vampiro», Tesla también tenía predilección por trabajar durante toda la noche y, por lo tanto, sus costes laborales a menudo se duplicaban. Naturalmente, hubo otros gastos.

Jack sugirió más publicidad y envió al conocido periodista Waldemar Kaempffert para entrevistar, en palabras de Kaempffert, al «genio tempe-

40. Nikola Tesla a John Hays Hamnond Jr. (28 de febrero de 1911) [MNT].

41. Nikola Tesla a John Hays Hamnond Jr. (22 de abril de 1911; 14 de febrero de 1913) [MNT].

42. Moffett, C.: «Steered by Wireless: The Triumph of a Man of Twenty-five», *McClure's Magazine*, pp. 27-33 (marzo de 1914).

ramental» para *Scientific American*.[43] Pero en opinión de Tesla ya tenía suficiente publicidad. Lo que necesitaba era más capital.

A lo largo de la última parte de 1912 y durante los primeros meses del nuevo año, Tesla envió súplicas urgentes a su socio. Había gastado 18 000 dólares, había trabajado sin cobrar durante todo este tiempo y exigía que le devolviera inmediatamente 10 000 dólares.

Querido Sr. Hammond:
... en necesidad desesperada de dinero. No puedo aguantar más.[44]

Pero Hammond, que estaba ayudando a Lowenstein a instalar su equipo sin hilos a bordo de barcos de la Armada y compitiendo contra De Forest por un contrato con AT&T de 50 000 dólares por unos amplificadores, hizo caso omiso de la solicitud y su hermano Harris tardó un cuarto de año completo en responder:

10 de junio de 1913

Querido Sr. Tesla:
Como sabe, hemos aportado muchos miles de dólares en el desarrollo de esta turbina y esperábamos cada semana del año pasado estar en condiciones de poderla probar. Ahora descubrimos que la turbina sólo está parcialmente instalada en la planta Edison. Estamos perdiendo una espléndida oportunidad de que la prueben exhaustiva y honestamente personas que serían el mayor beneficio para nosotros si estas pruebas resultaran exitosas.
Atentamente,

HARRIS HAMMOND

---

43. John Hays Hammond Jr. a Nikola Tesla (1 de enero de 1912) [BC]; Kaempffert, W.: *A Popular History of American Invention.* Charles Scribner's Sons, Nueva York, 1924.
44. Nikola Tesla a John Hays Hammond Jr. (febrero de 1913) [MNT].

El sumo sacerdote de la teleautomática era incapaz de creer que el hijo de uno de los hombres más ricos del mundo menospreciara su súplica. «He hecho lo mejor que he podido para salvar lo que era posible, los sacrificios que me he visto obligado a hacer y las pérdidas que he sufrido son tales que, si estuviera tratando con un hombre menos atractivo para mí que usted, desdeñaría responder». Tesla también adjuntaba testimonios entusiastas sobre la turbina de profesores e ingenieros jefe, pero la relación había terminado.[45] Hammond no quiso cumplir.

El castillo que Jack construyó

Jack Hammond viajó a Europa sólo unos meses antes de la Primera Guerra Mundial para reunirse con varios científicos con el fin de perfeccionar un instrumento receptor mejor que el cohesor de Marconi. Parece que Tesla y Hammond estaban trabajando con propósitos opuestos. Como resultaría evidente, los 10 000 dólares que Tesla solicitó no habrían sido suficientes para finalizar su trabajo sobre turbinas. Probablemente necesitaba cuarenta o cincuenta veces esa cifra, y el principal interés de Jack residía en la perfección de los aparatos de transmisión y recepción sin hilos. Los propulsores de los torpedos eran en realidad secundarios.

Mirando atrás, parece que a Tesla le habría ido mejor si hubiera abandonado la turbina por el momento y hubiera trabajado con Jack para perfeccionar el sistema de guía, pero estaba demasiado cerca de un gran éxito potencial para dedicar más tiempo a un invento que ya había perfeccionado quince años antes. Jack continuó en 1913 y 1914 haciendo una demostración de su barco con control remoto ante la élite militar de Estados Unidos. El general Weaver, jefe de la Artillería Costera de Estados Unidos, y un pequeño séquito viajaron hasta Gloucester para ver el *Natalia*, el último éxito del hijo pródigo, y el general incluso tomó el mando. «Una vez tras otra, la centelleante nave salió disparada y maniobró *[sic]* alrededor del puerto bajo control invisible, mientras la población de Gloucester jadeaba de asombro [...]. Vieron cómo se dirigía hacia una marca definida a un kilómetro y

---

45. Nikola Tesla a John Hays Hammond Jr. (16 de julio de 1913) [MNT].

medio de distancia, tres kilómetros, cinco kilómetros, y golpearla cada vez con precisión».[46]

Unas semanas más tarde, Hammond Jr. demostró las capacidades de largo alcance del buque. Podía operar a treinta kilómetros de distancia del transmisor de radio de Gloucester y de una forma u otra se podía dirigir a una distancia total de casi cien kilómetros hasta la base naval de Newport mediante conexión sin hilos. Jack también había perfeccionado el problema de la interferencia estática y la sintonización selectiva. En diciembre escribió:

Mi querido padre:

Ahora estamos redactando de la manera más sistemática posible toda la propuesta presentada hasta el momento ante la Junta de Ordenanza. Este trabajo significa mucho para el futuro éxito financiero de la propuesta.

Tu cariñoso hijo,

JOHN HAYS HAMMOND JR.[47]

De todos modos, pasarían muchos años antes de que el gobierno de Estados Unidos recompensara a Jack por su sistema de guía por control remoto. Durante la siguiente década gastó alrededor de tres cuartos de millón de dólares en la operación, ampliando el sistema de control radiodinámico para incluir aviones y sumergibles.[48] En 1915 y 1916 se hicieron evidentes diversos problemas en la creación de canales secretos, cuando el USS *Dolphin* interfirió con éxito un torpedo lanzado por Hammond a distancias de entre sesenta a noventa metros, pero el sistema Hammond tuvo éxito cuando el torpedo fue lanzado más lejos.[49] El Departamento de Guerra también quería mantener el contacto visual del arma, por lo que Jack comenzó a trabajar en un dispositivo que sería

---

46. Moffett, C.: «Steered by Wireless: The Triumph of a Man of Twenty-five», *McClure's Magazine*, pp. 27-33 (marzo de 1914).

47. John Hays Hammond Jr. a John Hays Hammond Sr. (2 de diciembre de 1914) [CH].

48. John Hays Hammond Jr. al secretario de la Armada (11 de octubre de 1924) [AN].

49. Archivos nacionales, Washington D.C.

dirigido desde máquinas voladoras. Pudo superar todos los problemas con los que se fue encontrando.

La tecnología todavía era demasiado nueva como para ser utilizada durante la Primera Guerra Mundial y los militares seguían evitando gastar fondos. Aparentemente esperando que expiraran las patentes teleautomáticas fundamentales de Tesla, Jack finalmente presentó su caso ante los miembros del Congreso. Dijo que tenía propuestas de gobiernos extranjeros, pero que se negaba a negociar con ellos debido a la importancia del trabajo y la lealtad a su país. Y así, en 1919, mientras su padre, John Hays Hammond, seguía ganando publicidad para su idea de un Tribunal Mundial para prevenir la guerra, el Congreso de Estados Unidos y el presidente Wilson aprobaron una asignación de 417 000 dólares para las patentes de guerra del hijo de Hammond; sin embargo, el dinero aún no cambió de manos.[50]

En la década de 1920, Jack comenzó a trabajar con David Sarnoff, quien, junto con Guglielmo Marconi y Edwin H. Armstrong, estaba sembrando las semillas de la Radio Corporation of America (RCA). Y en 1923 recogieron los frutos de su trabajo cuando Jack vendió una serie de patentes sin hilos a la RCA por 500 000 dólares,[51] pero aún debía ser indemnizado por el gobierno de Estados Unidos. En 1924, Hammond envió otro despacho al Departamento de Guerra para conseguir la liberación de los fondos asignados, que por aquel entonces ascendían a 750 000 dólares. «He llevado el desarrollo a un estado en el que hemos demostrado la viabilidad del control de torpedos navales estándar mientras se mueven a profundidades de dos metros o más y a una velocidad de 27-30 nudos/hora»,[52] escribió Hammond. Finalmente, en diciembre de 1924, con la ayuda de Curtis Wilbur, secretario de Marina y admirador del padre de Hammond, el gobierno recompensó a Hammond y asignó su trabajo a un archivo secreto en la oficina de patentes. También se dieron garantías de que sus patentes exclusivas no competían con

---

50. «World Court for Peace says John Hays Hammond», *The New York Times*, p. 4:2 (22 de marzo de 1915); «To Test Hammond Torpedo», *The New York Times*, p. 4:2 (29 de agosto de 1916); «Control Ships with Radio», *The New York Times*, p. 3:8 (15 de febrero de 1919).

51. Rubin, N.: *John Hays Hammond, Jr.: A Renaissance Man in the Twentieth Century.* Hammond Museum, Gloucester, Massachusetts, 1987. p. 12.

52. John Hays Hammond Jr. al secretario de la Armada (11 de octubre de 1924) [AN].

las vendidas a la RCA. Todo esto tuvo lugar una década después de su ruptura con su mentor serbio, quien «ahora tenía el placer de sencillamente observar cómo otros utilizaban mis inventos».

«Le deseo suerte –dijo Tesla–. Pero, aun así, yo debería haber tenido algo a cambio». Tesla también señaló que Hammond solicitó sus patentes sólo unos meses después de que vencieran las suyas.[53]

Ahora millonario por méritos propios, Jack se propuso cumplir un sueño que comenzó en su juventud, cuando la familia se mudó a Inglaterra: vivir en un castillo. También se enamoró de una artista, Irene Fenton, una encantadora hija de un constructor naval que lamentablemente estaba casada con un comerciante de zapatos. Irene, de cuarenta y cinco años, se divorció y se casó clandestinamente con Jack, de treinta y siete años, en 1925, cuando él comenzó la construcción de la vivienda medieval que estaba situada en los recluidos y traicioneros acantilados costeros donde Longfellow naufragó la goleta ficticia *Hesperus*[54] en Gloucester. El sitio se encontraba a apenas un kilómetro de la casa de sus padres.[55]

La pasión de Jack era la música. Aunque no era músico, tenía muchas patentes acústicas y un órgano tan enorme, formado por ocho mil tubos, que un palacio sería el único edificio capaz de albergarlo. Hammond diseñó un edificio totalmente de piedra alrededor del instrumento, completado con parapetos, un foso y un puente levadizo de cadenas. En el interior se podían encontrar pasillos oscuros y sinuosos, puertas ocultas y paredes movibles en la entrada de la gran sala para meter los tubos del órgano hacia adentro y hacia afuera. En el centro del castillo, que hoy es un museo, Hammond colocó una piscina cubierta y un atrio lleno de plantas y aves tropicales. Lo decoró con artefactos antiguos comprados en Europa e hizo esculpir una estatua desnuda del célebre innovador; Irene diseñó una hoja de parra de metal para tapar las vergüenzas de la figura.

Jack continuó trabajando en una larga serie de inventos ultrasecretos para el Departamento de Guerra y para él mismo mientras vivía la vida

53. Anderson, L. I. (ed.): *Nikola Tesla: On His Work With Alternating Currents and Their Application to Wireless Telegraphy, Telephony and Transmission of Power*. Sun Publishing, Denver, Colorado, 1992. pp. 19, 158.

54. Se refiere a «The Wreck of the Hesperus», un poema del poeta estadounidense Henry Wadsworth Longfellow (1807–1882). *(N. del T.)*

55. Rubin, N.: *John Hays Hammond, Jr.: A Renaissance Man in the Twentieth Century*. Hammond Museum, Gloucester, Massachusetts, 1987. p. 16.

del *bon vivant*. En la década de 1930, entre los visitantes de su finca y de sus conciertos de órgano de tubos se encontraban los Hearst, George Gershwin, Helen Hayes, David Sarnoff, Ann y Theodore Edison, los Marconi, Louisa, la hija de J. Pierpont Morgan y su marido, Herbert Satterlee, Helen Astor, Marie Carnegie, David Rockefeller, los Barrymore, Noel Coward y Leopold Stokowski.

Es dudoso que Tesla hubiera visitado alguna vez el castillo, aunque podría haberlo hecho, pero el 30 de marzo de 1951, casi una década después de la muerte del serbio, otro eslavo y teslariano, Andrija Puharich, lo visitó.[56] Todavía interesado en la percepción extrasensorial, Jack había invitado a Puharich, médico e inventor de audífonos, y a la psíquica Eileen Garrett, a su ciudadela con el fin de probar las habilidades telepáticas de esta última. Encerrada en una jaula de Faraday para poder filtrar las ondas electromagnéticas, Garrett se desempeñó a un nivel que asombró a los experimentadores.[57]

Jack, todo un trotamundos y un prodigioso innovador a lo largo de toda su vida, pasó gran parte de sus últimos años viajando junto a su esposa por todo el país en una casa móvil que él mismo había diseñado. Un día, durante un viaje para ver a su amigo Igor Sikorsky, en Bridgeport, el inventor del helicóptero le preguntó a Jack si quería uno como regalo. «Sólo si puede llevar mi casa móvil», respondió Jack. Después de un largo silencio, con tiempo para mirar la monstruosidad móvil, Igor respondió: «Se puede hacer».

John Hays Hammond Jr. murió en 1965 a los setenta y siete años. Un genio por derecho propio, es una pena que su relación con Tesla se hubiera visto frustrada. Juntos inventaron una parte bastante considerable de los electrodomésticos de la era moderna.

---

56. Libro de invitados [CH].
57. Puharich, A.: *Beyond Telepathy.* Doubleday, Garden City, Nueva York, 1962.

39
J. P. Morgan Jr. (1912-1914)

18 de abril de 1912

Mi querido Sr. Tesla:

Anoche asistí a la reunión de Marconi, en compañía de una ilustre sociedad. El eterno maestro de ceremonias, [T.C.] Martin, leyó, de la manera más teatral, un telegrama; y después de una pausa de tres minutos completos, anunció a su autor como «¡THOMAS A. EDISON!».

El Sr. Marconi contó la historia, tal como la ve él, de la tecnología sin hilos hasta la fecha. [Él] ha dejado de hablar de telegrafía de ondas hertzianas, pero enfatiza que los mensajes que envía son conducidos a lo largo de la Tierra. A continuación, Pupin tomó la palabra, demostrando que la tecnología sin hilos dependía totalmente de una única persona [...].

El único orador de la velada que entendía el mérito del Sr. Marconi, que no dudó en soltar su opinión, fue Steinmetz. En una breve reseña histórica, sostuvo que, si bien tenían a su disposición todos los elementos necesarios para la transmisión sin hilos de energía, fue gracias a Marconi que realmente se transmitió la inteligencia [...].

Aquella velada fue, sin duda alguna, el mayor homenaje que jamás haya oído rendirle a usted en un lenguaje de absoluto silencio por lo que respecta a su nombre.

Atentamente,

FRITZ LOWENSTEIN[1]

---

1. Fritz Lowenstein a Nikola Tesla (18 de abril de 1912) [DKS].

Tesla estaba trabajando para W. M. Maxwell, superintendente de las escuelas públicas de Nueva York, en un controvertido proyecto para electrificar las aulas con corrientes de alta frecuencia. Siguiendo los pasos de un experimento muy publicitado en Estocolmo en el que aparentemente un grupo de niños en un entorno de este tipo mostró mejores puntuaciones en pruebas de aptitud y un crecimiento acelerado, Maxwell esperaba mejorar la salud y la inteligencia de los estudiantes de Estados Unidos. El prestigioso inventor cableó las paredes con su «bobina de Tesla», garantizando una seguridad total y coincidiendo con las conclusiones generales de la hipótesis, para ayudar a Maxwell a llevar a cabo un estudio piloto con «cincuenta escolares con deficiencias mentales». Si el estudio tenía éxito, afirmó con valentía el superintendente, «el nuevo sistema anulará todos los métodos aplicados hasta ahora en sus escuelas e introducirá una nueva era en la educación».[2]

La charla de Marconi, ante mil cien miembros de la New York Electrical Society, tuvo lugar el mismo día en que se hundió el *Titanic*. Frank Sprague, quien pronunció el panegírico, «afectó visiblemente al Sr. Marconi cuando le reconoció los méritos por haber salvado la vida de entre setecientas y ochocientas personas».[3] Por desgracia, Marconi no pudo salvar la vida a otras mil quinientas personas, incluido el coronel Astor, que se hundió con el trasatlántico después de ayudar a su nueva novia a subir a uno de los botes salvavidas que quedaban.

Si alguna vez un acontecimiento personificó la pérdida de la inocencia, la condición miope de la humanidad, ése fue el hundimiento del *Titanic*. Con reminiscencias del propio viaje de Tesla, este momento crucial recapituló la historia de Ícaro, el orgulloso aeronauta que se desmoronó por falta de respeto a sus limitaciones. Con el extravagante deseo de Tesla de transmitir energía ilimitada a los confines del mundo y llevar lluvia a los desiertos para convertirse en un amo del universo, era inevitable que él también sucumbiera. La tragedia llevó al Congreso a aprobar una ley que exigía el uso de equipos inalámbricos en todos los buques que transportaran cincuenta o más pasajeros. También centró la atención

---

2. «Electrified Schoolroom to Brighten Dull Pupils», *The New York Times*, p. 1 (18 de agosto de 1912); «Tesla Predicts More Wonders», *The New York Times* p. 1:4-6 (7 de abril de 1912).

3. «Marconi Lecture Before New York Electrical Society», *Electrical World*, p. 835 (20 de abril de 1912).

nacional en David Sarnoff, de veintiún años, en aquel momento supervisor de la RCA, a quien se le atribuye ser el primer operador sin hilos que captó la señal de socorro del *Titanic*.[4]

Tesla no fue la única víctima en el negocio inalámbrico. La empresa de Reginald Fessenden «prácticamente dejó de funcionar en 1912» debido a su naturaleza errática, luchas intestinas y «litigios prolongados». Y Lee De Forest, que ya tenía casi cuarenta patentes en el sector inalámbrico, también se hundió cuando fue condenado junto con funcionarios de su empresa por un fraude bursátil.[5] En cuanto a Lowenstein, Tesla respaldaba los intentos de su protegido de instalar equipos en los buques de la Marina de los Estados Unidos utilizando equipo basado en algunos de sus diseños fundamentales: «Es mucho más capaz que el resto de los "hombres inalámbricos" —escribió a Scherff—, así que esto me produce un gran placer».[6] La única ventaja que Lowenstein tenía sobre Marconi era la insistencia del italiano en un acuerdo de todo o nada con el ejército. O todos los barcos estaban conectados con su sistema o ninguno lo estaba. Sin embargo, el gobierno de Estados Unidos era reticente a ceder su ventaja a una empresa privada, por lo que Marconi tuvo grandes dificultades para integrar su sistema en el mercado estadounidense.

Sin embargo, Marconi seguía siendo el único competidor importante, por lo que Tesla se propuso restablecer su derecho legal. Tras consultar con sus abogados, el pionero inició una estrategia para demandar al pirata en todos los países que pudiera.

En el Reino Unido, Tesla había dejado caducar una patente importante, por lo que el progreso se interrumpió. Oliver Lodge, por el contrario, logró prevalecer y recibió mil libras al año durante los siete años que la empresa de Marconi estuvo allí.[7] En Estados Unidos, donde Tesla había solicitado la renovación de su patente más fundamental, aún no había formalizado la demanda, pero en el Tribunal Supremo de Francia el inventor obtuvo un éxito rotundo. Al enviar su testimonio por es-

---

4. Barnouw, E.: *A Tower in Babel: A History of Broadcasting in the United States to 1933. Vol. 1.* Oxford University Press, Nueva York, 1966. pp. 76-77.

5. Sobel, R.: *RCA.* Stein & Day, Nueva York, 1986. pp. 19-20; Harding, R. S.: *George H. Clark Radioana Collection.* Smithsonian Institution, Washington D.C., 1990.

6. Nikola Tesla a George Scherff (18 de enero de 1913) [BC].

7. Jolly, W.: *Marconi.* Stein & Day, Nueva York, 1972. p. 190.

crito al juez M. Bonjean de París, Tesla explicó su trabajo de 1895, cuando «construyó una gran terminal inalámbrica sobre el edificio y empleó oscilaciones amortiguadas y no amortiguadas». También adjuntó dos patentes de 1897 y especificaciones para su teleautómata, que confirmaban que lo había exhibido en 1898 ante G. D. Seely, el examinador en jefe de la Oficina de Patentes de Estados Unidos en Washington D.C. Respecto a la patente de Marconi del 2 de junio de 1896, Tesla testificó que la patente era «sólo una masa de imperfecciones y errores [...]. En todo caso, ha sido el medio para engañar a muchos expertos y retrasar el progreso en la dirección correcta [...]. No ofrece ninguna pista sobre la duración de los conductores de transmisión y recepción y las disposiciones ilustradas excluyen la posibilidad de una sintonización precisa [Marconi reemplazó] la antigua bobina de Rumhkorff por la bobina de Tesla».[8]

La causa de Tesla fue defendida por Popoff, Ducretet & Rochefort, la empresa francesa que había iniciado el pleito, estuvo el ingeniero eléctrico Émile Girardeau, quien describió en detalle los logros técnicos del invento de Tesla. «De hecho –comenzó Girardeau–, se observa en la patente estadounidense una claridad y una precisión extraordinarias, sorprendentes incluso para los físicos de hoy en día [...]. ¡Qué cruel injusticia hubiera sido tratar de empañar la merecida gloria de Tesla oponiéndose a él con desprecio!».[9]

El juez Bonjean anuló las patentes de Marconi y restableció la de Tesla como sustituta. Lo más probable es que la empresa francesa que ganó el caso también le pagara una compensación.

Sin embargo, con esta victoria vinieron otras derrotas. En el año 1912 se vivieron enredos legales contra Tesla por parte de Edmund K. Stallo, que pedía una indemnización de 61 000 dólares por los anticipos ofrecidos en 1906, y también de la Westinghouse Corporation, que lo demandó por 23 000 dólares por unos equipos prestados en 1907. En el primer caso, el sindicato Stallo, que tenía vínculos con la Standard Oil, había invertido sólo 3500 dólares y estaba demandando frívolamente con la promesa de unas enormes ganancias. Por lo tanto, la responsabili-

---

8. Nikola Tesla a John Pierpont Morgan Jr. (19 de marzo de 1914) [JPM].
9. Nikola Tesla a John Pierpont Morgan Jr. (23 de julio de 1913, en referencia al testimonio de Émile Girardeau) [JPM].

dad del inventor era mínima. En el segundo caso, Tesla argumentó que no era personalmente responsable, ya que la maquinaria fue prestada a la empresa que él estaba organizando. De todos modos, se comprometió a devolver el equipo que aún estaba custodiado en el laboratorio de Long Island.[10] Aunque sus pérdidas económicas fueron pequeñas, la publicidad negativa socavó su reputación y provocó que el inventor se convirtiera en una presencia más invisible en el prestigioso Waldorf, donde todavía residía y seguía acumulando deudas. Y luego estaba la Sra. Tierstein, de quien Tesla dijo: «Quería dispararme por arrojarle electricidad». Tesla «se compadeció de la pobre mujer», pero hizo que la enviaran, a través del juez Foster, «al manicomio».[11]

La demanda de Westinghouse provocó un gran revuelo entre el círculo íntimo e incluso llevó a Tom Edison a escribir una rara misiva de conmiseración.

24 de febrero de 1912

Mi querido Sr. Edison:
    Agradeciendo su amable carta [...] deseo reiterar mis sentimientos y expresar mi gran pesar por no haber podido transmitirlos personalmente.
    Con la seguridad de un gran respeto, quedo a su disposición,
                                                            N. Tesla[12]

Sin embargo, la Westinghouse Corporation no era una empresa monolítica y, en cierto modo, su departamento jurídico era una entidad autónoma. Tesla continuó pidiendo prestado equipo de forma regular durante todo el período (1909-1917), y a menudo consultaba con varios ingenieros, en particular con Charles Scott, a quien comenzó a formar en el

---

10. «Judgment Against Nikola Tesla», *The New York Sun*, p. 1:3 (24 de marzo de 1912); «Syndicate [Stallo, Jacobash, Levy, and Sherwood Jr.) sues Nikola Tesla», *The New York Sun*, p. 1:3: (21 de julio de 1912); «Nikola Tesla Sued», *The New York Times*, p. 7:2 (21 de julio de 1912); «Wireless Litigation», *Electrical World* (28 de junio de 1913).

11. Nikola Tesla a John Pierpont Morgan Jr. (11 de junio de 1915) [BC].

12. Nikola Tesla a Thomas Alva Edison , (24 de febrero de 1912) [TAE].

campo de la tecnología inalámbrica. Tesla también siguió reuniéndose con George Westinghouse, el líder recientemente sustituido, que seguía trabajando, medio jubilado, en sus oficinas en la ciudad de Nueva York.

«Supongo que no puede evitar sentirse decepcionado por la ingratitud de algunos de los que ahora dirigen la gran empresa que su genio ha creado –comentó el inventor–. Espero sinceramente que muy pronto usted vuelva a ocupar el puesto que ha ocupado hasta ahora. Sé que la gran mayoría de la gente comparte mis sentimientos».

«Gracias por su interés», respondió el descendiente de los nobles rusos.[13]

La conexión alemana

Probablemente el mayor rival de Marconi en el ámbito legal fue Nikola Tesla, pero en el campo de batalla del mercado fue Telefunken, la empresa inalámbrica alemana. Aunque Marconi tenía patentes en Alemania, el sindicato Telefunken tenía demasiadas relaciones importantes en su país y podía mantener un monopolio sin demasiadas dificultades. Creada a partir una fusión forzada, bajo las órdenes del káiser y de los sistemas Braun-Siemens-Halske y ArcoSlaby, Telefunken había luchado enérgicamente en todos los frentes contra el conglomerado Marconi. Era, sin duda, el competidor número dos del mundo. Aunque Marconi acababa de dar un golpe maestro en España, Telefunken consiguió cierta ventaja en Estados Unidos cuando construyó dos enormes sistemas transatlánticos en Tuckerton (Nueva Jersey) y Sayville (Nueva York).

Por razones nacionalistas, a Tesla se le había prohibido conseguir los derechos de autor que le correspondían en Alemania, pero el profesor Adolf Slaby nunca ocultó el hecho de que consideraba a Tesla el patriarca en este campo. Así, cuando Telefunken llegó a Estados Unidos, Slaby buscó a su mentor no sólo por motivos morales, sino también para conseguir un punto de apoyo legal contra Marconi y hacerse con la experiencia técnica del inventor.

En el 111 de Broadway, donde se encontraban sus oficinas, se celebró

---

13. Nikola Tesla a George Westinghouse (10 de agosto de 1910; 19 de agosto de 1910); George Westinghouse a Nikola Tesla (18 de agosto de 1910) [BC].

una reunión entre Tesla y los directivos del *holding* empresarial estadounidense de Telefunken, la aparentemente inofensiva Atlantic Communications Company. Estaban presentes su director, el Dr. Karl George Frank, «uno de los expertos eléctricos alemanes [estadounidenses] más conocidos», y sus dos gerentes, Richard Pfund, un visitante frecuente del laboratorio de Tesla, que era jefe de la planta de Sayville, y «el monóculo», el lugarteniente Emil Meyers, jefe de operaciones de Tuckerton.

Tesla pidió un anticipo de 25 000 dólares y royalties de 2500 dólares al mes, pero se conformó con 1500 dólares al mes, con un mes de anticipo.[14] El inventor se reunió con Pfund para discutir el acuerdo referente a las turbinas con el káiser y también para arreglar un transmisor con el que los alemanes estaban trabajando en la oficina de Manhattan. Poco después, viajó a las dos estaciones inalámbricas con su plan de implementar sus últimos perfeccionamientos para mejorar sus capacidades.[15] Con el profesor Jonathan Zenneck en Sayville, Tesla calculó que estaban desperdiciando casi el 25 % de su energía en radiaciones electromagnéticas. «Esas ondas se disiparán sólo a unos pocos kilómetros de la costa – explicó a Zenneck–, mientras que la energía que llegará a Alemania procederá de su conexión por tierra».[16]

Después de una extenuante búsqueda a lo largo de la imponderable extensión de hielo, el cuerpo demacrado de John Jacob Astor fue sacado del mar para un funeral en Nueva York. Los documentos de su patrimonio revelaron quinientas acciones de la Tesla Electric Company.[17] Un año después, J. Pierpont Morgan, el sultán de Wall Street, el pulpo, estaba muerto. Teniendo en cuenta el resentimiento y la desilusión que sentía el inventor, también sentía una gran admiración por el hombre al que

14. Tesla recibió royalties del 5 %, unos mil doscientos dólares al mes, hasta que Tuckerton fue embargado en 1916; Estación de radio de Tuckerton a J. Daniels, secretario de la Marina (3 de julio de 1916) [AN].

15. Nikola Tesla a John Pierpont Morgan Jr. (19 de febrero de 1915) [JPM]; Nikola Tesla a George Frank y Nikola Tesla a Richard Pfund (hacia 1912-1922 [MNT]; «19 More Taken as German Spies», *The New York Times*, p. 1:3 (8 de abril de 1917); «Find Radio Outfit in Manhattan Tower», *The New York Times*, p. 4:4 (5 de marzo de 1918).

16. Anderson, L. I. (ed.): *Nikola Tesla: On His Work with Alternating Currents and Their Application to Wireless Telegraphy, Telephony and Transmission of Power.* Sun Publishing, Denver, Colorado, 1992. p. 133.

17. «Col. Astor's Estate Tax», *The New York Times*, p. 4 (15 de junio de 1913).

llamaba una figura histórica «sobresaliente».

Aunque el yerno de Morgan, Herbert Satterlee, sólo le pudo proporcionar un asiento en la última fila de la capilla, estar presente en la solemne ocasión fue un gran honor. La sala estaba salpicada de numerosos rostros de colegas y adversarios, muchos de los cuales podían atribuir un gran porcentaje de su riqueza, e incluso de su posición, a las creaciones de Tesla. Sin duda, el inventor tuvo que soportar algunas risitas, particularmente de los subordinados de la hidra, pero Tesla, siempre noble, estuvo por encima de las risitas mezquinas mientras se dirigía caminando hacia Anne y J. P. Morgan Jr.

«Por favor, acepten mi más sentido pésame por la muerte del gran hombre que dirigió su famosa empresa –les dijo–. Cuando puedo sentir tal vacío en mi corazón y en mi cerebro ante el fallecimiento de Morgan, puedo apreciar, en cierta medida, la profundidad del sentimiento de aquellos que fueron sus camaradas de toda la vida. Todo el mundo lo conocía como un genio de raros poderes, pero para mí representa una de esas figuras más colosales del pasado que marcan épocas en la evolución del pensamiento humano».[18]

Dos meses después, cuando su relación con Hammond estaba llegando a su fin, Tesla se acercó al nuevo jefe de la dinastía Morgan con una propuesta para ayudar a financiar sus turbinas sin álabes. «Sólo su aplicación a la fabricación de hierro y acero producirá cien millones de dólares al año gracias a la utilización del calor residual y otras economías, y tendrá un efecto similar en la propulsión de barcos, ferrocarriles, automóviles y muchas otras grandes industrias». El monarca examinó la propuesta y adelantó al inventor 5000 dólares.[19]

Fue un momento de reflexión sobre la muerte y transmutación de su némesis. Emociones encontradas de enemistad y admiración fluían a través de su ser a torrentes cuando revivía la euforia de su odisea inalámbrica y la angustia de su incompletitud.

El 7 de julio de 1913, tres días antes de cumplir cincuenta y siete años, Tesla cogió el tren de regreso a Wardenclyffe. Tenía mucho en qué pensar,

---

18. Carta de condolencias de Nikola Tesla a John Pierpont Morgan Jr. (31 de marzo de 1913) [BC]; Nikola Tesla a Anne Morgan (31 de marzo de 1913) [MNT].

19. Nikola Tesla a John Pierpont Morgan Jr. (19 de mayo de 1913; 20 de mayo de 1913) [BC].

porque su amigo Johnson había decidido retirarse del *Century*. Los supervisores de la empresa estaban presionando para bajar los estándares. Johnson se ofreció a crear una revista distinta, que sería más llamativa, pero quería mantener la integridad de la original; pero no lo consiguió. «Era realmente patético ver la forma en que los autores me imploraban que yo siguiera protestando, si fuera preciso, hasta usando malas palabras»,[20] le explicó a su amigo. Katharine se volvió más insistente y le exigía a Tesla que se pasara por allí para visitarlos. Ahora con problemas económicos, sus amigos podrían llegar a perder su casa. Tesla intentó pasar rápidamente junto al transmisor amplificador sin mirar hacia arriba para llegar a la seguridad del laboratorio, pero se sintió atraído como un imán hacia el robusto marco. Cuando pisó el primer peldaño de la escalera, una pena lo invadió y le dejó sin aliento. Se tambaleó hasta la puerta del edificio de Stanny y entró. «No lloré exactamente cuando vi mi casa después de un intervalo tan largo –le escribió a Scherff–, pero estuve a punto de hacerlo».[21]

Tesla comenzó a buscar al nuevo Morgan, tratando de no caer en la trampa que él mismo se había tendido la primera vez. Le envió a Jack una propuesta articulada describiendo su empresa inalámbrica y explicando su deuda pendiente y su acuerdo con su padre, así como también sus planes en el campo de la «propulsión de fluidos», es decir, turbinas sin álabes.

«En cualquiera de estos campos en los que tengo la suerte de ser pionero, las posibilidades son inmensas y puedo garantizar el mayor de los éxitos; pero mi llamada a su apoyo va a un plano superior […]. La propuesta que respetuosamente le presentaría es organizar dos compañías y entregarle todos mis intereses en ambas, de los cuales usted puede otorgarme la parte que considere adecuada».[22]

«Estoy muy impresionado con su oferta –respondió Jack–. «Pero, por supuesto, no puedo consentir hacer lo que usted sugiere. Deseo hacerle una contraoferta, que es que usted debe organizar sus empresas y, si funcionan, reembolsar a los herederos del Sr. Morgan, ya sea en valores o en efectivo, el dinero que adelantó el Sr. Morgan. Me parece que usted tiene derecho a las ganancias de estas empresas, pero que, en estricta justicia,

20. Johnson, R. U.: *Remembered Yesterdays*, Little Brown, Boston, 1923. p. 142.
21. Nikola Tesla a George Scherff (13 de julio de 1913) [BC].
22. Nikola Tesla a John Pierpont Morgan Jr. (6 de junio de 1913) [BC].

Morgan tendría derecho a la devolución de su dinero».[23]

Tesla salió de la reunión con la vieja picazón reactivada y otro cheque por valor de 5000 dólares. Agradeció a Jack su apoyo y le envió una carta abierta que había escrito a su excelencia, el reverendísimo arzobispo de Irlanda. «No es lejano el día en el que el mismo planeta que le dio origen temblará al sonido de su voz: él aprovechará la inagotable e intensa energía del movimiento microcósmico, hará que los átomos se combinen en formas predeterminadas; sacará el poderoso océano de su lecho, lo transportará por el aire y creará lagos y ríos a voluntad; dominará los elementos salvajes; avanzará de grandes a mayores hazañas hasta que con su inteligencia y su fuerza alcanzará esferas más allá de lo terrestre».[24]

«Ahora tengo claro –le dijo Tesla al nuevo J. P.– que está movido por el mismo gran espíritu de generosidad que ha animado a su padre y estoy más deseoso que nunca de conseguir su interés y su apoyo. El destino lo ha situado en una posición de gran poder e influencia, y he aquí una maravillosa oportunidad. En cuanto a mí –continuó el modesto inventor–, contemplaba algo más que el éxito financiero [...]. Sin duda se erigirá un gran monumento al Sr. Morgan, pero ninguno en mármol o bronce podría ser tan duradero como el logro que me he propuesto vincularlo con su memoria».[25]

Para reafirmar su dominio como inventor preeminente en la tecnología sin hilos, el inventor le envió una transcripción de todo el litigio francés, en el que el trabajo de Marconi fue anulado a favor del suyo. Si Jack pudiera ayudarlo a librar la batalla legal en Estados Unidos, podría revivir la empresa inalámbrica que compartían contractualmente.

Sin embargo, Jack no quedó prendado de la misma visión del destino y gentilmente declinó involucrarse de cualquier manera en Wardenclyffe. De todos modos, no descartó las turbinas y le pidió al inventor que le mantuviera informado de cualquier progreso.

Tesla regresó a la estación Edison Waterside con una nueva transfusión de sangre del 23 de Wall Street. Para reflejar la reactivación de la alianza resucitada, el inventor se propuso buscar habitaciones más de

---

23. John Pierpont Morgan Jr. a Nikola Tesla (11 de junio de 1913) [JPM].

24. Tesla, N.: «Open Letter to His Grace», *Electrical Magazine* (18 de marzo de 1912) [JPM].

25. Nikola Tesla a John Pierpont Morgan Jr. (15 de junio de 1913) [JPM].

moda. A los pocos meses se instaló en el flamante edificio Woolworth. Decorado con un techo de mosaico de color esmeralda con hojas doradas en el vestíbulo y ubicado junto al ayuntamiento, cerca de Wall Street en Park Row, el Woolworth, de estilo gótico, se elevaba sobre la ciudad hasta la impresionante altura de 241 metros, eclipsando a la Metropolitan Tower como el rascacielos más alto del mundo. Tesla llevó a los Johnson a la gala de inauguración. El banquete comenzó con la iluminación de las ochenta mil bombillas del edificio por parte del presidente Woodrow Wilson, quien pulsó un botón en Washington D.C. Tesla se reunió con el Sr. «Dime Store»[26] Woolworth, y otros dignatarios, y luego Katharine tentó a sus dos acompañantes hasta uno de los veinticuatro ascensores de gran velocidad para que la acompañaran la azotea, desde donde podían contemplar la extensa megalópolis.

«No te preocupes por las finanzas, Luka –le dijo Tesla en confianza–. Recuerda, mientras tú duermes, yo trabajo y resuelvo tus problemas». Johnson sacó a relucir el viejo fracaso de la corriente alterna polifásica, y Tesla respondió que «ahora se han invertido miles de millones en ello. Gané todos los pleitos sin excepción y si no hubiera sido por un "trozo de papel", habría recibido en concepto de royalties la fortuna de Rockefeller, pero de todos modos estoy seguro de que puedo invitarte a cenar».

El humor ingenioso de Tesla y su última maniobra hicieron aflorar una vez más una sonrisa necesaria a la a menudo melancólica señora Filipov. Como de costumbre, cuando el mago reapareció en su mundo, pareció apartarse del velo. Johnson, en cambio, reiteró su preocupación de que, sin trabajo, el 327 de Lexington Avenue podría salir al mercado.

«Por favor, tómate en serio mis palabras –insistió Tesla–. No te preocupes, y escribe tu espléndida poesía con total serenidad. Acabaré con todas las dificultades a las que te enfrentes. Tu talento no puede convertirse en dinero, pero el mío puede transformarse en vagones llenos de oro. Esto es lo que estoy haciendo ahora».[27] Durante este período, Tesla siguió pagando el dinero que debía a los Johnson mientras trabajaba con sus nuevos motores.

---

26. Un *dime* es una moneda de diez centavos. A Franklin Winfield Woolworth (1852-1919) se lo conocía con este sobrenombre porque fundó la F. W. Woolworth Company, que vendía los productos a cinco y diez centavos. *(N. del T.)*

27. Nikola Tesla a Robert Underwood Johnson (24 de diciembre de 1914; 27 de diciembre de 1914) [BC].

A lo largo de la segunda mitad de 1913, el inventor preparó un cuidadoso plan de marketing para explotar su nuevo dispositivo. No sólo le mostraría a Hammond que había cometido un costoso error, sino que también establecería una industria que aseguraría las finanzas necesarias para poder regresar a su querida torre de Long Island. Sus mejores indicios procedían de la Ford Motor Company en Estados Unidos y de Bergmann Works en Alemania.

Tesla conocía a Sigmund Bergmann desde sus primeros días en Estados Unidos. Bergmann había emigrado de Alemania incluso antes que Tesla y se convirtió en un valioso empleado/socio privado y fabricante de Thomas Edison. Manteniendo una empresa separada de las otras fábricas de Edison, Bergmann alcanzó un gran éxito. Regresó a Alemania a principios del siglo XX y se convirtió en uno de los principales fabricantes del káiser,[28] un hombre que también había intentado cortejar a los serbios, especialmente antes del cambio de siglo, cuando estaba presentando sus fantásticos inventos en Europa y América.

En septiembre, Tesla envió fotografías de sus turbinas e invitó a Morgan a la estación Waterside para que las viera en persona; sin embargo, éste se encontraba navegando hacia Europa. «Quizás, cuando regrese en diciembre —respondió Morgan—, me será posible abordar la cuestión».[29] Mientras el nuevo zar de Wall Street estaba navegando hacia el Viejo Mundo, Tesla organizó reuniones con emisarios de los mercados más relevantes. En una carta enviada a Morgan a su regreso, Tesla describió sus numerosas estrategias para lograr el éxito financiero. Su lista incluía:

1. Venta de licencia exclusiva para Bélgica a través del asesor del rey por 10 000 dólares en efectivo y royalties justos.
2. Concesiones para Italia a través de un asociado en Crispi por 20 000 dólares y royalties. Aún no consumado.
3. Licencia exclusiva para Estados Unidos a la Wing Manufacturing Company para turboventiladores de tiro.

28. Josephson, M.: *Edison: A Biography*. McGraw-Hill, Nueva York, 1959. p. 296. Josephson, M.: *Edison: A Biography*. McGraw-Hill, Nueva York, 1959. p. 178. (Trad. cast.: *Edison*. Plaza y Janés, Buenos Aires, 1962).
29. John Pierpont Morgan Jr. a Nikola Tesla (11 de septiembre de 1913) [JPM].

4. Licencia exclusiva para la iluminación de trenes, Dressel Railway Lamp Works.
5. Fabricación de iluminación de automóviles con gas de escape del motor.
6. Utilización de mi sistema inalámbrico [con Lowenstein] en varios buques de guerra.
7. Acuerdo con la L. C. Tiffany Co. sobre nuevos inventos.
8. Posible acuerdo con el Sr. N. E. Brady de la Edison Company en lo que respecta a la fabricación de turbinas. Muy buena oportunidad para grandes negocios.

La fabricación había comenzado en algunos de estos lugares y con la mayoría de ellos se habían negociado contratos de royalties. «Como puede ver, señor Morgan, hay resultados decididamente valiosos y muy gratificantes para mí, pero, por otra parte, estoy casi desesperado por el estado actual de las cosas. Necesito dinero con urgencia y no puedo conseguirlo en estos tiempos terribles. Usted es el único hombre a quien puedo acudir en busca de ayuda. Le he expuesto mi caso».[30]

Morgan estuvo de acuerdo en aplazar los pagos de intereses sobre la cantidad, que en aquel momento ascendía a 20 000 dólares, pero decidió no aumentar el préstamo. Tesla, en cambio, pidió fondos y continuó la carta con un testimonio de Excellenz von Tirpitz, ministro de Marina, «quien ha sido llamado por el emperador alemán en relación con la turbina Tesla, quien está muy interesado en este invento». Von Tirpitz había «prometido a su excelencia que seguramente la máquina estará aquí en exposición a mediados de enero, así que ya sabe qué significa eso». Tesla también explicó a Morgan que, si el acuerdo se consumaba, Bergmann pagaría royalties de 100 000 dólares al año por la turbina.[31]

---

30. Nikola Tesla a John Pierpont Morgan (23 de diciembre de 1913) [BC].
31. Hay algunas evidencias de que Tesla viajó a Krasnodar, Rusia, al este del mar Negro, antes de la caída del zar, alrededor de 1914-1916, donde dio conferencias e hizo demostraciones «en el edificio del circo donde ahora se encuentra el cine Kuban», según Semyon Kirlian (1896-1978). Si realmente hubiera visto a Tesla (y no una simple demostración «teslaica» llevada a cabo por otro ingeniero), esto significaría que Tesla viajó a Europa probablemente justo antes de que estallara la Primera Guerra Mundial. Es posible que Tesla realmente hiciera una gira mientras estaba negociando con el rey de Bélgica, el káiser de Alemania e ingenieros de Italia y Rusia, y si así fue, lo más probable es que también hubiera visitado a sus hermanas en Croacia/

Teniendo en cuenta la gran antipatía que Jack sentía hacia los alemanes, su relación con las instituciones bancarias judías (era notoriamente antisemita) y la política de la dinastía Morgan de evitar acuerdos financieros con Alemania después de que hubieran traicionado a Pierpont muchos años antes, parecía poco probable que Jack cambiara su decisión. Sin embargo, a diferencia de su padre, el hijo era capaz de ceder y dejar que su corazón mandara a veces. Gentilmente cambió de opinión y envió los fondos que faltaban.[32]

Mientras Tesla esperaba noticias de Bergmann Works, trabajó para perfeccionar un nuevo velocímetro que había inventado. El dispositivo, mucho más simple que el que se utilizaba entonces, costaría la mitad de producirlo y tenía un mercado de centenares de miles de unidades. Teniendo en cuenta que su precio de venta sería de unos veinticinco dólares cada uno, el potencial para obtener grandes beneficios era grande, y Tesla le ofreció el trato a Morgan. Jack declinó la oferta y aprovechó para pedirle el pago de los intereses adeudados por el préstamo.

«En la propuesta de la turbina –respondió Tesla–, he recibido un doloroso revés. Instalé la máquina en la planta Edison e hice algunas pruebas muy satisfactorias, pero pronto descubrí que las piezas de fundición de los cojinetes estaban llenas de pequeños agujeros que permitían que el agua entrara y hacía peligroso hacerlas funcionar». Tesla tuvo que renovar las piezas, «pero gasté mucho más dinero de lo esperado». También tenía que hacer frente a los honorarios de los abogados por culpa de la inminente demanda contra Marconi, por lo que pidió que Morgan fuera paciente o lo ayudara con las facturas para terminar el proyecto de la turbina o para proteger sus otros intereses comunes.[33]

Aparte de las muertes de Astor y Pierpont Morgan, este período también marcó la salida de otros dos leones de la guarida de Tesla: George Westinghouse y el naturalista John Muir; ambos murieron en 1914. La muerte de Westinghouse se vio suavizada por algunas semanas de dete-

Bosnia. Se necesitarían más pruebas para apoyar esta hipótesis. Fuente: Adamenko, V.: «In Memory of Semyon Kirlian», *MetaScience*, vol. 4, pp. 99-103 (1980).

32. Nikola Tesla a John Pierpont Morgan Jr. (29 de diciembre de 1913) [BC]; Nikola Tesla a John Pierpont Morgan Jr. (6 de enero de 1914 [JPM]; Chernow, R.: *The House of Morgan: An American Banking Dinasty and the Rise of Modern Finance.* Atlantic Monthly Press, Nueva York, 1990. p. 195).

33. Nikola Tesla a John Pierpont Morgan Jr. (14 de marzo de 1914) [BC].

rioro de su salud, pero el fallecimiento de Muir pilló a Tesla por sorpresa. «Parecía tan enérgico en cuerpo mente y cuando lo vi no hace mucho...», dijo el conservacionista tecnológico a los Johnson.[34] Sólo unos años antes, el cielo estaba cubierto con centenares de miles de palomas migratorias y la belleza de la naturaleza se había visto reavivada por los inspiradores escritos de Muir. Mientras Tesla caminaba hacia su lugar favorito junto a la biblioteca de la calle 42 para esparcir semillas entre los parientes domésticos del ave y considerar una nueva táctica para instituir su plan inalámbrico, la última paloma migratoria desapareció de la faz de la Tierra.[35] Jack Morgan pasaba el rato con uno de los pocos judíos que le agradaban, Daniel Guggenheim, organizando Kennecott Copper, «el mayor productor de cobre de Estados Unidos».[36]

Tesla envió su homenaje a Westinghouse a *Electrical World*. Fue publicado con los comentarios de otros colegas, como William Stanley, Lewis Stillwell y Frank Sprague.

> Me gusta pensar en George Westinghouse tal como se me presentó en 1888, cuando lo vi por primera vez. La tremenda energía potencial del hombre sólo había tomado forma cinética en parte, pero incluso para un observador superficial la fuerza latente era manifiesta [...]. Atleta en la vida ordinaria, se transformaba en gigante ante dificultades que parecían insuperables. Disfrutó la lucha y nunca perdió la confianza. Cuando otros se daban por vencidos por la desesperación, él triunfaba. Si hubiera sido transferido a otro planeta con todo en su contra, habría logrado su salvación [...]. Su trabajo fue una carrera maravillosa llena de logros notables [...]. Fue un gran pionero y constructor cuyo trabajo tuvo un efecto de gran alcance en su época y cuyo nombre perdurará por mucho tiempo en la memoria de los hombres.[37]

---

34. Nikola Tesla a Robert Underwood Johnson (27 de diciembre de 1914) [BC].

35. La paloma migratoria o de Carolina *(Ectopistes migratorius)* pasó de ser el ave más abundante de América del Norte a extinguirse a principios del siglo xx. La intensa caza a la que se vio sometida para aprovechar su carne, su grasa y sus plumas, y la característica poco usual de que los padres únicamente tuvieran un polluelo por período de cría fueron las causas principales de su desaparición. *(N. del T.)*

36. Chernow, R.: *The House of Morgan: An American Banking Dinasty and the Rise of Modern Finance*. Atlantic Monthly Press, Nueva York, 1990. p. 190.

37. «Tribute of Former Associates for George Westinghouse», *Electrical World*, p. 637

(21 de marzo de 1914).

40
La quinta columna (1914-1916)

Departamento de Marina
Washington D.C.
14 de septiembre de 1916

Señor:
En los archivos de la Oficina de Ingeniería de Vapor se encuentra una copia de una carta de Nikola Tesla a la Comisión de Faros, con fecha de 27 de septiembre de 1899, desde la Estación Experimental de Colorado Springs. Esta carta es evidentemente una respuesta a una comunicación de la Comisión de Faros, solicitando información sobre la capacidad de Tesla para suministrar aparatos telegráficos sin hilos.

Esta carta podrá ser utilizada en futuros litigios en los que se vea implicado el gobierno [...,] ya que el descubrimiento de pruebas de prioridad adecuadas de determinados usos inalámbricos por parte de personas distintas a Marconi podría resultar de gran ayuda para el gobierno.

Atentamente,

FRANKLIN D. ROOSEVELT
Secretario interino de la Marina[1]

Dos semanas después del comienzo de la Primera Guerra Mundial, los británicos cortaron el cable transatlántico de Alemania. La única alternativa razonable para comunicarse con el mundo exterior era a través del sistema inalámbrico de Telefunken. De repente, las plantas de Tuckerton

---

1. Franklin Delano Roosevelt en referencia a Nikola Tesla y la prioridad inalámbrica (14 de septiembre de 1916) [AN].

y Sayville se convirtieron en un motivo de máxima preocupación. Obviamente, los alemanes querían mantener las estaciones para que el káiser estuviera al tanto de las intenciones del presidente Woodrow Wilson, mientras que los británicos querían cerrarlas.

En marzo de 1914, Marconi fue nombrado senador en Italia, un distinguido hombre de ciencia, y habló ante la pareja real. En julio, en el Reino Unido, la tierra de su madre, fue condecorado por el rey en el Palacio de Buckingham. A partir de este momento la lucha contra Telefunken se libraría tanto en el campo militar como en el comercial, ya que quedó claro que los alemanes estaban utilizando sus plantas para ayudar a coordinar los movimientos de submarinos y acorazados. Las líneas inalámbricas también marcaron la floreciente alianza que se estaba formando entre Italia y el Imperio Británico.[2]

Como pacifista que era, Wilson mantuvo una estricta política de neutralidad, una posición reforzada por el héroe de guerra y expresidente Teddy Roosevelt, también candidato a las siguientes elecciones de 1916. Aunque oficialmente neutrales, los sentimientos de la mayoría de la población estadounidense estaban del lado de Inglaterra, particularmente después de que Alemania irrumpiera en el pacífico reino de Bélgica. De todos modos, una décima parte de la población era de origen alemán y sus sentimientos estaban del otro lado. George Sylvester Viereck, el principal poeta del país, colega de Johnson y amigo de Tesla, comenzó a sentir el creciente alejamiento de la neutralidad, sobre todo después de que la Marina de Estados Unidos se apropiara de la planta de Tuckerton para enviar sus propios «mensajes codificados por radio al extranjero».

Acabado de regresar de Berlín y en medio de la guerra, Viereck se acercó a Teddy Roosevelt y a los emisarios del presidente Wilson. Al mismo tiempo, inició una nueva publicación con otros destacados alemanes estadounidenses. Inicialmente acogido positivamente por la prensa, *Fatherland* pronto alcanzó una base de cien mil suscriptores.[3]

Haciendo caso omiso de la petición de neutralidad de Viereck, Wilson preparó un decreto presidencial «declarando que a todas las estaciones de radio dentro de la jurisdicción de Estados Unidos se les prohibiría trans-

---

2. Jolly, W.: *Marconi*. Stein & Day, Nueva York, 1972.

3. Johnson, N. M.: *George Sylvester Viereck: German-American Propagandist*. University of Illinois Press, Chicago, 1972.

mitir o recibir [...] mensajes de naturaleza no neutral [...]. En virtud de la autoridad que me confiere la Ley de radio –continuó el presidente–, una o más de las estaciones de radio de alta potencia [que se encuentran] dentro de la jurisdicción de Estados Unidos [...] quedarán a cargo del Gobierno».[4]

Al comienzo de la guerra, Tesla intensificó su campaña legal contra Marconi y continuó asesorando y recibiendo compensaciones de Telefunken. Dado que el país era oficialmente neutral (Estados Unidos no entrarían en la guerra hasta al cabo de tres años), el acuerdo era totalmente legítimo. De todos modos, poca gente conocía la relación alemán-Tesla, aunque el inventor no se lo ocultó a Jack Morgan.

19 de febrero de 1915

Querido Sr. Morgan:
Espero incorporar en su planta de Sayville algunas características propias que harán posible la comunicación con Berlín por teléfono sin hilos y entonces los royalties serán muy considerables. Ya hemos preparado documentación.[5]

Camuflada detrás de la cortina de humo de la Atlantic Communications Company, que parece estadounidense, Telefunken se apresuró a aumentar la potencia de su estación de retransmisión en Sayville. Situado cerca de la ciudad de Patchogue, en las llanuras de Long Island, a sólo unos kilómetros de Wardenclyffe, el complejo de Sayville abarcaba cien acres y empleaba a muchos trabajadores alemanes. Con sus oficinas principales en Manhattan y su director alemán, el Dr. Karl George Frank, ciudadano estadounidense, Telefunken estaba legalmente protegida, ya que ningún extranjero podía poseer una licencia para operar una estación inalámbrica en el país. (Por lo tanto, Marconi también tenía una filial estadounidense). Para Tesla era fácil reunirse con la Atlantic Communications Company en la ciudad y también ir a la planta.

Dos meses después de la carta de Tesla a Morgan, la planta de Sayville triplicó su emisión levantando dos torres de transmisión más en forma de

---

4. «Nation to Take Over Tuckerton Plant», *The New York Times,* p. 6 (6 de septiembre de 1914).

5. Nikola Tesla a John Pierpont Morgan Jr. (19 de febrero de 1915) [JPM].

pirámide, de 150 metros de altura. Utilizando las teorías de Tesla sobre la importancia de la transmisión terrestre, los equipos de resonancia se extendían por la tierra a lo largo de centenares de metros más. Así, desviando el énfasis de la transmisión aérea, la emisión de Telefunken aumentó de treinta y cinco kilovatios a más de cien, catapultando a Alemania al primer puesto en la carrera inalámbrica. El *The New York Times* lo explicó en su portada: «Pocas personas con la excepción de los funcionarios de radio sabían que Sayville se estaba convirtiendo en una de las estaciones de comunicación transatlánticas más poderosas de esta parte del mundo».[6]

Tesla demanda a Marconi por su planta inalámbrica
Alega que un importante aparato infringe derechos anteriores[7]

Al calificar la tecnología sin hilos como «el mayor de todos los inventos», Tesla hizo un llamamiento adicional para solicitar asistencia legal a Morgan. «¿Puede ponerse por un momento en mi lugar? –le escribió al financiero–. Seguramente usted es un hombre demasiado grande para permitir que se perpetúe tal ultraje y crimen histórico como lo están haciendo ahora sus astutos promotores». Esperando «verse satisfecho por el gobierno», ya que habían instalado «diez millones de dólares de [su] aparato», el inventor también reveló que «la gente de Marconi se acercó a mí para unir fuerzas, pero sólo en stock y esto no es aceptable».[8]

Una vez más Morgan rechazó asistencia para proteger sus patentes en común. El magnate de Wall Street, sin embargo, no había abandonado el campo, ya que estaba financiando una estación de radio universitaria cerca de Boston en la Universidad Tufts.[9]

Los años que precedieron a la entrada de Estados Unidos en la Primera Guerra Mundial fueron un abrumador atolladero de litigios que involucraban a la mayoría de los países y prácticamente a todos los inventores importantes en el campo de la conexión sin hilos. Aproximadamente en el momento de la ruptura de Tesla con Hammond, Fritz Lowenstein,

---

6. «Germans Treble Wireless Plant», *The New York Times* p. 1:6 (23 de abril de 1915).

7. «Tesla Sues Marconi», *The New York Times* p. 8:1 (4 de agosto de 1915).

8. Nikola Tesla a John Pierpont Morgan Jr. (23 de noviembre de 1914; 19 de febrero de 1915) [JPM].

9. Barnouw, E.: *A Tower in Babel: A History of Broadcasting in the United States to 1933. Vol. 1.* Oxford University Press, Nueva York, 1966. pp. 35-36.

que estaba pagando royalties a ambos hombres (y a Morgan, a través de Tesla), comenzó a instalar aparatos inalámbricos a bordo de los barcos de la Marina. Aunque Hammond también estaba utilizando el equipo para probar los misiles guiados, este trabajo fue clasificado y las patentes de Hammond quedaron inmunes a litigios.[10]

Aparte de la batalla prioritaria de Tesla, Telefunken también había demandado a Marconi, quien, a su vez, había demandado a la Marina de Estados Unidos y a Fritz Lowenstein por infracción de patente.

Durante la primavera siguiente, Telefunken citó a Marconi. Dada la importancia del caso, zarpó hacia Estados Unidos a bordo del *Lusitania*, a donde llegó en abril de 1915 para declarar. «Hemos visto un periscopio de un submarino alemán, dijo asombrado a los periodistas y a sus amigos en el muelle.[11] Como el mes anterior y sin previo aviso ya habían sido torpedeados por los submarinos alemanes tres buques mercantes, la incendiaria afirmación de Marconi no se tomó a la ligera.

El *Brooklyn Eagle* informó que esta demanda reunió a «algunos de los más grandes inventores del mundo para testificar».[12] Marconi, declarado vencedor en el proceso de Lowenstein por un juez del tribunal de distrito de Brooklyn, tenía claramente a la prensa detrás de él. Sin embargo, fue derrotado por la Marina en su primer encuentro, por lo que este caso contra Telefunken,[13] con todos los pesos pesados en la ciudad, prometía ser portentoso. Parecía que de una vez por todas quedarían establecidos en Estados Unidos los verdaderos derechos legales.

Aparte de Marconi, formó parte de la defensa el profesor de Columbia Michael Pupin, cuyo testimonio incluso fue citado en periódicos de California. Con cierta fanfarronería, Pupin declaró: «Inventé la tecnología sin hilos antes que Marconi o Tesla, ¡y fui yo quien se la dio sin reservas a los que vinieron después![14] Sin embargo –continuó Pupin–, fue el

---

10. Colección Hammond, Archivos Nacionales.

11. Jolly, W.: *Marconi*. Stein & Day, Nueva York, 1972. p. 225.

12. Ratzlaff, J. T. *et al.*: *Dr. Nikola Tesla Bibliography, 1884-1978*. Ragusen Press, Palo Alto, California, 1979. p. 100.

13. «Marconi Loses Navy Suit», *The New York Sun* (3 de octubre de 1914); correspondencia de Nikola Tesla a John Pierpont Morgan Jr. [JPM].

14. «Prof. Pupin Now Claims Wireless His Invention», *Los Angeles Examiner* (13 de mayo de 1915; Ratzlaff, J. T. *et al.*: *Dr. Nikola Tesla Bibliography, 1884-1884-1978*. Ragusen Press, Palo Alto, California, 1979. p. 100.

genio de Marconi quien le dio la idea al mundo, y enseñó al mundo cómo construir una práctica telegráfica sobre la base de esta idea. Como no patenté mis experimentos, en mi opinión, la primera concesión sobre la telegrafía sin hilos pertenece sin duda al Sr. Marconi, y a nadie más».[15] Al observar a su compañero serbio en el estrado, a Tesla se le cayó tanto la mandíbula que casi impactó contra el suelo.

Cuando Tesla subió al estrado en nombre de la Atlantic Communications Company, lo hizo acompañado de su abogado, Drury W. Cooper, de Kerr, Page & Cooper. A diferencia de Pupin, que sólo podía afirmar de manera abstracta que él era el inventor original, Tesla procedió a explicar de manera clara todo su trabajo del período comprendido entre 1891 y 1899. Documentó sus afirmaciones con transcripciones de artículos publicados, del texto de Martin y de conferencias públicas, como su conocida demostración inalámbrica que había presentado al público en San Luis en 1893. El inventor también mostró copias de sus diversas patentes requeridas que había creado mientras trabajaba en su laboratorio de Houston Street durante los años 1896 y 1899.

TRIBUNAL: ¿Cuáles fueron las mayores distancias entre las estaciones transmisoras y receptoras?

TESLA: Desde el laboratorio de Houston hasta West Point, creo que hay una distancia de unos cincuenta kilómetros.

TRIBUNAL: ¿Eso fue antes de 1901?

TESLA: Sí, fue antes de 1897…

TRIBUNAL: ¿Había algo oculto sobre los usos de su equipo o estaba abierto para que cualquiera pudiera utilizarlo?

TESLA: Había miles de personas, hombres distinguidos de todo tipo, desde reyes y los más grandes artistas y científicos del mundo hasta viejos amigos míos, mecánicos, para quienes mi laboratorio estaba siempre abierto. Se lo mostré a todos; hablaba libremente sobre ello.[16]

---

15. «When Powerful High-Frequency Electrical Generators Replace the Spark-Gap», *The New York Times*, p. 4:1 (6 de octubre de 1912).

16. «Marconi Wireless vs. Atlantic Communications Company» (1915) [LA].

Como prácticamente nadie conocía el experimento de West Point, esta afirmación era un tanto engañosa, si bien era cierto que miles de personas habían presenciado otros experimentos inalámbricos de Tesla, como el de San Luis en 1893. Refiriéndose explícitamente al sistema de Marconi, habiendo traído consigo la patente italiana junto con la suya propia, el inventor concluyó:

> TESLA: Si examina estos dos diagramas, observará que no queda absolutamente ningún vestigio de ese aparato de Marconi, y que en todos los sistemas actuales no hay nada más que mis circuitos de cuatro sintonizaciones.[17]

Otro golpe para Marconi provino de John Stone Stone (el apellido de soltera de su madre, casualmente, también era Stone). Tras viajar con su padre, un general del ejército de la Unión, por todo Egipto y el Mediterráneo cuando era niño, Stone se educó como físico en la Universidad de Columbia y en la Universidad Johns Hopkins, donde se graduó en 1890. Científico investigador de los Bell Labs en Boston durante muchos años, Stone había creado su propia empresa inalámbrica en 1899. Al año siguiente, solicitó una patente fundamental sobre sintonización, que fue autorizada por la Oficina de Patentes de Estados Unidos más de un año antes que la de Marconi.[18] Stone, que nunca se consideró el inventor original de la radio, como presidente del Instituto de Ingenieros de Radio y propietario de una empresa inalámbrica, elaboró un informe con las prioridades de los inventores en «aparatos de radiofrecuencia de onda continua». Pretendía determinar por sí mismo la etiología de la invención. Vestido con un traje elegante, pañuelo ascot de seda, cuello alto almidonado y quevedos sujetos con una cadena al cuello, el cosmopolita aristócrata subió al estrado:

---

17. Anderson, L. I. (ed.): *Nikola Tesla: On His Work with Alternating Currents and Their Application to Wireless Telegraphy, Telephony and Transmission of Power*. Sun Publishing, Denver, Colorado, 1992. p. 105.

18. Dunlap, O. E.: *Radio's 100 Men of Science. Biographical Narratives of Pathfinders in Electronics and Television*. Harper and Bros., Nueva York, 1944; «Marconi Wireless vs. United States», *Cases Adjudged in the Supreme Court*, vol. 320, p. 17 (octubre de 1942). Obviamente, esta característica también era parte del diseño de Tesla, aunque el tribunal finalmente dictaminó que Stone era el creador.

Marconi, inspirado por Hertz y Righi, quedó impresionado con el aspecto de la radiación eléctrica [...] y pasó mucho tiempo antes de que pareciera apreciar el papel real de la Tierra [...], aunque reconoció tempranamente que la conexión de su oscilador a la Tierra tenía un valor muy material [...], La explicación de las ondas eléctricas terrestres de Tesla era más útil porque explicaba cómo las ondas podían viajar por encima y alrededor de colinas y no se veían obstruidas por la esfericidad de la superficie terrestre, mientras que la interpretación de Marconi llevaba a muchos a limitar demasiado el alcance posible de la transmisión [...], Con la eliminación del espinterómetro de la antena, el desarrollo de la antena conectada a tierra y el aumento gradual del tamaño de las estaciones [...], se podría conseguir un mayor alcance con mayor potencia utilizada a frecuencias más bajas y el arte volvió al estado en el que Tesla lo desarrolló.

Atribuyendo a la oposición, y, qué pena, incluso a él mismo, haber padecido una «miopía intelectual», Stone concluyó que, aunque había estado diseñando equipos sin hilos y dirigiendo empresas inalámbricas desde principios de siglo, no fue hasta que «comenzó con este estudio» que realmente entendió la contribución «pionera» de Tesla al desarrollo de este campo. «Creo que todos hemos entendido mal a Tesla –concluyó Stone–. Estaba tan adelantado a su tiempo que los mejores de nosotros lo confundimos con un soñador».[19]

Otro caso que no recibió mucha publicidad pero que resultó vital para el fallo de la Corte Suprema de 1943 a favor de Tesla fue «Marconi contra la Marina de Estados Unidos», presentado el 29 de julio de 1916. El italiano pedía 43 000 dólares por daños y perjuicios, demandando por infracción de la patente inalámbrica fundamental n.º 763.772, que había sido autorizada en junio de 1904.

E. F. Sweet, secretario interino de la Marina, y el subsecretario Franklin D. Roosevelt iniciaron una correspondencia en septiembre para revisar el expediente de Tesla de 1899 ante la Comisión de Faros.[20]

---

19. Anderson, L. I. (ed.): «John Stone Stone on Nikola Tesla's Priority in Radio and Continuous-Wave Radiofrequency Apparatus», *The Antique Wireless Review*, vol. 1 (1986).

20. Correspondencia entre E. F. Sweet y Franklin D. Roosevelt en referencia a Tesla (14 de septiembre de 1916; 16 de septiembre de 1916; 26 de septiembre de 1916) [AN].

La historia de las solicitudes de patentes de Marconi ante la Oficina de Patentes de Estados Unidos proporcionó munición adicional. En 1900, John Seymour, el comisionado de patentes, que había protegido a Tesla frente a las demandas de Michael Pupin de una concesión sobre corriente alterna en ese mismo momento, descalificó los primeros intentos de Marconi de lograr una patente debido a concesiones anteriores de Lodge y Braun y particularmente de Tesla. «La pretendida ignorancia de Marconi sobre la naturaleza de un "oscilador de Tesla" es poco menos que absurda —escribió el comisionado—. Desde las famosas conferencias de 1891-1893 de Tesla [...], ampliamente publicadas en todos los idiomas, el término "oscilador de Tesla" se ha convertido en una expresión familiar en ambos continentes». La oficina de patentes también mencionó citas del propio Marconi en las que admitía el uso de un oscilador de Tesla.

Dos años más tarde, en 1902, a Stone se le concedió su patente sobre sintonización que el gobierno mencionó como un adelanto a la de Marconi, y dos años después, después de que Seymour se jubilara, a Marconi se le concedió su tristemente célebre patente de 1904.[21]

Edwin Howard Armstrong

«Me divertí mucho en Columbia —dijo Armstrong—. El profesor de física de ese semestre menospreció con altivez los experimentos de Nikola Tesla. Incluso llegó a decir que había muy poca originalidad en Tesla». Armstrong, siempre un estudiante audaz, utilizó la ignorancia del profesor sobre las enseñanzas de Tesla para hacer que el hombre recibiera una fuerte descarga de algún equipo eléctrico. «No podía soltarse y arrancó la mayor parte del aparato de la mesa antes de que se cortara la corriente».[22]

---

21. Anderson, L. I.: «Priority in the Invention of the Radio: Tesla vs. Marconi», *Tesla Journal*, n.º 2-3, pp. 17-20 (1982–1983).
22. Lessing, L.: *Man of High Fidelity: Edwin Howard Armstrong*. Lippincott, Nueva York, 1956. pp. 42-43.

Justo después de graduarse, Armstrong inventó un amplificador de retroacción, que era, en esencia, un perfeccionamiento y un desarrollo del audión de De Forest. Influenciado por el «efecto Edison» o flujo de electrones estudiado por Tesla a principios de la década de 1890 en su tubo de vacío «de heces», Armstrong había descubierto una manera de amplificar la sensibilidad y aumentar la potencia del audión De Forest a otra magnitud conectando un segundo circuito a la rejilla interna del audión. El resultado final era que con este nuevo invento el joven podía captar mensajes inalámbricos de Nueva Escocia, Irlanda, Alemania, San Francisco e incluso Honolulu.

Como Armstrong era uno de los alumnos destacados del profesor Pupin, éste pudo concertar reuniones con Lee De Forest, David Sarnoff, en representación de Marconi Wireless, y el Dr. Karl Frank, director de la Atlantic Communications Company. Como el audión de De Forest estaba en el meollo del nuevo dispositivo, De Forest afirmó que el «ultra-audión» era su propia invención, por lo que Marconi Wireless se hizo a un lado esperando a que las aguas se calmaran. Frank, por otro lado, hizo que Armstrong instalara el equipo en la planta inalámbrica de Sayville y le pagó unos royalties de cien dólares al mes.[23] Destinado a inventar la radio AM y FM e inconformista por naturaleza, este nuevo mago recién llegado había llegado a su descubrimiento en 1912 porque había rechazado el espinterómetro de Marconi con el que todavía trabajaban la mayoría de sus colegas y, como Stone, se metió de lleno en la tecnología de onda continua desarrollada por Tesla.

Dado que el profesor Pupin formó a muchos miembros de la nueva generación de ingenieros eléctricos, no es de extrañar que pocos de ellos tuvieran el sentido común de Armstrong para ver que el éxito de Marconi se basaba en el trabajo de otro y, además, que Marconi tuvo éxito a pesar del hecho de que sólo entendía parcialmente lo que Tesla había intentado. Cegado por la investigación del espinterómetro hertziano, Marconi difundió su «visión miope» a través de Pupin a las extensas hordas de investigadores en el campo de la tecnología inalámbrica, y esta política ha continuado hasta el día de hoy. Con el éxito temprano muy visible de Marconi, su empresa inalámbrica de gran envergadura y el Premio Nobel a su lado de la balanza, resultaba mucho más fácil atribuir-

23. Ibíd. pp. 66-80.

le el mérito del descubrimiento. La Gran Guerra en curso sirvió para enturbiar aún más el problema, ya que la importante batalla legal entre Atlantic Cable Company (Telefunken) y Marconi Wireless fue abandonada antes de resolverse.

Debido a los peligros que existían en alta mar y a los rumores de que los alemanes buscaban la cabeza de Marconi, el senador no regresó en el *Lusitania*, sino que lo hizo en el *St. Paul* con una identidad y un nombre falsos.

Marconi zarpó mientras el nuevo director del AIEE, John S. Stone, era homenajeado en una cena a la que asistía un popurrí de líderes de la industria. Entre los invitados se encontraban Lee De Forest, que iba a recibir un cuarto de millón de dólares por la venta de sus patentes a AT&T; J. Andrew White, editor de la revista *Wireless Age*; David Sarnoff, que estaba a punto de lanzar su imperio radiofónico; Rudolf Goldschmidt, la fuerza detrás de la planta de Tuckerton; Arthur Edwin Kennelly; Fritz Lowenstein, que pronto iba a ganar 150 000 dólares de AT&T por uno de sus inventos, y Nikola Tesla, que se colocó entre De Forest y Lowenstein para una fotografía oficial.[24]

Quince días después, en mayo de 1915, un submarino alemán torpedeó el *Lusitania* y mató a 1134 personas. El hundimiento, en lugar del procedimiento alternativo de abordar barcos de pasajeros desarmados para controlar la carga, fue algo inaudito. Es muy posible que Marconi hubiera sido un objetivo; sin embargo, los alemanes se justificaron en el cargamento de armamento que llevaba a bordo con destino al Reino Unido. Con sólo 750 supervivientes, este blanco fácil se cobró casi tantas vidas como el hundimiento del *Titanic*. Según Lloyd Scott, de la Junta Consultiva de la Marina, «los informes de prensa afirmaban que los alemanes parecían gozar con este crimen y que se hicieron celebraciones en diversos lugares de Alemania. Se llegaron a acuñar medallas para conmemorar el hundimiento y se dio vacaciones a los niños en edad escolar».[25] Teddy Roosevelt, que ya no era neutral, afirmó que el suceso era «un asesinato en mar abierto».

---

24. [DKS].

25. Scott, L.: *Naval Consulting Board of the United States.* Government Printing Office, Washington D.C., 1920.

La enorme pérdida de vidas, sin embargo, no impidió que George Sylvester Viereck apoyara la posición alemana. Tras viajar en zepelín sobre Berlín durante la guerra, Viereck afirmó en el *The New York Times* que, si las armas hubieran llegado a Inglaterra, «habrían muerto más alemanes que los que murieron en el ataque [del *Lusitania*]». El insensible argumento de Viereck encendió la población en su contra. El antaño aclamado poeta era recibido como «un sapo traidor hinchado de veneno».[26]

El enemigo parecía estar en casa. Había espías alemanes por todas partes. Comenzaron a filtrarse informes de que los alemanes estaban creando una base secreta de submarinos alrededor de islas frente a la costa de Maine. También se afirmaba que la estación de radiodifusión de Sayville no sólo enviaba despachos neutrales a Berlín, sino también mensajes codificados a buques de guerra y submarinos.

Como sólo unos meses antes, Tesla se había jactado ante Morgan de que estaba trabajando para los alemanes y el *The New York Times* informó en su portada de que «el gran almirante von Tirpitz estaba contemplando una campaña más intensa contra los buques de carga y planeando una base secreta en este lado del Atlántico»,[27] es muy posible que el inventor se contaminara con un poco de «sangre de sapo hinchado de veneno».

El 2 de julio de 1915, la cámara del Senado en Washington fue atacada con una bomba terrorista. Al día siguiente, el fanático que la puso, Frank Holt, profesor de alemán de la Universidad de Cornell, entró en la casa de Jack Morgan en Long Island con un revólver en cada mano. Mientras su esposa y su hija saltaban sobre el agresor, Morgan cargó hacia adelante. Con dos disparos en la ingle, Morgan pudo, con la ayuda de su imponente esposa, arrebatarle las armas al hombre y conseguir que lo arrestaran. Mientras se recuperaba en el hospital, el héroe recibió una carta de buenos deseos de Nikola Tesla.[28]

26. Johnson, N. M.: *George Sylvester Viereck: German-American Propagandist.* University of Illinois Press, Chicago, 1972. pp. 23, 34.

27. «Germany to Sink the Armenian. Navy May Seize Sayville Wireless», *The New York Times*, p. 1:4-7 (1 de julio de 1915).

28. Nikola Tesla a John Pierpont Morgan Jr. (julio de 1915) [BC].

Cuando fue interrogado, Holt afirmó que no había planeado matar al monarca de Wall Street, sino que sólo pretendía que el financiero suspendiera el flujo de armas a Europa. Unos días más tarde, cuando Morgan se recuperó rápidamente y despidió a todos los trabajadores alemanes y austríacos de su oficina, el pacifista se suicidó en su celda. Su secreto había sido desvelado. El verdadero nombre de Holt era Dr. Erich Muenter, un antiguo profesor de alemán de Harvard que había desaparecido tras asesinar a su esposa con veneno en 1906.[29]

Una semana más tarde, en el quincuagésimo noveno aniversario de Tesla, el *The New York Times* informó de que los alemanes no sólo estaban arrojando bombas sobre Londres desde zepelines, sino que también «controlaban los torpedos aéreos» mediante sistemas de radiodinámica. Lanzados desde zepelines, los supuestos «torpedos aéreos alemanes teóricamente podían permanecer en el aire hasta tres horas y podían ser controlados desde más de tres kilómetros de distancia [...]. Sin duda, éste es el invento secreto del que tantos rumores hemos oído y que los alemanes tienen reservado para la flota británica».[30] Aunque parecía que los autómatas diabólicos de Tesla se hubieran hecho realidad, como el mago había predicho una década antes, el propio Tesla anunció a la prensa que «las noticias de estas bombas mágicas no pueden aceptarse como ciertas, [si bien] revelan muchas posibilidades sorprendentes».

«Horrorizado por el pernicioso régimen existente de los alemanes», Tesla acusó a Alemania de ser «un autómata insensible, un dispositivo diabólico para una destrucción científica, despiadada y total como nunca se había soñado [...]. Tal es el formidable motor que Alemania ha perfeccionado para la protección de su Kultur y la conquista del planeta». Prediciendo la derrota definitiva de la patria, el serbio, cuyos antiguos compatriotas luchaban por su propia supervivencia contra el káiser, sin duda dejó de hacer negocios con von Tirpitz, aunque es muy probable que continuara su relación con el profesor Slaby, quien pudo haberse opuesto moralmente a la guerra.

---

29. «John Pierpont Morgan Shot by Man Who Set the Capitol Bomb», *The New York Times* (3 de julio de 1915).

30. «Wireless Controls German Air Torpedo», *The New York Times*, p. 3:6-7 (10 de julio de 1915).

La solución de Tesla a la guerra era doble: una mejor defensa, mediante un escudo electrónico tipo Star Wars en el que estaba trabajando, y «la erradicación del nacionalismo de nuestros corazones». Si el patriotismo ciego pudiera ser sustituido por «el amor a la naturaleza y al ideal científico [...], se podría establecer una paz permanente».[31]

El período comprendido entre 1915 y la fecha de la entrada de Estados Unidos en la guerra en 1917 estuvo marcado por numerosos informes de espionaje. Los espías se habían infiltrado en el Astillero Naval de Brooklyn para utilizar la estación para enviar mensajes secretos codificados a Berlín y a través de Richard Pfund, director de la planta de Sayville, también habían instalado equipos en el tejado del 111 de Broadway, el edificio que albergaba las oficinas de Telefunken.[32] Poco después de la entrada de Estados Unidos en la guerra, Tesla explicó a Scherff que el teniente Emil Meyers, «que dirigió la operación Tuckerton [estaba detenido] en un centro de detención en Georgia», sospechoso de espionaje.[33] Así pues, el estipendio mensual de Telefunken llegó a un final abrupto.[34]

El secretario de Marina, cuyo trabajo pasó a hacerse cargo de todas las estaciones inalámbricas, era Josephus Daniels; su asistente era Franklin Delano Roosevelt. En el verano de 1915, Daniels, que seguía activamente el trabajo de Jack Hammond, había leído una entrevista reciente con Thomas Alva Edison. Impresionado con el contenido, el secretario llamó a Edison y concertó una reunión con la idea de crear un consejo asesor de inventores. La esperanza era que, en caso de que el país entrara en

31. Tesla, N.: «Science and Discovery Are the Great Forces Which Will Lead to the Consummation of the War», *The New York Sun* (20 de diciembre de 1914), en Popović, V. *et al.*: *Nikola Tesla: Lectures, Patents, Articles*. Museo Nikola Tesla, Belgrado, 1956. A-162-171.

32. «Federal Agents Raid Offices Once Occupied by Telefunken. Former Employee Richard Pfund Charged; No Arrests Made», *The New York* Times, p. 4:4 (5 de marzo de 1918).

33. Nikola Tesla a George Scherff (25 de diciembre de 1917) [BC].

34. Cheque de royalties a Nikola Tesla por 1567 dólares de Hochfrequenz Maschienen Aktievgesell Schaft for drachlose Telegraphic (Sociedad anónima de máquinas de alta frecuencia para telegrafía inalámbrica) (1917) [Swezey Col.]. Tuckerton todavía era propiedad de los alemanes, aunque había sido incautado por la Marina de Estados Unidos, y Tuckerton, con pleno conocimiento del director de Comunicaciones Navales, había acordado pagar royalties a Tesla; véase Nikola Tesla a George Scherff (12 de octubre de 1917) [BC].

guerra, se pudiera crear un grupo de expertos civiles, muy parecido al creado en el Reino Unido. (La junta consultiva del Reino Unido incluía a J. J. Thomson, W. H. Bragg, sir William Crookes, sir Oliver Lodge y Ernest Rutherford). Edison, que había recibido amenazas de muerte por parte de la quinta columna, se convirtió en presidente de esta junta consultiva. Trabajando al lado de Franklin D. Roosevelt, Edison nombró a numerosos inventores para diversos puestos, incluidos Gano Dunn, Reginald Fessenden, Benjamine Lamme, Irving Langmuir, Robert A. Millikan, Michael Pupin, Charles S. Scott, Elmer Sperry, Frank Sprague y Elihu Thomson. También se incluyó al periodista Waldemar Kaempffert por su habilidad como escritor.[35]

Es posible que el vínculo de Tesla con Telefunken fuera el motivo por el cual su nombre no apareciera en la lista, aunque muchos otros inventores también fueron excluidos, como Hammond, Stone y De Forest. Tesla tampoco volvería a trabajar para Thomas Edison. De todos modos, el trabajo de Tesla era sin duda vital para el gobierno. Cuando el presidente Wilson permitió que su asesor, el coronel William House, estableciera un fondo secreto para que Hammond desarrollar los inventos de Tesla, el propio Tesla cayó en un ámbito más subrepticio.[36]

---

35. Scott, L.: *Naval Consulting Board of the United States.* Government Printing Office, Washington D.C., 1920.

36. Entrevista con Andrija Puharich (1984). Según Puharich, los documentos Hammond/Tesla fueron retirados del Museo Hammond en Gloucester (Massachusetts) tras la muerte de Hammond, y clasificados como ultrasecretos en algún momento de 1965. Este autor ha leído muchos de estos documentos de los Archivos Nacionales a través de la Ley por la Libertad de la Información (FOIA por sus siglas en inglés, Freedom of Information Act).

41
La audiencia invisible (1915-1921)

Querido Tesla:
Cuando llegue el Premio Nobel, recuerda que resisto en mi
casa por los pelos y necesito desesperadamente dinero en efectivo.
Ninguna justificación por mencionar el asunto.
Sinceramente,

RUJ[1]

El 6 de noviembre de 1915, el *The New York Times* publicó en su primera página que Tesla y Edison compartirían el Premio Nobel de Física ese
año. La fuente del informe era «el corresponsal en Copenhague del *The
Daily Telegraph* [londinense]». Aunque el propio Tesla remitió a J. P.
Morgan Jr. copias originales del anuncio (que también apareció en varias
otras revistas),[2] ni Tesla ni Edison recibieron nunca el Premio Nobel.

Tratando de determinar qué sucedió, las biógrafas de Tesla, Inez
Hunt y Wanetta W. Draper, escribieron a principios de la década de
1960 al Dr. Rudberg de la Real Academia Sueca de las Ciencias. Rudberg, refiriéndose a un acontecimiento que aconteció medio siglo antes,
respondió: «Cualquier rumor de que una persona no haya recibido el
Premio Nobel porque ha hecho saber su intención de rechazar la recompensa es ridículo». Por lo tanto, concluyeron que el asunto era «una broma sarcástica».[3]

Curiosamente, este mismo artículo del *The New York Times* mencionaba a otras cuatro personas candidatas al Premio Nobel de Literatura y

---

1. Robert Underwood Johnson a Nikola Tesla (marzo de 1916) [BC].
2. Nikola Tesla a John Pierpont Morgan Jr. [JPM].
3. Hunt, I. *et al.*: *Lightning in His Hands: The Life Story of Nikola Tesla.* Omni Publications, Hawthorne, California, 1964. pp. 170-171.

Química que tampoco recibieron el galardón ese año, aunque tres de ellas acabaron ganándolo. El cuarto, Troeln Lund, al igual que Tesla y Edison, nunca recibió el honor.[4]

Aunque el anuncio tuvo lugar en noviembre de 1915, en realidad el proceso de nominación había concluido nueve meses antes. El comité de física lo conformaban diecinueve científicos y a cada uno se le permitió nominar dos candidatos. De los treinta y ocho votos, dos fueron para los inventores de la tecnología sin hilos, E. Branly y A. Righi; dos fueron para el físico cuántico Max Planck; Tom Edison recibió un voto, y los Braggs se llevaron cuatro. De acuerdo con los registros de la Real Academia, ese año Nikola Tesla no fue nominado. (Sin embargo, faltaban dos candidaturas en sus archivos, la número 33 y la número 34). Una semana después del anuncio del *The New York Times*, el 14 de noviembre, Estocolmo anunció que el profesor William H. Bragg y su hijo compartirían el premio de física.

El hombre que nominó a Edison, Henry Fairfield Osborn, rector de la Universidad de Columbia (que veinte años antes había concedido a Tesla un doctorado honorario), se disculpó ante el comité por presentar el nombre de Edison. «Aunque algo alejado de la línea de nominaciones anteriores –escribió Osborn, matizando su decisión–, me gustaría sugerir el nombre del Sr. Thomas A. Edison [...] quien es, gracias a sus inventos, uno de los grandes benefactores de la humanidad». Tesla no sería nominado hasta 1937 (por Felix Ehrenhaft de Viena, quien previamente había nominado a Albert Einstein).[5]

Ciertamente, tanto Tesla como Edison merecían tal premio, y es sorprendente que: 1) ninguno de los dos lo hubiera recibido nunca y 2) nadie en ese momento descubriera la razón que había detrás de este curioso capricho de la historia.

O'Neill, después de entrevistar a Tesla sobre el tema, afirmó que Tesla «hizo una distinción definitiva entre el inventor, que refinaba la tecno-

---

4. Para el Premio Nobel de Literatura, el periódico mencionaba a Romain Rolland, Hendrik Pontoppidan, Troeln Lund y Verner von Heidenstam, mientras que, siempre según el *The New York Times*, Theodor Svedberg sería el ganador del Premio Nobel de Química. De todos ellos, sólo Rolland fue galardonado ese año, mientras que los otros, con la excepción de Lund, acabarían ganándolo con posterioridad.

5. Nominaciones al Premio Nobel de los años 1915 y 1937 [Archivos de la Real Academia Sueca de las Ciencias]; correspondencia con Leland I. Anderson (1991).

logía preexistente, y el descubridor, que creaba nuevos principios [...].
Tesla se declaró a sí mismo un descubridor y Edison un inventor; y defendía la opinión de que colocar a los dos en la misma categoría destruiría por completo todo sentido del valor relativo de los dos logros».[6]

Se puede encontrar apoyo a esta interpretación en una carta que Tesla escribió en 1899 a la Comisión de Faros en Washington desde su estación experimental de Colorado Springs. La Marina le había escrito a Tesla que «preferirían» entregar su inminente contrato inalámbrico a un estadounidense en lugar de a Marconi.

«Caballero –respondió Tesla secamente–. Por mucho que valoro sus avances, me veo obligado a decir, en justicia hacia mí mismo, que nunca aceptaría una preferencia por ningún motivo [...], ya que estaría compitiendo contra algunos de los que siguen mi camino [...]. Cualquier ventaja pecuniaria que pueda obtener al hacer uso de este privilegio es un asunto de la más absoluta indiferencia para mí».[7] Si nadie más reconociera su genio, Tesla ciertamente sí. No se lo pensaría dos veces antes de renunciar a dinero en efectivo ante la perspectiva de ser comparado, en este caso con Marconi.

La siguiente carta a Johnson, que el inventor se tomó el tiempo de reescribir con cuidado, fue escrita apenas cuatro días después del anuncio y cuatro días antes de la decisión de Suecia de otorgar el premio a los Braggs.

Mi querido Luka:
Gracias por tus felicitaciones [...]. Para un hombre de tu enorme ambición, tal distinción significa mucho. Dentro de mil años habrá muchos miles de ganadores del Premio Nobel. Pero tengo al menos cuatro docenas de mis creaciones identificadas con mi nombre en la literatura técnica. Son honores reales y permanentes que no conceden unos pocos propensos a equivocarse, sino el mundo entero que rara vez se equivoca, y por cualquiera de ellos daría todos los Premios Nobel que se repartirán durante los próximos mil años.[8]

---

6. Es probable que la fecha de 1912 que aparece en el libro de O'Neill, y que a menudo se repite en varios artículos de revistas, se trate de un error tipográfico en la biografía, O'Neill, J. J.: *Prodigal Genius: The Life of Nikola Tesla*. Ives Washburn, Nueva York, 1944. p. 229.
7. Nikola Tesla a la Comisión de Faros (27 de septiembre de 1899) [AN].
8. Nikola Tesla a Robert Underwood Johnson (10 de noviembre de 1915) [BBUC].

Este pasaje estaba contenido en su totalidad en el texto de Hunt y Draper; sin embargo, concluyeron erróneamente que este mensaje «sobrio» se vio ensombrecido por el «regocijo» debido al anuncio.[9] Johnson también entendió incorrectamente todas las implicaciones de la carta, porque en marzo de 1916 se refirió al premio, esperando plenamente que Tesla lo recibiera.[10]

En la entrevista del *The New York Times* al día siguiente de su anuncio, Tesla afirmó que Edison era «merecedor de una docena de premios Nobel». Los diversos biógrafos de Tesla asumieron que se trataba de una declaración pública felicitando a Edison, cuando en realidad se trataba de un picante *desaire* al Comité del Nobel. Tesla estaba afirmando entre líneas que el Comité del Nobel sólo reconocía pequeños logros en lugar de conceptualizaciones verdaderamente originales.

«Un hombre pone aquí [en mi bobina Tesla] una especie de espacio; recibe un Premio Nobel por hacerlo [...]. No puedo evitarlo».[11] Por lo tanto, todas las «las pequeñas mejoras insustanciales» que hacía Edison podrían ser respetadas, pero, en opinión de Tesla, ninguna de ellas consistía en la *creación de nuevos principios*, sino que eran simplemente refinamientos de aparatos existentes.

Edison probablemente hubiera estado de acuerdo con Tesla en este punto, ya que la mayoría de sus inventos fueron en realidad desarrollos posteriores del trabajo de otras personas. Sin embargo, también hizo descubrimientos y creaciones originales. Según su propia opinión, su aportación más importante fue el fonógrafo, que ciertamente fue obra de un genio, incluso según el criterio de Tesla, y merecedor de un Premio Nobel. Además, el éxito incomparable de Edison al hacer realidad creaciones prometedoras fue exactamente el fracaso de Tesla, y eso también fue un regalo que situó a Edison en una categoría aparte.

9. Hunt, I. *et al.*: *Lightning in His Hands: The Life Story of Nikola Tesla*. Omni Publications, Hawthorne, California, 1964. p. 167.

10. Robert Underwood Johnson a Nikola Tesla (marzo de 1916) [BC].

11. Probablemente Karl Braun, quien compartió en 1909 el Premio Nobel con Marconi; Anderson, L. I. (ed.): *Nikola Tesla: On His Work with Alternating Currents and Their Application to Wireless Telegraphy, Telephony and Transmission of Power*. Sun Publishing, Denver, Colorado, 1992. p. 48.

Es muy posible que también enviara al comité del Nobel una carta muy parecida a la que envió a Johnson o a la Comisión de Faros. Si esta hipótesis es correcta, habría persistido un prejuicio contra Tesla y Edison, y esto explicaría la posición indefendible de la Real Academia Sueca de las Ciencias de no honrar nunca a ninguno de estos dos grandes científicos.

MAGO ABRUMADO POR LAS DEUDAS
El inventor testifica que le debe al Waldorf
que no tiene ni un céntimo en el banco[12]

A medida que 1915 llegaba a su fin, Tesla comenzó a encontrarse en apuros financieros cada vez más acuciantes. Si bien ese año fue recibida favorablemente una fuente de agua eficiente que diseñó,[13] sus gastos generales todavía eran demasiado elevados. Los gastos incluían desembolsos por el trabajo de la turbina en la estación Edison, su espacio de oficina en el edificio Woolworth, los salarios de sus asistentes y de la Sra. Skerritt, su nueva secretaria, deudas pasadas con personas como los Johnson y George Scherff, costes de mantenimiento de Wardenclyffe, gastos legales en litigios de casos relacionados con la comunicación sin hilos y su alojamiento en el Waldorf-Astoria.

Algunos de los gastos fueron aplazados, sobre todo los del hotel, pero la paciencia de Boldt había llegado a su límite. El asombroso pasotismo y el aire noble de Tesla se habían agotado. Comenzaron a circular rumores sobre carcajadas y olores peculiares que salían de la suite del inventor. Las empleadas se quejaban de que había una cantidad excesiva de excrementos de paloma en los alféizares de las ventanas. Boldt hizo llegar a Tesla una factura por el alquiler total adeudado, casi 19 000 dólares. Esos mismos días, Tesla recibió una demanda de 935 dólares por impuestos aún adeudados sobre Wardenclyffe.

Tesla transfirió la propiedad de Wardenclyffe a Boldt justo cuando fue llamado a comparecer ante la corte suprema del Estado. Ante el juez Finch, el inventor reveló que «no poseía bienes inmuebles ni acciones y

---

12. «Tesla No Money; Wizard Swamped by Debts, He Vows», *The New York World* (18 de marzo de 1916).

13. «Nikola Tesla's Fountain», *Scientific American* (13 de febrero de 1915).

que, en conjunto, sus pertenencias eran insignificantes». Bajo juramento, Tesla reveló que vivía en el prestigioso Waldorf «principalmente a crédito», que su empresa «no tenía activos pero recibía suficientes royalties sobre las patentes para pagar los gastos» y que la mayoría de sus patentes fueron vendidas o cedidas a otras empresas. Cuando se le preguntó si poseía un automóvil o caballos, el inventor respondió que no.

—Bueno, ¿no tiene joyas?

—Nada de joyas; las aborrezco.[14]

Este embarazoso artículo fue publicado en el *New York World* para que todo el mundo lo viera. Sin embargo, como era costumbre con cualquier artículo que hacía referencia a él, el inventor hizo que su secretaria pegara el *mea culpa* en el último volumen de recortes de prensa. Con un aspecto muy parecido a una enciclopedia de varios volúmenes, este texto, junto con sus otros registros y correspondencia, proporcionaría para la posteridad un relato preciso de la rica y complicada vida del inventor. Tesla había elegido cuidadosamente sus palabras cuando habló bajo juramento ante el juez. Por mucho que detestara encontrarse en la posición de un deudor, quería que los Morgan, Marconi, Franklin Roosevelt y Woodrow Wilson supieran de su difícil situación, porque en última instancia esta vergüenza sería tanto de ellos como de él. Incluso T. C. Martin se había vuelto contra él, escribiendo mezquinas cartas a Elihu Thomson en las que se quejaba de cómo Tesla le sacaba dinero para la obra que había creado a partir de las obras completas del inventor una generación atrás.[15]

Con el fin de recaudar fondos de diversas maneras, Tesla siguió intentando comercializar su velocímetro, presionando para obtener dinero de empresas estadounidenses para las turbinas sin álabes y recaudando pagos de royalties de Lowenstein y Telefunken por las plantas de Tuckerton y Sayville. El veterano estadista de la invención también continuó escribiendo artículos periodísticos para el *New York World* y el *The New York Sun* a cambio de dinero en efectivo, y también se dedicó a explotar otras creaciones, como sus máquinas electroterapéuticas, con el Dr. Morrell.

---

14. «Can't Pay Taxes», *New York Tribune* (18 de marzo de 1916); «Wardenclyffe Property Foreclosure Proceedings», *New York Supreme Court* (hacia 1923) [archivos de Leland I. Anderson].

15. Abrahams, H. J. *et al.* (eds.): *Selections from the Scientific Correspondence of Elihu Thomson*. Academic Press, Nueva York, 1971.

Tesla le escribió a Scherff que esperaba obtener del mercado médico entre tres y cuatro millones de dólares.[16]

La publicación en el foro público de su precario estado y la transferencia de Wardenclyffe a otro equipo produjeron en Tesla un profundo sentimiento de ira y la correspondiente vergüenza; hasta el momento el mundo lo había tildado oficialmente de fracaso. Si el éxito se mide por cuestiones materiales, resultaba evidente que Tesla era el fracaso personificado.

Exteriormente, el inventor guardaba las apariencias, pero este suceso supondría un punto de inflexión en su vida. Comenzaba a alejarse lenta pero constantemente de la sociedad. Simultáneamente, viajó para vivir en otros estados, en parte para hacer negocios en una atmósfera nueva y en parte para alejarse de un ambiente hostil. Escribió una carta a Henry Ford en Detroit, esperando, por fin, que el magnate del automóvil reconociera las grandes ventajas de su máquina de vapor.

«Estaba tan seguro de que algún día [Ford] aparecería que lo declaré como algo seguro a mi secretaria y a mis asistentes», predijo Tesla con confianza a Julius Czito, el hijo de Coleman, que ahora trabajaba para él. «Efectivamente, una buena mañana, un grupo de ingenieros de la Ford Motor Company se presentó para discutir conmigo un importante proyecto», reveló Tesla unos años más tarde.

—¿No os lo había dicho? –le comenté triunfalmente.

—Es usted increíble, Sr. Tesla; todo sale exactamente como predice –respondió Julius.

—Tan pronto como estos hombres de cabeza dura se sentaron –continuó Tesla–, inmediatamente empecé a ensalzar las maravillosas características de mi turbina, cuando los portavoces me interrumpieron y dijeron: «Sabemos todo esto, pero estamos en una misión especial. Hemos formado una sociedad psicológica para la investigación de los fenómenos psíquicos y queremos que se una a nosotros en esta empresa».

Asombrado, Tesla contuvo su indignación el tiempo suficiente para escoltar a los exploradores descarriados hasta la calle.[17]

16. Nikola Tesla a George Scherff (25 de abril de 1916) [BC].

17. Tesla, N.: *My Inventions: The Autobiography of Nikola Tesla.* Hart Brothers, Williston, Vermont, 1982. p. 103. (Trad. cast.: *Mis inventos.* Ediciones Obelisco, Barcelona, 2022. pp. 97-98).

Una reunión con una princesa

Afectado por una gripe durante el primer mes de 1916, Tesla apareció en los periódicos posando para un retrato de la provocativa pintora princesa Vilma Lwoff-Parlaghy. Hija de la baronesa von Zollerndorff y casada y divorciada del príncipe Lwoff de Rusia, Vilma había pintado retratos de grandes personajes como el mariscal de campo von Moltke, Bismarck, la baronesa Rothschild, Andrew Carnegie, Thomas Edison y Theodore Roosevelt Jr. Reacio al principio a sentarse debido a sentimientos supersticiosos de premonición, Tesla acabó accediendo y encontró una cómoda silla entre las diversas mascotas de su alteza, que incluían, en un momento u otro, «dos perros, un gato de Angora, un oso, un cachorro de león, un caimán, ibis y dos halcones». Expulsada hacía poco del Plaza por facturas impagas que ascendían a un total de 12 000 dólares, tal vez la princesa compartió unas buenas risas con el noble serbio, quien se encontraba en una situación similar. La pintura fue reproducida en *Electrical Experimenter* en 1919 y, más adelante, en la portada de *Time* por el septuagésimo quinto cumpleaños de Tesla, en 1931.[18]

Durante este período el hijo de la hermana de Tesla, Nicholas Trbojevich, un inventor que quería trabajar como asistente de su tío, se fue a vivir a Estados Unidos. Según parece, Tesla no podía pasar mucho tiempo con su sobrino. Al sentirse rechazado, Trbojevich recurrió a la comunidad serbia local, donde conoció al dispuesto profesor Michael Pupin, quien tomó al muchacho «bajo su protección» y lo llevó a recorrer la ciudad. Trbojevich se ganó el cariño del gran profesor y se hicieron amigos. Trbojevich llegó a desarrollar, en las décadas de 1920 y 1930, el engranaje hipoide y varias mejoras sofisticadas en la dirección para la industria automotriz. Trabajando con principios matemáticos, este inventor diseñó una forma elegante de bajar casi treinta centímetros el eje de transmisión, que va desde el motor hasta el eje trasero. Gracias a este avance se pudieron eliminar los estribos, permitiendo así que el coche fuera más aerodinámico. Al mismo tiempo, le permitió ganar a Trbojevich una buena suma de dinero. Cuando se mudó a Detroit a finales de la década de 1920, Trbojevich continuó manteniendo corresponden-

---

18. Anderson, L. I.: «Tesla Portrait by the Princess Vilma Lwoff-Parlaghy», *Tesla Journal*, n.º 4-5, pp. 72-73 (1986-1987).

cia con el tío Nikki, quien también fue a visitarlo durante la época de la Gran Depresión.[19]

En febrero, Tesla recibió una carta de su ardiente admirador John (Jack) O'Neill, que estaba trabajando como corresponsal de noticias para un diario de Long Island y estaba a punto de ser contratado por el *Herald Tribune*. El joven le recordó su encuentro de 1907 en el metro y adjuntó el siguiente poema, «A Nikola Tesla», como un «homenaje infinitesimal a la grandeza del inventor»:

> *El hombre más glorioso de todas las edades*
> *Naciste para pronosticar días más grandes*
> *Donde las maravillas que presagia tu magia*
> *Alterará nuestras costumbres arcaicas.*
>
> *Tus bobinas con su jugo oscilando*
> *Enviaron sobretensiones eléctricas a través de la Tierra*
> *Enviaron grandes energías reverberando*
> *Desde el centro hasta la circunferencia más externa.*
>
> *¿Es tu mente un poder omnipresente*
> *Que sondea las profundidades de todo el espacio*
> *Que habla a un adolescente*
> *Sobre los futuros triunfos de la raza?*[20]

Tesla le envió una carta al joven a cambio «dándole las gracias de todo corazón», aunque «tu opinión sobre mí es inmensamente exagerada». Enigmáticamente, también sugirió que O'Neill escribiera un poema para J. Pierpont Morgan, «un hombre de hoy de quien el mundo depende más que de cualquier otro». Si O'Neill lo hacía, «podría resultar decisivo para concederte un cheque».[21] Teniendo en cuenta que Pierpont estaba muerto, ésta era una recomendación bastante peculiar.

---

19. Nicholas Trbojevich emigró a Estados Unidos hacia 1912. Entrevistas con William H. Terbo (1984-1991).

20. John O'Neill a Nikola Tesla (23 de febrero de 1916) (muy resumida) [MNT].

21. Nikola Tesla a John O'Neill (26 de febrero de 1916) [MNT].

La Medalla Edison

Si cogiéramos y elimináramos de nuestro mundo industrial los resultados del trabajo del Sr. Tesla, las ruedas de la industria dejarían de girar, nuestras ciudades quedarían a oscuras, nuestras fábricas estarían muertas e inactivas. Sí, este trabajo tiene un alcance tan amplio que se ha convertido en la trama y la urdimbre de la industria.

B. A. Behrend[22]

Para aquellos que podían ver la verdad, el estado de crisis de Tesla era profundo. Un ingeniero en concreto, Bernard A. Behrend, el emigrado suizo que se había negado a testificar contra él durante los malévolos días del litigio por las patentes de corriente alterna, sintió la urgencia de actuar. Claramente, el objetivo de Behrend era ayudar a restaurar la reputación de su benefactor espiritual. Después de haber dedicado gran parte de su vida a perfeccionar el invento del motor de inducción de Tesla, Behrend explicó a su mentor que él, Tesla, había sido nominado para recibir la Medalla Edison. De hecho, fue Behrend quien propuso la idea al Comité. Entre los que ya la habían ganado en el pasado se encontraban Alexander Graham Bell, Elihu Thomson y George Westinghouse.

Que Tesla fuera nominado por una organización que reside bajo el nombre de Edison resultó bastante impactante para el melancólico serbio. El propio Edison debió permitir que se hiciera la presentación. No parece que Edison, que acababa de cumplir setenta años, se sintiera invadido por el sentimiento recíproco de animosidad que mostraba Tesla. Es más probable que la idea de concederle la medalla a Tesla hiciera aflorar una amplia sonrisa en el rostro del Mago de Menlo Park.

La primera reacción de Tesla fue de aborrecimiento y rechazó rotundamente la oferta, pero Behrend insistió. Era una oportunidad para reconocer a un galardonado digno por sus singulares contribuciones. «¿A quién quiere que se recuerde como el autor de su sistema de energía? –le preguntó Behrend–. ¿A Ferraris, a Shallenberger, a Stillwell o a Steinmetz?». Tesla capituló a regañadientes.

---

22. Behrend, B. A.: «Edison Medal Award Speech, 1917», en Ratzlaff, J. T. (ed.): *Tesla Said*. Tesla Book Co., Milbrae, California, 1984. p. 180.

La entrega de la Medalla tuvo lugar el 18 de mayo de 1917, apenas dos meses antes de que Tesla descubriera por teléfono que unos vándalos habían irrumpido en su laboratorio de Wardenclyffe y habían destrozado equipos valorados en 68 000 dólares y que «la Torre [iba] a ser destruida con dinamita».[23] Entre la multitud se podían reconocer muchos rostros familiares. Asistieron los Johnson y la Srta. Merington, así como Charles Scott y Edward Dean Adams, el hombre más responsable de recomendar a Tesla para la empresa Niagara Falls.

El discurso de apertura estuvo a cargo de A. E. Kennelly, antiguo colega de Edison, que ahora era profesor en Harvard. Kennelly, rival de Tesla durante mucho tiempo y activo en la ejecución de animales con corriente alterna durante la acalorada Batalla de las Corrientes de principios de la década de 1890, habló durante quince minutos. En ese tiempo, el buen profesor consiguió no pronunciar el nombre de Tesla ni una sola vez.

«Mucha gente –comenzó el profesor Kennelly– cree que la Medalla Edison la entrega el señor Edison, pero eso es un error. De hecho, Tom Edison ha estado tan ocupado durante su vida recibiendo medallas que no tiene tiempo para entregar ninguna». El orador siguió hablando, poniendo a Tesla más nervioso con cada frase servil. «Cada vez que se honra a un galardonado digno con esta Medalla, también se honra a Thomas Edison. De hecho», continuó el hombre de Edison, «podemos esperar un momento, pongamos dentro de mil años, en el que, como esta noche, el milésimo séptimo galardonado recibirá la Medalla Edison y una vez más se honrarán los logros de Edison».[24]

Según cuenta la leyenda, Tesla se fue de la sala. Muerto de miedo, Behrend salió corriendo del edificio para buscarlo, mientras Charles Terry, un destacado ejecutivo de la Westinghouse Corporation, repasaba los grandes logros de Tesla. Según la historia, Behrend encontró al inventor solitario al otro lado de la calle, junto a la biblioteca, dando de comer a sus preciadas palomas.[25]

---

23. Nikola Tesla a la dirección del Waldorf-Astoria (12 de julio de 1917) [LA].

24. Acta de la reunión anual de la AIEE (18 de mayo de 1917), en Ratzlaff, J. T. (ed.): *Tesla Said*. Tesla Book Co., Milbrae, California, 1984.

25. O'Neill, J. J.: *Prodigal Genius: The Life of Nikola Tesla*. Ives Washburn, Nueva York, 1944.

Durante la introducción, Behrend afirmó, tal vez para contrarrestar el discurso de apertura de Kennelly: «El nombre de Tesla no corre más riesgo de olvido que el de Faraday o Edison. ¿Qué puede un hombre desear más que esto? Se me ocurre parafrasear a Pope al describir a Newton en su epitafio: "La naturaleza y las leyes de la naturaleza permanecían escondidas en la noche. Dios dijo: 'Hágase Tesla', y todo fue luz"».

«Damas y caballeros –comenzó Tesla–, deseo agradecerles de todo corazón su amable gratitud. No me engaño en el hecho de que deben ser conscientes de que los oradores han magnificado en gran mesura mis modestos logros. Inspirado por la esperanza y la convicción de que esto es sólo un comienzo, un presagio de logros aún mayores, estoy decidido a continuar desarrollando mis planes y a emprender nuevos retos.

»Soy profundamente religioso de corazón y me entrego al constante disfrute de creer que los mayores misterios de nuestro ser todavía deben ser desentrañados. A pesar de la evidencia de lo contrario, la muerte misma puede no ser el fin de la maravillosa metamorfosis que presenciamos. De esta manera logro mantener una paz mental imperturbable, hacerme a prueba de adversidades y alcanzar la alegría y la felicidad hasta el punto de sacar alguna satisfacción incluso del lado más oscuro de la vida, de las pruebas y tribulaciones de la existencia».

El sabio de la electricidad pasó a repasar gran parte de su vida: una anécdota de su infancia sobre un ganso que casi le arranca el cordón umbilical, sus primeros encuentros con Edison y su trabajo con Westinghouse, conferencias en Europa, su éxito en Niágara y sus planes futuros en la comunicación sin hilos.

«Tengo una fama y una riqueza incalculables, más que esto –concluyó el inventor–, y sin embargo, cuántos artículos se han escrito en los que se afirmaba que yo era un hombre poco práctico y fracasado, y cuántos escritores pobres y en apuros me han llamado visionario. ¡Tal es la locura y la miopía del mundo!».[26]

Tesla estaba horrorizado de que Boldt no hubiera protegido adecuadamente Wardenclyffe, ya que estaba valorado en un mínimo de

---

26. Acta de la reunión anual de la AIEE (18 de mayo de 1917), en Ratzlaff, J. T. (ed.): *Tesla Said*. Tesla Book Co., Milbrae, California, 1984. p. 189.

150 000 dólares. Aunque lo había cedido al hotel, lo había hecho, según tenía entendido, para satisfacer su deuda «hasta que maduraran sus planes». Dado que la propiedad, una vez terminada, rendiría entre 20 000 y 30 000 dólares al día, Tesla sencillamente se quedó estupefacto de que Boldt actuara para destruir el lugar. Boldt o «la dirección del hotel» veían ahora Wardenclyffe como suyo, libre de gravámenes, a pesar de que Tesla ofrecía como prueba «una hipoteca sobre los bienes muebles» sobre la maquinaria que el inventor había colocado a sus expensas. El seguro del hotel era de sólo 5000 dólares, mientras que la cobertura de Tesla para la maquinaria estaba valorada en 68 000 dólares. ¿Por qué Tesla buscaba de forma independiente proteger la propiedad si todavía no tenía interés en ella? Tesla veía el contrato como «una promesa de seguridad», pero el documento que firmó no especificaba tal contingencia. Según el abogado del hotel, Frank Hutchins, de Baldwin & Hutchins, «era una factura de venta con la escritura debidamente registrada hace dos años. No logramos ver qué interés tiene usted»,[27] concluyó cruelmente Hutchins.

Irrumpiendo en sus oficinas de Pine Street, Tesla exigió saber de primera mano qué iba a pasar.

«Tendrá que preguntarle a Smiley Steel Company. Ellos son los que están a cargo de las operaciones de rescate» .

J. B. Smiley explicó a Tesla que, efectivamente, la torre iba a ser derribada y sus piezas, vendidas para cubrir las deudas pendientes. «Se ha cometido un gran error —escribió el inventor en respuesta—, pero confío en que prevalecerá la justicia».[28]

«No prestéis en absoluto atención a Tesla, pero proceded inmediatamente a demolerlo según lo contratado», dijo Smiley a su equipo de demolición después de consultar con Hutchins.[29]

---

27. Lester S. Holmes estuvo representado por el hotel como propietario de dicha propiedad de Tesla. Baldwin y Hutchins a Nikola Tesla (13 de julio de 1917), de: *Wardenclyffe Property Foreclosure Proceedings*, Corte Suprema de Nueva York (hacia 1923) [LA].
28. Citado en J. B. Smiley a Frank Hutchins (16 de julio de 1917) [LA].
29. J. B. Smiley a Frank Hutchins (13 de julio de 1917) [LA].

Waldorf-Astoria Hotel Company
12 de julio de 1917

Señores:

He recibido informes que me han dejado estupefacto, tanto más cuanto que ahora estoy llevando a cabo un importante trabajo para el gobierno con vistas a darle a la planta un uso especial y de gran importancia [...].

Confío en que ustedes apreciarán la gravedad de la situación y se asegurarán de que la propiedad esté bien cuidada y que todos los aparatos se conserven cuidadosamente.

Muy sinceramente,

N. TESLA[30]

El mago decidió que la única manera de salvar Wardenclyffe era ensalzar sus virtudes como potencial arma defensiva para la protección del país. Aprovechando la excelente publicidad del Premio Nobel, el inventor volvió a poner a prueba la credulidad del lector con otra revelación sorprendente.

EL NUEVO DISPOSITIVO DE TESLA

COMO RAYOS DE THOR

BUSCA PATENTAR UN MOTOR INALÁMBRICO PARA DESTRUIR FUERZAS NAVALES TIRANDO DE UNA PALANCA

TAMBIÉN PARA DESTROZAR EJÉRCITOS

Nikola Tesla, el inventor ganador del Premio Nobel de Física en 1915, ha presentado solicitudes de patente sobre las partes esenciales de una máquina cuyas posibilidades ponen a prueba la imaginación del profano y prometen un paralelismo con los rayos que Thor lanzaba desde el cielo para castigar a quienes habían hecho enfadar a los dioses. El Dr. Tesla insiste en que no tiene nada de sensacional [...].

---

30. Nikola Tesla al Hotel Waldorf-Astoria (12 de julio de 1917) [LA].

«Es perfectamente posible transmitir energía eléctrica sin cables y provocar efectos destructivos a distancia. Ya he construido un transmisor inalámbrico que lo hace posible».

«Diez kilómetros o mil kilómetros, a la máquina le dará lo mismo», dice el inventor. Directo al objetivo, en tierra o mar, se dirigirá con precisión, asestando un golpe que paralizará o matará, según se desee. Un hombre en una torre en Long Island podría proteger la ciudad de Nueva York contra el ejército o los buques enemigos accionando una palanca, si las previsiones del inventor se hacen realidad.[31]

Tesla no redactó un documento oficial sobre el arma de haz de partículas, o «rayo de la muerte», hasta al cabo de veinte años, pero está claro que ya había concebido la máquina, probablemente creando prototipos ya en 1896, cuando estaba bombardeando objetivos con rayos Röntgen.

En «un apuro grave», sin ningún otro lugar al que acudir, el inventor se puso en contacto una vez más con Morgan para pedirle ayuda. Era su última oportunidad de proteger sus patentes inalámbricas y salvar la torre. «Las palabras no pueden expresar cuánto he deplorado la cruel necesidad que me ha obligado a apelar nuevamente a usted», explicó el inventor, pero fue en vano.[32] Todavía le debía a Jack 25 000 dólares más intereses; el financiero ignoró la súplica y silenciosamente archivó la cuenta de Tesla en un archivador de deudas incobrables.

En febrero de 1917, el gobierno de Estados Unidos rompió todas las relaciones con Alemania y se apoderó de la planta inalámbrica de Sayville. «Treinta empleados alemanes de la estación de propiedad alemana se han visto repentinamente obligados a abandonarla, y hombres alistados de la Armada estadounidense han ocupado sus puestos».[33] Se situaron guardias alrededor de la planta mientras el alto mando decidía qué hacer con las estaciones de radiodifusión restantes. Comenzaron a aparecer artículos como setas que anunciaban la potencial «existencia de [aún]

---

31. «Tesla's New Device Like Bolts of Thor», *The New York Times*, p. 8:3 (8 de diciembre de 1915).

32. Nikola Tesla a John Pierpont Morgan Jr. (8 de abril de 1916) [LA].

33. «Reason for Seizing Wireless», *The New York Times*, p. 6:5 (9 de febrero de 1917).

otra estación inalámbrica oculta capaz de aportar información a los submarinos alemanes sobre los movimientos de los barcos».[34]

19 MÁS CAPTURADOS COMO ESPÍAS ALEMANES
Dr. Karl, George Frank, antiguo director de Sayville Wireless[35]

El 6 de abril de 1917, el presidente Wilson emitió una proclama «para incautar todas las estaciones de radio. La ejecución de la orden se ha delegado al secretario Daniels […]. Se entiende que todas las instalaciones para las que no se pueda encontrar un lugar en el sistema inalámbrico de la Marina, incluidos los aparatos de radioaficionados, de los cuales se llevará a cabo una búsqueda minuciosa, deben quedar fuera de servicio de inmediato».[36] Era evidente que había que tomar una decisión inmediata sobre el destino de Wardenclyffe.

La experiencia de Tesla era bien conocida por el secretario Daniels y por el subsecretario Franklin D. Roosevelt, ya que estaban utilizando activamente el legado científico del inventor como munición contra Marconi en la demanda de patentes. Sumado al sorprendente anuncio del inventor de que su torre podría proporcionar una protección electrónica frente a posibles invasiones, Wardenclyffe tuvo que ser clasificado en una categoría especial. Sin embargo, había dos puntos flagrantes en su contra. El primero era que Tesla ya le había entregado la propiedad al señor Boldt para cubrir su deuda con el Waldorf, y el segundo era el historial de logros del transmisor: inexistente. ¿Qué mejor indicio de la locura del sueño de Tesla podría haber que el perpetuo estado de reposo de la torre? Para muchos, Wardenclyffe no era más que un letárgico monumento a las grandilocuentes predicciones de una mente no muy original y descarriada. Desde el punto de vista de la Marina, Tesla pudo haber sido el inventor original de la radio, pero claramente no fue quien hizo que el aparato funcionara.

34. «Spies on Ship Movements», *The New York Times*, p. 8:2 (17 de febrero de 1917).
35. «19 More taken as German spies», *The New York Times*, p. 1:3 (8 de abril de 1917).
36. «Navy to Take Over All Radio Stations», *Enumeration*, p. 2:2 (7 de abril de 1917).

Una historia de la participación de la Marina

En 1899, la Marina de Estados Unidos, a través del contralmirante Francis J. Higginson, solicitó a Tesla que colocara «un sistema de telegrafía sin hilos en el buque faro 66 en Nantucket Shoals (Massachusetts), que se encuentra a noventa kilómetros al sur de la isla Nantucket».[37] Tesla estaba de camino a Colorado y no pudo cumplir. Además, la Marina no quería pagar el equipo, sino que quería que Tesla se hiciera cargo él mismo de los fondos. Teniendo en cuenta la gran riqueza del país, Tesla fingió asombro ante la mezquina posición de John D. Long, secretario de la Marina, a través del comandante Perry, quien descaradamente envió la exención de responsabilidad financiera en papel con membrete del Departamento del Tesoro de Estados Unidos.

A su regreso a Nueva York en 1900, Tesla volvió a escribir sobre su interés en colocar el equipo a bordo de los barcos de la Marina. El contralmirante Higginson, presidente de la Comisión de Faros, respondió que su comité se reuniría en octubre para debatir con el Congreso «las estimaciones de costes».[38] Higginson, que había visitado a Tesla en su laboratorio a finales de la década de 1890, quería ayudar, pero se vio inmerso en la embarazosa situación de tener que retirar su oferta de remuneración financiera debido a diversos niveles de necedad burocrática. Tesla dedicó tiempo a ir a Washington para hablar cara a cara con el alto mando (Hobson también negoció en nombre de sus amigos), pero Tesla fue en esencia ignorado y regresó a Nueva York con las manos vacías y disgustado por cómo lo trataron.

Desde el punto de vista de la Marina, la telegrafía sin hilos era un campo completamente nuevo y no estaban seguros de qué hacer. Además, es posible que se sintieran desincentivados por la actitud altiva de Tesla, particularmente cuando se trataba de «compararlo» con Marconi, lo que siempre había enfurecido a Tesla. (De todos modos, hay que tener en cuenta que la Marina tardó más de diez años en recompensar a Hammond por su trabajo con misiles guiados por radio, e incluso entonces les

---

37. Francis J. Higginson a Nikola Tesla (11 de mayo de 1899) [AN].

38. Francis J. Higginson a Nikola Tesla (8 de agosto de 1900) [AN]. Para la correspondencia completa de este acontecimiento, *véase* el capítulo 26; Richmond Pearson Hobson a Nikola Tesla (6 de mayo de 1902) [LA].

costó cumplir. Tesla no fue de ninguna manera el único que recibió evasivas del ejército, y eso que Hammond tenía las mejores conexiones posibles gracias a su influyente padre).

En 1902, la Oficina de Inteligencia Naval llamó al comandante F. M. Barber, que estaba retirado en Francia, para que regresara a Estados Unidos y se pusiera a cargo de la adquisición de aparatos inalámbricos para llevar a cabo pruebas. Aunque seguía llevando una política austera, la Marina aportó unos 12 000 dólares para la compra de aparatos inalámbricos de diferentes empresas europeas. Se hicieron pedidos a Slaby-Arco y Braun-Siemans-Halske de Alemania, y a Popoff, Ducretet y Rochefort de Francia. También se pidieron ofertas a De Forest, Fessenden y Tesla en Estados Unidos, y a Lodge-Muirhead en el Reino Unido. Marconi fue excluido porque arrogantemente exigía un acuerdo de todo o nada.[39]

Fessenden estaba enfadado con la Marina porque obtuvo material fuera de Estados Unidos y por eso no presentó ninguna oferta. Es probable que Tesla estuviera demasiado molesto con el trato recibido en el pasado y demasiado involucrado con Wardenclyffe, que en ese momento estaba en construcción activa, para implicarse, por lo que la Marina acabó comprando equipos adicionales a De Forest y Lodge-Muirhead.

En 1903 se llevó a cabo un simulacro de batalla con la flota del Atlántico Norte a ochocientos kilómetros de la costa de Cabo Cod. Con el «Escuadrón Blanco» comandado por el contralmirante J. H. Sands y el «Escuadrón Azul» por el contralmirante Higginson, el aliado de Tesla, el uso de la tecnología sin hilos desempeñó un papel clave para determinar el vencedor. El comandante Higginson, vencedor de la maniobra, comentó: «Para mí, la gran lección de la búsqueda que hemos concluido hoy es la absoluta necesidad de tecnología sin hilos en los buques de la Armada. ¿Sabe que vamos tres años por detrás en la adopción de la tecnología sin hilos?».[40]

Basándose en pruebas comparativas, se determinó que el sistema Slaby-A superó a todos los demás, y la Marina encargó veinte equipos más.

---

39. Howeth, L. S.: *History of Communications Electronics in U.S. Navy.* U.S. Government Printing Office, Washington D.C., 1963. pp. 518-519; Hezlet, A.: *Electronics and Sea Power.* Stein & Day, Nueva York, 1975. p. 41.

40. Howeth, L. S.: *History of Communications Electronics in U.S. Navy.* U.S. Government Printing Office, Washington D.C., 1963. p. 64.

Simultáneamente, firmó un contrato de arrendamiento por once años sobre las patentes de Marconi.[41]

Con el inicio de la Primera Guerra Mundial, el uso de la tecnología inalámbrica se convirtió en una necesidad para coordinar los movimientos de las tropas, la vigilancia y las comunicaciones intercontinentales. Mientras el país todavía era neutral, la Marina pudo continuar utilizando el material alemán hasta que los sentimientos comenzaron a inclinarse irreversiblemente hacia el lado británico. A través de la Marina británica, Marconi colocó sus transmisores en Canadá, Bermudas, Jamaica, Colombia, las Islas Malvinas, el norte y el sur de África, Ceilán, Australia, Singapur y Hong Kong. La suya fue una operación poderosa. En Estados Unidos, la división estadounidense Marconi, bajo la dirección del políticamente fuerte John Griggs, exgobernador de Nueva Jersey y fiscal general durante la presidencia de McKinley, tenía transmisores situados en Nueva York, Massachusetts e Illinois.[42] Sin embargo, un problema clave era que el equipo de Marconi todavía utilizaba el anticuado método del espinterómetro.

En abril de 1917, la Marina de Estados Unidos completó la incautación de todas las estaciones sin hilos, incluidas las de sus aliados, los británicos. Al mismo tiempo, Marconi estaba tramitando la compra del alternador Alexanderson, que era, en esencia, un perfeccionamiento del oscilador de Tesla. Simultáneamente, el amplificador de retroacción de Armstrong se estaba convirtiendo en una necesidad evidente para cualquier instrumentación sin hilos. Sin embargo, el invento de Armstrong suponía una pesadilla judicial, no sólo porque utilizaba como núcleo el audión de De Forest, sino también porque el invento de De Forest fue anulado en los tribunales a favor de una lámpara electrónica desarrollada por Fessenden. No importaba que Tesla, ya en 1902, hubiera vencido a Fessenden en los tribunales por este desarrollo. Con la patente de Fessenden ahora bajo control de Marconi, los tribunales dictaminaron que nadie podía utilizar el amplificador de retroacción de Armstrong sin el permiso de los demás actores.

---

41. Hezlet, A.: *Electronics and Sea Power*. Stein & Day, Nueva York, 1975. pp. 41-42.

42. Sobel, R.: *RCA*. Stein & Day, Nueva York, 1986. p. 43; Hezlet, A.: *Electronics and Sea Power*. Stein & Day, Nueva York, 1975. p. 77.

La decisión más importante, relativa a la verdadera identidad del inventor de la radio, fue claramente esquivada por la Ley de poderes de guerra del presidente Wilson, que pedía la suspensión de todos los litigios sobre patentes durante el período de guerra. Francia ya había reconocido la prioridad de Tesla por su tribunal superior, y Alemania la reconoció por las afirmaciones de Slaby y la decisión de Telefunken de pagar royalties; pero en Estados Unidos, la tierra donde vivía Tesla, el gobierno dio marcha atrás y literalmente impidió que los tribunales respaldaran una decisión. El sindicato Marconi, en contacto con reyes de dos países y con equipos instaurados en seis continentes, era sencillamente demasiado poderoso.

Con la suspensión de todos los litigios sobre patentes y el país en medio de una guerra mundial, Franklin D. Roosevelt, subsecretario de Marina, escribió la famosa carta Farragut. Este documento permitía a empresas tan importantes como AT&T, Westinghouse y American Marconi tener el derecho de agruparse para producir los equipos de cada uno sin preocuparse por compensar a los inventores legítimos. Además, «aseguraba a los contratistas que el gobierno asumiría la responsabilidad en las demandas por infracción».[43]

El 1 de julio de 1918, el Congreso aprobó una ley que hacía a Estados Unidos financieramente responsable de cualquier utilización de «un invento descrito y cubierto por una patente estadounidense». En 1921, el gobierno de Estados Unidos había gastado cuarenta millones de dólares en equipos sin hilos, muy lejos de la política del secretario Long de negarse a pagar unos pocos miles de dólares por los equipos de Tesla dieciocho años antes. Así, la Junta Interdepartamental de Radio se reunió para decidir diversas reclamaciones en su contra. Se pagaron casi tres millones de dólares en reclamaciones. El gran beneficiado fue Marconi Wireless, que recibió 1,2 millones de dólares por los equipos y las instalaciones adquiridos (pero no por sus patentes). International Radio Telegraph recibió 700 000 dólares; AT&T, 600 000 dólares, y Edwin H. Armstrong, 89 000 dólares. Por su parte, Tesla recibió una compensación minúscula a través de Lowenstein, a quien se le concedieron 23 000 dólares.[44]

---

43. Howeth, L. S.: *History of Communications Electronics in U.S. Navy.* U.S. Government Printing Office, Washington D.C., 1963. p. 256.

44. Ibíd. pp. 375-376; George Scherff a Nikola Tesla [BC]; la Marina de Estados Unidos al Consejo Tuckerton (29 de abril de 1919) [NA].

En 1921, la Marina publicó una lista de todos los inventores de la tecnología sin hilos que recibieron una compensación. La lista incluía sólo patentes concedidas después de 1902. Entre los inventores se encontraban Blockmen, Braun, Blondel, De Forest, Fuller, Hahnemann, Logwood, Meissner, Randahl, Poulsen, Schiessler, von Arco y Watkins. Hay que tener en cuenta que faltan los nombres de Tesla y Marconi.[45] El de Marconi podría faltar porque sus patentes habían caducado o, más probablemente, porque se consideraban inválidas desde el punto de vista del gobierno. En el caso de Tesla, todas sus doce patentes de radio claves habían «caducado y ahora eran propiedad común».[46] Sin embargo, Tesla había renovado una patente fundamental en 1914,[47] y ésta debería haber aparecido en la lista, del mismo modo que debería haber aparecido la patente de retroacción de Armstrong.

Radio Corporation of America

El gobierno de Estados Unidos, a través de Franklin D. Roosevelt, *sabía* que Marconi había infringido las patentes fundamentales de Tesla. Conocía los detalles de las legítimas reclamaciones de Tesla a través de sus propios archivos y del registro en la oficina de patentes. De hecho, la declaración probada de Tesla fue la base y el argumento central que el gobierno tenía contra Marconi cuando éste demandó en primer lugar, y fue esta misma declaración, y los propios archivos de la Comisión de Faros de la Marina, los que finalmente fueron utilizados por la Corte Suprema de Estados Unidos para absolver a Tesla tres meses después de su muerte, transcurridos casi veinticinco años, en 1943.

---

45. Howeth, L. S.: *History of Communications Electronics in U.S. Navy.* U.S. Government Printing Office, Washington D.C., 1963. pp. 577-580.

46. Tesla, N.: «Electric Drive for Battleships», *New York Herald* (25 de febrero de 1917), en Popović, V. *et al.: Nikola Tesla: Lectures, Patents, Articles.* Museo Nikola Tesla, Belgrado, 1956. p. A-185.

47. La patente n.º 1.119.732 del aparato para transmitir energía eléctrica se solicitó el 16 de enero de 1902, la solicitud se renovó el 4 de mayo de 1907 y se concedió el 1 de diciembre de 1914. En esencia, esta patente contiene todas las ideas clave de Tesla que hay detrás de la construcción de Wardenclyffe.

En medio de la guerra, en lugar de abordar la verdad y un genio difícil cuyo trabajo actual parecía encontrarse en un ámbito más allá del funcionamiento de simples radioteléfonos y transmisores sin hilos, Roosevelt, Daniels, el presidente Wilson y la Marina de Estados Unidos no mostraron ningún interés en proteger la torre de Tesla.

En julio de 1917, Tesla hizo las maletas y dijo adiós al Waldorf-Astoria. Tras llevar casi veinte años viviendo allí, convenció a George Boldt Jr. para que le permitiera guardar gran parte de sus efectos personales en el sótano del hotel hasta que encontrara un lugar adecuado para trasladarlos. «Lamento enterarme de lo de su padre», le dijo Tesla al nuevo director, después de que George Boldt padre hubiera fallecido apenas unos meses antes.

Mientras hacía los preparativos para mudarse a Chicago donde trabajaría en sus turbinas sin álabes, Tesla recibió una invitación para una cena de despedida con los Johnson. Robert dirigía ahora los asuntos de la Academia Estadounidense de las Artes y las Letras, organización que contaba entre sus filas con Daniel Chester French, Charles Dana Gibson, Winslow Homer, Henry James y su hermano William, Charles McKim, Henry Cabot Lodge, Teddy Roosevelt y Woodrow Wilson. Katharine llevaba encamada más de una semana por culpa de la gripe, pero esa noche era demasiado importante, así que salió de la cama y se puso su mejor vestido.

Vestido con sombrero de paja, bastón, guantes blancos y sus botines de ante verde favoritos, Tesla llegó con un gran ramo de flores y un cheque para Johnson.

«Kate ha estado enferma», logró decir Robert antes de que apareciera la señora de la casa.

En el papel protagonista, como siempre intentaba hacer cuando «él» estaba cerca, Kate irradiaba un intenso brillo de orgullo amoroso a la vez que contenía el torrente de lágrimas mientras charlaba sobre «lo loca que estaba por todos sus nietos».[48]

El fin de semana Tesla cogió un tren con destino a Chicago, donde se instaló en el Hotel Blackstone, junto a la Universidad de Chicago. El lunes por la mañana, el inventor alquiló una limusina que lo dejó en la sede de la Pyle National Corporation. Después de haberles enviado pro-

---

48. Katharine Johnson a Mrs. Hearst (hacia 1917) [BBUC].

totipos para adelantar trabajo, ahora trabajaría a un ritmo intenso en un entorno completamente nuevo, siendo su objetivo el perfeccionamiento de sus revolucionarias turbinas sin álabes.[49]

Por las noches le gustaba pasear por la calle desde su hotel hasta el Museo de las Artes y las Ciencias, el único edificio que quedaba de la Exposición Universal de 1893. Allí podía pararse junto a las grandes columnas y recordar una época en la que, cada día, centenares de miles de personas llegaban a una ciudad mágica impulsada por su revelación. Un sábado, en pleno verano, caminó más de un kilómetro junto al lago Michigan, atravesó Midway y llegó a una serie de pequeños lagos y un parque que alguna vez fue el Tribunal de Honor. Allí, en lo que alguna vez fue la entrada, encontró, para su deleite, la Estatua de la República aún en pie, con su baño de oro desgastado. Con él llevaba una carta de George Scherff.

20 de agosto de 1917

Querido Tesla:

Me he sentido profundamente afligido y conmocionado cuando he leído el adjunto, pero tengo la confianza suprema de que una obra más gloriosa brotará de las ruinas.

Confío en que su trabajo en Chicago avance a su satisfacción.

Sinceramente,

GEORGE SCHERFF[50]

En el clímax de la conflagración mundial, el experto en explosivos de la Smiley Steel Company había rodeado el gigantesco transmisor para colocar una carga junto a cada puntal principal y cerrar el ataúd del sueño de Tesla. Con la Associated Press grabando el acontecimiento y aparentemente con la presencia de personal militar, el transmisor amplificador fue aplanado y la explosión alarmó a muchos de los residentes de Shoreham.

---

49. Nikola Tesla a George Scherff (26 de julio de 1917) [BC].
50. George Scherff a Nikola Tesla (20 de agosto de 1917) [BC].

Y con la muerte del Centro de Telegrafía Mundial nació la Radio Broadcasting Corporation (RCA), un conglomerado único de empresas privadas bajo los auspicios del gobierno estadounidense. Se celebraron reuniones a puerta cerrada en Washington entre el presidente Wilson, que quería que su país consiguiera la «supremacía de la radio»,[51] el secretario de la Marina, Daniels, su asistente Franklin D. Roosevelt y representantes de General Electric, American Marconi, AT&T y Westinghouse Corporation. Con J. P. Morgan & Company en la junta directiva y las patentes de Marconi como columna vertebral de la organización, se creó la RCA. Combinaría recursos de estas megacorporaciones, todas las cuales tenían concesiones recíprocas de licencia y eran copropietarias de la compañía.[52] (También había concesiones recíprocas de licencia con el gobierno, que también era propietario de algunas patentes inalámbricas). Aquí había otra *entente cordiale* que recordaba los días de la corriente alterna polifásica, que no lo era para el creador del invento. En esta segunda vez que Tesla se vio alejado de su creación,[53] probablemente se fraguó un acuerdo secreto que absolvía al gobierno de pagar cualquier tasa de licencia a Marconi. David Sarnoff, como director general, pronto tomó las riendas de toda la operación.

El *The New York Sun* informó incorrectamente:

ESTADOS UNIDOS HACE EXPLOTAR LA TORRE DE RADIO TESLA

Sospechando que espías alemanes estaban utilizando la gran torre inalámbrica levantada en Shoreham, Long Island, hace unos veinte años por Nikola Tesla, el gobierno federal ordenó la destrucción de la torre y recientemente ha sido demolida con dinamita. Duran-

---

51. Howeth, L. S.: *History of Communications Electronics in U.S. Navy.* U.S. Government Printing Office, Washington D.C., 1963. p. 354.

52. El desglose fue el siguiente: General Electric: 30%, Westinghouse: 20%, AT&T: 10%, United Fruit: 4%, otros 34%; Sobel, R.: *RCA.* Stein & Day, Nueva York, 1986. pp. 32-35.

53. Tesla también quedó excluido de un acuerdo secreto entre General Electric y Westinghouse para frenar la producción de equipos de iluminación fluorescente eficientes, ya que no querían reducir la venta altamente rentable de bombillas Edison normales ni «recortar demasiado drásticamente la demanda de corriente» (Gilfillan, S. C.: *Invention and the Patent System.* U.S. Government Printing Office, Washington D.C., 1964. p. 100).

te el último mes se había visto a varios extraños merodeando por el lugar.[54]

La destrucción de la famosa torre de Nikola Tesla demuestra claramente las grandes precauciones que se están tomando en este momento para evitar que cualquier noticia de importancia militar llegue al enemigo.[55]

Al final de la guerra, el presidente Wilson devolvió todas las estaciones de radio confiscadas restantes a sus legítimos propietarios. La American Marconi, ahora RCA, fue, por supuesto, la gran beneficiada.[56]

En 1920, se concedió a la Westinghouse Corporation el derecho de «fabricar, utilizar y vender aparatos cubiertos por las patentes [de Marconi]».[57] Westinghouse también creó una estación de radio independiente que llegó a ser tan prominente como la RCA. A finales de año, Tesla escribió una carta a E. M. Herr, presidente de la compañía, ofreciéndole su experiencia y sus equipos inalámbricos.

16 de noviembre de 1920

Querido Sr. Tesla:
Lamento que en las circunstancias actuales no podamos continuar con ningún desarrollo de sus actividades.[58]

54. «U.S. Blows Up Tesla Radio Tower», *Electrical Experimenter*, p. 293 (septiembre de 1917).

55. «Destruction of Tesla's Tower at Shoreham, L. I. Hints of Spies», *The New York Sun*, p. 43 (5 de agosto de 1917).

56. Howeth, L. S.: *History of Communications Electronics in U.S. Navy.* U.S. Government Printing Office, Washington D.C., 1963. pp. 359-360.

57. Ibíd. p. 361.

58. E. M. Herr a Nikola Tesla (16 de noviembre de 1920) [BC].

Un año más tarde, Westinghouse pidió que Tesla «hablara a nuestra "audiencia invisible" algún jueves por la noche en un futuro cercano [a través de nuestra] estación de transmisión radiotelefónica».[59]

30 de noviembre de 1921

Caballeros:

Hace veintiún años le prometí a un amigo, el difunto J. Pierpont Morgan, que mi sistema mundial, entonces en construcción, permitiría transmitir la voz de un abonado telefónico a cualquier punto del planeta […].

Prefiero esperar a que mi proyecto esté concluido antes de dirigirme a una audiencia invisible y pedirles que me disculpen.

Muy sinceramente,

N. TESLA[60]

---

59. George Westinghouse Corporation a Nikola Tesla (28 de noviembre de 1921) [BC].
60. Nikola Tesla a George Westinghouse Corporation (30 de noviembre de 1921) [BC].

42
Transmutación (1918-1921)

Vengo de una raza muy enjuta y longeva. Algunos de mis antepasados fueron centenarios, y uno de ellos vivió 129 años. Estoy decidido a mantener el registro y complacerme con perspectivas de grandes promesas. Por otro lado, la naturaleza me ha concedido una vívida imaginación [...].

NIKOLA TESLA[1]

Para Tesla, la obra de su vida fue su Centro Mundial de Telegrafía. Parcialmente materializado en el plano físico como Wardenclyffe, se trataba el Santo Grial del inventor, la clave de la unción. En 1917 el proyecto fue demolido y, en cierto sentido, también el inventor. Capaz de reconocer las absurdidades de la vida y de aprovechar las energías transcendentes, el místico pretendía la regeneración consumando su gran plan en forma de fantasía y buscando una nueva piedra filosofal.

Un año antes, cuando el proyecto de Tesla se encontraba en su punto más desalentador, había creado una alianza con uno de sus más fervientes admiradores, Hugo Gernsback, editor de *Electrical Experimenter*. Gernsback había oído hablar de Tesla por primera vez a finales de la década de 1890, cuando era un niño y vivía en Luxemburgo. Fue en ese momento cuando el niño de diez años se topó con la fantástica imagen del especialista en electricidad engalanado haciendo pasar centenares de miles de voltios a través de su cuerpo y la afirmación en el artículo adjunto de que era el mago más grande de la época. Considerado por la mayoría de los futurólogos como «el fundador y padre de la ciencia ficción»,

---

1. Tesla, N.: «Edison Medal Speech» (18 de mayo de 1917), en Ratzlaff, J. T. (ed.): *Tesla Said*. Tesla Book Co., Milbrae, California, 1984. pp. 181-182.

Gernsback estudió electrónica en Bingen, Alemania, antes de emigrar a Estados Unidos, a los diecinueve años, en 1903.[2]

Con su mente totalmente cautivada por la fantástica unión de ciencia y fantasía, el entusiasta joven escribió un espectacular cuento ambientado en el año 2660 titulado *RALPH 124C41+*, que publicó por entregas en su nueva revista *Modern Electronics*. Simultáneamente, también abrió Hugo Gernsback's Electro Importing Company, una tienda de electrónica multiusos ubicada en Fulton Street. Allí, la nueva generación de operadores aficionados podía comprar lo que quisiera y echar un vistazo «al mayor montón de basura que jamás hayas visto».[3]

El primer encuentro de Gernsback con Tesla tuvo lugar en 1908, cuando se detuvo en el laboratorio del inventor para ver la nueva turbina.[4]

Gernsback escribió: «La puerta se abre y sale una figura alta, de más de 180 centímetros de altura, demacrada pero erguida. Se acerca lenta y majestuosamente. Te das cuenta de inmediato de que te encuentras cara a cara con una personalidad de gran nivel. Nikola Tesla avanza y te estrecha la mano con fuerza, algo sorprendente para un hombre de más de sesenta años. Una sonrisa encantadora de unos penetrantes ojos de color azul grisáceo claro, hundidos en unas cuencas extraordinariamente profundas, te fascina y te hace sentir al instante como en casa.

»Me guía hasta una oficina impecablemente ordenada. No se ve ni una mota de polvo. No hay papeles esparcidos sobre el escritorio, todo en orden. Refleja al hombre mismo, inmaculado en su vestimenta, pulcro y preciso en cada uno de sus movimientos. Vestido con una levita oscura, está completamente desprovisto de toda joya. No se ve ningún anillo, aguja de corbata o incluso cadena de reloj».[5]

En 1916, el inventor editó un relevante artículo para Gernsback sobre el transmisor amplificador. El inventor también prometió pensar más seriamente en plasmar en papel la historia de su vida; de hecho, es-

2. Gernsback, H.: «Nikola Tesla and His Inventions», *Electrical Experimenter*, pp. 614-651 (enero de 1919); Lowndes, R. H.: «Gernsback: A Man with Vision», *Radio Electronics*, pp. 73-75 (agosto de 1984).

3. Barnouw, E.: *A Tower in Babel: A History of Broadcasting in the United States to 1933. Vol. 1*. pp. 28-30.

4. [DKS].

5. Gernsback, H.: «Nikola Tesla: The Man», *Electrical Experimenter*, p. 697 (febrero de 1919).

cribió un breve primer borrador para *Scientific American* que embelleció para el discurso de aceptación de la Medalla Edison.[6]

Para entonces, Gernsback también se había asegurado el talento del dotado ilustrador Frank R. Paul. Destinado a ser el artista de ciencia ficción más influyente del siglo xx, Paul era capaz de «convertir el posible desarrollo de cualquier invención desde una idea en bruto hasta una imagen de fantasía». Con una inclinación por dibujar escenarios futuristas tales como insectos gigantescos, naves espaciales orbitando planetas y una variedad de científicos locos humanoides conquistando imperios galácticos, Paul progresó hasta convertirse en el principal artista de portada de *Electrical Experimenter* y, más adelante, *Amazing Stories* y *Science Wonder Stories*.[7] Se le asignó la tarea de terminar la torre de Tesla en imagen. El dibujo, lleno de transmisores Wardenclyffe en pleno funcionamiento y de perfiles alares que disparan rayos mortales a los buques entrantes, no sólo se convirtió en una portada fantástica para *Electrical Experimenter*, sino que también se convirtió en la pieza central del nuevo membrete del mago.

Como alquimista, Tesla transformó las ruinas de su estación en un fantástico Centro Mundial de Telegrafía «gernsbackiano», y también se transformó a sí mismo, abandonando la ciudad de Nueva York para comenzar de nuevo con su siguiente gran creación.

Antes de partir, en junio de 1917, el inventor escribió a Jack Morgan, esperando, con optimismo gracias a los nuevos acontecimientos, saldar su deuda con el financiero «en unos cuatro meses [...]. Mi gran barco todavía está por llegar, pero ahora tengo una maravillosa oportunidad tras haber perfeccionado un invento que asombrará al mundo entero». Crípticamente, Tesla dijo que el invento «proporcionaría un medio eficaz para hacer frente a la amenaza del submarino». No está claro si se refería a un sistema de radar de largo alcance, un torpedo controlado a distancia o algún otro invento.[8]

Al mes siguiente, Tesla se mudó a Chicago, donde permaneció hasta noviembre de 1918, trabajando con la Pyle National Corporation en el

6. Secor, H. W.: «The Tesla High Frequency Oscillator», *Electrical Experimenter*, pp. 614-615, 663 (marzo de 1916); Tesla, N.: «Some Personal Reflections», *Scientific American*, pp. 537, 576-577 (5 de junio de 1915).

7. Del Ray, L.: *Fantastic Science Fiction Art: 1926-1954*. Ballantine, Nueva York, 1975.

8. Nikola Tesla a John Pierpont Morgan Jr. (13 de junio de 1917) [BC].

perfeccionamiento de sus turbinas. Aquí, durante el día, tras hacer borrón y cuenta nueva, el desgarbado mecánico pudo seguir luchando contra los demonios sumergiéndose en un nuevo empeño. Por la noche, como autor creativo que era, el entendido esbozaba el primer borrador de su autobiografía ampliada.

La mayor parte de las veces recurría a su propio capital por temor a causar problemas con los nuevos socios.[9] Sabía que finalmente recibiría una compensación porque la compañía de Chicago había firmado un acuerdo prometiendo «pagos en efectivo y garantías» con la expiración de sus opciones, pero los costes de transporte se estaban convirtiendo en un problema.[10]

Mientras tanto, para hacer frente a los gastos, el inventor pidió a Scherff que aumentara la presión para recibir royalties de las distintas empresas de telefonía sin hilos. Probablemente, su mayor fuente de ingresos era la Waltham Watch Company, que ahora se encontraba en la etapa activa de comercialización de su velocímetro. Aunque la guerra continuaba, el inventor esperaba recibir una compensación de Telefunken «una vez cesen las hostilidades», aunque tendría que «solicitar a la Junta de Comercio de Guerra, en virtud de la Ley de Comercio con el Enemigo, una licencia para recibir el pago».[11]

El progreso de las turbinas se vio obstaculizado por numerosos problemas. Sin embargo, el inventor se mostraba encantado con el «personal extraordinariamente eficiente» y la organización general de la empresa de Chicago. Como los discos podían girar a velocidades que oscilaban entre 10 000 y 35 000 rpm, la fuerza centrífuga tendía a alargarlos. Por lo tanto, estaban sujetos a fatiga y corrían el riesgo de agrietarse después de funcionar durante un largo período de tiempo. Percibido por los ingenieros escépticos como un defecto fatal, Tesla se esforzaba por recalcar que el estrés era un factor en todos los motores.[12] Así pues, en Chicago se pasó gran parte del tiempo experimentando con diferentes aleaciones e inventando sistemas para regular instantáneamente la velocidad orto-

9. Nikola Tesla a George Scherff (25 de septiembre de 1917) [BC].

10. Nikola Tesla a George Scherff (25 de diciembre de 1917) [BC].

11. Ibíd.

12. O'Neill, J. J.: *Prodigal Genius: The Life of Nikola Tesla*. Ives Washburn, Nueva York, 1944. pp. 222-228.

rrotacional y la presión centrífuga para minimizar el factor de estrés. «Por ejemplo, supongamos que la presión de vapor de la locomotora variara de 20 a 80 kilogramos, sin importar cuán rápido, esto no tendría el más mínimo efecto sobre el rendimiento de la turbina».[13]

En enero de 1918, la U.S. Machine Manufacturing Company preguntó acerca de la posibilidad de instalar una de las turbinas de Tesla en un avión, y unos meses más tarde, la Chicago Pneumatic Tool Company también expresó interés. Tesla escribió a Scherff, esperando que el invento rindiera veinticinco millones de dólares al año. De todos modos, todavía existía la dificultad de perfeccionarlo, y Tesla seguía teniendo numerosos otros problemas en su vida, como las deudas adquiridas y el continuo atolladero de los litigios. Durante el verano, el inventor se hizo daño en la espalda y estuvo en cama varias semanas.[14]

Durante el tiempo que Tesla estuvo en Chicago, calculó sus gastos operativos en 17 600 dólares, con unos ingresos de 12 500 dólares. La Pyle National Corporation intentó librarse de su deuda enviándole un cheque de 1500 dólares, pero Tesla les devolvió el pago simbólico y amenazó con demandarlos. Mientras tanto, de vuelta a casa, el sheriff tomó posesión de la oficina de Woolworth, por lo que Tesla tuvo que pedir algo de capital a la Pyle National Corporation para liberar su compañía. En Nueva York, George Scherff seguía ocupándose de todos los detalles.

En cuanto a su relación con el gobierno (como se indica en el capítulo 41), la mayoría de las patentes inalámbricas de Tesla habían expirado y su patente de 1914 se complicó por su desacuerdo con la declaración de Marconi. Sin embargo, estaba negociando con el gobierno con respecto a un motor para un avión y en aquel momento escribió a la Oficina de Ingeniería del Vapor.[15] En los litigios, Tesla ganó unos miles de dólares de Lowenstein, perdió un caso de 67 000 dólares contra De La Vergne, en parte porque se negó a regresar a Nueva York para testificar, y tuvo que pagar 1600 dólares a A. M. Foster por no pagarle los servicios prestados.[16]

Antes de regresar a Manhattan los últimos meses de 1918, el inventor viajó a Milwaukee para visitar el pueblo de Allis Chalmers. Allí lo recibió

13. Nikola Tesla a George Scherff (25 de diciembre de 1917) [BC].

14. Nikola Tesla a George Scherff (11 de junio de 1918) [BC].

15. Nikola Tesla a George Scherff (12 de junio de 1918) [BC].

16. Nikola Tesla a George Scherff (15 de junio de 1918; 22 de junio de 1918) [BC].

el astuto pero pedante ingeniero jefe Hans Dahlstrand. Después de aportar varios artículos y registros de su trabajo en la estación Edison y en la Pyle National Corporation, se redactó un contrato para que Tesla regresara a Milwaukee y desarrollara el motor con Dahlstrand. Escéptico desde el principio, el erudito ingeniero jefe accedió a regañadientes a ceder a los deseos de Tesla y comenzar una investigación preliminar de la turbina antes de su llegada.

Durante el período 1917-1926, el inventor pasó la mayor parte de su tiempo fuera de la ciudad de Nueva York. En 1917 y 1918 estuvo en Chicago con la Pyle National Corporation; ente 1919 y 1922, en Milwaukee con Allis Chalmers; durante el último mes de 1922, en Boston con la Waltham Watch Company, y en los años 1925 y 1926, en Filadelfia trabajando en la turbina de gasolina en la Budd Manufacturing Company.[17]

En 1918 Tesla también vendió un motor que se utilizaba en equipos cinematográficos a la Wisconsin Electric y un conducto valvular, o «tubo de flujo de fluido unidireccional», a una compañía petrolera no especificada.[18] Este último invento, que también puede denominarse diodo fluido, no sólo podía utilizarse para bombear petróleo desde el suelo, sino que también podría acoplarse a la turbina sin álabes para convertirla en un motor de combustión. Según el experto en Tesla, Leland I. Anderson, este invento «es la única patente de válvulas sin partes móviles. Se ha utilizado en intentos de desarrollar circuitos lógicos microminiatura endurecidos por radiación y ordenadores de fluidos simples».[19]

Velocímetros y relojes de automóviles Waltham

Cada fabricante de automóviles progresivo añade mejoras a su coche. Éste es el motivo por el cual el único velocímetro de fricción de aire del mundo, inventado por Nikola Tesla, perfeccionado y desarrolla-

---

17. Anderson, L. I.: *Nikola Tesla's Residences, Laboratories, And Offices.* Boyle-Anderson Publishers, Denver, Colorado, 1990.

18. George Scherff a Nikola Tesla (29 de marzo de 1918 [BBUC]; 4 de noviembre de 1925 [BC]).

19. Leland I. Anderson a Marc J. Seifer (28 de abril de 1988); véase *International Science and Technology*, pp. 44-52, 103 (noviembre de 1963).

do por Waltham ha obtenido la aprobación incondicional de los grandes ingenieros automotores del mundo. Encontrará este instrumento en automóviles como Cunningham, Lafayette, Leach-Biltwell, Lincoln, Packard, Pierce-Arrow, Renault, Rolls-Royce, Stevens-Duryea, Wills-Sainte Claire, entre otros.

El velocímetro de precisión instantánea[20]

El inventor llegó al Copley Plaza de Boston para negociar con May, director de la fábrica, el plan de anticipos y royalties.[21] En cuanto a los ingresos, Tesla recibió 5000 dólares de Waltham tras adjudicarles tres de sus patentes en 1922 para un velocímetro y un tacómetro. Este acuerdo incluía royalties que recibió al menos hasta 1929. La Pyle National Corporation finalmente le pagó 15 000 dólares, y tal vez 30 000 dólares en 1925; de la Budd Manufacturing Company recibió 30 000 dólares por las turbinas, y probablemente una cantidad similar de Allis Chalmers, de quien esperaba beneficios del orden de un cuarto de millón de dólares al año.[22] George Scherff recibió el 5 % de la mayoría de estos contratos.

Tesla regresó a casa a finales de 1918, a tiempo para la cena de Navidad con los Johnson. Permaneció por un corto período de tiempo en el Waldorf y luego se trasladó al Hotel St. Regis, donde vivió de forma intermitente durante los siguientes años. La gran epidemia de gripe se encontraba apenas en sus primeras etapas y Katharine fue una de las primeras personas en mostrar signos de sus estragos. El año siguiente, más de mil millones de personas resultaron infectadas y veinte millones murieron en todo el mundo. Tuvo suerte de sobrevivir. Su salud se deterioró a lo largo del año y, en la Navidad siguiente, experimentó episodios durante los cuales perdió el conocimiento hasta tres veces en un mismo día.[23] Durante este período, quizás sensibilizado por la gravedad de la situación y con nuevos ingresos procedentes de Waltham, Tesla pagó a Robert cheques por un total de al menos 1500 dólares.

20. Publicidad de Waltham, *The New York Times*, p. 36:4,5 (8 de junio de 1921).
21. Nikola Tesla a George Scherff (6 de diciembre de1922) [BC].
22. Nikola Tesla a George Scherff (18 de octubre de 1918 y hacia 1925) [BC].
23. Robert Underwood Johnson a Nikola Tesla (30 de diciembre de 1919) [BC].

A lo largo de 1919, se publicó por fascículos la autobiografía de Tesla en el *Electrical Experimenter* de Gernsback. Junto con fotografías y una serie de dibujos espectaculares de Frank R. Paul, la historia comenzaba como una historia inusual de un niño mago que crece en otra época en una tierra lejana. El relato de los primeros años de la vida de Tesla rezumaba encanto e ingenio, con sus numerosas representaciones marktwainianas de anécdotas divertidas, experiencias desgarradoras, la vida con su inventiva madre, su padre predicador, su hermano pródigo y sus tres cariñosas hermanas. Profundizando en su pasado, Tesla exploró la tragedia de la muerte de su hermano, cómo afectó su decisión profesional, el traumático traslado desde la idílica granja hasta el desorden de Gospić, sus años universitarios, su formación en ingeniería en Europa antes de desplazarse a Estados Unidos y sus primeros encuentros con Edison, Westinghouse y los miembros de la Royal Society de Londres. También incluyó una descripción poco común de sus peculiares poderes de imágenes eidéticas, experiencias extracorporales, enfermedades infantiles, fobias e idiosincrasias. Mes tras mes de fascinante lectura, el experto detallaba el desarrollo de sus ideas, su colapso físico y su experiencia de «apertura del tercer ojo» y la revelación que la acompañó y que condujo al desarrollo del campo magnético rotatorio, su creación del teleautómata, el trabajo en Colorado Springs y el gran diseño inalámbrico mundial de Wardenclyffe.

Esta relación con Gernsback proporcionó al inventor unos ingresos estables y ayudó a *Electrical Experimenter* a aumentar su tirada hasta alrededor de 100 000 ejemplares. Simultáneamente, *My Inventions: The Autobiography of Nikola Tesla* también proporcionó al mundo un notable testimonio autobiográfico de una de las personalidades más singulares y controvertidas de la época.

A lo largo del año también se publicaron numerosos artículos sobre las experiencias recientes de Marconi interceptando impulsos posiblemente procedentes de extraterrestres. Mientras el profesor Pickering le escribía a Elihu Thomson que podría haber detectado vegetación en la Luna[24] y resurgía un posible el interés sobre los supuestos «canales de Marte», la prensa saltó ante la descabellada afirmación del italiano y fue consultado para conocer más detalles.

---

24. Abrahams, H. J. *et al.* (eds.): *Selections from the Scientific Correspondence of Elihu Thomson.* Academic Press, Nueva York, 1971. p. 400.

Robándole el protagonismo a Tesla incluso en este frente, Marconi proclamó que «a menudo había recibido fuertes señales del éter que parecían venir de algún lugar fuera de la Tierra y que posiblemente podrían proceder de las estrellas». En cuanto al problema lingüístico de la comunicación con los marcianos, Marconi dijo: «Supone un obstáculo, pero no creo que sea insuperable. Verá, uno podría recibir algún mensaje como 2 más 2 es igual a 4, y seguir repitiéndolo hasta obtener una respuesta que signifique "Sí" [...]. Las matemáticas deben ser las mismas en todo el universo físico».[25]

Tesla buscó publicidad en *Electrical World*, donde atribuyó las señales del italiano a un efecto de metrónomo de fondo que emanaba de otros operadores inalámbricos. Anticipándose a la posibilidad de que un crítico pudiera atribuir el mismo mecanismo a su propio encuentro extraterrestre de 1899, Tesla añadió: «En el momento en que llevé a cabo esas investigaciones no existía ninguna planta inalámbrica [capaz de] producir una perturbación perceptible en un radio de más de unos pocos kilómetros».[26] Evidentemente, se trataba de una premisa falsa, ya que en ese momento Marconi ya estaba enviando mensajes a centenares de kilómetros de distancia.

Johnson le escribió a Tesla que «cuando Marconi repite tu idea, ya nadie se ríe de ella», pero en algunos círculos éste no parecía ser el caso.

PELÍCULAS CELESTIALES

El Sr. Tesla tiene poca confianza en la idea marconiana de lograr la comunicación a través de las matemáticas. Preferiría enviar fotografías por radio: el rostro humano, por ejemplo. Pero supongamos que a Marte no le gusta nuestra cara. Sería un lamentable rechazo a la investigación científica. Si la civilización de Marte es tan antigua como nos quieren hacer creer, los marcianos sin duda han adquirido su propio gusto por los rostros.[27]

---

25. «Radio to Stars, Marconi's Hope», *The New York Times* (19 de enero de 1919).

26. Tesla, N.: «Interplanetary Communication», *Electrical World*, p. 620 (24 de septiembre de 1921).

27. «Celestial Movies», *The New York Times*, p. 14:3 (3 de febrero de 1919).

Aunque la cena de Navidad de 1919 se vio empañada por la mala salud de Katharine, una buena noticia aportó algo de alegría: ¡el presidente Wilson había nombrado a Robert embajador en Italia! Con emociones encontradas y Katharine aparentemente recuperando su salud, los amigos de Tesla partieron hacia Europa, donde permanecieron durante todo el año siguiente.

Realmente solo, el mago continuó alejándose del escrutinio del público. Copiado, mofado y finalmente abandonado por el mundo que ayudó a crear, Tesla intentó mantener su vida en perspectiva y contener su ira haciendo todo lo posible para transformarla; pero con el tiempo tanta ironía le pasó factura y provocó que un individuo ya excéntrico exagerara formas ya de por sí extrañas. Tesla se volvió más fanático de la limpieza y pasaba más tiempo caminando por las calles a horas intempestivas, dando tres vueltas a la manzana antes de entrar en el St. Regis o evitando pisar las grietas de las aceras. Algunos decían que se asomaba a las ventanas y le gustaba mirar a los demás de manera voyerista. Practicando la «frugalidad gastronómica»,[28] el célibe se fue alejando lentamente de la carne y de las patatas y, finalmente, de comer cualquier tipo de alimento sólido. Rara vez escribía con bolígrafo y prefería el lápiz menos definido. Pasaba más tiempo solo, dando de comer a las palomas a medianoche junto a la biblioteca de la calle 42 o escapándose en el ferry de Staten Island hasta una tranquila granja, donde podía aislarse de la ciudad y buscar una vez más sus orígenes.[29] Con la marcha de los Johnson, partió hacia Milwaukee para consumar su relación con Allis Chalmers.

Gran parte de su tiempo en Wisconsin lo invirtió en intentar perfeccionar la turbina. Sin embargo, había llegado a un punto muerto, lo que Sartre llama una «contrafinalidad», o un acontecimiento imprevisto que se opone al objetivo previsto, con Hans Dahlstrand, el ingeniero jefe. Frustrado, Tesla no tuvo más remedio que regresar a Nueva York. Estaba tan disgustado que se negó a hablar de ello cuando su biógrafo, Jack O'Neill, le preguntó sobre la experiencia de Milwaukee.[30]

---

28. Gernsback, H.: «Nikola Tesla: The Man», *Electrical Experimenter*, p. 697 (febrero de 1919).

29. Conjeturado en parte a partir de «At Night and in Secret Nikola Tesla Lavishes Money and Love on Pigeons», *New York World*, sección metropolitana, p. 1 (21 de noviembre de 1926).

30. O'Neill, J. J.: *Prodigal Genius: The Life of Nikola Tesla*. Ives Washburn, Nueva York, 1944.

Allis Chalmers había publicado el informe detallado de Dahlstrand describiendo una larga lista de problemas graves, desde su punto de vista, en la fabricación de la turbina. Además de la fatiga y el agrietamiento de los discos, Dahlstrand también citaba impedimentos adicionales, como una eficiencia de tan sólo el 38 %, una disminución de la eficiencia mecánica a medida que aumentaba la presión del vapor, un problema en el diseño de los engranajes necesarios para unir la turbina a otras unidades y un elevado coste de producción. Otro factor era que los motores actuales, como la turbina Parsons que estaba desarrollando Westinghouse, o el motor Curtis, que estaba desarrollando General Electric, estaban funcionando de manera satisfactoria.[31]

Esta cuestión del fallo de la turbina de Tesla ha sido planteada a varios expertos en Tesla. Leland I. Anderson ha descubierto que los fabricantes interesados en la turbina Tesla «todos dicen que es un buen concepto y una máquina excelente, pero hay demasiados sistemas de soporte para ser reemplazados por una máquina *que no es mucho mejor en rendimiento*. Y ésa es la cuestión: la turbina Tesla es buena, pero no mucho mejor».[32]

C. R. Possell, presidente e ingeniero jefe de la American Development & Manufacturing Company, una de las pocas empresas actuales que trabajan en la fabricación de bombas y turbinas sin álabes de Tesla, ofrece una explicación algo diferente. Possell, que inicialmente trabajó para el ejército en la «turbina de arrastre de capa límite» de Tesla durante la guerra de Corea y que ha estado intentando perfeccionar activamente la turbina durante treinta y cinco años, afirma que el problema principal tenía que ver simplemente con el alto coste de la investigación y el desarrollo.

Según Possell, «Tesla se adelantó entre veinticinco y treinta años a su tiempo. La metalurgia no era lo que es hoy. Los cojinetes magnéticos son una ciencia completamente nueva. No tenía los materiales adecuados. La instrumentación [para medir el rendimiento] estaba en pañales y resultaba difícil probar la turbina adecuadamente. En algún momento entre el primer prototipo y su uso, se necesitarán centenares y centenares de horas de trabajo, y la turbina no las tuvo». Possell puso a modo de ejemplo (y hay muchos otros), los «millones de horas de trabajo» necesarias para que un avión vuele a Mach Uno.

---

31. Ibíd. pp. 224-226.
32. Leland I. Anderson a Marc J. Seifer (29 de julio de 1991).

Hoy en día, la bomba Tesla, basada en la misma tecnología, ha sido utilizada por Jerry LaBine como sustituto del motor en motos acuáticas y ha sido desarrollada aún más por Max Gurth, inventor de la «bomba Discflo». Utilizando la idea básica de Tesla y los principios asociados a la estructura de un vórtice (responsable de eventos como remolinos y tornados) y el flujo laminar (es decir, el movimiento suave y natural a través de los fluidos), Gurth ha podido aumentar el espacio entre los discos. De esta forma, ha mejorado su capacidad para mover productos tan difíciles como residuos sólidos y petroquímicos. Mientras que una bomba normal tendría sus álabes picados y corroídos por el contacto con un abanico de productos problemáticos, la bomba de arrastre de capa límite no tiene álabes y, por lo tanto, evita este problema.[33]

Possell no sólo ve el día en que la bomba se utilizará dentro del cuerpo humano, como por ejemplo una válvula cardíaca, sino también el día en que se perfeccione la turbina. Una de las grandes ventajas de un motor Tesla sin álabes es su capacidad para soportar temperaturas extremadamente altas. «Las turbinas con álabes están en su máximo», explicó Possell, lo que significa que pueden funcionar a unos 1000 grados centígrados, «aunque General Electric está experimentando con turbinas que pueden funcionar a 1200 grados centígrados. Si se pudiera aumentar la temperatura unos 180 grados centígrados más, se duplicaría la producción de caballos de potencia». Possell está convencido de que la turbina sin álabes construida con nuevos componentes cerámicos podría funcionar a unos 1500 grados centígrados, lo que efectivamente «triplicaría el rendimiento en caballos de potencia». También está trabajando en el diseño de un motor que compita con el motor Pegasus que se encuentra en el avión Harrier de despegue y aterrizaje vertical. Este VTOL del futuro se ha denominado Phalanx. Sin embargo, el vehículo no se materializará sin una gran financiación y el compromiso de los niveles más altos de la industria y el gobierno.[34]

33. Entrevista telefónica y correspondencia escrita entre C. R. Possell y Marc J. Seifer (29 de mayo de 1991; 10 de junio de 1991); *Extraordinary Science,* vol. IV, n°. 2 (1992).

34. Hayes, J.: *Boundary-Layer Breakthrough.* High Energy Enterprise, Security, Colorado, 1990. *(N. del T.)* El proyecto no fue más allá de los dibujos en papel. Si bien la American Aircraft Corporation desarrolló un prototipo del Phalanx Falcon, nunca fue probado en vuelo. El Penetrator, otro avión basado en la misma tecnología, di-

El camarero se sorprendió al ver a un elegante caballero sentado en la barra americana antes de la inauguración oficial del restaurante. «¿No es usted el Dr. Tesla?», preguntó el hombre, asombrado de ver a un hombre tan importante de regreso a la ciudad después de tantos años.

Después de recibir permiso del propietario para comer lo antes posible, Tesla respondió afirmativamente. Había viajado a Colorado Springs desde Milwaukee, rememorando su pasado y mirando hacia un posible futuro en el que podría levantar otra estación inalámbrica. Con una llave del decano Evans de la escuela de ingeniería local, el inventor pudo utilizar el laboratorio para trabajar en algunos cálculos técnicos. Disfrutando del respiro que tanto necesitaba y tal vez de una caminata rápida en una fuente termal, el inventor había regresado a su amado retiro. Allí el ágil montañero podría encaramarse como ave fénix en un acantilado, para sentarse y contemplar el diseño de Thor, y observar las tormentas eléctricas que restallaban a lo largo del escarpado horizonte.[35]

señado para un mercado diferente, y aunque en diciembre de 1991 se llevaron a cabo pruebas de vuelo, no llegó a venderse comercialmente.

35. Entrevista con L. I. Anderson (29 de julio de 1988, Colorado Springs, Colorado), sobre como se lo contó a él y a Inez Hunt. Véase también Caufield, J.: «Radioed Light, Heat and Power Perfected by Tesla», *Harrisburg Telegraph*, sección de radio, pp. 1-2 (22 de marzo de 1924): «Estaba en guerra y el gobierno solicitó que [Wardenclyffe] fuera derribado. Después de la guerra, el profesor Tesla volvió a probar su teoría, pero esta vez eligió Colorado Springs como ubicación de su laboratorio. Fue en "Springs" donde demostró por primera vez la transmisión de potencia sin la ayuda de cables».

43
Los felices años veinte (1918-1927)

He estado dando de comer a las palomas, miles de ellas durante años. Pero había una, un ave hermosa, de un blanco puro con puntas de color gris claro en las alas; era diferente. Era una hembra. Sólo tenía que desearlo y llamarla, y acudía volando hacia mí.

Quería a esa paloma como un hombre quiere a una mujer, y ella me quería a mí. Mientras la tuviera, mi vida tenía un propósito.

NIKOLA TESLA[1]

En noviembre de 1918, Alemania firmó el armisticio que puso fin a la Gran Guerra. Poco después, el káiser Guillermo II abdicó del trono y huyó a Holanda; su país había contraído una deuda de 33 000 millones de dólares con los aliados. Los nuevos héroes de la época eran aviadores, como Eddie Rickenbacker, aclamado como un as con veintiséis aviones enemigos derribados. Al año siguiente, el ser humano saltaba de continente: los británicos propulsaron el robusto Dirigible R-34 desde Edimburgo hasta Roosevelt Field y de regreso a Londres en siete días. Este primer viaje de ida y vuelta en dirigible transatlántico estuvo al mando del mayor G. H. Scott de la Royal Air Force, junto con una tripulación de treinta hombres y Willy Ballantyne, un polizón de veintitrés años. Ese mismo año, mientras Tesla, Thomson, Marconi y Pickering discutían sobre las señales marcianas y la vida vegetal en la Luna, Robert Goddard, experto en cohetes militares y profesor de física de la Universidad Clark, propuso una trayectoria aparentemente extravagante para enviar a un hombre a la Luna. Incluso Tesla pensaba que el plan era descabellado, ya que los combustibles conocidos de la época no tenían

---

1. Cita de Tesla contada a John J. O'Neill y Bill Lawrence; O'Neill, J. J.: *Prodigal Genius: The Life of Nikola Tesla*. Ives Washburn, Nueva York, 1944. pp. 316-317.

suficiente «poder explosivo» y, aunque lo tuvieran, dudaba que «un cohete pudiera funcionar a 273 grados bajo cero, la temperatura del espacio interplanetario».[2]

En 1920, William Jennings Bryan dirigió la campaña para instituir la ley seca; Anne Morgan y sus sufragistas obtuvieron el derecho de voto para las mujeres, y cuatro celebridades del cine (Charlie Chaplin, D. W. Griffith, Mary Pickford y su nuevo marido, Douglas Fairbanks) crearon United Artists. A medida que se iba olvidando la guerra, las figuras del deporte se convirtieron en los nuevos héroes: Babe Ruth, el joven lanzador de los Boston Red Sox, fue portada en los periódicos después de ser traspasado a los New York Yankees por la friolera de 125 000 dólares.

Hugo Gernsback intentó poner a Tesla en la cabecera de otro *spin-off* futurista de *Electrical Experimenter*, pero su oferta financiera era, a ojos de Tesla, insignificante, y la rechazó. Creyendo que le habían pagado mal por su autobiografía, Tesla respondió: «Aprecio su inusual inteligencia y su iniciativa, pero el problema con usted parece ser que en primer lugar sólo piensa en H. Gernsback, luego en H. Gernsback y para terminar en H. Gernsback».[3] Sin embargo, Gernsback nunca vaciló en elogiar a Tesla y continuó presentando artículos y dibujos teslaicos en sus diversas publicaciones periódicas. Sobre el tema de la transferencia de pensamiento, como materialista que era, Tesla rechazaba por completo cualquier concepto relacionado con la percepción extrasensorial; sin embargo, sí creía que era posible leer los pensamientos del cerebro de otra persona conectando un equipo de televisión a los conos y los bastones de la retina, que era, en su opinión, donde tenía lugar el procesamiento cognitivo.[4] Este invento, conocido como «grabador de pensamientos», proporcionó la base para una serie de dibujos espectaculares de Frank R. Paul, como su portada para *Amazing Stories* de octubre de 1929 que representa a dos humanos con cascos para leer el pensamiento.

---

2. D. Wallechensky (noviembre de 1928), citado en Cerf C. *et al.*: *The Experts Speak.* Pantheon, Nueva York, 1984. p. 259.

3. Nikola Tesla a Hugo Gernsback (30 de noviembre de 1921) [DKS].

4. Tesla, N.: «Views on Thought Transference», *Electrical Experimenter*, p. 12 (mayo de 1911).

Revisitando Wardenclyffe

La década de 1920 marcó un período de agitación y revolución. La homeostasis aún no se había asentado. Con los Johnson todavía en Europa, Tesla se vio obligado a afrontar una vez más el doloroso fiasco de Wardenclyffe sin el consuelo de sus amigos cercanos. Con William Rasquin Jr., su abogado de Manhattan, Tesla cogió el tren hasta el Tribunal Supremo del condado de Suffolk para enfrentarse a los agentes inmobiliarios de George C. Boldt y del Waldorf-Astoria, que intentaban, una vez más, recuperar aproximadamente 20 000 dólares en alquileres impagados. El juez era el honorable Rowland Miles.

El caso se prolongó durante meses y cubrió más de trescientas páginas de testimonios. Tesla testificó que en marzo de 1915 había presentado Wardenclyffe como garantía contra el dinero pasado adeudado a Francis S. Hutchins, abogado personal de George C. Boldt y del Waldorf-Astoria. Hutchins y el hotel interpretaron la transacción como una transferencia absoluta de la escritura. Dado que el hotel creía que era el dueño de la propiedad, consideraba que tenía derecho a revender el terreno y derribar la torre para vender la madera y otras partes y recuperar parte del dinero.

Cuando Tesla subió al estrado, le preguntaron si recordaba el día en que entregó la escritura.

«Recuerdo claramente haberle dicho al Sr. Hutchins que la planta había costado una enorme cantidad de dinero en comparación con la cual este endeudamiento era una nimiedad, y que esperaba grandes beneficios de la planta, 30 000 dólares al día, si se hubiera terminado.» Tesla asumió que, si pagaba los 20 000 dólares adeudados, podría recuperar la planta. Supuso además que el Waldorf-Astoria cuidaría bien la propiedad debido a su enorme valor. Sin embargo, no tuvieron mucho cuidado. Entraron vándalos y robaron equipos, como unos tornos muy caros.

«¿Puede describir las estructuras y cualquier otro equipo que había en el laboratorio?», preguntó el abogado de Tesla. El abogado de los demandantes intentó anular el testimonio, pero el juez permitió que Tesla comenzara.

El inventor se inclinó, se quitó los guantes blancos, los dejó en el podio y procedió. «El edificio formaba un cuadrado de unos treinta metros por treinta metros. Estaba dividido en cuatro compartimentos, con una oficina y un taller mecánico y dos áreas muy grandes [...]. Los motores estaban ubicados a un lado, y las calderas al otro, y en el centro se elevaba la chimenea».

Preguntado por cuán grandes eran las calderas, Tesla respondió que había dos calderas de 300 caballos de potencia rodeadas por dos tanques de agua de 60 000 litros que utilizaban el calor ambiental para calentar agua. «A la derecha de la planta de calderas estaban los motores. Uno era un motor Westinghouse de 400 caballos de potencia y un equipo de 35 kilovatios que, junto con el motor, accionaba la dinamo para la iluminación y proporcionaba otras comodidades. Había compresores de alta y de baja presión, varios tipos de bombas de agua y un cuadro eléctrico principal para el funcionamiento de todo.

»Hacia la carretera, en el lado de las vías del ferrocarril, estaba el taller mecánico. Ese compartimento medía treinta metros por diez metros con una puerta en el medio y contenía creo recordar que ocho tornos. Luego había una fresadora, una cepilladora y una moldeadora, una dentadora, tres taladros, cuatro motores, una amoladora y una forja de herrero.

»Ahora bien, en el compartimento de enfrente, que era del mismo tamaño que el taller mecánico, se encontraban los aparatos realmente caros. Había dos vitrinas especiales donde guardaba los aparatos históricos que mostraba y describía en mis conferencias y artículos científicos. Había al menos mil bombillas y tubos, cada uno de los cuales representaba una determinada fase del desarrollo científico. También había cinco grandes depósitos, cuatro de los cuales contenían transformadores especiales creados para transformar la energía para la planta. Medían aproximadamente, diría yo, dos metros de altura y alrededor de un metro y medio cada uno, y estaban llenos de un aceite especial que llamamos aceite para transformadores, para soportar una tensión eléctrica de 60 000 voltios. Luego había un quinto tanque similar para finalidades especiales. Y luego estaban mi aparato generador de electricidad. Ese aparato era muy valioso porque podía enviar un mensaje a través del Atlántico, a pesar de que fue construido en 1894 o 1895».

El abogado de la parte contraria intentó impedir el testimonio adicional de Tesla, pero el juez permitió que el inventor continuara.

«Más allá de la puerta de este compartimento –prosiguió Tesla–, tenía que haber los condensadores, a los que llamamos condensadores eléctricos, que almacenarían la energía y luego la descargarían y harían que viajara por todo el mundo. Algunos de estos condensadores estaban en un estado avanzado de construcción, pero otros no. Luego había un aparato muy caro que me proporcionó la Westinghouse Company, sólo se han construido dos de este tipo. Fue desarrollado por mí junto con sus ingenieros. Se trataba de un depósito de acero que contenía un conjunto muy elaborado de bobinas, un elaborado aparato regulador, y estaba destinado a proporcionar todas las regulaciones imaginables que yo quisiera en mis mediciones y control de energía».

Tesla también describió «un motor especial de 100 caballos de potencia equipado con elaborados dispositivos para rectificar las corrientes alternas y enviarlas a los condensadores. «Sólo en este aparato invertí miles de dólares. Luego, en el centro de la habitación tenía una pieza muy valiosa». Era el barco con control remoto de Tesla.

—¿Eso era todo lo que había, a grandes rasgos? –preguntó su abogado.

—¡Oh, no, ni mucho menos! –respondió Tesla.

Entonces, el inventor procedió a describir una serie de armarios que albergaban muchos otros aparatos, «cada uno de los cuales representaba una fase diferente» de su trabajo. Allí estaba la sala de pruebas, que incluía instrumentos valiosos que le dio lord Kelvin, tales como voltímetros, vatímetros y amperímetros. En ese pequeño espacio había una fortuna.

El abogado de la otra parte pidió que se retirara la afirmación «había una fortuna».

—Sí, táchelo –dijo el juez.

A continuación, Tesla pasó a hablar de la torre. Después de describir la estructura que se elevaba por encima del suelo, describió el pozo.

—Verá –dijo Tesla–, el trabajo subterráneo era una de las partes más caras de la torre.

Se refería al dispositivo especial que inventó para «agarrarse a la tierra».

—El pozo, señoría, primero se cubrió con madera y el interior con acero. En el centro había una escalera de caracol que bajaba y en el centro de la escalera había de nuevo un gran pozo a través del cual debía pasar la corriente, y este pozo estaba diseñado de esta manera para saber exactamente dónde se encuentra el punto nodal para poder calcular exactamente el tamaño o el diámetro de la Tierra y medirlo exactamente con esa máquina.

»Y luego el trabajo realmente costoso fue conectar esa parte central con la Tierra, y allí hice montar máquinas especiales que empujaban los tubos de hierro, un tramo tras otro, y empujé, creo que dieciséis, noventa metros. La corriente que circulaba a través de estos tubos debía agarrarse a la Tierra. Ésa fue una parte muy costosa del trabajo, pero no se ve en la torre, aunque pertenece a ella.

»El objetivo principal de la torre, señoría, era telefonear, enviar la voz y la imagen humana a todo el mundo. Ése fue mi descubrimiento, que anuncié en 1893, y ahora todas las plantas inalámbricas están haciéndolo. No se está utilizando ningún otro sistema. Así pues, la idea era reproducir este aparato y conectarlo sólo con una estación central y una centralita, para que se pudiera descolgar el teléfono y, si se quería hablar con un abonado telefónico en Australia, se pudiera hacer simplemente llamando a esa planta y esa planta te conectaría inmediatamente. Y yo había contemplado la posibilidad de recibir mensajes de prensa, cotizaciones de acciones, fotografías para la prensa y las reproducciones de firmas, cheques y todo lo que se transmitiera desde allí, pero...

»Y luego iba a interesar a la gente en un proyecto más grande y la gente de Niagara me había dado 10000 caballos de potencia...

—¿Tuvo alguna conversación con el Sr. Hutchins o con alguien que representara a los demandantes sobre el derribo de la torre o algo así? –preguntó el juez.

—No, señor. Llegó como un rayo caído del cielo azul.

Como la escritura había sido transferida de manera legal con la plena conformidad de Tesla, el juez Miles falló a favor del hotel. El abogado del inventor se opuso, con el argumento de que el Waldorf-Astoria vendió equipos que no contabilizaron y destruyó una propiedad por valor de 350 000 dólares para intentar recuperar los 20 000 adeudados. «La propiedad expropiada superaba el valor de la hipoteca y, por lo tanto, los demandantes [la dirección del hotel] deberían haber tenido que rendir cuentas ante el demandado Tesla». Se citaron casos precedentes.

El Waldorf-Astoria, sin embargo, tenía la última palabra. «Como consuelo para las locas esperanzas de este soñador inventor –escribió su abogado–, si antes de ese momento hubiera agarrado entre sus dedos alguno de los castillos de España que siempre flotaban en sus sueños, y si hubiera pagado las facturas que debía, se le habría devuelto alegremente este bosque salvaje y cubierto de maleza, incluida la Torre de Babel. Ninguna interpretación o conclusión justa [la contrademanda de Tesla] puede anular esta sentencia. Fue simplemente una concesión a la vanidad de una mente brillante pero poco práctica. La sentencia debe ser confirmada con costas».[5]

En el verano de 1922, Robert Johnson y su enferma «embajadora»[6] regresaron a Estados Unidos desde Italia. Llegaron a tiempo para asistir al concierto de piano de retorno de Paderewski con su esquivo amigo en el Carnegie Hall en noviembre.

La autobiografía de Robert, *Remembered Yesterdays*, recientemente publicada en el momento de escribir este libro, destaca no únicamente un encuentro memorable entre Tesla y Paderewski a finales de la década de 1890, sino también el período del virtuoso como presidente de Polonia en 1919. Dado que el pianista sólo había ocupado el cargo diez meses, Tesla bromeó diciendo que era «el tiempo suficiente para ganar publicidad para su siguiente gira».

«Es terrible decir eso, Sr. Tesla», dijo Kate cuando entraron en la limusina que llevaría al trío a la inauguración. Vestidos con capas negras, bastones y sombreros altos de seda, los altos y «angulosos» caballeros constituían una elegante pareja mientras acompañaban a la radiante y repentinamente recuperada Sra. Filipov.

«Ver a Paderewski de nuevo es como enamorarse completamente», dijo ella sentada entre sus hombres. Tesla miró hacia abajo y se dio cuenta de la tristeza que yacía escondida debajo de su frente. La suya también resultaba evidente para ella.

Los bolcheviques estaban haciéndose con el poder en Rusia; los levantamientos comunistas y anarquistas resonaban en todo el mundo. En Estados Unidos hubo disturbios raciales en Chicago, linchamientos de negros en Minnesota, una explosión sospechosa delante del edificio J. P. Morgan, en Nueva York, que mató a treinta personas e hirió a otras trescientas, y cuarenta mil militantes del Ku Klux Klan marcharon hacia Washington. Era hora de hacer algo para detener la tendencia, por lo que el fiscal general A. M. Palmer detuvo a trescientos comunistas y sesenta y siete anarquistas en treinta y tres ciudades. El último grupo arrestado se enfrentaba a la deportación por poner bombas en las ventanas y las

---

5. Nikola Tesla vs. George C. Boldt Jr. (Tribunal Supremo del condado de Suffolk, abril de 1921) [LA].

6. Katharine Johnson a Nikola Tesla (24 de abril de 1920) [MNT].

casas de Palmer y del subsecretario de Marina, Franklin D. Roosevelt. Eugene V. Debs, todavía en prisión por violar la Ley de Espionaje, fue nominado una vez más para la presidencia por el Partido Socialista; por su parte, Thomas Woodrow Wilson[7] recibió el Premio Nobel de la Paz.

La elección de 1920 fue la primera que se transmitió por radio a una audiencia nacional; Lee De Forest había anunciado al ganador equivocado cuatro años antes ante una multitud mucho menor. Con John Calvin Coolidge como candidato a la vicepresidencia, Warren G. Harding derrotó al rival demócrata James M. Cox y al aspirante a la vicepresidencia Franklin D. Roosevelt.

En aquel momento, la RCA era una megacorporación que emitía cheques por millones de dólares a John Hays Hammond Jr. y Edwin H. Armstrong. Tras descubrir un gran mercado nuevo, en 1924 la RCA había aumentado su audiencia de radio a cinco millones de oyentes. Las ganancias procedían no sólo de la venta de espacios publicitarios a los anunciantes, sino también de la venta de las propias radios. En 1928, las transmisiones nacionales unían los cuarenta y ocho estados y, poco después, los programas regulares con Buck y Will Rogers, Amos 'n' Andy, Burns and Allen, The Shadow, Stoopnagle and Budd, y Jack Benny harían un programa diario. Anunciantes como Lucky Strike, Maxwell House, Canada Dry, Chesterfield y Pontiac pronto se colaron en la mente de la audiencia. Tesla dijo que no tenía ningún interés en escuchar la radio porque encontraba que «le distraía demasiado».

Otros hitos durante este período incluyeron la unción del «matador de Manassa», William Harrison «Jack» Dempsey, como campeón mundial de los pesos pesados, un mercado de valores al alza y una serie de juicios clave, en concreto el de Sacco y Vanzetti, presuntos anarquistas acusados de asesinato, el juicio de Scopes[8] y la multa de 500 dólares y

---

7. El abogado y político Thomas Woodrow Wilson (1856-1924) fue presidente de Estados Unidos entre 1913 y 1921. Afiliado al Partido Demócrata, involucró a su país en la Primera Guerra Mundial y a su conclusión se implicó en asegurar la paz en Europa; recibió el Premio Nobel de la Paz por ser el arquitecto de la Sociedad de Naciones. (N. del T.)

8. Conocido también como el «juicio del mono», tuvo lugar en Tennessee en mayo de 1925 y se acusó a John T. Scopes, un profesor de secundaria, de enseñar en sus clases la teoría darwinista de la evolución, en contra de la Ley Butler, que prohibía «la enseñanza de cualquier teoría que niegue la historia de la Divina Creación del hombre tal como se encuentra explicada en la Biblia, y reemplazarla por la enseñanza de que

el encarcelamiento de diez días de Mae West por improvisaciones lascivas durante su exitosa obra *Sex*, que estaba representando en Broadway. La última moda eran los bares clandestinos, Al Capone, vestidos estilo flapper[9] y bailes como el charleston, el vals hasta caer rendido y el shimmy. Si bien la radio era la emperatriz de la casa, para una noche en la ciudad, las películas mudas eran la reina. Entre las muertes durante los locos años veinte destacan las de T. C. Martin, Jacob Schiff, Henry Clay Frick, Andrew Carnegie, Enrico Caruso, Wilhelm Röntgen, Alexander Graham Bell, T. Woodrow Wilson, Warren G. Harding, el galán Rodolfo Valentino, de treinta y un años, que, como Harry Houdini, murió de peritonitis, Vladimir Lenin, Sarah Bernhardt, la princesa Lwoff-Parlaghy y Katharine Johnson, que falleció en otoño de 1925.[10]

15 de octubre de 1925

Querido Tesla:

El mandato de la Sra. Johnson esa última noche de su vida fue que debía mantenerme en contacto con Tesla. Se trata de algo bastante difícil de llevar a cabo, pero no será del todo culpa mía si no es así.

Atentamente,

LUKA[11]

---

el hombre desciende de un orden de animales inferiores». Scopes fue condenado a pagar una multa simbólica. *(N. del T)*

9. Anglicismo para referirse a un estilo de vida de las mujeres jóvenes, que vestían faldas cortas, sustituyeron el corsé por la faja, llevaban un corte de pelo recto a la altura de la mandíbula, escuchaban y bailaban jazz, y tenían comportamientos similares a los de los hombres, como beber licores fuertes, fumar y conducir a gran velocidad. *(N. del T.)*

10. Introducción compilada principalmente de Daniel, C. (ed.): *Chronicle of the 20th Century*. Chronicle Publications, Mount Kisco, Nueva York, 1987; Langer, W. L. (ed.): *New Illustrated Encyclopedia of World History*. Harry Abrams, Nueva York, 1975 (Trad. cast.: *Enciclopedia de historia universal*. Alianza Editorial, Madrid, 1980).

11. Robert Underwood Johnson a Nikola Tesla (15 de octubre de 1925) [BC].

El misterioso Sr. Bettini

En todo el mundo, los inventores de dispositivos sin hilos se estaban convirtiendo en un bien preciado. En Italia, Mussolini redirigió «hábilmente» el saludo fascista del Senado italiano a Guglielmo Marconi por haber establecido un sistema de radiodifusión nacional.[12] Unos años más tarde, *Il Duce* se acercó a Jack Hammond para instituir un «sistema de radio secreto infalible», que, según la repugnancia posterior de Jack, se convirtió en una herramienta para matar a los antifascistas.[13]

En la Unión Soviética, Lenin se puso en contacto con Tesla para pedirle que fuera a su país para instaurar su corriente alterna polifásica y sus «estaciones regionales de distribución de energía».[14] Envió emisarios para atraer al noble serbio. Tesla se vio envuelto en una organización turbia conocida como los Amigos de la Rusia Soviética. Con más de cinco millones de personas muriendo de hambre en 1922 en el país, Ivan Mashevkief, del Russian Workers' Club de Manhattan, y Elsie Blanc, una líder comunista de Massachusetts, se acercaron al célebre inventor para hablar en una «monstruosa reunión de masas» en el Grange Hall de Springfield en junio de 1922. El propósito del cónclave, que fue coorganizado por un grupo de «radicales italianos», aparentemente era recaudar dinero para ropa y alimentos para el hambriento y moribundo pueblo de Rusia. Dado que en aquella época se descubrió una «fábrica de bombas» rusa en un almacén de Manhattan, sin duda algunos de los fondos también se desviaron para actividades más perversas.

Viajando a Springfield con Mashevkief, quien describió «con considerable imaginación las industrias manufactureras de Rusia», Tesla oyó al primer orador anunciar «que la única solución al problema económico de Europa estaba en manos de la clase trabajadora que se hará cargo de todos los medios de producción. «Lo harán por el bien de la humanidad y no con fines de lucro». El orador profetizó que se produciría un colapso económico de toda la estructura industrial de Europa y que, cuando

---

12. Jolly, W.: *Marconi.* Stein & Day, Nueva York, 1972. pp. 258-260.

13. Rubin, N.: *John Hays Hammond, Jr.: A Renaissance Man in the Twentieth Century.* Hammond Museum, Gloucester, Massachusetts, 1987. p. 25.

14. Petković, D.: «A Visit to Nikola Tesla», *Politika*, vol. XXV, n.º 6824, p. 6 (27 de abril de 1927) [LA].

eso ocurriera, la clase obrera se aseguraría el control total de los asuntos. También afirmó enfáticamente que la hambruna actual en Rusia estaba provocada por fuerzas contrarrevolucionarias respaldadas por los capitalistas mundiales y no por el supuesto mal gobierno de los bolcheviques».

Según Adrian Potter, el agente del FBI que siguió el acontecimiento, «varios italianos se dirigieron a "Nicolo Tesla" como "Bettini" [...]. Tesla o Bettini profetizaron que Italia pronto adoptaría una forma comunista de gobierno».[15]

Claramente, Tesla era, en cierto sentido, un revolucionario y estaba del lado de los trabajadores, pero más bien con el propósito de transformar y elevar su posición. Los inventos de Tesla estaban construidos deliberadamente para reducir los costes para el consumidor, preservar los recursos naturales y aliviar a la humanidad del trabajo manual innecesario. El serbio creía en el afán de lucro y se esforzó toda su vida por convertirse en lo que Lenin detestaba, por lo que el lector debe interpretar este informe del FBI con precaución, ya que la supuesta declaración de Tesla y el motivo para asistir a la reunión no están totalmente claros. Lo más probable es que estuviera preocupado por la difícil situación del pueblo hambriento de Rusia (el gobierno de Estados Unidos enviaría sesenta millones de dólares en ayuda para alimentar a los soviéticos durante la siguiente década)[16] y también buscaba vender sus inventos a este nuevo régimen, con un vasto mercado potencial asociado.

Cuando los dirigentes soviéticos trataron de buscar a Tesla, Charles Proteus Steinmetz, el anciano mago-gnomo y de extraña combinación socialista capitalista, inició su propio contacto y le escribió una carta al primer ministro soviético en febrero de 1922. «Deseando éxito a Lenin», Steinmetz «expreso confianza en que podrá completar la asombrosa obra de construcción social e industrial que Rusia ha emprendido en difíciles circunstancias».

Tras unirse a un abanico de organizaciones soviéticas, Steinmetz también publicó su correspondencia con Lenin y «publicó dos artículos en *Electrical World* que describían los planes de electrificación de Rusia». Ras-

---

15. Potter, A.: *FBI report on Friends of Soviet Russia, 1921-1923* [Ley por la Libertad de la Información, FOIA].

16. Seldes, G.: Witness *to a Century: Encounters with the Noted, the Notorious, and the Three SOBs*. Ballantine, Nueva York, 1987. pp. 181-183.

cando sus retorcidas uñas artríticas en el pizarrón capitalista de General Electric, el farisaico supuesto académico que implacablemente ganaba cien mil dólares al año «pidió que el capital estadounidense apoyara el proyecto».[17]

Aunque no se ha localizado la correspondencia de Lenin con Tesla, su respuesta a Steinmetz es bien conocida. «Lenin respondió que para mi vergüenza había oído el nombre de Steinmetz hace sólo unos meses y dio las gracias a Steinmetz por su ayuda, pero sugirió que la ausencia de relaciones diplomáticas entre Estados Unidos y la Rusia soviética impediría su implementación». Lenin, en cambio, publicó la nota del destacado ingeniero y envió a Steinmetz una fotografía suya autografiada, que recibió unos meses después.[18]

Al cabo de un año, Charles Proteus Steinmetz, el gigante de 120 centímetros de la ingeniería eléctrica, *bon vivant* y hombre de familia, estaba muerto. Tenía cincuenta y ocho años.[19]

Durante el período comprendido entre 1920 y 1923, Tesla estuvo viviendo en la Quinta Avenida, a dos manzanas de Central Park, en la habitación 1607 del Hotel St. Regis.[20] Viajando a Milwaukee y pagando quince exorbitantes dólares por día de alquiler, el inventor se olvidó de pagar al hotel durante siete meses y pronto fue demandado por la deuda,

---

17. Kline, R.: «Professionalism and the Corporate Engineer: Charles P. Steinmetz», *IEEE Transactions,* pp. 144-150 (agosto de 1980).

18. Fischer, L.: *The Life of Lenin.* Harper & Row, Nueva York, 1964. p. 630. (Trad cast.: *Lenin.* Bruguera, Barcelona, 1966).

19. Hay una famosa fotografía tomada el 3 de abril de 1921, durante una transmisión transatlántica sin hilos para la RCA, General electric y AT&T. En varias fuentes (Cheney, M.: *Testa: Man Out of Time.* Prentice-Hall, Englewood Cliffs, Nueva Jersey, 1981; Seifer, M. J.: «The Inventor and the Corporation: Tesla, Armstrong & Jobs», en Elswick, S. R. (ed.): *Proceedings of the 1986 International Tesla Symposium.* Sociedad Internacional Tesla, Colorado Springs, 1986; Williams, R. G.: *Introducing Nikola Tesla Through Some of His Achievements.* Health Research, Mokelumne Hill, California, 1970), se ha sugerido que el hombre que está de pie entre Albert Einstein y Charles P. Steinmetz era Nikola Tesla. Sin embargo, después de revisar el pie de foto original y consultar con el experto en Tesla, Leland I. Anderson, se ha llegado a la conclusión de que el hombre no es Tesla, sino John Carson, de AT&T. Otras personas que aparecen en la fotografía son Irving Langmuir y David Sarnoff. Casualmente, esta fotografía ha sido utilizada por el personal de relaciones públicas de General Electric en numerosas ocasiones con todas las personas excepto Einstein y Steinmetz retocadas. Véanse *Life Magazine* (1965) y Gorowitz, B. (ed.): *The Steinmetz Era: 1892-1923.* Schenectady Elfun Society, Schenectady, Nueva York, 1977. p. 39.

20. [DKS].

que ascendía a más de tres mil dólares.[21] Obligado a buscar otro sitio, se mudó al Hotel Marguery en Park Avenue y la calle 48, a sólo unas manzanas de su lugar favorito, Bryant Park, detrás de la Biblioteca Pública de Nueva York y el gran hall de la Grand Central Station. A altas horas de la noche, el inventor cogía su abrigo, su bastón, sus guantes blancos y su sombrero, y salía a dar un paseo por el parque junto a la biblioteca, donde reflexionaba y daba de comer a sus preciadas palomas. Comenzaron a circular rumores sobre el excéntrico y demacrado que daba de comer a las palomas, ya que deliberadamente Tesla mantenía oculta su identidad. «La medianoche es la hora que elige para sus visitas [...]. Alto, bien vestido, de porte digno [el hombre] silba varias veces, una señal para que las palomas de las cornisas del edificio revoloteen hasta sus pies. Con una mano generosa, el hombre esparce cacahuetes de una bolsa en el césped. Un hombre orgulloso, pero humilde en sus obras de caridad: Nikola Tesla».[22]

Según varios investigadores, Tesla era homosexual y supuestamente permanecía allí, en el Hotel Marguery, porque le gustaba encontrarse con «sus amigos especiales». Lo más probable es que fuera célibe, pero el inventor tenía un admirador homosexual, el joven periodista Kenneth Swezey.[23]

Nacido en 1905 y criado en un apartamento de Brooklyn, donde permaneció toda su vida, Swezey construyó su primera radio a los trece años, en plena Primera Guerra Mundial. Poco después abandonó la escuela secundaria y comenzó a escribir artículos científicos para varios periódicos y revistas locales, y, finalmente, un libro de texto sobre química. Capaz de simplificar ideas complejas a un nivel comprensible para las masas, más adelante fue felicitado por Albert Einstein por explicar el principio de Arquímedes.[24]

Después de revisar concienzudamente los datos sobre la conexión inalámbrica, Swezey se dio cuenta de que Tesla era el autor anónimo del invento y buscó al ermitaño para una entrevista.

---

21. «Judgment [of $3,299] Filed Against Tesla by St. Regis», *The New York Times*, p. 14:1 (25 de mayo de 1924).

22. «At Night and in Secret Nikola Tesla Lavishes Money and Love on Pigeons», *The New York World*, sección metropolitana, p. 1:2-5 (21 de noviembre de 1926).

23. Cheney, M.: *Tesla: Man Out of Time*. Prentice-Hall, Englewood Cliffs, Nueva Jersey, 1981. Fuente original: Kenneth Swezey.

24. Nenadović, A.: «100 Years Since the Birth of Nikola Tesla», *Politika* (8 de julio de 1956) [DKS].

Con una cara redonda y juvenil, gafas y una mente rápida y perspicaz, Swezey pronto se ganó el cariño de Tesla, quien expresó sorpresa por la juventud del escritor. Con sólo diecinueve años en ese momento, Swezey y Tesla iniciaron una amistad especial que duraría hasta el final de la vida del inventor. Se reunían a menudo en el apartamento de Tesla para repasar algunos artículos que Swezey estaba escribiendo o para discutir aspectos del trabajo de Tesla. Más tarde, el joven podía reunirse con el inventor para cenar o Tesla podía acompañar al muchacho hasta la entrada del metro.[25] A medida que crecía la amistad, el maduro sabio también llegó a confiar en Swezey cuando necesitaba ayuda, y cuando tenía más de setenta años, su amistad se volvió tan familiar que, según Swezey, Tesla a veces lo recibía en la puerta completamente desnudo. A medida que pasaron los años, el nuevo publicista de Tesla acabó convirtiéndose prácticamente en uno más de la familia, haciéndose amigo de Agnes Holden, la hija de Robert Underwood Johnson, y también de Sava Kosanović, sobrino de Tesla, que viajaba a menudo a Nueva York desde la recién creada Yugoslavia como su primer embajador.

Swezey, quien describió a Tesla como «un célibe absoluto», comenzó a recopilar una gran cantidad de artículos, cartas y manuscritos originales mientras competía, sin saberlo, con John J. O'Neill, el otro periodista-compadre de Tesla, para escribir la biografía por antonomasia. En cuanto a los hábitos de Tesla, Swezey confirmó que el inventor dormía poquísimo. Tesla afirmaba que dormía menos de dos horas por noche. Sin embargo, sí admitía que «dormitaba» de vez en cuando «para recargar pilas». Para hacer ejercicio, caminaba «doce o catorce kilómetros al día» y se relajaba en la bañera (aunque también publicitaba un baño sin agua que implicaba cargar su cuerpo con electricidad para repeler todas las partículas extrañas). Más adelante, Tesla añadiría a su repertorio el aplastamiento y la descompresión de los dedos de los pies cien veces por cada pie cada noche. Afirmaba que esta práctica estimulaba sus células cerebrales. «¡Y cómo trabajaba este hombre! Le contaré un pequeño episodio […]. Yo estaba durmiendo en mi habitación a pierna suelta. Eran las tres y media de la noche. De repente me despertó el teléfono. Medio dormido, oí su voz: "Swezey, ¿cómo estás? ¿Qué estás haciendo?". Ésta fue una de las muchas conversaciones en las que no conseguí participar.

---

25. Swezey, K.: «How Tesla Evolved Epoch-Making Discoveries», *Brooklyn Eagle*, pp. 8-9 (4 de abril de 1926).

Hablaba animadamente, con pausas, mientras resolvía un problema, comparando una teoría con otra, haciendo comentarios; y cuando sintió que había encontrado la solución, de repente colgó el teléfono».[26]

En 1926, poco después de mudarse al Hotel Pennsylvania, el inventor accedió a una entrevista para la revista *Collier's*. El filósofo de sesenta y ocho años eligió como tema de la velada a la hembra de la especie. Considerando el movimiento feminista como «una de las predicciones más profundas del futuro», «el hombre alto, delgado y ascético» le dijo al entrevistador: «Esta lucha de la hembra humana por la igualdad sexual terminará en un nuevo orden sexual, con la mujer como superior».[27] Contento con el artículo, Tesla envió una copia a Anne Morgan, con quien todavía mantenía el contacto, y ésta le contestó repasando su propia odisea de veinte años como defensora del movimiento feminista.[28]

Durante este mismo período Tesla divulgó en el *New York World* su desenfrenado apego por las palomas de la ciudad. «A veces pienso que no casándome he hecho un sacrificio demasiado grande por mi trabajo –le dijo al periodista–, y por eso he decidido prodigar todo el cariño de un hombre que ya no es joven a la tribu emplumada. Estoy satisfecho si algo de lo que hago perdurará para la posteridad. Pero cuidar de estas aves sin hogar, hambrientas o enfermas es el placer de mi vida. Es mi única forma de actuar».

En el mismo artículo, Tesla revela de manera conmovedora su cariño por una paloma en particular que tenía un ala y una pata rotas. «Recurriendo a todos mis conocimientos de mecánica, inventé un dispositivo mediante el cual sostenía cómodamente su cuerpo para permitir que los huesos sanaran». Llevó al ave a su suite y Tesla calculó que «me costó más de 2000 dólares curarla». Necesitó más de un año y medio de cuidados diarios, y después Tesla llevó la paloma en mano a una de sus granjas favoritas, donde «ahora es una de las aves más elegantes y bonitas que he visto jamás».[29]

En cuanto a su potencial afinidad por los hombres, Tesla ciertamente mostraba afecto por los hombres musculosos, a menudo durante los úl-

26. Nenadović, A.: «100 Years Since the Birth of Nikola Tesla», *Politika* (8 de julio de 1956) [DKS].

27. Kennedy, J. B.: «When Woman Is Boss», *Collier's*, pp. 17, 34 (30 de enero de 1926).

28. Anne Morgan a Nikola Tesla (26 de abril de 1928) [MNT].

29. «At Night and in Secret Nikola Tesla Lavishes Money and Love on Pigeons», *The New York World*, sección metropolitana, p. 1:2-5 (21 de noviembre de 1926). Tesla llevó a otras aves enfermas que no podía cuidar a clínicas veterinarias.

timos años invitando a boxeadores como Henry Doherty, Jimmy Adamick y el campeón yugoslavo de peso wélter Fritzie Zivic a cenar o a su apartamento.[30] Después de haber «estudiado» el combate por el campeonato de 1892 entre el James John «Gentleman Jim» Corbett y John L. Sullivan (que se había celebrado en Nueva Orleans), Tesla apareció en 1927 en los titulares deportivos prediciendo el resultado de la revancha entre Gene Tunney y Jack Dempsey tras la derrota del «matador de Manassa» justo un año antes en un combate a diez asaltos.

El Dr. Testa elige a Tunney basándose en su mecánica

Sentado en esta suite del Hotel Pennsylvania, el inventor de 71 años [...] no se mostró evasivo ni cauto, y afirmó que Tunney era «al menos un favorito de diez a uno [...]. Tunney golpeará a Dempsey continuamente y a voluntad [Además], es soltero y, en igualdad de condiciones, el hombre soltero siempre puede superar al hombre casado».

El Dr. Tesla sonrió apreciablemente. Es soltero de toda la vida.[31]

Con la muerte de Katharine, llegó un nuevo nivel de intimidad entre Tesla y Luka. A menudo quedaban para cenar o ir al cine, y cuando el héroe de guerra hispanoamericano Richmond P. Hobson regresaba con su esposa a la ciudad, se les unía. Según la Sra. Hobson, «estos dos queridos amigos [Tesla y Hobson], más o menos una vez al mes o a veces más a menudo, quedaban e iban al cine, y luego se sentaban en el parque y hablaban hasta pasada la medianoche. Richmond siempre volvía a casa entusiasmado por algún nuevo invento de Tesla y, bueno, recuerdo la noche en que le dijo a Richmond: "¡Puedo sacudir al mundo de su órbita, pero no lo haré, Hobson!"».[32]

Es cierto que la relación de Tesla con Katharine había sido, al menos en un momento, provocativa, y sin duda revisó los detalles con Hobson, pero aparentemente, según sus propias palabras, «nunca había tocado a

---

30. C. Hedetniemi a la OPE (29 de enero de 1943) [Ley por la Libertad de la Información, FOIA].

31. «Dr. Tesla Picks Tunney», *New York Herald Tribune*, p 2:3 (27 de septiembre de 1927).

32. Ginzelda Hull Hobson a Kenneth Swezey (14 de febrero de 1956) [DKS].

una mujer».[33] Se podría argumentar una fobia a los gérmenes, aunque su relación con las palomas parecería disipar este mito, muy magnificado en la biografía de O'Neill,[34] o bien podría valorarse la aversión de Tesla a la intimidad sexual con mujeres desde una perspectiva psicoanalítica. En 1924, Tesla escribió en una nota de condolencia a Jack Morgan: «La pérdida de la madre se apodera de la mente con más fuerza que cualquier otra experiencia triste en la vida».[35]

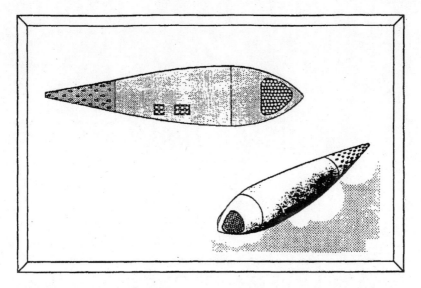

Dirigible a reacción de Tesla, hacia 1909. Este modelo es el precursor de varios prototipos voladores alados, como el Lockheed Martin X-33, diseñado para sustituir al transbordador espacial.
(MetaScience Foundation)

33. Petković, D.: «A Visit to Nikola Tesla», *Politika*, vol. XXV, n.º 6824, p. 4 (27 de abril de 1927) [LA].

34. Según L. I. Anderson, Swezey afirmó que las historias de O'Neill sobre Tesla limpiando sus platos antes de comer en la mesa no eran ciertas y la prueba era la relación que tenía con la paloma. «Meticuloso», Tesla estaba claramente obsesionado con evitar el agua contaminada, fóbico y temeroso de los gérmenes, por lo que a este investigador le parece probable que, en efecto, limpiara sus cubiertos y sus platos con servilletas en los establecimientos de comida. Cuidar palomas, incluso en el propio apartamento (probablemente en una habitación separada en la que mantenía un laboratorio), es muy diferente a comer platos sucios.

35. Nikola Tesla a John Pierpont Morgan (21 de noviembre de 1924) [BC].

44
Más rápido que la velocidad de la luz (1927-1940)

1 de junio de 1931
Potsdam, Alemania

¡Querido Sr. Tesla!
   Me alegra saber que está celebrando su 75 cumpleaños y que, como pionero exitoso en el campo de las corrientes de alta frecuencia, ha podido presenciar el maravilloso desarrollo de este campo de la tecnología.
   Lo felicito por el magnífico éxito del trabajo de su vida.

ALBERT EINSTEIN[1]

Durante el resto de su vida, el mago seguiría hablando de una serie de inventos totalmente nuevos y revolucionarios. Entre ellos figuraban: a) una máquina para aprovechar los rayos cósmicos, b) un sistema para transmitir energía mecánica, c) un arma de haz de partículas y d) un mecanismo para comunicarse con otros planetas. Además, Tesla también siguió refiriéndose a: e) su idea de Wardenclyffe. La identificación de cada invento por separado se convirtió en una tarea un tanto confusa para periodistas e investigadores porque cada una de ellas implica la transmisión de energía a lugares distantes; además, el tercer invento, el denominado rayo de la muerte, aparentemente en su forma final comprendía características de algunos, si no de todos, los demás inventos.

---

1. Albert Einstein a Nikola Tesla (1 de junio de 1931); traducido del alemán por Edwin Gora.

Desde mediados de la década de 1920 hasta aproximadamente 1934, Tesla continuó su práctica de viajar a centros industriales por todo el noreste y el medio oeste buscando maneras de comercializar sus productos. Durante sus viajes a Filadelfia en los años 1924 y 1925 para trabajar en su turbina de gasolina (había trabajado en la turbina de vapor en Chicago y Milwaukee), se reunió con John B. Flowers, inspector de aviones y motores de la fábrica aeronaval local. Conocía al inspector desde 1917.[2] A medida que se fue haciendo más evidente que la turbina sin álabes estaba atrapada en el interminable ciclo de investigación y desarrollo, Tesla volvió a su primer amor, la transmisión sin hilos de energía, e inició una campaña publicitaria para defender sus méritos. Al implementar una serie de estaciones centrales para bombear energía al suelo y al medio circundante, el pragmático conservacionista por excelencia teorizó que los aviones y los automóviles, equipados con dispositivos receptores especialmente diseñados, podrían funcionar sin combustible a bordo; sencillamente obtendrían su poder de las torres.

El 10 de octubre de 1925, Flowers viajó a la ciudad de Nueva York para reunirse con el mago en su suite del Hotel Pennsylvania. Allí redactaron todo el esquema para poder presentárselo al físico J. H. Dillinger, jefe del Laboratorio de Radio de la Oficina de Estándares, en Washington D.C.

En un documento de diez páginas cuidadosamente redactado y acompañado de dibujos esquemáticos de la Tierra imbuida de ondas estacionarias creadas por Tesla, Flowers revelaba un plan para hacer funcionar automóviles y aviones propulsados por electromagnetismo. «El Dr. Tesla dijo que el sistema de energía sin cables suministraría energía a los aviones en cualquier punto de la Tierra –le dijo Flowers a Dillinger–. Además, el Dr. Tesla ya ha desarrollado el oscilador para aportar energía y está dispuesto a proporcionar sus planes al gobierno de Estados Unidos si acepta construir la planta». Flowers también organizó una reunión en Washington para analizar la propuesta.

Mientras tanto, Dillinger remitió la propuesta a H. L. Cllftis, un colega experto. Después de una sagaz consideración, Curtis rechazó el plan y su principal objeción fue que «tal como él lo entendía, el plan de Tesla era crear ondas eléctricas estacionarias alrededor de la Tierra como en una esfera. Entonces habría una concentración considerable de ener-

2. Nikola Tesla a John B. Flowers (1917-1925) [MNT].

gía en los nodos y sería en los puntos nodales que Tesla esperaba desarrollar su energía. El sistema propuesto por el Sr. Flowers no tiene esta característica. Propone acumular energía en cualquier punto. Por lo tanto, habría que idear algún sistema para concentrar esta energía y hacer que esté disponible. No propone ningún método para ello, y no creo que haya ninguno que parezca factible. [Además], no conozco ningún aparato inalámbrico de la magnitud suficiente como para garantizar la expectativa de que la energía pueda ser transmitida de manera económica por métodos de radio».[3]

La crítica fundamental de que no se tendría acceso a la energía en cualquier punto del globo, sino únicamente en los puntos nodales, fue refutada en numerosas ocasiones por Tesla (si bien supuestamente las torres, que no estaban cerca de fuentes de energía, tendrían que ser colocadas en puntos nodales). Una de las analogías favoritas de Tesla era ver la electricidad como una especie de fluido y sus transmisores magnificadores como una serie de bombas. Así como en un sistema hidráulico el fluido se encontraría en todos los puntos con presiones iguales, también lo estarían las oscilaciones eléctricas de Tesla. Y así como la energía eléctrica está presente en todas las tomas de corriente conectadas en el mundo, pero no se utiliza hasta que se enchufa un electrodoméstico, también estaba disponible la electricidad de Tesla, pero no se utilizaba hasta que se encendía el receptor.

En un amplio artículo publicado en *Telegraph and Telephone Age* en octubre de 1927, que probablemente fue escrito como una refutación a Curtis y Dillinger, Tesla también explica que las oscilaciones se propagarían desde el transmisor amplificador

> … con una velocidad teóricamente infinita, desacelerando primero muy rápidamente y luego a un ritmo menor hasta que la distancia sea de unos 9500 kilómetros, cuando avanza con la velocidad de la luz. A partir de ahí vuelve a aumentar su velocidad, primero lentamente y luego más rápidamente, hasta alcanzar la antípoda con una velocidad aproximadamente infinita. La ley del movimiento se puede ex-

3. Flowers, J. B.: «Nikola Tesla's Wireless Power System and Its Application to the Propulsion of Airplanes» (8 de agosto de 1925) [Archivos Toby Grotz, Colorado Springs, Colorado].

presar afirmando que las ondas sobre la superficie terrestre barren en intervalos iguales de tiempo áreas iguales, pero hay que entender que la corriente penetra profundamente en la Tierra y los efectos que produce sobre los receptores son los mismos que si todo el flujo estuviera confinado al eje terrestre que une el transmisor con la antípoda. La velocidad media en la superficie es, por lo tanto, de unos 471 200 kilómetros por segundo, un 57 % mayor que la de las llamadas ondas hertzianas.[4]

Tesla lo comparaba con el efecto con la sombra de la Luna que se extiende sobre la Tierra durante un eclipse. Éste fue el primero de una serie de casos en los que Tesla no estuvo de acuerdo con los hallazgos de la teoría de la relatividad de Einstein, ya que supuestamente la llamada onda de Tesla viajaba más rápido que la luz.[5]

En 1928, Tesla viajó a Filadelfia para intentar construir su helicóptero-avión, probablemente con John Flowers, y a Detroit para intentar comercializarlo como un «automóvil volador» a través de la General Motors. En un nivel más práctico, también vendió su velocímetro a la Ford Motor Company.

Uno de los problemas del velocímetro era el coste, ya que el invento de Tesla se había convertido en un artículo de lujo que sólo llevaban los vehículos más caros. También visitó a su sobrino Nicholas Trbojević, que lo estaba ayudando a financiar el helicóptero y que estaba a punto de hacerse muy rico gracias a sus diferentes inventos automovilísticos asociados con economizar la transmisión y la dirección. Trbojević, al igual que su tío, era un adicto al trabajo, y Tesla advirtió a su esposa que le

---

4. Tesla, N.: «World System of Wireless Transmission of Energy», *Telegraph and Telephone Age*, pp. 457-460 (16 de octubre de 1927), en Ratzlaff, J. T. (ed.): *Reference Articles for Solutions to Tesla's Secrets*. Tesla Book Co., Milbrae, California, 1981. pp. 83-86.

5. «En un eclipse solar, la Luna se interpone entre el Sol y la Tierra [...]. En un momento dado, la sombra tocará justamente en un punto matemático, la Tierra, asumiendo que es una esfera [...]. Debido al enorme radio de la Tierra, [es] casi un plano. [Por lo tanto] ese punto donde cae la sombra inmediatamente, ante el más mínimo movimiento de la sombra hacia abajo, ampliará el círculo a una velocidad tremenda, y se puede demostrar matemáticamente que esta velocidad es infinita». (Anderson, L. I. (ed.): *Nikola Tesla: On His Work with Alternating Currents and Their Application to Wireless Telegraphy, Telephony and Transmission of Power*. Sun Publishing, Denver, Colorado, 1992. pp. 137-139.)

diera a su marido «cuidado [y amor] incesantes», ya que a la larga «tu marido seguramente conseguirá una gran riqueza y, cuando gane su batalla, tendrás todo lo que tu corazón desee».[6]

Poco después, Tesla regresó a Detroit y se reunió con Trbojević para tomar algo en el Hotel Book-Cadillac, el «más elegante» de la ciudad. Según William H. Terbo, «el maître sugirió que esperaran cinco minutos, a que se eliminara el cargo de cinco dólares por cubierto. Tesla hizo oídos sordos y entró». Como esto ocurrió durante la Gran Depresión, cuando con veinticinco centavos se podían comprar tres perritos calientes y dos coca-colas, este derroche de dinero era enorme y se convirtió en un gran motivo de mofa entre los miembros de la familia Trbojević, que tendían a ver a Tesla como su viejo y excéntrico tío en lugar de como uno de los inventores más importantes del mundo. Cuando el sobrino trató discretamente de sacar a relucir el tema del cargo por cubierto, Tesla lo esquivó respondiendo: «No moriré rico a menos que el dinero entre por la puerta más rápido de lo que puedo arrojarlo por la ventana».[7]

Durante este período (1925-1938) Tesla también hizo negocios con Myron Taylor, director ejecutivo de la U.S. Steel. Interesado por la siderurgia por diversos motivos, el siempre prodigioso inventor había desarrollado equipos especiales para la purificación de minerales, la «desgasificación del acero» y también la conservación del azufre durante el procesamiento del hierro. A finales de la década de 1920 le preguntó a Taylor si podía instalar un equipo para ver si el procedimiento funcionaba. Taylor estuvo de acuerdo, por lo que Tesla se desplazó hasta su planta de Worcester en septiembre de 1931 para instalarlo. Aunque esperaba una demostración exitosa, aparentemente no ocurrió, ya que los archivos de la U.S. Steel sólo conservan un párrafo corto que hace referencia a los tratos de Tesla con la compañía.[8] El plan final de Tesla, que aparente-

6. Nikola Tesla a la Sra. A. Trbojević (20 de noviembre de 1928) [archivos de William H. Terbo]; Nikola Tesla a Nicholas Trbojevich (13 de septiembre de 1928; 3 de octubre de 1928; 28 de enero de 1929; 29 de mayo de 1929), en Kosanović, N. (ed. y trad.): *Nikola Tesla: Correspondence with Relatives.* Sociedad Memorial Tesla y Museo Nikola Tesla, Lackawanna, Nueva York, 1995. pp. 128, 135.

7. Introducción de William H. Terbo en Elswick, S. (ed.): *Proceedings of the* 1988 *Tesla Symposium.* Sociedad Internacional Tesla, Colorado Springs, Colorado, 1988, pp. 8-11.

8. Memorándum de Myron Taylor (28 de septiembre de 1931) [archivos de la U.S. Steel, USX Corp., Pittsburgh, Pensilvania]; Sava Kosanović (30 de agosto de 1952) [DKS].

mente no fue probado, consistía en instalar su turbina sin álabes en el sistema de extracción de calor con la idea de convertir la enorme cantidad de calor desperdiciado en electricidad útil. Siempre conservacionista, ésta era una de las ideas más elegantes de Tesla.

Desde Worcester, Tesla se trasladó a Búfalo para llevar a cabo un experimento ultrasecreto, según Peter Savo, un primo de Nueva York. Allí, supuestamente, el inventor reacondicionó un automóvil que, según la historia, funcionaba con energía eléctrica procedente de una fuente externa.

El automóvil era un Pierce Arrow estándar, con el motor desmontado y algunos otros componentes instalados en su lugar. Se mantenían el embrague, la caja de cambios y el tren de transmisión de fábrica [...] .Debajo del capó había un motor eléctrico sin escobillas conectado al motor [o sustituyéndolo]. Tesla no quiso revelar quién fabricó el motor.

En el panel de instrumentos había un «receptor de energía» que consistía en una caja que contenía doce lámparas de radio [...]. Se instaló una antena vertical, que consistía en una varilla de 180 centímetros y se conectó al receptor de energía que estaba a su vez conectado al motor mediante dos cables pesados y visibles [...]. Tesla los metió a la fuerza antes de arrancar y dijo: «Ahora tenemos energía».[9]

Si esta historia es cierta, significaría que Tesla también había instalado uno de sus potentes osciladores en algún lugar cerca de las Cataratas del Niágara para proporcionar la energía sin hilos necesaria para alimentar el vehículo. Una posibilidad alternativa era que Tesla estuviera probando una de sus turbinas de gasolina o de vapor en el automóvil y Savo la confundiera con el dispositivo inalámbrico. «El anciano inventor, una figura alta, delgada, casi espiritual, con una especie de traje marrón que utilizaban los hombres mayores antes de la Guerra Mundial, recibió a los entrevistadores en una de las habitaciones públicas del Hotel New Yorker, donde reside. Antes de hablar de su trabajo actual, repasó sus logros

9. Entrevista de Derek Ahlers con Peter Savo (16 de septiembre de 1967) [Archivos de Ralph Bergstresser].

pasados, que le dan derecho, más que a Edison, a Steinmetz o a cualquier otro, a ser llamado el padre de la era de la energía...».[10]

Había un nuevo rey del mundo. Desde que en 1919 se confirmó su teoría de la relatividad, según la cual el espacio era curvo y la luz viajaba a una velocidad constante independientemente del movimiento de su fuente, Einstein empezó a ocupar el lugar que antes ocupaban los magos técnicos como Bell, Edison, los hermanos Wright o Tesla. Postuladas por primera vez en 1905, las teorías de Einstein no sólo cambiaron el paradigma prevaleciente del espacio-tiempo, ese mundo newtoniano seguro de sí mismo en el que creció la vieja guardia, sino que sus teorías también amenazaron la posición de Tesla como genio principal. Aunque la medición de la desviación de la luz de las estrellas que se encontraban justo detrás del Sol durante el eclipse de 1919 fue una prueba experimental del nuevo postulado de Einstein,[11] para la mayoría el físico teórico era exactamente eso, un teórico, mientras que Tesla, como creador práctico de nuevas tecnologías, era capaz de demostrar sus suposiciones en el mundo cotidiano. Ésta era la ventaja del inventor, y la utilizó para atacar al nuevo advenedizo ganador del Premio Nobel.

La teoría de Einstein abandonaba el viejo éter del siglo XIX y explicaba que la desviación de los rayos de luz alrededor de grandes cuerpos estaba causada por la curvatura no euclidiana del espacio-tiempo. En esencia, se convirtió en el nuevo y más abstracto éter. Las ecuaciones matemáticas predecían con precisión la cantidad exacta de desviación que se producía. «En la relatividad general, el campo gravitacional y la estructura o geometría del espacio son los mismo [...] y el campo de gravedad no puede estar separado del espacio curvo».[12]

Tesla estaba completamente en desacuerdo con el concepto de que el espacio fuera curvo y afirmaba que era «contradictorio en sí mismo». Dado que «cada acción va acompañada de una reacción equivalente», a la mente simple de Tesla le parecía que «los espacios curvos debían reac-

10. «Beam to Kill Army at 200 Miles, Tesla's Claim on 78th Birthday», *New York Herald Tribune*, p. 1:15 (11 de julio de 1934), en Ratzlaff, J. T. (ed.): *Reference Articles for Solutions to Tesla's Secrets*. Tesla Book Co., Milbrae, California, 1981. pp. 100-112.

11. Clark, R. W.: *Einstein: The Life and Times*. World Publishing Co., Nueva York, 1971.

12. Capra, F.: *The Tao of Physics*. Shambhala Publications, Boston, Massachusetts, 1975, p. 208. (Trad. cast.: *El tao de la física*. Editorial Sirio, Málaga, 2019. p. 243).

cionar sobre los cuerpos y, produciendo el efecto contrario, enderezar las curvas». Para Tesla, la luz se curvaba porque el cuerpo grande (por ejemplo, el Sol) tenía un campo de fuerza que influenciaba sobre ella.[13]

Irónicamente, los contemporáneos de Einstein del Instituto Carnegie de Washington D.C. estaban utilizando la bobina de Tesla en sus nuevos experimentos de 1929 para intentar dividir el átomo,[14] mientras Tesla estaba analizando una fuente de energía más esotérica, los rayos cósmicos:

> Nikola Tesla, destacado físico e inventor, ha descubierto un principio según el cual la energía para impulsar la maquinaria del mundo puede obtenerse a partir de la energía cósmica que hace funcionar el universo.
>
> Este principio, que aprovecha una fuente de energía descrita como «presente en todas partes en cantidades ilimitadas» y que puede transmitirse por cable o sin cable desde plantas centrales a cualquier parte del mundo, eliminará la necesidad de carbón, petróleo, gas o cualquier otro de los combustibles comunes [...]. «La fuente central de energía cósmica para la Tierra es el Sol –dijo el Dr. Tesla–, pero la noche no interrumpirá el flujo del nuevo suministro de energía».[15]

El 10 de julio de 1931, Tesla cumplió setenta y cinco años. *Time* honró al anciano inventor poniendo su retrato en la portada. La revista repasaba brevemente la vida de Tesla y discutía su más reciente y misteriosa investigación sobre cómo aprovechar «una fuente de energía completamente nueva e insospechada». No dispuesto a revelar más sobre el adyuvante, el venerado iconoclasta sorprendió al entrevistador al referirse indirectamente a su invento más esotérico, el «teslascopio», un dispositivo para enviar señales a las estrellas cercanas: «Creo que nada puede ser más importante que la comunicación interplanetaria. Ciertamente llegará algún día, y la certeza de que hay otros seres humanos en el universo, trabajando, sufriendo y luchando como nosotros, producirá un efecto má-

---

13. Documento de Nikola Tesla con varias teorías (hacia 1936) [DKS].

14. «Tesla Coil Used in Atom Splitting Machines», *New York American* (3 de noviembre de 1929); John J. O'Neill a Nikola Tesla (1 de agosto de 1935) [MNT].

15. Tesla, N.: «Tesla "Harnesses" Cosmic Energy», *Philadelphia Public Ledger* (2 de noviembre de 1933), en Ratzlaff, J. T. (ed.): *Reference Articles for Solutions to Tesla's Secrets*. Tesla Book Co., Milbrae, California, 1981. pp. 104-105.

gico sobre la humanidad y creará la base de una hermandad universal que durará tanto como la propia humanidad».[16] Hugo Gernsback no podría haberlo dicho mejor.

Simultáneamente, Kenneth Swezey escribió una avalancha de cartas a todas las personas notables que le pasaron por la cabeza, pidiéndoles una felicitación de cumpleaños. Llovieron elogios (muchos de ellos citados a lo largo de este texto) de E. F. Alexanderson, B. A. Behrend, W. H. Bragg, Lee De Forest, Gano Dunn, Jack Hammond, A. E. Kennelly, Arthur Korn, Oliver Lodge, Robert A. Millikan, D. McFarlan Moore, Valdemar Poulsen, Charles F. Scott, Georg Graf von Arco, H. H. Westinghouse y Albert Einstein, entre otros. Entre las personas importantes que respondieron rechazando la propuesta se encontraban Guglielmo Marconi y Michael Pupin.[17]

En octubre murió Thomas Alva Edison; las luces de la ciudad se atenuaron en honor al fallecimiento del gran hombre. Quizás fue la muerte de su némesis o la nueva ronda de adulación o la avanzada edad de Tesla lo que lo impulsó a alterar su estilo de evitar la publicidad. Cualquiera que fuera el motivo, a partir de 1931 el inventor adoptó como práctica anual invitar el día de su cumpleaños a la prensa a su apartamento y anunciar sus últimos descubrimientos. Con el talento de un escritor de misterio, el especialista en electricidad desvelaba los secretos de sus diversas creaciones, revelando así un poco más cada año.

En 1935, en su septuagésimo noveno cumpleaños, Tesla, aunque extremadamente demacrado, todavía estaba lleno de vitalidad y esperaba vivir más de 110 años. Con su mente en constante evolución, el hechicero aprovechó esta ocasión para exponer con considerable precisión los diversos detalles de varias de sus creaciones más exóticas. Con las cámaras de cine grabando, el inventor «invitó a la prensa, unas treinta personas en total, a un almuerzo gourmet [...]. El señor Tesla se sentó a la cabecera de la mesa». Comiendo poco más que pan y leche caliente, que calentaba en un escalfador junto a la mesa, el mago hablaba mientras los periodistas «se daban un festín».[18]

---

16. «Tesla at 75», *Time*, pp. 27-28 (20 de julio de 1931).

17. [DKS].

18. «Tesla, 79, Promises to Transmit Force», *The New York Times*, p. 23:8 (11 de julio de 1935).

INVENTOR, 81 AÑOS, HABLA DE LA CLAVE
PARA LA TRANSMISIÓN INTERESTELAR
Y TUBO PARA PRODUCIR RADIO EN ABUNDANCIA Y A BAJO COSTE

Ayer, en su 81 cumpleaños, por el que fue felicitado por altos cargos de los gobiernos yugoslavo y checoslovaco, el Dr. Nikola Tesla presentó informes sobre descubrimientos mediante los cuales será posible comunicarse con los planetas y producir radio en cantidades ilimitadas por dos dólares el kilogramo.

«Espero presentar ante el Instituto de Francia una descripción precisa de los dispositivos con datos y cálculos, y reclamar el premio Pierre Guzmán de cien mil francos por sistemas de comunicación con otros mundos, y estoy completamente seguro de que me lo concederán. El dinero, por supuesto, es una consideración sin importancia, pero estaría casi dispuesto a dar mi vida por el gran honor histórico de ser el primero en lograr este milagro.

»Estoy tan seguro de que me entregarán el premio como si ya lo tuviera en el bolsillo. Tienen que hacerlo. Esto significa que será posible transportar varios miles de unidades de caballos de fuerza a otros planetas, independientemente de la distancia. Este descubrimiento mío será recordado cuando todo lo demás que he hecho esté cubierto de polvo».[19]

Al estudiar más a fondo este invento, parece que Tesla vinculó el concepto del tubo productor de radio al comunicador interplanetario. Éstas, sin embargo, pueden ser dos creaciones no relacionadas. Otro problema era que el inventor también estaba estudiando en ese momento la idea de capturar rayos cósmicos que viajan a velocidades cincuenta veces mayores que la de la luz. Si este invento utilizaba rayos cósmicos, implicaría que Tesla planeaba trasncender la velocidad de la luz y comunicarse con otras estrellas.

Al leer atentamente el texto, parece que Tesla no menciona otras estrellas sino más bien los planetas, que se encuentran relativamente cerca

19. «Sending Messages to Planets Predicted by Dr. Tesla on Birthday», *The New York Times*, p. 13:2 (11 de julio de 1937), en Ratzlaff, J. T. (ed.): *Reference Articles for Solutions to Tesla's Secrets*. Tesla Book Co., Milbrae, California, 1981. pp. 132-134.

de la Tierra; además, en realidad no habla tanto de la comunicación con extraterrestres como de la transmisión de energía. Es conocido que ya en 1918, cuando estaba trabajando con Julian, el hijo de Coleman Czito, el inventor hacía rebotar pulsos parecidos a láseres en la Luna y probaba algún tipo de «telescopio».[20] Por lo tanto, es posible que estuviera trabajando en más de un dispositivo para enviar energía al espacio exterior.

Supuestamente, la comprobación por parte de Tesla de que existían partículas que viajaban más rápido que la velocidad de la luz tuvo lugar a finales de la década de 1890, cuando inventó un dispositivo para capturar energía radiante. En esencia, la máquina, patentada el 5 de noviembre de 1901, constaba de una plancha aislada, similar a un matamoscas, hecha de «mica de la mejor calidad como dieléctrico», conectada a un condensador. A partir de su trabajo con energía radiante, rayos X y tubos de Lenard, el dispositivo también podría capturar lo que él denominó rayos cósmicos.[21]

Hice algunos progresos en la resolución del misterio hasta que en 1899 obtuve pruebas matemáticas y experimentales de que el Sol y otros cuerpos celestes con condiciones similares emiten rayos de gran energía que consisten en partículas inconcebiblemente pequeñas animadas por velocidades que exceden ampliamente la de la luz. El poder de penetración de estos rayos es tan grande que pueden atravesar miles de kilómetros de materia sólida con una ligera disminución de velocidad. Al viajar a través del espacio, que está lleno de polvo cósmico, generan una radiación secundaria de intensidad constante, de día y de noche, que se vierte sobre la Tierra por igual desde todas las direcciones.[22]

20. Correspondencia privada de Nancy Czito (Washington D.C., 1983).

21. Patentes n.º 685.957 y n.º 685.958, en Popović, V. *et al.*: *Nikola Tesla: Lectures, Patents, Articles*. Museo Nikola Tesla, Belgrado, 1956. p. P-343-351. Robert A. Millikan acuñó el término «rayos cósmicos» a mediados de la década de 1920. En un principio, Tesla se refería a los rayos como una forma de energía radiante. El Dr. James Corum sugirió en una entrevista (Colorado Springs, 1992) que incluso aunque los rayos no viajaran más rápido que la velocidad de la luz, estas afirmaciones de Tesla debían basarse en algún efecto real que había ocurrido.

22. Tesla, N.: «Dr. Tesla Writes of Various Phases of His Discovery», *The New York Times*, p. 16:2 (6 de febrero de 1932), en Ratzlaff, J. T. (ed.): *Tesla Said*. Tesla Book Co., Milbrae, California, 1984. p. 237.

Desde el descubrimiento de Victor Hess en 1911 y la confirmación por parte de Robert A. Millikan, han sido muchos los científicos que han medido los rayos cósmicos. Ahora sabemos que las partículas elementales no cargadas emitidas, conocidas como neutrinos, tienen los poderes de penetración sugeridos por Tesla, pero ningún investigador, que yo sepa, ha descubierto rayos que transcienden la velocidad de la luz. Este supuesto hallazgo de Tesla también violaba la relatividad.

Tesla insistió en que tales partículas existían; las veía como una fuente que podía convertirse en energía eléctrica. Durante el verano de 1932 le dijo a Jack O'Neill que «había aprovechado los rayos cósmicos y los había hecho operar sobre un dispositivo motor [...]. La característica interesante de los rayos cósmicos es su constancia. Caen sobre nosotros durante las 24 horas del día y, si se desarrolla una planta para utilizar su energía, ésta no requerirá dispositivos para almacenarla, como sería necesario con los dispositivos que utilizan el viento, las mareas o la luz solar». Cuando se le presionó para que diera más detalles, Tesla reveló que le diría a O'Neill «a grandes rasgos [su modus operandi] Los rayos cósmicos ionizan el aire, liberando muchas cargas: iones y electrones. Un condensador atrapa estas cargas y es descargado a través del circuito del motor». Tesla también le dijo a O'Neill que «tenía esperanzas de construir un motor de este tipo a gran escala».[23]

¿Energía gratis?

A medida que fueron pasando los años, se convirtió en un desafío para los periodistas obtener más detalles sobre cada invento del arrugado prestidigitador, ya que Tesla continuó manteniendo su perpetua reticencia a revelar detalles. Respecto al acumulador de rayos cósmicos, los periodistas pudieron sonsacar colectivamente al inventor lo siguiente: «Mi generador de energía será del tipo más simple: sencillamente una gran masa de acero, cobre y aluminio, compuesta por una parte estacionaria y una giratoria, peculiarmente ensambladas [...]. Una fuente de energía así,

23. O'Neill, J. J.: «Tesla Cosmic Ray Motor», *Brooklyn Eagle* (10 de julio de 1932), en Ratzlaff, J. T. (ed.): *Reference Articles for Solutions to Tesla's Secrets*. Tesla Book Co., Milbrae, California, 1981. pp. 95-96. Puede ser la descripción de una máquina de energía solar.

obtenible en cualquier lugar, resolverá muchos problemas a los que se enfrenta la especie humana [...]. La maquinaria para aprovecharla duraría más de 5000 años».[24]

Los rayos cósmicos, afirmó, son producidos por la fuerza de «repulsión electrostática»; consisten en partículas positivas poderosamente cargadas que nos llegan del Sol y de otros soles del universo. Determinó, «después de la experimentación», que el Sol está cargado «con un potencial eléctrico de aproximadamente 215 000 000 000 voltios».[25]

> Debido a su inmensa carga, el Sol imparte a las diminutas partículas electrificadas positivamente prodigiosas velocidades que están regidas sólo por la relación entre la cantidad de electricidad libre transportada por las partículas y su masa, alcanzando algunas una velocidad que excede cincuenta veces la de la luz.
>
> A grandes altitudes, la intensidad de los rayos es más de un 10 000 % mayor que al nivel del mar [...]. La energía de las radiaciones cósmicas que inciden sobre la Tierra desde todos lados es formidable, de modo que, si toda ella se convirtiera en calor, el planeta se derretiría y se volatilizaría rápidamente [...]. Las corrientes de aire ascendentes neutralizarían en parte [su intensidad]. Aquellos que todavía dudan de que nuestro Sol emita poderosos rayos cósmicos evidentemente subestiman que el disco solar, en cualquier posición en que se encuentre en los cielos, interrumpe las radiaciones de más allá, reemplazándolas por las suyas propias.[26]

Sumado a su opinión de que todos los cuerpos del universo obtienen su energía de fuentes externas, y posiblemente influenciado por Walter Russell, un artista, filósofo y viejo amigo de Tesla, quien planteó la hipótesis de que la tabla periódica de los elementos estaba construida siguien-

---

24. Bird, C.: «Tremendous New Power Soon to Be Unleashed», *Kansas City Journal-Post* (10 de septiembre de 1933), en Ratzlaff, J. T. (ed.): *Reference Articles for Solutions to Tesla's Secrets*. Tesla Book Co., Milbrae, California, 1981. pp. 101-102.

25. «Tesla, 79, Promises to Transmit Force», *The New York Times*, p. 23:8 (11 de julio de 1935).

26. Tesla, N.: «Expanding Sun Will Explode Some Day Tesla Predicts», *New York Herald Tribune* (18 de agosto de 1935), en Ratzlaff, J. T. (ed.): *Reference Articles for Solutions to Tesla's Secrets*. Tesla Book Co., Milbrae, California, 1981. pp. 130-132.

do una espiral jerárquica de octavas, Tesla llegó «a la ineludible conclusión de que cuerpos como el Sol están adquiriendo masa mucho más rápidamente de lo que la disipan a través de la disipación de energía en forma de calor y de luz».[27] De manera similar, la desintegración radiactiva no estaba causada por la desintegración del núcleo del átomo; más bien, era un «efecto secundario de los rayos externos y doble: una parte proveniente de la energía almacenada y la otra de la continuamente suministrada».[28] En otras palabras, el material radiactivo era, para Tesla, aparentemente una especie de conducto para la siempre presente sustancia primaria *ākāśa*, que estaba siendo *absorbida* de tal manera que provocaba la emisión del material radiactivo.

Estas propuestas de Tesla parecerían la videncia de una gran mente descarriada, ya que los diferentes descubrimientos y sugerencias inherentes a la teoría de Tesla violan no sólo teorías aceptadas como la de la relatividad y la de la física cuántica, sino también, de entrada, el sentido común. La idea de que el inventor pudiera construir un dispositivo simple compuesto básicamente por una placa receptora y un condensador para proporcionar electricidad para hacer funcionar motores a partir de rayos cósmicos remonta al lector a los días estúpidos del motor Keely y los obtusos conceptos de movimiento perpetuo y energía gratis. Sin embargo, bajo el barniz de la teoría hay una noción apasionante de que el Sol de alguna manera está absorbiendo energía del universo y que existe alguna forma de ella que transciende el factor limitante de la velocidad de la luz. Conocida por otros investigadores como taquiones (es decir, partículas que viajan más rápido que la velocidad de la luz) y vinculada a otros conceptos –tales como agujeros negros, agujeros de gusano, teoría de cuerdas, orden implicado, hiperespacio, gravitones y el principio de Mach–, puede que la teoría de Tesla, cuando se concibe dentro de la matriz de la nueva y extraña física, no resulte tan descabellada.

27. Alsop, J.: «Beam to Kill Army at 200 Miles, Tesla's Claim», *The New York Times*, pp. 1, 15 (11 de julio de 1934), en Ratzlaff, J. T. (ed.): *Reference Articles for Solutions to Tesla's Secrets*. Tesla Book Co., Milbrae, California, 1981. pp. 110-112; Russell, W.: *The Russell Cosmology: A New Concept of Light, Matter and Energy*. The Walter Russell Foundation, Waynesboro, Virginia, 1953.

28. Tesla, N.: «Expanding Sun Will Explode Some Day Tesla Predicts», *New York Herald Tribune* (18 de agosto de 1935), en Ratzlaff, J. T. (ed.): *Reference Articles for Solutions to Tesla's Secrets*. Tesla Book Co., Milbrae, California, 1981. pp. 130-132.

Otro de los descubrimientos de Tesla implicaba la transmisión de energía mecánica a lugares distantes. Al colocar estratégicamente uno de sus osciladores mecánicos –por ejemplo, sobre roca firme–, se podría enviar un impulso mecánico al suelo para lograr «al menos cuatro posibilidades prácticas. Le daría al mundo un nuevo sistema de comunicación infalible, proporcionaría un sistema nuevo y seguro para guiar los buques en alta mar hasta el puerto, proporcionaría una especie de varita mágica para localizar depósitos de minerales [...] y, finalmente, proporcionaría a los científicos un sistema para poner al descubierto las condiciones físicas de la Tierra».[29] Por supuesto, el principio esencial que hay detrás de esta invención se utiliza hoy en día en sonares para barcos y los geofísicos para estudiar el interior de la Tierra, mapear líneas de falla, estudiar el núcleo, etc.

TESLA, A SUS 78 AÑOS, MUESTRA UN NUEVO «RAYO DE LA MUERTE»

El Dr. Tesla [...] ha perfeccionado un método y un aparato [...] que enviará rayos concentrados de partículas a través del aire libre, de una energía tan tremenda que derribará una flota de 10 000 aviones enemigos a una distancia de 400 kilómetros desde la frontera de una nación defensora y hará que ejércitos de millones [de soldados] caigan muertos de golpe.[30]

El descubrimiento de Tesla de un rayo de la muerte se remonta a su trabajo a principios de la década de 1890 con la creación de una lámpara de pastilla que emitía electrones desde un filamento central hecho de casi cualquier sustancia (por ejemplo, carbono, diamante, circonio, rubí) situado en el interior de una bombilla autorreflectante y los hacía rebotar de regreso a la fuente. Este dispositivo no sólo producía una luz extraordinariamente brillante, sino que también podía «vaporizar» la pastilla. Como se ha mencionado antes, sólo había un pequeño paso desde esta

29. «Tesla, 79, Promises to Transmit Force», *The New York Times*, p. 23:8 (11 de julio de 1935).
30. «Tesla at 78 Bares New "Death-Beam"», *The New York Times*, p. 18:1, 2 (11 de julio de 1934).

máquina hasta la invención del láser de rubí. Por ejemplo, si hubiera un rasguño o una imperfección en el revestimiento del vidrio, la energía saldría en forma de láser a través de esta abertura.

A finales de la década de 1890, Tesla bombardeaba objetivos con rayos X a distancias superiores a los doce metros, y en 1915 anunció en el *The New York Times* un tipo de escudo defensivo electrónico que hoy corresponde a lo que se conoce como Iniciativa de Defensa Estratégica.[31]

Harry Grindell-Mathews

Durante la Primera Guerra Mundial, otro teslariano, Harry Grindell-Mathews, recibió 25 000 libras del gobierno británico para la creación de un haz reflector que, según él, podía controlar aviones. Grindell-Mathews, un especialista en electricidad sin hilos y veterano del ejército británico, que fue herido a principios de siglo durante la guerra de los Bóeres, acabó perfeccionando este invento y lo transformó en un «rayo diabólico». Este nuevo rayo electrónico, dijo, no sólo podría destruir zepelines y aviones, sino que también podía inmovilizar ejércitos y flotas navales en movimiento. Aunque no quiso revelar los detalles de su creación, no ocultaba su admiración por Tesla, cuyas tecnologías «habían inspirado» su trabajo preliminar.

En julio de 1924, Grindell-Mathews viajó a Estados Unidos para consultar a un oftalmólogo. Es probable que aprovechara la ocasión para reunirse con Hugo Gernsback y también para visitar a Tesla. Durante su estancia en el Hotel Vanderbilt, el inventor británico fue entrevistado por varios diarios locales. «Permítanme recordarles los ataques aéreos a Londres durante la guerra [mundial]. Los reflectores captaban a los asaltantes alemanes y los iluminaban mientras los cañones disparaban, alcanzando a algunos, pero fallando la mayoría de las veces. Pero supongamos que en lugar de un reflector diriges mi rayo.

---

31. La Iniciativa de Defensa Estratégica (o SDI por el inglés Strategic Defense Iniciative) fue una propuesta de construcción de un sistema de defensa con armas espaciales para proteger a Estados Unidos de un posible ataque nuclear. El proyecto, presentado por el presidente Ronald Reagan en 1983 y conocido popularmente como Star Wars, no fue implementado en su totalidad. *(N. del T.)*

Tan pronto como toca el avión, éste estalla en llamas y se estrella contra el suelo».[32]

Grindell-Matthews también estaba convencido de que los alemanes tenían ese rayo. Estaban utilizando una corriente de alta frecuencia de 200 kilovatios, que hasta el momento «eran incapaces de controlar».

Tras trabajar con el gobierno francés en Lyon y llevar a cabo pruebas exitosas ante miembros de la Oficina de Guerra Británica, Grindell-Mathews logró efectos destructivos a distancias de veinte metros, pero esperaba extender la fuerza a un radio de diez u once kilómetros. Preguntado por los detalles, dijo que su dispositivo utilizaba dos haces, uno como rayo portador y el otro como «corriente destructiva». El primer haz sería de baja frecuencia y se proyectaría a través de una lente; el segundo, de mayor frecuencia, incrementaría la conductividad para que el poder destructivo se transmitiera más fácilmente. El motor de un avión, por ejemplo, podría ser el «punto de contacto» en el que el rayo paralizante haría su trabajo. Admitió, sin embargo, que, si el objeto estuviera en tierra, estaría protegido contra tal fuerza.[33]

Hugo Gernsback, junto con el Dr. W. Severinghouse, físico de la Universidad de Columbia, intentaron, sin éxito, duplicar los efectos utilizando rayos de calor, rayos X y rayos ultravioleta. Gernsback, que dudaba de las afirmaciones de Grindell-Mathews, presentó el «rayo diabólico» con el característico estilo de Frank R. Paul en la portada de su revista y en una serie de exposiciones.[34]

Los líderes de otros países fueron menos críticos que Gernsback y muchos proclamaron que sus científicos también tenían tales rayos diabólicos. Herr Wulle, miembro del Reichstag alemán, anunció que «tres científicos alemanes han perfeccionado aparatos que pueden derribar aviones, detener tanques y extender una cortina de muerte como las nubes de gas de la guerra reciente». Para no quedarse atrás, León Trotski afirmó que los soviéticos también habían inventado ese dispositivo. Advirtiendo a todas las naciones, Trotsky proclamó:

---

32. Grindell-Mathews, H.: «The Death Power of Diabolical Rays», *The New York Times*, p. 1:2; 3:4, 5 (21 de mayo de 1924).

33. Grindell-Mathews, H.: «Diabolical Rays», *Popular Radio*, pp. 149-154 (8 de agosto de 1924).

34. Gernsback, H.: «The Diabolic Ray», *Practical Electrics*, pp. 554-555, 601 (agosto de 1924).

«Conozco la potencia del rayo de Grammachikoff, ¡así que dejen en paz a Rusia!».[35]

Este tema del armamento todopoderoso y eficiente volvió a aparecer durante la década de 1930, cuando se sembraron las semillas de la Segunda Guerra Mundial. En ese momento, Tesla comenzó a revelar cada vez más información sobre su propio rayo diabólico a la vez que criticaba el esquema de Grindell-Mathews.

«Es imposible desarrollar tal rayo. Trabajé en esa idea durante muchos años antes de disipar mi ignorancia y convencerme de que no se podía llevar a cabo. Mi nuevo rayo consiste en balas diminutas que se mueven a una velocidad enorme, y pueden transmitir cualquier cantidad de energía deseada. Toda la planta es sólo un arma, pero incomparablemente superior a la actual». El inventor afirmó además que la nueva arma, que se utilizaría únicamente con fines de defensa, comprendía «cuatro nuevos inventos»: 1) un aparato para producir rayos, 2) un proceso para producir una inmensa energía eléctrica, 3) un método para amplificar la potencia y 4) una impresionante fuerza de repulsión eléctrica.[36]

Trabajando en dos lugares no revelados, incluido un laboratorio secreto debajo del puente de la calle 59, cerca de la Segunda Avenida,[37] Tesla perfeccionó su arma de rayos de partículas, mientras conspiraba con el imperturbable anarquista y arquitecto Titus de Bobula, para diseñar la planta de energía multiuso que podría generar altos voltajes o capturar rayos cósmicos y convertirlos en su escudo electrónico defensivo.[38] Creyendo que países enteros podrían verse protegidos por tales plantas, el inventor se acercó clandestinamente a los departamentos de guerra de cada uno de los países aliados con su plan.

35. Grindell-Mathews, H.: «Three Nations Seek Diabolical Ray», *The New York Times*, p. 25:1,2, (28 de mayo de 1924).

36. Welshimer, H.: «Dr. Tesla Visions the End of Aircraft in War», *Everyday Week Magazine*, p. 3 (21 de octubre de 1934), en Ratzlaff, J. T. (ed.): *Reference Articles for Solutions to Tesla's Secrets*. Tesla Book Co., Milbrae, California, 1981. pp. 116-118.

37. Anderson, L. I.: *Nikola Tesla's Residences, Laboratories, And Offices*. Boyle-Anderson Publishers, Denver Colorado, 1990. [Fuente original, Dr. Watson de Nueva York]

38. Planos de Titus de Bobula de la torre de Tesla (hacia 1934) [MNT]; archivos del FBI [Ley por la Libertad de la Información, FOIA].

45
Vivir de crédito (1925-1940)

Si nos referimos al hombre que realmente inventó, en otras pala-bras, originó y descubrió, y no simplemente mejoró lo que ya había sido inventado por otros, entonces, sin lugar a duda, Nikola Tesla es el mayor inventor del mundo, no sólo en la actualidad, sino en toda la historia.

HUGO GERNSBACK[1]

En sus últimos años, Tesla llevaba una doble vida, una como el elegante autor del sistema de energía eléctrica y padre de la tecnología sin hilos, y otra, más laberíntica, como el científico loco por excelencia cuyas últimas creaciones gobernarían no sólo la Tierra, sino también otros mundos.

En 1935, con la ayuda de fotógrafos de noticieros cinematográficos, Tesla diseñó y produjo una película espectacular sobre electricidad que ofreció a la Paramount Pictures. «Paramount ha dicho que la película es inusualmente buena, tanto en lo que respecta a los efectos pictóricos como de sonido –le explicó a George Scherff–, pero consideran que el tema es demasiado técnico».[2] Sin embargo, los temas teslaicos siguie-ron abriéndose camino en la conciencia de las masas. El cineasta más importante que puso en práctica la magia del inventor fue el revolucio-nario productor de cine Carl Laemmle y su experto en efectos especiales Kenneth Strickfadden. Juntos, desataron una de las inolvidables bobinas de Tesla en el clásico Frankenstein de Boris Karloff. (Strickfadden tam-bién resucitó la misma parafernalia cuarenta años más tarde, cuando Mel Brooks recreó el decorado de la parodia *El jovencito Frankenstein*). Tesla

---

1. Gernsback, H.: «Nikola Tesla and His Inventions», *Electrical Experimenter*, p. 614 (enero de 1919).
2. Nikola Tesla a George Scherff (11 de julio de 1935) [BC].

sentía debilidad por Laemmle, a quien se refería como un genio, porque Laemmle también luchó con éxito contra el poderoso grupito de Edison una generación antes, cuando Edison tenía el monopolio de patentes clave para la producción de películas y no permitía que sus competidores las utilizaran. Al orientar su producto a través de Europa, Laemmle pudo resistir más de doscientas acciones legales en su contra por crear Universal Pictures y derrotar así a Edison.[3]

Por supuesto, Hugo Gernsback, también continuó defendiendo motivos teslaicos en *Science Wonder Stories*[4] con escapadas galácticas tan novedosas como *The Mightiest Machine* (La máquina más poderosa), *Interplanetary Bridges* (Puentes interplanetarios) y *A City on Neptune* (Una ciudad en Neptuno).

Otros apóstoles, como John Hays Hammond Jr. y Edwin Armstrong, soportaban la Gran Depresión viviendo como reyes. A lo largo de la década de 1930, el castillo de Hammond se convirtió en un refugio para estrellas de Hollywood, gigantes corporativos y virtuosos; el retiro también sirvió como un *think tank top-secret* de expertos militares.

Mientras Tesla seguía trabajando en su escondite junto al puente de la calle 59, Edwin Armstrong continuaba enfrascado en una interminable batalla judicial con Lee De Forest por la invención del heterodino. Con 80 000 acciones de la RCA, Armstrong era lo suficientemente poderoso como para resistir el litigio mientras continuaba diseñando un abanico de nuevas patentes. Al poner en marcha su propia estación de radio, Armstrong dio a conocer su invento más reciente, la radio FM, un novedoso sistema que reducía problemas como las interferencias provocadas por el suelo que tan a menudo sucede con la AM. Armstrong desconocía que el litigio causado por esta última creación haría que el juicio de De Forest pareciera una disputa de guardería.[5]

3. Nikola Tesla a Carl Laemmle (15 de julio de 1937) [archivos de Profiles in History, Beverly Hills, California]; Gabler, N.: *An Empire of Their Own*. Anchor Books, Nueva York, 1988. pp. 58, 205-206.

4. Siegel, M. J.: *Hugo Gernsback: Father of Modern Science Fiction*. Borgo Press, San Bernardino, California, 1988.

5. Lessing, L.: *Man of High Fidelity: Edwin Howard Armstrong*. Lippincott, Nueva York, 1956.

Al hacerse mayor, Tesla decidió contratar a algunos muchachos de Western Union para que dieran de comer a las palomas. Vestidos con sus elegantes uniformes y sus gorras oficiales, los muchachos podían verse puntuales como un reloj a las nueve de la mañana y a las cuatro de la tarde en tres lugares diferentes de la ciudad: frente a la Biblioteca Pública de Nueva York; en Bryant Park, en la parte trasera de la biblioteca, y en la Catedral de San Patricio.[6] El inventor había construido jaulas especiales de madera con un bebedero para pájaros para cuidar a los ejemplares heridos, así como a los sanos, y se hizo amigo de otros aficionados a las palomas a quienes podía donar las aves.

En 1925, la oficina de Tesla se trasladó del número 8 de la calle 40 Oeste, cerca de la Biblioteca Pública de Nueva York, al barrio de moda en el 350 de Madison Avenue. Sus secretarias, Dorothy Skerrett y Muriel Arbus, durante los últimos años, compartieron tareas con el profesor eslavo Paul (Rado) Radosavljević, de la Universidad de Nueva York, encargado de editar los artículos de Tesla y de examinar a los visitantes entrantes.[7] En 1928, sin embargo, el mantenimiento de la oficina se había vuelto demasiado oneroso y Tesla acabó cerrándola definitivamente. Todas sus propiedades, que consistían en treinta baúles, incluida su valiosísima correspondencia, artículos teóricos y prototipos de inventos, fueron transportados hasta el sótano del Hotel Pennsylvania, donde permanecieron hasta el 21 de noviembre de 1934, cuando los transfirió un almacén en Manhattan, ubicado en la calle 52 y la Séptima Avenida.[8]

Bajo la apariencia de pertenecer al escogido grupo de los entendidos que había vivido una vida llena de triunfos, Tesla a menudo estaba amargado, buscando una existencia esencialmente solitaria y trasladando su ira a editoriales que arremetían contra Edison y Marconi y los desafortunados gerentes del hotel que tenían la intención de echar al gran maestro por no pagar el alquiler. En 1930, Tesla fue acompañado hasta fuera del Hotel Pennsylvania porque los residentes se quejaban de los interminables excrementos de sus «ratas voladoras» y porque «debía 2000 dólares

---

6. «Tesla Is Provider of Pigeon Relief» [DKS].

7. Anderson, L. I.: «Nikola Tesla's Patron Saint», *American Srbobran*, p. 4 (14 de agosto de 1991); Anderson, L. I.: *Nikola Tesla's Residences, Laboratories, and Offices*. Boyle-Anderson Publishers, Denver, Colorado, 1990.

8. Documentos de la OPE [Ley por la Libertad de la Información, FOIA].

de alquiler».[9] Mientras B. A. Behrend reembolsaba las deudas al hotel lo más discretamente que podía, el inventor contrataba un grupo para transportar a sus queridos compañeros aviares a la casa de George Scherff, al norte de la ciudad. Huyendo de su confinamiento, las palomas regresaron a Manhattan justo a tiempo para mudarse con Tesla a su nueva morada, el Hotel Governor Clinton.[10]

Trabajando en un gran abanico de nuevos frentes, Tesla entró en un reino furtivo que lo pondría en contacto con una serie de jefes y agentes perversos de muchos gobiernos. Evidentemente, necesitaba fondos, porque una vez más empezó a quedarse retrasado en el pago del alquiler.

Cuando pasó por la oficina de Hugo Gernsback para pedir otros veinte dólares,[11] el editor de ciencia ficción le enseñó a Tesla un artículo sobre la nueva maquinaria de radio de Westinghouse. Al darse cuenta de que esta empresa estaba esencialmente pirateando sus patentes inalámbricas, Tesla entró en sus oficinas y exigió el pago de royalties. Se reunió con Victor Beam, asistente del vicepresidente.

—Sería doloroso para mí recurrir a procedimientos legales contra una gran corporación cuyo negocio se basa en gran medida en mis inventos –afirmó el inventor con total naturalidad–, y confío en que usted reconocerá las ventajas de un acuerdo amistoso.

—¿Qué declaración considera usted que es una infracción? –respondió Beam, fingiendo inocencia.

—¡Declaración! –respondió Tesla–. Seguramente deba admitir que mi afirmación es demasiado evidente como para ser negada.

Beam preguntó el precio de compra de la patente inalámbrica n.º 1.119.732, pero en realidad era una táctica dilatoria, ya que no hizo ninguna oferta genuina. Exasperado, Tesla regresó a su casa para redactar una carta técnica detallando todas y cada una de las infracciones de su trabajo fundamental y concluyó: «Nosotros [Charles Scott y Tesla] le hemos ofrecido en numerosas ocasiones este invento revolucionario prácticamente en sus propios términos y ustedes no lo han querido. Han

9. Nikola Tesla a la George Westinghouse Co. (hacia enero-julio de 1930), escrita desde el Hotel Pennsylvania [DKS]; deuda de 2000 dólares recogida en los documentos de la OPE [Ley por la Libertad de la Información, FOIA].

10. O'Neill, J. J.: *Prodigal Genius: The Life of Nikola Tesla.* Ives Washburn, Nueva York, 1944. p. 274.

11. Hugo Gernsback, memorias de Westinghouse [DKS].

preferido cogerlo por la fuerza. Me han robado el crédito que me corresponde y me han perjudicado gravemente en los negocios [...]. En lugar de mostrarse dispuestos a arreglar el asunto de forma justa, dicen que quieren luchar. Pueden pensar que actuando así pueden obtener alguna ventaja, pero lo dudamos, y ciertamente no contarán con la aprobación pública cuando se publiquen todos los hechos».[12]

Uno de los problemas a los que se tuvo que enfrentar Tesla fue el continuo legado de resentimiento hacia él por parte de algunos miembros de la corporación. Por desgracia, uno de los adversarios clave era Andrew W. Robertson, un funcionario de Westinghouse que pronto se convertiría en presidente de la empresa. Sólo unos años más tarde, cuando Tesla todavía estaba vivo, Robertson llegó a escribir un pequeño tratado sobre el sistema polifásico de corriente alterna para la Exposición Universal de 1939 que se celebró en Nueva York. En él, evitó sin titubeos cualquier mención clara del papel de Tesla en el desarrollo del sistema, sugiriendo, más bien, que William Stanley fue el inventor. Robertson incluso tuvo el atrevimiento de escribir lo siguiente:

> En la época de George Westinghouse, un inventor era reconocido como propietario de sus ideas y se le otorgaba una patente para proteger esa propiedad. Ahora se nos dice que las patentes son monopolios perversos que se utilizan para impedir que la gente obtenga todos los beneficios del trabajo de un individuo. Si pensamos con claridad, debemos sacar la conclusión de que todos estos signos apuntan *a una hostilidad común contra el [...] gran inventor* [...]. Si esta hostilidad continúa, no podrá sino dar lugar a un entorno que seguramente interferirá con el crecimiento y el desarrollo de la investigación y la inventiva individuales.[13]

He aquí un ejemplo clásico del mecanismo de defensa freudiano conocido como proyección, mediante el cual los sentimientos reales de uno se atribuyen a los demás: Robertson sugiere que la gente común está resen-

---

12. Nikola Tesla a George Westinghouse Co. (29 de enero de 1930; 1 de febrero de 1930; 14 de febrero de 1930; 17 de febrero de 1930; 18 de febrero de 1930; 18 de abril de 1930) [BC].

13. Robertson, A. w.: *About George Westinghouse and the Polyphase Electric Current.* Newcomen Society, Nueva York, 1939. p. 28.

tida con el gran inventor cuando en realidad es él quien alberga este resentimiento. Tesla había ofrecido por primera vez sus patentes inalámbricas a la empresa a principios de la década de 1920; pasó mucho tiempo antes de que se resolviera el problema.

Tesla continuaba apareciendo en los titulares por su invención de un rayo diabólico y se estaba volviendo cada vez más experto en esquivar al director del Governor Clinton. Si tenía que esperar a que se manifestara Westinghouse, también podía esperar el hotel.

En esa época Tesla estaba trabajando con el famoso arquitecto y comerciante de armas Titus de Bobula, cuyas oficinas estaban ubicadas en el número 10 de la calle 43 Este; contrató a de Bobula para diseñar la torre, la planta de energía y la estructura del «escudo impenetrable entre naciones» del inventor.

«Podemos proyectar energía destructiva en haces filiformes hasta donde un telescopio puede discernir un objeto –afirmó el inventor de setenta y ocho años–. El rayo de la muerte del Dr. Tesla puede aniquilar a un ejército a más de trescientos kilómetros de distancia. Puede penetrar todo excepto la placa de armadura más gruesa y puede protegerse toda la frontera de un país [con plantas] produciendo estos rayos cada trescientos kilómetros». El Dr. Tesla concluyó: «El avión queda así absolutamente eliminado como arma; queda confinado al comercio».[14]

Nacido en 1878 en Hungría, con vínculos con Tesla probablemente a través de los hermanos Puskas, de Bobula había emigrado a Estados Unidos durante la década de 1890. En ese momento, Tesla «cogió al joven bajo su protección» y lo ayudó a conseguir un pasaje para un viaje en barco de regreso a su tierra natal.[15] De Bobula, de estatura baja y rechoncha, con bigote cepillo y tez colorada, regresó a Estados Unidos unos años más tarde para estudiar arquitectura. Después de haber pedido prestado el dinero a Tesla aparentemente porque necesitaba ayuda médica en Budapest, de Bobula regresó a casa para ayudar a su padre en su negocio de mudanzas y porque quería completar otros estudios en el «politécnico» local. Sin devolver nunca su préstamo al inventor y habiendo mentido sobre sus verdaderas intenciones, de Bobula se disculpó y le

---

14. «Nikola Tesla», *Scientific Progress* (septiembre de 1934).

15. Titus de Bobula a Nikola Tesla (noviembre de 1897; 10 de diciembre de 1897) [MNT].

pidió fondos una vez más, en 1901. Escribiendo desde Marietta, Ohio, donde intentaba diseñar una iglesia y una escuela para una parroquia, solicitó «setenta u ochenta dólares». Quizás en lugar de devolver el dinero, el nuevo arquitecto se ofreció a cambio a diseñar los planos del laboratorio de Wardenclyffe, pero esta tarea ya la había llevado a cabo Stanford White.[16]

Hacia 1908, de Bobula se mudó a Pittsburgh, donde conoció a Eurana Mock, sobrina de Charles Schwab, el zar de Bethlehem Steel, y acabó casándose con ella. Poco después diseñó y construyó la nueva mansión de Schwab; también obtuvo préstamos del magnate del acero para financiar una serie de proyectos inmobiliarios.

En 1910, de Bobula regresó a Nueva York, donde se ganaba la vida diseñando iglesias y construyendo grandes edificios de apartamentos en Manhattan y el Bronx. Moviendo rápida y libremente el capital de Schwab, de Bobula regresó a Ohio, donde cruzó la frontera hacia Virginia Occidental y Kentucky para comprar once mil acres.[17] Ahora con buenos contactos, el húngaro se ofreció a crear un sindicato de ricos siderúrgicos ingleses para ayudar a refinanciar Wardenclyffe, prometiendo recaudar un millón de libras «sin muchos problemas, siempre, por supuesto, que pudiéramos demostrarles las cosas satisfactoriamente». Pero Tesla rechazó la oferta y decidió «pelear mis propias batallas».[18]

Conocido como un «estafador», ya que nunca pagó impuestos sobre el acuerdo de tierras, de Bobula también incumplió una serie de otros préstamos. Naturalmente, Schwab se enfadó, sobre todo porque le había prestado dinero adicional a De Bobula para mantenerlo alejado de la prisión. Paradójicamente, en esa época de Bobula se interesó por los derechos de los trabajadores y por el creciente movimiento anarquista.

Visto por Schwab como un cazafortunas y un matón, el rico financiero habría dicho que «Bob es deshonesto y daría un millón de dólares si saltara por esta ventana ahora mismo». Este suceso desató un polvorín de animosidad entre los dos: de Bobula demandó a Schwab por cien mil

---

16. Titus de Bobula a Nikola Tesla (26 de julio de 1901) [MNT].
17. Archivos del FBI referentes a Titus de Bobula [Ley por la Libertad de la Información, FOIA].
18. Titus de Bobula a Nikola Tesla (29 de mayo de 1911); Nikola Tesla a Titus de Bobula (31 de mayo de 1911) [MNT].

dólares por difamación, y Schwab cortó la relación entre su sobrina y de Bobula y la familia.[19]

Atraído por actividades violentas, de Bobula siguió asociándose con un abanico de grupos radicales y paramilitares. También llamó la atención del Servicio Secreto. En 1923, durante un extraño interludio, de Bobula regresó a su casa en Budapest y se alineó con un grupo pro-Hitler. Allí escribió un artículo que atacaba la física judía y abrazaba el nuevo orden mundial en desarrollo. Acusado de conspirar para derrocar al gobierno húngaro, escapó y regresó a Estados Unidos.

Durante todo este período, de Bobula estuvo manteniendo correspondencia regular con Tesla para discutir varias ideas que tenía, como cómo perfeccionar una bomba proyectora, sobre la cual tenía una patente pendiente, y también habló de su último encuentro con un grupo de señores de la guerra internacionales. La siguiente carta sugiere la posibilidad de que el ataque de Tesla a Einstein fuera motivado tanto por sentimientos antisemitas como por diferencias filosóficas:

MUNITIONS INC.
295 Madison Ave.
Nueva York, NY

Mi querido Sr. Tesla:

Me han llenado de satisfacción sus comentarios sobre la relatividad, que atacamos allá por 1921 en mi artículo de Budapest, como una teoría cuyos fundamentos, si se desarrollaran lógicamente, conducirían inevitablemente a un Jehová antropomórfico con todos los adornos malvados de la filosofía y el orden social.

Sinceramente,

TITUS DE BOBULA[20]

---

19. Conversación telefónica con Robert Hessen, autor de *The Steel Titan: The Life Story of Charles Schwab* (Oxford University Press, Nueva York, 1975) y profesor en la Universidad de Stanford; «Schwab Answers Suit of deBobula», *The New York Times*, p. 15:6 (7 de agosto de 1919).

20. Titus de Bobula a Nikola Tesla (11 de julio de 1935) [MNT].

En pleno apoyo al deseo de Tesla de resucitar un nuevo Wardenclyffe, de Bobula le dibujó cuidadosamente los planos de una central eléctrica de telefuerza y una torre de transmisión de 36 metros de altura; simultáneamente, instaló una fábrica para su empresa de municiones en Nueva Jersey con el capitán Hans Tauscher. La torre, concebida algo así como un generador Van de Graaff de alta tecnología, con la primitiva banda de goma de Van de Graaff reemplazada por una corriente de vacío de aire ionizado, tenía en su vértice bulboso un cañón de haz de partículas rotatorio, capaz de moverse para atacar aviones y dirigibles con la información proporcionada por un sistema de radar de corriente terrestre que el mago también había diseñado durante sus días en Wardenclyffe.

Tauscher, germano-estadounidense, estaba estrechamente vinculado a la Patria a través de su hija, que todavía vivía allí. A través de éste y de otros canales, Tesla podía presentarse a posibles compradores de armas. Al mismo tiempo, también le podían suministrar pequeñas cantidades de dinamita, que utilizaba para probar equipos telegeodinámicos que intentaba vender a empresas como la Texaco Oil Company para la exploración geofísica.[21]

Por aquella época, Titus de Bobula se ganaba la vida vendiendo granadas de fusil, bombas de fragmentación y de gas, y otro armamento tanto a departamentos de policía nacionales como a gobiernos extranjeros de Europa y de América del Sur. Desafortunadamente para los húngaros, la publicidad no deseada en los periódicos sobre un pleito con Tauscher llamó la atención del Servicio de Impuestos Internos. Habiendo ocultado su relación con la fábrica de municiones, de Bobula no sólo atrajo a los recaudadores de impuestos, sino también al aparentemente omnisciente J. Edgar Hoover, quien supervisó sus actividades durante los siguientes diez años. Fue acusado de ser un agente alemán y un extranjero ilegal involucrado en actividades subversivas, y Hoover recomendó «que [de Bobula] sea considerado para una detención preventiva en caso de una emergencia nacional».

Aunque mantuvieron su relación durante este tormentoso período, Tesla acabó levantando las antenas, especialmente cuando de Bobula le pidió préstamos «en cantidades que usted no desaprovecharía» justo en

---

21. Nikola Tesla a George Scherff (17 de junio de 1937) [BC].

el momento en que se declaraba en quiebra: de Bobula acumulaba una deuda de 750 000 dólares. Con la esperanza de convertir a Tesla en socio de la empresa, de Bobula provocó su ira cuando utilizó su nombre como referencia cuando de Bobula estaba trabajando un acuerdo de armas con el ministro de Paraguay. Tesla lo llamó y manifestó enfáticamente que no debía utilizar el nombre del inventor.[22]

Incapaz de mantener su apartamento en Manhattan, de Bobula se mudó al Bronx, donde finalmente fue arrestado. Un registro en su apartamento reveló un arsenal de granadas de mano, dinamita y bombas lacrimógenas. El arquitecto afirmó que simplemente formaban parte del inventario de su empresa y fue interrogado y puesto en libertad. Presumiblemente un antisemita que aparentaba tener vínculos con Henry Ford, de Bobula rechazó cualquier relación tanto con el Partido Comunista como con la Federación Germano-Estadounidense.[23] Aunque fue controlado durante los años de la Segunda Guerra Mundial, la Oficina Federal de Investigaciones no pudo demostrar que hubiera violado ningún estatuto federal, y se le permitió mudarse a Washington D.C., donde instaló otro arsenal de municiones… ¡justo en el corazón de la ciudad! En 1949 escribió directamente a J. Edgar Hoover para «quitárselos de encima», y aparentemente Hoover cumplió, ya que a partir de entonces desaparecieron los artículos y las referencias a él.[24]

A medida que avanzaba la Gran Depresión, los gastos de Tesla continuaron aumentando. Había acumulado una deuda de 400 dólares con el hotel, lo que en aquellos días grises suponía una suma considerable. Acorralado por la dirección, el astuto conceptualista recurrió a una estrategia que tan bien le había funcionado cuando estaba en el Waldorf-Astoria: viviría de crédito. Por lo tanto, ofreció como garantía «un modelo funcional» de su rayo de la muerte, que, según explicó al establecimiento, valía 10 000 dólares. Le pidieron un recibo por escrito

---

22. Titus de Bobula a Nikola Tesla (25 de noviembre de 1935; 6 de julio de 1936) [MNT].

23. Movimiento de inspiración nazi. Sostenido económicamente por la Alemania nazi y fundado en 1936 en Estados Unidos, tenía como objetivo difundir los ideales nacionalsocialistas. *(N. del T.)*

24. Archivos del FBI referentes a de Bobula (hacia 1936-1949) [Ley por la Libertad de la Información, FOIA].

y él aceptó. El traicionero dispositivo y su nota fueron cuidadosamente depositados en el casillero número 103 en la caja fuerte del hotel.[25]

Aunque había solventado el problema de pagar el alquiler, las finanzas de Tesla todavía se encontraban en un estado precario. Incluso tenía problemas para conseguir los quince dólares mensuales de costes que le suponía el almacén de Manhattan. En 1934, con cierto sabor amargo, redactó una larga carta a J. P. Morgan Jr. En ella, el inventor revelaba que había hecho propuestas para vender su «muralla china de defensa» a los departamentos de guerra de Estados Unidos y el Reino Unido. «Los rusos están muy ansiosos por hacer que su frontera sea segura frente a la invasión japonesa, y les he hecho una propuesta que también está siendo seriamente considerada». El inventor reconoció su deuda pendiente con Morgan por el asunto de la turbina y su voluntad de devolver la suma, unos 40 000 dólares, pero a continuación hizo una apelación. «Si tuviera ahora 25 000 dólares para asegurar mi propiedad y hacer demostraciones convincentes, podría acumular en poco tiempo una riqueza colosal». Tesla finalizaba la carta criticando el «New Deal»[26] de Franklin Delano Roosevelt, que «vertió miles de millones de dólares de dinero público sólo para poder permanecer en el poder indefinidamente». Este «esquema de movimiento perpetuo», en opinión de Tesla, era antidemocrático, «destructivo para las industrias establecidas y decididamente socialista».[27]

No hace falta decir que Morgan no le prestó dinero a Tesla. De todos modos, lo interesante de este pasaje es la referencia de Tesla a la propiedad que necesitaba asegurar para poder hacer demostraciones convincentes. Esta sugerencia de que en efecto había erigido un rayo de la muerte funcional cobraría importancia más adelante, cuando se planteó la cuestión de si realmente se había construido un modelo funcional.

Según Hugo Gernsback, y a instancias suyas, la Westinghouse Corporation aceptó echar una mano a su antiguo ganador. Gernsback

---

25. Archivos del FBI referentes a Titus de Bobula [FOIA]; «Tauscher Accuses Munitions Partner», *The New York Times*, p. 36:4 (25 de julio de 1934).

26. El «New Teal» (literalmente «nuevo trato») es el nombre con el que se conocen las políticas intervencionistas del presidente Franklin D. Roosevelt aplicadas entre 1933 y 1938 con el objetivo de proteger las capas más pobres de la población, reformar los mercados financieros y redinamizar la economía después del crac de 1929. *(N. del T.)*

27. Archivos del FBI referentes a Nikola Tesla [Ley por la Libertad de la Información, FOIA].

declaró que había llamado a los funcionarios de Westinghouse «a finales de la década de 1930 [...] para discutir lo que se podía hacer. Les informé del hecho de que Tesla era un hombre muy orgulloso que, en ninguna circunstancia, consideraría la caridad. Sugerí que tal vez podrían incluirlo entre el personal en calidad de consultor honorario. Se acordó esto y desde ese momento hasta su muerte Tesla recibió una modesta pensión».[28]

Es posible que Gernsback hubiera llamado a la compañía. Sin embargo, su interpretación de lo ocurrido entra en conflicto con el *timing* del contrato y los motivos del acuerdo. Tesla había llegado a un acuerdo con Westinghouse unos cuatro años antes de la misericordiosa llamada del editor de ciencia ficción. Sobre una base legal, el inventor continuó defendiendo su caso. Finalmente, el 2 de enero de 1934, el presidente, F. A. Merrick, accedió y acordó pagar a Tesla «para que actuara como ingeniero consultor por 125 dólares al mes durante un período que fuera mutuamente satisfactorio».[29] Para resolver el problema psicológico del anciano patriarca de negarse a pagar el alquiler, Merrick también acordó cubrir el alquiler de Tesla. La deuda contraída con el Hotel Governor nunca fue saldada; además, tras la firma del acuerdo, Tesla se mudó al Hotel New Yorker, donde vivió, en lo que a él concernía, sin pagar alquiler hasta el final de sus días.[30]

28. Hugo Gernsback, memorias de Westinghouse [DKS].
29. George Westinghouse a Nikola Tesla (2 de enero de 1934) [BC].
30. Mildred McDonald (1 de diciembre de 1952) [AWC].

46
Últimos cabos (1931-1943)

Entonces apareció la visión de un hombre de un mundo nuevo y extraño. Un hombre alto y delgado, cuyos ojos brillaban con una luz sobrenatural, entró en la habitación tan silenciosamente que apenas se notaba su presencia. Se inclinó en su asiento [...]. Sonrió paternalmente [a Viereck y su esposa]. Saludó a los invitados con un gesto amable. Antes de que lo presentaran, Tewson soltó: «¡Nikola Tesla!».

ELMER GERTZ[1]

La primera vez que el embajador, Stanko Stoilković, vio al célebre serbio, estaba de pie frente a la biblioteca con «dos palomas blancas en el brazo [...] picoteando semillas de la palma de su mano». Eso fue en 1918 y sólo se conocieron brevemente. Una década más tarde, Stoilković regresó a Estados Unidos como emisario del consulado yugoslavo y se hicieron amigos íntimos durante los diez años siguientes. A los noventa años, Stoilković recordaría sus visitas.

Como muchos otros serbios, Stoilković no estaba contento con la división entre Tesla y Pupin, y, como otros antes que él, intentó unir a los dos hombres. Sin embargo, al considerar a Pupin como un desagradecido y sentirse profundamente herido por su relación con «ese burro» de Marconi, Tesla no quería tener nada que ver con su compatriota serbio. El sentimiento, por supuesto, era mutuo.

---

1. Gertz, E.: *Odyssey of a Barbarian: The Biography of George Sylvester Viereck.* Prometheus Books, Búfalo, Nueva York, 1978.

29 de mayo de 1931

Mi querido Sr. Swezey:

No he visto al Sr. Tesla desde hace casi veinte años. Al comienzo de la Guerra Mundial, una diferencia de opinión creó una división entre el señor Tesla y yo. Ni él ni yo hemos tenido desde entonces la oportunidad de curar esa división. En 1915, a través de un amigo común, me ofrecí a perdonar y olvidar, pero de alguna manera la oferta no fue aceptada. Lamento, por tanto, que no pude transmitir al Sr. Tesla una carta de enhorabuena o felicitación por su septuagésimo quinto cumpleaños.

Sinceramente,

M. J. Pupin[2]

En el libro clásico de Dunlap, *Radio's 100 Men of Science*, el autor escribe: «Pupin era un hombre de completa honestidad intelectual; si cometía un error en una ecuación en la pizarra, rápidamente admitía el error, borraba el error y comenzaba de nuevo».[3]

Ya hemos comentado la insistencia de Pupin en que muchos de los inventos de Tesla eran suyos y cómo Pupin eliminó el nombre de Tesla del debate de la historia del sistema de corriente alterna polifásica y de la tecnología inalámbrica en su autobiografía de cuatrocientas páginas ganadora del Premio Pulitzer que había dedicado al «auge del idealismo como testigo cualificado cuyo testimonio tenía competencia y peso».[4] Este enfoque también se trasladó a sus legendarios cursos en la Universidad de Columbia, en los que camufló el papel de Tesla en la etiología de un amplio abanico de inventos. «Cuando Marconi vino a Nueva York, en 1927, para dar una conferencia [...], el Dr. Pupin presidía el Instituto de Ingenieros de Radio [...]. "Marconi, te queremos –dijo el Dr. Pupin–; no hemos venido tanto a escuchar lo que tienes que decir, sino a ver tu sonrisa juvenil"».[5]

---

2. Michael Pupin a Kenneth Swezey (29 de mayo de 1931) [DKS].

3. Dunlap, O. E.: *Radio's 100 Men of Science. Biographical Narratives of Pathfinders in Electronics and Television*. Harper and Bros., Nueva York, 1944. p. 124.

4. Pupin, M.: *From Immigrant to Inventor*. Charles Scribner's Sons, Nueva York, 1930. Tesla aparece mencionado una vez en la p. 285 en la frase «el motor de corriente alterna de Tesla y el transformador rotatorio de Bradley...» (*véase* el capítulo 10).

5. «Dr. Pupin Inspired», *The New York Times* (1927) [DKS].

Cuando Pupin enfermó en 1935, le pidió a su secretaria que fuera a ver a Stoilković y «le suplicara que hiciera que Tesla visitara a Pupin en el hospital. Quería hacer las paces antes de fallecer».

Al saludar a Stoilković en la puerta con su indumentaria de estar por casa favorita, una bata roja con pantuflas azules, Tesla quedó desconcertado por la petición. Dijo que necesitaba reflexionar sobre el asunto. Al día siguiente llamó a su amigo y le dijo que iría si Stoilković lo acompañaba.

> En la habitación de Pupin había algunos médicos junto a su cama. El encuentro fue de lo más conmovedor. Tesla se acercó al enfermo, le tendió la mano y le dijo: «¿Cómo estás, amigo mioide?».
>
> Pupin se quedó sin habla por la emoción. Se puso a llorar y las lágrimas corrieron por su rostro. Todos abandonamos la habitación y dejamos a los dos hombres solos. Tesla pudo hablar con Pupin cara a cara […]. Cuando se despidieron, Tesla le dijo que se volverían a encontrar en los salones del Club de Ciencias y conversarían como antes […]. Inmediatamente después de la visita de Tesla, Pupin falleció. Tesla asistió al funeral.[6]

Cuatro años mayor que Tesla, Robert Underwood Johnson se fue de viaje por Inglaterra como viudo en 1927 y volvió a Francia e Italia en 1928. Tesla le prestó a su amigo quinientos dólares para el viaje y ochocientos para la hipoteca de su casa. A su regreso en 1929, Johnson quedó con Tesla y Richmond P. Hobson para ver una película y salir de noche por la ciudad. Hobson, que vivía con su esposa, Grizelda, en el Hotel Weylin en la calle 54, también tenía una residencia en la capital del país. Tesla veía a sus amigos a diario en esa época; Johnson se sentía particularmente solo, a pesar de que tenía hijos y nietos que lo visitaban con frecuencia. Al año siguiente, ya octogenario, el viejo poeta partió de nuevo hacia Europa. En este viaje esperaba entrevistar a madame Marie Curie.

Mientras que Tesla pudo pasar gran parte de la década de 1930 con Johnson, Hobson abandonó la ciudad después de una corta estancia para comprar un rancho ganadero con su hijo en Vancouver. En abril de 1937, Tesla envió a Johnson una nueva biografía de su vida que había sido

---

6. Stoilković, S.: «Portrait of a Person, a Creator and a Friend», *Tesla Journal*, n.º 4-5, pp. 26-29 (1986-1987).

traducida del serbocroata al inglés, y Johnson a su vez se la pasó al editor en jefe del *The New York Times*. A los ochenta y cinco años, Johnson estaba demasiado débil para escribir una carta de agradecimiento de su propia mano, pero pudo firmarla «R. U. Johnson-Luka Filipov». Tanto Johnson como Hobson murieron al poco tiempo; el célebre lugarteniente, de apenas sesenta años, fue enterrado en el cementerio de Arlington. Con la ayuda de Agnes Holden, la hija de Robert, Tesla envió una «hermosa azalea en flor» a Grizelda, quien apreció enormemente los amables pensamientos de este querido amigo.[7]

Otro personaje que mantuvo su amistad con Tesla en los últimos años fue George Sylvester Viereck, el poeta prodigio. El hedonista y cínico Viereck fue propagandista alemán durante la Primera Guerra Mundial y portavoz de los nazis durante la década de 1930 y la Segunda Guerra Mundial. El vínculo de Tesla con Viereck se remontaba a treinta años atrás, cuando Gilder y Johnson introdujeron poemas tan provocativos de Viereck como «The Haunted House» («La casa encantada») en el *Century* en 1906, que era un poema sobre una pareja encantadora cuyo cuerpo era, por desgracia, «un lugar encantado [...]. Cuando cedí a la rápida exigencia de la pasión –escribió Viereck–, uno de tus amantes me tocó con la mano. Y en la punzada del placer amoroso, oigo voces extrañas que llaman a través de la noche».[8]

Viereck, de quien se sospecha que era nieto ilegítimo de Guillermo II, káiser abdicado de Alemania, era un personaje multifacético y un genio autoproclamado. Después de haber entrevistado a muchas de las mentes más brillantes de la época, el intelectual germano-estadounidense había sacudido las almas de personas como Theodore Roosevelt, George Bernard Shaw, el ocultista Aleister Crowley, H. G. Wells, Sigmund Freud, Albert Einstein, el káiser Guillermo y Adolf Hitler. Viereck, un hombre en íntimo contacto con su lado irracional, había pasado muchos días con Sigmund Freud, explicando la teoría de la libido del gran teórico, influyendo en los escritos de Freud y aplicando la psicolo-

---

7. Nikola Tesla a Robert Underwood Johnson (hacia 1929-1937) [BC]; Grizelda Hull Hobson a Kenneth Swezey (14 de febrero de 1955); Richmond P. Hobson Jr. en «Books of the Times», *The New York Times* (21 de diciembre de 1955) [DKS].

8. Un breve extracto de «The Haunted House», de G. S. Viereck (hacia 1907), a partir de Gertz, E.: *Odyssey of a Barbarian: The Biography of George Sylvester Viereck*. Prometheus Books, Búfalo, Nueva York, 1978.

gía del maestro a la vida moderna. Viereck escribió que «Freud estaba motivado no sólo por el deseo de completar su propia visión del mundo, sino también por la creencia de que cada individuo representaba una expresión especial del espíritu del mundo».[9]

Aunque no era antisemita y había coescrito, por ejemplo, una serie de libros con un profesor judío, Viereck, un apologista alemán desde siempre, logró de algún modo racionalizar el discurso nazi y se convirtió en portavoz estadounidense de Adolf Hitler. Aunque Freud vio en este periodista «cazador de leones» una gran mente, dijo que Viereck «padecía narcisismo y tenía delirios de persecución y una fijación por la Patria». Una vez que Viereck comenzó a racionalizar la retórica de Hitler, Freud veía al periodista como «se degradaba a sí mismo» y ya no mantendría correspondencia con él.[10]

Durante una de una serie de entrevistas que Viereck realizó con Tesla, reveló que Tesla «no creía [en Dios] en el sentido ortodoxo [...]. Para mí, el universo es simplemente una gran máquina que no tuvo un origen y nunca terminará. El ser humano no es una excepción al orden natural [...]. Lo que llamamos "alma" o "espíritu" no es más que la suma de las funciones del cuerpo. Cuando esta función cesa, el "alma" o "espíritu" cesa igualmente». Según John J. O'Neill, esta teoría de la «máquina de carne» era en realidad una artimaña utilizada para ocultar las numerosas experiencias místicas que tuvo Tesla.

En su visión del siglo XXI, Tesla previó un mundo en el que la eugenesia estaría «universalmente establecida». Quizás impulsado por la discusión de Viereck sobre la visión aria o la perversa práctica estadounidense de esterilizar a criminales y a algunos individuos con discapacidad mental, Tesla apoyaba la idea de «esterilizar a los no aptos y guiar deliberadamente el instinto de apareamiento. Dentro de un siglo», concluyó el célibe, «a una persona normal no se le ocurrirá más aparearse con una persona eugenésicamente no apta que casarse con un criminal habitual».

Respecto a su alimentación, el delgado epicúreo reveló que había abandonado por completo la carne. Tesla creía que en el futuro se obtendrían alimentos baratos y saludables a partir de leche, miel y trigo. A

---

9. Johnson, N. M.: *George Sylvester Viereck: German-American Propagandist.* University of Illinois Press, Chicago, 1972. p. 143.

10. Ibíd. pp. 138-142.

medida que avanzaba la década de 1930, el inventor seguía viviendo con una dieta de subsistencia cada vez más reducida, pasando de la carne al pescado, luego a las verduras y, finalmente, a la leche caliente, el pan y algo que llamó «factor actus». Eliminando por completo los alimentos sólidos, el delgado mago se preparaba una poción saludable compuesta de una docena de vegetales, incluidos puerros blancos, cogollos de col, flores de coliflor, nabos blancos y cogollos de lechuga.[11] Aunque todavía sostenía que podría vivir hasta los ciento cuarenta años, una visión psicoanalítica de este régimen de provisiones tan magras sólo podía interpretarse como un plan anoréxico e inconsciente de autoextinción.

«Mucho antes de que amanezca el próximo siglo –predijo el oráculo–, la reforestación sistemática y la gestión científica de los recursos naturales habrán puesto fin a todas las sequías, incendios forestales e inundaciones devastadoras. La transmisión de energía eléctrica a larga distancia mediante el aprovechamiento de cascadas prescindirá de la necesidad de quemar combustible; los robots y las máquinas pensantes reemplazarán a los seres humanos, y la tendencia de gastar más en guerra y menos en educación se revertirá». Una razón importante para opinar esto sería el último descubrimiento de Tesla de su escudo defensivo entre naciones.

«Si ningún país puede ser atacado con éxito, la guerra no puede tener ningún propósito. Mi descubrimiento pone fin a la amenaza de la guerra. No digo que no pueda haber varias guerras destructivas antes de que el mundo acepte mi regalo. Puede que no viva para ver su aceptación».[12]

Con el hábito de reunirse con Viereck y su familia en su casa de Riverside Drive con cierta regularidad, Tesla aceptó una invitación para asistir a una cena. Estaba presente Peter, el hijo de Viereck. Como poeta y profesor de inglés ganador del Premio Pulitzer, Peter recordaba a Tesla como casi un tío.[13] También estaba presente el joven Elmer Gertz, que en ese momento preparaba una biografía de Viereck. Amigo de Carl Sandburg y también biógrafo del voluptuoso Frank Harris, Gertz acabaría defendiendo a personajes tan ilustres como Nathan Leopold (y Richard

---

11. Correspondencia de Nikola Tesla (2 de marzo de 1942) [LA].
12. Nikola Tesla, explicado a Viereck, G. S.: «A Machine to End War», *Liberty*, pp. 5-7 (febrero de 1935).
13. Entrevista telefónica a Peter Viereck (8 de septiembre de 1991).

Loeb),[14] el escritor pornográfico Henry Miller y el asesino Jack Leon Ruby[15] (en una apelación de la sentencia de muerte). A sus ochenta y cinco años, Gertz recordaba el encuentro que tuvo lugar cincuenta y siete años antes, cuando él tenía veintinueve.

«En un ambiente comunicativo [en la cena], Tesla contó la historia de su vida sin ostentación, llanamente, con tranquila elocuencia. Habló de sus asuntos platónicos del corazón [...], explicó los inventos que han hecho del mundo su deudor y habló de sus planes, de su credo, de sus debilidades. Fue una historia de maravillas, contada con inocente sencillez».

Sorprendido por el hecho de que estaban en «la misma casa donde habían visto a Einstein, Sinclair Lewis y muchos otros», Gertz señaló que «Viereck estuvo comparativamente en silencio gran parte de la noche, pero fue sutilmente responsable de las emociones intelectuales de la velada».[16]

Cuando fue presionado para que diera más detalles, Gertz reveló que «Tesla se sabía de memoria todos los poemas de Viereck». Tesla también habló de su relación platónica con Sarah Bernhardt, a quien había conocido cuando se encontraba en París durante la exposición de 1889. A diferencia de la sugerencia frecuentemente citada de O'Neill de que Tesla evitaba su mirada, Gertz dijo que Tesla se había reunido con ella en varias ocasiones, tal vez incluso también en Nueva York. Estaba tan enamorado de ella que «Tesla había guardado y conservado su bufanda sin siquiera lavarla» y todavía la conservaba.[17]

Viereck aporta una relación fascinante entre Tesla y Sigmund Freud: la abnegación y el eros. Stoilković contó la historia de cómo lo invitaron al apartamento neoyorquino de Tesla y un valet «trajo una botella de vino en un plato con hielo», pero Tesla no dejó que la abrieran. Cuando

---

14. Nathan Freudenthal Leopold Jr. (1904-1971) y Richard Albert Loeb (1905-1936), conocidos como «Leopold y Loeb», fueron dos estudiantes de buena familia que en 1924 secuestraron y asesinaron a Robert «Bobby» Franks, un muchacho de 14 años, simplemente para cometer el crimen perfecto y demostrar su inteligencia superior. (N. del T.)

15. Jack Leon Ruby (1911-1967), vinculado con el hampa, asesinó a Lee Harvey Oswald el 24 de noviembre de 1963, quien a su vez había matado al presidente estadounidense John Fitzgerald Kennedy dos días antes. (N. del T.)

16. Gertz, E.: *Odyssey of a Barbarian: The Biography of George Sylvester Viereck*. Prometheus Books, Búfalo, Nueva York, 1978. p. 24.

17. Conversación telefónica con Elmer Gertz (junio de 1991).

este hecho se repitió otra noche, Tesla reveló que guardaba la botella para demostrar que podía evitar beberla. Hombre de hábitos rígidos, Tesla se negaba a sí mismo ciertos placeres como una manera de supuestamente establecer un control total sobre sí mismo. Y, sin embargo, Tesla era un completo esclavo de sus idiosincrasias y un saco de fobias.

Además de hacer todo lo posible para evitar los apretones de manos, desplazar sus afectos amorosos hacia las aves, mantener a los trabajadores del hotel a una distancia de al menos un metro, tirar collares y guantes después de un uso, Tesla tenía otras exigencias rígidas. Pidió al hotel que mantuviera una mesa reservada permanentemente para él y que a nadie más se le permitiera comer en ella. Si una mosca se posaba en la mesa, había que volver a ponerla y sacar un nuevo plato de comida. En cuestiones de dinero, Tesla también mostraba poca capacidad para contenerse y, como ya hemos visto, habitualmente se negaba a pagar el alquiler. Desde el punto de vista freudiano, Tesla era una personalidad anal-compulsiva, fijada en la etapa latente de represión sexual, con un desplazamiento de sus energías hacia los esfuerzos científicos. Al negar su libido, su censor había convertido su energía sexual primaria en una extraña mezcla de patrones de comportamiento prelógicos que tendían a difundir, redirigir y sublimar los complejos altamente cargados que el inventor deseaba negar.

Parece muy posible que Viereck se esforzara por psicoanalizar a Tesla, para que el inventor profundizara en su infancia en un esfuerzo por liberar acontecimientos sumergidos que pudieran haber bloqueado o reorientado su vida de manera neurótica. Es probable que Viereck, de quien se sabía que tomaba «tintura de opio», entrara en un estado alterado cuando conversaba con el profeta etéreo.[18] Con casi ochenta años en ese momento, extremadamente frágil y delgado, Tesla le escribió a Viereck una larga carta en la que repasaba los traumas de su infancia.

Era una noche deprimente y llovía a cántaros. Mi hermano, un joven de dieciocho años y gigante intelectual, había muerto. Mi madre vino a mi habitación, me cogió entre sus brazos y me susurró, casi de manera inaudible: «Ven y bésalo [a Dane]». Presioné mi boca contra

---

18. Cheney, M.: *Tesla: Man Out of Time*. Prentice-Hall, Englewood Cliffs, Nueva Jersey, 1981.

los labios helados de mi hermano sabiendo sólo que algo terrible había sucedido. Mi madre me acostó de nuevo y posponiéndolo un poco dijo con lágrimas en los ojos: «Dios me ha dado uno a medianoche y a la medianoche me ha quitado al otro».[19]

Viereck no sólo quería que Tesla reactivara los complejos ocultos asociados con la muerte de Dane, sino también que reflexionara sobre el proceso mismo de cómo su fértil mente daba origen a las ideas. Uno sólo puede adivinar si Viereck entró o no en el reino de Edipo y Narciso, los rituales de besos entre hermanos muertos, y la vida monástica de Tesla de excentricidades, sacrificios y afecto desplazado hacia los amigos emplumados.

En 1937, en su octogésimo primer aniversario, en una comida en su honor, Tesla recibió tanto la Orden del León Blanco de manos del ministro de Checoslovaquia como el Gran Cordón del Águila Blanca, la orden más alta de Yugoslavia, de manos del ministro de Checoslovaquia, del príncipe regente Pablo por orden del rey Pedro.

Belgrado también creó una dotación de seiscientos dólares mensuales, que recibió durante el resto de sus días. Con un aspecto muy parecido a un águila, con su larga nariz aguileña más acentuada por su extrema delgadez, el esquelético inventor «siguió su costumbre anual [después de la ceremonia de condecoración] de ser el anfitrión de un grupo de periodistas en su suite del Hotel New Yorker». Allí, vestido con su mejor esmoquin, el mago leía un tratado preparado que describía sus últimos inventos y planes para contactar con planetas cercanos.[20]

Unos pocos meses más tarde, a finales de otoño, mientras negociaba con emisarios de los departamentos de guerra de Yugoslavia, Checoslovaquia, el Reino Unido, la Unión Soviética y Estados Unidos, Tesla fue atropellado por un taxi. Negándose a ser visitado por un médico, el inventor logró llegar cojeando a casa. Permaneció en cama intermitentemente durante seis meses. Se había roto tres costillas. Así, en mayo de 1938, todavía en proceso de recuperación, declinó una invitación para asistir a otra

---

19. Nikola Tesla a George Sylvester Viereck (1934), en Anderson, L. I.: «Nikola Tesla's Patron Saint», *American Srbobran*, p. 4 (14 de agosto de 1991); Nikola Tesla a George Sylvester Viereck (17 de diciembre de 1934), en Cheney, M.: *Testa: Man Out of Time*. Prentice-Hall, Englewood Cliffs, Nueva Jersey, 1981. p. 244.

20. «Sending of Messages to Planets Predicted by Dr. Tesla on Birthday», *The New York Times*, p. 1:2-3, 2:2-3 (11 de julio de 1937).

ceremonia de entrega de premios en el Instituto Nacional del Bienestar de los Inmigrantes en honor a él, a Felix Frankfurter, de la Facultad de Derecho de Harvard, y a Giovanni Martinelli, de la Ópera Metropolitana.

El Dr. Paul Radosavljević, profesor de pedagogía de la Universidad de Nueva York, recogió el premio en honor de Tesla. Rado leyó una declaración de Tesla que aparentemente ratificaba la famosa historia de Edison de 1885 de que éste se había burlado de la deuda prometida a Tesla de 50 000 dólares por rediseñar la maquinaria.[21]

En 1939, justo cuando la Segunda Guerra Mundial estaba a punto de estallar, George Sylvester Viereck emprendió un viaje secreto a la Patria. Allí, en medio de la pompa de las esvásticas y la Gestapo, se reunió una vez más con Adolf Hitler y recibió un comunicado firmado por el *Führer* de su propia mano. El día fue el 26 de febrero de 1939. A su regreso, Viereck prosiguió con su práctica de predicar la línea nazi en un abanico de publicaciones, escribiendo algunos artículos bajo un nombre falso, interpretando a Franklin Delano Roosevelt como si tuviera un «complejo mesiánico» y a Hitler como «una persona dinámica y un poeta apasionado [...], primero en la guerra, primero en la paz, primero en los corazones de los hombres de su país». Viereck fue arrestado y acusado de dos cargos de conspiración sediciosa. Pronto se supo que estaba en la nómina alemana supuestamente como periodista, pero evidentemente como propagandista remunerado. Presuntuoso y autoengañado, el desconcertado y obtuso filósofo fue enviado a prisión, donde escribió poesía durante los siguientes años.[22] Así como las referencias a Tesla fueron eliminadas de los textos de ingeniería, el nombre de Viereck fue «eliminado de muchas antologías y de *Who's Who*».[23] Por lo tanto, ambos personajes desaparecieron de los libros de historia, pero por motivos totalmente diferentes.

Cuando comenzó la Segunda Guerra Mundial, Tesla estaba muy debilitado, entrando y saliendo de estados de coherencia. Durante uno de sus momentos más lúcidos, escribió (con la ayuda de su sobrino Sava

---

21. «Immigrant Society Makes Three Awards: Frankfurter, Martinelli and Tesla», *The New York Times*, p. 26:1 (12 de mayo de 1938).

22. Johnson, N. M.: *George Sylvester Viereck: German-American Propagandist.* University of Illinois Press, Chicago, 1972. pp. 204-210; archivos del FBI sobre George Sylvester Viereck [Ley por la Libertad de la Información, FOIA].

23. «George Sylvester Viereck, 77, Pro-German Propagandist, Dies», *The New York Times* (21 de marzo de 1962).

Kosanović) el prólogo del discurso del vicepresidente Henry A. Wallace sobre «El futuro del hombre común» para la edición serbocroata. El ensayo no sólo retrata a un profeta que imagina un mundo mejor en el futuro, sino que también revela el conflicto y la humillación que él mismo sufrió en sus tratos con los codiciosos industriales que sacaron el jugo a sus inventos sin tener en cuenta su bienestar, y mucho menos el bienestar de la humanidad en su conjunto: «De esta guerra, la mayor desde los inicios de la historia, debe nacer un mundo nuevo que justifique los sacrificios ofrecidos por la humanidad, donde no habrá humillación de los pobres por la violencia de los ricos; donde los productos del intelecto, la ciencia y el arte sirvan a la sociedad para mejorar y embellecer la vida, y no a los individuos para alcanzar la riqueza. Este nuevo mundo será un mundo de hombres y naciones libres, iguales en dignidad y respeto».[24]

El anciano miró por la ventana mientras sus ágiles dedos acicalaban inconscientemente las plumas erizadas de su querida paloma blanca de alas con la punta marrón. Aunque era enero, una tormenta eléctrica retumbaba en la distancia. «Lo he hecho mejor que esto», murmuró el mago mientras el sol se asomaba por entre las nubes para revelar los iridiscentes púrpuras, violetas, verdes y rojos de las plumas del cuello de otra de las aves más vigorosas que acudieron a visitarlo. Tesla recordó con cariño sus días como niño en la granja, rodando colina abajo sin preocupaciones con Mačak, su gato mascota. Y luego su mente dio vueltas en torno a pensamientos de discusiones violentas con Morgan, su torre de transmisión inacabada de quince pisos, y su amigo Mark Twain, que ahora atravesaba problemas financieros. Pidiendo fondos a Kosanović, Tesla entregó el dinero a un mensajero para que se lo hiciera llegar a Twain, dando como dirección su antiguo laboratorio en la Quinta Avenida Sur, una calle que ya no existía. Incapaz de localizar al escritor fallecido, el muchacho volvió a ver a Tesla, pero éste ignoró su explicación. El anciano le dijo al muchacho que se quedara con el dinero si no podía entregarlo.[25]

Habiéndose olvidado de pagar el alquiler de sus pertenencias guardadas en el almacén de Manhattan, el mago se las arregló de alguna mane-

---

24. «Tesla and the Future», *Serbian Newsletter* (1943).
25. O'Neill, J. J.: *Prodigal Genius: The Life of Nikola Tesla*. Ives Washburn, Nueva York, 1944.

ra para enviar por correo un cheque por valor de quinientos dólares a un evento de recaudación de fondos de una iglesia serbia que se celebraba en Gary (Indiana).[26] G. J. Weilage, gerente del almacén de Manhattan, lo amenazó con sacar el lote a subasta. La factura pendiente era de 297 dólares. Quizás demasiado desilusionado por preocuparse, Tesla hizo caso omiso de la última advertencia y Weilage cumplió su promesa y publicó un anuncio en los periódicos locales. Al leer el anuncio, Jack O'Neill se apresuró a ponerse en contacto con el sobrino de Tesla, Sava Kosanović, el embajador de Yugoslavia establecido en Nueva York. Kosanović pagó la deuda y siguió haciéndose cargo de los gastos de mantenimiento (quince dólares al mes), salvando este legado de valor incalculable de un trágico destino.

«Una noche –escribió Tesla–, mientras estaba acostado en la cama en la oscuridad, resolviendo problemas como de costumbre, [mi estimada paloma] entró volando por la ventana abierta y se posó en mi escritorio. Cuando la miré supe qué quería decirme: se estaba muriendo. Y entonces, cuando capté su mensaje, salió una luz de sus ojos: unos poderosos rayos de luz. Cuando esa paloma murió, algo se fue de mi vida. Supe que la obra de mi vida estaba terminada».[27]

Situado en el abismo durante los primeros años de la Segunda Guerra Mundial, Tesla continuó llevando su doble vida, reuniéndose con amigos y dignatarios siempre que era posible, y prestando sus documentos secretos a hombres misteriosos. Meses después murió. Era el 7 de enero de 1943; tenía ochenta y seis años.

2000 PERSONAS EN EL FUNERAL DE TESLA

ACUDEN DESTACADOS CIENTÍFICOS

El presidente y yo lamentamos profundamente la muerte del Sr. Nikola Tesla. Estamos agradecidos por su contribución a la ciencia y la industria de este país.

ELEANOR ROOSEVELT

---

26. Anderson, L. I.: «Nikola Tesla's Patron Saint», *American Srbobran*, p. 4 (14 de agosto de 1991).

27. O'Neill, J. J.: *Prodigal Genius: The Life of Nikola Tesla*. Ives Washburn, Nueva York, 1944.

El funeral se celebró en serbio en la catedral de San Juan el Divino. Con el ataúd abierto, el venerable reverendo Dushan Shoukletović, rector de la Iglesia ortodoxa serbia de San Sava, pronunció el Sermón de los Difuntos. Por radio, el alcalde de Nueva York, Fiorello La Guardia, leyó un conmovedor elogio escrito por el autor croata Louis Adamić, mientras pasaba una larga fila de dolientes. La lista de portadores honorarios del féretro incluía al Dr. Ernest Alexanderson de General Electric, quien consiguió su riqueza y su fama después de inventar un potente transmisor de alta frecuencia; el Dr. Harvey Rentschler, director de los laboratorios de investigación de Westinghouse; Edwin H. Armstrong, padre de la radio FM; el cónsul general de Yugoslavia D. M. Stanoyevitch; William H. Barton, conservador del Planetario Hayden, al que Tesla a menudo acudía a meditar, y Gano S. Dunn, presidente de J. G. White Engineering Corporation y asistente de Tesla medio siglo antes, durante sus experimentos de cambio de paradigma llevados a cabo a pocas manzanas de distancia, en la Universidad de Columbia.[28]

«No podemos saberlo, pero puede ser que, dentro de mucho tiempo, cuando los patrones cambien, los críticos adopten una visión de la historia», escribió apropiadamente Hugo Gernsback en su revista. «Situarán a Tesla junto a Da Vinci o junto a nuestro propio Sr. Franklin [...]. Una cosa es segura —concluyó Gernsback—: el mundo, tal como lo manejamos hoy, no apreció su peculiar grandeza».

El coronel David Sarnoff, presidente de la RCA, también tomó la palabra en nombre de Tesla: «Los logros de Nikola Tesla en ciencia eléctrica son monumentos que simbolizan a Estados Unidos como una tierra de libertad y oportunidades [...]. Sus novedosas ideas para obtener el éter en vibración lo situaron en la frontera de la tecnología sin hilos. La mente de Tesla era una dinamo humana que se movía para beneficiar a la humanidad».

Edwin H. Armstrong, que estaba a punto de demandar a Sarnoff y la RCA por infringir sus patentes de FM, ayudó a situar a Tesla en la perspectiva histórica adecuada:

«¿Quién puede hoy leer una copia de *The Inventions, Researches, and Writings of Nikola Tesla*, publicado antes del cambio de siglo, sin sentirse fascinado por la belleza de los experimentos descritos y admirado por su

---

28. «2000 Are Present at Tesla Funeral», *The New York Times* (13 de enero de 1943).

extraordinaria visión sobre la naturaleza de los fenómenos que se estaba observando? ¿Quién puede darse cuenta ahora de las dificultades que tuvo que superar aquellos primeros días? Pero uno puede imaginar el efecto inspirador que el libro tuvo hace cuarenta años en un niño que estaba a punto de decidir estudiar el arte eléctrico. Su efecto fue a la vez profundo y decisivo».[29]

El 25 de septiembre de 1943, apenas nueve meses después de la muerte de Tesla, los astilleros Bethlehem-Fairfield, cerca de Baltimore, botaron el USS Nikola Tesla, un barco de la clase Liberty de diez mil toneladas. Entre los patrocinadores de la ceremonia se encontraban varios croatas, como Louis Adamić y el violinista Zlatko Baloković, y también serbios, como los sobrinos de Tesla, Sava Kosonavić y Nicholas Trbojević.

El The New York Sun lo editorializó así:

> El señor Tesla tenía ochenta y seis años cuando murió. Murió solo. Era un excéntrico, sea lo que sea que eso signifique. Posiblemente un inconformista. En cualquier caso, abandonó sus experimentos y se fue por un tiempo a dar de comer a las bobas e intranscendentes palomas de Herald Square. Le encantaba decir cosas sin sentido; ¿o lo tenían? Admitiendo que era un hombre difícil de tratar, y que a veces sus predicciones ofendían la inteligencia del ser humano común y corriente, seguía tratándose de un hombre extraordinario y genial. Debe haberlo sido. Vislumbraba esa frontera confusa y misteriosa que separa lo conocido de lo desconocido […]. Pero hoy sabemos que Tesla, el anciano caballero aparentemente ridículo, a veces intentaba encontrar las respuestas con su inteligencia soberbia. Sus conjeturas acertaban tan a menudo que resultaba aterrador. Probablemente lo valoremos mejor dentro de unos millones de años.[30]

---

29. Gernsback, H. «Nikola Tesla: Father of Wireless, 1857-1943», Radio Craft, pp. 263-265, 307-310 (febrero de 1943).

30. «Nikola Tesla Dead», The New York Sun, editorial (enero de 1943).

47
El FBI y los documentos de Tesla
(1943-1956)

Departamento de Guerra
Servicio de Inteligencia Militar
22 de enero de 1946
Custodio de Propiedad Extranjera

Querido señor:
   Esta oficina ha recibido una comunicación del Cuartel General, Comandancia del Servicio Técnico Aéreo, Wright Field, solicitando que averigüemos el paradero de los archivos del difunto científico, Dr. Nichola Tesla, que pueden contener datos de gran valor para dicho Cuartel General [...]. En vista de la extrema importancia de esos expedientes, nos gustaría solicitar también que se nos informe de cualquier intento por parte de cualquier otra agencia de conseguirlos.
   Sinceramente,

CNEL. RALPH E. DOTY
Jefe, Sede de Washington[1]

Tras la muerte de Tesla, el FBI, la Oficina de la Propiedad Extranjera (OPE) y facciones del Departamento de Guerra conspiraron para confiscar y proteger los documentos secretos sobre armas de Tesla. Estados Unidos se encontraba en medio de una guerra mundial, y los vínculos de Tesla con comerciantes de armas, comunistas, a través de su sobrino yu-

---

1. Informe de la OPE (22 de enero de 1946) [Ley por la Libertad de la Información, FOIA].

goslavo y un notorio propagandista alemán ayudaron a que las agencias encubiertas salvaguardaran este material hasta que fuera analizado adecuadamente. Medio siglo después, todavía no se había publicado.

Elevado a la categoría de héroe nacional en los países eslavos, Tesla era considerado prácticamente de estirpe real. Así, su sobrino Sava Kosanović fue ascendiendo hasta convertirse en representante de la recién formada república de Yugoslavia en la «Comisión de Planificación de la Europa del Este», que se reunió en Checoslovaquia.[2] Kosanović, como Tesla, quería un país unificado, pero sus orientaciones eran diferentes.

En 1941, los nazis continuaban con su política de intimidación y engaño intentando forzar un tratado con el rey Pedro de Yugoslavia. Respaldado por el pueblo, Pedro se negó a aceptar una alianza y, por consiguiente, sufrió un golpe fatal cuando Alemania planeó una invasión brutal que involucró tropas de Bulgaria, Italia y Hungría, así como también trescientos bombarderos de la Luftwaffe.[3]

El profesor Michael Markovitch de la Universidad de Long Island, un serbio que vivió en Croacia durante la Segunda Guerra Mundial, me comentó que los croatas mataron a noventa mil serbios; y cuando le pregunté por qué, respondió: «Porque los croatas eran fascistas», es decir, porque se habían alineado con los nazis. Cuando era joven, en plena guerra, Markovitch había visto cuerpos flotando río abajo. Cuando le pregunté por qué sobrevivió, su respuesta fue «pura suerte».

Respecto a la mitología de Tesla, Markovitch dijo que desde niño era consciente de que Tesla estaba considerado un gran héroe nacional. Años más tarde, cuando la invasión de Hitler era inminente, Markovitch y sus compatriotas estuvieron esperando que Tesla en persona regresara a Belgrado y los protegiera de los nazis aprovechando su impenetrable escudo de la muerte. Por desgracia, Tesla nunca acudió.[4]

Kosanović no era una figura tan romántica y, aunque era serbio, abandonó al rey exiliado para respaldar al líder croata en ascenso, Josip Broz «Tito», y su doctrina comunista. Tito era una elección sólida; aun-

---

2. Memorándum de J. Edgar Hoover (21 de enero de 1943) [FBI; Ley por la Libertad de la Información, FOIA].

3. Cheney, M.: *Testa: Man Out of Time.* Prentice-Hall, Englewood Cliffs, Nueva Jersey, 1981. p. 258.

4. Entrevista personal a Michael Markovitch (1984).

que era aliado de los soviéticos, consiguió mantener la autonomía. También buscó unificar las facciones en guerra; su matrimonio con una mujer serbia era un poderoso símbolo para lograr este objetivo.[5]

Dado que la Unión Soviética era un aliado, Kosanović, como embajador de Yugoslavia, pudo viajar libremente a Estados Unidos para discutir diversas tácticas diplomáticas con los nuevos dirigentes. Así, durante el transcurso de la Segunda Guerra Mundial, pudo atender a su tío enfermo en Nueva York y ultimar los planes para montar un museo en Belgrado con el fin de honrar al gran inventor.

En 1942, Tesla enfermó más gravemente y sufría palpitaciones y desmayos. Aunque el verdadero compromiso de Tesla era con el joven rey exiliado Pedro, el sobrino de Tesla pudo convencerlo para que enviara un mensaje a Tito que predicaba la unificación de serbios y croatas. Kosanović también admitía haber protegido al mismo tiempo a Tesla de facciones de la realeza serbia; de todos modos, cuando Pedro llegó a la ciudad de Nueva York, ayudó activamente a organizar una reunión entre Tesla y el rey.

Después de haber hablado infructuosamente con Churchill en Inglaterra y con Roosevelt en Washington, quienes respaldaban a Tito a regañadientes, el rey Pedro fue al menos consolado por Eleanor Roosevelt, quien asistió a una gran fiesta en su honor en el Colony Club de Nueva York. Organizado por los Amigos Estadounidenses de Yugoslavia, asistieron la madre del rey, la reina María, y también Anne Morgan, la hija de Pierpont, pero Tesla estaba demasiado enfermo para asistir.

Por lo tanto, el rey Pedro, acompañado por Kosanović, cogió un taxi hasta el Hotel New Yorker para reunirse con el virtual patriarca de su país. Impresionado por el estado cadavérico de Tesla y molesto por la terrible cadena de acontecimientos en su país, Pedro le dijo al inventor que tenía la esperanza de que pudiera haber regresado a Yugoslavia para liberarla de los nazis. En sus diarios, Pedro también

---

5. Mientras reescribo este capítulo en noviembre de 1995, Yugoslavia se encuentra en medio de una guerra civil y prácticamente todas las provincias han declarado su independencia. La nueva nación más belicosa es Serbia. Ha atacado a Bosnia repetidamente durante los últimos tres años en un intento de expulsar a croatas y musulmanes, y de capturar la mayor cantidad de tierra posible. Muchas mujeres han sido violadas, miles de personas han sido asesinadas y más de un millón han tenido que huir de sus hogares. Llegados a este punto, parece inútil cualquier solución.

reveló que él y Tesla lloraron juntos «por todos los dolores que habían destrozado su patria».[6]

Unos meses después, Tesla murió. Una camarera de habitación descubrió su cuerpo el 8 de enero de 1943. Mientras Hugo Gernsback se apresuraba a hacer una máscara mortuoria, Kenneth Swezey, Sava Kosanović y George Clark, director de un museo y laboratorio de la RCA, entraron en la habitación. Con la presencia de un cerrajero y la dirección del hotel, sacaron varios documentos de la caja fuerte del inventor. Aunque el FBI alegó que «se llevaron papeles valiosos, fórmulas eléctricas, diseños, etc.», la dirección del hotel confirmó que Kosanović sólo se llevó tres fotografías y Swezey se llevó el libro de firmas de asistentes creado en 1931 para la celebración del septuagésimo quinto cumpleaños de Tesla.

Estos acontecimientos fueron supervisados por el omnipresente cerebro de la vigilancia, J. Edgar Hoover, anticomunista de línea dura y protector de los intereses estadounidenses. Hoover escribió en un memorando bajo el título «Espionaje» en el que expresaba que temía que Kosanović, como heredero del patrimonio de Tesla, «pudiera poner cierto material a disposición del enemigo». Kosanović había sido identificado como miembro de la Comisión de Planificación de la Europa del Este, pero debido a la complicada situación de los estados balcánicos, Hoover básicamente no tenía manera de determinar con precisión cuáles eran las alianzas de Kosanović. Podría estar asociado con el rey Pedro, con el comunista Tito, con facciones fascistas relacionadas con Mussolini, con Hitler, con la Unión Soviética o con nadie.[7]

En coherencia con su naturaleza suspicaz, Hoover también cuestionó las simpatías de Tesla, a pesar de que el inventor era amigo del vicepresidente Henry A. Wallace y de Franklin D. Roosevelt a través de cartas a su esposa, Eleanor. Uno de los principales motivos de las preocupaciones de Hoover era el discurso de Tesla ante los Amigos de la Rusia Soviética que pronunció en el Grange Hall de Springfield (Massachusetts) en 1922.[8]

---

6. Cheney, M.: *Testa: Man Out of Time*. Prentice-Hall, Englewood Cliffs, Nueva Jersey, 1981. pp. 260-261.

7. Memorándum de J. Edgar Hoover (21 de enero de 1943) [FBI; Ley por la Libertad de la Información, FOIA].

8. FBI (21 de enero de 1943) [Ley por la Libertad de la Información, FOIA].

El 8 de enero, Abraham N. Spanel, el presidente de la International Latex Corporation de Dover (hoy en día Playtex), Delaware, que residía en la ciudad de Nueva York, llamó al agente del FBI Fredrich Cornels para hablar de los experimentos del rayo de la muerte de Tesla. Como el inventor acababa de morir, Spanel temía que Kosanović consiguiera los documentos relevantes y los pasara a los soviéticos.

Spanel ya había comenzado a hacerse un nombre en los medios de comunicación y en los círculos militares al haber inventado camillas flotantes para soldados heridos en desembarcos anfibios y devolver al gobierno ganancias millonarias por el esfuerzo bélico. Nacido en Odessa en 1901, Spanel se convertiría más tarde en un vehemente anticomunista que gastó más de ocho millones de dólares durante las décadas de 1940 y 1950 «para comprar espacio en la prensa estadounidense para reimprimir artículos que contribuirían a la comprensión de los problemas mundiales». Después de llegar a Francia en 1905 escapando con su familia de las matanzas antisemitas en Rusia, Spanel llegó a Estados Unidos en 1908, con tan sólo siete años. Graduado de la Universidad de Rochester, había inventado dispositivos eléctricos y productos neumáticos a principios de la década de 1920 antes de fundar la International Latex Corporation en 1929.[9] Cuando se dio cuenta de la importancia potencial del invento de Tesla en la lucha «democrática» por la supremacía mundial, Spanel se puso en contacto con el Dr. D. Lozado, asesor del vicepresidente Wallace, y un tal Sr. Bopkin del Departamento de Justicia. Bopkin acordó ponerse en contacto con J. Edgar Hoover para tratar el asunto, y Lozado consultó con Wallace y tal vez incluso con Franklin D. Roosevelt, y llamó a Spanel poco después de su conversación para transmitirle que el gobierno estaba «vitalmente interesado en los documentos de Tesla».[10]

Spanel también se había puesto en contacto con un tal Bloyce Fitzgerald, a quien el FBI había catalogado como «un ingeniero eléctrico protegido de Tesla», que también había llamado a Cornels. Tras conocer a Fitzgerald en una reunión de ingenieros unos años antes, Spanel se inte-

---

9. «Floating Stretchers for Landings», *The New York Times*, p. 9:6 (27 de agosto de 1944); «Company Volunteers $1,500,000 Refund», *The New York Times*, p. 1:3 (19 de noviembre de 1944); «France's Honors Heaped on Spanel», *The New York Times*, p. 26:5 (3 de marzo de 1957).

10. Fredrich Cornels (9 de enero de 1943) [FBI; Ley por la Libertad de la Información, FOIA].

resó mucho en el arma de Tesla, posiblemente con la esperanza de involucrarse en un negocio rentable que desarrollara el dispositivo del rayo de la muerte para el ejército de Estados Unidos.

Fitzgerald, que todavía era un veinteañero, había mantenido comunicación postal con Tesla desde finales de la década de 1930. Llamó al inventor en su cumpleaños en 1938 para felicitarlo y continuó esta práctica durante los siguientes cuatro años. En 1939, Fitzgerald intentó reunirse con Tesla, pero parece que no lo hizo en ese momento. Apenas dos semanas antes de la muerte de Tesla, Fitzgerald le propuso otra reunión, y es posible que hubiera tenido lugar. Trsabajaba en el Instituto de Tecnología de Massachusetts (MIT por sus siglas en inglés) con los profesores Keenan, Woodruff y Kay «en la solución de determinados problemas relacionados con la disipación de energía de las armas de fuego rápido» y deseaba discutir su «problema de radiación» con el anciano inventor.[11]

Es plausible que en este delicado momento Fitzgerald tomara prestados los diferentes artículos que le interesaban. Casualmente, Tesla había declarado que «se habían hecho esfuerzos para robar el invento. Entraron en mi habitación y examinaron mis papeles, pero los espías se fueron con las manos vacías».[12] Fitzgerald, que también trabajó para el Departamento de Ordenanzas del Ejército de Estados Unidos, le dijo más tarde a Cornels que «sabe que los planos completos, las especificaciones y las explicaciones de las teorías básicas de estas cosas se encuentran en algún lugar entre los efectos personales de Tesla y que hay un modelo [del rayo de la muerte] cuya construcción costó más de diez mil dólares en una caja de seguridad de Tesla en el Hotel Governor Clinton».[13]

Para corroborar esta historia, otro conocido de Tesla, Charles Hausler, un empleado que cuidaba las palomas del inventor, dijo más adelante que

---

11. Bloyce Fitzgerald a Nikola Tesla (8 de marzo de 1939; 20 de diciembre de 1942) [MNT]. El MIT, sin embargo, no tenía constancia de que Fitzgerald fuera estudiante allí [Marc J. Seifer al MIT (1990)]. Fitzgerald también se reunió con Jack O'Neill para que le ayudara con la biografía. También habló sobre Jack la posibilidad de establecer un museo en Estados Unidos, tal vez con el respaldo de Henry Ford.

12. O'Neill, J. J.: «Tesla Tries to Prevent World War II». Capítulo no publicado de *Prodigal Genius: The Life of Nikola Tesla*. Ives Washburn, Nueva York, 1944. [Disponible en: http://www.tfcbooks.com/tesla/1944-00-00.htm]

13. Informe del FBI sobre Fredrich Cornels (9 de enero de 1943) [Ley por la Libertad de la Información, FOIA].

Tesla «tenía una caja o un contenedor grande en su habitación cerca de las jaulas de las palomas. Me dijo que tuviera mucho cuidado de no tocar la caja porque contenía algo que podía destruir un avión en el cielo y tenía esperanzas de presentarlo al mundo». Hausler también añadió que el dispositivo se almacenó posteriormente en el sótano de un hotel.[14]

Fitzgerald informó que Tesla había afirmado que tenía ochenta baúles en diferentes lugares de la ciudad que contenían inventos, manuscritos y planos de sus diferentes trabajos. El joven ingeniero reiteró la necesidad de que el gobierno obtuviera los papeles de Tesla «para uso en la guerra». También estaba preocupado por la «lealtad y el patriotismo hacia las naciones aliadas» de Sava Kosanović y de otro sobrino, Nikola Trbojević.

Durante esos mismos días, el supervisor de Cornels, D. E. Foxworth, subdirector del FBI, aseguró a los interesados que «este asunto se gestionaría de la manera adecuada», que el «sobrino de Tesla, que es su heredero», no podría enviar los documentos a «las potencias del Eje».[15] El día 11 de noviembre, otro agente del FBI, T. J. Donegan, planteó la posibilidad de que el fiscal de distrito de Nueva York pudiera detener a Kosanović y Swezey «discretamente por un cargo de robo». Sin embargo, no fue así. Tres días después, Donegan notificó a Hoover que la situación «se estaba gestionando como un asunto de custodia del enemigo y, por lo tanto, no debíamos tomar más medidas».[16]

Oficina de la Propiedad Extranjera (OPE)

Parece que pasó lo siguiente: el FBI intentó eximirse de responsabilidad en el caso Tesla, dejando así que la OPE se hiciera cargo. Sin embargo, debido a la participación inicial del FBI, a lo largo de los años numerosas personas se pusieron en contacto con ellos en un intento de conseguir acceso a la propiedad de Tesla. La OPE cuestionó la legalidad de su propia jurisdicción, ya que Tesla era un ciudadano nacionalizado. De todos

---

14. Leland I. Anderson, en Cheney, M.: *Tesla: Man Out of Time.* Prentice-Hall, Englewood Cliffs, Nueva Jersey, 1981. p. 264.

15. D. E. Foxworth, informe del FBI (8 de enero de 1943) [Ley por la Libertad de la Información, FOIA].

16. D. E. Foxworth, informe del FBI (8 de enero de 1943); T. J. Donegan, informe del FBI (14 de noviembre de 1943) [Ley por la Libertad de la Información, FOIA].

modos, como es probable que Kosanović tuviera derecho legal sobre la propiedad de su tío, la OPE tenía justificación para considerar el material de propiedad extranjera. Según Irving Jurow, abogado asignado al caso de Tesla en el momento de su muerte, «las actividades de la OPE no sólo no eran "ilegales", sino que era la única agencia gubernamental con poder legal para confiscar "activos enemigos" sin orden judicial».[17] Debido a esta jurisdicción única, fue la OPE, y sólo la OPE, la que mantuvo el control legal sobre los documentos hasta que fueron liberados diez años después. Naturalmente, tanto las preocupaciones reales como las imaginarias relacionadas con la situación de guerra fueron los factores clave que influyeron en lo que a los desinformados les pareció una acción ilegal. Los alemanes todavía controlaban gran parte de Europa y en enero de 1943 el resultado de la guerra no estaba en absoluto determinado. También eran bien fundados los rumores que afirmaban que el enemigo también estaba desarrollando un arma definitiva.[18]

Walter Gorsuch, encargado de custodiar las propiedades extranjeras, ordenó entonces que todas las pertenencias de Tesla, incluida la caja fuerte de su apartamento y otras propiedades almacenadas en el sótano del Hotel New Yorker, fueran guardadas junto con las otras posesiones de Tesla, en el almacén de Manhattan. Gorsuch, sin embargo, se encontraba fuera de la oficina el día que se descubrió el cuerpo de Tesla, y fue el joven abogado Irving Jurow quien se hizo cargo del caso.

«Hacia el mediodía del sábado 9 de enero –recordaba Jurow cincuenta años después–, me ordenaron por teléfono desde la oficina de Washington que no cerrara la oficina, sino que esperara más instrucciones. Me informaron de que un tal Nikola Tesla acababa de morir, muy conocido por ser inventor, y que poseía un "rayo de la muerte", un importante dispositivo militar capaz de destruir aviones de guerra entrantes [presumiblemente japoneses en la costa oeste] "proyectando" un rayo en los cielos y creando un "campo de energía" que provocaría que los aviones se

---

17. Correspondencia personal de Irving Jurow (Washington D.C., 5 de julio de 1993).

18. Werner Heisenberg, por ejemplo, estuvo a cargo de la versión nazi del Proyecto Manhattan, cuya finalidad última fue la creación de la bomba atómica. Según la autobiografía de Heisenberg, sabía que Alemania no tenía suficiente agua pesada para construir una bomba atómica, y sólo esperaba que la guerra terminara antes de que se inventara tal artilugio. Por su parte, Werner von Braun también estaba implementando el altamente destructivo cohete V-2, otra arma definitiva.

"desintegraran". Además, se sospechaba que agentes [enemigos] alemanes se encontraban en una "intensa búsqueda" para localizar el dispositivo o bien los planos para su fabricación».

Con órdenes de confiscar todas las pertenencias de Tesla, Jurow también recibió instrucciones de «visitar otros hoteles en los que Tesla había residido y tomar medidas parecidas». Jurow iba acompañado por cuatro personas de la Oficina de Inteligencia Naval, la inteligencia del ejército y el FBI. Al llegar al Hotel New Yorker, «nos enteramos de que la camarera de habitaciones había encontrado muerto a Tesla. Nos dijeron que estaba acostado en su cama con sólo los calcetines puestos». También se informó a los funcionarios de que Kosanović había estado en la habitación y se había llevado tres fotografías.

Acompañado por Walter Gorsuch, Jurow fue a visitar al embajador Kosanović en su hotel en el sur de Central Park, donde al parecer también conocieron a Nicholas Trbojevich, el otro sobrino de Tesla, y a una señora mayor que no hablaba inglés. Gorsuch y Jurow vieron las fotografías sobre una mesa y se fueron. «Más tarde me dijeron –recordó Jurow–, probablemente a través del personal de la OPE, que los baúles de Tesla contenían principalmente periódicos y alpiste, y que en la caja fuerte había un modelo de algún tipo de dispositivo, ya fuera el "rayo de la muerte" o no, no está claro. También se rumoreaba que la Unión Soviética le había ofrecido a Tesla cincuenta millones de dólares para que fuera a la URSS y trabajara en su "rayo de la muerte", pero él lo rechazó».

Como Jurow no había oído hablar de Tesla antes del 8 de enero de 1943, consideraba al inventor un «deudor» porque no pagaba las facturas del hotel. «Es posible que estuviera "trastornado" porque pasaba mucho tiempo dando de comer a las palomas», dijo Jurow. Pero la historia era demasiado extraña e incompleta para él, por lo que llamó a la gente de Westinghouse para intentar verificar quién era en realidad Tesla. «Estaban extasiados –recordó Jurow–. Dijeron que sin Tesla no habría existido Westinghouse».[19]

El inventario del almacén de Manhattan no mencionaba el alpiste, que ocupaba un lugar tan destacado en la memoria de Jurow. Las posesiones enumeradas incluían «doce cajas metálicas cerradas con llave, un

---

19. Conversaciones telefónicas y correspondencia personal con Irving Jurow (junio y julio de 1993).

armario de acero, treinta y cinco latas de metal, cinco barriles y ocho baúles». Gorsuch también ordenó precintar la «gran caja fuerte del Hotel Governor Clinton durante más de diez años como garantía de las facturas impagadas».[20] También fueron confiscados los documentos de Jack O'Neill,[21] aunque es probable que se los devolvieran, porque pudo publicar su extensa biografía un año después.

Aunque Kosanović aseguró a O'Neill que «no había motivo para preocuparse» y que la OPE «le traspasó todos los derechos» sobre los documentos de Tesla, en realidad, Kosanović estaba muy preocupado. Contrató a Philip Wittenberg, de Wittenberg, Carrington & Farnsworth, para proteger sus intereses. Aunque el abogado defendió el caso, el gobierno respondió con el asesoramiento de la Unidad de Políticas de Guerra del Departamento de Justicia. Decidieron que Kosanović no podía tocar la herencia. Este mandato se mantuvo durante toda la década de 1940. Los documentos secretos sobre el armamento de Tesla fueron minuciosamente examinados por varias divisiones militares, aunque al sobrino se le entregó la combinación de la caja fuerte y se hizo cargo del alquiler de quince dólares al mes por el almacenamiento de la propiedad durante todo el período.

Una semana después de la muerte de Tesla, Walter Gorsuch se reunió con su representante en Washington, Joseph King, y junto con H. B. Ritchen de la División Antimonopolio del Departamento de Justicia, llamaron al coronel Parrott de Inteligencia Militar y a «Bloyce Fitzgerald del ejército de Estados Unidos», a quien consideraban «un antiguo empleado de Tesla». Un problema clave discutido era que «se suponía que Tesla había estado trabajando para el gobierno yugoslavo en el exilio y a sueldo de él». Fitzgerald también habló del supuesto modelo de Tesla guardado en una caja fuerte del Hotel Governor Clinton.[22]

Se determinó que antes de que el patrimonio de Tesla pudiera ser entregado a Kosanović, se debía llevar a cabo una investigación exhaustiva de su contenido. El profesor John O. Trump, director y fundador del

20. Memorándum de la OPE (12 de enero de 1943; 12 de enero de 1942 [1943, error tipográfico]) [Ley por la Libertad de la Información, FOIA].

21. Cheney, M.: *Testa: Man Out of Time.* Prentice-Hall, Englewood Cliffs, Nueva Jersey, 1981. p. 270.

22. Walter Gorsuch, informe de la OPE (13 de enero de 1943) [Ley por la Libertad de la Información, FOIA].

Laboratorio de Investigación de Alto Voltaje del MIT y secretario del Comité de Microondas del Comité de Investigación de Defensa Nacional (NDRC por sus siglas en inglés) de la Oficina de Investigación y Desarrollo Científicos, recibió el encargo de ir al almacén y llevar a cabo la investigación del contenido de los ochenta y ocho baúles. Se encerraron en las salas 5J y 5L. Trump se guardó dos días para la tarea. En la investigación fue de gran ayuda un inventario de las propiedades de Tesla compilado por el O'Sullivan, uno de los guardias del almacén de Manhattan.

Trump iba acompañado de cinco individuos: dos miembros de la OPE (John Newinton, de la oficina de Nueva York, y Charles Hedetneimi, investigador jefe de Washington) y tres de la Inteligencia Naval (Willis George, un agente civil; John Corbett, que trabajaba como taquígrafo, y Edward Palmer, encargado de tomar fotografías y probablemente copias en microfilm). Tanto Corbett como Palmer también figuraban como trabajadores administrativos en la Reserva Naval de Estados Unidos.[23]

Como único científico calificado capaz de comprender el trabajo, Trump pasó poco más de la mitad de este tiempo examinando las cosas del mago. «El segundo día fue algo superficial –informó Hedetneimi de mala gana–, ya que el Dr. Trump confiaba en que no se encontraría nada valioso. Estaba completamente convencido de que sería inútil buscar entre los veintinueve baúles que había estado almacenado desde 1933».[24]

Los documentos de Trump, que incluían una sinopsis de aproximadamente una docena de artículos escritos por Tesla o sobre Tesla, comenzaban con una carta de apertura. El profesor reconocía que él y sus colegas investigaron los baúles de Tesla en el depósito de Manhattan los días 26 y 27 de enero, reseñando primero que: 1) «no se llevó a cabo ninguna investigación de los baúles de Tesla mantenidos durante 10 años en el sótano del Hotel New Yorker»; 2) «no se hallaron notas científicas, descripciones de métodos o dispositivos o aparatos reales hasta ahora no revelados […] de valor científico para este país o que constituyan un peligro en manos hostiles […]. Por lo tanto, no veo ninguna razón téc-

23. Informe de John O. Trump (30 de enero de 1943) [BC]; Charles Hedetneimi, informe de la OPE (29 de enero de 1943) [Ley por la Libertad de la Información, FOIA]; entrevista con un guarda del almacén de Manhattan, informe del FBI (17 de abril de 1950) [Ley por la ILbertad de la Información, FOIA].

24. Charles Hedetneimi, informe de la OPE (29 de enero de 1943) [Ley por la Libertad de la Información, FOIA].

nica o militar por la que se deba mantener una custodia más prolongada de la propiedad». Sin embargo, Trump «separó un archivo de varios materiales escritos que cubre típica y bastante completamente las ideas que a Tesla le preocupaban durante los últimos años» y lo envió o hizo una copia para Gorsuch de la OPE.

Trump concluyó en su informe que los últimos quince años de la vida de Tesla fueron «principalmente de carácter especulativo, filosófico y algo promocional».

A su regreso a Washington, se reunió con Homer Jones, jefe de la División de Investigaciones.

—Señor –concluyó con aire de suficiencia el profesor del MIT–, según mi evaluación, es mi opinión que los documentos de Tesla no contienen nada de valor para el esfuerzo bélico, y nada que pudiera ser útil para el enemigo si cayera en sus manos.

—¿Está usted bastante seguro de esta conclusión, Dr. Trump?

—Estoy dispuesto a arriesgar mi reputación profesional por ello.[25]

Satisfecho, Jones envió el informe y las recomendaciones de Trump a Lawrence M. C. Smith, jefe de la Unidad Especial de Políticas de Guerra de la División de Guerra del Departamento de Justicia, y eso puso fin al asunto para una facción del gobierno.[26]

Trump redactó un informe que describía varios artículos del inventor, entrevistas y tratados científicos. Los anexos D, F y Q se refieren a un tratado de Tesla altamente técnico y hasta ahora clandestino escrito en 1937 titulado «The New Art of Projecting Concentrated Non-dispersive Energy through the Natural Media» («El nuevo arte de proyectar

---

25. La conclusión de Trump fue que, dado que el dispositivo era similar al generador electrostático de Van de Graaff, los ingenieros soviéticos no encontrarían ningún valor finalista en él. Esto es algo sorprendente, ya que Trump también adjuntó un artículo escrito por Tesla en 1934 en *Scientific American* en el que afirma explícitamente que su dispositivo era, desde el punto de vista operativo, completamente diferente al generador Van de Graaff. Dado que Trump trabajaba con Van de Graaff en el MIT, se podría suponer que su arrogante rechazo del arma de rayos de partículas se debía a celos profesionales. Sin embargo, hay que reconocer que, varias décadas después, el arma Tesla aún no ha sido perfeccionada. [Informe de John O. Trump, archivos del FBI; N. Tesla, «Electrostatic Generators», *Scientific American*, pp. 132-134, 163-165 (marzo de 1934)]

26. Homer Jones a Lawrence Smith (4 de febrero de 1943) [OPE; Ley por la Libertad de la Información, FOIA].

energía concentrada no dispersiva a través de los medios naturales»). Este artículo, contradiciendo la declaración de Trump, contenía información explícita que nunca había sido publicada y que describía el funcionamiento real de un arma de rayos de partículas para destruir tanques y aviones, así como para encender explosivos. Las características novedosas incluían: 1) un tubo de vacío de extremo abierto sellado con un chorro a gas «que al mismo tiempo que permitía y facilitaba la salida de las partículas», 2) una manera de generar muchos millones de voltios para cargar partículas diminutas y 3) un método para crear y dirigir una corriente no dispersiva de tales partículas con una trayectoria de muchos kilómetros.

Escrito prácticamente como una solicitud de patente, el artículo de Tesla presenta en términos claros y directos las ecuaciones matemáticas y los esquemas de su rayo de la muerte. Aparte del dibujo no publicado y del análisis matemático de su capacidad, empleaba tres características muy inusuales. La primera era su mecanismo para crear un haz no dispersivo de partículas. «Perfeccioné sistemas para aumentar enormemente la intensidad de los efectos, pero quedé desconcertado con todos mis esfuerzos por reducir materialmente la dispersión y quedé plenamente convencido de que esta desventaja sólo podría superarse transmitiendo la energía a través de pequeñas partículas proyectadas, a una velocidad prodigiosa, desde el transmisor. La repulsión electrostática era el único medio para este fin [...]. Dado que la sección transversal de los portadores podía reducirse a dimensiones casi microscópicas, se podía lograr una inmensa concentración de energía, independientemente de la distancia».

La segunda característica implicaba la creación de un tubo de vacío de extremo abierto para reemplazar la ventana de vidrio con un «chorro de gas de alta velocidad». Finalmente, la tercera característica destacada era el medio para generar grandes voltajes. Después de estudiar los precursores del generador electrostático de Van de Graaff (un dispositivo que, según Tesla, era prácticamente inútil para generar cantidades de energía utilizables), Tesla reemplazó la banda de goma en circulación que transfería la carga con una corriente de aire ionizado herméticamente sellado en una cámara de vacío circular de 67 metros de largo. De manera análoga a cómo se puede crear y transferir una descarga frotando los zapatos sobre una alfombra en un día seco, la nueva banda de corriente de aire lograba el mismo fin pero en un grado «muchas veces mayor que un generador de correa». Esta carga, que aparentemente podría ser de hasta sesenta millones de voltios, era a su vez transferida a las innumerables pequeñas bombillas situadas en la parte superior de la torre, cuyas forma redonda y estructura interna estaban diseñadas para aumentar la acumulación de energía.

Encima de esta ciudadela abovedada, que se planeó para que tuviera más de treinta metros de altura, estaba situada el arma de rayos de partículas. Ubicada en una torreta a modo de supercañón, el arma estaba configurada de manera que se pudiera introducir alambre de tungsteno en su cámara de disparo. Allí, se cortarían diminutas «gotitas» de este metal y serían repelidas fuera del cañón a velocidades superiores a 120 000 metros por segundo.[27] Aparentemente, todo el aparato también fue diseñado para fines no militares, como transmitir corrientes de energía eléctrica a lugares distantes, de manera muy parecida a como lo hacen hoy en día las líneas troncales telefónicas inalámbricas de microondas.

Aunque Trump minimizó la importancia de este documento, hasta el día de hoy está clasificado como ultrasecreto por el ejército estadounidense, y en ese momento se enviaron copias a la inteligencia naval, al FBI, a la OPE, al Comité de Investigación de Defensa Nacional, a la Base de la Fuerza Aérea Wright-Patterson, al MIT y, muy probablemente, a la Casa Blanca.

Amtorg Trading Corporation

Las pruebas documentales D, F y Q establecen explícitamente que Tesla vendió los planos para la construcción de su arma de rayos de partículas a A. Bartanian, un agente soviético de la Amtorg Trading Corporation. Estas pruebas también especifican que Tesla ofreció el dispositivo al ejército estadounidense, al Reino Unido y a Yugoslavia.[28]

---

27. Tesla, N.: «The New Art of Projecting Concentrated Non-dispersive Energy Through the Natural Media» (1937), en Grotz, T. *et al.* (eds.): *Proceedings of the Tesla Centennial Symposium*. Sociedad Internacional Tesla, Colorado Springs, 1984. pp. 144-150.

28. Según una carta a Sava Kosanović, Tesla planeaba vender ocho armas de rayos de partículas a Yugoslavia, tres a Serbia, tres a Croacia y dos a Eslovenia. Nikola Tesla a Sava Kosanović (1 de marzo de 1941), en Kosanović, N. (ed. y trad.): *Nikola Tesla: Correspondence with Relatives*. Sociedad Memorial Tesla y Museo Nikola Tesla, Lackawanna, Nueva York, 1995. p. 183.

Sorprendentemente, el FBI no explotó esta flagrante conexión soviética, a pesar de que éste era precisamente el tipo de cosas en las que J. Edgar Hoover se movía mejor. Un posible motivo era que en ese momento la Unión Soviética era un aliado. Además, varias corporaciones importantes, como la Bethlehem Steel, la RCA y la Westinghouse, vendían equipos a los soviéticos a través de Amtorg, una empresa que hacía negocios por más de mil millones de dólares en Estados Unidos en la época de la Segunda Guerra Mundial. Franklin D. Roosevelt, por ejemplo, aprobó en 1933 un crédito de cuatro millones de dólares a Amtorg para comprar algodón a proveedores estadounidenses. Amtorg, a cambio, suministraba al país pieles, caviar, petróleo y metales preciosos. Todavía operando en Estados Unidos, Amtorg no pudo «encontrar ninguna mención del Sr. Tesla en sus registros».[29]

Si Tesla realmente recibió 25 000 dólares de Amtorg en 1935, como implicaba el comunicado con los soviéticos, ¿por qué no pagó sus deudas con los hoteles Pennsylvania y Governor Clinton, ni recuperó su dispositivo secreto que tenía como garantía? En plena Gran Depresión, 25 000 dólares suponía muchísimo dinero; sin embargo, no hay indicios de que Tesla amasara una gran riqueza durante ese período, aunque es posible que sí hubiera recibido esta cantidad y la hubiera empleado para pagar otras deudas y comprar otros equipos.

Unos días después de ver la propiedad, Trump acudió al Hotel Governor Clinton para ver el rayo de la muerte real que estaba guardado en su caja fuerte. Charles Hedetneimi, de la OPE, informó que «los funcionarios del hotel nos mostraron la carta escrita a mano en la que Tesla afirmaba que dejaba el equipo como garantía y que valía 10 000 dólares». Trump recordó más tarde el incidente: «Tesla había advertido a la dirección que este "dispositivo" era un arma secreta y que detonaría si lo abría una persona no autorizada. Al abrir la caja fuerte [...], el gerente del hotel y los empleados abandonaron rápidamente la escena».

La carta de Trump continuaba describiendo su reticencia a quitar el envoltorio de papel marrón y que antes de armarse de valor, miró hacia afuera y vio que hacía buen día. «Dentro había un hermoso cofre de

29. «$3,500,000 Payment by Amtorg Today», *The New York Times*, p. 29:7 (15 de noviembre de 1932); «To Catch a Spy», *Newsweek*, p. 7 (19 de mayo de 1986); Amtorg Trading Corp. a Marc J. Seifer (4 de abril de 1988).

madera forrado con latón [que contenía] una caja de resistencias de varias décadas de antigüedad del tipo utilizado para las mediciones de resistencias de un puente de Wheatstone; ¡un aparato estándar común que se encontraba en todos los laboratorios eléctricos antes del cambio de siglo!».[30]

«En este momento –concluyó Hedetneimi–, el Dr. Trump indicó que ya no tenía ningún interés en el caso».

Un informe del FBI escrito apenas dos semanas antes de la visita de Trump al hotel describía la evaluación que los gerentes hicieron del inventor de manera algo diferente, y no parece que se lo tomaran tan en serio como afirma Trump. «Los gerentes del hotel informan de que Tesla se mostraba muy excéntrico, si no mentalmente trastornado, durante los últimos diez años y es dudoso que hubiera creado algo valioso en ese período, aunque es muy probable que antes fuera un inventor muy brillante».[31]

¿Tesla construyó realmente un prototipo del rayo de la muerte?

Según parece, el inventor les explicó tanto a Hausler, su cuidador de palomas, como a Fitzgerald, el ingeniero militar, que construyó un modelo que funcionaba, y en una entrevista que tuve con la Sra. Czito, cuyos padre y abuelo de su marido eran empleados de confianza de Tesla, ella recuerda que su suegro solía contar historias de Tesla haciendo rebotar rayos electrónicos en la Luna. Esto no es un rayo de la muerte, pero ciertamente apoya la hipótesis de que el inventor creó modelos que funcionaban de esta manera.

El conocido columnista Joseph Alsop, que entrevistó a Tesla en el Hotel New Yorker y fue uno de los primeros en informar detalladamente sobre el trabajo de Tesla con armas de haces de partículas, describió una experiencia que tuvo Tesla experimentando con tubos de rayos cató-

---

30. Carta de John O. Trump citada en Cheney, M.: *Tesla: Man Out of Time*. Prentice-Hall, Englewood Cliffs, Nueva Jersey, 1981. p. 276.

31. Memorándum del FBI sobre Nikola Tesla (12 de enero de 1943) [Ley por la Libertad de la Información, FOIA].

dicos: «A veces una partícula más grande que un electrón, pero aun así muy pequeña, se desprendía del cátodo, salía del tubo y lo golpeaba. Dijo que podía sentir un dolor agudo y punzante allí por donde entró en su cuerpo, y nuevamente en el lugar por el que salió. Las partículas en el haz de fuerza, es decir, la munición, viajarán mucho más rápido».[32]

En 1984, James Corum y Kenneth Corum aportaron otras pruebas: afirmaron que este invento fue una derivada del trabajo de Tesla sobre máquinas de rayos X patentadas a mediados de la década de 1890. Por lo tanto, podemos seguir el rastro del rayo de la muerte de Tesla hasta al menos tres inventos anteriores: su bobina de Tesla y su trabajo con corrientes de alta frecuencia de principios de la década de 1890; su trabajo en el bombardeo de objetivos con rayos Röntgen en 1896, y sus ideas de 1901 asociadas con la transmisión de energía por medio de tecnología inalámbrica emitiendo un rayo ionizante desde su transmisor amplificador y utilizándolo como un conducto para llegar a la ionosfera. Con este mecanismo, Tesla planeaba no sólo enviar información a todo el mundo, sino también iluminar las rutas marítimas sobre los océanos y controlar el clima.

El esquema de Bobula, escribieron los Corum después de estudiar los planos en Belgrado, también fue mostrado a la Alcoa Aluminium, que dijo que estaba preparada para suministrar los materiales tan pronto como Tesla reuniera el capital necesario.[33] Alcoa Aluminium, sin embargo, no pudo encontrar ninguna referencia a Tesla en sus registros corporativos.[34]

A los ochenta y un años, Tesla declaró en una comida a la que asistieron ministros de Yugoslavia y Checoslovaquia que había construido varios dispositivos de transmisión de rayos, incluido el rayo de la muerte, para proteger a un país de invasiones entrantes, y una máquina similar a un láser que podía enviar impulsos a la Luna y a otros planetas (*véase* el Anexo I). También dijo que iba a presentar el rayo de la muerte a una conferencia en Ginebra por la paz mundial. Cuando los columnis-

---

32. Alsop, J.: «Beam to Kill Army at 200 Miles», *New York Herald Tribune*, p. 1:15 (11 de julio de 1934).

33. Corum J. *et al.*: «A Physical Interpretation of the Colorado Springs Data», en Grotz, T. *et al.* (eds.): *Proceedings of the Tesla Centennial Symposium*. Sociedad Internacional Tesla, Colorado Springs, 1984. pp. 50-58.

34. Correspondencia privada con Alcoa Aluminum Co. (16 de diciembre de 1988).

tas lo presionaron para «dar una descripción completa [...] el Dr. Tesla dijo: "Pero no es un experimento [...]. Lo he construido, demostrado y utilizado. Sólo falta un poco de tiempo para que pueda ofrecerlo al mundo"».[35]

Teniendo en cuenta que Tesla tuvo dos laboratorios secretos a lo largo de la década de 1930 en los que ningún periodista puso un pie,[36] queda un misterio por resolver. ¿Tesla realmente «estafó» al hotel asustando a la dirección para que aceptara un invento falso en lugar de pagar un alquiler de cuatrocientos dólares? Sintiendo que el mundo le debía un lugar donde vivir, tal vez decidió deliberadamente no pagar su vivienda. Sin duda, éste fue un patrón compulsivo y autodestructivo durante el último cuarto de su vida. Los vulgares mortales a menudo sufrieron la peor parte de su ira reprimida. Era conocido por ser áspero con las camareras de habitaciones y las secretarias de oficina. Habiendo adquirido el hábito de vivir a crédito, es probable que Tesla disfrutara aquellas lúgubres noches en las que se veía obligado a afrontar sus fracasos pensando en aquellos tipos del Hotel Governor Clinton temblando ante la terrible arma que mantenían escondida cerca de ellos.

El escenario de la conspiración

Agentes secretos irrumpen en el Hotel New Yorker de Tesla sin que Kosanović lo sepa, cogen las llaves de la caja fuerte de su hotel Governor Clinton y roban el prototipo del rayo de la muerte, sustituyéndolo por el equipo que Trump encontró una semana o dos después. Este posible incidente tendría que haber tenido lugar entre el 9 y el 29 de enero de 1943, fechas de la muerte de Tesla y el final de las investigaciones de Trump. Los agentes que llevaron a cabo esta misión, si es que sucedió así, podrían haber sido Bloyce Fitzgerald y Ralph E. Doty. Las evidencias son las siguientes.

En esa época, la secretaria de Sava Kosanović era Charlotte Muzar. Explicó que vio a Tesla durante sus últimos días con el propósito de en-

---

35. Ratzlaff, J. T. (ed.): *Tesla Said*. Tesla Book Co., Milbrae, California, 1984. p. 278.

36. Welshimer, H.: «Dr. Tesla Visions the End of Aircraft in War», *Every Week Magazine*, p. 3 (21 de octubre de 1934).

tregarle los fondos que necesitaba y que también estuvo presente en la apertura de la caja fuerte tras la muerte de Tesla. Estuvieron presentes Kenneth Swezey, Sava Kosanović y George Clark. Según su relato y los informes oficiales, llamaron a un cerrajero para que cambiara la combinación de la caja fuerte y le diera la nueva combinación a Kosanović, que era el único que la tenía. Antes de volver a cerrarla, en la caja fuerte había un juego de llaves y la Medalla Edison de 1917. Unos diez años más tarde, cuando finalmente se envió la herencia a Belgrado y se abrió la caja fuerte, se descubrió que faltaban la Medalla Edison y las llaves. La medalla nunca se ha recuperado, pero se encontraron las llaves fuera de la caja fuerte, «en una de las numerosas maletas de documentos».[37]

Un memorándum de la OPE del 12 de enero de 1943 establece que Charles McNamara, subdirector del Hotel Governor Clinton, «permitió [a la OPE] sellar la caja de seguridad número 103, que contenía la máquina de diez mil dólares [...]. La caja número 103 *no* es una caja especialmente construida, como dijo Fitzgerald. Sin embargo, es una de las cajas más grandes de los niveles inferiores». El día anterior, en el Hotel New Yorker, se abrió la caja fuerte junto a la cama de Tesla. Según otro memorándum de la OPE, estaban presentes, además de Swezey, Clark y Kosanović, dos empleados del Hotel New Yorker, el Sr. L. O. Doty, director de crédito, y el Sr. L. A. Fitzgerald, subdirector de crédito.

A este investigador le parece una coincidencia bastante sorprendente que estos dos individuos llevaran los mismos apellidos que un coronel de la inteligencia militar y el siempre presente Bloyce Fitzgerald.

Si, en efecto, estos dos supuestos directores de crédito fueran en realidad agentes del gobierno, les habría resultado bastante fácil recuperar la clave (o hacer una copia) de la caja número 103 y cambiar el dispositivo.

Una investigación más detallada de los archivos del FBI revela que el 17 de octubre de 1945, E. E. Conroy, de la oficina de Nueva York, envió dos copias del informe Trump a J. Edgar Hoover y revisó con él, una vez más, los papeles desempeñados por Fitzgerald, Spanel, una persona censurada «X» y Kosanović. Conroy dijo que «X» (probablemente otro agente del FBI) sospechaba que Spanel tenía «una actitud decididamente prorrusa» y que Spanel estaba difundiendo propaganda procomunista en anuncios a página completa en varios periódicos y, sin embargo, también

---

37. Muzar, C.: «The Tesla Papers», *Tesla Journal*, n.º 2-3, pp. 39-42 (1982-1983).

demandaba a estos periódicos por difamación. Asimismo, Conroy reiteró que Spanel tenía vínculos con el vicepresidente Henry A. Wallace, por lo que se recomendó precaución.

Parece que Spanel había conocido a Fitzgerald (un amigo de «X») en una reunión de ingenieros en noviembre de 1942. En ese momento, Fitzgerald era un soldado raso del ejército en Wright Field, Dayton (Ohio). El informe del FBI lo describía como «un brillante científico de veinte años que pasó interminables horas con Tesla antes de su muerte [...]. Fitzgerald había desarrollado una especie de arma antitanque». Spanel intentó formar una sociedad con Fitzgerald para vender esta arma a Remington Arms Company, pero por alguna razón «Spanel bloqueó la venta final» y luego intentó llegar a un acuerdo más lucrativo con Eiogens Ship Building Company de Nueva Orleans.

En noviembre de 1943, Eiogens despidió a Fitzgerald y un año después el joven ingeniero regresó al ejército. «Hoy [1945, Fitzgerald está] involucrado en un proyecto experimental altamente secreto en Wright Field [...]. A pesar de su rango de soldado raso, Fitzgerald es en realidad director de esta investigación y está trabajando con muchos científicos jóvenes destacados [...] en el perfeccionamiento del "rayo de la muerte" de Tesla, que en opinión de Fitzgerald es la única defensa contra el uso ofensivo de la bomba atómica por parte de otra nación».[38]

Conroy sugirió cooperar con Fitzgerald para asegurar la «posesión legal de los efectos de Tesla». Por supuesto, el objetivo era obtener y proteger los detalles del sistema de armas, pero también establecer una «base conmemorativa [...] para la preservación de la memoria del inventor». Supuestamente, Fitzgerald también implicó a Henry Ford en el proyecto.

El 19 de octubre de 1945, el general de brigada L. C. Craigee, jefe de la División de Ingeniería del Grupo de Equipos de Control, Wright Field, escribiendo a petición de Bloyce Fitzgerald, David Pratt, Herbert Schutt y P. E. Houle, todos ellos ingenieros que estaban trabajando en Wright Field, se puso en contacto con Harvey Ross del FBI en Nueva York para «solicitar oficialmente [...] en interés de la Defensa Nacional, acceso [...] a los efectos del Dr. Nicola Tesla retenidos en el almacén de

---

38. E. E. Conroy a J. Edgar Hoover, FBI, (17 de octubre de 1945) [Ley por la Libertad de la Información, FOIA].

Manhattan». El coronel Ralph Doty, de la inteligencia militar en Washington, siguió la investigación trabajando como oficial de enlace entre el Departamento de Guerra, la OPE y el FBI.[39]

Dado que el FBI no tenía jurisdicción sobre el patrimonio de Tesla, se remitió a Fitzgerald, Conroy y Craigee a la OPE.

El 5 de septiembre de 1945, Lloyd Shaulis, de la OPE, envió por correo dos copias del informe Trump al coronel Holliday de la Subdivisión de Laboratorio de Equipos, Propulsiones y Accesorios, quien sin duda se las envió a Fitzgerald. «Éstas eran copias fotostáticas completas, no simplemente los resúmenes».[40] Dos años después, el coronel Duffy, del Comando de Material Aéreo en Wright Field, escribió a la OPE que el material todavía estaba siendo evaluado.

En 1950, Kosanović todavía tenía prohibida la entrada en el almacén.[41] Ya era oficialmente el embajador de Yugoslavia ante Estados Unidos y las Naciones Unidas, y su paciencia había llegado a su límite. Kosanović quería los efectos de su tío en Belgrado, donde serían honrados con justicia. En marzo fue al almacén para informarles de los deseos del inventor de enviar la propiedad al Museo Tesla. Fue en ese momento cuando se comunicó al embajador que el FBI había microfilmado todo el contenido. Entonces llamó a J. Edgar Hoover para pedirle una copia del microfilm, pero Hoover dijo que no tenían dicha copia. Es probable que Kosanović estuviera mal informado; uno de los empleados del almacén pudo haber confundido a la gente de Trump con el FBI, o bien otro grupo microfilmó los papeles (ahora conservados en la Biblioteca del Congreso) en otro momento.

Finalmente, en 1952, se llegó a algunos acuerdos y los ochenta baúles fueron enviados a Belgrado. También se incluyeron muchos documentos originales valiosos completamente desconocidos por O'Neill, como el diario de Tesla en Colorado de 1899, varias fotografías, decenas de miles de cartas y la mayoría de sus inventos, incluido el barco a control remo-

39. Ralph Doty a la OPE (22 de enero de 1946) [FBI; Ley por la Libertad de la Información, FOIA].

40. Cheney, M.: *Testa: Man Out of Time*. Prentice-Hall, Englewood Cliffs, Nueva Jersey, 1981. p. 277.

41. M. Duffy a la OPE (25 de noviembre de 1947) [Ley por la Libertad de la Información, FOIA]; memorándum del FBI (17 de abril de 1950) [Ley por la Libertad de la Información, FOIA].

to, la bombilla fluorescente inalámbrica, motores, turbinas, planos para su avión flivver de despegue vertical y un modelo del transmisor amplificador. Las cenizas de Tesla se enviaron posteriormente.

Joseph McCarthy interrogó a Spanel y las copias de los documentos del rayo de la muerte cayeron aún más en el olvido.

El probable rastro del documento secreto

En 1984, Andrija Puharich presentó el artículo secreto de Tesla sobre los rayos de la muerte en el Simposio Internacional del Centenario de Tesla, celebrado en Colorado Springs. Fue publicado en las actas. Puharich le dijo a este autor que la fuente original del informe era Ralph Bergstresser, autor de un notable artículo sobre Tesla publicado en 1957. Puharich pensaba que Bergstresser, junto con un socio (que pudo haber sido Bloyce Fitzgerald), estaba vinculado al FBI y, por lo tanto, consiguió el documento aprovechándose de ello. En la década de 1940, Bergstresser trabajó para la RCA y «los muchachos de Marconi. Siempre había creído que Marconi era el inventor de la radio [...]. Luego descubrí que todo era mentira». Bergstresser, que tenía unos ochenta años cuando hablé con él, recordaba que Marconi había vivido en un barco en alta mar para evitar las citaciones que Tesla intentaba hacerle llegar.

Al estallar la Segunda Guerra Mundial, Bergstresser comenzó a trabajar «en nombre del esfuerzo bélico cuando Tesla me entregó sus diferentes documentos. Yo los cogía, los leía y se los devolvía». Según una fuente, Bergstresser estaba bajo el mando de la nueva organización secreta, la Oficina de Servicios Estratégicos (OSS) (más tarde la Agencia Central de Inteligencia, CIA), y desde esa posición analizaba los documentos para determinar su importancia militar.

Bergstresser explicó que sólo conoció a Tesla los últimos seis meses de su vida. «Estaba flaco, encorvado, demacrado; no comía bien». En un interrogatorio adicional, también dijo que había conocido a Jack O'Neill y a su colega William Lawrence, autor del artículo sobre los rayos de la muerte del *The New York Times* de 1940, que despertó tanto interés en el FBI y en facciones de las fuerzas armadas, y que él y Bergstresser habían asistido juntos al funeral de Tesla en 1943.

Durante la conversación, le pregunté a Bergstresser si tenía alguna prueba que respaldara su afirmación de que los documentos de Tesla habían sido eliminados sistemáticamente de las bibliotecas. Dijo que la conspiración era masiva y extremadamente compleja, y que se remontaba a J. Pierpont Morgan y su deseo de suprimir los inventos de distribución de energía sin hilos de Tesla porque amenazaban con proporcionar energía barata o incluso gratuita a las masas. Estaba molesto porque todo el patrimonio de Tesla fue «arrastrado detrás de la Cortina de Hierro» y culpó de ello en parte a Lawrence, de quien, según dijo, más tarde se descubrió que era comunista. Estaba de acuerdo en que Bloyce Fitzgerald probablemente había llevado los documentos a la Base de la Fuerza Aérea Wright-Patterson, pero se negó a hablar sobre cualquier relación con Fitzgerald o el rastro de los documentos secretos.

Puharich dijo que el artículo sobre el haz de partículas había pasado de Bergstresser a Bob Beck, de la Sociedad de Psicotrónica de Estados Unidos, hacia 1981 y que de la sociedad pasó a él.[42]

Influencia del período McCarthy

Era cierto que cuando el FBI y el gobierno federal se involucraron activamente en la eliminación de los artículos científicos de Tesla, el inventor ya había desaparecido de la conciencia de las masas. Sin embargo, un aire de secretismo, apoyado por el borrón de los vínculos con una quinta columna alemana o con los comunistas a través de su legado yugoslavo, sirvió para sumergir aún más el trabajo del inventor. Y ello se vio acrecentado por el traslado de los documentos de Tesla a la remota ciudad de Belgrado.

Star Wars

Los numerosos inventos de Tesla podrían aplicarse de diversas maneras para fines militares; por ejemplo, armas de rayos de partículas, radar mundial, dispositivos antisísmicos y manipulación de ondas cerebrales. Supuestamente, uno o más transmisores amplificadores podrían enviar

---

42. Entrevista telefónica con Andrija Puharich (1986); entrevista telefónica con Ralph Bergstresser (1986).

impulsos destructivos a través de la Tierra a cualquier lugar. Por lo tanto, en teoría, una descarga bien colocada de muchos millones de voltios podría destruir la red de comunicaciones de cualquier ciudad importante. Discursos sobre posibles tecnologías de guerra futuras, provenientes principalmente del analista de juegos de guerra, el teniente coronel Tom Bearden y el parapsicólogo Andrija Puharich, M.D., sugieren que los soviéticos habrían aprovechado varias armas de Tesla, incluidos aparatos de control sísmico, climático y mental.[43]

Según Bearden, el transmisor amplificador de Tesla producía un vector gravitatorio fundamental (u onda escalar electrostática) que perturba el tejido mismo de la red espacio-tiempo y, por lo tanto, no está limitado por la velocidad de la luz. Por lo tanto, una onda de Tesla instantánea teórica, emitida desde el transmisor amplificador, podría afectar potencialmente el pulso geomagnético del planeta y, por lo tanto, ser dirigido a cualquier objetivo en cualquier continente.[44]

Esta investigación es muy controvertida y especulativa, y debe leerse con sumo cuidado. De todos modos, en 1977, en su número del 2 de mayo, *Aviation Week* publicó un artículo de siete mil palabras sobre las armas soviéticas de rayos de partículas. La exposición, que «sacudió Washington», también fue resumida en *Science*. Incluía un dibujo esquemático de un arma de haz de partículas que guarda un notable parecido con los dibujos inéditos de Tesla realizados cuatro décadas antes. Sumado al conocimiento de que los soviéticos estaban muy avanzados en este tema, es una evidencia que respalda la afirmación de que Tesla, en efecto, les vendió los esquemas de dicho dispositivo a mediados de la década de 1930. [...] ubicados en la Base de la Fuerza Aérea Wright-Patterson en Dayton, Ohio» que intentaban concebir un gran avance en la tecnología, y también, sorprendentemente, que «el presidente [Jimmy Carter] fue excluido de desarrollos técnicos vitales por la burocracia de la CIA y la

---

43. «Are Soviets Testing Wireless Electric Power?», *The Washington Star*, pp. 1, 5 (31 de enero de 1977); «Russians Secretly Controlling World Climate», *The Scranton Times (Sunday Times)*, pp. 14-15 (6 de noviembre de 1977).

44. Bearden, T.: «Tesla's Secret and the Soviet Tesla Weapons», en Ratzlaff, J. T. (ed.): *Reference Articles for Solutions to Tesla's Secrets*. Tesla Book Co., Milbrae, California, 1981. pp. 1-45; Bearden, T.: «The Fundamental Concepts of Scalar Electromagnetics», en Elswick, S. R. (ed.): *Proceedings of the 1986 International Tesla Symposium*. Sociedad Internacional Tesla, Colorado Springs, 1986. pp. 1-20.

Agencia de Inteligencia de la Defensa». La fuente era el general George Keegen, exjefe de la Inteligencia de la Fuerza Aérea.[45]

Llegados aquí, surgen tres puntos intrigantes: 1) el concepto de intenso secretismo de las armas de rayos de partículas, 2) la mención de la Base de la Fuerza Aérea Wright-Patterson y 3) la política de utilizar jóvenes genios brillantes. Todas estas variables son evidentes en los archivos del FBI sobre Tesla analizados con anterioridad. La hipótesis de la conspiración se ve fortalecida por el hecho de que el trabajo y los documentos de Tesla fueron sistemáticamente ocultados a la vista del público para proteger el rastro de esta investigación ultrasecreta, conocida como Star Wars.

El armamento de rayos de partículas sigue siendo más un sueño que una realidad en el momento de publicar este libro en 1996. Por lo tanto, si realmente una superpotencia (o ambas) tiene acceso a los planes de Tesla, ¿por qué nunca se ha construido ningún rayo de la muerte? Quizás existan prototipos, pero me parece que deberían haberse probado sobre el terreno durante guerras como las de Vietnam, Afganistán o Kuwait o Irak. Esta parte de la historia debe seguir siendo un misterio.

---

45. Robinson, C.: «Soviet Push for a Beam Weapon», *Aviation Week*, pp. 16-27 (2 de mayo de 1977); Wade, N.: «Charged Debate Over Russian Beam Weapons», *Science*, pp. 957-959 (mayo de 1977).

48
El legado del mago

Cuando un hombre recuerda los acontecimientos asociados con su trabajo [...], comienza a darse cuenta de cuán poco importante es el papel que él mismo ha desempeñado en la definición de los acontecimientos de su carrera y cuán abrumador es el papel desempeñado por circunstancias que quedan totalmente fuera de su control.

EDWIN H. ARMSTRONG en la aceptación de la Medalla Edison[1]

Como eco del asunto Tesla-Morgan, Edwin H. Armstrong tuvo que luchar contra la gigante RCA para que se aceptara la radio FM por delante de la radio AM, a pesar de que era un medio mejor para transmitir música. El coronel David Sarnoff, director «napoleónico» de la RCA y la NBC, simplemente había pirateado el invento de la FM de su amigo *porque lo necesitaba para su uso en televisión.* Con la ayuda de la CBS, Sarnoff también manipuló a la Comisión Federal de Comunicaciones (CFC) para establecer una condición que restringía severamente la potencia de los transmisores de FM «a una décima parte de su nivel previsto [...] y cambiaba la banda de FM a un rango de frecuencia menos deseable». Por eso la AM se convirtió en la banda dominante para la transmisión de radio de larga distancia.

Obligado a reconstruir su propia estación de radio debido a la resolución de la CFC y obligado a luchar contra el Goliat de los medios en los tribunales por infracción de patente, Armstrong liquidó el paquete restante de acciones de la RCA para financiar el enorme gasto necesario. ¡Los abogados de la NBC pudieron persuadir al tribunal superior de

---

1. Lessing, L. P.: *Man of High Fidelity: Edwin Howard Armstrong.* Lippincott, Nueva York, 1956. p. 286.

Nueva York de que fueron sus ingenieros los que inventaron la FM y no Armstrong! Aunque el Instituto de Ingenieros de Radio como grupo presentó una protesta formal (una medida sin precedentes en tales situaciones), que finalmente provocó que el Tribunal Supremo revocara el fallo, ya era demasiado tarde para Armstrong. Con el matrimonio arruinado, sus patentes clave expiradas y su fortuna gastada por un litigio, se tiró por una ventana de trece pisos en pleno invierno de 1954, espiritualmente obstaculizado por las mismas personas que se beneficiaban de sus esfuerzos creativos. Que Tesla sobreviviera a tal destino es una muestra de su fortaleza y naturaleza transcendente.[2]

En 1956 se celebró el centenario del nacimiento de Tesla. Para dar relieve al acontecimiento, con el premio Nobel Niels Bohr como orador, se celebró un congreso centenario en honor a Tesla. Simultáneamente, el Servicio Postal Yugoslavo emitió un sello conmemorativo de Tesla y el gobierno yugoslavo colocó a Tesla en el billete de cien dinares (equivalente a un dólar estadounidense). Se erigieron estatuas del inventor en museos de Zagreb y Viena, se puso su nombre a una escuela de Illinois, se proclamó el día de Tesla en Chicago y en Múnich el Comité del Instituto Electrotécnico acordó adoptar el nombre «tesla» como unidad de inducción magnética (o densidad de flujo magnético). Tesla pasaba a ocupar el lugar que le corresponde junto a otras celebridades como Ampère, Faraday, Volta o Watt.

Veinte años después, como regalo del pueblo yugoslavo, se erigió junto a las Cataratas del Niágara una estatua de Tesla obra del escultor Frano Kršinić y una estatua idéntica en la plaza del pueblo de Gospić (Croacia), donde Tesla vivió cuando era niño. (Desafortunadamente, esta estatua de Gospić fue destrozada intencionalmente durante la guerra de 1993). El presidente Tito pronunció un discurso en honor a Tesla en Smiljan ante miles de croatas, serbios y bosnios (que estaban separados por guardias armados y vallas de demarcación), y la celebración también continuó en Estados Unidos. Se colocaron placas en el lugar de su residencia

---

2. Fantel, H.: «Armstrong, Tragic Hero of Radio Music», *The New York Times*, pp. 23-28 (10 de junio de 1973); Lessing, L.: *Man of High Fidelity: Edwin Howard Armstrong*. Lippincott, Nueva York, 1956; Seifer, M. J.: «The Inventor and the Corporation: Case Studies of Innovators Nikola Tesla, Steven Jobs and Edwin Armstrong», en Elswick, S. R. (ed.): *Proceedings of the 1986 International Tesla Symposium*. Sociedad Internacional Tesla, Colorado Springs, 1986. pp. 53-74.

en el Hotel Gerlach en la ciudad de Nueva York y en el laboratorio Wardenclyffe, que todavía se encuentra en Shoreham (Long Island).

En 1983, el Servicio Postal de Estados Unidos honró a Tesla, junto con Charles Proteus Steinmetz, a Philo Taylor Farnsworth y, ¡qué pena!, a Edwin H. Armstrong, con una hojita-bloque de cuatro sellos conmemorativos. En el Museo de Ciencias de Boston se puede encontrar una bobina gigante de Tesla y en el Instituto Smithsoniano de Washington D.C está colgada una imagen suya. También hay dos organizaciones importantes en su honor: la Sociedad Memorial Tesla, en Lackawanna (Nueva York) y la Sociedad Internacional Tesla, que ha celebrado conferencias cada dos años desde 1984 en la sede de la sociedad en Colorado Springs.

William H. Whyte escribió en *The Organization Man* que, por más beneficiosas que puedan ser las grandes corporaciones, también son estáticas, ilusorias y autodestructivas. Durante el inevitable conflicto entre el individuo y la sociedad, el hombre organización se ve metido en un embrollo porque la empresa proporciona un medio de vida, pero a expensas de la individualidad del trabajador. Esto es lo que Whyte llama un «engaño mutuo»: «Es obvio luchar contra la tiranía; no es fácil luchar contra la benevolencia, y pocas cosas están más calculadas para despojar al individuo de sus defensas que la idea de que sus intereses y los de la sociedad pueden ser totalmente compatibles [...]. Quien deja que la organización sea el juez, en última instancia se sacrifica a sí mismo».[3]

La visión corporativa se convierte en la propia encarnación de la racionalidad misma, estructurando, reestructurando y, por lo tanto, controlando la conciencia.[4] Como fue el caso de la situación de Tesla, cuanto más rechazaba el mundo corporativo la idea de Wardenclyffe, menos factible les parecía a los ingenieros que trabajaban en la industria, porque ellos, como productos y extensiones de las corporaciones, tenían su conciencia moldeada por sus políticas. Al final, la visión del mundo de Tesla se convirtió en una amenaza, y era más fácil desestimarlo como un excéntrico que considerar que sus planes pudieran haber sido viables.

---

3. Whyte, W. H.: *The Organization Man.* Doubleday, Nueva York, 1956.
4. Held, D.: *Introduction to Critical Theory.* University of California Press, Berkeley, California, 1980.

Un ejemplo moderno de un innovador famoso que se convirtió en una especie de no persona es Steven Jobs, cofundador de Apple Computer. Al darse cuenta, a mediados de la década de 1980, de que el microprocesador de Motorola era superior en capacidades gráficas al del ordenador Apple II y al que utilizaba Bill Gates/Microsoft para IBM, Jobs produjo el Macintosh. Los Macintosh de primera generación, que eran ciertamente poco atractivos para uso empresarial y estaban construidos de manera que no eran ampliables, no tuvieron un éxito inmediato en el mercado. El sistema operativo de disco (DOS por sus siglas en inglés) inferior de IBM era, por supuesto, el estándar. Decidido, Jobs quería deshacerse del obsoleto pero altamente rentable Apple II para dedicarse única y exclusivamente a la producción de Mac. Aunque era el niño prodigio cocreador de la empresa de mil millones de dólares, Jobs se convirtió en una amenaza para su estabilidad financiera. En una decisión sorprendente, Jobs no sólo fue destituido; literalmente se le prohibió trabajar en Apple, ¡a pesar de que seguía siendo el mayor accionista! Una década después, el chip compatible con IBM/Bill Gates (Intel Pentium), aunque dotado de capacidades gráficas (Windows), seguía basándose en un diseño inferior en comparación con el Power Mac. Sin embargo, el chip Gates/Intel era, con diferencia, el sistema líder en el país, aunque el Power Mac era necesariamente el estándar en campos como el diseño gráfico. Con falsa modestia, Gates lo expresó así: «La gente lanzaba sistemas operativos completamente nuevos, pero ya teníamos una alta cuota de mercado, por lo que podíamos ponerle un precio bajo y seguir vendiendo. Y, créame, habría sido mucho más fácil escribir Windows para que no ejecutara aplicaciones DOS. Pero sabíamos que no podíamos hacer la transición sin esa compatibilidad».[5]

---

5. Entrevista a Bill Gates en *Playboy Magazine*, p. 64 (septiembre de 1994). En 1996, Jobs resurgió como multimillonario de la noche a la mañana gracias a una exitosa oferta de acciones de Pixar, que un año antes había revolucionado la industria de la animación con *Toy Story*. En 1997, en un giro de guion sorprendente, volvió a Apple como director interino. En 1998 presentó el primer iMac.

Psicoanálisis

Consciente de las críticas al paradigma freudiano y del problema de la simplificación excesiva, sostuve en mi tesis doctoral que para explicar la personalidad inusual de Tesla, su celibato autoproclamado y su supuesta homosexualidad, es posible que hubiera sufrido sentimientos de culpa reprimidos asociados con la prematura muerte de su hermano mayor Dane cuando Tesla tenía cinco años. En medio del complejo de Edipo y ciertamente demasiado apegado a su madre, el joven Niko experimentó un gran trauma no sólo porque Dane era el hijo favorito de Djouka, sino también porque Niko se encontraba en esa edad de conseguir su identidad sexual y aprender a transferir el amor que le conferían a él mismo a los demás. Es posible que la madre rechazara a Tesla tras la muerte de Dane y que, por lo tanto, Tesla se devolviera el amor a sí mismo y se volviera un narcisista. Deseando recuperar la pérdida de amor percibida de su madre y de su hermano fallecido, más adelante Tesla buscaría inconscientemente figuras que combinaran la dinámica de «hermano mayor/madre sustituta», como, por ejemplo, figuras de autoridad fuertes y protectoras, como Westinghouse y Pierpont Morgan. Esta combinación de hermano y madre también podría explicar la confusión asociada con la identidad sexual de Tesla.

Para recuperar su amor perdido y, en el sentido simbólico, resucitar al hermano de entre los muertos (dado que ésa sería la única manera de reparar el daño), Tesla tendría que hacer un sacrificio como penitencia. En el caso de Westinghouse, rompió la cláusula de royalties, y ello le costó millones de dólares;[6] y en el caso de Morgan, el inventor insistió en que el financiero se quedara con la mayor parte de la sociedad, es decir, con el 51 %, a pesar de que Morgan sugería ir a partes iguales.

De todos modos, debido a una serie de factores de personalidad, incluidos la egomanía, la ambición excesiva y su impaciente deseo de aplastar a la competencia, Tesla incumplió su contrato con Morgan al decidir construir una torre más grande de lo acordado. Se trató de una medida autodestructiva (aunque podría haber tenido éxito y, a otro nivel, también fue simplemente un riesgo calculado). Desde el punto de vista psicoanalítico, inconscientemente esperaba que el financiero le perdonara sus pecados (le mostrara a su hijo sustituto que todavía lo quería) pro-

---

6. Correspondencia y entrevista telefónica con Henry Aiken (abril de 1986).

porcionándole fondos adicionales para completar la torre. Cuando Morgan dijo que no, el inconsciente no pudo hacer frente a un rechazo tan severo, por lo que Tesla intentó obstinadamente hacer que el hombre cambiara de opinión, e incluso cuando resultaba evidente que Morgan nunca lo acompañaría en ese empeño, el autopercibido hijo sustituto continuó intentándolo.

En cuanto al persistente deseo de Tesla de contactar con extraterrestres, desde una perspectiva psicoanalítica estas entidades del espacio exterior pueden haber simbolizado seres que existen en el más allá. Ciertamente, la necesidad de creer en extraterrestres es poderosa y popular. Explica por qué tanta gente aceptó la hipótesis de los «canales de Marte» de Percival Lowell y, en el mundo actual, la extrema popularidad de películas como *La guerra de las galaxias*, Star Trek y *E.T., el extraterrestre*. En el caso de Tesla, los extraterrestres pudieron haber representado prelógicamente a su hermano y a su madre muertos. La insistencia en que probablemente había sido contactado por marcianos se convirtió en una válvula de seguridad inconsciente que le permitió liberar gran parte de la ansiedad asociada con la muerte de su hermano mayor, ya que, en cierto sentido, el hermano todavía estaría vivo. Por lo tanto, si Dane todavía existía, el trauma de su muerte disminuiría y la madre de Niko volvería a quererlo *a él*.

Esta forma de comportamiento regresivo también podría explicar la obsesión de Tesla por cuidar de las palomas. Tras la muerte de Dane, la familia se trasladó desde su idílica granja en Smiljan hasta la bulliciosa ciudad de Gospić. Las palomas no sólo eran amantes sustitutas de Tesla, sino que también simbolizaban un retorno a la utopía de su temprana y tranquila infancia en Smiljan.

Como contrahipótesis del paradigma psicoanalítico (y como este investigador no ha descubierto ninguna evidencia sólida de homosexualidad), se debe ubicar a Tesla dentro de su período de tiempo. Al igual que otros intelectuales de esa época, la idea de dedicarse a la ciencia a expensas del matrimonio no fue un hecho único. Tesla era muy consciente de que las responsabilidades del matrimonio habrían interferido demasiado con su entusiasmo inventivo. Deliberadamente, y ciertamente a través del sacrificio, transformó sus instintos en el sentido alquímico para elevarlos a un nivel superior. Sin embargo, esta visión no explica del todo la propensión natural a compartir las pasiones, sobre todo si se considera que en su apogeo, en la alocada década de 1890, la estrella en ascenso probablemente podría haber elegido entre cualquier mujer dispuesta, como, por ejemplo, Marguerite Merington. Tampoco explica su excesivo apego a las palomas de la ciudad.

De todos modos, el paradigma freudiano se queda corto en sus intentos de explicar la naturaleza de la magia de Tesla, ya que tiende a ver esta capacidad como una sublimación más que como un fin en sí mismo. El énfasis de Tesla en el ritual y en obsesiones como la limpieza y el sacrificio estaban tan vinculados a sus episodios infantiles de cólera, provocados por beber agua contaminada, como a su deseo de cambiar su estado de conciencia a través de una rutina establecida para poder preparar su mente para hacer su trabajo. A diferencia de la mayoría de los inventores, la creatividad de Tesla no se limitaba a un único plano. Adaptó sus facultades mentales a varios campos distintos, diseñando inventos fundamentales en iluminación, distribución de energía eléctrica, dispositivos mecánicos, armamento de rayos de partículas, aerodinámica e inteligencia artificial. Esta gran versatilidad de logros sitúa al inventor en una categoría propia. En última instancia, Tesla era un jornalero que buscaba el Santo Grial. Su objetivo era nada menos que alterar la dirección misma de la especie humana mediante la prolongación de *su* esfuerzo.

FIGURA DE CULTO

«Fue la bobina lo que vi primero…, porque había visto dibujos parecidos a eso, no exactamente, pero parecidos, hace años, cuando estaba en la facultad […]. Hank, ¿lo entiendes? Esos hombres, hace mucho tiempo, intentaron inventar un motor capaz de extraer electricidad estática de la atmósfera, transformarla y crear su propia energía mientras funcionaba. Ellos no lo consiguieron. Se dieron por vencidos». Ella señaló la forma rota. «Pero ahí está».

La rebelión de Atlas, de AYN RAND[7]

A las ocho de la tarde del 20 de junio de 1957, en el salón de baile del Hotel Diplomat de la ciudad de Nueva York, la *Interplanetary Sessions Newsletter* anunció una reunión para coordinar una esperada visita de la

---

7. Rand, A.: *Atlas Shrugged*. Random House, Nueva York, 1957. p. 236. (Trad. cast.: *La rebelión de Atlas*. Deusto, Barcelona, 2019. pp. 307-308).

«Gente del Espacio» al planeta Tierra. El evento fue planificado por tres personas: George Van Tassel, autor de *I Rode a Flying Saucer*; George King, supuesto contactado telepático con extraterrestres, y Margaret Storm, autora de la biografía ocultista de Tesla *Return of the Dove*, un libro cuyas «transcripciones fueron recibidas en el aparato de Tesla, una máquina tipo radio inventada por Tesla en 1938 para la comunicación interplanetaria». El 1 de julio se aseguró que los «marcianos» llevarían a cabo «operaciones a gran escala» en Washington D.C., Nueva York y «áreas generales de América del Norte». También se reveló que «Tesla era un venusiano traído a este planeta cuando era un bebé en 1856 y abandonado en una remota provincia montañosa en lo que hoy es Yogoslavia *[sic]*».

A esta reunión asistió un hombre que prefirió pasar desapercibido. Era un agente del FBI asignado para continuar con el expediente desplegado sobre el enigmático inventor serbio Nikola Tesla. Es muy probable que J. Edgar Hoover, un hombre preocupado por el creciente interés en el fenómeno de los platillos volantes y el secreto que rodea a varios de sus seguidores, también leyera una copia de este boletín que se encuentra en el archivo del FBI.

La suposición de Margaret Storm de que Tesla nació en otro planeta para proporcionarnos todos nuestros sistemas de energía eléctrica y de comunicaciones de masas surgió de una colorida historia de los vínculos del inventor con la creencia de fantasía grupal de que la vida en Marte era prácticamente una certeza. Alimentada por el macartismo y el miedo a la infiltración comunista (extraterrestre) y también por la literatura teosófica, Storm proclamó que Tesla descendía de la raza raíz sexta, una nueva especie humana que estaba evolucionando en el planeta. Para complicar aún más las cosas, también era amiga de Arthur Matthews, autor de *Wall of Light: Nikola Tesla and the Venusian Spaceship*. Matthews, un extraño estudioso de la electricidad que una vez le había escrito a Tesla en la década de 1930, sostenía que él y su supuesto empleador, Tesla, habían viajado muchas veces a planetas cercanos a bordo de naves espaciales venusinas y que Tesla, en fecha tan tardía como 1970, todavía estaba vivo, viviendo como un extraterrestre.[8]

---

8. Seifer, M. J. *et al.*: «The Tesla/Matthews Outer Space Connection», *Pyramid Guide*, parte I, p. 5 (mayo de 1978); *Pyramid Guide*, parte I, p. 5 (julio de 1978) [FBI; Ley por la Libertad de la Información, FOIA].

Relegado al estatus de ocultista durante muchas décadas, Tesla también ha sido llevado a la ficción como uno de los numerosos científicos locos de la literatura de ciencia ficción, como parte del héroe colectivo de la New Age John Galt en la novela de Ayn Rand *La Rebelión de Atlas*; como fuente de tecnología futura en el superventas *La décima revelación*, de James Redfield, y como el extraterrestre interpretado por la estrella de rock David Bowie en la película de Nicholas Jack Roeg *El hombre que cayó a la Tierra*. Como figura de culto en Estados Unidos, Tesla también ha visto un resurgimiento panegírico entre la generación más joven gracias a una banda de rock que lleva el mismo nombre.[9]

En Japón, en cambio, el estatus de culto de Tesla es mucho más complicado. Por un lado, el Dr. Yoshiro NakaMats, el principal inventor del mundo, entre cuyas creaciones se incluye el disquete, es un gran defensor de Tesla y ha creado una celebración en su honor. Por otro lado, el trabajo armamentístico secreto de Tesla también ha llamado la atención de una de las sectas más peligrosas de los tiempos modernos.

Apenas un mes después de que el terremoto de Kobe de enero de 1995 destruyera la ciudad y matara a 5000 personas, los seguidores del «psicópata carismático» Shōkō Asahara, responsable del envenenamiento del metro con gas sarín en Tokio,[10] volaron a Belgrado para infiltrarse en el Museo Tesla con la esperanza de conseguir los esquemas del inventor de su supuesta máquina sísmica telegeodinámica. El culto fundado por Asahara, conocido como Aum Shinrikyō («Verdad Suprema»), tenía una internet de supuestamente decenas de miles de miembros en media docena de países con acceso a dispositivos de alta tecnología de última generación, una gran base de datos de secretos militares, armas de fuego y aparatos láser y otros sistemas esotéricos de armamento New Age. Buscando dominar el mundo, sus planes se vieron interrumpidos por el terremoto. En lugar de ver el accidente como un suceso natural, Asahara

---

9. Además de la mencionada banda de *hard* rock con inspiración en el blues surgida en Sacramento en 1985, más recientemente Tesla también ha dado nombre a una empresa estadounidense establecida en Austin y liderada por el multimillonario Elon Musk, que diseña y fabrica automóviles eléctricos y otros componentes tecnológicos. *(N. del T.)*

10. El 20 de marzo de 1995, miembros del grupo terrorista llevaron a cabo cinco ataques coordinados con gas sarín (un agente neurotóxico considerado arma de destrucción masiva) en el metro de Tokio, en las líneas que unían la sede del gobierno y la policía de la ciudad. Trece personas murieron en el atentado, cincuenta quedaron gravemente heridas y más de mil presentaron problemas temporales de visión. *(N. del T.)*

sugirió que el desastre de Kobe fue provocado por experimentos electromagnéticos realizados por una de las megacorporaciones japonesas o por
pruebas militares estadounidenses o posiblemente rusas de un instrumento telegeodinámico ultrasecreto de Tesla.

Criado en un país que había visto sus ciudades destruidas por la bomba atómica, Asahara se había visto influido por historias apocalípticas de
ciencia ficción, por el libro *Tesla Superman* escrito por el autor japonés
Masaki Shindo y por teslófilos como el teniente coronel Tom Bearden,
cuyo modelo para el transmisor amplificador de Tesla planteó la hipótesis de que se podría utilizar como un sistema de envío intercontinental
de «ondas escalares electrostáticas». Asahara creía que el Armagedón estaba cerca y que el terremoto de Kobe era una prueba de la profecía, por
lo que planeó apoderarse de un terreno elevado construyendo su propio
«obús Tesla» y al mismo tiempo perfeccionando el rayo de la muerte.[11]

Christopher Evans, en su texto *Cults of Unreason*, sugiere que las sectas surgen como «medidas provisionales» para las personas en la sociedad: formas de afrontar los misterios de la vida y también el sentimiento
inquietante asociado con el ritmo acelerado de nuestros tiempos.[12] Según
Evans, las sectas existen para descubrir el Santo Grial, el supuesto secreto
que hay detrás del universo. El propio Tesla llamó a su transmisor amplificador la «piedra filosofal». Para él, era el mecanismo mediante el cual
transformar la sociedad e interconectar todo el mundo. Siguiendo un
camino goethiano, la cosmovisión de Tesla sugería una jerarquía de inteligencia para el universo. Sus creaciones no sólo derivaban de la ley natural, sino que a través de ellas los humanos podían alcanzar un estatus
divino y comunicarse con otros vecinos interestelares.

«Según la idea de esoterismo, aplicada a la historia –dice el filósofo
ruso P. D. Ouspensky–, ninguna civilización comienza por sí misma».[13]

11. «Tesla in Japan», *Tesla Memorial Society Newsletter*, pp. 2-3 (otoño-invierno 1995-
1996); Kaplan D. *et al.*: «The Cult at the End of the World», *Wired*, pp. 134-137,
176-184 (julio de 1996); Bearden, T.: «Tesla's Secret and the Soviet Tesla Weapons»,
en Ratzlaff, J. T. (ed.): *Reference Articles for Solutions to Tesla's Secrets*. Tesla Book Co.,
Milbrae, California, 1981. pp. 1-45.

12. Ouspensky, P. O.: *New Model of the Universe*. Vintage Books, Nueva York, 1971.
pp. 29-31.

13. Rudyar, D.: *Occult Preparations for a New Age*. Quest Books, Wheaton, Illinois,
1975. p. 245; Wilson, R. A.: *Cosmic Trigger: The Final Secret of the Illuminati*. Pocket

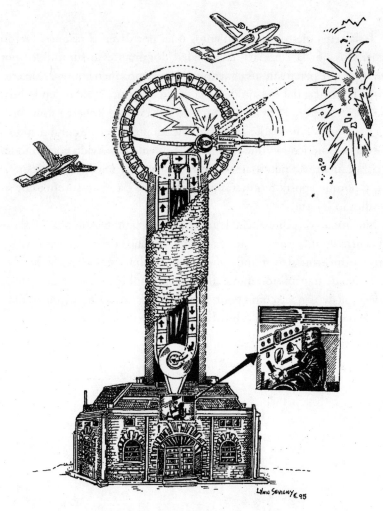

El arma de rayos de partículas de Tesla (©Lynn Sevigny 1995)

Las escuelas esotéricas implican otras dimensiones (superiores), dice el astrólogo Dane Rudyar. Ciertos individuos, a menudo denominados avatares, sugiere Rudyar, son en realidad «hombres semilla» que de una forma u otra tienen en su ser conocimientos que pueden llevar una cultura a la transcendencia.

Books, Nueva York, 1975 (Trad. cast.: *El secreto final de los iluminados*. Ediciones Martínez Roca, Madrid, 1983).

Tesla tenía ciertos conocimientos que, por diversas razones, fueron rechazados por la ciencia y la sociedad dominantes o suprimidos por potencias que percibían sus contribuciones como amenazadoras. Sin embargo, la esencia del trabajo de Tesla está a disposición de quien lo busque. Descrito por el popular escritor de la New Age Robert Anton Wilson como un «illuminati», Tesla sigue siendo un héroe de culto debido a su estatus esotérico, porque el trabajo de su vida ha servido como modelo para numerosos personajes de ciencia ficción y temas cinematográficos, y porque aporta respuestas a aquellos que estudian su obra por su significado interno.

Sin embargo, a diferencia de muchas otras figuras esotéricas, Tesla se encuentra en una posición única porque muchos de sus inventos se incorporaron a nuestro mundo moderno de alta tecnología. Si su plan definitivo de transmisión mundial realmente hubiera cuajado durante su apogeo, se desconoce cómo podría haber transcurrido la historia y cómo podría haber cambiado la calidad de nuestras vidas.

Apéndice A

El transmisor amplificador: Discusión técnica

En la Conferencia Internacional Tesla de 1990 celebrada en Colorado Springs, el Dr. Alexander Marinčić, conservador del Museo Tesla en Belgrado; Robert Golka, el único ingeniero eléctrico moderno que ha construido transmisores amplificadores a gran escala, y yo nos enfrascamos en una conversación sobre la viabilidad del plan de Tesla. Tanto Marinčić como Golka coincidieron en que el plan final de Tesla, el de enviar energía alrededor de la Tierra con fines industriales, no era viable.

Leland I. Anderson, un ingeniero eléctrico y experto en Tesla durante casi cuarenta años, estaba de acuerdo. Los experimentos de Tesla en Colorado Springs, según Anderson, probablemente fueron un efecto local provocado por la colocación fortuita de su torre cerca de la cordillera del pico Peaks a lo largo de una gran llanura. Cuando Tesla detectó descargas de rayos y ondas estacionarias, supuso incorrectamente que estas ondas rodearían el planeta. De hecho, escribió Anderson, las ondas estacionarias detectadas probablemente fueron «efectos de refuerzo no identificados» que rebotaban en el pico Pikes, y probablemente pasó lo mismo con las olas que Tesla generó. Su conclusión se basaba en las mediciones que el científico electrónico J. Ralph Johler hizo de las tormentas que se producían junto al pico.[1]

Dos expertos que han llegado a la conclusión de que el aparato de Tesla era viable son el profesor James Corum y Eric Dollard, ambos diseñadores de equipos de transmisión basados en los descubrimientos de Tesla. Dollard escribe que la invención (hacia 1920) de la «antena plana

---

1. J. Ralph Johler a Leland I. Anderson (15 de agosto de 1959), en Anderson, «Nikola Tesla's Work in Wireless Power Transmission» (Denver, Colorado, 1991, no publicado).

con múltiples cargas del protegido de Steinmetz, Ernst F. W. Alexanderson», en realidad fue «diseñada a partir de las desarrolladas por Tesla». Una de esas plantas, ubicada en Bolinas (California), consta de un transformador resonante entre dos «tomas de tierra» separadas y una «toma elevada». Esta disposición produce tres tipos distintos de frecuencias inalámbricas: «inducción atmosférica, transmisión de antena e inducción terrestre». La antena que transmite energía hacia la Tierra crea ondas estacionarias que «rebotan continuamente entre la Tierra y la capacitancia reflectante a un ritmo sintonizado con el ritmo natural de la Tierra».[2]

Se puede llevar a cabo un sencillo experimento con un diapasón para explicar la importancia de la conexión a tierra. Resuena mucho más poderosamente cuando el diapasón está fijado a una base, como una mesa. Gracias a la propiedad conductora de la Tierra, también se facilita la individualización de la transmisión de impulsos. La energía eléctrica «no atraviesa la Tierra en la aceptación ordinaria del término, sólo penetra hasta una cierta profundidad según la frecuencia».[3]

Corum, que tiene un doctorado en física y había sido profesor de ingeniería eléctrica en la Universidad de Virginia Occidental, escribió: «Ha sido común en el pasado descartar la visión clarividente de Tesla como infundada. Creo que tal depreciación se debe a críticos que no estaban informados sobre las mediciones técnicas reales y la observación física de Tesla». Habiendo realizado él mismo varios experimentos, Corum supone que los resultados matemáticos de Tesla escritos en su solicitud de patente del 16 de mayo de 1900 «sólo se podrían haber obtenido como resultado de auténticas mediciones de resonancia terrestre». En otras palabras, concluye que las afirmaciones de Tesla de que *a)* midió un pulso terrestre que rebotó en la antípoda de la Tierra y *b)* calculó la frecuencia de resonancia de la Tierra son esencialmente correctas.[4]

2. Dollard, E.: «Representations of Electric Induction: Nikola Tesla and the True Wireless», en Elswick, S. R. (ed.): *Proceedings of the 1986 International Tesla Symposium*. Sociedad Internacional Tesla, Colorado Springs, 1986. pp. 2-35-2-82.

3. Anderson, L. I. (ed.): *Nikola Tesla: On His Work with Alternating Currents and Their Application to Wireless Telegraphy, Telephony and Transmission of Power*. Sun Publishing, Denver, Colorado, 1992. p. 138.

4. Corum, J. *et al*.: «The Transient Propagation of ELF Pulses in the Earth-Ionosphere Cavity», en Elswick, S. R. (ed.): *Proceedings of the 1986 International Tesla Symposium*. Sociedad Internacional Tesla, Colorado Springs, 1986. pp. 3-1-3-12.

Si se analiza el proyecto inalámbrico desde el punto de vista técnico, lo más probable es que Wardenclyffe se creara sobre todo con el propósito de distribuir información y escasas cantidades de energía eléctrica, la suficiente para hacer funcionar relojes y las cintas de cotizaciones bursátiles, pero no la suficiente para hacer funcionar fábricas. Cada torre podía actuar como emisor o receptor. En una carta a Katherine Johnson, Tesla explica la necesidad de más de treinta torres de este tipo.[5]

Además, el transmisor amplificador fue concebido para transmitir electricidad de diversas formas. Tesla podría utilizar las ondas portadoras que viajan dentro de la Tierra (por ejemplo, la cavidad de Schumann y/o el pulso geomagnético de la Tierra), podría transmitir frecuencias a través del aire o una onda portadora hasta la ionosfera y utilizarla para el transporte:

> Confieso que me decepcioné cuando hice por primera vez pruebas en este sentido a gran escala. No dieron resultados prácticos. En aquel entonces, consumía entre 8 000 000 y 12 000 000 voltios de electricidad. Como fuente de rayos ionizantes, empleé un poderoso arco que reflejaba hacia el cielo [...], tratando sólo de conectar una corriente de alta tensión y los estratos superiores del aire, porque mi plan favorito durante años había sido iluminar el océano por la noche.

Las torres centrales, que actúan de forma muy parecida a los actuales transmisores de microondas de línea troncal inalámbrica de las compañías telefónicas, podían conectarse mediante cables convencionales a numerosos hogares dentro de un radio determinado.

Sistema de radiodifusión mundial

Por lo que puedo determinar, creo que el transmisor amplificador de Tesla en un estado completo habría funcionado de la siguiente manera: se habría construido una torre de transmisión de modo que su altura y capacidad para irradiar oscilaciones eléctricas estuvieran en una relación de resonancia con el tamaño, la electrónica y la propiedades geofísicas de la Tierra.

---

5. Nikola Tesla a Katharine Johnson (19 de abril de 1907) [BBUC].

En lugar de utilizar exclusivamente ondas electromagnéticas transversales, Tesla estaría utilizando ondas longitudinales (como las que se encuentran en los impulsos transmitidos por los terremotos y el sonido).[6] La gigantesca bobina de Tesla también se calculó teniendo en cuenta la longitud de onda de la luz. En otras palabras, la longitud de los cables enrollados en el transformador estaba en una relación armónica con la distancia que recorrería la luz en un tiempo determinado. Con la producción de ondas estacionarias en resonancia con el planeta, también se trazaban «puntos nodales» en la superficie terrestre.[7]

Se impulsaría una carga enorme, de más de treinta millones de voltios y en una frecuencia armónica con el estado eléctrico y/o geofísico de la Tierra, hacia la base de la torre, hacia el suelo y hacia los dieciséis radios de hierro de cien metros de longitud colocados en espiral a lo largo de todo el pozo de 35 metros de profundidad. Al agarrarse así a la Tierra, este pulso generaría una perturbación electrónica en una relación armónica con el pulso geomagnético natural que llegaría al otro lado del planeta y, a su vez, rebotaría hacia arriba por la torre. Controlando el período de frecuencia, podría modularse este pulso y, de hecho, incrementarlo en intensidad de la misma manera que se puede hacer resonar una campana bien hecha con un volumen cada vez mayor, tocándola a ritmos cada vez más rápidos y sincronizados con precisión. Además, la energía se almacenaría en la parte superior de la torre y en condensadores especialmente construidos por el laboratorio. De este modo se establecerían ondas estacionarias en resonancia con corrientes terrestres conocidas.[8]

Como un resorte vibrante con un peso en él, este dispositivo permitía a Tesla determinar y manipular la capacidad electrostática (en la analogía, como la flexibilidad del resorte) y la inductancia (en la analogía, el peso en el resorte) de las vibraciones portadoras.[9] Tesla también sostenía

6. Ratzlaff, J. T. (ed.): *Tesla Said.* Tesla Book Co., Milbrae, California, 1984. p. 225.

7. Marinčić, A.: *Colorado Springs Notes, 1899-1900.* Nolit, Belgrado, 1978. pp. 180-183; patente n.º 649.621, en Popović, V. *et al.* (ed.): *Nikola Tesla: Lectures, Patents, Articles.* Museo Nikola Tesla, Belgrado, 1956. p. P-293.

8. Patente n.º 787.412 (16 de mayo de 1900), en en Popović, V. *et al.* (ed.): *Nikola Tesla: Lectures, Patents, Articles.* Museo Nikola Tesla, Belgrado, 1956. pp. P-332-333.

9. «Tesla's New Discovery» (1901), en Ratzlaff, J. T. (ed.): *Tesla Said.* Tesla Book Co., Milbrae, California, 1984. p. 57.

que el uso de aire licuado (–127 °C) aumentaría en gran medida la producción y la recepción de frecuencias muy altas y al mismo tiempo reduciría la impedancia provocada por la fricción o el calor.[10] *Transformando la energía a frecuencias más altas en el flujo de rebote*, Tesla aumentaba la eficiencia de sus torres. Cada una podría actuar como remitente y como receptora. Una torre situada cerca de una cascada podría «saltar» energía a otra torre situada en otro punto del planeta.

Así como la electricidad está disponible a lo largo de todos los circuitos eléctricos que recorren las líneas de transmisión que circunscriben nuestro planeta, la electricidad también estaría disponible a lo largo de toda la red electromagnética de la Tierra. De la misma manera que la electricidad no se utiliza por medios convencionales hasta que se enchufa un aparato y se enciende un interruptor, en el sistema Tesla la electricidad tampoco se utilizaría hasta que se conectara un instrumento inalámbrico y este instrumento se encendiera mediante un interruptor. La electricidad del sistema Tesla no se desperdiciaría por difusión, no más que la electricidad que se desperdicia con los sistemas actuales, como pasa con los cables de alta tensión que van de un polo de transmisión a otro.[11]

Parece que en este punto la torre podría servir de diversas formas. Por ejemplo, se podrían transmitir señales inteligibles (teléfono inalámbrico) a cualquier región del mundo. El mismo mecanismo también podría proporcionar energía, probablemente dentro de una región confinada de cada torre, a miles de máquinas específicas después de que enviaran un impulso de solicitud codificado o simplemente a otra torre que no estuviera ubicada cerca de una fuente de energía. Y esta segunda torre, situada en una zona remota, podría conectarse a electrodomésticos y teléfonos mediante cables convencionales o de forma inalámbrica. Si se utilizaran dos transmisores separados por muchos kiló-

---

10. Patente n.º 685.012, en Popović, V. *et al.* (ed.): *Nikola Tesla: Lectures, Patents, Articles.* Museo Nikola Tesla, Belgrado, 1956. pp. P-327-330. Es dudoso pero posible que considerara utilizar la superconductividad, ya que esta propiedad de los elementos que implica la expulsión del magnetismo se produce a temperaturas casi el doble de frías. Este efecto, que es una transición abrupta y discontinua de un estado magnético a un estado no magnético, fue descubierto oficialmente una década más tarde, en 1911, por el físico neerlandés Heike Kamerlingh Onnes (véase Blatt, J.: *Theories of Superconductivity.* Academic Press, Nueva York, 1964).

11. Debates con Stanley Seifer (febrero de 1991).

metros, las ondas vectoriales podrían colocar impulsos en los lugares deseados más fácilmente.[12]

En referencia a la Figura 1: Una fuente de energía (como carbón o agua) generaría energía en un transformador que comprende tanto una bobina secundaria (sintonizada a la longitud de onda de la luz) como una primaria. La bobina secundaria de la torre transmisora sería la interior más delgada, más larga y con más vueltas. La frecuencia generada se reduciría cuando al inducirla hacia la primaria, más gruesa, con menos vueltas y más corta. A continuación, el transmisor bombearía la energía al medio natural, transmitiéndola a través del suelo o del aire (es decir, de dos maneras diferentes). En palabras de Tesla en 1897:

> En la estación receptora se emplea un transformador de construcción similar, pero en este caso, la bobina más larga [de muchas vueltas] constituye la primaria y la bobina más corta [de menos vueltas] la secundaria [...]. Cabe señalar que el fenómeno aquí involucrado en la transmisión de energía eléctrica es uno de verdadera conducción y no debe confundirse con los fenómenos de radiación eléctrica.[13]

Una crítica adicional

Al revisar esta sección, Edward T. Kornhauser, profesor de ingeniería eléctrica en la Universidad de Brown duda de que esta forma de transmisión de energía pueda tener éxito porque la Tierra no es un conductor eficiente (por ejemplo, en comparación con un alambre de cobre). En cuanto a la posibilidad de crear comunicaciones inalámbricas que puedan dar la vuelta al planeta, Kornhauser admite que sería posible. Comentó que la Marina había intentado infructuosamente establecer un sistema de radar mundial que utilizara frecuencias extremadamente bajas. Conocido como Proyecto Seafarer, supuestamente hubiera permitido establecer comunicación incluso con submarinos a grandes profundidades bajo el agua en cualquier punto del mundo. Sin embargo, al

---

12. Bearden, T.: «Tesla's Secret», *Planetary Association for Clean Energy,* n.º 3, pp. 12-24.

13. Popović, V. *et al.* (ed.): *Nikola Tesla: Lectures, Patents, Articles.* Museo Nikola Tesla, Belgrado, 1956. p. P-294.

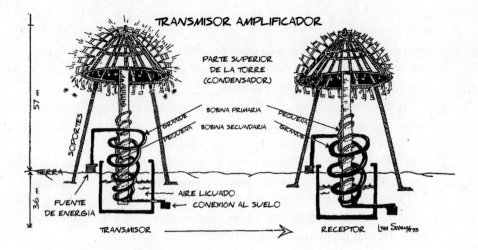

TRANSMISOR AMPLIFICADOR

PARTE SUPERIOR
DE LA TORRE
(CONDENSADOR)

BOBINA PRIMARIA
BOBINA SECUNDARIA

AIRE LICUADO
CONEXIÓN AL SUELO

FUENTE
DE ENERGÍA

TRANSMISOR

RECEPTOR

1. TRANSFORMADOR que comprende:

   a. **Bobina gruesa** de longitud corta y pocas vueltas, que actúa como primaria en el transmisor y como secundaria en el receptor.

   b. **Bobina delgada** de mayor longitud y muchas vueltas, que actúa como secundaria en el transmisor y como primaria en el receptor. Esta bobina tendría ochenta kilómetros de longitud o un cuarto de la longitud de onda de una onda de luz cuyo circuito tuviera 300 000 kilómetros de longitud.[14]

   c. **Núcleo magnético** fijado a la tierra y terminal elevado.

2. FUENTE DE ENERGÍA que obtiene energía del carbón o de una cascada.

3. CONEXIÓN A TIERRA.

4. CONTENEDOR DE AIRE LICUADO (−127 °C) que provoca «una extraordinaria amplificación de la oscilación en el circuito de resonancia».[15]

5. TERMINAL ELEVADA o parte superior bulbosa para la acumulación de carga almacenada. Para conseguir la mayor frecuencia posible, se emplea un terminal de pequeña capacidad (como un resorte tensado) y alta presión.

Figura 1. Básicamente, los transmisores amplificadores emisores y receptores están construidos de la misma manera. La longitud y el tamaño de la torre y del transformador están en una relación armónica con las propiedades electromagnéticas de la Tierra. Esto tiene varios propósitos. Las ondas estacionarias generadas en relación resonante con las corrientes terrestres conocidas podrían utilizarse como frecuencias portadoras para transmitir energía eléctrica.

---

14. Ibíd. p. P-293.

15. Ibíd. p. P-328.

parecer el plan fue descartado sobre todo debido a la posibilidad de perturbar notablemente las frecuencias de radio y de televisión existentes, y por temor a daños al medio ambiente.

Kornhauser también cuestionó la eficiencia de los tubos receptores de radio de Tesla, ya que pensaba que era dudoso que hubieran sido lo suficientemente eficientes, puesto que aún tendrían que pasar otros quince años antes de que aparecieran tubos de radio de cierto mérito. En cambio, Kornhauser sí dijo que las modernas estaciones de radio AM utilizan la Tierra como medio principal para transmitir sus impulsos. La FM y la televisión también utilizan la Tierra, pero en estos casos la atmósfera es el medio más importante para la transmisión de impulsos.

Apéndice B

El incidente de Tunguska

Una pregunta que se hace a menudo es si Tesla tuvo algo que ver con la explosión masiva que ocurrió en Tunguska (Siberia) en junio de 1908. Como no se encontró ningún meteoro ni cráter, surgió un rumor proveniente de Oliver Nichelson, recogido por Tad Wise en libro *Tesla: A Novel*, en el que sugería que Tesla utilizó Wardenclyffe para lanzar la carga. Dado que la torre dejó de funcionar en 1903, no veía ninguna razón para incluir el incidente en la primera edición de este libro. Sin embargo, dado que la historia se explicó por la televisión, los rumores han persistido. ¡Roy Gallant estima en su libro *The Day the Sky Split Apart* que la explosión de Tunguska devastó un área de cien kilómetros cuadrados y liberó dos mil veces más energía que la bomba atómica lanzada sobre Hiroshima! El experto en Tesla, James Corum, admitió que si Tesla hubiera tenido la capacidad de liberar sólo el 1 % de la carga magnética de la Tierra, *en teoría*, podría haber provocado resultados comparables. Sin embargo, tanto Corum como yo mismo estamos de acuerdo en que Tesla no sólo no hizo esto, sino que, además, Wardenclyffe sencillamente no tenía ese tipo de capacidad. Como sugiere Gallant, la explosión de Tunguska probablemente fue provocada por un cometa o por un asteroide que apenas alcanzó la Tierra y atravesó la atmósfera unos tres o cuatro kilómetros por encima del lugar.

Bibliografía

Archivos de investigación

AN	Archivos Nacionales, Washington D.C.
AWC	Archivos de la Westinghouse Corporation, Pittsburgh, Pensilvania
BBCA	Biblioteca Bancroft, División de Manuscritos, Universidad de California, Berkeley, California
BBUC	Biblioteca Butler, División de Manuscritos, Universidad de Columbia, ciudad de Nueva York, Nueva York (documentos de Robert U. Johnson, George Scherff y Michael Pupin)
BC	Biblioteca del Congreso, Washington D.C. (correspondencia de Tesla en microfilm)
BH	Biblioteca Houghton, Universidad de Harvard University, Cambridge, Massachusetts
CH	Castillo de Hammond, Gloucester, Massachusetts
	Health Research Publishers, Mokelumne, California
DKS	Instituto Smithsoniano, Washington D.C. (documentos de Kenneth Swezey)
DWB	Biblioteca de la Universidad Cornell, División de Manuscritos, Ithaca, Nueva York (documentos de William Broughton)
DSW	Biblioteca Avery, División de Manuscritos, Universidad de Columbia, ciudad de Nueva York, Nueva York (documentos de Stanford White)
JPM	Biblioteca de J. Pierpont Morgan, ciudad de Nueva York, Nueva York
	Lloyd's of London, Londres, Reino Unido
LA	Archivos personales de Leland I. Anderson, Denver, Colorado
	Amigos estadounidenses de la Universidad Hebrea, ciudad de Nueva York, Nueva York

MNT Museo Nikola Tesla, Belgrado, Yugoslavia
Biblioteca de la Universidad de Praga, Archivo de la
Universidad Carolina, Praga, Checoslovaquia
Biblioteca de la Universidad de Rhode Island y préstamo
interbibliotecario, Kingston, Rhode Island
USX Corporation, Pittsburgh, Pensilvania
SHNY Sociedad Histórica de Nueva York, ciudad de Nueva York,
Nueva York
TAE Sitio Histórico Nacional de Edison, West Orange, Nueva
Jersey (documentos de Thomas Alva Edison, Charles W.
Batchelor y Nikola Tesla)

Fuentes frecuentemente citadas de o sobre Nikola Tesla

MARTIN, T. C. (ed.): The Inventions, Researches, and Writings of Nikola Tesla. The Electrical Engineer, Nueva York, 1894.

TESLA, N.: «The Problem of Increasing Human Energy», *Century*, pp. 175-211 (junio de 1900).

ANDERSON, L. I. (ed.): *Nikola Tesla: On His Work With Alternating Currents and Their Application to Wireless Telegraphy, Telephony and Transmission of Power*. Sun Publishing, Denver, Colorado, 1992.

TESLA, N.: *My Inventions: The Autobiography of Nikola Tesla*. Hart Brothers, Williston, Vermont, 1982. (Trad. cast.: *Mis inventos*. Ediciones Obelisco, Barcelona, 2022).

CORUM J. *et al.*: «The New Art of Projecting Concentrated Non-dispersive Energy Through the Natural Medium», en Grotz, T. *et al.* (eds.): *Proceedings of the Tesla Centennial Symposium*. Sociedad Internacional Tesla, Colorado Springs, 1984. pp. 144-150.

POPOVIĆ, V. *et al.* (ed.): *Nikola Tesla: Lectures, Patents, Articles*. Museo Nikola Tesla, Belgrado, 1956.

—: *Tribute to Nikola Tesla: Letters, Articles, Documents*. Museo Nikola Tesla, Belgrado, 1961.

MARINČIĆ, A.: *Colorado Springs Notes, 1899-1900*. Tesla Book Co., Millbrae, California, 1979.

RATZLAFF, J. T. (ed.): *Reference Articles for Solutions to Tesla's Secrets*. Tesla Book Co., Milbrae, California, 1981.

—: *Tesla Said*. Tesla Book Co., Milbrae, California, 1984.

RATZLAFF, J. T. *et al.*: *Dr. Nikola Tesla Bibliography, 1884-1978*. Ragusen Press, Palo Alto, California, 1979.

Bibliografía de fuentes principales

ABRAHAMS, H. J. *et al.* (eds.): *Selections from the Scientific Correspondence of Elihu Thomson*. Academic Press, Nueva York, 1971.

ADAMS, E. D.: *Niagara Power: 1886-1918*. Niagara Falls Power Co., Nueva York, 1927.

ANDERSON, F. (ed.): *Mark Twain's Notebooks and Journals, vol. 3, 1883-1891*. University of California Press, Berkeley, California, 1979.

ANDERSON, L. I. (ed.): «John Stone Stone on Nikola Tesla's Priority in Radio and Continuous-Wave Radiofrequency Apparatus», *The Antique Wireless Review*, vol. 1 (1986).

—: «Priority in the Invention of the Radio: Tesla vs. Marconi», *Tesla Journal*, n.º 2-3, pp. 17-20 (1982-1983).

—: *Nikola Tesla, Lecture Before the New York Academy of Sciences: The Streams of Lenard and Roentgen and Novel Apparatus for Their Production, April 6, 1897, Reconstructed*. Twenty First Century Books, Breckenridge, Colorado, 1994.

ASIMOV, I.: *Asimov's Biographical Encyclopedia of Science and Technology*. Doubleday, Garden City, Nueva York, 1964. (Trad. cast.: *Enciclopedia biográfica de ciencia y tecnología*. Alianza Editorial, Madrid, 1987).

BAKER, P.: *Stanny: The Gilded Life of Stanford White*. Free Press, Nueva York, 1989. p. 137.

BAKER E. C.: *Sir William Preece: Victorial Engineer Extraordinary*. Hutchinson, Londres, 1976.

BARNOUW, E.: *A Tower in Babel: A History of Broadcasting in the United States to 1933. Vol. 1*. Oxford University Press, Nueva York, 1966.

BEARDEN, T.: «Tesla's Secret and the Soviet Tesla Weapons», en Ratzlaff, J. T. (ed.): Reference Articles for Solutions to Tesla's Secrets. Tesla Book Co., Milbrae, California, 1981. pp. 1-45.

—: «Tesla's Electromagnetics and Soviet Weaponization», en Grotz, T. *et al.* (eds.): *Proceedings of the Tesla Centennial Symposium*. Sociedad Internacional Tesla, Colorado Springs, 1984. pp. 119-138.

BECKHARD, A.: *Electrical Genius, Nikola Tesla*. Julian Messner, Nueva York, 1959.

BEHREND, B. A.: *The Induction Motor and Other Alternating Current Motors*. McGraw-Hill, Nueva York, 1921.

BIRMINGHAM, S.: *Our Crowd*. Pocket Books, Nueva York, 1977.

BLACKMORE, J. T.: *Ernst Mach: His Life and Work*. University of California Press, Berkeley, California, 1972.

BULWER-LYTTON, E. G.: *The Coming Race*. Routledge, Londres, 1871. (Trad. cast.: *La raza venidera*. Ediciones Abraxas, Barcelona, 2000).

CAMERON, W. E.: *The World's Fair: A Pictorial History of the Columbian Exposition*. Chicago Publication & Lithograph Co., Chicago, 1893.

CANTRIL, H.: *The Invasion of Mars: A Study in the Psychology of Panic*. Harper, Nueva York, 1940.

CARLSON, O.: *Brisbane: A Candid Biography*. Stackpole, Nueva York, 1937.

Cases Adjudged in the Supreme Court. United States vs. Marconi. vol. 373, pp. 1-80 (9 de abril de 1943).

CHENEY, M.: *Tesla: Man Out of Time*. Prentice-Hall, Englewood Cliffs, Nueva Jersey, 1981.

CHERNOW, R.: *The House of Morgan: An American Banking Dinasty and the Rise of Modern Finance*. Atlantic Monthly Press, Nueva York, 1990.

CLARK, R. W.: *Einstein: The Life and Times*. World Publishing Co., Nueva York, 1971.

COIT, M.: *Mr. Baruch*. Houghton Mifflin, Nueva York, 1957.

CONOT, R.: *A Streak of Luck: The Life and Legend of Thomas Alva Edison*. Bantam Books, Nueva York, 1980.

Corum J.: «One Hundred Years of Resonator Development», *Proceedings of the 1990 International Tesla Symposium*. Sociedad Internacional Tesla, Colorado Springs, 1990. pp. 2-1-2-18.

CORUM J. *et al.*: «A Physical Interpretation of the Colorado Springs Data», en Grotz, T. *et al.* (eds.): *Proceedings of the Tesla Centennial Symposium*. Sociedad Internacional Tesla, Colorado Springs, 1984.

COWLES, V.: *The Astors*. Knopf, Nueva York, 1979.

CROCKETT, A. S.: *Peacocks on Parade*. Sears, Nueva York, 1931.

CROOKES, W.: «Some Possibilities of Electricity», *Fortnightly Review*, vol. 3, pp. 173-181 (febrero de 1892).

DANIEL, C. (ed.): *Chronicle of the 20th Century*. Chronicle Publications, Mount Kisco, Nueva York, 1987.

DAVIS, J. H.: *The Guggenheims: An American Epic*. William Morrow, Nueva York, 1978.

DE FOREST, L.: *Father of Radio: An Autobiography*. Wilcox & Follett, Chicago, 1950.

DEL RAY, L.: *Fantastic Science Fiction Art: 1926-1954*. Ballantine, Nueva York, 1975.

DICKSON W. L. *et al.*: *The Life and Inventions of Thomas Alva Edison*. Thomas Crowell, Nueva York, 1892.

DJILAS, M.: *Land Without Justice. An autobiography.* Harcourt Brace, Nueva York, 1958.

EDISON, T. A.: «Pearl Street», *Electrical Review*, pp. 60-62 (12 de enero de 1901).

EINSTEIN, A. *et al.*: «Can Quantum Mechanical Description of Physical Reality be Considered Complete?», *Physical Review*, vol. 47, p. 777 (1935).

ELSWICK, S. R. (ed.): *Proceedings of the 1986 International Tesla Symposium*. Sociedad Internacional Tesla, Colorado Springs, 1986.

—: *Proceedings of the 1988 International Tesla Symposium*. Sociedad Internacional Tesla, Colorado Springs, 1988.

—: *Proceedings of the 1990 International Tesla Symposium*. Sociedad Internacional Tesla, Colorado Springs, 1990.

—: *Proceedings of the 1992 International Tesla Symposium*. Sociedad Internacional Tesla, Colorado Springs, 1992. [En imprenta]

—: *Proceedings of the 1994 International Tesla Symposium*. Sociedad Internacional Tesla, Colorado Springs, 1994. [En imprenta]

Encyclopedia of Science & Technology. McGraw-Hill, Nueva York, 1987.

EVANS, C. R.: *Cults of Unreason*. Dell, Nueva York, 1973.

FABIN, S.: *The Zenith Factor* (vídeo). Southwestern College of Life Sciences, Santa Fe, Nuevo México, 1985.

GARDINER, P. (ed.): *Theories of History*. The Free Press, Glencoe, Illinois, 1959.

GATES, J. D.: *The Astor Family*. Doubleday, Garden City, Nueva York, 1981.

GERNSBACK, H. «Nikola Tesla: Father of Wireless, 1857-1943», *Radio Craft*, pp. 263-265, 307-310 (febrero de 1943).

GILLIFAN, S. C.: *The Sociology of Invention: An Essay in the Social*. MIT Press, Cambridge, Massachusetts, 1935.

GERTZ, E.: *Odyssey of a Barbarian: The Biography of George Sylvester Viereck*. Prometheus Books, Búfalo, Nueva York, 1978.

GOETHE, J. W. von: *Fausto*. Penguin Random House Grupo Editorial, Barcelona, 2016.

GOROWITZ, B. (ed.): *The Steinmetz Era: 1892-1923*. Schenectady Elfun Society, Schenectady, Nueva York, 1977.

GROTZ, T. *et al.* (eds.): Proceedings of the Tesla Centennial Symposium. Sociedad Internacional Tesla, Colorado Springs, 1984.

HAMMOND Jr., J. H.: «The Future in Wireless», *National Press Reporter*, vol. XV, n.º 110 (mayo de 1912).

—: *The Autobiography of John Hays Hammond*. Farrar & Rhinehart, Nueva York, 1935.

HARDING, R. S.: *George H. Clark Radioana Collection*. Smithsonian Institution, Washington D.C., 1990.

HAWKINGS, L.: *William Stanley: His Life and Times*. Newcomen Society, Nueva York, 1939.

HAYES, J.: *Boundary-Layer Breakthrough*. High Energy Enterprise, Security, Colorado, 1990.

HELD, D.: *Introduction to Critical Theory*. University of California Press, Berkeley, California, 1980.

HOWETH, L. S.: *History of Communications Electronics in U.S. Navy*. U.S. Government Printing Office, Washington D.C., 1963.

HOYT, E. P.: *The House of Morgan*. Dodd, Mead & Company, Nueva York, 1966.

—: *The Guggenheims and the American Dream*. Funk and Wagnalls, Nueva York, 1967.

HUART, M.: «The Genius of Destruction», *Electrical Review*, p. 36 (7 de diciembre de 1898).

HUGHES, T.: *Networks of Power: Electrification in Western Society, 1880-1930*. Johns Hopkins University Press, Baltimore, 1983.

HUNT, I. *et al.*: *Lightning in His Hands: The Life Story of Nikola Tesla*. Omni Publications, Hawthorne, California, 1964.

JOBS, S.: *Playboy*. pp. 49-50, 54, 58, 70, 174-180 (febrero de 1985).

JOHNSON, N. M.: *George Sylvester Viereck: German-American Propagandist*. University of Illinois Press, Chicago, 1972.

JOHNSON, R. U. (ed.): *Songs of Liberty and Other Poems*. Century Company, Nueva York, 1897.

—: *Remembered Yesterdays*, Little Brown, Boston, 1923.

JOLLY, W.: *Marconi*. Stein & Day, Nueva York, 1972.

Josephson, M.: *The Robber Barons*. J. J. Little & Ives Co., Nueva York, 1934.

—: *Edison: A Biography*. McGraw-Hill, Nueva York, 1959. (Trad. cast.: *Edison*. Plaza y Janés, Buenos Aires, 1962).

Jovanović, B.: *Tesla i svet vazduhoplovstva*. Museo Nikola Tesla, Belgrado, 1988.

Kuhn, T.: *The Structure of Scientific Revolutions*. University of Chicago Press, Chicago, 1970.

Leonard, J.: *The Life of Charles Proteus Steinmetz*. Doubleday Doran & Co., Garden City, Nueva York, 1932.

Lessing, L.: *Man of High Fidelity: Edwin Howard Armstrong*. Lippincott, Nueva York, 1956.

Lowell, P.: *Mars and its Canals*. Macmillan Publishing Company, Nueva York, 1906.

Lyons, E.: *David Sarnoff: A Biography*. Pyramid, Nueva York, 1970.

Mannheim, K.: *Essays on the Sociology of Knowledge*. Routledge, Londres, 1952.

Marconi, D.: *My Father, Marconi*. McGraw-Hill, Nueva York, 1962.

Marconi, G.: «Wireless Telegraphy and the Earth», *Electrical Review* (12 de enero de 1901).

Marinčić, A.: «Research on Nikola Tesla in Long Island Laboratory», *Tesla Journal*, n.º 6-7, pp. 25-28 (1989-1990).

Martin, T. C.: «Nikola Tesla», *Century*, pp. 582-585 (febrero de 1894).

Mooney, M.: Evelyn Nisbet and Stanford White. Morrow, Nueva York, 1976.

O'Hara, J. G. *et al.*: *Hertz and the Maxwellians*. Peter Peregrinus Ltd. en asociación con el Museo de Ciencias, Londres, 1987.

O'Neill, J. J.: *Prodigal Genius: The Life of Nikola Tesla*. Ives Washburn, Nueva York, 1944.

Ouspensky, P. O.: *New Model of the Universe*. Vintage Books, Nueva York, 1971.

Passer, H.: *The Electrical Manufacturers: 1875-1900*. Harvard University Press, Cambridge, Massachusetts, 1953.

Petković, D.: «A Visit to Nikola Tesla», *Politika*, vol. XXV, n.º 6824, p. 4 (27 de abril de 1927).

Petrović, M. B.: *A History of Modern Serbia: 1804-1918, 2 vols*. Harcourt Brace Jovanović, Nueva York, 1976.

PROUT, H.: *George Westinghouse: An Intimate Portrait.* Wiley, Nueva York, 1939.

PUPIN, M.: *From Immigrant to Inventor.* Charles Scribner's Sons, Nueva York, 1923.

RAND, A.: *Atlas Shrugged.* Random House, Nueva York, 1957. (Trad. cast.: *La rebelión de Atlas.* Deusto, Barcelona, 2019).

RATZLAFF J. *et al.* (eds.): *Dr. Nikola Tesla: I, English/Serbo-Croatian Diary Comparisons, II, Serbo-Croatian Diary Commentary, III, Tesla/Scherff Colorado Springs Correspondence, 1899-1900.* Tesla Book Co., Millbrae, California, 1979.

ROBERTSON, A. W.: *About George Westinghouse and the Polyphase Electric Current.* Princeton University Press, Nueva York, 1939.

ROMAN, K. *Handwriting: A Key to Personality.* Free Press, Nueva York, 1971.

RUBIN, C. *et al.*: «Why So Many Computers Look Like "IBM Standard"», *Personal Computing*, pp. 52-65 (marzo de 1984).

RUBIN, Nancy. *John Hays Hammond, Jr.: A Rennaissance Man in the Twentieth Century.* Hammond Museum Press, Gloucester, Massachusetts, 1987.

RUDYAR, D.: *Occult Preparations for a New Age.* Quest Books, Wheaton, Illinois, 1975,

SARTRE, J. P.: *Questions de méthode.* Éditions Gallimard, París, 1957. (Trad. cast.: *Crítica de la cuestión dialéctica y cuestión de método.* Editorial Magisterio Español, Madrid, 1975).

SATTERLEE, H. L.: *J. Pierpont Morgan: An Intimate Portrait.* Wiley, Nueva York, 1939.

SCOTT, L.: *Naval Consulting Board of the United States.* Government Printing Office, Washington D.C., 1920.

SIEGEL, M. J.: *Hugo Gernsback: Father of Modern Science Fiction.* Borgo Press, San Bernardino, California, 1988.

SILVERBERG, R.: *Light for the World.* Van Nostrand, Princeton, Nueva Jersey, 1967.

SMITH, P.: *The Rise of Industrial America. vol. 6.* McGraw-Hill, Nueva York, 1984.

SMITHSONIAN INSTITUTION: *The Smithsonian Book of Invention.* Norton, Nueva York, 1978.

SOBEL, R.: *RCA.* Stein & Day, Nueva York, 1986.

STEINMETZ, C. P.: *Alternating Current Phenomena*. McGraw-Hill, Nueva York, 1900.

—: *Theoretical Elements of Electrical Engineering*. McGraw-Hill, Nueva York, 1902.

STOCKBRIDGE, F. P.: «Tesla's New Monarch of Mechanics», New York Herald Tribune, p. 1 (15 de octubre de 1911).

STOILKOVIĆ, S.: «Portrait of a Person, a Creator and a Friend», *Tesla Journal*, n.º 4-5, pp. 26-29 (1986-1987).

STORM, M.: *Return of the Dove*. M. Storm Productions, Baltimore, 1956.

TATE A. O.: *Edison's Open Door*. Dutton, Nueva York, 1938.

TELFORD, W. M. *et al.*: *Applied Geophysics*. Cambridge University Press, Nueva York, 1976.

THOMPSON, S. R.: *Polyphase Electrical Currents*. American Technical Book Co., Nueva York, 1897.

TOOMEY, J.: *Location of Sources of ELF Noise of the Earth-Ionosphere Cavity by Analysis of Schumann Spectra*. University of Rhode Island Press, Kingston, Rhode Island, 1970.

WHEELER, G.: *Pierpont Morgan and Friends: Anatomy of a Myth*. Prentice-Hall, Englewood Cliffs, Nueva Jersey, 1973.

WHYTE, W. H.: *The Organization Man*. Doubleday, Nueva York, 1956.

WISE, T.: *Tesla: A Biographical Novel of the World's Greatest Inventor*. Atlanta, Turner Publishing, 1994.

WOLFF, R. L.: *The Balkans in Our Time*. Harvard University Press, Cambridge, Massachusetts, 1956.

WOLFF, W.: *Diagrams of the Unconscious*. Grune & Stratton, Nueva York, 1948.

WOODBURY, D.: *Beloved Scientist: Elihu Thomson*. McGraw-Hill, Nueva York, 1944.

Trabajos sobre Tesla del autor

«Tesla: The Man Who Fell to Earth», *Ancient Astronauts*, pp. 23-26 (septiembre de 1977) [con el pseudónimo de Harry Imber].

«The Tesla/Matthews Outer Space Connection», Pyramid Guide, parte I, p. 5 (mayo de 1978); *Pyramid Guide*, parte I, p. 5 (julio de 1978) [en coautoría con H. Smukler].

«Forty Years of the Handwriting of Nikola Tesla», trabajo presentado ante la National Society for Graphology, ciudad de Nueva York, Nueva York, 1979.

«On Nikola Tesla», *Radio Electronics*, p. 24 (junio de 1982). [Carta al editor].

«Nikola Tesla: The Forgotten Inventor», en Dorinson J. *et al.* (eds.): *Psychohistory: Persons and Communities*, Long Island University, Nueva York, 1983. pp. 209-231.

«The Belief in Life on Mars: A Turn-of-the-century Group Fantasy», en Dorinson J. *et al.* (eds.): *Proceedings: Sixth Annual International Psychohistory Convention*, City College of New York and International Psychohistory Society, Nueva York, 1984. pp. 101-119. *Tesla: Mad Scientist of the Gilded Age*. Windsor Total Video, Nueva York, 1984 [documental producido en asociación con Bob Henderson, dirigido Marc J. Seifer, narrado por J. T. Walsh, música original de Marshall Coid].

«Nikola Tesla: The Lost Wizard», en Grotz, T. *et al.* (eds.): *Proceedings of the Tesla Centennial Symposium*. Sociedad Internacional Tesla, Colorado Springs, 1984. pp. 31-40.

«The Inventor and the Corporation: Case Studies of Nikola Tesla, Steven Jobs and Edwin Armstrong», en Elswick, S. R. (ed.): *Proceedings of the 1986 International Tesla Symposium*. Sociedad Internacional Tesla, Colorado Springs, 1986. pp. 53-74.

Nikola Tesla: Psychohistory of a Forgotten Inventor. Saybrook Institute, San Francisco, 1986. [Tesis doctoral].

«Tesla: The Interplanetary Communicator?», *Hands on Electronics*, pp. 62-66; 102 (diciembre de 1988).

«The History of Lasers and Particle Beam Weapons», en Elswick, S. R. (ed.): *Proceedings of the 1988 Tesla Symposium*. Sociedad Internacional Tesla, Colorado Springs, Colorado, 1988.

The Lost Wizard (1988). [Guion coescrito con Tim Eaton]

«Nikola Tesla: Psychohistory of a Forgotten Inventor», resúmenes de capítulos de tesis de 1990. *Tesla Journal*. Sociedad Memorial Tesla, Lackawanna, Nueva York. pp.49-57.

«Nikola Tesla and John Hays Hammond, Jr.: Pioneers in Remote Control», en Elswick, S. R. (ed.): *Proceedings of the 1990 Tesla Symposium*. Sociedad Internacional Tesla, Colorado Springs, Colorado, 1990.

Nikola Tesla: The Man Who Harnessed Niagara Falls. MetaScience Publications, Kingston, Rhode Island, 1991.

«Nikola Tesla and John Muir: Ecologists», en IV International Tesla Symposium, Academia Serbia de las Artes y de las Ciencias y Museo Nikola Tesla, Belgrado. pp. 317-328.

«Nikola Tesla and Franklin Delano Roosevelt: The Secret History of Wireless», en Elswick, S. R. (ed.): *Proceedings of the 1992 International Tesla Symposium.* Sociedad Internacional Tesla, Colorado Springs, 1992.

«Nikola Tesla: The Lost Years», en Elswick, S. R. (ed.): *Proceedings of the 1994 International Tesla Symposium.* Sociedad Internacional Tesla, Colorado Springs, 1994.

«Taking on Einstein», *Extraordinary Science*, vol. 8, n.º 1, pp. 38-43 (enero-marzo de 1996).

«Wardenclyffe», *Extraordinary Science*, vol. 8, n.º 2, pp. 5-10 (abril-junio de 1996).

«John Jacob Astor and Nikola Tesla», en *Proceedings of the 1996 International Tesla Symposium.* Sociedad Internacional Tesla, Colorado Springs, 1996.

Otros trabajos

Handwriting & Brainwriting (recopilación de obras)
Staretz Encounter (novela)
Hail to the Chief (guion)
The Steven Rosati Story (biografía de crimen real)

Correspondencia

Alker, Henry, Saybrook Institute, San Francisco, California
† Anderson, Leland, Denver, Colorado
Basura, Nick, Los Ángeles, California
* Bearden, Tom, Huntsville, Alabama
‡ Bergstresser, Ralph, Phoenix, Arizona
Bromberg, Joan, Woburn, Massachusetts
Burg, David, Lexington, Kentucky

Call, Terrence, Universidad de Rhode Island, Kingston, Rhode Island
* Corum, James, Columbus, Ohio
* Corum, Ken, Franconia, Nuevo Hampshire
Clark, Peggy McKinnon, Shoreham, Nueva York
† Czito, Nancy, Washington D.C.
Eaton, Tim, Industrial Light & Magic, San Rafael, California
Elswick, Steve R., Sociedad Internacional Tesla, Colorado Springs, Colorado
Feeley, Terrence, Johnston, Rhode Island
‡ Gant, James, Washington D.C.
x Gertz, Elmer, Chicago, California
Gold, Harry, Tesla Coil Builders Association, Glens Falls, Nueva York
* Golka, Robert, Colorado Springs, Colorado
Grotz, Toby, Colorado Springs, Colorado
Hessen, Robert, Stanford University, California
* Hardesty, James, Ithaca, Nueva York
† Jankovitch, M., París, Francia
* Jovanović, Branimir, Belgrado, Yugoslavia
†* Jurow, Irving, Washington D.C.
Kasanovich, Nicholas, Tesla Memorial Society, Lackawanna, Nueva York
Kline, Ronald, Cornel University, Ithaca, Nueva York
Kramer, Jurgen, Saybrook Institute, San Francisco, California
Krippner, Stanley, Saybrook Institute, San Francisco, California
McCabe, Bob, Flint, Michigan
McGinnis, J. W., Colorado Springs, Colorado
* Marinčić, Alexander, Belgrado, Yugoslavia
* Markovitch, Michael, Brooklyn, Nueva York
Neuschatz, Sanford, Shannock, Rhode Island
Parry, F., Washington D.C.
* Possell, Jake, Colorado Springs, Colorado
† Puharich, Andrija, Colorado Springs, Colorado
* Ratzlaff, John, Milbrae, California
Romero, Sid, Salt Lake, Utah
Seifer, Stanley, West Hempstead, Nueva York
Seifer, Thelma, West Hempstead, Nueva York
Shriftman, Elliott, Manhassett, Nueva York
Smukler, Howard, Berkeley, California

‡ Terbo, William, ciudad de Nueva York, Nueva York
Vagermeerch, Richard, Universidad de Rhode Island, Nueva York
‡ Viereck, Peter, Mt. Holyoke, Massachusetts
*Vujovic, Ljubo, Brooklyn, Nueva York
Walsh, J. T., Studio City, California
White, Debra, Saybrook Institute, San Francisco, California
White, John, Cheshire, Connecticut

* Entrevistado por un conocimiento especial sobre el tema.
† Conoció personalmente a socios de Nikola Tesla.
‡ Conoció personalmente a Nikola Tesla.

Agradecimientos

Este libro comenzó de verdad a finales de la década de 1970 y ha continuado sin interrupción hasta este momento en 1996. Durante el proceso de redacción ha habido muchas personas e instituciones que me han ayudado en mi investigación. La primera persona a quien quiero dar las gracias es mi antiguo socio en el campo de la investigación de la conciencia, Howard Smukler, que en 1976 me regaló el libro de O'Neill junto con el alocado texto *Wall of Light: Nikola Tesla and the Venusian Space Ship*. Poco después, en 1977, escribí mi primer artículo sobre el inventor. Superé el segundo gran obstáculo en 1979, tras pasar dos años examinando minuciosamente las cartas microfilmadas entre Tesla y J. Pierpont Morgan, George Westinghouse, George Scherff y Robert Underwood Johnson, obtenidas de la Biblioteca del Congreso por Roberta Doren del Departamento de Préstamos Interbibliotecarios de la Universidad de Rhode Island. Cuando Roberta pasó a otro departamento, Vernice (Vicky) Burnett se ofreció a ayudarme y continuó haciéndolo sin descanso durante otros doce años. Me gustaría dar las gracias a Vicky por su ingenio y sus extraordinarios esfuerzos, y al resto del personal de la biblioteca de la Universidad de Rhode Island.

En 1980 comencé un programa de doctorado en el Saybrook Institute, en San Francisco. El trabajo desembocó en una tesis doctoral de 725 páginas titulada *Nikola Tesla: Psychohistory of a Forgotten Inventor*. Stanley Krippner no sólo fue mi mentor; también fue un entusiasta editor que corrigió y criticó todo el texto. Le supuso una tarea gigantesca y se lo agradezco mucho. Otros miembros del comité de Saybrook a los que deseo dar las gracias son Henry Alker, Octave Baker, Jurgen Kramer, Debra White y el lector externo William Braud de la Mind Science Foundation en San Antonio, Texas. Concluí la tesis en 1986.

En 1987 comencé a trabajar a tiempo completo en una biografía en toda regla. Se me abrieron numerosos caminos completamente nuevos que la tesis doctoral no contemplaba. Me ayudaron mucho varias personas clave, en particular expertos en Tesla. Desde el principio, Mike Markovitch, de la Universidad de Long Island, me proporcionó importantes fuentes y traducciones; William Terbo, el sobrino nieto de Tesla, pasó horas interminables durante muchos años debatiendo conmigo diversos detalles. En Belgrado, Alexander Marinčić, director del Museo Tesla y, en particular, su asistente, Branimir (Branko) Jovanović, me ayudaron de manera vital. Y en Estados Unidos también quiero dar las gracias de todo corazón al Dr. Ljubo Vujovic, a Jim y a Ken Corum, y al patriarca de los expertos en Tesla, Leland I. Anderson, por su provisión de material, que, como los documentos proporcionados por el Museo Tesla, resultó indispensable a la hora de redactar este tratado.

Otros expertos que me han ayudado son John T. Ratzlaff, de la Tesla Book Company original; John Pettibone, del castillo de Hammond; Paul Baker, Nick Basura, Tom Bearden, Ralph Bergstresser, Zoran Bobic, Nancy Czito, Steve R. Elswick, Uri Geller, Elmer Gertz, Robert Golka, Toby Grotz, James Hardetsky, la Sra. de R. U. Johnson Jr., John Karanfilovsky, Nicholas Kosanovich, John Langdon, J. W. McGinnis, Sanford Neuschatz, Nikola Pribić, el Dr. Andrija Puharich, Sid Romero, Lynn Sevigny, Richard Vangermeersch, J. T. Walsh, Tad Wise y el extraordinario inventor japonés Dr. Yoshiro NakaMats. Y por sus obras, quiero dar las gracias a Hugo Gernsback, a Kenneth Swezey, a Inez Hunt y Wanetta Draper, a Herbert Satterlee y, especialmente, a Matthew Josephson y a John J. O'Neill.

Entre las instituciones que me han ayudado, quiero destacar las bibliotecas de las universidades de Berkeley, Cornell, Harvard, MIT, Brown y Yale, los archivos de la Universidad de Praga, las bibliotecas Avery y Butler, la Biblioteca Pública de Nueva York y la Sociedad Histórica de Nueva York, los Archivos Edison de Menlo Park, la Biblioteca J. Pierpont Morgan, el castillo de Hammond, los archivos de la Westinghouse Corporation, los archivos de Hugo Gernsback, la Biblioteca del Congreso, los Archivos Nacionales, la Institución Smithsoniana, el FBI, la OPE y el instrumento conocido como Ley por la Libertad de Información (FOIA).

También me gustaría dar las gracias a mi amigo cercano Elliott Shriftman por su sabiduría, gran generosidad y continuo aliento; al fallecido profesor Edwin Gora por su comprensión del vínculo de Tesla con la física teórica; a Roger Pearson, exdecano de la Facultad de Educación Continua del Providence College; a Raymond LaVertue, del Bristol Community College, por ayudarme a tener éxito; a mi sagaz agente John White, que lleva más de diez años involucrado en el proyecto; a Allan Wilson (por creer en mí) y a Donald Davidson de Carol Publishing

Group, y a mi leal y altruista socio en el guion de *Tesla: The Lost Wizard*, Tim Eaton, editor de efectos visuales de Industrial Light & Magic del condado de Marin.

Dedico el tratado a mis padres, Thelma y Stanley Seifer; a mi hermana Meri Shardin; a su esposo, John Keithley, y a los hijos de ambos, Devin y Dara; a mi hermano, Bruce Seifer, y a su esposa, Julie Davis, y a mi maravillosa y comprensiva esposa, Lois Mary Pazienza, quien ha estado conmigo durante todo el proyecto de más de dos décadas.

Este libro también está dedicado a los teslarianos, que buscan la verdad del pasado y una tecnología sensata y ecológica para el futuro.

Índice analítico

turbinas (aparte de las de sin
álabes), 426
velocímetro, 616
ionosfera, 181, 298, 343, 703,
727
capa de Kennelly-Heaviside,
343

J

Jobs, Steven, , 714, 716, 740,
744
Johnson, Agnes (Holden), 638,
676
Johnson, Katharine, 5, 206-208,
210-211, 214, 264, 266-267,
280, 289-291, 317, 328-331,
336, 371, 373, 383-384,
407-409, 421, 428-429,
450-452, 466, 473-474, 499,
501, 505-506, 524, 561, 563,
606, 617, 620, 631, 633, 640,
727
Johnson, Robert Underwood, 40,
66, 100, 120, 205, 208, 212,
214, 216-217, 230, 239, 244,
264, 266-267, 280-281,
287-289, 310, 317, 325, 337,
349, 366, 373, 379, 381-382,
388, 403, 408-409, 419, 430,
446-447, 453-454, 463, 466,
497, 501, 515, 524, 532,
563, 567, 585, 587-588,
617, 633, 638, 675-676,
749
Johnson, Walter, 374
Johnston, W. J., 85, 142
Jones, Homer, 698
Josika, *véase Abafi*

Jung, Carl, 255
Jurow, Irving, 694-695, 746

K

Kaempffert, Waldemar, 546-547,
583
Kapp, Gisbert, 141-143, 223
Kara-George (George Petrović),
22-23
Karadžić, Vuk, 23, 27
Keegen, general George, 711
Keely, John Ernst Worell, 113,
116-119, 265, 269, 316
Keene, James, 396
Kelvin, lord (William Thomson),
124, 148, 155, 223-224, 258,
365, 394, 437, 629
Kemmler, William, 105-108
Kennelly, Arthur E., 107, 124,
132-134, 181, 220, 343, 579,
595-596, 651
Kerr, E. M., 93-95, 486
Kerr, Page & Cooper, 488, 574
Kierkegaard, Søren, 272
King, George, 720
King, Joseph, 696
Kipling, Rudyard, 15, 206, 213,
267, 289-290, 337, 407
Knight, Walter H., 530
Korn, Arthur, 296-297, 651
Kosanović, Sava, 460, 638, 647,
683-684, 688, 690, 693, 700,
704-705
Kršinić, Frano, 714
Krueger, Paul, 536
Kulishich, Kosta, 42-43, 45-46, 81
Kussner, Amatia, 331
Küster, Sr., 297-298

761

L

Labine, Jerry, 622
laboratorios
  estación Edison Waterside,
    546, 562
  Grand Street, 113
  Houston Street, 259, 293,
    301, 304, 306, 338,
    343-344, 403, 442, 574
  Liberty Street, 83-84, 86, 92
  puente de la calle 59, 660, 662
  Quinta Avenida Sur, 121, 170,
    230, 442, 683. *Véase*
    también Colorado Springs
    (Colorado); Wardenclyffe
Laemmle, Carl, 661-662
Lamme, Benjamin, 108, 110-111,
  119, 139, 172, 583
Langley, Samuel P., 483-484, 518,
  527
Langmuir, Irving, 583, 636
Lathrop, George, 254, 356
Lawrence, William, 708
Lenard, Philip, 283, 365
Leonardo da Vinci, 517, 685
Ley, Willy, 257
Lilienthal, Otto, 518
Lindbergh, Charles, 515
litigios
  Boldt, 631
  Fessenden, 340-341, 343-345,
    347, 350, 442
  Marconi, 301, 577, 737-738
  Warden, 457, 497, 513
  Westinghouse, 99
Livor, Harry, 76-77
Locke, Richard Adams, 255
Lockheed Martin X-33, 519, 641

Lodge, sir Oliver, 145, 148, 158,
  185-186, 271, 300, 524, 555,
  583, 651
Long, John D., 376, 601
Loomis, Mahlon, 183, 185
  primeros trabajos con *wireless*,
    185
Lowell, Perceival, 252, 256-257,
  342, 510
Lowenstein, Fritz, 345-347, 364,
  442-443, 540, 542, 547, 553,
  555, 565, 572-573, 579, 590,
  604, 615
Lund, Troeln, 586
Lusitania, 529, 573, 579-580
Lwoff-Parlaghy, princesa Vilma,
  592, 633

M

Mach, Ernst, 41, 46-49, 179,
  320, 332, 656, 738
  influencia budista, 49, 179
  ondas acústicas, 48
  principio de, 179, 322, 656
Man, Albion, 67
Mandić, Djouka *véase* Tesla,
  Djouka (Mandić)
Mandić, Nikola, 27
Mandić, Pajo, 28, 122
Mandić, Petar, 28, 121-122, 171,
  460
Mannheim, Karl, 481, 741
máquinas voladoras, 30, 44,
  66, 252, 319, 483, 505,
  513-514, 517, 523, 527,
  532, 550, 641, 646, 663
  aerodeslizador (*hovercraft*),
    518-519

370, 408, 410, 419, 512, 525,
533, 587, 595, 614, 620, 664,
683-684, 692, 741
Proyecto Seafarer, 730
Puharich, Andrija (Henry), 469,
552, 583, 708-710, 746, 750
Pulitzer, Joseph 141
Pupin, Michael, 15, 94, 124, 130,
132, 141, 237-238, 271, 287,
374-375, 434, 573, 577, 583,
592, 651, 674, 735
Purkyne, Jan, 48
Puskás, Ferenc, 49, 55, 59-60
Puskás, Tivadar, 49, 55, 60
Pyle National Co., 606, 613,
615-617

R
Radosavljević, Paul (Rado), 663,
682
Rand, Ayn, 719, 721, 742
Rankine, William B., 226-227,
248, 277-278, 336, 364, 388,
448, 478, 504
Rasquin, William J., 627
Ratzlaff, John T., 14, 25, 29-30,
33, 66, 69-70, 81-82, 94,
113-115, 124, 126, 160, 165,
169, 171, 186, 242-244, 246,
279, 295, 302, 353, 363-365,
368, 373, 375, 401, 407, 481,
496, 510-511, 573, 594-596,
611, 646, 649-656, 660, 704,
710, 722, 728, 736-737, 742,
746, 750
Rau, Louis, 63
Rayleigh, lord, 154-155,
157-158, 190, 283

rayo de la muerte *véase* armas
de haces de partículas
RCA, 550-551, 555, 603,
608-609, 632, 636, 662, 685,
690, 701, 708, 713, 742
Reagan, Ronald, 315, 658
Real Academia Sueca de las
Ciencias, 585-586, 589
Redfield, James, 721
Reis, Philip, 510
Rhodes, Cecil, 290, 536
Rickenbacker, Eddie, 625
Righi, A., 576, 586
Ritchen, H. B., 696
Robertson, Andrew W., 102,
665, 742
Robinson, Corinne (Sra.
Robinson), 337, 381, 388,
390
Rockefeller, John D., 395,
463-464, 485, 507-508,
563
Roeg, Nicholas Jack, 721
Röntgen, Wilhelm, 271-275,
283, 287-288, 633
Roosevelt, Franklin Delano, 15,
569, 576, 582-583, 590, 600,
604-605, 608, 632, 671, 682,
690-691, 701, 745
Roosevelt, Theodore, 206, 427,
468, 509, 592, 676
Ross, Harvey, 706
Rudyar, Dane, 722-723, 742
Russell, Walter, 655-656
Rutherford, Ernest, 177, 583
Ryan, Thomas Fortune, 424,
463-469, 471, 478, 488,
500, 504, 508

S

Thomson, J. J., 146, 148, 150, 158, 185, 583

Thomson-Houston, *véase* Thomson, Elihu

Thomson-Houston Co., 56, 73-74, 89, 116, 126, 135-137, 139, 141

Thurston, R. H., 86, 171

Torre Eiffel, 114, 198, 420, 525

transmisión sin cables (*wireless*), 194, 285, 314, 345, 391, 474, 477, 487, 494, 496, 505, 599, 644, 650. *Véase también* Colorado Springs (Colorado); teleautómata; terrestres, corrientes; transmisor amplificador; Wardenclyffe

transmisor amplificador, 428, 462, 543, 561, 607, 612, 645, 703, 708, 710, 722, 725, 727. *Véase también* sintonizados, circuitos; Wardenclyffe

osciladores, 146, 165-166, 171, 184, 195-197, 203, 227-228, 230-232, 235, 237, 239, 259, 269-270, 287, 294, 302, 305-306, 314, 318-319, 333-335, 338, 342-344, 346-348, 354, 356, 361, 363, 366-367, 370, 384-385, 394, 398, 411, 433, 438, 441, 454, 461-462, 476, 484, 487, 495-497, 510-511, 539, 576-577, 603, 644, 648, 657

tubo de radio, 149, 175

Trbojevich, Nicholas, 592-593, 647, 695

Trump, John O., 696-702, 704-705, 707

Twain, Mark, 15, 36, 73, 206, 212-214, 231-232, 263, 267, 289, 315, 330, 332, 376, 407, 524, 536, 618, 683, 737

Tyndall, John, 195

U

Uhlman, Louis, 344

Upton, Francis, 74-75, 129

V

Vail, B. A., 80-81

Van de Graaff, Robert, 669, 698-699

Van Tassel, George, 720

vectoriales, ondas, 730

Verne, Julio, 265

Viereck, George Sylvester, 15, 524, 570, 580, 673, 676-682, 740

Villard, Henry, 67, 76, 135-137, 222, 327, 415

Vivekananda, Swami, 264, 268-269, 378, 405, 410

Von Braun, Wernher, 257-258, 694

vril, energía, 116, 119, 309-310, 322, 342

VTOL, 513, 516, 518-519, 521-522, 622

W

Wallace, Henry A., 683, 690-691, 706

Acerca del autor

Antiguo editor de *MetaScience, A New Age Journal on Consciousness*, Marc J. Seifer actualmente edita el *Journal of the American Society of Professional Graphologists*. Con más de setenta publicaciones en revistas como *Rhode Island Business Quarterly, Rhode Island Bar Journal, Hands On Electronics, Extraordinary Science, Parapsychology Review, Lawyers Weekly* o *Psychiatric Clinics of North America*, el Dr. Seifer es reconocido internacionalmente como un experto en el campo de grafología y también sobre el inventor Nikola Tesla (tema de su tesis doctoral). Con publicaciones en *Marquis' Who's Who in the World, Glamour, Cosmopolitan, The Economist, Providence Journal* (suplemento dominical), *Niagara Falls Review* (suplemento dominical), *Miami Herald* y *The Washington Post*, ha dado conferencias en instituciones como las Naciones Unidas, el King's College de Londres, la Universidad de Cambridge, la Universidad de Oxford, la Universidad de Vancouver, el City College de Nueva York, la Universidad de Long Island, el Colorado College, el Kendall College y la Academia Militar de West Point, así como en Boston, Chicago, Colorado Springs, Denver, Detroit, Providence, Nueva York, Santa Fe y Tucson en Estados Unidos; Jerusalén y Haifa en Israel, y Zagreb en Yugoslavia.

Entre sus trabajos se incluyen *Staretz Encounter* (novela y guion), *Tesla: The Lost Wizard* (coautor del guion), *Handwriting & Brainwriting* (obras completas), *Hail to the Chief* (guion), *The Stephen Rosati Story* (*true crime*) y *Mad Scientist of the Gilded Age* (vídeo documental corto). También ha escrito artículos sobre personajes como Wilhelm Reich, Gurdjieff, el dalái lama, Uri Geller, J. Pierpont Morgan, John Hays Hammond Jr., John Muir, Edwin H. Armstrong, Nikola Tesla, Albert Einstein, Franklin Roosevelt y Steven Jobs.

Con una licenciatura en ciencias por la Universidad de Rhode Island, cinco semestres de grafología en la New School for Social Research, fotografía en la School of Visual Arts, un máster por la Universidad de Chicago y un doctorado por el Saybrook Institute, el Dr. Seifer trabaja como experto en caligrafía y testifica en los tribunales. También es profesor visitante de psicología en la Universidad Roger Williams.

Índice